मुग़ल शहज़ादा ख़ुसरू :
नेक-नियति, शराफ़त और बदनसीबी की दास्तान

मुग़ल शहज़ादा खुसरू

नेक-नियति, शराफ़त और बदनसीबी की दास्तान

हेरम्ब चतुर्वेदी

वाणी प्रकाशन

वाणी प्रकाशन

4695, 21-ए, दरियागंज, नयी दिल्ली 110 002

शाखा

अशोक राजपथ, पटना 800 004

फ़ोन : +91 11 23273167 फ़ैक्स : +91 11 23275710

www.vaniprakashan.in
vaniprakashan@gmail.com
editorial@vaniprakashan.in
sales@vaniprakashan.in

MUGHAL SHAHZADA KHUSROO

NEK-NIYATI, SHARAFAT AUR BADNASIBI KI DASTAN

by Heramb Chaturvedi

ISBN : 978-93-5229-412-1
Novel

प्रथम संस्करण

मूल्य : ₹ 495

यश प्रिंटोग्राफिक्स, नोएडा-201 301 (उ.प्र.) में मुद्रित

वाणी प्रकाशन का लोगो मक़बूल फ़िदा हुसेन की कूची से

समर्पित

अपनी पत्नी आभा को

अनुक्रम

प्रस्तावना

आदमी का सहज स्वभाव होता है कि जिस किसी के साथ भी अन्याय हुआ है, उसकी सहानुभूति उस दुर्भाग्यशाली व्यक्ति के साथ अवश्य होती है। और यह सहानुभूति अन्याय की मात्रा के अनुपात में बढ़ती है। सम्भवतः इसी कारण से दो मुग़ल शहज़ादों की ओर सभी सुधीजनों का स्वाभाविक आकर्षण होता है। ये दोनों ही अन्याय के शिकार हुए तथा सुपात्र होते हुए भी न केवल मुग़ल तख़्त या ताज से वंचित हुए अपितु इन दोनों को उसका मूल्य अपने जीवन से भी चुकाना पड़ा! इन दोनों—खुसरू तथा दाराशिकोह का अपराध यही था कि वे दुर्दान्त सियासी न होकर निहायत शरीफ़ और पढ़े-लिखे, सुसंस्कृत व्यक्ति थे, जिन्हें जन-सामान्य का स्नेह और लोकप्रियता प्राप्त थी। किन्तु वे राजनीतिक दुश्चक्र, भाग्य और इतिहास-क्रम के क्रूर शिकार हुए।

खुसरू के प्रति हमारे आकर्षण के तीन कारण हैं। प्रथम, हमारा बचपन, शिक्षा-दीक्षा सब इलाहाबाद में ही हुई, जहाँ मेरे पिताजी इलाहाबाद विश्वविद्यालय के वनस्पति-शास्त्र विभाग में अध्यापन करते थे। यहीं खुसरूबाग में वह दफ़न है। दूसरे, हमारी अभिरुचि साहित्य और साहित्यिक मंच के गठन की ओर भी हुई और हम लोगों ने उस समय के सुप्रसिद्ध साहित्यिक संगठन 'परिमल' की स्थापना भी की थी। अतः इस कारण भी खुसरू के प्रति आकर्षण था। तीसरे, हमने इलाहाबाद विश्वविद्यालय से ही 1947 में इतिहास विषय में एम.ए. किया था अतः खुसरू जैसे ऐतिहासिक व्यक्तित्व से अपनत्व रहा।

किन्तु इस दौर के बाद प्रशासनिक सेवा में चयन तथा गुरुतर दायित्वों में फँसे होने के कारण स्वयं उस पर चाहकर भी कलम नहीं चला पाये अतः जब हेरम्ब चतुर्वेदी ने शहज़ादे खुसरू के विषय में लिखना शुरू किया तब सहज इच्छा हुई कि इसका प्रकाशन हो जाये। हेरम्ब चतुर्वेदी अब तक

इलाहाबाद विश्वविद्यालय के इतिहास विभाग में 36 वर्ष का दीर्घ अध्यापन अनुभव अर्जित कर चुके हैं। उन्होंने सभी समकालीन ऐतिहासिक स्रोतों के विश्लेषणात्मक अध्ययन के उपरान्त ही यह उपन्यास लिखा है। अतः इस उपन्यास में हमें अपनी ही कोई तीव्र इच्छा पूर्ण होती दिखाई दी। इसीलिए प्रोफ़ेसर हेरम्ब को आशीर्वाद स्वरूप ये दो शब्द।

बिशन नारायण टंडन

आई.ए.एस. (से.नि.) एवं संस्थापक-सदस्य,

सुप्रसिद्ध साहित्यिक-संस्था 'परिमल'

भूमिका

एक शहर है जिसने हमें अपने-आप को जानने और गढ़ने में सबसे महत्त्वपूर्ण भूमिका निभायी। वही शहर हमारी पहचान भी है! सम्भवतः 4 वर्ष की उम्र रही होगी जब हम इस शहर इलाहाबाद आ गये होंगे, क्योंकि, पाँचवें वर्ष की आयु में हमारी पढ़ाई यहीं (स्थानीय सन्त एन्थोनी स्कूल में) शुरू हुई थी! तब से हम इलाहबाद के और इलाहाबाद हमारा! संस्कारों से आस्थावान हिन्दू होने के चलते, 'स्थान देवताओं' का महत्त्व भी जल्दी ही समझ आने लगा था! फिर, ना जाने क्या हुआ, स्कूल-कॉलेज के अध्ययन के बाद अचानक विज्ञान छोड़कर कला की पढ़ाई और इलाहाबाद विश्वविद्यालय में अध्ययन का सिलसिला चला (1974-1978 या अब तक?)। इसी शहर और इसी विश्वविद्यालय में जनवरी 1980 से इतिहास विभाग में अध्यापन शुरू किया, तब इतिहास और वो भी मध्यकालीन भारत के इतिहास पढ़ने-पढ़ाने के दृष्टिकोण से भी, स्थानीय चरित-नायक का मन-मस्तिष्क पर हावी होना स्वाभाविक ही था? फिर जिस व्यक्ति का विकासक्रम ही 'गुनाहों के देवता' आदि पढ़ते हुए आगे बढ़ा हो, वह कैसे एक बदनसीब मुग़ल सुल्तान या शहज़ादे खुसरू से बेखबर रह जाता? हर बार खुसरू का मकबरा एक अजब-सी कशिश के साथ हमें अपनी ओर खींचता ही रहा? फिर पढ़ते-पढ़ाते भी दिल-दिमाग़ पर वह छाया ही रहता?

1960 से लेकर 2000 तक तो बस किसी-न-किसी कारण और बहाने से खुसरू बाग़ जाते ही रहे थे। यहीं महान मुग़ल बादशाह अकबर का स्नेही व प्रिय पौत्र और उसके पुत्र व उत्तराधिकारी बादशाह जहाँगीर का पुत्र, किन्तु पिता के स्नेह के स्थान उसकी ईर्ष्या का केन्द्र रहा शहज़ादा खुसरू दफ़न है! 2000 में पहली बार खुसरू पर कुछ लिखने की या क़लम चलाने की इच्छा जाग्रत हुई और, हम धीरे-धीरे उस पर सामग्री एकत्रित करने लगे। पहले बस जन्म और मरण के बीच की प्रमुख घटनाएँ एक डायरी के पन्ने पर कुछ नोट दीं! क्योंकि पढ़ते-पढ़ाते कुछ परिपक्वता आ चुकी थी और, उत्तर प्रदेश हिन्दी संस्थान ने हमारी इतिहास पर प्रकाशित दो पुस्तकों ('मध्यकालीन इतिहास के प्रमुख स्रोत', 2003; तथा 'मध्यकालीन भारत में राज्य और राजनीति', 2005) को 'आचार्य नरेन्द्र देव पुरस्कार' से सम्मानित क्या

किया, लोगों ने साहित्यिक भाषा में लिखे गये इन ग्रन्थों की तारीफ़ के पुल बाँधने शुरू किये और विशुद्ध साहित्यिक रचना के लिए भी अधिक इसरार करना शुरू किया। यह सत्य है क़लम तो उससे और पहले से ही चल रही थी। पहली कविता के संकलन वाली पुस्तक 'प्रथम अभिव्यक्ति' 1988 में प्रकाशित हो चुकी थी! और फुटकर लेख तो मनोरमा, गंगा-जमुना, अमृत प्रभात से लेकर दिनमान टाइम्स, संडे आब्ज़र्वर, साहित्य अमृत में प्रकाशित ही होते रहते थे अतः अब गम्भीरता से इस ओर ध्यान देने का संकल्प-सा लिया!

फिर कुछ कहानियाँ लिखीं, जिसे लोकभारती प्रकाशन, इलाहाबाद ने प्रकाशित करने का निर्णय लिया और 2013 में इस तरह 'दास्तान, मुग़ल महिलाओं की' प्रकाशित हुई! जब बी.बी.सी. लन्दन तथा नया ज्ञानोदय ने उसे उस वर्ष (2013) की अपनी उल्लिखित पुस्तकों की सूची में सम्मिलित किया, तब स्वाभाविक है, हमें 'खुसरू' को पूरा करने की इच्छा और मनोकामना ज़ोर मारने लगी? इसी क्रम में इलाहाबाद के कुछ अन्य देवताओं या महापुरुषों और उनके योगदानों पर समय-समय पर लिखते रहे और वे यत्र-तत्र प्रकाशित भी होते रहे। अतः अब 'प्रमुख स्थान देवता', शहज़ादे खुसरू के 'औपचारिक पुण्य स्मरण' का संकल्प फिर ज़ोर मारने लगा? वह जो खुसरू बाग़ में दफ़न था क़यामत के रोज़ के अपने भाग्य के निर्णय से पहले सिर्फ़ अकीदतमन्दों, इतिहास के जानकारों और साधारण जिज्ञासुओं से अधिक किसी आलिम (पढ़े-लिखे) का भी इन्तज़ार कर रहा था, इसीलिए यह कशिश हमारे साथ और भी लोगों को अवश्य होती ही रही होगी?

मुग़ल शहज़ादा खुखरू प्रायः इतिहासकारों के विवरणों में हाशिये पर किसी तरह तो मौजूद था ही, किन्तु साहित्यकारों-रचनाकारों द्वारा विस्मृत ही किया जाता रहा। अतः हमने अनेक लोगों के साथ इस विषय पर बात की। इन उत्साहवर्धक वार्ताओं के परिणामस्वरूप उसे तार्किक परिणति तक पहुँचाने का निर्णय लिया! वस्तुतः खुसरू के ऊपर जो प्रारम्भिक सूरत में एक पन्ने का नोट था, वह भी बढ़ कर पहले 17, फिर 100 पृष्ठों के करीब हो चुका था। जब अन्तिम रूप देने का निर्णय लिया, तब खुसरू की रूह का कितना सहारा रहा वह पाठक ही तय कर पायेंगे इसीलिए हमने अपनी 'कशिश' का ज़िक्र पहले ही कर दिया? खैर, मेरा इस 'स्थान देवता' को स्मरण करने का संकल्प भी पूरा हुआ।

खुसरू का जन्म अकबर के शासनकाल में 4 अगस्त, 1587 में हुआ था। अकबर के शासनकाल के 29वें वर्ष में सलीम का विवाह धूम-धाम से अकबर के प्रथम राजपूत श्वसुर, आमेर के शासक भारमल के पुत्र भगवानदास की पुत्री मानबाई से 1585-86 में सम्पन्न हुआ था। यह सलीम या जहाँगीर का प्रथम विवाह था! इसी

कछवाहा पत्नी से उसे पहले पुत्र-रत्न की प्राप्ति हुई थी! इसका नामकरण अकबर ने आलिमों से सलाह करके, 'खुसरू' किया! 'खुसरू' लफ़्ज़ के दो अर्थ हैं—प्रथम, इसका सीधा-सा अर्थ है 'बादशाह'! दूसरे, यह शब्द इस बात का द्योतक है, कि किसी की रूह कितनी शान्त और सुखद है कि वही 'शान्त रूह' का भाव चेहरे या मुखाकृति पर छा गया हो! पहला अर्थ तो उसकी बदनसीबी का कारण बना और उस बदनसीबी ने दूसरे अर्थ को निरर्थक-सा कर दिया! बिल्कुल अपने पूर्वज 'हुमायूँ' शब्द के अर्थ के विपरीत भाग्य की भाँति!

सलीम को उत्तराधिकारी देने की ख़ुशी में खुसरू की माँ, मानबाई को 'शाह बेग़म' का खिताब दिया गया था! मानबाई राजा मानसिंह की बहन थी। इसने एक ओर, अकबर-सलीम और, दूसरी ओर सलीम व उसके पुत्र खुसरू के मतभेदों के चलते मई 1604 में आत्महत्या करके मुक्ति पायी! मानबाई या शाहबेग़म भी यहीं खुसरू बाग़ में दफ़न है, तब यह 'खुल्दाबाद का बाग़' कहलाता था। खुसरू के दफ़न होने के बाद ही इसका नामकरण स्वतः 'खुसरू बाग़' हो गया और यह अपरिहार्य था!

खुसरू का लालन-पालन बहुत स्नेह और प्यार की छाँह में हुआ था। उसे शिक्षा-दीक्षा-प्रशिक्षण-ज्ञान नितान्त उच्च कोटि का प्राप्त हुआ था। उसने अकबर की इच्छा व उसी के प्रश्रय में इस्लाम व हिन्दू धर्मों का गहन अध्ययन किया था! अतः वह उदार, सहिष्णु एवं 'सुलह-ए-कुल' की नीति का पक्का और सच्चा अनुसरण-कर्ता था और इसीलिए अकबर का प्रिय था। जैसे-जैसे अपने पुत्रों से बादशाह अकबर का मोह-भंग और भरोसा उठता गया, यही पौत्र उसकी आशा की एकमात्र किरण बनता गया और बस फिर अपने ही पिता की आँख की किरकिरी! अकबरी विरासत का सच्चा और उससे भी बेहतर या एक मायने में तो एकमात्र बेहतर विकल्प!

सबसे श्रेष्ठ व उच्च शिक्षा प्राप्त करने के बाद जब वह क़लम के प्रयोग में सिद्धहस्त हो गया तब अकबर ने उसे प्रशासनिक दक्षता के लिए उड़ीसा का सूबेदार नियुक्त किया था और उसके पश्चात कोई न कोई महत्त्वपूर्ण दायित्व देकर वह उसे प्रशासन में भी प्रशिक्षित करता रहा और विभिन्न प्रशासनिक नियुक्तियों एवं उन पदों पर रहते हुए उसके कार्य-सम्पादन से वह स्वयं उसको प्रशिक्षित भी करता और परीक्षा भी लेता रहा! और उसे एहसास हुआ कि जितना सलीम और उसके दोनों छोटे भाई ग़ैर-ज़िम्मेदार और खुदगर्ज़ थे, उतना ही खुसरू ज़िम्मेदार और साम्राज्य की सेवा व दायित्व के प्रति उत्सुक, निष्ठावान तथा कर्तव्यपरायण! उसका व्यवहार भी अपने पिता से बिल्कुल उल्टा? जितना सलीम दम्भी, क्रोधी, सनकी, शंकालु, उतना ही खुसरू खुश-मिजाज़, संयमी, सन्तुलित व सद्व्यवहार वाला! स्वतः ही वह अकबर, मुग़ल 'हरम' एवं अपने बुजुर्गों के लिए स्नेही व प्रिय, तो उसके साथ-साथ आभिजात्य व आम लोगों के लिए प्रशंसा व आदर का पात्र होता गया! जिन विशेषताओं के चलते, हिन्दुस्तान के बड़े-बड़े शासकों को प्रसिद्धि मिली थी, उन्हीं

उपलब्धियों व गुणों ने खुसरू को पहले मुग़ल सिंहासन से वंचित किया और उसके बाद उसे सिर्फ़ बन्दी जीवन और, अन्ततः हत्या जैसी नृशंस मृत्यु का भागी बनाया!

अर्थात यही विशेषताएँ जो आदर्श पुरुषों को वर्गीकृत करती हैं, उस बदनसीब शहज़ादे के लिए वरदान की जगह अभिशाप साबित हुईं? पहले उसका पिता उससे ईर्ष्या करता रहा फिर उसका तीसरा भाई ख़ुर्रम इसी कारणवश उसकी जान का दुश्मन बन गया! और अन्ततः इन दोनों ने उसे मौत के घाट उतार कर ही दम लिया! शायद ही इतिहास में ऐसा दर्दनाक हादसा इससे पूर्व घटा हो कि कोई अपनी क़ाबिलियत के चलते पहले तख़्त फिर व्यक्तिगत स्वतन्त्रता से महरूम किया गया हो और फिर, ज़िन्दगी ही गँवा बैठा हो? उसका उच्च जीवन, आदर्शपूर्ण व्यवहार, चारित्रिक श्रेष्ठता और सात्विकता एवं सरलता जो सबकी नज़रों में प्रशंसनीय थी, वही उसके प्रतिद्वन्द्वियों और प्रतिस्पर्धा मानने वालों के लिए खटकने वाली विशेषताएँ थीं? इन विशेषताओं के चलते ना तो उसके समक्ष और तुलना में उन्हें वो लोकप्रियता और ना ही ग्राह्यता व स्वीकृति मिल पाती थी और ना ही राज्य करने का अवसर ही मिल सकता था? अतः ऐसे व्यक्ति और सन्त चरित्र को सत्ता के गलियारे से ही ख़ारिज करना उनके हितों के लिए आवश्यक और अपरिहार्य हो गया!

खुसरू अकेला मुग़ल शहज़ादा था, जिसने सिर्फ़ एक विवाह किया था! मुग़ल राजपरिवार ही क्या, पूरे मध्ययुगीन आभिजात्य में इस सन्दर्भ में वह सम्भवतः इकलौता अपवाद था! इसी कारण आमजन की नज़र में एक आदर्श; मुग़ल रनिवास या हरम में सर्वाधिक प्रिय मुग़ल आभिजात्य के लिए आदरणीय; और, इसी आचरण के चलते अकबर का प्रिय और अपने पिता की ईर्ष्या का कारण! जब सामाजिक मान्यताएँ ही नैतिकता के मानदंड के अनुसार नहीं निर्धारित होती थीं, तब वह मुग़ल राजपरिवार ही क्या अपने राजपूत ननिहाल में भी एक अपवाद और अजूबा तो था ही! अपने उच्च नैतिक आचरण और मूल्य आधारित जीवन से ही वह आमजन के मध्य एक 'सन्त' के रूप में पूज्य हो गया था!

प्रायः अकबर की महानता में भारतीयता के अतिरेक में लोग और कुछ इतिहासकार तक मुग़ल-राजपूत वैवाहिक गठबन्धन को इसका सारा श्रेय दे देते हैं! हम उस शहज़ादे की बात कर रहे हैं, जिस शहज़ादे ने एक भी राजपूत तो क्या किसी और से विवाह ही नहीं रचाया। उसने सिवाय अपनी पत्नी के और किसी से सम्बन्ध ही नहीं रखे, अपितु नूरजहाँ की प्रिय पुत्री, लाड़ली बेग़म से भी निकाह का प्रस्ताव नकार दिया, इस कारण से वह इन लोगों की ईर्ष्या का पात्र बन गया! उसकी एक शादी अकबर ने अपने दूधभाई मिर्ज़ा अज़ीज़ कोका की पुत्री के साथ सम्पन्न करवाई थी, बस उसी पर वह जीवन भर टिका रहा और एक अपवाद हो गया मुग़ल इतिहास में—जहाँ 'हरम' में पत्नियों, उप-पत्नियों से लेकर रखैलों और उसके अतिरिक्त भी विवाहेतर सम्बन्ध के क़िस्से भरे पड़े हों? और उस श्रेष्ठ व्यक्तित्व के

स्वामी को सिर्फ़ प्रतिद्वन्द्विता, ईर्ष्या, हिक़ारत और नफ़रत ही मिली? कोई चरित्रवान पुरुष इससे पहले या बाद में इतनी दुर्दशा को प्राप्त नहीं हुआ!

1605 में अकबर ने सलीम की हरकतों और बग़ावत के चलते लगभग उसे अपना उत्तराधिकारी घोषित ही कर दिया था, किन्तु षड्यन्त्रों और राजनीतिक घटनाचक्र और बादशाह की बिगड़ती तबियत और मृत्यु ने उसका ख़्वाब और मृत बादशाह की इच्छा और स्वप्न पूरा नहीं होने दिया? अन्ततः जिस तरह से उसे क़ैद कर लिया गया और अकारण ही उसकी व्यक्तिगत स्वतन्त्रता भी छीन ली गयी, उसने इस शहज़ादे को विवश कर दिया कि वह जहाँगीर के शासनकाल के पहले ही वर्ष में विद्रोह करके क़ैद से मुक्त हो जाये? इस विद्रोह में उसे सिख गुरु अर्जनदेव जी के साथ ही प्रसिद्ध सूफी सन्त बाबा कासिम सुलेमान रहमतुल्लाह का आशीर्वाद भी प्राप्त हुआ था, किन्तु कुटिल और शातिर जहाँगीर उसे पुनः 1606 में क़ैद करने में सफल रहा! बदलते राजनीतिक समीकरणों के चलते वह राजनीति के ख़ूनी खेल में 'बलि का बकरा' बना और 1620 में बादशाह जहाँगीर द्वारा दक्खन जा रहे ख़ुर्रम या शाहजहाँ के हवाले कर दिया गया जिसने उसे 22 फरवरी, 1621 की रात मौत के घाट उतार दिया!

उसे बुरहानपुर में ही दफ़न कर दिया गया मगर वहाँ आलमगंज में जहाँ वह दफ़न था मेला लगने लगा और अनुशासन व प्रशासनिक समस्याएँ उत्पन्न होने लगीं। अतः उसे वहाँ से आगरा लाया गया और बुरहानपुर से आगरा के रास्ते भर जिस तरह से लोग उसके ताबूत का स्वागत कर रहे थे और एक पीर या सन्त की तरह उस मृत खुसरू के शव को पूज रहे थे, मुग़ल बादशाह और राजपरिवार के साथ साम्राज्य और प्रशासनिक व्यवस्था के लिए ख़तरा मँडराने लगा? वे अब उसकी मृत्योपरान्त इस प्रकार की शव-यात्रा से उत्पन्न किसी बड़े विप्लव के भय से चिन्तातुर हो उठे? मुग़ल राजधानी आगरा में जिस तरह उसके ताबूत का उत्साहपूर्वक स्वागत किया गया, वह क़ाबिले गौर था? और राजधानी की प्रशासनिक व्यवस्था चरमरा गयी! अतः तब निर्णय किया गया कि उसके ताबूत को इलाहाबाद ले जाकर वहीं दफ़न कर दिया जाये, जहाँ उसकी मान शाह बेग़म का मकबरा था!

जहाँ तक खुसरू का प्रश्न है, तो वाक़ई हमारे वर्षों के अध्ययन-अध्यापन ने ही अनेक प्रकरणों को साफ़ किया, सन्देहों को दूर किया, समस्याओं का समाधान किया और अनुत्तरित प्रश्नों के उत्तर दिये, साथ ही अनेक व्याख्याओं और विश्लेषण के दृष्टिकोण से भी लाभ पहुँचाया! तब हमें जाकर कहीं खुसरू का व्यक्तित्व सम्पूर्णता से समझ में आया! किन्तु, यह भी सत्य है कि 'मध्यकालीन इतिहास के स्रोत' (प्रकाशित, 2003); 'मध्यकालीन भारत में राज्य और राजनीति' (प्रकाशित,

2005) एवं 'मध्यकालीन भारत के विदेशी यात्री' (प्रकाशित, 2007) के लेखन के दौरान अध्ययन ने भी खुसरू जैसे अद्वितीय व असाधारण व्यक्तित्व के विश्लेषण में बहुत सहायता प्रदान की। हमें इससे ही खुसरू के अध्ययन के सारे स्रोत मिले और उनके उपयोग का सही, वस्तुपरक और वैज्ञानिक ढंग भी!

इतना ही नहीं, राजनीतिक इतिहास के साथ ही मध्यकालीन भारत के सामाजिक-सांस्कृतिक परिवेश पढ़ते-पढ़ाते भी कई चीज़ें, बातें और अबूझ तथ्य समझ में आये। इसीलिए हम किसी के प्रति कृतज्ञता ज्ञापित करें तो वह अपनी कक्षाओं और वहाँ पढ़ाने के लिए की गयी तैयारी को करें, जिसने पूरे मध्यकाल के शासन, प्रशासन, राजनीति, संस्कृति और, सामाजिक अन्तःक्रियाओं की व्यापक, वस्तुपरक एवं स्पष्ट समझ देकर यह कार्य सरल कर दिया! और, उन सामाजिक-सांस्कृतिक इतिहासकारों की, जिन्होंने बड़े सुन्दर ढंग से मूल ग्रन्थों के अध्ययन पर आधारित हमें इस विषय पर काफ़ी स्तरीय सामग्री उपलब्ध कर है। उदाहरण के लिए हम डॉ. तारा चन्द, डॉ. युसूफ हुसैन, डॉ. बेनी प्रसाद, डॉ. नुरुल हसन, आचार्य हजारी प्रसाद द्विवेदी जैसे कुछ नामोल्लेख निःसंकोच कर सकते हैं!

वस्तुतः, खुसरू को समझने में साहित्य के अध्ययन ने भी बहुत मदद दी है, ख़ासतौर से शेक्सपियर के अध्ययन ने। शेक्सपियर हम लोग वैसे तो कक्षा 7 या 8 से पढ़ रहे थे, मगर जब बड़े नाटक 'जूलियस सीज़र' (10वीं-11वीं क्लास में), 'माकबेथ' (बी.ए. में) को पढ़ा, तब मृत्योपरान्त पड़ने वाले प्रभाव की दृष्टि और समझ विकसित हुई, तब भी खुसरू का सही और उचित मूल्यांकन हो पाया? क्योंकि, वह भी सिर्फ़ अपने जीवन-काल तक ही प्रभावी नहीं रहा था, अपितु उसकी हत्या के बाद भी मुग़ल राजनीति और राजनीतिक संस्कृति उसके विचारों और साये से मुक्त नहीं हो पायी बल्कि उसी के इर्द-गिर्द घूमती नज़र आती है! इतना ही नहीं, जिन मूल्यों के लिए वह लड़ता रहा, उसकी छाया और चमक फिर एक बार उसी के भतीजे और उसके हत्यारे शाहजहाँ के पुत्र दारा में भी अभिव्यक्त होती है और उसका भी वैसा ही दर्दनाक हश्र हुआ! अतः उसका प्रभाव आगे शाहजहाँ के काल को पार करता हुआ, औरंगज़ेब कालीन राजनीतिक संस्कृति और इसके फलस्वरूप, मुग़ल साम्राज्य के पतन तक में दृष्टिगोचर होता है! इसीलिए खुसरू का अध्ययन मध्यकालीन इतिहास की वास्तविक समझ और ख़ासतौर से मुग़ल संस्कृति के उपादान और अन्ततः मुग़ल साम्राज्य के पतन को समझने के लिए बहुत ज़रूरी ही नहीं, अपरिहार्य हो जाता है!

शहज़ादे खुसरू को समझने के लिए न केवल भारत में तुर्की आक्रमण और सत्ता स्थापना का ही वृत्तान्त देखना चाहिए, अपितु भारत आने से पूर्व इस्लाम में हुए परिवर्तनों और सूफीवाद का अध्ययन भी करना चाहिए। साथ ही, हमें भारत में इस्लाम के आगमन से पूर्व हो रहे सामाजिक-सांस्कृतिक-धार्मिक समन्वय और उसके

उपरान्त की सांस्कृतिक-सम्मिश्रण की प्रक्रिया को भी समझना चाहिए! न केवल, हिन्दू धर्म व इस्लाम अपितु उनके विभिन्न सम्प्रदायों और पन्थों को भी समझना ज़रूरी है! तभी हम खुसरू के जीवन में हो रहे प्रभावों और इसके फलस्वरूप, समकालीन समाज, संस्कृति व राजनीति पर खुसरू के प्रभाव को व्याख्यायित कर पायेंगे! धार्मिक आन्दोलनों व परिवेश (6वीं सदी ईसा पूर्व से लेकर मध्यकाल तक) के सम्पूर्ण अध्ययन के उपरान्त ही इल्तुतमिश से लेकर मोहम्मद बिन तुग़लक; शेरशाह से लेकर अकबर; अकबर से लेकर खुसरू; और खुसरू से लेकर दारा और औरंगज़ेब आदि सब समझ आ सकते हैं!

लिखते-लिखते, स्वतः इसके विभिन्न खण्डों या अध्यायों का विभाजन होता गया। इसमें कोई पूर्व-नियोजित वर्गीकरण या अध्यायों में विभाजन की निश्चित या पूर्व-निर्धारित योजना नहीं थी। जैसे-जैसे सामग्री जुटती गयी, लेखन चलता रहा और, इसके अध्ययन और लेखन की सुविधा के आधार पर इसको अलग-अलग अध्यायों में विभक्त करते चले गये! और, जब लेखन ख़त्म हुआ तो हमने सोचा कि इसको बदला जाये क्या? अन्त में हम तो बस यही कह सकते हैं : "त्वदीयं वस्तु गोविन्द तुभ्यमेव समर्पये:"!! स्वान्तः सुखाय की जगह यह स्वान्तः सन्तोषाय ही लिखा गया है, मगर जिसमें सन्तोष प्राप्त हो उसी में सुख भी है।

इसके प्रकाशन के लिए हम वाणी प्रकाशन के अरुण माहेश्वरी जी के साथ लोकभारती के पुराने सह-स्वामी दिनेश ग्रोवर जी के भी आभारी हैं। किन्तु, यह भी सत्य है जिस एक व्यक्ति की अदम्य इच्छा थी कि, हम खुसरू का कार्य शीघ्र निबटा दें, वे नब्बे वर्षीय युवा बिशन नारायण टंडन जी (से.नि., आई.ए.एस.) जिन्हें हम बचपन से न केवल मामाजी कहते हैं अपितु उनसे वैसा ही स्नेह और आशीर्वाद निरन्तर प्राप्त होता रहा है। उनसे हमारा पारिवारिक रिश्ता तो है ही एक रिश्ता और है। वे हमारे असली पूर्ववर्ती और पथ-प्रदर्शक हैं। उन्होंने इतिहास विभाग से 1947 में एम.ए. की परीक्षा उत्तीर्ण की थी, जिस वर्ष भारत स्वतन्त्र हुआ था।

खुल्दाबाद की सराय और इलाहाबाद का पश्चिमी द्वार

आगरा से आकर इलाहाबाद के पश्चिमी किनारे पर खुल्दाबाद की सराय के भव्य से बने मुख्य-द्वार से प्रवेश के उत्तर में बसा था एक सुन्दर मनोरम बाग़। बिल्कुल बाबर के द्वारा बनाये बाग़ों की चार-बाग़ शैली में बना यह मनोरम बाग़ उसी समय से विकसित हो गया था जब अकबर ने इलाहाबाद के क़िले की नींव डाली थी और यहाँ निर्माण कार्य शुरू किया था। वह उस दौर में जब कभी भी इलाहाबाद आता था यहीं विश्राम करता था। यहाँ की शान्ति उसके मन को सुकून देती थी। आगरा से चलकर यहाँ रुककर फिर गंगा पार करके अपने पूर्वी अभियानों पर दुश्मनों के छक्के छुड़ाने और मुग़ल साम्राज्य की नींव मजबूत करके उसके विस्तार और संगठन के लिए वह तरो-ताज़ा होकर निकल जाता था। इस बाग़ को बाद में सबसे शौक़ीन मुग़ल शहज़ादे सलीम ने और विकसित किया। वह यहाँ का सूबेदार नियुक्त हुआ था। यह सूबा सामरिक रूप से बहुत महत्त्वपूर्ण सूबा था! मुग़लों की राजधानी आगरा के बाद पूर्व की ओर स्थित पहला सूबा यही था! अवध, मध्य भारत और बंगाल के साथ पूर्वी क्षेत्रों के लिए मुग़ल राजधानी आगरा का यही सम्पर्क-मार्ग और प्रमुख केन्द्र बनकर उभरा! अतः इस नये बस रहे शहर के पश्चिम सिरे पर स्थित खुल्दाबाद की सराय का सैन्य-सामरिक दृष्टि से अपना ही महत्त्व हो गया। यह इलाहाबाद की पश्चिमी सीमा थी। पूरा मध्यकालीन इलाहाबाद जो अकबर के काल से विकसित होते हुए अभी भी अपने शैशव-काल में ही था। अतः उसे सुरक्षा की अतिरिक्त आवश्यकता भी थी। जैसे शेरशाह ने अपनी सैन्य-व्यवस्था के तहत जगह-जगह सैन्य छावनियाँ निर्मित की थीं उसी सैन्य-नीति के अनुपालन के तहत यहाँ भी एक बड़े सैन्य-शिविर की स्थापना की गयी थी। क़िले में तो सैन्य-शिविर था ही मगर अनेकानेक कारणों से सूबे का सैन्याधिकारी या प्रान्तीय बख़्शी यहीं अपनी प्रान्तीय सेनाओं की मुख्य टुकड़ी के साथ रहता था!

सैन्य-शिविर के चलते यह इलाहाबाद शहर के पश्चिमी तट को सुरक्षित रखता था। खुल्दाबाद की सराय का द्वार ही इलाहाबाद शहर के बाहरी पश्चिमी परकोटे का मुख्य द्वार था। इसी से शहर में पश्चिम की दिशा से आने वाले हर आगन्तुक

व्यापारी, साधु, संन्यासी, योगी, सूफी सन्त या आमजन—को जाँच-पड़ताल के बाद ही शहर में दाखिल किया जाता था! यह स्थान कड़ा-मानिकपुर के बनिस्पत अधिक सुरक्षित और मुग़ल-अफ़गान सत्ता-संघर्ष की सम्भावनाओं के चलते भी अधिक उपयोगी था! पैदल सेना के लिए भी आगरा से पूरब जाने वाले मार्ग में यह प्रमुख सराय थी और, नदी-जल मार्ग के लिए भी यह उत्तम ठिकाना था, यहाँ से यमुना एक मील दक्षिण और गंगा दो मील उत्तर में थीं! अफ़गान सरदार शेरशाह ने हुमायूँ को पछाड़ने में खुल्दाबाद-सराय की सैन्य-छावनी का इस्तेमाल किया था। उसी ने इसके महत्त्व को समझते हुए बंगाल से पंजाब होते हुए पेशावर के आगे अफ़ग़ानिस्तान की अपनी मातृभूमि से आगे मध्येशिया की ओर जाने वाले इस पुराने 'उत्तरापथ' के मार्ग को एक बार फिर दुरुस्त किया था। मौर्य, गुप्त और वर्धन शासकों के बाद हुई इस सड़क की दुर्दशा को दूर किया था! और इसकी रौनक वापस लौटा दी थी! इसकी रौनक व्यापार-वाणिज्य-व्यवसाय से ही थी और जैसे ही यह मार्ग पुनर्व्यवस्थित हुआ, व्यापार-व्यवसाय पुनर्जीवित हो उठा और इस पूरे इलाके की समृद्धि फिर दिखने लगी! अकबर के शान्त, सन्तुलित किन्तु तेज़ मस्तिष्क ने इसके सामाजिक-सांस्कृतिक, आर्थिक के साथ ही प्रशासनिक और सैन्य महत्त्व को समझा और उसने इसमें चार चाँद लगा दिये थे!

इसी खुल्दाबाद की सराय के उत्तर जो अकबरी बाग़ था वही अपनी शान्ति, फैलाव और वनस्पति के साथ सुरक्षा, उत्तम जल-व्यवस्था, सुन्दर बावली, कृत्रिम झरनों, बारादरी के लिए मुग़ल शासकों के शिविर का स्थान था। यह विशाल बाग़ 115 बीघे या 65 एकड़ के फैलाव में था! एक अकबरी बीघा 3600 वर्ग गज का होता था। इसी खुल्दाबाद के बाग़ को सलीम ने अपने सूबेदारी के काल में अपना प्रश्रय-स्थान बना लिया था। यह उसकी अय्याशी का अड्डा बन गया था। यहीं हर तरह के उसके शिकार का शौक पूरा होता था। यहीं अफ़ीम और मदिरा की दावतों के नित्य आयोजन होते, दोस्तों, नृत्यांगनाओं, सुरा-सुन्दरी की महफ़िल रोज़ ही सजतीं। और फिर अकबरी जलाल से टकराने के मंसूबे और षड्यन्त्र बनते! अगर इलाहाबाद में अकबर का बनाया नया क़िला, मुग़ल सत्ता की नुमायन्दगी करता था तो खुल्दाबाद का यह विशाल बाग़ सलीम के गुनाहों का आश्रय-स्थल था! उसके दो गुनाहों का गवाह यह आज भी है। उसकी पहली ब्याहता पत्नी जयपुर की राजकुमारी मानबाई या शाह बेग़म और ज्येष्ठ पुत्र दोनों उसके कारण काल के गाल में समाये! और वे दोनों भी यहीं दफ़न हैं।

वह एक उदास शाम...

"हज़ारों साल नर्गिस अपनी बेनूरी पे रोती है
बड़ी मुश्किल से होता है चमन में दीदावर पैदा!"

जून के महीने की तीसरी तेज़ बारिश हो कर चुकी थी। मौसम में नमी थी, आकाश में सूरज के डूबने से पहले ही सूर्यास्त सा माहौल आसमान से लेकर ज़मीन और पूरी कायनात पर तारी था! शाम का धुँधलका था। चिड़ियों की चहचहाहट एकदम से उस बड़े बाग़ में आज की शाम के वीरान और ख़ामोश से माहौल में और तेज़ सुनाई दे रही थी! दिन भर की चुहल, थकन, दाने-दाने के लिए फुदकने-उड़ने के बाद भी न जाने कितना सुकून था, जिसे वे व्यक्त कर रही थीं...अपने नीड़ पर पहुँचकर! इसी बीच पूरब वाला दूसरा दुमंज़िला मकबरा साफ़ दृष्टिगोचर होने लगा। कुछ मुग़ल बेग़मात और लड़कियाँ, ख़ासतौर से जहाँगीर की पुरानी राजपूत पत्नियाँ, उप-पत्नियाँ और उनकी सन्तानें जो यहाँ एक ख़ास मक़सद से वहाँ पहुँची थीं, वे पहले उधर ही देखने लगीं। वे सब 10-12 पालकियों में पूरी सादगी और ग़मज़दा ख़ामोशी से उतर कर एक नयी क़ब्र के पास ही उसे चारों ओर से घेर कर खड़ी हो गयी थीं, मगर इनकी नज़रें बेबस-सी एक बीच के खाली पड़े मकबरे के और पूरब वाले मकबरे को देखती रहीं, जाने क्या सोचती हुई? ऐसा लगा वे पूरब वाले उस मकबरे में दफ़न रूह के मनोभाव को समझ रही थीं?

नयी बनी क़ब्र के तुरन्त पूरब में निर्मित किन्तु एक खाली मकबरा था! उसे अभी अपने मेहमान का इन्तज़ार था? किन्तु उसके बाद वाले मकबरे में एक बेक़रार रूह शायद तड़प रही थी....वक़्त की बदलती करवटों की तरह वो करवट बदल रही थी? यह दुमंज़िला मकबरा जिसे वे महिलाएँ एकटक, चुपचाप, टुकुर-टुकुर देख रही थीं, वह मानबाई या मानमती का था। वह जयपुर के उस राजा भारमल या बिहारीमल की पौत्री का था, जो सबसे पहले मुग़ल बादशाह का राजपूत श्वसुर बना था! यह मानबाई, भारमल के बेटे भगवानदास की बेटी थी और उसका भाई अकबर के काल का सबसे बड़ा ओहदेदार यानी 7000 का मनसबदार था! वे सब समझ रहीं थीं कि न जाने उस दूर पश्चिम वाली क़ब्र में मानबाई कब से अपने लाड़ले के

इन्तज़ार में थी? शायद उस बेटे को अपने क्रूर हत्यारे पिता के समक्ष अकेला छोड़ कर आत्महत्या करने का कोई अपराध-बोध भी उसके सीने में अधिक ही था? या, यह जो अप्रत्याशित घटा था, उस माँ के लिए सदा से किसी भी सन्देह के परे था? उसे शायद भय था कि कहीं देर होने से उसके पुत्र के कष्ट और न बढ़ रहे हों? तिल-तिल कर रोज़-रोज़ तो वह कहीं नहीं मर रहा है? उसका कलेजा तो पहले ही चीत्कार कर चुका था! हद से बढ़ा था जब उसका मलाल तब वह बर्दाश्त करने के लिए उसी नशेड़ी पति की शाम वाली तैयार की गयी अफ़ीम की खुराक़ भर नशा कर बैठी थी....सोचा न होगा कि होश न आयेगा? बस तकलीफ़ दूर करने की नीयत से उठाये इस क़दम के चलते वह सुपुर्दे-ख़ाक होकर उस पश्चिम वाले मकबरे में क़ैद एक बेक़रार माँ की बेबस रूह भर थी!

बहुत इन्तज़ार किया था, उसने अपने बेटे के आगमन का? अब शायद एकटक निहार रही होगी और सन्तोष कर रही होगी, सन्तृप्त सी, यहीं रहेगा उसके आगोश में उसका लाल...अब सदा के लिए...सुकून से दफ़न...रोज़-रोज़ से तो ये एक बार का मरना बेहतर? उसे भली-भाँति ज्ञात था कि, यह तो होना ही था? बस कब, कहाँ, कैसे यही अनिश्चित था? और वही अनिश्चितता उसकी चिन्ता ही बढ़ाती रही थी। उसका पति सलीम एक अय्याश, दिलफेंक, हृदयहीन, कुसंस्कारी, षड्यन्त्रकारी, कुसंगी, क्रूर, व्यसनी और निहायत स्वार्थी शख़्स था। उसने अपने पिता की हत्या का षड्यन्त्र करने से गुरेज नहीं किया...छिः! अपनी सौतेली माँ को हवस का शिकार बनाने से भी चूक नहीं की? वह पुत्र को क्या और कब तक बर्दाश्त करेगा? एक ओर पिता अकबर और पुत्र सलीम में छठ-आठें (ज्योतिष मान्यता के अनुसार छठवाँ भाव शत्रु और आठवाँ मृत्यु का होता है, अतः जब किन्ही दो ग्रहों का इस प्रकार का योग बनता है तब अप्रत्याशित ही घटता है और कभी भी स्थिर, शान्त, सन्तुलित सम्बन्ध रह ही नहीं सकते?) तो थी ही उधर अकबर ने जब सलीम के दुष्प्रभाव से बचाने के लिए उसके किशोर वय पुत्र खुसरू को अपने संरक्षण में रखकर अपनी तरह से परवरिश की और उसपर लाड़-प्यार लुटाना शुरू किया तब वह अपने बेटे से भी बेहद नफ़रत करने लगा? उसे लगा उसका एक प्रतिद्वन्द्वी उसी का बेटा हो रहा है? वह जब भी अपने बेटे की ओर देखता तब सिर्फ़ हिक़ारत की ही नज़र से! फिर भी वह मर्यादित जोधपुर की छुई-मुई सी राजकुमारी सब कुछ बर्दाश्त करती—सलीम की बदचलनी, क्रूरताएँ, दूसरी महिलाओं का संसर्ग, मदिरा-गोष्ठियाँ, मौज-मस्ती, विलासी और व्यसनी जीवन-शैली सब कुछ, अगर वह कुछ क्षण ही सही अपनी पहली ब्याहता से प्रेम का इजहार तो कभी-कभार करता? उसकी कोई कद्र तो करता? न जाने क्या-क्या हसीन सपने लेकर वह अपने पीहर से मुग़ल हरम में सलीम की शरीक-ए-हयात होकर आयी थी? यह कुछ सहने और जलील होने के लिए? सबकुछ कितनी जल्दी उजड़-बिखर गया?

वह तो कितने नाज़ों से पली-बढ़ी, कृष्ण-भक्ति में डूबी, हिन्दू स्त्रियों की भाँति, कृष्ण-भक्त मीरां सी कोमल भावना पालकर, अपने पति सलीम को ही सबकुछ समर्पण करके, अपना इष्ट मान बैठी थी? उसने न केवल पूर्ण निष्ठा और स्वामिभक्ति से पतिव्रता स्त्री की भाँति अपने पति का साथ दिया, अपितु उसकी बुराइयाँ भी यथोचित छुपाती, दबाती रही। उसे समझाती भी रही। शायद उसे उम्मीद रही होगी कि अन्ततः वह सही सलाह मानकर सही राह चलने लगेगा? इतना ही नहीं उसने तो शादी के एक साल के भीतर ही उसे उसके सिंहासन के वैध उत्तराधिकारी के रूप में एक पुत्र भी दिया था! सलीम का पहला बेटा! एक साल के भीतर पुत्र-रत्न देने का भी जश्न और ख़ुशी भी उसने मुग़ल हरम और दरबार तो क्या पूरे साम्राज्य में देखा था! कैसी सजावट, कैसे समारोह, कैसे रंगा-रंग कार्यक्रम? जैसे कोई शादी-समारोह हो या बादशाह के जन्मदिन पर तुलादान! उत्साह, समारोहों, नृत्य-गान, इनाम-इकराम का सिलसिला ख़तम होने का नाम ही नहीं लेता था? कैसे मुग़ल नस्ल में बढ़ोतरी करने और भारत में मुग़लों की सत्ता को सातत्य सुनिश्चित करने के लिए एक अदद 'वली-अहद' या वैध-उत्तराधिकारी के रूप में अकबर के ज्येष्ठ पुत्र को उसका पहला पुत्र दिया था? कैसे उसे रातोरात 'शाह-बेग़म' के खिताब और विशेष रुतबे से नवाज़ा गया था? वह ख़्यालों ही ख़्यालों में 'मरियम मकानी' या हमीदा बेग़म की शख़्सियत अख़्तियार कर लेती थी? शायद उसको भी कभी वही सब रुतबा, अधिकार हासिल होंगे, जब उसका लाड़ला भारत में मुग़ल बादशाह बनेगा? वह बादशाह की माँ, शाह बेग़म से 'मरियम मकानी' होगी?

वैसे उसने तो सलीम को 'वली-अहद' रूपी पुत्र-रत्न दिया था, अतः वह तो सलीम के बाद ही शासक या उत्तराधिकारी होता? तो फिर सलीम का दिमाग़ बेवजह ही सनकता क्यूँ रहता? वह सदा सशंकित क्यों रहता? अपनी हरकतों का सिला उसे भी मालूम था, तब भी वह अपने को क्यों नहीं बदलता था? क्यों किसी दूसरे को अपनी गलतियों के लिए दोषी मानता? क्यों दोषारोपण दूसरे के कन्धों पर टालता था? अपराध-बोध से बचने के लिए क्यूँ नहीं वह अपराध की राह ही छोड़ देता? कितना आसान हो जाता सब-कुछ? शहज़ादे सलीम की इन हरकतों की वजह से जनता कम परेशान नहीं होती थी? अन्ततः उसकी क्रूरता और हिंसात्मक, बर्बर व्यवहार की पहली शिकार तो वही होती थी? अतः आमजन से ही यह फुसफुसाहट शुरू हुई, कि बादशाह ने आजिज़ आकर ही अपने पौत्र को 'वली-अहद' घोषित किया है? और, "जाकी रही भावना जैसी" के तर्ज़ पर सलीम के मन में यह बात घर करने लगी कि उसके वालिद उसके हक़ को नज़रअन्दाज़ करके, उसके पुत्र या अपने पौत्र खुसरू को अपना देर-सबेर उत्तराधिकारी घोषित कर देंगे? धीरे-धीरे यह नौबत आ गयी कि वह बात-बात पर 'शाह बेग़म' को उलाहना देता? जैसे वही उसके गुनाहों को हवा देती हो? उसके व्यसनी जीवन में निरन्तर वृद्धि-सी होने

लगी और क्रोध, चिड़चिड़ापन, सनक, मदिरा-गोष्ठियों, अफ़ीम-सेवन, अय्याशी की सारी हदें लाँघ कर वह खुले आम अपने रनिवास (इलाहाबाद क़िले में बने विशाल 'ख़्वाबगाह') में नर्तकियों, रखैलों के साथ रासलीला रचाता? शाम की महफ़िलें तो बदस्तूर ज़ारी रहीं, अब तो दिन में भी ऐसा ही माहौल बन जाता? किसी चीज़ का कोई समय ही नहीं? सारा समय बस रंगीनियों और इन्द्रिय-लोलुप व्यसनों के लिए ही? और इन सब के लिए कसूर बादशाह सलामत का कि वे या तो ख़ुदकुशी कर लें या उसके लिए गद्दी छोड़ दें? और फिर उसके रहते उसके बचपन में उसकी हर ज़िद पूरी करने वाला पिता कैसे किसी और को चाह सकता है? भले ही जिसे चाह रहा हो वह उसी का अपना बेटा क्यूँ न हो? उसे यह समझ ही नहीं आया, जीवनभर कि मूल से ज़्यादा प्यारा ब्याज होता है? उसके दिमाग में तो सत्ता और मुग़ल सिंहासन का ही भूत सवार रहा था? अतः उसके हिसाब से दूसरा कसूरवार उसका अपना यह बड़ा बेटा ही है—खुसरू? और उसके लिए ज़िम्मेदार, उसकी जननी, शाह बेग़म? अतः सारा इलजाम शाह बेग़म के सर और वही बेचारी साथ रहने के कारण उसके अकारण क्रोध की शिकार भी होती?

कब तक? आख़िर कब तक और कितना बर्दाश्त करती? वह भी हाड़-मांस की एक लड़की थी? राजस्थान में 'अमल' का रिवाज था ही, उसने अपना ग़म भुलाने के लिए नियमित रूप से वही व्यसन पाल लिया? और जब नशे में भी मलाल, जिल्लत और रोज़-रोज़ की झिक-झिक और बेवजह के ताने और तंज सहे नहीं गये तब एक दिन एक नया प्रयोग करने का दुस्साहस कर डाला? उसने सलीम के लिए शाम की तैयार की गयी अफ़ीम की बड़ी खुराक़ को ही गले लगाने का फ़ैसला लिया? अब वह तो उसको गले लगाना दूर उसी के सामने बेहयाई से हर ऐरी-गैरी और बाज़ारू औरतों तक को गले लगाता था? सलीम को गले से नहीं लगा सकती तो उसकी अफ़ीम की खुराक़ को तो गले लगा सकती थी, उसको होठों से सहलाकर जीभ से अन्दर हलक़ तक तो प्यास बुझा सकती थी? शायद उसका नशा करके उस आलम में फिर वह सलीम ही हो जाये? वैसा ही महसूस करे? और, देखते ही देखते उसने अफ़ीम की बड़ी खुराक़ उदरस्थ कर ही ली? वह सलीम तो क्या हुई? अपने ग़म से शाम भर या रात भर के लिए ही नहीं ज़िन्दगी भर के लिए निजात पा गयी? उसे सलीम से उसके पिता-पुत्र दोनों के साथ रोज़-रोज़ के विवादों से फुर्सत ही मिल गयी? वह उस दिन के बाद कभी किसी विषाद में नहीं आयी? वह उसी शाम मौत के आगोश में समा गयी?

लेकिन उसे समझ आ चुका था कि देर-सबेर उसके पुत्र खुसरू को भी उसी राह से गुज़रना ही होगा? जिसका अपना ही पिता जान का दुश्मन हो, उसे कौन, कब तक, कितना बचा सकता था? वह भी तो उसी सलीम की राह का काँटा था? था कि नहीं, यह तो वही जानता, शक़ करता और इस बात पर भरोसा भी करता

था? शक़ का इलाज तो हक़ीम लुकमान के पास भी नहीं था—वह तो बस एक बेबस सी माँ थी? खुसरू का एक कसूर तो था ही—वह अपनी माँ का लाड़ला बेटा और बाबा बादशाह का स्नेह-पात्र पौत्र था? इसीलिए सलीम की सत्ता की राह में एक काँटा था? जैसे वह अपनी माँ और बाबा की आँखों का तारा और निगाहों का नूर था, वैसे ही उसके दुगुने-चौगुने अनुपात में अपने वालिद की आँख की किरकिरी होता चला गया था? इस बात को शाह बेग़म से बेहतर कौन जानता था? वह जानती थी कि सत्ता का यह नृशंस शिकारी देर-सबेर उसको बख्शेगा नहीं? इस दुर्दान्त, जंगली भूखे शेर के खूनी पंजों से कौन सा कोमल हिरन या हिरनी या शिशु खरगोश बच सकेगा? और पहला शिकार शाह बेग़म सी हिरनी कब से अपनी क़ब्र में पड़ी उस खरगोश के आगमन का इन्तज़ार करती रही थी? खरगोश भी अन्ततः शिकार हुआ? उसका अंदेशा अन्ततः सही साबित हुआ था? और, लम्बा इन्तज़ार आख़िर में आज ख़त्म हुआ!

वह पहली ब्याहता थी सलीम की, इसीलिए सलीम को उससे अधिक कौन जानता था? उसकी नस-नस और नज़र की हर हरकत से बहुत करीब से वाक़िफ़ थी। उसने ही सलीम को औरत से प्यार पाने और लुटने-लुटाने के नुख्से सिखाये थे? उसी ने पहले-पहल प्यार के सभी पहलुओं को प्रकट किया था? दोनों ही सन्तुष्ट, सन्तृप्त रहते थे। ये तो बाद में सब गफलत, गड़बड़ हुई और अकबर-सलीम, सलीम-खुसरू, सलीम-अनारकली प्रकरणों में बिगड़ती, बदलती, उधड़ती चली गयी! ख़ैर आज उसका इन्तज़ार पूरा हुआ था। उसका लाड़ला यहीं उसके पास उसके आँगन, आगोश और आँचल में आ गया था? जितना दर्द, ग़म, तकलीफ़ पाया है माँ के प्यार-दुलार, सान्निध्य में भूल जायेगा। दोनों को एक-दूसरे के सहारे सुकून आ जायेगा! उसे याद है...कितनी दफा आया था, माँ के सिरहाने, दुआ पढ़ने, इबादत करने, दीप जलाता था, फूल चढ़ाता था, क़ब्र झाड़ता-बुहारता, चूमता, सर नवाता, आशीर्वाद लेता और लौट जाता था। पर आज आ रहा है सदा के लिए! अपनी जान चढ़ा गया! माँ के आँचल में आख़िरी आश्रय, विश्राम और सुकून के लिए! वो वापस आ गया था...माँ के नीड़ में...इसीलिए शायद आज चिड़ियाँ ज़्यादा चहक उठी थीं!

वे महिलाएँ जो अबतक ये सब समझ-बूझकर एकटक यूँ देख रही थीं शाह बेग़म के मकबरे की ओर उन सबकी नज़रें डबडबा रहीं थीं। वे सिर्फ़ ठंडी आहें भर रहीं थीं। उनकी सिसकियाँ धीरे-धीरे निकल रही थीं...ताकि इस सताई हुई रूह को जैसे अब और तकलीफ़ देना किसी को भी गवारा न हो? वे न खुल कर रो पा रही थीं, न दुःख अभिव्यक्त हो ही सकता था? वो ऐसा प्रवाह था, जो अन्दर-अन्दर ही सबको उद्वेलित करता रहा था इतने महीने? वे देख रही थीं कि कैसे ही प्रान्तीय बख़्शी के एक ही हुक्म के बाद से न केवल इस विशाल बाग़ से अपार जन-समूह हट गया था, जैसे ही उन्हें बताया गया कि बदकिस्मत राजकुमार खुसरू की बदनसीब बेवा

क़ब्र पर अन्य मुग़ल महिलाओं के साथ श्रद्धा-सुमन अर्पित करने आने वाली है...वह अपार जन-समूह बाग़ के बाहर खुल्दाबाद से लेकर दरियाबाद तक के इलाके में फैल गया ताकि उनके जाने के बाद वे भी अपना हक़ अदा कर सकें! ऐसी ख़ामोशी... और ऐसे विशाल जन-समूह की मौजूदगी में? यह विश्वास के परे था! सब उत्सुक, सब बेहाल, सब ख़ामोश...जैसे उन्हीं के घर मातम हुआ हो?

उधर एक निहायत मासूम चेहरे और सूनी आँखों वाली एक निहायत सुन्दर-सी काया, सधे क़दमों से खुल्दाबाद के इस ग़मगीन से बाग़ के पूरब वाले हिस्से में बनी एक नयी क़ब्र की और झुकी ओर फिर वहीं घुटनों के बल मग़रिब की ओर मुँह करके वैसे ही बैठकर फ़ातिहा पढ़ने लगी। फ़ातिहा पढ़कर जैसे उसे बहुत सुकून मिला हो! उसने बिना रुके ही नयी क़ब्र की ताज़ी और हल्की गीली मिट्टी को अपने आँचल से पोंछना शुरू किया, जैसे उसके मरहूम पति की आँखों से छलके मोती और उसके सीने से रिसती लहू की एक-एक बूँद पोंछ कर उसका दुःख, दर्द, ग़म को सहला कर साफ़ करके, उसकी बेगुनाही, इनसानियत, बेपनाह मोहब्बत, भलमनसाहत को सहेज कर वहीं सजा देना चाहती है। इन्तकाल के बाद भी जिसे बेवजह बुरहानपुर से आगरा और आगरा से भी रात भर में दूर इलाहाबाद रवाना करना? न जीते जी चैन से रहने दिया था और न ही इन्तकाल के बाद ही? कम से कम, अब तो अपनी माँ की क़ब्र से पूरब की ओर सोकर रोज़ एक नये सुबह की किरण-सा इत्मीनान तो होगा? यह औरत भी तो एक माँ थी? उसने बड़े आहिस्ता से अपने बेटे से भी कहते हुए पूछा या पूछते हुए हलक़े से कहा भर, “दावर बक्श, अपने वालिद साहब की रूह के सुकून के लिए फ़ातिहा पढ़ लीजिये....इबादत कर लीजिये...देखिये हमारे-आप के लिए यह बाग़ खाली करवाया गया है, ये हज़ारों की तादाद में हिन्दू-मुस्लिम, अमीर-ग़रीब, दुनियावी, दीनी, सूफी सन्त, भक्त, दरवेश, योगी, स्त्री, पुरुष, जवान, जहीन, सब लोग इन्तज़ार में हैं कि कब हम जायें और ये अपनी तरह से अपने ग़म, मोहब्बत, इनसानियत और इबादत की रस्म अदायगी करें?”

वह चाहकर भी आज फिर अपने इस अज़ीज़ से शौहर के लिए उस बेटे से—जो अपने वालिद की क़ब्र पर फ़ातिहा पढ़कर अब रौशनी करने में मशगूल हो चुका था—मरहूम वालिद नहीं कह सकी थी, ये लफ़्ज़ उसके हलक़ में ही हर बार अटक जाता है। भारी मन से भी उसके लिए यह कहना मुमकिन नहीं हो पाता है जबकि महीनों से उसके अपने जीवन की यही असलियत है और थी! वह आज भी निहायत संकोची, लेकिन सन्तुलित व्यक्तित्व की मलिका थी। अकबर की गोद में पली-बढ़ी, उसके दूध-भाई मिर्ज़ा अज़ीज़ कोका और उसकी निहायत शरीफ़ बेग़म जीजी अनंगा की यह बिटिया दुःख, पीड़ा, ग़म और इनसानी मर्म की साक्षात मूर्ति

थी! पालकी के कहारों ने रास्ते भर सिर्फ़ उसके मुँह से निकल रही इबादत की हल्क़ी आवाज़ कभी-कभी सुनी थी या कभी झटका लगने से तस्बीह सम्हाले हुए उसके अपने बैठने का ढंग बदलने का एहसास हुआ था! दूर बाग़ के बाहर खड़े वे कहार वापस पालकी को क़िले की ओर ले जाने के लिए इन्तज़ार करते हुए आपस में बातें करते सिपाहियों, अधिकारियों को यह बताने से नहीं चूके थे? वे साधारण जन साबित कर रहे थे कि वे अपने हुक्मरानों से ज़्यादा संवेदनशील हैं? और वे भी यही ज़ाहिर कर रहे थे, जो उनकी बातें पूरी शिद्दत से सुन रहे थे! वे बता रहे थे कि फ़ातिहा पढ़ते हुए भी एक आह और बेइंतिहा ग़म व दर्द में डूबी कोई बहुत हल्क़ी मगर असरदार, थकी-सी किन्तु आस्था में डूबी इबादत की आवाज़ होगी जो इस कच्ची क़ब्र की गहराई में उस रूह तक पहुँच कर वाक़ई सुकून पहुँचा रही होगी!

वाक़ई आज खुल्दाबाद की सराय के उत्तरी हिस्से के इस बाग़ का नज़ारा सुबह से बहुत फ़र्क़ रहा था। वहाँ इस मुग़ल राजकुमार को अन्तिम श्रद्धांजलि देने वालों का ताँता टूटता ही नहीं था? यही नहीं, वहाँ बिसातियों की दुकानें तक लग गयी थीं, कुछ ही घंटों में ताबीज, इलायचीदाने, कलावा...और न जाने क्या-क्या? मगर प्रान्तीय बख़्शी के खुद के कहने और मुनादी पिट जाने के बाद कि बहुकुम सूबेदार, इलाहाबाद जोहर की नमाज़ के एक घड़ी बाद ही बाग़ पूरी तरह से उसकी सेना के कब्जे में आकर इन बेग़मातों और मुग़ल राजपरिवार के ख़ास लोगों के लिए ही खुला रहना था। उतनी देर के लिए वह आमजन के लिए बन्द कर दिया गया था। खुद सूबेदार ने सारी व्यवस्था पर नज़र रखी थी, वाकियानवीस मुस्तैदी से अपने ख़ुफ़िया नवीसों की मदद से सारी सियासी और गैर-सियासी नब्ज़ों को बराबर टटोल रहा था? किलेदार अपनी सैन्य-टुकड़ी के साथ इस विशेष शाही-दल के साथ क़िले से उन्हें सुरक्षित लाकर वहीं मुस्तैदी से बैठा था—उत्तरी छोर पर, जबकि पूरबी छोर पर स्वयं प्रान्तीय बख़्शी मौजूद थे; और, खुल्दाबाद सराय के फाटक पर वाकियानवीस अपने दल-बल के साथ मुस्तैद था!

और इस सुरक्षा घेरे में काली चादर से सर से पाँव तक ढकी हुई, क़ब्र के पास से उठते हुए उस महिला ने सज़दा किया, मज़ार की मिट्टी को अपने माथे से लगाया, सधे हुए क़दमों से चलती हुई वह काया फिर सिरहाने पर पहुँची। सिरहाने से पैताने तक सारी मिट्टी को अपनी चादर से ऐसे सहलाया जैसे कोई अपना मरहम सा लगा रहा हो रुई के फाये से...कहीं मिट्टी के ऊबड़-खाबड़ होने से दफ़न रूह को कोई तकलीफ़ न हो? ज़िन्दगी भर तकलीफ़, दुःख, दर्द, ज़ख़्म खाई काया और रूह को अब तो कोई तकलीफ़ न ही हो? गोधूली का वक़्त बड़ा अजीब-सा होता है, प्रकृति, जीव-जन्तु, वक़्त सब ठहर-सा जाता है? पूरा ब्रह्माण्ड ही उतनी देर के लिए जैसे किसी स्थायी सन्तुलित मुद्रा में आ जाता है? समय ठहरता है और गौर से देखने में समझ आता है, कि हवा भी रुक जाती है और एक आभास दिव्यता का

होता है। मन-मस्तिष्क-हृदय-आत्मा सब उसी सन्धि-काल में प्रकृति और ब्रह्माण्ड से एकाकार हो जाते हैं! पूरी कायनात ही शान्त, नीरव, स्थिर, सन्तुलित। मृत्योपरान्त या जन्म से पूर्व अज़ल के समय जैसा ही माहौल एक बार फिर कायम होता है! वह बन्द हुई हवा और उमस से बेपरवाह, धीरे-धीरे, हौले-हौले अपने मृत पति की ताज़ी क़ब्र पर अपनी इसी ओढ़ी हुई चादर से हवा करने लगी! जैसे करती रही थी, ज़िन्दगी भर...और, मुग़ल राजपरिवार के जितने भी लोग मौजूद थे, वे सिसक उठे! इस ताज़ी क़ब्र पर फ़ातिहा पढ़कर, वे देर से चुपचाप उसे देख कर न जाने किस सोच-ख़्यालों में डूबे थे मगर अब उनका सब्र जवाब दे ही गया!

आस-पास खड़ी मुग़ल महिलाएँ, सहेलियाँ, नौकरानियाँ, बाँदियाँ और तमाम रिश्तेदार-नातेदार, जो साथ आये थे, इस ग़म की घड़ी में शरीक होने और खुसरू को आख़िरी विदाई देने, उनका एक मक़सद और था कि वे अकबर के दूध-भाई मिर्ज़ा अज़ीज़ कोका और जीजी अनंगा की इस लाड़ली के दुःख में शरीक होने के साथ ढाढस बँधाने आये थे मगर, वे खुद को नहीं सम्भाल पा रही थीं और जैसे ही अपनी चादर से क़ब्र को हवा की और चलने से पहले अकबर की इस 'बेटी-बहू' ने आख़िरी बार 'सज़दे' के बाद अपने शहंशाह, दिल के मालिक और प्रिय साथी से बिछड़ने से पहले 'पैबोस' के अन्दाज़ में पैताने की मिट्टी पर अपने थरथराते होठ रखे...वहाँ मौजूद इन सब ढाढस बँधाने वालों के होठ खुद-ब-खुद काँप उठे। टीस, ग़म, दर्द अश्क़ बन बह निकले! वे सब दुःख से ज़्यादा पानी बेबसी, क्षोभ, निराशा, हताशा की इस घड़ी में उसे तो क्या सम्हालते, खुद ही रो पड़े! शाम को नमी एकाएक बढ़ गयी....चिड़ियों ने भी चुप्पी साध ली। नीरवता और धुँधलका और गहरा गया! बस झींगुर की आवाज़ ही ज़िन्दगी का एहसास करा रही थी जैसे मौजूद लोगों की सिसकियाँ, हिचकियाँ, फुसफुसाहटें। जिस तरह मौजूद लोग अपने हलक़े क़दमों से अपने शरीर के भार को एक पैर से दूसरे पर बदल रहे थे वो तक सुनायी दे जा रही थी, इस शोक-सभा की गहन शान्ति में! बाहर जो सैकड़ों सिपाहियों, अधिकारियों की फ़ौज और उनके पीछे अन्दर आकर अपनी श्रद्धांजलि देने के लिए जो सुबह से क्रम को निरन्तरता प्रदान देने को कब से इन्तज़ार में खड़ी थे...उनकी भी कोई आवाज़ नहीं। इतने लोग बाग़ के अन्दर और बाहर दोनों जगह मौजूद और उसके बावजूद भी एक अजब मौत का सा सन्नाटा! एक निहायत नेक बन्दे और 'इनसान-ए-कामिल' के लिए इनसानियत ही जैसे स्वतः पिघल रही थी? शाही टोली के किले की ओर बढ़ जाने के बाद खुल्दाबाद का यह बाग़ एक बार फिर जनता-जनार्दन के लिए खुल गया...वहाँ रात-दिन का ताँता, मेला लगा ही रहता और दो-चार रोज़ में ही उस बाग़ का नाम लोगों की जुबाँ पर 'खुसरू बाग़' ही आने लगा और यही नामकरण इस बाग़ का हो गया!

जहाँ पूरे मुग़ल इतिहास में हम प्रेम, निक़ाह, मुत्ताह विवाह, बहु-विवाह, विवाहेतर सम्बन्धों के विषय के एक से बढ़कर एक क़िस्से-कहानियाँ और विवरण पढ़ते हैं, वहीं दूसरी ओर, दाम्पत्य-बन्धन में बँधा एक ऐसा अनोखा जोड़ा भी दिखता है, जिसमें पति-पत्नी ने एक-दूसरे के लिए ही समस्त जीवन और प्रेम न्योछावर ही कर दिया था? मध्यकालीन सामन्तवादी सोच वाले युग में एक ऐसा जोड़ा जो सिर्फ़ इसीलिए भी और दुःख का भागी हुआ? इस जोड़े में शामिल पति ने यदि थोड़ी बहुत समझौते की गुंज़ाइश दिखाई होती, तो सम्भवतः उनका और भारत का ही इतिहास कुछ और होता? शायद उस पूरे मुग़लकाल में इससे अधिक त्रासद कोई घटना घटी ही नहीं थी? इस व्यक्तिगत त्रासदी को लोगों ने अपना माना था और इतना व्यापक और सार्वजनिक जुड़ाव हमें किसी और घटना के साथ हरगिज़ नहीं दिखता है! जो कुछ अपवाद होते हैं, वे इतिहास के पन्नों में दर्ज़ हो जाते हैं! निजी जीवन में शुचिता और उच्च आदर्शों का जब सर्वत्र दिखावा ही हो और, कथनी व करनी में अन्तर एक सामान्य-सी बात हो, तब निश्चित ही यह दम्पति एक मानक या अनुकरणीय उदाहरण नहीं तो, प्रशंसा और सहानुभूति के पात्र तो होने का हक़ रखते ही हैं? इसीलिए इसकी जानकारी ज़रूरी, दिलचस्प और प्रेरणाप्रद है! साथ ही मुग़लकाल के राजनीतिक परिदृश्य को समझने में भी बहुत मदद करती है। हमें इस अध्ययन से समझ आने लगता है कि, कैसे प्रत्यक्ष एवं अप्रयत्क्ष रूप से मुग़ल रनिवास या 'हरम' समकालीन राजनीति को किस हद तक प्रभावित करता था? कैसे अकेला 'हरम' अपने बलबूते पर हिन्दुस्तान का इतिहास और किसी शहज़ादे का भाग्य निर्धारित तक कर देता था? जितने अध्ययन 'मुग़ल' हरम पर हुए हैं, वे एक सीमा तक जाकर रुक जाते हैं? सम्भवतः सूचनाओं-संकेतों-साक्ष्यों के अभाव में? इतिहास के अध्येता या विद्यार्थी को वस्तुतः उन सामाजिक, सांस्कृतिक, राजनीतिक, आर्थिक प्रक्रियाओं के साथ ही, इनकी अन्तक्रियाओं का भी विश्लेषण सतर्कता से करने पर शायद वे निष्कर्ष मिल ही जायें, जिन पर हम चल कर इस वास्तविकता से वाबस्ता होने जा रहे हैं?

मुग़ल इतिहास के साधारण अध्ययन-अध्यापन, शोध में कई हस्तियों का उल्लेख बस नाममात्र को होने लगा है। इस इतिवृत्त में कुछ दिलचस्प और महत्त्वपूर्ण ऐसे व्यक्तित्व हाशिये में चले गये हैं और पाद-टिप्पणियाँ में सिमट कर रह गये हैं। यदि, ये लोग राजनीतिक रंगमंच के केन्द्र में होते, तब इस काल के इतिहास का रुख, स्वरूप व चरित्र ही फ़र्क़ ही नहीं, जो हुआ, उससे बहुत बेहतर भी होता? ऐसा कई बार हुआ भी है और, हमें अक्सर ऐसे वाक्य और सन्दर्भ मिल ही जाते हैं, जो हमें इस ओर सोचने पर विवश भी करते हैं? अगर हम सिर्फ़ मुग़ल काल तक ही सीमित रहें, तब भी एक सवाल लोगों को अक्सर परेशान करता ही है? अगर, औरंगज़ेब की जगह दाराशिकोह मुग़ल बादशाह बना होता? तब शायद मुग़ल सत्ता

न सिमटती? या कि, इस प्रकार से न सिमटती जैसे बेदर्द तरीके से सिमटी? या फिर, इतनी गति से और जल्दी न सिमटती? इसी तरह के प्रश्न एक और व्यक्तित्व के सम्बन्ध में भी उठते हैं, जो दारा के व्यक्तित्व का पूर्वगामी था! यह व्यक्ति कोई और नहीं, इसी दाराशिकोह के पिता शाहजहाँ का बड़ा भाई और उसी तरह अकबरी संस्कारों में, पगा-पला-बढ़ा था! अतः उसी का सवाल खुसरू के सन्दर्भ में सबके मन में कौंधता है—अगर सलीम या नूरुद्दीन मोहम्मद जहाँगीर की जगह शहज़ादा खुसरू अकबर की इच्छानुसार उसके बाद मुग़ल बादशाह बना होता तो कम से कम अकबरी संस्कार और परम्पराएँ शायद मुग़ल वंश का ऐसा और इतनी जल्दी अन्त नहीं होने देतीं? तब अकबरी समन्वयवादी-संस्कृति ने न केवल और गहरी जडें जमा ली होतीं, अपितु, फिर किसी कट्टरवादी या प्रक्रियावादी माहौल का मध्यकालीन भारत में कोई स्थान कभी न होता? इतिहास के बढ़ते क़दम के आगे तो बड़ी-बड़ी सभ्यताएँ और संस्कृतियाँ बदलती, बिगड़ती, बिखरती और उजड़ती रहती हैं, किन्तु, उनका क्रम और उनमें परिवर्तन तो हमें हिन्दुस्तान की तारीख में तो कम से कम देखने को मिलता ही है? शायद यही हुआ भी होता?

मध्यकालीन इतिहास पढ़ते-पढ़ाते जब लगभग उम्र ढलने लगी, तब भी शहज़ादे खुसरू के इस सवाल ने हमारा पीछा नहीं छोड़ा? अपितु, इसको पढ़ने, समझने और सारे तथ्य सबके समक्ष प्रस्तुत करने का इरादा पक्का ही होता गया? अतः हमने अपने और आप सबके लिए इस पूरे अध्याय को निरूपित करने का निर्णय लिया है? शायद हमलोग विषय के साथ-साथ उस मृत शहज़ादे के साथ भी कुछ न्याय कर सकें, जो आज भी इलाहाबाद रेलवे स्टेशन के निकट खुसरू बाग़ में क़यामत के रोज़ का इन्तज़ार कर रहा है—शायद तभी उसके साथ भी इन्साफ़ हो! यकीन मानिये, जितना-जितना इसके बारे में पढ़ते गये, खोजते गये, लिखते गये, हमें लगा कि वाक़ई यह मुग़ल काल की और, साथ ही, अकबर के काल से प्रारम्भ हुई 'समन्वित संस्कृति' के द्रुत प्रवाह को अवरुद्ध करने वाली सबसे बड़ी त्रासदियों में से एक थी! कई मामलों में इस शहज़ादे का आचरण समकालीन आभिजात्य के आचरण से बहुत जुदा, बहुत मानवीय, ज़मीनी, सामान्य और, इसीलिए असामान्य रहा! जिस संस्कृति को वह आत्मसात किये हुए एवं जिसका वह पोषक था, उस संस्कृति ने समकालीन सामाजिक-सांस्कृतिक धरातल को तो बदला ही होता, राजनीतिक संस्कृति में भी आमूल-चूल परिवर्तन हो गया होता? और, इसके परिणामस्वरूप तो निश्चित ही मुग़ल और भारतीय इतिहास परिवर्तनीय भी होता और परिवर्तित भी! शायद अकबर के काल से शुरू हुआ सामाजिक-सांस्कृतिक समन्वय मजबूत होकर ऐसी पृष्ठभूमि निर्मित करने में सफल होता कि भारत में सम्प्रदायवाद की गुंज़ाइश भी न बचती और हम विभाजन और उसकी त्रासदी से भी बच गये होते? अतः इस सन्दर्भ में खुसरू की यह व्यक्तिगत त्रासदी एक व्यापक और दूरगामी रूप धारण करती है?

मुग़ल काल का यह तो ऐतिहासिक सत्य और सांस्कृतिक तथ्य है कि यदि जहाँगीर की जगह खुसरू बादशाह हो गया होता, तब अकबरी जलाल के साथ उस समय का सद्भाव, समन्वय और सांस्कृतिक सम्मिश्रण कुछ और बढ़ता तथा मजबूत होता? निश्चित ही शेख़ अहमद सरहिन्दी जैसे कट्टरवादी धर्माधिकारी सशक्त न होते? गुरु अर्जनदेव की हत्या का अपराध और पाप और, उससे उपजा मुग़ल विरोध इतना सशक्त और मुखर रूप धारण न करता? हिन्दुस्तान अकबर के पश्चात फिर से अशोक जैसे शान्ति-सद्भावना और सांस्कृतिक-सम्मिश्रण के काल में पहुँचता, जिसमें औरंगज़ेब जैसी शक्ति का उत्कर्ष सम्भव ही न होता और, दारा जैसे लोगों के ही वारे-न्यारे होते! गुरु अर्जनदेव और खुसरू के तो बेहद करीब आध्यात्मिक-बौद्धिक सम्बन्ध थे और इसका तो इतिहास भी गवाह है! अकबर के काल की मुग़ल-राजपूत मित्रता तब मुग़ल-सिख, मुग़ल-मराठा जैसे कितने रूप धारण करती? सिख, मराठा, बुन्देलों, सतनामियों, जाटों, अफ़गानों आदि-आदि के विद्रोह की भी शायद नौबत नहीं आती? तब क्या आंग्ल प्रवेश सम्भव और सहज हो पाता? इतने सारे सवालों को जो जन्म दे गया उस व्यक्तित्व या उसके प्रकरण का अध्ययन स्वतः ही दिलचस्प और आवश्यक दोनों ही हो जाता है!

पहला राजपूत शासक, जिससे मुग़ल बादशाहों के राजनीतिक, कूटनीतिक और वैवाहिक़ सम्बन्ध स्थापित हुए, वह था आमेर (जो बाद में जयपुर राज्य के नाम से जाना गया) का राजा भारमल या बिहारीमल था। भले ही उसने अपने राजनीतिक अस्तित्व को बचाए रखने के स्वार्थ में ख़्वाज़ा मुइनुद्दीन चिश्ती के दरगाह को जा रहे अकबर के समक्ष समर्पण किया हो। किन्तु, यही परिवार सदैव मुग़लों के लिए निकटवर्ती बना रहा। इसी भारमल की पुत्री से अकबर का विवाह सम्पन्न हुआ था। और इस कछवाहा परिवार से आगे भी मुग़ल हरम में रानियाँ आती रहीं। अपने शासन के 29वें वर्ष (1585-86) में कछवाहा राजा भारमल के पुत्र भगवंत या भगवानदास की पुत्री मानमती से अकबर ने अपने पुत्र सलीम का विवाह बड़े धूम-धाम से किया था। अकबर स्वयं बरात लेकर आमेर गया था! राजा भगवान दास ने 100 सुसज्जित हाथियों, अनेक दास-दासियों सहित 2 करोड़ रुपये का दहेज दिया था। इसी वैवाहिक़ सम्बन्ध के फलस्वरूप सलीम को पुत्र और, अकबर को पौत्र के रूप में 4 अगस्त, 1587 ई. को खुसरू की प्राप्ति हुई! समकालीन ग्रन्थों में उल्लेख मिलता है कि अकबर कितना खुश हुआ था और उसने कितने समारोहों का आयोजन किया था! जैसे वह सलीम के जन्म पर खुश हुआ था, उससे कहीं अधिक खुश वह उसके पुत्र या अपने पौत्र खुसरू के जन्म पर हुआ था? मूल से वैसे ब्याज अधिक प्यारा होता है, अतः उसकी ख़ुशी का कोई ठिकाना ही नहीं था!

लेकिन इस अवसर पर अकबर की ख़ुशी में सन्तोष की भी एक आशा थी! उसे लगा था कि उसका लाड़ला पुत्र सलीम जो निरन्तर विद्रोही गतिविधियों में संलग्न

रहता था, शायद पिता की ज़िम्मेदारी की समझ आने के बाद सुधर जाये! वह जिस तरह की कुसंगति में पड़ा रहता था तथा निहायत लापरवाही और असन्तुलित व्यवहार करता था, उससे बादशाह बहुत खिन्न रहता था. अतः उसे कहीं रौशनी की किरण के रूप में उस गैर-ज़िम्मेदार सलीम के जीवन में इस पुत्र का प्रवेश दिख रहा होगा? शायद अब पिता होने के बाद सलीम बदल जाये? उसको सुधारने और सही मार्ग पर लाने के अकबर के अभी तक के सारे प्रयास तो निरर्थक ही साबित हुए थे? इस पिता ने पुत्र सलीम की प्राप्ति के लिए क्या-क्या पापड़ बेले थे, यह तो वह बेबस पिता ही जानता था? कैसे अपनी पत्नी को राजप्रासाद के स्थान पर शेख़ सलीम चिश्ती के दरगाह में रखा था, ताकि, सन्त की प्रार्थनाओं और सूफीमय वातावरण में उसकी पत्नी का प्रसव और सन्तानोत्पत्ति सम्भव हो सके। उसके पूर्व उसकी तीन सन्तानें मृत पैदा हुई थीं। उसने सलीम को ज़िम्मेदारियों से भी लाद दिया था कि वह इन ज़िम्मेदारियों से घिरकर कुछ व्यस्त होगा, तब उसके पास निठल्ले लोगों के लिए न समय होगा और न ही ऊट-पटाँग विचारों के लिए? किन्तु, हर ज़िम्मेदारी के साथ पद और प्रतिष्ठा में भी अभिवृद्धि होती रही और, उसी के साथ धन और अधिकार-क्षेत्रों में। वह इन सब का दुरुपयोग ही करता रहा! अपने सहृदय पिता व संवेदनशील बाप का नाजायज फ़ायदा उठाने से कभी नहीं चूका? उसने अकबर की कृपा और वात्सल्य का सदैव गलत लाभ ही उठाया!

एक बड़ा महत्त्वपूर्ण और दिलचस्प क़िस्सा अबुल फ़ज़ल ने अपनी प्रसिद्ध कृति, 'अकबरनामा' में 1589 सन् का बयाँ किया है, जब पूरा मुग़ल राजपरिवार कश्मीर जा रहा था। अकबर ने स्वयं राह बनाते हुए अपने दल के साथ आगे बढ़ने का निर्णय लेते हुए, अपने ज्येष्ठ पुत्र सलीम को आदेश दिया कि वह समस्त 'हरम' व रिश्तेदारों को अगले दिन साथ लेकर अकबर से आ मिले। दूसरे दिन जब वह इन्तज़ार करते-करते थका और परेशान हो गया, तब शाम ढलने के समय अकबर यह देखकर दंग रह गया कि सलीम अकेले ही अपने साथियों के साथ मस्ती से चला आ रहा है? जब अकबर ने उससे नाराज़गी ज़ाहिर करते हुए, तेज़ स्वर में पूछा कि हरम की समस्त महिला व बच्चे कहाँ हैं? तब सलीम ने उसे यही उत्तर दिया कि राह में ख़तरा बहुत जानकर वह उन्हें वहीं शिविर में छोड़ आया है? अकबर के रोष का ठिकाना न रहा? उसने सार्वजनिक रूप से सलीम को उसकी लापरवाही के लिए फटकारा कि, उसकी वजह से पूरे हरम और महिलाओं-बच्चों को उसने ख़तरे में अकेले छोड़ने की अक्लमन्दी क्यों की? वह इतना क्रोधित हो गया कि उसने बिना किसी सुरक्षा और सैन्य-टुकड़ी के ही अकेले रात में उस स्थान से जाकर, हरम को सुरक्षित लाने का जोखिम भरा फ़ैसला किया! खैर, सभी ने सर्वसम्मति से बादशाह को समझाने में सफलता प्राप्त की और, अकबर ने सेना की सहायता से ही उन्हें उसी रात सुरक्षित करवाया और, दूसरे दिन पूरी सैन्य सुरक्षा के साथ उन्हें

अपने पास बुला लिया! पूरा हरम भी सलीम से इस लापरवाही और स्वार्थ परकता के लिए रुष्ट हो गया था! उसे अपने सुख-सुविधा, व्यसन से फुर्सत ही कहाँ थी कि वह किसी और के विषय में भी सोचे?

उसकी इन्हीं लापरवाहियों और व्यसनी चरित्र के चलते, अकबर ने उसे कभी भी वयस्क होने के बाद, बे-रोक-टोक मुग़ल 'हरम' में प्रवेश की इजाज़त नहीं देना पसन्द किया था? ऐसे व्यक्तियों, जिन्हें बादशाह अपने बेहद नज़दीक और वृहद् परिवार का सदस्य मानता था, उन्हें यह विशेषाधिकार दिया जाता था! उसने जीजी अनंगा के पति, अत्काह को तो यह अधिकार दिया था और, उनके पश्चात यह अधिकार अपने दूध-भाई व अत्काह-जीजी अनंगा के पुत्र मिर्ज़ा अज़ीज़ कोका को भी दिया था! अपने पौत्रों के बड़े होने पर भी सबसे बड़े पौत्र, खुसरू को ही इस अधिकार के योग्य माना था? शायद यह भी एक वजह बनी थी कि खुसरू के इस विशेषाधिकार से जहाँ एक ओर सलीम नाराज़ हुआ था, तो दूसरी ओर, उससे साढ़े-चार पाँच वर्ष छोटा ख़ुर्रम भी मन ही मन उससे ईर्ष्या करने लगा था! सलीम से उम्र में दो-ढाई वर्ष छोटा परवेज़ अपने व्यसनों में व्यस्त और मस्त रहने वाला जीव था, जिसे किसी चीज़ एवं बात से कोई विशेष मतलब ही नहीं रहता था? मुग़ल इतिहास में ऐसे उच्च आदर्शों वाले व्यक्तियों का बड़ा महत्त्व था और वे प्रायः बहुत आदर या स्नेह के ही पात्र होते थे! पहली श्रेणी में अत्काह का उदाहरण है तो दूसरी में खुसरू का! ऐसे व्यक्तियों के लिए एक ख़ास सम्बोधन था—"महराम"! सलीम जब शासक बना था, तब उसने सिर्फ़ बुजुर्ग ऐत्माद-उद-दौलाह को और वह भी अपने विवाह के बहुत बाद और उनके वकील बनने के बाद यह विशेषाधिकार प्रदान किया था! उसे चरित्र के मामले में सब अपने जैसे ही लगते रहे होंगे? ये 'महराम' कभी भी बिना रोक-टोक के मुग़ल हरम में भी (ज़ाहिर ही है, बादशाह से अकेले में मिलने के लिए) आ-जा सकते थे और इन्हें महिलाएँ आदर या स्नेह से देखती थीं!

अतः हम पाते हैं कि अकबर भी सलीम की इसी प्रकार की हरकतों से आजिज़ आ चुका था और, इधर हरम में भी उसके प्रति संवेदना की कमी हो रही थी। इसका भी एक कारण था कि उसकी अपनी पत्नी और आमेर की राजकुमारी मानमती से भी अच्छे सम्बन्ध नहीं थे। वह बेचारी भी, उसकी कुत्सित वृत्तियों से नाराज़ और निरन्तर मरियम मकानी के माध्यम से सुधार का अनुरोध करती रही। वह सदैव उसके सनकीपन भरे कुकृत्यों, अन्यायी प्रसंगों को रेखांकित करती रहती थी? जैसे-जैसे सलीम की उम्र और अधिकार-क्षेत्र में वृद्धि हुई इसमें भी इज़ाफ़ा ही हुआ? और, एक दौर तो ऐसा भी आया जब वह स्वयं बादशाह की तरह ही व्यवहार करने लगा? वह लाल रंग के बादशाही शिविर (यह राजसी-प्रतीक या चिह्न था) का उपयोग करने लगा था? वाक़ई उसकी यह सारी हरकतें बेजा ही थीं, किन्तु, असह्य और पिता के लिए पीड़ादायक? अकबर-भगवानदास के पारस्परिक सम्बन्धों

के बावजूद वह इस राज्य की राजकुमारी अपनी पत्नी के प्रति भी अच्छा व्यवहार नहीं प्रदर्शित करता था? अतः अकबर के लिए विवशता हो गयी कि वह उसके पुत्र पर इनके अन्तर्भेदों का असर न पड़ने दे। अतः उसने नन्हे खुसरू को अपने प्रश्रय में रखा! इस तरह खुसरू शुरू से अकबरी संरक्षण और स्नेह की छाया में रहा और उसी संस्कृति में पला-बढ़ा और पगा!

जब कोई बच्चा अकबरी जलाल में रह रहा हो, उसकी पूरी तालीम और परवरिश उसी माहौल में हो रही है, वह कैसा होता? अतः जितना और जैसा अपने पुत्र को अकबर चाहता था और, जैसा सलीम साबित नहीं हुआ, उसने उसके पुत्र खुसरू को वैसा बना कर वह सब कुछ पा लिया? उस प्रौढ़ावस्था के बादशाह को कितना सुकून और सन्तोष मिलता होगा, खुसरू के आचरण-व्यवहार से, यह अबुल फ़ज़ल के विवरणों से स्पष्ट है! जितना सलीम ने अपनी अनुशासनहीनता एवं दुराचरण से अकबर को निराश किया था और निरन्तर कर ही रहा था, उतना ही खुसरू की अनुशासित जीवन-चर्या और सदाचरण से वह प्रसन्न तथा सन्तुष्ट! उसके कलेजे को जितना पिता सलीम जलाता था, उतनी ही शीतलता खुसरू से मिल जाती थी! वह अकबर के लिए एक बड़ा सम्बल, सन्तोष और सहारा साबित होने लगा! लेकिन सलीम का चरित्र और उसकी गुत्थियाँ किसी मनोवैज्ञानिक विश्लेषण का ही विषय हो सकती हैं। जितना-जितना अकबरी दरबार में उसके पुत्र खुसरू पर ध्यान दिया जाता था, जितना उसपर स्नेह लुटाया जाता, उतना-उतना ही वह अपनी ओर बादशाही ध्यानाकर्षण करने के लिए कोई न कोई नया बखेड़ा खड़ा करता रहता था?

जैसे-जैसे सलीम का यह पुत्र, अपने दादा या बाबा के लाड़-प्यार और छत्र-छाया में पढ़-लिख कर प्रशिक्षित होते हुए, बड़ा होने लगा, वैसे-वैसे वह अपने पिता के स्नेह से और दूर तथा पूरी तरह से वंचित होता गया? वस्तुतः सलीम अपने पिता, अकबर के खुसरू के प्रति अत्यधिक स्नेह और कृपा-प्राप्त इस पात्र से ही नफ़रत करने लगा, भले ही वह उसका पुत्र क्यों न हो? उसे इस बात का भी ख़्याल न रहा कि, जो स्नेह, प्यार, वात्सल्य की बरसात अकबर कर रहा है, वह उसी के पुत्र पर ही तो कर रहा है, किसी गैर पर तो नहीं? खैर, उधर बड़ा होता हुआ शहज़ादा खुसरू संस्कारों, शिक्षण-प्रशिक्षण के चलते अपने सद्व्यवहार और सम्मानजनक आचरण की वजह से सबको इतना प्यारा था कि, उसे पूरे मुग़ल हरम और अपनी ननिहाल में भी उसकी ही पूँछ थी। उसे अपने मामा मान सिंह का भी पूरा स्नेह मिला! मगर, हाँ अपने पिता के स्नेह से वह वंचित होता ही रहा? जब भी उसका अपने पिता सलीम से आमना-सामना हुआ, तब-तब सिवाय तंज और तल्ख भाषा और वचनों के अलावा सलीम के पास अपने पुत्र के लिए और कुछ था भी नहीं? मानमती सोचती थी कि उसका पुत्र ही उसका और उसके श्वसुर की आशा का केन्द्र तो था ही, शायद अन्ततः अपने पिता के समक्ष अपने उदाहरण से दर्पण दिखा सके?

परन्तु हुआ इसका उल्टा ही? सलीम को जैसे उससे चिढ़ हो गयी थी। खुसरू पर बरसाई जा रही बादशाही कृपा से वह नाराज़ होता गया? क्या इसका हक़दार वह नहीं था? क्या इतना लाड़-प्यार, स्नेह-वात्सल्य कभी उसपर लुटाया गया था? वह हर चीज़ में खुसरू के साथ के व्यवहार की तुलना अपने साथ हुए शाही व्यवहार से करने लगा? और उसकी जटिलता और कुंठा बढ़ती ही गयी?

मानमती पहले ही अपने पति और श्वसुर के मध्य बेवजह के इस द्वन्द्व से आहत थी कि उसके समक्ष पति-पुत्र के मन-मुटाव का एक नया अध्याय जुड़ गया? जितना आहत उसका किशोर पुत्र हुआ था, ज़ाहिर है, उसने अपनी माँ से ही अभिव्यक्त किया था? वह अपने जीवन की कटुता से वैसे ही खिन्न थी। उसे मुग़ल रानी बनकर मिला ही क्या था? एक लगभग अत्याचारी पति, जो नितान्त स्वार्थी व व्यभिचारी था और सदैव लम्पट तत्वों से घिरा रहता था? उसकी इन हरकतों से हरम में भी निरन्तर चर्चा का माहौल बना रहता था और सिर्फ़ कडुवे वचन सुनते-सुनते उसके कान पक गये थे? वह अन्दर ही अन्दर घुलती। मुग़ल हरम में भी जब तक मरियम मकानी रहीं, उसके घावों पर मलहम लगाती रहीं, उसे समझती-समझाती रहीं और, माँ जैसे दुलार से लोगों के तंजों से बचाती रहीं! इसी तरह अकबर भी सलीम के आचरण में कोई बदलाव न देखकर चिन्तित होता ही चला गया? वह सलीम की सनक भरी, अत्याचारी एवं व्यभिचारी हरकतों से अब ऊब चुका था। उसे खुसरू में ही आशा की किरण दिखी होगी? उधर सलीम के विद्रोही तेवर दिन पर दिन उग्र होते ही चले गये और, इसी वजह से अकबर से उसकी दूरी बढ़ती गयी। अकबर की नाराज़गी अगर सलीम के प्रति बढ़ रही थी, तो उसके ठीक विपरीत अकबरी परम्पराओं और परिवेश में अभिसिंचित खुसरू का व्यक्तित्व निखरता गया!

अबुल फ़ज़ल ने अपनी कृतियों में राजत्व की जो अवधारणा विकसित की और, जिन गुणों को किसी भी अच्छे शासक के लिए आवश्यक माना है, वे सब अकबर के व्यक्तित्व में चित्रित भी किया है। इनमें से अधिकांश गुण खुसरू में भी मौजूद थे। इसके ठीक विपरीत, सलीम में इनका नितान्त अभाव था! अबुल फ़ज़ल तो यहाँ तक लिखता है कि राजत्व ईश्वर द्वारा प्रदत्त विशेष तत्व है, जो सिर्फ़ सर्वथा योग्य और उसी के द्वारा चयनित व्यक्तित्व को ही प्रदान किया जाता था! अतः वह भी अकबर की भाँति राजत्व को ईश्वर से विदीर्ण प्रकाश ही मानता था? और इसीलिए, बादशाही को एक दैवी संस्था! वस्तुतः यही राजत्व का सिद्धान्त मुग़ल शासन को वैधता भी प्रदान करता था! किन्तु, इसके चलते ही मुग़ल बादशाहों के आचरण के भी बहुत उच्च मानक और आदर्श स्थापित हुए थे? मुग़ल राजत्व के इस विकास में 'भक्ति-सूफी आन्दोलनों' का स्पष्ट प्रभाव था। अतः, इसके अन्तर्गत मुग़ल शासकों से उच्च नैतिक, राजनीतिक व सामाजिक व्यवहार की प्रत्याशा थी? उस पूरे परिवेश में गोस्वामी तुलसीदास के 'मर्यादा पुरुषोत्तम' के समानान्तर या बरक्स अबुल फ़ज़ल

‘इनसान-ए-कामिल’ की अवधारणा को रेखांकित कर रहा था! अतः स्पष्ट है कि मुग़ल बादशाहों के लिए क्या माप-दण्ड अर्हता के रूप में मान्य हो रहे थे? और इनके अनुसार सलीम कहीं टिकता ही नहीं था? अगर पूरे मुग़ल साम्राज्य में कोई इन अर्हताओं पर खरा उतर रहा था, तो वह निश्चित ही खुसरू था, सलीम नहीं? अतः, स्वाभाविक ही था कि सलीम से असन्तुष्ट और उसमें कोई परिवर्तन न देखते हुए, अकबर अपने बाद अपने साम्राज्य के वारिस के रूप में ही खुसरू को देखने लगा था? उसे लगने लगा था कि सलीम को सुधारने के सारे प्रयास निरर्थक ही गये? तिरेसठ वर्ष के हो रहे अकबर के लिए यह चिन्ता स्वाभाविक और सहज थी? इतने परिश्रम और जान जोखिम में डाल-डाल कर बनाये अपने विशाल और अब सुदृढ़ साम्राज्य को कम से कम एक योग्य वारिस के हाथों में सौंप जाना चाहता, ताकि उसकी मेहनत पर पानी न फिर जाये? उसको स्पष्ट दिखाई दे रहा था कि उसके बाद कौन इन स्थापित मुग़ल परम्पराओं, मर्यादाओं और आदर्शों को सुरक्षित-संरक्षित रख पायेगा? सलीम से पूरी तरह निराश उसकी निगाह इसी सलीम के ज्येष्ठ पुत्र खुसरू पर टिक गयी? बादशाह के ख़ास सलाहकारों और उच्च पदस्थ राज्याधिकारियों ने भी राहत की साँस ली, “देर आयद दुरुस्त आयद”? यह बात हरम से होती हुई धीरे-धीरे आमजन और, फिर पूरे साम्राज्य में ही अफ़वाह के रूप में फैल गयी कि अकबर का ‘वली-अहद’ (वैद्ध उत्तराधिकारी) सलीम नहीं खुसरू होगा!

सूबा-ए-इलाहाबाद और सूबेदार शहज़ादा सुल्तान सलीम

जब अकबर ने पूर्वी प्रान्तों (यथा, पूर्वी उत्तर प्रदेश एवं बिहार के क्षेत्र) पर मुग़ल नियन्त्रण हेतु इलाहाबाद में संगम के तट पर एक सुदृढ़ दुर्ग का निर्माण किया था, तब उसने कड़ा-मानिकपुर के स्थान पर इलाहाबाद को मुख्यालय बनाया था। जब अपने साम्राज्य को पुनर्गठित करते हुए सूबों में विभक्त किया था, तब इसका राजनीतिक महत्त्व समझते हुए, इलाहाबाद का सूबा गठित किया था (1580)। लम्बाई में इस सूबे का विस्तार सिझौली (ज़िला जौनपुर) से दक्षिणी पहाड़ियों, यथा कैमोर (ज़िला रीवा) लगभग 160 कोस और चौड़ाई में चौसा घाट (ज़िला गाजीपुर) से घाटमपुर (ज़िला कानपुर) तक 122 कोस था। इसके पूर्व में बिहार, उत्तर में अवध, दक्षिण में बाँधव (रींवा राज्य) और पश्चिम में आगरा के सूबे स्थित थे! इस सूबे के अन्तर्गत 10 सरकारें या ज़िले थे, यथा—इलाहाबाद, कड़ा-मानिकपुर, भटगोरा, कालिंजर, कोड़ा (-जहानाबाद), बनारस, गाजीपुर, चुनार और जौनपुर। इस क्षेत्र का कुल जमा या राजस्व 21,24,27,819 दाम या 53,10,696 रुपये था! अतः प्रशासनिक, राजनीतिक, सैन्य-सामरिक महत्त्व के साथ ही इसका ऐतिहासिक, धार्मिक, सामाजिक-सांस्कृतिक महत्त्व भी था! सलीम को अकबर ने कितनी बड़ी ज़िम्मेदारी सौंपी थी, यह स्वतः स्पष्ट हो जाता है? हालाँकि सलीम से पूर्व उसने शहज़ादे दानियाल को 1597 में यहाँ का सूबेदार नियुक्त किया था। इसके दो वर्ष बाद ही 1599 में शहज़ादा सलीम को यहाँ तैनात किया गया! अकबर को उम्मीद थी कि राजकीय व प्रशासनिक दायित्वों के चलते एवं दायित्व-बोध के परिणामस्वरूप, सलीम के लापरवाह और अवज्ञाकारिता पूर्ण व्यवहार में परिवर्तन होगा? उसे आशा रही होगी कि वह अपने हठधर्मी अन्दाज़ का परित्याग करेगा और शनैः-शनैः सुधर जायेगा?

1599 का वर्ष यूँ भी बहुत महत्त्वपूर्ण था? इसी वर्ष सलीम के छोटे सौतेले भाई मुराद का आचरण जो सलीम से भी गया-गुज़रा था, उसका इन्तकाल हुआ था। वह भी सलीम की भाँति सभी दुर्गुणों की ख़ान था—ऐसी एक भी अच्छाई नहीं थी, जिसका ज़िक्र किया जा सके? रही बची कसर शराब और शबाब के उस शौक़ ने पूरी कर दी थी, जो एक बीमारी की तरह उसे अन्दर ही अन्दर खोखला किये जा रही थी। पुर्तगाली शिक्षकों द्वारा शिक्षित, यह शहज़ादा 21 वर्ष की आयु तक

एक दुर्व्यसनी व्यक्तित्व का स्वामी हो चुका था? उसके साथ तो कोई स्वाभिमानी और इज़्ज़तदार मुग़ल अधिकारी नियुक्ति ही नहीं चाहता था? न ही कोई अधिकारी, कोई मुग़ल अमीर उसके अधीन कार्य करने का इच्छुक था और न ही उसके साथ सहयोग या सहभाग ही सम्भव था? तर्क और विवेक से उसका कोई वास्ता ही नहीं था? अतः इन्द्रिय-लोलुप व्यसनों में ही उसने अपनी सारी शक्ति, समय और पूरी जवानी देखते ही देखते नष्ट कर दी। वह दिन-रात मदिरा और महिलाओं में ही डूबा रहता था और मई, 1599 में उसके दुर्व्यसनों ने उसे उसकी क़ब्र में पहुँचा दिया? उसका सगा छोटा भाई दानियाल भी उसी के रास्ते चला। सम्भवतः अकबर की मेहनत और अत्यधिक सैन्य-गतिविधियों व राजनीतिक व्यस्तता ने उसे इस ओर ध्यान देने का समय ही नहीं दिया होगा? और एक-एक करके, उसके सारे पुत्र ही नालायक साबित होते जा रहे थे? किसी भी पिता और, उस बादशाह के लिए तो यह और भी चिन्ता और निराशा का विषय था, जो अपनी जनता के प्रति भी पितृ-तुल्य भाव रखता हो!

अतः अपने पुत्रों से बेहद निराश अकबर अपने खानदान की दूसरी पीढ़ी की ओर ध्यान देने को ही बेहतर विकल्प मानने के बाध्य हुआ होगा? उसका साम्राज्य भी तो उसकी सन्तति ही था? जब एक सन्तति निराश कर रही थी, तब दूसरी पीढ़ी के किसी प्रतिनिधि को ही शुरू से अपने इच्छित साँचे में निर्मित करना और, उसको आवश्यकतानुसार सुधारना-सँवारना-सुदृढ़ करना उसे बेहतर विकल्प लगा होगा? अतः उसने इसका दुःख के शमन के लिए दक्खन में प्रसार हेतु प्रस्थान किया। असीरगढ़ का अभेद्य दुर्ग उसके आकर्षण का नया केन्द्र हो चुका था और, उसकी ललचाई नज़रें उसे वहाँ ले गयीं। जाते-जाते, उसने सलीम को राजा मानसिंह व शाह कुली ख़ाँ आदि के साथ चित्तोड़ पर आक्रमण हेतु भेजा। चित्तोड़ के इस अभियान के लिए सलीम ने भी अकबर की भाँति अजमेर को आधार बनाया, चूँकि, यह मुग़ल-कालीन राजपूताने का मुख्यालय था अतः यहीं मुग़ल शिविर लगाया गया! और सलीम सारी सैन्य तैयारियों का जिम्मा (अपने साले) मानसिंह पर छोड़-छाड़कर, वहीं अपने दुर्व्यसनों में व्यस्त हो गया! उधर बादशाह की दक्खन में व्यस्तता और उत्तर भारत में अनुपस्थिति का लाभ साम्राज्य-विरोधियों ने उठाने का प्रयास किया। उद्दंड, घमंडी और अतिशय महत्वाकांक्षी सलीम ऐसे तत्त्वों के हाथों में खेलने लगा था? ख़ैर, जब तक उसका साला मानसिंह साथ में था, वह उसे व उसके साथियों, षड्यन्त्रकारियों को नियन्त्रित करता रहा, किन्तु, बंगाल में अफ़गानों के विद्रोह के चलते उसे सूबेदार होने के नाते वहाँ जाने को वह बाध्य हुआ। और, बस सलीम और राज्यद्रोहियों को उचित अवसर मिल गया! जब घर में कोई विभीषण हो, तब लंका-विजय सम्भव और सरल हो सकती है!

सलीम ने मुग़ल सत्ता और सिंहासन हासिल करने की योजना बना डाली! उसने

पहले पंजाब पर आक्रमण करके उसे अपने अधीन करने का षड्यन्त्र रचा किन्तु, फिर उसने अजमेर से उसकी दूरी को देखते हुए, फिलहाल त्याग दिया? इतना ही नहीं, हाल ही में मृत मुग़ल अमीर, शाहबाज ख़ाँ कम्बू की एक करोड़ से अधिक की धन-सम्पत्ति उसने अवैध ढंग से खुद ज़ब्त कर ली! उसने मुग़ल राजधानी आगरा पर अधिकार करने के कुत्सित प्रयास में उसकी घेरेबन्दी भी शुरू कर दी? उसे लगा अकबर दक्खन में फँसा हुआ था, मानसिंह दूर बंगाल चला गया था। किन्तु, आगरा के किलेदार कुलिच ख़ाँ ने दुर्ग के बाहर आकर, शहज़ादे से पूरे सम्मान के साथ भेंट तो की, किन्तु, दुर्ग के समर्पण से स्पष्ट और दृढ़ इंकार कर दिया! वह मुग़ल बादशाह के प्रति वफ़ादार बना रहा और, सलीम के लिए उसके प्रतिरोध के चलते आगरा हस्तगत करना सम्भव नहीं लगा था! वस्तुतः इस समय आगरा के दुर्ग के मुग़ल कोष में 20 करोड़ से अधिक का धन मौजूद था! इसी बीच, मुग़ल हरम में सलीम की इस हरकत के विरुद्ध एक ज़बरदस्त माहौल बना और ऐसा लगा कि, वे इस विद्रोही से निबटने के लिए कुछ भी करने को तैयार थीं? वे बुजुर्ग महिलाएँ और कम उम्र लड़कियाँ तक अपनी सैन्य कुशलता के प्रदर्शन को मचल उठीं? वे कुलिच ख़ाँ के नेतृत्व में मुश्किल से मुश्किल सैन्य दायित्व के निर्वहन के लिए भी तत्पर थीं? सलीम को मुग़ल-दरबार, आगरा शहर, मुग़ल-हरम के अपने सूत्रों से भी सम्भवतः इन समस्त गतिविधियों का समाचार मिला ही होगा? उसके ख़िलाफ़ इतना ज़बरदस्त माहौल उसके वर्तमान और भविष्य के लिए निश्चित ही अच्छा संकेत नहीं था? उधर दक्खन में व्यस्त बादशाह को इस काल में इतने पत्र और गुप्त समाचार प्रेषित हुए जितने कि पहले कभी नहीं हुए थे? ऐसे विषाक्त और अस्थिर माहौल में निर्णयात्मक क़दम उठाया एक दमदार और मुग़ल साम्राज्य की सबसे प्रतिष्ठित महिला ने! मरियम मकानी जो सलीम की दादी और अकबर की माँ थी, उसने अपने प्रिय पौत्र सलीम को फटकार लगाते हुए उसे एक निशान (फ़रमान तो राजकीय आदेश होता था, किन्तु जो राजपरिवार के अन्य आधिकारिक सदस्य भेजते थे, वे 'निशान' कहलाते थे।) भेजा और उसके शिविर में अपने आगमन का समय निर्धारित करने हेतु लिखा! सलीम को सर्वाधिक स्नेह अपनी दादी से ही मिला था। उसकी हर गलती पर वही उसे पिता अकबर के आक्रोश से बचाती थी? उसने भयंकर भूल तो की ही थी अतः उस चोर-दिल का साहस मुग़ल वंश की इस सर्वोच्च महिला का सामना करने का नहीं हुआ? वह अपना राजनीतिक-पारिवारिक कवच इस प्रकार से खोने को भी इच्छुक नहीं था? अतः वह चुपचाप अपना शिविर बटोर कर इलाहाबाद की ओर अपने नाविक-बेड़े में सवार होकर भाग खड़ा हुआ? उसकी सेना व अन्य साज-ओ-सामान स्थल मार्ग से गया। उसने तुरन्त आगरा छोड़ने का निर्णय लिया?

इस पूरे विद्रोह के प्रकरण में सलीम के प्रमुख साथी थे, शेख़ सलीम चिश्ती जैसे महान सन्त का पौत्र खुबू। अकबर ने चिश्ती सन्तों के खानकाह के प्रबन्धन-कौशल

को देखते हुए ही मोहम्मद बिन तुग़लक की भाँति उन्हें सरकार और प्रशासन से सम्बद्ध करने का निर्णय लिया! इस खतरनाक षड्यन्त्र में उसके और साथी थे सैयद अब्दुल्लाह तथा जमन बेग (जो बाद के काल में महाबत ख़ाँ के नाम से इतिहास में प्रसिद्ध हुआ)। वह 12 दिन की जलमार्ग की यात्रा के उपरान्त इलाहाबाद पहुँचा। इलाहाबाद में रहते हुए भी उसने अपने बाग़ी तेवर का ही प्रदर्शन ज़ारी रखते हुए, एक स्वतन्त्र सम्प्रभु शासक की भाँति कार्य करना शुरू कर दिया! सबसे पहले उसने शेख़ सलीम चिश्ती के पौत्र खुबू को कुतबुद्दीन ख़ाँ का विरुद प्रदान करते हुए, बिहार का गवर्नर नियुक्त कर दिया! इसी तरह अकबर के प्रशासनिक अधिकारियों के स्थान पर अपने निष्ठावान लोगों को नियुक्त करने का दुस्साहस भी कर डाला। अपने ख़ास साथियों में से लाल बेग को जौनपुर की प्रशासनिक ज़िम्मेदारी और कालपी का प्रशासन यतीम बहादुर को सौंपा गया! बिहार के कोषागार में मौजूद 30 लाख रुपये भी सलीम ने ज़ब्त करके ख़र्च कर डाले! अपने एक अन्य समर्थक सैयद अब्दुल्लाह को 'ख़ाँ' की उपाधि व अन्य सहयोगियों, साथियों व समर्थकों को मुक्त हाथ से उपाधियाँ और जागीरें बाँटीं! अकबर ने मरियम मकानी के हस्तक्षेप के कारण और उनकी इच्छा का आदर करते हुए न तो सलीम के ख़िलाफ़ कोई कठोर क़दम उठाये और न ही उसको लिखे पत्र की ही भाषा में कोई रोष का संकेत आने दिया था! उसने तो उलटे सलीम के ही बचपन के साथी, ख़्वाज़ा मोहम्मद शरीफ़ के हाथों शान्ति-पत्र व प्रेम व स्नेह का सन्देश प्रेषित किया। यह शरीफ़ भी उस विद्रोही सलीम से जा मिला। उसे सलीम ने अपना वज़ीर नियुक्त कर डाला! उसने मुग़ल सत्ता हथियाने के लिए साम्राज्य और केन्द्रीय शक्ति के विरुद्ध तैयारी ही कर डाली! और, मुग़ल साम्राज्य को एक भयंकर गृह-युद्ध में फँसाने के लिए तत्काल एक विशाल सेना तैयार करने की नीयत से सैनिकों की भर्ती शुरू कर दी!

1601 के मध्य में पूरी सैन्य तैयारी के साथ सलीम को हम आगरा में अकबर की उपस्थिति के बावजूद 70,000 की विशाल सेना का नेतृत्व कर के कूच करते हुए देखते हैं? अकबर दक्खन अभियान के बाद सलीम की ओर से आसन्न ख़तरे के चलते ही वापस आगरा लौट आया था। यह सलीम का मुग़ल सत्ता और अकबर के ख़िलाफ़ खुला विद्रोह और अवज्ञाकारिता नहीं तो और क्या था? वह इलाहाबाद से आगरा के रास्ते में पड़ने वाले गाँवों, खेतों-खलियानों को उखाड़ता एवं लूटता हुआ बढ़ता चला गया था? अकबर ने अदावत से बढ़ कर बगावत का रूप ले चुकी उसकी इस मंशा को समझ लिया था और उसके दमन हेतु सैन्य कार्यवाहियाँ प्रारम्भ कर दी थीं। तभी मरियम मकानी ने एक बार और पिता-पुत्र के मध्य बीच-बचाव किया। अकबर अपनी माँ की बहुत इज़्ज़त करता था, वैसे ही जैसे बाबर अपनी नानी की! बैरम ख़ाँ से लेकर महम अंगा और उसके पुत्र के षड्यन्त्रों से अकबर को वही बा-खबर करती रही थी, बचाती रही थी? अतः उसके कहने को टाल पाना

अकबर के लिए सम्भव नहीं था? और सलीम के लिए बचने का एकमात्र विकल्प? मरियम मकानी की मध्यस्थता के चलते पुनः साम्राज्य में शान्ति स्थापित हो सकी और मुग़ल भारत राजनीतिक अस्थिरता तथा गृह-युद्ध की विभीषिका से बच गया! अकबर ने सलीम को तत्काल प्रभाव से वापस इलाहाबाद जाने का निर्देश दिया। इतना ही नहीं, उसे अब आगरा के इतने निकट अर्थात तुरन्त पूर्व के सूबे में नियुक्त करना साम्राज्य के लिए अहितकर माना। उसे अप्रत्यक्ष रूप से शक्तिहीन करने के लिए बंगाल (ओडिशा सहित) का प्रान्तपति बना दिया! सलीम के पास वापस लौटने के अलावा कोई और चारा भी नहीं था? उसे अपनी सेना और केन्द्र की सेना की तुलनात्मक शक्ति का एहसास भी था! अतः उसने अपनी भलाई इसी में समझी कि, वह इलाहाबाद की ओर लौट जाये!

एक पुरानी कहावत है, 'चोर चोरी से जाये हेरा-फेरी से न जाये'? सलीम जैसे ही इलाहाबाद वापस आया उसका मस्तिष्क पुनः उसके साथियों ने विषाक्त कर दिया? उसने तो अपनी आत्मकथा में यहीं लिखा भी है? इस अवधि के उसके पत्र-व्यवहार से स्पष्ट है कि वह लगातार गोवा के पुर्तगाली गवर्नर से भी सम्पर्क में था और उनसे सैन्य सहायता और समर्थन की प्रत्याशा कर रहा था! किन्तु, पुर्तगाली सामान्य रूप से तथा 'जेसुइट मिशन' तो विशेषरूप से अकबर का ऋणी था, अतः शायद चाहकर भी उन्होंने मुग़ल राजनीति में हस्तक्षेप के सम्भावित लाभ के बावजूद, हस्तक्षेप न करना ही हितकर समझा होगा? सलीम को लगने लगा कि यदि वह बंगाल के असुविधाजनक और मुग़ल विरोधी प्रान्त में अपने अधिकारियों को दायित्व सम्हालने हेतु भेजेगा तब वह स्वतः अपने-आप को कमज़ोर ही करेगा? और बंगाल की यह नियुक्ति वस्तुतः उसके लिए आत्महत्या के समान लगी होगी? अतः उसने अपना विद्रोही बाना नहीं उतारने का फ़ैसला ले लिया! अब वह पुनः वास्तविक बादशाह और मुग़ल सम्राट की भाँति कार्य करने लगा! उसने अपना लाल शिविर ही लगाया! उसने न्याय भी बादशाह की भाँति ही किया और इसमें उसने क्रूरता की सीमा भी पार की?

इस समय अपने पुत्र के आचरण से हताश हो चुके अकबर ने अपनी आख़िरी चाल चलते हुए, अपने सबसे करीबी मित्र और आत्मा की आवाज़ अबुल फ़ज़ल को दक्खन से दरबार में बुलवा भेजा! उसे उम्मीद ही नहीं विश्वास था कि, उसका मित्र अबुल फ़ज़ल इस समस्या का कोई सन्तुलित, संयत और व्यावहारिक समाधान प्रस्तुत कर देगा? और, उधर सलीम को लगा कि, यह स्थायी समाधान क्या होगा? उसका मष्तिष्क तो सीमित और संकुचित सोच वाला ही था? और, फिर विद्रोही का मन या दिल में चोर के बसने के चलते, साहस की कमी भी तो होती है? अतः सलीम घबरा गया और उसने अबुल फ़ज़ल के दक्खन से मुग़ल दरबार में आगमन को अपने लिए अहितकर माना? उसको तो इसका आशय अपने लिए भीषण दण्ड ही दिखा?

उसे शुरू से यदि किसी एक व्यक्ति की शत्रुता का एहसास था, तो वह यही अबुल फ़ज़्ल था? उसने शुरू से अकबर को अपने सभी पुत्रों और, विशेषकर, इस पुत्र को नियन्त्रित रखने के लिए निरन्तर ज़ोर दिया था, सिर्फ़ कहा भर नहीं था। वह सलीम पर ख़ासतौर से नज़र रखवाता था? अकबर जब असीरगढ़ पर छल-छद्‌म से आधिपत्य स्थापित करके अहमदनगर से लौटा था, तब वह उसे (अबुल फ़ज़्ल) को दक्खन में ही प्रभारी नियुक्त कर आया था। सलीम को लगा कि यदि उसके और अकबर के बीच में; उसकी धृष्टता और दण्ड के बीच में; उसकी अवज्ञाकारिता और दमन के बीच में उसकी दादी मरियम मकानी खड़ी थी। उसी तरह उसकी उद्दंडता और निश्चित सज़ा के बीच में अगर मरियम को भी निष्प्रभावी कर सकता था, तो वह यही अबुल फ़ज़्ल था? मरियम उससे भी अत्यधिक स्नेह करती थी! उसने उसे भी मुग़ल हरम में अपनी सन्तान के समान संरक्षण और स्नेह दिया था? सलीम के समान ही एक दादी का सा स्नेह अबुल फ़ज़्ल को भी मरियम मकानी से मिला था!

ऐसे में, एक ही बात सलीम के दिमाग़ में घर कर गयी कि अबुल फ़ज़्ल के आने के बाद अकबर की वैचारिक दृढ़ता और निर्णय अटल हो जायेगा? उसके लिए बिना शर्त समर्पण और ग्वालियर दुर्ग की काल-कोठरी तो सुनिश्चित हो जाती? उसे ज्ञात था कि उसकी बाकी विद्रोहात्मक गतिविधियाँ तो अक्षम्य थीं, किन्तु जो व्यभिचार वह अकबर की एक पत्नी और अपनी सौतेली माँ, अनारकली के साथ करके आया था, उसकी ख़बर भी अकबर को हो चुकी थी! अकबर अब किसी भी सूरत में उसे नहीं छोड़ने वाला था? उसने अपनी गन्दगी का नग्न और निम्नतम प्रदर्शन किया था? इसकी सज़ा तो सज़ा-ए-मौत से कम कुछ नहीं, तभी तो अबुल फ़ज़्ल को बुलाया था? अकबर अपने परिवार के हर निर्णय में अन्तिम परामर्श तो इसी अबुल फ़ज़्ल से ही करता था? उसे दीवार पर लिखी इबारत समझते-पढ़ते देर नहीं लगी! उसे अपनी मृत्यु सुनिश्चित दिखने लगी थी? यदि किसी प्रकार, मरियम उसे बचा भी लेती तो भी ग्वालियर का दुर्ग तो उसकी प्रतीक्षा कर ही रहा था, जहाँ राजनीतिक बन्दियों को उनके आजीवन-कारावास के लिए डाल दिया जाता था? उसे अपनी महत्वाकांक्षा की पूर्ति तो अब असम्भव दिखी ही, अपना राजनीतिक अन्त भी साफ़ दिखने लगा था? ऐसे में उसके हाथ-पैर ढीले होने लगे। उसके साथी, सहयोगी, समर्थक भी अपनी प्रत्याशित सज़ा से सिहर उठे? शायद सलीम तो स्नेह की वजह से बच भी जाये, मगर उनका भाग्य तो सुनिश्चित था! अतः इन सत्ता के जुआरियों ने उसे एक आख़िरी कुकृत्य के लिय उकसाया?

'मरता क्या नहीं करता' वाली असमंजस और धूर्तों की संगति में एक दुर्दान्त षड्‌यन्त्र के पश्चात वीर सिंह देव बुन्देला के माध्यम से मार्ग में ही, ग्वालियर के अन्तरी गाँव के निकट अकबर के अभिन्न सहयोगी अबुल फ़ज़्ल की हत्या करवा कर, उसे मार्ग से हटा दिया गया! शव को तो वहीं दफ़ना दिया गया किन्तु उसका

सर, शरीर या धड़ से काटकर, अलग करके सलीम को भेंट स्वरूप इलाहाबाद भेजा गया, जहाँ उसकी और दुर्दशा और अपमान किया गया—जैसे ये उद्दंड भयहीन विद्रोही राजसत्ता को खुली चुनौती और गम्भीर चेतावनी दे रहे हों? पूरा साम्राज्य शोक में डूब गया और सभी किसी अप्रत्याशित या अनहोनी के भय से आशंकित हो उठे? किसी का साहस नहीं था कि कोई बादशाह को इसके विषय में बता सके? अन्त में मुग़ल परम्परा के अनुपालन में अबुल फ़ज़ल के वकील ने अपनी बाहु पर नीले रंग का रूमाल लपेट कर इस 'चग़ताई संकेत' से बादशाह को अबुल फ़ज़ल के इस मर्माहत करने वाले ग़म से अवगत कराया! अगले चौबीस घंटे अकबर मृत प्रायः ही रहा! सुध-बुध खोये—न जाने कब शाम हुई, कब रात और फिर, कब अगली सुबह? एक ओर उसके सबसे विश्वासी का यूँ जाना और, दूसरी ओर, सलीम का अमानवीय, कुत्सित, शर्मनाक कुकृत्य? वह किसी शिशु की भाँति बस रोता ही रहा था! पूरा साम्राज्य स्तब्ध! मुग़ल 'हरम' जो प्रायः हलचल का केन्द्र रहता था, सन्न रह गया! जैसे अनहोनी से सब आशंकित ही नहीं आशान्वित थे? अब अकबर के रोष को रोकेगा कौन, क्यूँ और किस आधार पर? मरियम मकानी भी शोकाकुल! उन्हें काटो तो खून नहीं? सलीम ने अब यह क्या कर दिया? व्यभिचार-अत्याचार और खुली बगावत? वह नासमझ नहीं था? अब तो हरम और साम्राज्य के साथ मुग़ल वंश की शान पर बट्टा लगाये जा रहा था? 'विनाश काले विपरीत बुद्धि'? अकबर तो सन्निपात जैसी सिथित में अश्रुधार भी बहा रहा था, मरियम के तो अश्रु भी सूख चुके थे? वह अन्दर के तूफ़ान को कैसे जज्ब किये थी, यह सिर्फ़ सोचने-समझने की शक्ति और क्षमता सिर्फ़ उस महिला ने प्रदर्शित की जो अकबर और मरियम दोनों को ही, अपने गुणों व व्यवहार के चलते अतिप्रिय थी। यह महिला थी सुल्तान सलीमा बेग़म! जब अकबर और मरियम दोनों ही शोकाकुल और गुम-सुम थे, तब उसी ने बीड़ा उठाया!

उसने ही मरियम को सहलाया, अकबर को भी सान्त्वना देने की हिम्मत दिखाई और एक पहल की, ताकि, चौबीस घंटे से शोकाकुल अकबर को ढाढस बँधाया जा सके! सम्हलने के बाद पहला निर्णय अकबर ने तत्काल वीर सिंह बुन्देला को मौत के घाट उतारने का लिया! उसने इस बुन्देला को मृत्यु-दण्ड देने का दायित्व भी अबुल फ़ज़ल के पुत्र अब्दुर रहमान को ही सौंपा! इतना ही नहीं, उसके क्रोध, क्षोभ, न्याय की माँग की अग्नि में अगली बलि सलीम की होनी तय सी थी? अवसर से उपजे अनियंत्रित कोप की लपटें शान्त ही नहीं हो रही थीं? किन्तु, सुल्तान सलीमा बेग़म ने साहस, संयम, सन्तुलित तर्क, बुद्धिमत्ता, विवेक का अभूतपूर्व परिचय दिया! उसने अकबर को भी इसके समस्त निहितार्थों पर फिर से विचार करने और शान्त दिल से साम्राज्य के हितों का विश्लेषण करने की वकालत की! उसने स्पष्ट किया कि यदि सलीम अब भी न रुका और कोई अन्य अनुचित क़दम उठाया अर्थात खुला विद्रोह

किया तब साम्राज्य राजनीतिक अस्थिरता, गृह-युद्ध की विभीषिका में फँस जायेगा? हरम की बेचैनी भी उसने बयाँ की और इन सबकी परिणति की ओर इशारा भी किया? क्या इतना बड़ा फसाद, मुग़ल परिवार, वंशीय सत्ता, साम्राज्य और चग़ताई संस्कृति के लिए उचित होगा? हर समस्या का समाधान शान्त एवं संयमित मस्तिष्क से समय के साथ समस्त साधनों के समुचित व समन्वित उपयोग से ही सम्भव हो पायेगा। अतः बादशाह इस दुःख के अवसर पर एकसाथ सब कुछ करने की ज़िद न करे और न ही सोचे? ऐसे वक़्त में मरियम के अतिरिक्त मुग़ल बादशाह से सुल्तान सलीमा ही इस प्रकार से कह सकती थी और उसने अपनी भूमिका और दायित्व से मुँह नहीं मोड़ा?

सुल्तान सलीमा ने इतना ही नहीं किया अपितु, जब वह अकबर और मरियम दोनों को सान्त्वना दे-देकर शान्त कर चुकी तब उसने अद्‌भुत पहल करते हुए, सलीम से वार्ता प्रारम्भ की और मरियम के साथ उस दुष्ट को समझाने के असम्भव से कार्य का बीड़ा उठा लिया? सुल्तान सलीमा को ऐसे ही उस 'युग का खदीजा' नहीं कहा जाता था? खदीजा अर्थात स्वयं पैग़म्बर साहब की पत्नी! उसका अध्ययन, विद्वत्ता, समझदारी, ज्ञान, व्यावहारिक ज्ञान, योग्यताओं और क्षमताओं ने उसे यह खिताब दिलवाया था! वही इसकी वाजिब हक़दार थी भी! धीरे-धीरे करके, कुछ दिन गुज़रे, फिर कुछ सप्ताह, फिर जब एक माह से भी अधिक बीत गया और समय के साथ माहौल कुछ शान्त और संयत हुआ, तब सुल्तान सलीमा बेग़म ने एक बार फिर पहल की और वह इलाहाबाद की ओर साम्राज्य के सर्वाधिक महत्त्वपूर्ण राजनीतिक व कूटनयिक दायित्व के निर्वहन के लिए चल पड़ी! उसने सलीम और अकबर के बीच मध्यस्थता की! मुग़ल साम्राज्य को एक बहुत भयानक बवंडर और तूफ़ान से बचाने का सद्‌प्रयास किया! सलीम को अब अपना मृत्यु-दण्ड अपरिहार्य दिखने लगा, अतः उसने भी अपनी जान बचाने के लिए बादशाह के समक्ष पूर्ण समर्पण कर ही दिया! उसने अपनी सौतेली माँ की बातों को सुना, समझा और उसको स्पष्ट हुआ, उसने कितनी भयंकर भूलें कीं और क्षमा मिलती रही, मगर उसका अभिप्राय यह नहीं कि वह कुछ भी कर गुज़रने की सीमा भी तोड़ सकता है और दण्ड से बच भी सकता है? उसे दण्ड का तो भागी होना पड़ेगा बस उसके गुनाहों के लिहाज से उसके दण्ड को वह और मरियम मकानी बस कम करवा सकती हैं? अन्यथा, चित्तोड़ से लेकर काबुल तक दक्खन से लेकर बंगाल तक मुग़ल साम्राज्य का क्या हश्र होगा? जब साम्राज्य ही न होगा और गृह युद्ध में मुग़ल पुनः कमज़ोर होंगे, तब वह पायेगा क्या? साम्राज्य की बात तो दूर, उसको कौन-सा राज्य हासिल होगा?

सुल्तान सलीमा बेग़म की बातों का असर हुआ और उसे अपने शुभ-चिन्तकों पर शक़ होने लगा कि वाक़ई वे उसके शुभ-चिन्तक थे अथवा चाटुकार? सुल्तान सलीमा ने किसी बड़े-बुज़ुर्ग की भूमिका बहुत खूबी से निभाई! उसने सलीम को इस पूरे प्रकरण के साथ उसके सहयोगी के अभी भी उकसाने और भड़काने के परिणाम की ओर भी

इशारा किया? उसने बताया कि, जैसी बड़ी सेना वीर सिंह के ख़िलाफ़ कार्यवाही के लिए भेजी गयी है, उससे बड़ी सेना उसके विरुद्ध जंग के आदेश के लिए तैयार है? यह तो वह मरियम का मानसिक समर्थन से बल प्राप्त कर के यहाँ तक चली भी आयी थी? यदि, उसका यह प्रयास निरर्थक हुआ तब स्वयं सलीम ही हर चीज़, परिस्थितियों और परिणाम के लिए उत्तरदायी होगा? यह एक तरह से आख़िरी प्रयास है, जो 'मुग़ल हरम' में वह अपने विशिष्ट पद व स्थान के कारण करने का साहस कर पायी है, वरना तो साम्राज्य के संसाधनों को सलीम के प्रकरण को अन्ततः समाप्त करने के लिए एकत्रित किया ही जा रहा है? युद्ध के बादल मुग़ल साम्राज्य पर मँडरा ही रहे हैं? और जो भी परिणाम हो वह मुग़ल साम्राज्य और वंशीय सत्ता के लिए सुखद तो नहीं हो सकता? और उस सब के लिए सिर्फ़ तारीख सलीम को ज़िम्मेदार मानेगी? इतिहास शायद उसे कभी माफ़ न कर पाये? उसके मित्र उसे तब भी भड़काते रहे, किन्तु, सुलतान सलीमा बेग़म के स्नेह से पगी परिपक्व ज्ञान की बातें और उनके तर्कों, दलीलों का कोई जवाब उन उपद्रवियों के पास नहीं था? निःशब्द होते सहयोगियों, समर्थकों और साथियों के चेहरों को पढ़कर सलीम को सच्चाई का एहसास होने लगा और वह गहरी हताशा में डूबने लगा! उसके सामने अब नग्न तथ्य आँख फाड़े देख रहे थे? वह अकबर के असीम स्नेह से परिचित था तो उसके क्रोध से भी अनभिज्ञ नहीं था? अतः उसको विकल्पहीनता की स्थिति समझ आ गयी और यह भी कि, इस स्थिति में पहुँचने के लिए वह स्वयं ही उत्तरदायी था?

ख़ैर, भला हो सुल्तान सलीमा बेग़म का मुग़ल सुल्तनत पर जो खतरा मँडरा रहा था, वह टल गया! सबने चैन की साँस ली होगी? उच्चाधिकारियों, सैन्याधिकारियों, आम निवासियों, हरम-वासियों और साधारण सैनिकों ने भी! राजनीतिक शान्ति और स्थिरता कृषि से लेकर व्यापार तक के लिए आवश्यक ही नहीं अपरिहार्य होती है? और, अकबर के शासनकाल की सुधरी हुई व्यवस्था ने ऐसा स्थिर वातावरण दिया था कि वाक़ई अमन-चैन, सुख व समृद्धि दिखने लगी थी! जो शासक सर्व-धर्म समभाव के साथ सब का संरक्षण कर रहा हो? उसपर संकट के बादल का अभिप्राय ही उन सब पर भी विपदा सन्निकट थी? सभी लोग बुरी तरह से परेशान हो उठे थे? मुग़ल राजनीति कौन-सी करवट लेगी? युद्ध-परक तैयारियों से ज़ाहिर था कि, गृह-युद्ध लम्बा भी खिंच सकता है? क्या मुग़ल शहज़ादे को भी मृत्यु दण्ड दिया जायेगा? दिया जायेगा तो कहाँ? उसका क्या असर मुग़ल हरम और व्यापक राजनीति पर पड़ेगा? बादशाह का एक बेटा तो पहले ही नहीं रहा, दूसरा भी मृत-प्रायः था और अब सबसे बड़ा बेटा भी मृत्यु दण्ड का भागी होगा या युद्ध में...? युद्ध में तो कुछ भी हो सकता है? कहीं मुग़ल बादशाह और जहाँपनाह को कुछ हो गया तो सामाजिक समरसता का क्या होगा? इस बुनियादी साम्राजीय ढाँचे का क्या होगा? इस सांस्कृतिक समन्वय की प्रक्रिया का क्या होगा? इस सामाजिक सद्भाव का क्या

हश्र होगा? जिस सुरक्षा और संरक्षण के वे आदी हो गये थे, उसका क्या होगा? क्या अब मुग़ल साम्राज्य वैसा ही रहेगा? या सब कुछ छिन्न-भिन्न हो जायेगा?

इतने सारे सवालों, सन्देहों एवं संशयों को अगर किसी ने साधा था तो उसका नाम सुल्तान सलीमा बेग़म था! उसके समझाने के बाद सलीम ने अपने इन मित्रों की एक नहीं सुनी और उसके दिल-दिमाग़ में ज्ञान, विवेक और सत्य को जानने-समझने की प्रवृत्ति पुनः जाग्रत हुई? वह बादशाह और पिता के समक्ष बिना शर्त समर्पण के लिए अपनी बड़ी सौतेली माँ के साथ चल दिया! इटावा पहुँच कर, उसने एक क्षमा-पत्र बादशाह को प्रेषित किया। अगरा से कुछ पूर्व, मरियम ने आगे आकर अपने इस पौत्र का स्वागत किया और वह अपनी दादी के संरक्षणत्व में मुग़ल हरम में दाखिल हुआ! उसे हमेशा की तरह यहाँ का माहौल नहीं मिला? सिर्फ़ कतराती और कतराई नज़रें? ऐसा शान्त, भयावह, आशंकित 'हरम' उसने पहले कभी नहीं देखा था? फिर अकबर अपनी माता के कक्ष में प्रविष्ट हुआ, मरियम और सुल्तान सलीमा ने उठाते हुए, सलीम को उसके चरणों में धकेल सा दिया! अकबर ने उसे क़दमों से उठाया और पिता का वात्सल्य प्रदर्शित करते हुए, उसे अपनी बाँहों में भर लिया! इतना ही नहीं, अकबर को इस शहज़ादे ने अपने 354 हाथी तथा 1000 स्वर्ण मोहरें भेंट-स्वरूप प्रदान कीं! अकबर ने उसे शाही वस्त्र प्रदान किये, एक जड़ाऊ तलवार भी भेंट की, एक सुसज्जित शाही हाथी। इससे अधिक बादशाह ने अपनी ही पगड़ी उतार कर उसके सर पर रखी और उसे 'वली-अहद' घोषित किया गया!

इसी बीच उसका पुत्र खुसरू 17 वर्ष का हो चुका था! उसका निकाह अकबर ने अपने दूध-भाई, मिर्ज़ा अज़ीज़ कोका की पुत्री से किया था! वह अपने दादा, मामा मानसिंह और श्वसुर अज़ीज़ कोका की भाँति अकबर के प्रति झुकाव लिये हुए था। उसे अपने पिता के कुकृत्यों से घृणा हुई और शायद कम उम्र और अनुभवहीनता के चलते उसने उन्हें जज्ब न करके, सलीम के इस आगरा-प्रवास में स्पष्टतः अभिव्यक्त किया था! अपने पुत्र के भावों के इस नग्न प्रदर्शन से सलीम बहुत आहत हुआ था, मगर अभी तो वह अपने पिता के ख़िलाफ़ जघन्य अपराधों के लिए क्षमा-याचना के लिए आया हुआ था! उसे अपने पुत्र में पुत्र नहीं, एक शत्रु या प्रतिद्वन्द्वी का साया मँडराता दिखा? मुग़ल साम्राज्य के दो सर्वश्रेष्ठ और सर्वोच्च मनसबदार, उसके करीबी रिश्तेदार व उसके खुले पक्षधर थे! उसका मामा मानसिंह और उसका श्वसुर अज़ीज़ कोका दोनों ही उसे अकबर के उत्तराधिकारी के रूप में देखने लगे थे? उन्हें सलीम का स्थानापन्न मिल गया था, तो सलीम को अपना यह प्रबल प्रतिद्वन्द्वी राजधानी आगरा की इस यात्रा में साफ़ दिख गया था! अज़ीज़ कोका तो खुले आम अपने दामाद की वकालत करता फिरता था! उधर मानसिंह और सलीम एक-दूसरे को फूटी आँख नहीं सुहाते थे? रही-बची कसर मानसिंह के छोटे भाई माधोसिंह ने भी अपना खुला समर्थन सलीम के स्थान पर खुसरू को प्रदान करके,

खुसरू के पक्ष में तुला को झुका दिया!

ज़ाहिर है, सलीम को यह सब नागवार गुज़र रहा था? मगर किस्मत उसे वही दे रही थी, जिसका वह स्वयं दोषी व अपराधी था! वह अपने पिता से विद्रोह करके, अतिशीघ्र सर्वोच्च सत्ता ग्रहण करना चाहता था, उसी प्रकार, उसका ही पुत्र उसके और उसके लक्ष्य के मध्य आ खड़ा हुआ था? सलीम और खुसरू में बहुत अन्तर था! जहाँ सलीम इस उम्र में अपनी हरकतों से बाज नहीं आ रहा था, वहीं खुसरू में सिर्फ़ यही एक महत्वाकांक्षा पनप रही थी, शेष वह दोष रहित व निष्कपट था! उसके पास अनुभवहीनता तो हो सकती थी, किन्तु, दो सर्वोच्च मनसबदारों का समर्थन अपने-आप में उसके पक्ष को मज़बूत करते थे! उधर सलीम के निरन्तर विद्रोहों, कुकृत्यों से अधिकांश अमीर भी पूर्णतः उससे रुष्ट और असन्तुष्ट ही थे! अतः वे सब यदि मुखर नहीं तो अपना मौन समर्थन खुसरू को देकर मुग़ल राजनीति को एक निश्चित नया कलेवर प्रदान कर चुके थे! सलीम को सब सूचनाएँ मिलीं! उसका पीने-पिलाने, शराब, भांग और अफ़ीम का दौर और बढ़ गया! अभी तक उसे सत्ता की दौड़ में बस बादशाह अकबर ही अपना प्रतिद्वन्द्वी दिखता था अब तो अपना पुत्र भी प्रतिद्वन्द्वी दिखने लगा था! उसने अपनी राजपूत पत्नी मानमती या शाह बेग़म पर भी दबाव बनाना शुरू किया ताकि वह अपने भाइयों और पुत्र को किसी तरह राह पर लाये और नियन्त्रित करके, उसका मार्ग निष्कंटक करे?

मानमती ने अपने पुत्र को तो निरन्तर लिखा भी, किन्तु अपने भाइयों से तो वह सिर्फ़ और सिर्फ़ अनुरोध ही कर सकती थी? वे सलीम के कुकृत्यों पर पर्दा न डालने के लिए ही उसे लिखते रहे! वे उसी से प्रतिप्रश्न करते कि वह कैसे अपने पति की उम्मीदवारी को उचित, न्यायिक और तार्किक साबित कर सकती है? धीरे-धीरे मानमती अवसाद की शिकार होने लगी। अभी तक वह सलीम और अकबर रूपी पुत्र-पिता संघर्ष में फँसी थी, अब यह नया पिता-पुत्र संघर्ष उसको कहीं का नहीं छोड़ रहा था? सलीम एक ओर नशे में डूबता और दूसरी ओर, अपनी इस नयी समस्या के लिए अपनी पत्नी को कम उत्तरदायी नहीं साबित करता? यही नहीं वह फिर राज-विरोधी गतिविधियों में संलग्न होने लगा! वह खुले आम अपने को बादशाह घोषित करने और लोगों से उसी प्रकार से सम्बोधन करने से नहीं चूकता था? अकबर को जैसे ही, वाकियानवीस व गुप्तचरों के माध्यम से यह ख़बरें मिलनी शुरू हुईं, उसने तत्काल ही उसकी एक मौसी, जो संयोग से उसकी चाची भी थी उस बख़्तुन्निसा बेग़म को सलीम को सुधरने की सलाह के साथ उसके पास रवाना भी किया! किन्तु, उसके ऊपर न तो कुछ असर होना था और न हुआ!

सलीम ने तो इस कशमकश से निकलने का अजीब सा ढंग निकाला। वह और विद्रोही हो उठा? उसने अपने द्वार पर शासकों की तरह हाथी बँधवाना और नौबत बजवाना शुरू कर दिया! इलाहाबाद की टकसाल से उसके नाम के सिक्के

भी टंकित होने लगे, अर्थात उसने पुनः राजत्व के चिह्न या प्रतीक अपनाकर, अपने आप को स्वतन्त्र शासक घोषित कर दिया! अप्रैल 1604 में उसके पुत्र खुसरू के अतिरिक्त अब मुग़ल तख्त की दौड़ में और कोई सलीम के सामने बादशाह अकबर के अलावा नहीं बचा था? क्योंकि, इसी अप्रैल 1604 में ही उसके एक ही जीवित बचे सौतेले भाई सुल्तान दानियाल की मौत हो गयी! लेकिन अगर मानसिंह, अज़ीज़ कोका और उनके अन्य साथी, समर्थक, सहयोगी खुसरू के लिए लामबन्द हो रहे थे, तब सलीम के लिए एक अन्तिम मार्ग शायद यही दिखा होगा? एक कहावत ही है, 'जाकी रही भावना जैसी, प्रभु मूरत देखी तिन तैसी' अतः उसने उसे उसी तरह से देखा और प्रतिक्रिया भी की! ज़ाहिर है, उसके जुल्म, व्यभिचारी आचरण के साथ उसके अफ़ीम और शराब का दौर और उसका लोगों के साथ दुर्व्यवहार किस कदर बढ़ा होगा? इसकी इन्तेहाँ थी, उसकी पत्नी मानमती ने अन्ततः थक-हार कर अपनी जान देना ही एकमात्र विकल्प देखा? अतः जब वह अपने क्रोध की अभिव्यक्ति के लिए शिकार के लिए निकला तब 16 मई, 1604 के दिन उसकी अनुपस्थिति का लाभ उठाते हुए, मानमती या शाह बेग़म ने आत्महत्या कर ही ली! वो बेचारी कब तक एक ऐसे पति के साथ, जो अपने पिता से शत्रुता निभाते-निभाते, अपने पुत्र से भी शत्रुता मानने और निभाने लगा था? इतना ही नहीं, अपने पुत्र की महत्वाकांक्षा के लिए मानमती और उसके दोनों भाइयों को भी दोषी मानता था? उसे लगता था कि, यदि उसके विरुद्ध षड्यन्त्र करके कोई उसको उसके हक़ या मुग़ल सिंहासन से जानबूझकर दूर कर रहे थे, तो अज़ीज़ कोका के अतिरिक्त ये आमेर के राजपूत—उसके अपने साले या ससुरालवाले ही थे!

ऐसे में 'कोढ़ में खाज हुई', और सलीम की बढ़ती दिमाग़ी अस्थिरता के चलते, उसके सबसे पुराने सहयोगियों में से एक सैयद अब्दुल्लाह ख़ाँ ने उसका साथ छोड़कर पृथक होना स्वीकार किया! सलीम इन घटनाओं से पूरी तरह बौखला गया था? उसने बादशाह की तरह व्यवहार करना शुरू किया और उसकी स्वेच्छाचारिता की सारी सीमाएँ पार होने लगी थीं? इसमें तीन लोगों को एक ही प्रकरण में अमानवीय दण्ड देना और वो भी एक को मृत्यु-दण्ड जो कि सिर्फ़ बादशाह का एकाधिकार था! यह बादशाह के लिए प्रत्यक्ष चुनौती और चेतावनी थी? अकबर जैसे के लिए भी पिता का स्नेह लुटाने की एक सीमा ही थी? वह साम्राज्य और राजत्व को भी नज़रअन्दाज़ नहीं कर सकता था? वास्तव में यह दण्डित करने की घटना इतिहास में सबसे ज़्यादा रेखांकित हुई है! मृत्यु-दण्ड प्रदान करने का सर्वाधिकार सिर्फ़ मुग़ल बादशाह का था! मृत्यु-दण्ड देकर भी शायद वह सन्तुष्ट नहीं हुआ और न ही रुका, उसने क्रूरता को भी शर्मशार करते उस मृत व्यक्ति की खाल में भूसा भरवा दिया! अकबर ने यही कहा : 'उसका पिता किसी जानवर की भी हत्या नहीं देख सकता है, वह इतना निर्दयी क्यूँ है?' यही नहीं उक्त प्रकरण में सम्मिलित दूसरे व्यक्ति की

सलीम ने निर्मम और अमानवीय पिटाई करवाई वह तथा तीसरे का लिंग-भंग करने का आदेश क्रियान्वित करवाया; वस्तुतः, ये दो कठोर दण्ड ऐसे थे, जिनको अकबर ने साम्राज्य निषेध या प्रतिबन्धित कर दिया था! यानी, शहंशाह अकबर की निषेधाज्ञाओं का जानबूझ कर उल्लंघन? अकबर ने चुनौती स्वीकार करने का दृढ़-संकल्प किया!

ख़ैर उसने जितना भी प्रताड़ित कर के मानमती को इस आत्महत्या के लिए बाध्य किया हो, उसका अहित या नुक़सान भी सलीम को सबसे ज़्यादा उठाना पड़ा? उसके चलते तो उसके भाई खुलकर सलीम के ख़िलाफ़ नहीं होते, परन्तु, अब तो उनकी बहन की ढाल भी सलीम को बचाने के लिए शेष नहीं थी? इतना ही नहीं, वे तो अपनी अभागी बहन की आत्महत्या के लिए भी सलीम को दोषी मानकर, अब प्रतिशोध की भावना से काम करने लगे होंगे? वे खुलकर अब अज़ीज़ कोका की भाँति सलीम की जगह खुसरू को 'वली-अहद' बनाने की माँग करने लगे? बादशाह के ऊपर अपने दोनों सबसे बड़े मनसबदारों के एक साथ दबाव और सलाह को टालना बहुत सम्भव और बहुत देर तक तो कत्तई सम्भव नहीं था! जैसा हमने देखा सलीम तो सलीम था, वह इलाहाबाद पहुँच कर पुनः पुराने ढर्रे पर चलने लगा था! अपनी पत्नी की इस आत्महत्या के उपरान्त तो वह और बेलगाम हो गया! जैसे-जैसे सलीम की हरकतों के चलते उसके ख़िलाफ़ माहौल बनने लगा, उतना ही वह प्रतिक्रिया में और आपे से बाहर होता चला गया? नौबत तो यहाँ तक आ गयी कि, अकबर ने स्वयं अपनी सेनाओं का नेतृत्व करके, सलीम नाम की इस समस्या के अन्तिम और निर्णायक अन्त के लिए नाविक-बेड़े के साथ अगस्त, 1604 में इलाहाबाद के लिए कूच किया! भीषण बारिश के चलते उसका जाना टला और उधर इस मँडराते संकट के बादल के चलते एक दूसरा बड़ा पारिवारिक तूफ़ान सर उठाने लगा था? अकबर की आदरणीय माँ तथा, साम्राज्य के लिए प्रथम महिला, मरियम मकानी की तबियत बिगड़ने लगी। जैसे ही अकबर को इस संकट की घड़ी का समाचार मिला, वह जो अभी जमुना में थोड़ा-सा ही आगे बढ़ा था, सलीम के विरुद्ध सैन्य-अभियान त्यागकर आगरा लौटा। तब तक मरियम मकानी की वाणी जा चुकी थी। वह वहीं अपनी माँ के पास ही बैठा रहा, गुम-सुम! कुछ घंटों के उपरान्त मरियम मकानी ने स्वर्गारोहण किया! अकबर और पूरा साम्राज्य शोकाकुल हो गये! लेकिन शायद इस मृत्यु से सबको ही लगा की उनका सूर्य अस्त सा हो रहा है? लेकिन सबसे अधिक सलीम को लगा कि, उसका भाग्य उसका साथ छोड़ने का निर्णय ले चुका था? अब तक तो उन्हीं के हस्तक्षेप से अकबरी कोप से बचता रहा था? अब उसकी कोई ढाल नहीं बची थी?

अकबर की सैन्य तैयारी और अभियान की शुरुआत से ही वह घबरा-सा गया था? उसने सोचा नहीं होगा कि अकबर अपने प्रिय पुत्र के ख़िलाफ़ खुद अभियान का नेतृत्व करेगा? और, वह मुग़ल बादशाह के व्यक्तिगत सैन्य-नेतृत्व का अर्थ भली-भाँति समझता था? उसके लिए यह बहुत बड़ी और अन्तिम चेतावनी थी? उसको यह भी

समझ में आ चुका था कि, अब अकबर और मुग़ल सिंहासन के लिए चल रहा उसका आँख-मिचोली का खेल ख़त्म हुआ? अब तो उसने ऐसे हालात पैदा करके अपनी दादी को भी मृत्यु-शय्या पर पहुँचा दिया था? उसी के चलते, मरियम मकानी की तबियत बिगड़ी थी? पहले पत्नी और अब प्रिय दादी की हत्या का प्रत्यक्ष-अप्रत्यक्ष दोष उसी का था! वह पूरी तरह से टूट चुका था! उसे सुल्तान सलीमा बेग़म की कही एक-एक बात सही लग रही थीं? उसने कितने पहले उसे सब परिस्थितियों से अवगत करा दिया था? उसे दिखने लगा कि समस्त मुग़ल उमरा (अमीर वर्ग) भी आजिज़ आकर उसके ख़िलाफ़ हो रहा था। उसके शत्रु उसके प्रतिद्वन्द्वी के इर्द-गिर्द तेज़ी से ध्रुवीकृत हो रहे थे? वह स्वयं अपने पैर पर कुल्हाड़ी क्यों मार रहा था? इन परिस्थितियों में वह अपनी जड़ न खोदे तो सब ठीक भी हो सकता था? अतः ऐसे में, उसे लगा कि, उसके लिए बादशाह से माफ़ी माँग कर, आगरा में ही रहना श्रेयस्कर होगा? आशा की एक किरण थी, बादशाह की माँ का देहावसान! बादशाह ने उसकी पत्नी की आत्महत्या पर उसे शोक-सन्देश प्रेषित करते हुए एक व्यक्तिगत पत्र लिखा था! अब बादशाह और वे दोनों शोकाकुल थे, अतः इससे बेहतर अवसर उसे हाथ नहीं लग सकता था, जब वह शोक की इस घड़ी में अपने घर-परिवार और अपने पिता के समक्ष उपस्थित हो जाये?

मरियम की मौत ने एक ही झटके में उससे वह करवा दिया, जो कुछ दिनों पहले तक असम्भव प्रतीत हुआ था? वह तुरन्त आगरा पहुँचा! यह सत्य है कि अपनी दादी की मृत्यु से वह भी ग़मज़दा था! इलाहाबाद में शरीफ़ को अपना प्रतिनिधि नियुक्त करके, वह अपने पुत्र परवेज़ व कुछ ख़ास साथियों-सहयोगियों के साथ 9 नवम्बर, 1604 को आगरा पहुँच कर मुग़ल दरबार में उपस्थित हुआ! उसने अकबर को नज़राने में 200 स्वर्ण मुहरें, एक लाख रुपये मूल्य का एक नायाब हीरा तथा 400 हाथी भेंट किये! अकबर ने भी दरबारी अदब से उसका सत्कार करवाया और स्नेह सद्भाव का प्रदर्शन किया। किन्तु, जैसे ही दरबार समाप्त हुआ, वह उसे गुसलखाने में ले गया और, उसने उसे डाँटने-डपटने में कोई कसर नहीं छोड़ी? उसने स्पष्ट कर दिया कि शराब तथा कुसंगत ने उसका दिल-दिमाग़ भ्रष्ट कर दिया था, अतः उसको नज़रबन्द रखना और विधिवत इलाज करना आवश्यक ही नहीं अपरिहार्य था? वह एक पिता भी था और बादशाह भी? सलीम समझ गया था कि ये कोरी धमकियाँ नहीं हैं? किन्तु, दुविधा यही थी कि उसके पास कोई विकल्प था ही नहीं? वह आगरा में था और वह भी मुग़ल दरबार में था? यहाँ वह अपनी मर्ज़ी और इच्छा से आया है? शायद इसी में उसकी कोई भलाई हो? और न भी हो, तो अब जो भी हो उसे बर्दाश्त करना उसकी विवशता है?

अगले दस दिनों तक उसे एक कक्ष में राजा सालिवाहन जैसे प्रसिद्ध और प्रतिष्ठित राज्य-चिकित्सक के संरक्षण में नज़रबन्द रखा गया ताकि उसका इलाज हो

सके! इतना ही नहीं, उसकी जीवन-शैली के मद्दे नज़र, न केवल योग्य एवं प्रशिक्षित नाई अर्जुन को, अपितु सबसे वफ़ादार और अच्छे नौकर को भी उसकी सेवा में रखा गया! बस राजा बसु, जो भागने में कामयाब रहा था, उसके अतिरिक्त सलीम के शेष मित्र-सहयोगी-समर्थकों को भी अकबर ने बन्दीगृह में डाल दिया! दस दिन तो सलीम के लिए जलालत, अपमान और अत्यन्त दुःख के गुज़रे? सबसे बड़ा दुःख और कष्ट यह भी रहा होगा कि उसे शराब व अन्य नशों से भी दूर रखा गया था? ख़ैर, मुग़ल हरम ने अपना प्रभाव दिखाया और अकबर ने अपने इस पुत्र को सुधरने की शर्त पर रिहा करने का निर्णय ले ही लिया! अपने एकान्तवास के ग्यारहवें दिन सलीम न केवल आज़ाद, अपितु, पूरी पूर्व प्रतिष्ठा प्राप्त कर चुका था! उसके साथियों-समर्थकों-सहयोगियों को भी भविष्य में अच्छा आचरण करने की शर्त पर ही छोड़ा गया! सलीम को अपने पुनर्वास व बादशाह द्वारा क्षमा प्रदान किये जाने से राहत और ख़ुशी दोनों ही हुई!

लेकिन वह बादशाह और शहज़ादे खुसरू की नज़दीकियाँ अपनी आँखों से देख रहा था? उसके पिता और उसके पुत्र के मध्य की यह प्रगाढ़ता न जाने क्यूँ उसके दिल में शूल की तरह चुभती थी? उसके दोनों भाई व प्रतिद्वन्द्वी मर चुके थे, वह मुग़ल साम्राज्य का घोषित 'वली-अहद' भी था? मगर जो प्रतिष्ठा, स्नेह, स्थान और विश्वास उसमें अभिव्यक्त होना चाहिए, उसका हक़दार खुसरू क्यूँकर? क्या मान सिंह और उसका भाई उसके साथ शत्रुता कर रहे हैं? क्या मिर्ज़ा अज़ीज़ कोका जो खुले आम योग्यता और निष्ठा के आधार पर अपने दामाद को वली-अहद बनाने की वकालत करता फिरता है, अन्ततः उसे उसके अधिकार से वंचित करने में सफल हो जायेगा? इन मुद्दों पर वह जितना सोचता था, उतना ही उद्विग्न और खिन्न हो उठता था? उसे अपना ही पुत्र फूटी आँख नहीं सुहाता था? उसे परवेज़ और ख़ुर्रम ज़्यादा अज़ीज़ थे? मुग़ल राजनीति और उत्तराधिकार की 'ओखली में उसका सिर था, तब मूसर का क्या भय'? यह तो होना ही था? भारत में मुग़ल सत्ता के संस्थापक की मृत्यु-शय्या पर आख़िर क्या हुआ था? उसे ज्ञात नहीं था क्या? कैसे वज़ीर मीर खलीफा ही हुमायूँ के साथ ही उसके तीन अन्य भाइयों को दर किनार करके, बाबर के दामाद को बादशाह घोषित नहीं करवाना चाहता था? किन्तु, बड़े पुत्र के होते, सत्ता किसी और को स्थानान्तरित तो नहीं हो पायी थी? बस यही एक सन्तोष वाली बात थी! किन्तु, वह रहा आगरा में ही अपने शत्रुओं पर नज़र रखने के लिए भी, अपने-आप को पूरी तरह से अकबर के प्रति वफ़ादार, प्रिय पुत्र और एक योग्य उत्तराधिकारी के रूप में साबित करते हुए?

खुसरू-सलीम का बढ़ता विवाद

खुसरू ने अनेक अवसरों पर यह सबकुछ साबित किया था, वह हर प्रशासनिक, सैन्य व राज्य-प्रबन्धन के सारे दायित्वों का निर्वहन अपनी कर्म-निष्ठा व कर्तव्य-परायणता का सबूत देते हुए करता था। उसका आचरण व व्यवहार भी आदर्श-मूलक और व्यक्तित्व पारदर्शी एवं प्रभावी था! अपनी हरकतों की वजह से जितना ही उसके पिता से अकबर दूर होता जाता था, उतना ही वह उसके बिल्कुल विपरीत किन्तु शुचिता व मानवीय गुणों के चलते खुसरू से निकट होता जाता था! फिर दोनों की माँ—खुसरू की माँ मानबाई और उसके बाद उसके बाबा की माँ हमीदा बानो बेग़म के देहासानों—ने भी दोनों, बाबा-पौत्र को और नज़दीक ला दिया था! अकबर को लगा था कि जिस युवा होते खुसरू का पिता (सलीम) ही उसका सबसे बड़ा शत्रु हो चुका हो, वह युवा अपनी माँ का सान्निध्य भी खो दे, तब उसके पास रहने वाले इस निष्ठावान, योग्य व प्रिय पौत्र को सान्त्वना ही नहीं विशेष स्नेह और प्रगाढ़ता की और स्नेहिल प्रश्रय की आवश्यकता थी ही! फिर खुसरू को तो उसने बालपन में ही सलीम की लापरवाही और दुर्व्यसनों को देखते हुए, अपने पास रहने का निर्णय लिया था! उसके शिक्षण और प्रशिक्षण का स्वयं उत्तरदायित्व निभाया था। उसकी शिक्षा के लिए अबुल फ़ज़ल जैसे विद्वान् शिक्षक को नियुक्त कर दिया था। इस कार्य में अबुल फ़ज़ल का सहायक भी उसी का छोटा भाई और प्रसिद्ध विद्वान् अबुल खैर था! जब अकबर एक दौर में राजनीतिक गतिविधियों और उठा-पटक में अधिक फँस गया था, तब कुछ समय के लिए खुसरू अपने मामा, राजा मानसिंह के संरक्षणत्व में रहा था! प्रसिद्ध ब्राह्मण विद्वान शिवदत्त भट्टाचार्य ने उसे हिन्दू-ग्रन्थों व धर्म-दर्शन से अवगत कराया था! उसने अकबरी दरबार से सांस्कृतिक उदारता एवं समन्वय की शिक्षा ली थी। वह मुग़ल दरबारी क़ायदे-क़ानूनों, परम्पराओं और अनुशासन से भली-भाँति परिचित ही नहीं, उनसे अभ्यस्त भी था! उसके स्वाभाविक गुणों को इस परिवेश में और निखारने के अवसर ही अवसर मिले और, वह एक निहायत अनुशासित, मर्यादित, खूबसूरत युवा के रूप में विकसित हो रहा था! अतः वह सभी के आकर्षण, स्नेह और सहज प्रेम का पात्र बनता गया था! ऐसे शिक्षकों के शिक्षण-प्रशिक्षण से वह एक नायाब सुसंस्कृत युवा राजकुमार हो चुका था! उसका

व्यवहार, अनुशासित आचरण, सुसभ्य भाषा का प्रयोग, उसका रहन-सहन सबकुछ ही उसके पिता व चाचाओं के आचरण के सामने और उनसे तुलना करने पर बहुत उच्च मानदंड स्थापित करता था!

अकबर के बेटों, क्रमशः सलीम, मुराद (मृत, 2 मई, 1599) एवं दानियाल (मृत, अप्रैल 1604) की तुलना में खुसरू का बेदाग व्यक्तित्व वाक़ई चमकदार होने के बावजूद और भी उजला लगता था और, अकबर का सारा हरम, दरबार, अमीर, अधिकारी व आमजन उससे ही आशा करते थे? उन्हें विश्वास हो चला था कि, यही वह शहज़ादा था, जो अकबरी संस्कारों में पले-बढ़े-पगे होने के कारण उसको जीवित और जीवन्त रख सकता था? हिन्दुस्तान के भविष्य का कर्णधार यदि अकबर के उपरान्त कोई सही मायनों में हो सकता था, तो वह यही सुल्तान या राजकुमार है? शेष के आचरण तो नित नयी अफ़वाहों को जन्म देकर सिर्फ़ निकृष्ट वार्तालापों या छिछली गप्पों के ही विषय होते थे? वे सब के सब दुर्व्यसनी तो थे ही, उसके साथ ही उनका व्यवहार अमानवीय और अपमानजनक भी होता था? वे जैसा व्यवहार करते थे, वैसा व्यवहार तो स्वयं बादशाह न तो किसी से करता था और न ही ऐसे व्यवहार की किसी को इजाज़त देता था? आख़िर, अपने प्रसिद्ध 'इबादत-खाने' में भी वाद-विवाद के दौरान प्रमुख सद्र अब्दुनबी व शेख़-उल-इस्लाम अब्दुल्लाह सुल्तानपुरी को अशिष्ट भाषा व छिछले आचरण के चलते ही पदच्युत किया था? उसे आभिजात्य से सर्वाधिक सुसंस्कृत व्यवहार की प्रत्याशा रहती थी? वह अनुशासनहीनता और आदर्शहीनता को पाशविकता का पर्याय ही मानता था? किन्तु, क्या उसके अपने पुत्र उन आदर्शों, प्रतिमानों के अनुरूप आचरण कर रहे थे? क्या वे मूल्यांकन के इन मानदंडों व आदर्शों पर खरे उतरते थे? वे उस भाषा, उस उच्च आचरण का परिचय दे रहे थे, जिसकी उम्मीद अकबरी माहौल में तो थी ही नहीं और, उसके परिवार या राजपरिवार के सदस्यों से तो कदापि नहीं!

अतः, खुसरू हरम, दरबार, अधिकारियों, प्रशासकों व लोक की पसन्द स्वतः हो गया था! अकबर ने अपने इस प्रिय पौत्र का विवाह अपने दूध-भाई और साम्राज्य के सर्वोच्च मनसबदार, मिर्ज़ा अज़ीज़ कोका की पुत्री से करवा दिया! उसने जिस धूम-धाम से यह विवाह सम्पन्न करवाया, वैसा जश्न तो शायद नौरोज़ पर भी नहीं होता था? महीनों महल और हरम में चहल-पहल और दावतों का दौर चला था! ऐसी रौनक, वैभव, तड़क-भड़क, शान-शौकत कि सब लोग जीवन भर हर अवसर की तुलना इसी शादी के उत्सव से अवश्य करते थे! इस वैवाहिक़ गठबन्धन से अकबर और अज़ीज़ कोका जितने खुश हुए थे, उतने ही ये नये दम्पति भी। दोनों बचपन में साथ ही पढ़े, खेले-कूदे थे! किन्तु, एक-दूसरे के प्रति स्नेह भी रखते थे, किन्तु, कभी मुग़ल राजकुमारों की भाँति कोई प्रेम या शारीरिक आकर्षण का ख़याल भी नहीं आया? वे सबके सामने मिलते और निश्छल ढंग से बातें करते! उनकी बातें

भी अधिकांशतः साहित्य, समाज, संस्कार, सभ्यताओं या ग्रन्थों के अध्ययन पर ही केन्द्रित होतीं! उनका एक-दूसरे के प्रति आकर्षण भी बौद्धिक, आध्यात्मिक और शैक्षिक ही था! अकबर, अज़ीज़ कोका, पूरा हरम और सभी चकित! किन्तु अकबर की समझदार और दूरदर्शी निगाहों ने समझ लिया था कि दोनों ही एक-दूसरे का सम्मान मानव के रूप में करते हैं; ज्ञान की चर्चा करते हैं और, सदा ही मर्यादित व्यवहार करते हैं! उसने फ़ैसला किया कि, वे निश्चित ही समर्पित और सुखी दम्पति रहेंगे! समर्पित तो रहे, परन्तु, सुखी रखना अकबर के हाथ में तो नहीं था, विशेष-रूप से अपनी मृत्यु के उपरान्त? विवाहोपरान्त मिर्ज़ा अज़ीज़ कोका की इस बेटी का नामकरण अकबर ने ही 'बेटी-बेग़म' किया, क्योंकि वह उसके दूध-भाई की बेटी जो थी, अतः उसकी भी बेटी ही हुई?

अकबर के शासनकाल के उत्तरार्द्ध में दो सबसे बड़े मनसबदार थे, मिर्ज़ा अज़ीज़ कोका तथा मानसिंह। ये दोनों ही अकबर और खुसरू के करीबी रिश्तेदार थे। और, अकबर के अत्यन्त विश्वसनीय भी थे। वह उनके अनुभव, कर्तव्य-परायणता और निष्ठा के चलते प्रायः हर महत्त्वपूर्ण राजकीय मसलों पर परामर्श उन्हीं से करता था! इस वजह से जब इन दोनों ने खुसरू को 'वली-अहद' बनाने के लिए अकबर से कहना शुरू किया, तब यह बात गुस्ल खाने, दीवान-ए-ख़ास, दीवान-ए-आम से होते हुए, हरम, राजमहल से राजधानी और साम्राज्य में ही आम हो गयी। खुसरू जिसका व्यवहार वैसे ही प्रिय, सन्तोषप्रद और प्रशंसनीय था, वह और सतर्क हो उठा! उसके अन्दर पहले जैसी स्वाभाविकता का स्थान थोड़ी कृत्रिमता भी लेने लगी! उसे इन निगाहों, बातों, अफ़वाहों ने सजग और सतर्क सा कर दिया? ये नज़रें अपने भावी शासक या सम्राट को देख रही थीं? हर निगाह उसे अपना मूल्यांकन करती दिखती थीं? वह अकबरी संस्कारों में तो पगा ही था, अब उसके हाव-भाव की भी नकल करने लगा! अब मरियम मकानी के मृत्योपरान्त सलीम भी राजधानी आगरा में मौजूद था। वह स्वयं 'वली-अहद' था और, सम्राट का ज्येष्ठ व जीवित पुत्र! उसके रहते किसी और की बातें उत्तराधिकारी के रूप में हों, उसे नाकाबिले-बर्दाश्त था?

वह तो वैसे ही अति-महत्वाकांक्षी जीव था! शीघ्र सत्ताधीश होने की होड़ में वह अकबर के ख़िलाफ़ कई बार विद्रोह भी कर चुका था? और तो और दो-दो बार शासक की भाँति इलाहाबाद में कार्य कर चुका था! वह जब शहंशाह को चुनौती देने से नहीं चूका था, अतः वह अपने-आप को वैसे ही सर्वश्रेष्ठ और सर्वोच्च मानता था? वह अपनी ही औलाद की प्रतिस्पर्धा कैसे स्वीकार कर पाता? वह खुसरू का पिता था, वह कैसे और क्यूँ कर, अपने समक्ष उसको और उसके इस दावे को पचा पाता? वे जब-जब आमने-सामने होते, तब-तब ऐसा लगता था कि, दो प्रतिस्पर्धी या प्रतिद्वन्द्वी नज़रों से अग्नि-वर्षा कर रहे हों? बस हाथापाई, कहा-सुनी, गाली-गलौज और, खुला-संघर्ष ही नहीं होता था? बस इतनी ही कसर रह जाती थी? पूरा दरबार,

हरम, राजमहल, राजधानी में इसका नग्न प्रदर्शन और खुले आम चर्चा होती! शायद विधि का विधान यही था कि, जो अकबर जैसे पिता के प्रति अदावत का भाव रखे, उसे यहीं के यहीं, हाथ के हाथ अपने पुत्र के विरोध और अवमानना का सामना करना पड़े? ईश्वरीय न्याय बड़ा विचित्र था? इसकी न शिक़वा न ही शिकायत अब हो सकती थी? वैसे भी किससे और किस मुँह से सलीम इसका प्रतिरोध कर पाता? क्या कहता? उसका अपने पिता से निकट अतीत में कैसा व्यवहार रहा है? क्या वह स्वयं एक अनुशासित, आज्ञाकारी पुत्र था? खुसरू उसी का तो ख़ून था? अकबर भी सब देख, जान, सुन रहा था? वह इस व्यर्थ के द्वन्द्व को कितना नज़रअन्दाज़ करता? वह इसके निहितार्थ भी समझ रहा था! वह यह भी समझ रहा था कि निश्चित ही कमी सलीम की थी, किन्तु, खुसरू भी युवा होने के कारण और मान सिंह तथा अज़ीज़ कोका के चलते, अपने-आप को कमतर मानने को तैयार नहीं था!

अकबर को अब वाक़ई यह खुली प्रतिद्वन्द्विता परेशान करने लगी थी? छह दशक तक निरन्तर युद्धों, प्रशासनिक दायित्वों, कूटनयिक गतिविधियों के चलते वह अब थकने लगा था? जब इतने लम्बे कठोर व अविरल परिश्रम के उपरान्त उसे आराम की ज़रूरत थी, तब भी वह इन पिता-पुत्र झगड़ों में फँसा था? जैसे-तैसे सलीम को अक्ल आयी थी और उसने सही और शान्ति की राह पकड़ने की शुरुआत की थी? अब एक नयी समस्या मुँह बाये खड़ी थी? बादशाह ने खुसरू को भी सांकेतिक भाषा में समझा दिया था कि वह उससे तो यह अपेक्षा नहीं करता था? कम से कम उसे तो अपने पिता के समक्ष संयमित रहना चाहिए? किन्तु, वह जानता था कि भावुक संवेदनशील क्षणों में वह भी तो खुसरू से ही उसके पिता के लिए काफ़ी कुछ कहता रहा था? उसी सब का प्रभाव तो इस युवा पर पड़ा था? उसने इन्हीं बातों की तो गाँठ बाँध ली थी? अतः उसका इतना कसूर था भी नहीं? किन्तु, फिर भी उसने सलीम के एक अन्य पुत्र सुल्तान ख़ुर्रम के प्रति स्नेह उड़ेलना शुरू करके, दोनों का ध्यान हटाने का प्रयास भी किया था? मगर दोनों ही उस किशोर होते पौत्र के प्रति बादशाह के व्यक्तिगत स्नेह को अपने सुधार के संकेत के रूप में क्यूँकर ग्रहण करते? वे तो वयस्क लोगों की प्रतिस्पर्धा में आकंठ डूबे हुए थे? अपनी ही दुनिया में खोये हुए? बादशाह इस वाकये से वाकई खिन्न होकर, अपना सारा ध्यान ख़ुर्रम के शिक्षण-प्रशिक्षण को देने लगा? इससे उसको अपना दिमाग़ इनके लगातार होने वाली लाग-डाट से अलग रखने का इससे अच्छा और कुछ काम नहीं दिखा?

अकबर अब इस उधेड़-बुन में ही रहने लगा कि इस पिता-पुत्र के पारस्परिक मनभेद का हश्र क्या होगा? मतभेद तो दूर किये भी जा सकते थे, किन्तु, मनभेद मिटाना अत्यन्त दुष्कर और इन दोनों के प्रकरण में तो असम्भव ही हो चुका था? यह मुग़ल साम्राज्य और वंशीय सत्ता के लिए अच्छे संकेत हरगिज़ नहीं थे? उसने तो एक शिशु के रूप में पारस्परिक पारिवारिक संघर्ष झेला ही था? उसके तो अपने

संरक्षक और चाचा ने ही हुमायूँ की सेना के तोप के आग बरसाते गोले के सामने लटका दिया था? वह नन्ही-सी जान आवाज़ से नहीं मर गया, यह खुदा का करम ही रहा होगा? वरना हुमायूँ बादशाह की बड़ी तोपों ने तो काबुल का दुर्ग अपने छोटे भाई से जीतने के लिए भीषण गोला बारी करने में कोई कसर नहीं छोड़ी थी? और जब कोई तरीका नहीं बचा तो जिस चाचा ने इस नन्ही-सी जान को अपने यहाँ हुमायूँ के पलायन के दौरान शरण दी थी, उसी ने उसे दुर्ग की दीवार पर लटका दिया, ताकि उसका बड़ा भाई गोला बारी बन्द कर दे! उसने तो सुना था कि कैसे बाबर की मृत्यु शय्या पर उसके सशक्त वकील-वज़ीर मीर खलीफा ने हुमायूँ को बादशाहत से विरत रखने के लिए, कैसे षड्यन्त्र किया था? कैसे उसने लगभग हुमायूँ को पद से महरूम करते हुए, बाबर के दामाद मेंहदी ख़्वाज़ा को बादशाह बनाने का निर्णय क्रियान्वित कर दिया था? क्या यही सब उसके अन्त समय में भी होगा? एक ओर सलीम और उसके षड्यन्त्रकारी व दुर्दान्त हत्यारे साथी थे तो दूसरी ओर, अज़ीज़ कोका और मानसिंह खुलकर खुसरू के समर्थन में आर-पार की लड़ाई के लिए तत्पर!

क्या जिस साम्राज्य के लिए उसने ख़ून-पसीना बहाया था और लगातार छह दशक तक बिना थके, बिना रुके एक-एक ईंट जोड़कर इस साम्राज्य का स्वरूप निर्मित किया था, वह उसकी आँखों के सामने ढहने की कगार पर था? ऐसे संकट के बादल कई बार साम्राज्य के ऊपर मँडराये थे? किन्तु, ये बाहरी बादल थे, जिनका सामना साहस से वह करता रहा था? किन्तु, जब घर के अन्दर से ही संकट गहराने लगे, तब उसे कौन सम्हाल सकता था? भीषण और गहरी दीमक तो साम्राज्यीय ढाँचे को ही खोखला करेगी? अकबर की रातें करवटों में कटने लगी थीं? वह रात-रात भर सो ही नहीं पाता था और, जागता रह जाता? न नींद ही बची थी और न ही चैन! हल्की-सी झपकी आती तो वह अनहोनी से चौंक कर उठ बैठता? उसे अपनी माँ मरियम मकानी का प्राणान्त अपने भाग्य का साथ छोड़ देने जैसा लगा था? वह समझने लगा था कि हाल की घटनाएँ जैसे कोई दैवी संकेत थे? वह उन्हें ठीक से समझ भी नहीं पाया था? चाहे वह अबुल फ़ज़ल की निर्मम हत्या हो; या मानमती या शाह बेग़म की आत्महत्या; या उसके पुत्र दानियाल की मृत्यु; या उसकी माँ मरियम का यूँ चले जाना? क्या वह भी पिता-पुत्र के सम्भावित संघर्ष को न झेल पाने की वजह से जग छोड़ गयी थी? क्या अब उसकी भी इसी तरह पिता-पुत्र के मध्य अवश्यम्भावी संघर्ष के चलते जगत छोड़ने की बारी आ गयी है?

प्राचीन काल से मानव समाज में एक लोक-सम्मत व्यवहार तार्किक और सहज ही स्वीकार्य हुआ था—'काँटे का उपचार काँटा'! हम सब यही जानते भी हैं कि काँटा गड़ने पर हमें किसी अन्य प्रभावी काँटे की शरण में जाना पड़ता है, उसकी मदद से ही गड़ा या फँसा हुआ काँटा हम निकालते रहे हैं? अतः अकबर ने भी महीनों की इस सलीम-खुसरू की तना-तनी से आजिज़ आकर यही रास्ता चुना? उसे

लगा कि, किसी 'सेफ्टी वाल्व' सिद्धान्त के तहत इनका नकारात्मक गुबार, शत्रुता की भावना और पारस्परिक कटुता के उबाल को निकाल कर कुछ सामान्य स्थिति स्थापित करने का प्रयास क्यों न कर दे? बस यही एक तरकीब थी जो बार-बार उसके मन में उठ रही थी? सोते-जागते, अपने ज़ेहन में बार-बार उठते इस ख़याल को उसने अमली जामा पहनाने का निर्णय लिया? जब कुछ नहीं हो रहा है, तब इसको आज़माने में क्या हर्ज था? इन पिता-पुत्र की पारस्परिक कट्टर शत्रुता ने और कोई विकल्प छोड़ा ही कहाँ था? अतः उसने फ़ैसला ले ही लिया! उसने सितम्बर, 1605 की एक सुबह दरबार-ए-आम के बाद, दीवान-ए-ख़ास में अपने वज़ीर-दीवान, मीर बख्शी, मीर सामां, अमीर-ए-शिकार, अमीर-ए-फील आदि सभी अधिकारियों को एकत्रित किया! और अपने प्रिय शगल और शौक हाथियों की लड़ाई या उसकी प्रदर्शनी की योजना बनायी। उसने इन तमाम अधिकारियों को शाम तक इसकी तैयारी पूरी करके, आयोजन करने के आदेश दे दिये!

अकबर के अधिकारियों को भी लगा कि, मरियम की मृत्यु के शोक और अपने पुत्र सलीम के लौटने के बाद वह अब नये सिरे से जीवन की डोर पकड़ रहा है? उसी की शुरुआत हाथियों की लड़ाई के इस प्रदर्शन से हो रही है? हाथियों की लड़ाई देखना मुग़ल बादशाहों का बहुत प्रिय शौक़ था! अतः इसका आयोजन हुआ, किन्तु, जब इन मुग़ल अधिकारियों को भी पता चला कि, यह द्वन्द्व सलीम और खुसरू के प्रिय हाथियों के मध्य होना है, तब उन्हें भी यही समझ आया कि बुद्धिमान बादशाह इस प्रकार से उनकी कटुता हाथियों की स्पर्धा के माध्यम से निकलवा कर, उन्हें शान्त करने का ही कार्य कर रहा है? अतः सितम्बर की वह शाम श्रेष्ठ हाथी की तलाश के नाम हो जाती है? ज़ाहिर है, सारे अच्छे हाथी तो मुग़ल फील-खाने में ही थे! गढ़-कटंगा की गोंड रानी और, चन्देल राजकुमारी रानी दुर्गावती से सारा झगड़ा तो एक सफेद हाथी प्राप्त करने को लेकर ही शुरू हुआ था? हाथी का प्रेम कितना बड़ा और बढ़ा था कि द्वार पर हाथी बँधवाना भी बलबन के ही समय से एक राजसी प्रतीक हो गया था? सलीम से नाराज़गी भी इसी बात से शुरू हुई थी कि वह इलाहाबाद के अपने प्रवास में बादशाहत की यह निशानी अपने दरवाज़े पर बँधवाने लगा था? लेकिन यही हाथियों का द्वन्द्व एक ऐसा रक्त-रंजित मोड़ लेगा, उसने सपने में भी नहीं सोचा था? अन्ततः, यही खेल उसकी अपनी मृत्यु का कारण बन गया!

हम अब इस मोड़ पर (इक्कीसवीं सदी के दूसरे दशक में) आसानी से इस बात को समझ सकते हैं कि अंग्रेजों ने कैसे इसी 'सेफ्टी वाल्व' सिद्धान्त को अमल में लाने के लिए भारतीय राष्ट्रीय कांग्रेस का गठन किया था और, कैसे यही संगठन आंग्ल शासन के अन्त करने का कारण और मुख्य व प्रभावी तत्त्व बना था? ठीक वही हाल अकबर के इस हाथी द्वन्द्व प्रदर्शनी का भी रहा, उसी प्रकार के परिणाम

सहित! यह काँटे से काँटा निकालने की तरकीब, उसके गले की जानलेवा फाँस ही बन गयी! दो शहज़ादों—पिता सलीम और पुत्र खुसरू के मध्य उनके व्यक्तिगत हाथियों की यह प्रतिद्वन्द्विता, सलीम की दुर्भावना, अत्याचारी, क्रूर, आक्रामक स्वभाव के भेंट चढ़कर एक ऐसा वीभत्स व पाशविक रूप धारण कर लेगी, किसी ने कल्पना भी नहीं की थी? उसने इसी अवसर को अपनी श्रेष्ठता व प्रतिष्ठा के साथ, उत्तराधिकार के संघर्ष का ही स्वरूप प्रदान करके अपने कुटिल, कुत्सित, हत्यारे इरादों का नग्न प्रदर्शन ही कर डाला! अकबर ने जिस रूप में इसकी कल्पना की थी, सलीम के इरादों ने उस पर पानी फेरते हुए, उसके जीते जी ही, उसके बाद मुग़ल सिंहासन के लिए होने वाली खूनी जंग की वीभत्स झाँकी दिखाकर, उसकी कोशिश, उम्मीद, कटुता कम करवाने की पहल का वक़्त से पूर्व ही गला घोंट दिया! उसके सपने उसके सामने तार-तार हो गये, बादशाह का दिल ज़ार-ज़ार रो दिया, वह स्तब्ध-सा, शोक और घोर निराशा में डूब गया! उसे शाम को ही घनघोर अँधेरा दिखने लगा और वह अँधेरे में ही डूबता चला गया!

जिस मुग़ल बादशाह ने जीवन में सुबह का सूरज ही देखा और, मध्यकालीन हिन्दुस्तान में सूरज सा खिला वही आज शाम ढलते ही स्वयं भी कुछ-कुछ ढलने सा लगा? जिस झरोखे से अपनी जनता को सूरज-सा 'झरोखा-दर्शन' देकर उनके और अपनी सुबह की शुरुआत करता था, उसी झरोखे ने उसके अस्त होते सूर्य के दर्शन करवा दिये थे! यह जीवन का ऐसा ज़बरदस्त विरोधाभास था, जिसका आभास भारत में मुग़ल साम्राज्य के उस वास्तविक संस्थापक और सर्वश्रेष्ठ शासक को भी नहीं था? वह सपने में भी नहीं सोच सकता था कि उसके जीवन की सन्ध्या ऐसी कष्ट-प्रद, काली और कलंकित-सी साबित होगी? क्या उसके सामने उसके शान्ति-सद्‌भाव-सम्मिश्रण-स्थिरता के आदर्शों, मूल्यों, प्रतिमानों, विचारों, सिद्धान्तों का यूँ धज्जियों में उड़ाया जाना सम्भव हो गया है? वह भी उसी के घर-आँगन में? उसी के द्वारा किये गये आयोजन में? वह भी उसी के अपने पुत्र द्वारा? जिसके जन्म के लिए उसने क्या-क्या मन्नत नहीं माँगी थी? वह जिसको अपना 'लख्ते-जिगर' मानता था, वही उसके सपनों और उपलब्धियों के महल को ऐसे कु-संस्कारी तरीके और निर्ममता से तोड़ रहा था।

विशुद्ध मुग़ल खेल वाली इस प्रतियोगिता में मनोरंजन व स्वस्थ प्रतिस्पर्धा की भावना की अपेक्षा सलीम व खुसरू दोनों से ही थी! इसके अन्तर्गत सलीम के प्रिय हाथी, गिरनबर का मुकाबला उसी के पुत्र खुसरू के हाथी अपूर्व से होना था। यह खेल या इस प्रकार की प्रतियोगिता मुग़ल काल या पूरे मध्यकाल में पहली बार नहीं हो रही थी? तुर्क जब भारत आकर अपना राज्य स्थापित कर चुके, तब यहाँ की परम्पराओं को अपना लिया था। उसी में से एक यह प्राचीन हस्ति-युद्ध द्वारा मनोरंजन भी था। अतः इसके नियम, क़ायदे-क़ानून, तरीके सभी को भली-भाँति ज्ञात

थे! अकबर के हाथी रंतमह को एक मध्यस्थ या 'रेफरी' की भूमिका का निर्वहन करना था। अर्थात जब वह बीच में आ जाये, तब दोनों हाथियों को रुकना होता था! दोनों के महावत अपने-अपने हाथी को अंकुश के सहारे दूसरी ओर हटा लेते थे। ये सारे हाथी एवं उनके महावत इस तरह की प्रतियोगिता के लिए दक्ष तथा प्रशिक्षित थे। इन्होंने अनेक बार इन प्रतियोगिताओं में भाग लिया था, अतः वे इसके अनुभवी भी थे, इसीलिए जो हुआ वह अप्रत्याशित था! अकबर का शाही हाथी तो मध्यस्थता करने के लिए था ही, फिर भी, जैसा कि प्रायः होता था, हाथी की लड़ाई में, कि, कभी-कभी हाथी सरलता से काबू में नहीं आ पाते थे, अतः 'तपंचा' या हाथियों के आरक्षी झुण्ड को बीच में आ जाने का भी वैकल्पिक इन्तज़ाम रहता ही था! अतः, पूरे ऐतिहात के साथ यह प्रतियोगिता नियमतः खेल भावना के साथ ही सम्पन्न होती और आज भी होनी थी!

इस प्रतियोगिता का आयोजन जमुना के तट पर हुआ था। अकबर आगरा दुर्ग के उसी झरोखे पर आकर बैठ गया, जहाँ से वह भी इसका पूरा आनन्द उठा सके। उसके साथ आज उसका एक अन्य पौत्र और सलीम का तृतीय पुत्र ख़ुर्रम साथ में उपस्थित था! शहज़ादे सलीम तथा खुसरू अपने-अपने सुसज्जित घोड़ों में स्वयं मौक़े पर अपने साथियों, समर्थकों और सहयोगियों के साथ मौजूद थे। सारे अमीर और अधिकारीगण अपनी अच्छी पोशाकों में जमुना तट पर एकत्रित हुए! इतना ही नहीं, अफ़वाहों और बातों का बाज़ार वैसे भी गरम था, अतः लोगों की अपार भीड़ भी इस अनूठी प्रतियोगिता देखने के लिए एकत्र हुई थी! सलीम व खुसरू दोनों के हाथी, यथा गिरनबर और अपूर्व बीच में उनके महावतों द्वारा लाये गये! वे अपनी-अपनी सीमा या पाले में जा खड़े हुए। तब अकबर का शाही और मध्यस्थता करने वाला हाथी रंतहम लाया गया। फिर रंतहम के बीच से हटते ही दोनों हाथी युद्ध या कुश्ती की मुद्रा में एक-दूसरे से भिड़ गये! एक-दूसरे को सूँड़ से धकेलते तो कभी मस्तक से, कुछ-कुछ दूर ले जाते थे! अकबर वहीं से इस दृश्य का अपने पौत्र ख़ुर्रम के साथ आनन्द ले रहा था, तब तक उसने देखा कि, दोनों हाथियों के पालों को चिन्हित करती बीच की मिट्टी की दीवार सलीम के हाथी, गिरनबर ने एक ज़बरदस्त प्रहार से ढहा दी और वह सीधे खुसरू के हाथी अपूर्व पर शत्रुता और वहशी अन्दाज़ में भिड़ गया! खेल के नियमों का सरासर उल्लंघन सलीम के हाथी और महावत दोनों ने ही किया था? गिरनबर ने किसी पूर्वनियोजित इशारों और प्रशिक्षण के चलते अपने महावत के अंकुश के हर दबाव पर खुसरू के हाथी अपूर्व पर और आक्रामक प्रहार करने शुरू किये, उसकी सूँड़ अपनी सूँड़ में ऐसी फँसाई जैसे प्रायः पहलवान अपने प्रतिद्वन्द्वी के हाथ या बाँहें उलटी मरोड़ दें और, तब तक न छोड़ें, जब तक उसकी हड्डियाँ ही न बोलने लगें?

सलीम के सहायक, सहयोगी, समर्थक, साथी व अनुयायी इतनी ज़ोर-ज़ोर से

'मारो-मारो' की आवाज़ें लगाने लगे, जैसी खेल या प्रतोयोगिता में नहीं शिकार के हाँके में ही लगती थीं? देखते ही देखते सारे परिवेश में 'मारो-मारो' की आवाज़ें गूँज गयीं? ऐसे में नियमतः बादशाह अकबर का शाही हाथी मध्यस्थता के लिए तेज़ी से आगे बढ़ा! सलीम के पक्षधर ज़ोर-ज़ोर से चिल्लाने लगे, "नहीं-नहीं, मध्यस्थता नहीं"! किन्तु, शाही महावत कैसे अपने दायित्व से मुँह मोड़ता? वह बढ़ चला और अचानक, सलीम की ओर से पथराव शुरू हो गया! शाही हाथी पर पथराव? क्या सलीम की बुद्धि और विवेक पर पत्थर पड़ गये थे? क्या वह पागल और पाशविकता की उत्कटता तक पहुँच गया था? प्रतियोगिता के प्रारम्भ से ही सलीम के हाथी गिरनबर और उसके महावत की मंशा सलीम के साथियों की भाँति ही स्पष्ट हो गयी थी? सलीम के पक्षधर शुरू से ज़ोर-ज़ोर से चिल्लाने और हाथी को भड़काने लगे थे! पूरा जनमानस सन्न! खुसरू रुँआसा! वह यह सोच, समझ और यकीन ही नहीं कर पा रहा था कि, सामने उसका पिता था या कोई वहशी, रक्त-पिपासु दरिंदा? जब सब स्तब्ध और मूक हो गये, तब भी दुर्ग के अन्दर से कुछ अप्रिय प्रतिक्रियाएँ और बाहर सलीम के पक्षधरों का हंगामा ही था! बस उसके खेमे में से ही मारो-मारो, छोड़ो मत, छोड़ो मत और शिकार के दौरान प्रयुक्त अशिष्ट से अशिष्ट सम्बोधन तक सुने जा सकते थे! सलीम का हाथी गिरनबर न जाने उसके आदेश पर कितने लोगों को मौत के घाट उतार चुका था? वह उकसाने वालों की आवाज़ पर कैसे न आक्रमण करता? वह खुसरू के हाथी अपूर्व को भी उसी प्रकार के अभूतपूर्व और दर्दनाक अन्त तक पहुँचाने के लिए बढ़ चला मदमस्त, बेलौस, बेक़रार और बेचैन! वह सूँड़, दाँतों और मस्तक पर लगे अपने विशेष हथियार से उसे बुरी तरह घायल कर रहा था! जो नज़दीक थे, उन्होंने बाद में इस प्रकरण के लिए अकबर द्वारा विशेष जाँच-अधिकारी को बताया था कि कैसे सलीम के हाथी ने अपने मस्तक-कवच पर लगे नुकीले अग्र-भाग से खुसरू के हाथी को घायल और लहू-लुहान किया था! कैसे, महावत के अंकुश से बड़ा अंकुश सलीम का हाथी अपनी सूँढ़ में फँसाए हुए था और एक प्रशिक्षित हत्यारे की तरह उससे भी प्रहार कर रहा था! कैसे उसके दोनों बड़े बाह्य दाँतों के कवच में भी नुकीले बघनखा जड़े हुए थे! वह निश्चित ही हत्यारे अन्दाज़ और इरादे से इस प्रतियोगिता में उतारा गया था! और, अब गिरनबर अपने दाँतों से वार करके सूँड़ में अपूर्व की सूँड़ फँसा कर लातों से वार करके उसे रौंदने को पागल-सा दौड़ पड़ा! घायल महावत अपूर्व को दूर ले कर भाग चला और सलीम का हाथी पीछे-पीछे, उसे छोड़ने को तैयार नहीं!

ज़ाहिर था, सलीम किसी भी कीमत पर इस प्रतियोगिता को विजित करने के लिए कटिबद्ध और दृढ़-निश्चयी था? जैसे यही उत्तराधिकार का कोई युद्ध हो, जिससे बादशाह अन्ततः, उसके और उसके पुत्र के मध्य में से इस युद्ध या प्रतियोगिता के विजेता को ही अपने उत्तराधिकारी के रूप में चयनित करता? अकबर की मौजूदगी

और उसकी आज्ञा व इच्छा से आयोजित इस प्रतियोगिता का अभिप्राय इसके द्वारा उत्तराधिकारी चुनना हरगिज़ नहीं था? किन्तु सलीम और उसके समर्थक-साथी जो आगरा से दूर इलाहाबाद में बादशाह विरोधी गतिविधियाँ करते रहे थे, अब खुले आम उसी के प्रांगण में यह दुस्साहस कर रहे थे! अपूर्व और महावत तक तो बात तब भी समझ आ सकती थी, मगर, बादशाही हाथी रंतहम और उसके महावत के ऊपर पथराव? खुसरू तुरन्त अपने घोड़े पर सवार होकर बादशाही झरोखे के नीचे आया और बादशाह से शिकायत के लहजे में कहा : "ये खूनी संघर्ष है या स्वस्थ प्रतियोगिता? आप इसे तत्काल रुकवायें?" अकबर ने बगल में बैठे ख़ुर्रम के माध्यम सलीम को सन्देश को तत्काल इस ख़ूनी खेल को रोकने हेतु भेजा! उसने यह भी कहलाया कि, सलीम चाहे तो शाही फीलखाने के सारे हाथी ले ले, मगर यह प्रतियोगिता तत्काल रोक दे? पहली और आख़िरी बार शायद खुसरू के साथ सारी प्रजा और उमरा (या अमीर वर्ग) ने एक हारे-थके-विवश और हताश बादशाह के साथ एक हारे हुए पिता को झरोखे में देखा था?! ऐसे माहौल की तो अकबर ने दूर-दूर तक कल्पना भी नहीं की थी? अकबर को अपने पैरों तले धरती खिसकती दिखी? सारा बना-बनाया साम्राज्य ढहता और अभी ही दरकता-सा दिखा! सबकुछ हाथ से रेत की तरह फिसलता ही चला गया? उसकी मुट्ठी बिल्कुल एक ही शाम को खाली हो गयी? जो एक सामान्य प्रतियोगित के रूप में शुरू हुआ था, उसका इतना विकृत और दर्दनाक अन्त? क्या यह उसके अन्त का कोई संकेत या प्रतीक था? अब तक कुछ महिलाएँ भी जो झरोखों और गवाक्षों के पर्दों के पीछे से यह मनोरंजन देख रही थीं, वे भी चीखने-चिल्लाने लगीं और जैसे ही खुसरू के महावत और हाथी दोनों के मस्तकों से ख़ून की धारा फूटी वे ज़ोर-ज़ोर से रोने भी लगीं? किस अनहोनी की दस्तक वे भी सुन रही थीं और जानती थीं कि सबसे बुरी क़यामत उन्हीं हरम वालों पर गुज़रती है!

तभी कुछ गोलियाँ दागी गयीं, ताकि उनके प्रभाव से हाथी तितर-बितर हो जायें! बुरी तरह से घायल खुसरू का हाथी अपूर्व तो आवाज़ से हक्के-बक्के हुए हाथियों का लाभ उठा कर वहाँ से भाग खड़ा हुआ! सर पर अपने मालिक सलीम की भाँति ख़ून सवार होने पर अब गिरनबर ने मध्यस्थता कर रहे बादशाही हाथी पर घातक वार शुरू किये! वह उसे धकेलता हुआ जमुना में ले गया, बादशाही हाथी रंतहम की सूँड़, मस्तक और एक पैर लहू लुहान! जमुना की बीच धारा में, नावों को बीच में लगाकर किसी तरह से गिरनबर के ख़ूनी आतंक को रोकने में सैनिकों, नाविकों आदि को कामयाबी मिली! तब तक तो महल के परकोटे पर, हर गवाक्ष, हर बुर्ज और हर झरोखे से सिर्फ़ आँखें ही आँखें...दूर जमुना तक का नज़ारा देख कर स्तब्ध थीं, जहाँ सलीम और खुसरू के हाथियों के बीच शुरू हुआ संघर्ष अब सलीम और अकबर के हाथी बीच हो रहा था! कुंछ खोजे, जो इस हाथी-प्रतियोगिता का आनन्द

दुर्ग के परकोटे से ले रहे थे, इस बदलते खौफ़नाक स्वरूप से घबरा कर, अपनी-अपने मालिकाओं को सूचित करने दौड़ पड़े! फिर क्या था, सारा हरम झरोखों, गवाक्षों और हर उस जगह पर उमड़ पड़ा जहाँ से जमुना के तट का वह सारा माहौल दृष्टिगोचर था! जितना शोर वहाँ सलीम के साथियों ने और आम जनता ने सम्मिलित रूप से मचा रखा था, उससे कम तुमुल आगरा दुर्ग के अन्दर से नहीं उठा! अकबर इस अन्दर और बाहर के शोर में डूब के रह गया!

अब अकबर यह सोचने के लिए विवश था कि क्या उसने सलीम को दस दिन बाद ही आज़ाद करके गलत किया था? क्या उसने अपने पिता और बादशाह से झूठे वादे किये थे? क्या वह पहले ही अवसर पर अपनी नीच असलियत दिखाने को आतुर था? क्या वह हर अवसर का उपयोग उसे नीचा दिखाने और खुसरू को परास्त करने के लिए तरह-तरह के षड्यन्त्र रचने में करता रहता था? क्या वह सत्ता के लिए कुछ भी कर गुज़रेगा? उसके बाद उसके राज्य में कितना रक्त प्रवाह होगा, उसे भी दिख रहा था? हालाँकि, सलीम ने मौक़े की नज़ाकत समझते हुए, बादशाही हस्तक्षेप के उपरान्त अपने महावत को तत्काल इशारे से अपने हाथी की आक्रामकता रोकने को कहा। उसने अपने पुत्र ख़ुर्रम के माध्यम से यही उत्तर दिया, कि हाथी बेकाबू हो गया था और उसके समर्थकों ने नहीं, आम जनता ने शोर मचाया था? अकबर निःशब्द और निढाल हो गया? घंटों कोई किसी से कोई संवाद नहीं कर पाया? किसी को कुछ सूझ ही नहीं रहा था कि ऐसे अवसर पर क्या कह कर बात शुरू की जाये? ऐसी निःशब्दता तो हरम और महल में न कभी देखी न सुनी गयी थी? वे सब इसे साम्राज्य और मुग़ल परिवार के लिए अत्यन्त अशुभ संकेत ही मान रहे थे? मरियम मकानी का इहलोक छोड़ कर जाना और उसके पूर्व की घटनाएँ और अब यह... वाक़ई मुग़ल और अकबरी साम्राज्य के लिए क़यामत का ही सन्देश था? वे सब बदहवास और बेचैन-सी टुकुर-टुकुर बादशाह की ओर और उसके जाने के बाद उसके कक्ष की ओर न जाने कब तक किसी संकेत की आहट के लिए देखती रहीं?

बादशाह गहन सोच और नैराश्य में डूब गया...उसकी बेचैनी, फ़िक्र और पेश्तर ढंग से इस बवाल को निपटाने का तरीका नाकामयाब हो चुका था! उसकी आशा और उम्मीद पूरी तरह से धराशायी हो चुकी थी? वह ज़िन्दगी में पहली बार ऐसी शिक़स्त का सामना कर रहा था, जिससे उबरना मुश्किल ही नहीं नामुमकिन लग रहा था? यह बादशाह की, उसकी मर्यादा की, इकलाख की, शान और जलाल की पराजय थी? वह अपने जीवन की शाम अब शान्ति, सद्भाव, स्थिरता से गुज़ारने की अपेक्षा कर रहा था, मगर उसे पता ही नहीं था कि यह ज्वालामुखी अन्दर ही अन्दर दोनों ही ओर धधक रहा था? उसे लगा था कि थोड़े से जोश-खरोश के बाद दोनों इसे खेल के नज़रिए से समझ कर अपनी रणनीति और एक-दूसरे के प्रति

व्यवहार बदलने की सोचेंगे? उसका इरादा इस खेल और प्रतियोगिता के माध्यम से उनकी श्रेष्ठता समझना थी। वह सोचता था उनको भी तो स्वतः समझ आ जाये कि कौन श्रेष्ठ और अधिक योग्य है? शायद इसी के चलते दोनों के गुरूर टूटें, गुबार निकले और वे सामान्य हो जायें? वह इन दोनों को विवाद सुलझाने के लिए एक मंच प्रदान कर रहा था, किन्तु, दोनों ने उसे राजनीतिक प्रतिद्वन्द्विता का ही रूप दे दिया? और सलीम ने तो हद पार करते हुए, इसे ख़ूनी खेल में तब्दील करते हुए, तार्किक परिणति तक पहुँचाने का जैसे फ़ैसला ही कर लिया था? कैसे इन लोगों की वजह से एक साधारण और लोकप्रिय परम्परागत खेल, हिंसक-राजनीतिक दाँव-पेंच व पारस्परिक प्रतिद्वन्द्विता के रंग में सराबोर होकर, एक भयावह तथा विषाक्त रूप धारण कर चुका था? सलीम को समझाने या नियन्त्रण करने के सारे प्रयास धूल-धूसरित होकर जमुना के तट पर बिखरे पड़े थे? वे उसके मदमस्त हाथी के पैरों तले इस प्रतियोगिता के दौरान बुरी और पूरी तरह से रौंद दिये गये थे? खेल के मैदान को उसने ख़ूनी रंजिश में परिवर्तित कर दिया था!

बादशाह को यह शाम अपने जीवन की आख़िरी शाम सी लगी, जिसके बाद घोर अनन्त अँधेरा होना ही था! वो अकबर बादशाह जिसने दूर रोह से लेकर बंगाल की सीमा तक के अफ़गानों को जीतकर अपने अधीन कर लिया था; जिसने राजपूतों को पराजित तो किया, किन्तु वैवाहिक सम्बन्धों से अपना बना लिया था? वह जो हिन्दुओं के साथ सद्व्यवहार और सांस्कृतिक समन्वय स्थापित करके अपना बनाने में सफल हुआ था, वह अपने ही घर-परिवार के झगड़े को सुलझाने में असफल हो गया? अपने पिता हुमायूँ की पराजय और भारत से पलायन में स्वयं उसकी अपनी शिक्षा में जो कमी रह गयी थी, उसने इन बच्चों और बच्चों के बच्चों में पूरी की थी! उन्हें वह सुख, संरक्षण, सुविधाएँ देने का प्रयास किया था जिनसे वह स्वयं वंचित रहा था? वह उनको जिस तरह से प्रशिक्षित करना चाहता था, क्या वह सफल रहा था? क्या उसने इसी दिन के लिए लगातार श्रम और सुशासन किया था? क्या 'इबादत-खाना' बनाने से लेकर साम्राज्य के लिए 'सुलह-ए-कुल' की नीति उसके अपने घर में ही निष्प्रभावी होनी थी? वह नीति जो पूरे साम्राज्य की एक जैविक इकाई के बन्धन में बँध गयी थी, वह घर-परिवार के सदस्यों द्वारा ही ठुकरा दी गयी? जहाँ वह पूरे देश को एकता का सन्देश देने और ग्रहण करवाने में कामयाब हुआ था, वहीं वह अपने पुत्र-शहज़ादों में अंकुरित करवाने में कितना असफल रहा था? सलीम, दानियाल और मुराद सभी तो उसके आदर्शों के प्रतिकूल ही आचरण करते थे? सलीम अकेला जीवित बचा था? क्या उसे एक बाप की हैसियत से उससे यह प्रत्याशा करना गलत था कि वह उसकी स्वस्थ और जीवन्त परम्पराओं को ही ज़ारी रखे? क्या सलीम के इस तरह के बर्बर बर्ताव से साम्राज्य संगठित शान्त, स्थिर, सामान्य और समृद्ध रह सकेगा?

इस पूरे हृदय-विदारक प्रसंग और ख़ूनी खेल के चलते, बादशाह अकबर को ऐसा ज़बरदस्त हृदयाघात हुआ कि वह शाम भर बेचैनी से अपने कक्ष में चहल क़दमी ही करता रहा! सुल्तान सलीमा बेग़म ने एक बार साहस करके, उससे बात करने की भी कोशिश की, किन्तु व्यर्थ! बादशाह मौन हो चुका था? ख़ुर्रम ने अपने दादा को ऐसा कभी नहीं देखा था, वह भी दूसरे कक्ष में एक कोने में चुपचाप बैठ गया! उसी ने अपने दादा के माथे पर पसीने की बूँद सबसे पहले देखी थी? उसी ने तो अकबर का सन्देश अपने पिता सलीम और उसका उत्तर बादशाह तक पहुँचाया था? उससे ही सभी लोग और हरम की महिलाएँ सबसे ज़्यादा सवाल कर रही थीं? क्योंकि, वही बादशाह के पास और साथ बैठा यह सब देख रहा था? वही साक्षी था कि बादशाह ने कैसे कब क्या प्रतिक्रिया व्यक्त की थी? हक़ीम हुम्माम, हक़ीम अली गिलानी भी शहज़ादे ख़ुर्रम से कई तरह से अनेक सवाल कर चुका था? बादशाह को ऐसा सदमा लगा था कि वह किसी से कहता भी तो क्या? सुल्तान सलीमा बेग़म ने तो उसके सलीम के ख़िलाफ़ जा रहे अकबर से मरियम के सामने ही कहा था कि वह अब इन दोनों बाप-बेटे के प्रसंग में बीच में नहीं पड़ेगी! वह आजिज़ आ चुकी थी? फिर, मरियम की मृत्यु, सलीम का आगरा में दस दिनों तक नज़र बन्द रहना? इस पर भी दोनों में मतभेद हुआ था? ख़ैर, जब उसने आज का हाल सुना और कुछ अंश देखा और उसके बाद बादशाह की असामान्य स्थिति देखी, तो उसने एक प्रयास किया कि वह बादशाह को सुकून पहुँचाने के लिए कुछ पूछे, वह जवाब दे और उसका गुबार, गुस्सा, क्षोभ, रोष और भोगी हुई जलालत सब निकल जाये? सार्वजनिक रूप से उसकी प्रतिष्ठा, पद-दलित हुई थी? वह किस मुँह से 'झरोखा-दर्शन' देगा? कैसे वे लोग उसके दर्शन के उपरान्त ही कुछ अन्न-जल ग्रहण करते थे, वे अब आयेंगे क्या? उसी झरोखे पर तो उसकी इज़्ज़त उसके अपने ने ही तार-तार की थी? वह सारे जहाँ में दोस्ती, मैत्री, शान्ति, सद्भाव और समन्वय का सन्देश फैलाता है और उसी के अपने परिवार में यह कलह! पारिवारिक झगड़े का यह भोंडा और रक्त-रंजित प्रदर्शन?

उसे एक बात साफ़ समझ आ चुकी थी और, सलीम ने वही सन्देश तो प्रेषित किया था? क्या सलीम को दण्डित करने और खुसरू के प्रति न्याय करने के लिए, सलीम की जगह खुसरू को 'वली-अहद' घोषित करना किसी तूफ़ान को तो नहीं खड़ा कर देगी? जैसा रक्त-रंजित लोमहर्षक नज़ारा हस्ति-प्रतिस्पर्धा में दिखा था, उससे अधिक रक्त-रंजित परिणाम तो नहीं देखने पड़ेंगे? सलीम की ऐसी क्रूरता, निर्दयता और वहशियाना अन्दाज़, क्या ख़ून की नदियाँ बहाकर साम्राज्य को अस्थिरता के सैलाब में तो नहीं डुबो देगा? संकेत व सन्देश साफ़ था। जो एक साधारण खेल को इतना ख़ूनी व कुलषित कर सकता है, तब वास्तविक सत्ता-संघर्ष के दौरान वह क्या करेगा? क्या वह कोई सीमा, मानदंड या कोई भी मर्यादा स्वीकार करेगा? उसे

यह भी तो नहीं समझ आ रहा था कि इस नामुराद पुत्र का वह करे क्या? वह इस प्रकरण में किसे दण्डित करे?

यदि वह सलीम को साम्राज्य की स्थिरता बनाये रखने के लिए उत्तराधिकारी नियुक्त कर दे और खुसरू को नहीं करे, तब फिर खुसरू क्या कहेगा? उसके पक्षधर क्या सोचेंगे? वह साम्राज्य के दोनों सबसे उच्च मनसबदारों—मानसिंह व अज़ीज़ कोका से कैसे नज़र मिलायेगा? वह अपनी जनता को क्या मुँह दिखायेगा? वह उसपर उसके बाद भी भरोसा और आस्था कैसे रखेगी? उसके राजत्व का परिभाषित मूल-मन्त्र ही ईश्वर के प्रति निरन्तर बढ़ी हुई आस्था थी? इसका अभिप्राय यही था, कि जैसे बादशाह की आस्था नित्य प्रति परवरदिगार में बढ़ती जाती है, वैसे पृथ्वी पर अल्लाह की प्रति-छाया अर्थात बादशाह के प्रति उनकी भी आस्था बढ़ती रहे! क्या जो इस शाम को घटा वह आस्था को बढ़ा सकता था? क्या वह स्वयं 'क़यामत के रोज़, उस ख़ुदा के सामने इसका कोई भी उत्तर देने लायक रह गया है?' एक पिता, एक दादा एक शासक किस रूप में निर्णय हो और वह क्या हो? क्या उचित होगा? क्या प्रीतिकर होगा? क्या सलीम के अतीत और आज के व्यवहार से लगता है कि वह कोई प्रतिकूल निर्णय स्वीकार करेगा? क्या वह खुसरू के साथ अन्याय कर सकता है? जब उसका अपना पिता ही उसके साथ घिनौना और ख़ूनी अन्याय करके, उसे घातक चुनौती और चेतावनी देकर छोड़ चुका है? ऐसी उधेड़ बुन तो उसे महज़र पढ़ने में भी नहीं हुई थी? ऐसी कशमकश तो कभी किसी मुद्दे में नहीं हुई थी? अतः सही निर्णय तक पहुँच चुकने के बाद की यही अनिर्णय की घड़ी उसके दिल पर सबसे बड़ा बोझ होती जा रही थी? हालाँकि, विलियम हॉकिन्स, जो जहाँगीर के शासनकाल में हिन्दुस्तान आया था (1608 से 1613) और, जहाँगीर का दरबारी भी रहा था, लिखता है, "बादशाह अकबर ने आजिज़ आकर सलीम को अपदस्थ करते हुए, खुसरू को अपना वली-अहद या उत्तराधिकारी घोषित कर दिया था!"

न सुल्तान सलीमा, न वज़ीर-दीवान, न मीर बख्शी, न मीर-समां, न मीर आतिश, न मानसिंह और न ही अज़ीज़ कोका बादशाह को कुछ कहने के लिए तैयार कर सके? वे सब हतप्रभ थे? बादशाह ने इससे पहले बड़ी से बड़ी समस्या हँसकर टाली थी? समस्या का समाधान ही तो उसका प्रिय शगल प्रतीत होता था? मगर आज? और जैसे ही खुसरू उसके कक्ष में गया बादशाह को सज़दा करने झुका...बादशाह चक्कर खा कर उसके ऊपर ही लगभग झूल-सा गया! सभी उच्चाधिकारी उसके कक्ष के बाहर से अन्दर की ओर लपके! बादशाह को जैसे-तैसे बिस्तर पर लिटाया, हक़ीम अली गिलानी ने बादशाह का माथा क्या छुआ, उसका अपना माथा ठनक गया! बादशाह को भयंकर ज्वर चढ़ चुका था! हक़ीम साहब ने तुरन्त इलाज शुरू किया! तब तक रज़ा सालिवाहन भी आ पहुँचे तथा चिकित्सकों के दल ने बादशाह का निरीक्षण-परीक्षण शुरू कर दिया! ख़ान-ए-आज़म और मीर बख्शी दोनों ने एक-साथ

सभी को हिदायत दे दी कि, किसी से अभी कुछ भी न कहा जाये! अज़ीज़ कोका, मानसिंह और खुसरू एक कोने में सर झुकाये चिन्तित बैठ गये! बस सुल्तान सलीमा बेग़म ही बीच-बीच में आतीं, बादशाह के सिरहाने बैठतीं और उनका सर सहलातीं! क्योंकि, वे भी लग कर नहीं बैठ सकती थीं! बादशाह को बिल्कुल पतले दस्त शुरू हो चुके थे! बार-बार उनकी सफाई होती थी। वे शक्तिहीन और बेहोश तो थे ही? सारी रात सबकी आँखों-आँखों में कट गयी! बादशाह को स्वस्थ करने के सारे प्रयास असफल हो चुके थे! हक़ीम अली गिलानी को अन्दाज़ा था कि बादशाह चूँकि स्वस्थ शरीर का स्वामी है, अतः अपनी बेहोशी के बावजूद भी, वह ज्वर और दस्त सब बर्दाश्त कर जायेगा? वह सबके बीच में दिखता था कि कैसे बादशाह को बीच-बीच में होश आता था और वह अली गिलानी को उसे तत्काल ठीक करने की बात भी कहता था? एक बार तो होश में आने पर वह अली गिलानी से शिकायत करने से भी नहीं चूका, कि क्या वह अपना फन भूल गया है? अतः यह स्पष्ट था कि अकबर के मस्तिष्क ने काम करना बन्द नहीं किया था? हक़ीम, आयुर्वेद, यूनानी न जाने कौन-कौन से चिकित्सक और वैद्य एकत्रित हो गये रात भर में! किसी को नींद नहीं...और, बादशाह प्रायः बेसुध!

दूसरे दिन सुबह झरोखा-दर्शन के लिए जुटे अपार जन-समूह को सूचित करना ही पड़ा कि बादशाह अस्वस्थ हैं। अतः 'झरोखा-दर्शन' सम्भव नहीं है! यदि खुद बादशाह के दूध-भाई और वकील-ए-मुतलक़ झरोखे पर न आते तो शायद लोगों को यक़ीन न होता? लोग घंटों वैसे ही उसी झरोखे के नीचे चिन्ता मग्न खड़े रहे, कि शायद और कुछ सूचना मिल जाये! फिर तो वे दिन भर आते-जाते बड़ी आशा और प्रार्थना की मुद्रा में उस ओर देख लेते थे? उन्हें मालूम था कि इसी झरोखे के पीछे वह बादशाही कक्ष है, जहाँ बादशाह अस्वस्थ लेटा है? शायद कुछ देर को ताज़ी हवा के लिए वह झरोखे पर आ जाये और शायद वे भाग्यशाली होकर उसके दर्शन प्राप्त कर लें! ऐसी आस्था और प्रेम था अपने बादशाह से लोगों को! उसने इनका विश्वास जीतने के लिए क्या नहीं किया था? कभी भी किसी की परेशानी के समाधान को प्रस्तुत रहने वाला शासक जनप्रिय होता ही?

जहाँगीर का सिंहासनारोहण : खुसरू का विद्रोह

अकबर के शासन के इस दौर में उमरा व अधिकारी वर्ग के साथ ही समूचा साम्राज्य ही, सलीम की हरकतों से आजिज़ होकर, यह मान रहा था कि खुसरू ही अकबरी महानता, मूल्यों, आदर्शों और समेकित भाव का प्रतिरूप था! खुसरू, उसका व्यवहार, उसका व्यक्तित्व जैसे अकबर की आत्मा का ही दूसरा शरीर हो? अकबर की दो सन्तानें व्यसनों की शिकार हो चुकी थीं और तीसरी के आचरण से पूरा साम्राज्य 1699 से तो लगातार हिचकोले लेने लगा था! साम्राज्य की सामान्य स्थिरता में अकेले सलीम ही, इलाहाबाद से बैठे-ठाले असामान्य अस्थिरता पैदा करता रहता था? सलीम से तो साम्राज्य में अकबरी संस्कृति और परम्परा की आशा तो दूर उसकी कल्पना भी नहीं की जा सकती थी? वह कुसंगति में सदा भांग, अफ़ीम, मदिरा, सुरा-सुन्दरी में डूबा रहने वाला एक अय्याश, अमानवीय व क्रूर शहज़ादे के रूप में ही कुख्यात हो चुका था? उसके लिए तो आम धारणा ही बन गयी थी कि वह सिर्फ़ विद्रोह और ख़ून-ख़राबा करके, किसी तरह सत्ता के शीर्ष तक पहुँचने को आतुर था? और, वह अपनी हरकतों से जहाँ अकबर से लेकर आम जनता को परेशान कर चुका था, वहीं उसके राजनीतिक तांडव से उत्तर भारत और कम से कम उसके पूर्वी भागों में कृषि से लेकर व्यापार-व्यवसाय तक सब प्रतिकूल रूप से प्रभावित होते रहते थे! उससे जुड़े मुग़ल अधिकारी व अमीर तो अपमानित होने के लिए अभिशप्त ही थे, जो अकबर के निष्ठावान थे, वे उसके व्यंग-बाणों से लेकर अपशब्दों से आहत! कोई भी सलीम से सन्तुष्ट और प्रसन्न था ही नहीं? और, उसके उलट, उसी के पुत्र और अकबर के युवा पौत्र खुसरू के सभी प्रशंसक!

सलीम को धीरे-धीरे यह भली-भाँति समझ आ चुका था कि 'अकबरी' अमीर उसका कभी साथ नहीं देंगे? वे तो अपने स्वामी के प्रति पूर्णतः निष्ठावान रहेंगे। स्वभाव व प्रशिक्षण से 'अकबरी' होने के साथ ही उसी की परम्पराओं में पोषित होने के कारण, उसके जीवित-अक्स या छाया—शहज़ादे खुसरू को ही अकबर का ताज़ पहनाने का प्रयास करेंगे! वे अपने स्वामी को सच्ची श्रद्धांजलि के नाम पर उसकी प्रवृत्तियों को जीवित रखने के लिए, खुसरू को सिंहासनारूढ़ करके, अपना नमक भी अदा करेंगे! दरबारी राजनीतिक-संस्कृति के चलते अमीरों की खुसरू के प्रति पक्षधरता

में दोनों सर्वोच्च मुग़ल मनसबदारों के प्रति सेवा के बदले अपने स्वार्थ-सिद्धि और पुरस्कृत व लाभ का मन्तव्य भी तो अन्तर्निहित था? अकबर-कालीन इन दो सबसे बड़े 7000 के मनसब वाले ओहदेदारों में से एक खुसरू का सगा मामा, मानसिंह तो दूसरा उसका श्वसुर, मिर्ज़ा अज़ीज़ कोका था! किन्तु, यह भी सत्य था कि मुग़ल अमीरों को भी मन ही मन यह भय सताता था कि अकबर के विरुद्ध निरन्तर विद्रोह करने वाले सलीम के ख़िलाफ़ वे अनेक बार सैन्य-अभियानों में शिरकत कर के उससे व्यक्तिगत शत्रुता मोल ले चुके हैं! उनमें से अधिकांश ने समय-समय पर उसके प्रलोभनों और धन व मित्रता के प्रस्ताव को लगातार ठुकराया था? वे उसके बहकावे में आकर बादशाह के ख़िलाफ़ बगावत को कत्तई तैयार नहीं थे? ज़ाहिर है, वह उनसे वाक़ई नाराज़ था! वे ही उसके और मुग़ल सिंहासन, जिसे वह अपना हक़ मानता था—के बीच के सबसे बड़े अवरोध से खड़े दिखते थे? यदि वे अकबर की जगह उसका साथ देते तो उसके लिए ताज़ और सिंहासन दूर नहीं होता?

किन्तु, वे न केवल अकबर द्वारा नियुक्त, अपितु स्वामिनिष्ठा व कर्तव्यपरायणता के चलते ही पदोन्नत हुए थे! वे इस कारण और फिर आभिजात्य की सामान्य विशेषता से भी तो विरत नहीं हो सकते थे? वर्गीय विशेषता ही तो उन्हें एकजुट करे रहती? वही तो उनके वर्गीकरण का आधार था? मुग़ल आभिजात्य क्या यह तो समस्त आभिजात्य का हर युग में चरित्र ही होता है, वे सिर्फ़ डूबती नौका छोड़कर भागते हैं, अन्यथा उससे अधिकाधिक लाभ ही अर्जित करने के लिए प्रयासरत रहते हैं! उन्हें समझ आ रहा था कि राजनीतिक तुला पर सलीम का पलड़ा अभी भी हल्का था? साम्राज्य का सर्वोच्च अमीर, ख़ान-ए-ख़ाना और हिन्दी का सुप्रसिद्ध कवि, अब्दुर रहीम, अपने मित्र अबुल फ़ज़ल की हत्या से उबर भी नहीं पाया था? क्या वह सलीम को अपने निर्दोष साथी की निर्मम और सुनियोजित हत्या के लिए क्षमा कर सकता था? क्या कछवाहा राजा मानसिंह, साला होकर भी अपनी बहन की आत्महत्या के लिए विवश करने के लिए उसे माफ़ कर सकता था? और अब बेवजह बादशाह के ख़िलाफ़ निरन्तर विद्रोह और फिर मान सिंह के इकलौते भांजे के ख़िलाफ़ विष-वमन को कैसे बर्दाश्त करता? जिस दूध-भाई को अकबर नाराज़ होने के बावजूद कुछ न कहता हो, उस अज़ीज़ कोका को चाचा मानने से भी सलीम को गुरेज रहा था? वह अपने आपको 'वली-अहद' होने के नाते बादशाह के बाद द्वितीय पायदान पर समझता था और इन सबको अपने बाद? अज़ीज़ कोका न केवल अकबर का दूध भाई ही था, अपितु एक श्रेष्ठ सेनानायक व उच्च सामरिक समझ वाला योद्धा! वह ख़ान-ए-आज़म के पद पर अपनी योग्यता व साम्राज्य की निरन्तर सेवा और योगदान से पहुँचा था? उसका दुर्भाग्य था कि वह सलीम के उस पुत्र का श्वसुर था, जिसे सलीम फूटी आँख बर्दाश्त करने को तैयार नहीं था! अब्दुल्लाह ख़ाँ भी रोज़-रोज़ के विद्रोहों और अस्थिरता से कब का सलीम का साथ

छोड़ आया था! यानी जितने भी महत्त्वपूर्ण अमीर थे, सब सलीम की हरकतों की वजह से उससे मुखालिफ!

अकबर की मृत्यु-शय्या पर पड़ते ही, ख़ान-ए-आज़म ने 'वकील' या बादशाह के प्रतिनिधि के रूप में राज्यकार्य का संचालन अपने हाथों में लेने में कोई देर नहीं की! वे इतनी देर से कोने में सर झुकाये यही मन्त्रणा कर रहे थे और ख़ान-ए-ख़ाना के आते ही और हकीम हुक्काम और राजा सालिवाहन के नकारात्मक व निराश रुख को देखते रात में ही–राज्य के दायित्वों का निर्वहन, राजत्व के प्रावधानों के अनुरूप–करना शुरू कर चुके थे! उधर सलीम के खेमे में भी सन्नाटा पसर गया? उसके पक्षधरों ने उसे ऐसे मोड़ पर फिर खड़ा कर दिया था, जहाँ से उसे कोई रास्ता नज़र नहीं आ रहा था? वे षड्यन्त्रकारी थे, जो जोश और बलात सत्ता प्राप्त करने के अलावा कोई और मार्ग जानते ही नहीं थे? किन्तु, अब जब बादशाह की ओर से ख़ुर्रम के पश्चात से कोई सन्देश नहीं मिला तब से वे भी परेशान थे? सलीम के वकील ने यही बताया कि बादशाह गुम-सुम हैं और उसके कक्ष के बाहर प्रमुख अमीरों का जमावड़ा है! अन्दर तो बस सुल्तान सलीमा ही आ-जा रही हैं, मगर वो भी गुम-सुम! सलीम के गुप्तचरों ने उसे रात के दूसरे पहर बादशाह के बेहोश होकर, खुसरू के लगभग ऊपर गिर जाने की खबर दी! सलीम के पाँवों तले ज़मीन खिसक गयी! उसे समझ आ गया था कि अभी तक षड्यन्त्र वह करता रहा था, अब बाज़ी पलट गयी लगती थी? वास्तव में जो षड्यन्त्रकारी होता है, वह 'जाकी रही भावना जैसी' की तर्ज़ पर दूसरों को भी वही समझता है? यही उसका स्वभाव होता है? स्वाभाविक सोच और प्रतिक्रिया होती है? उसे लगा कि बादशाह के बीमार होते ही सारा काम-काज वकील अज़ीज़ कोका और मानसिंह द्वारा नियन्त्रित होने लगेगा?

उधर सलीम की अबतक की गतिविधियों और उसके पक्षधरों के आज के खुल्लम-खुल्ला हिंसक व्यवहार के चलते यह समझ आ रहा था कि वे कुछ भी कर गुज़रने पर आमादा हैं? सलीम को भी भली-भाँति ज्ञात था कि यह तीनों प्रमुख अमीर उसको शासक बनने से रोकने का हरसम्भव प्रयास करेंगे? अतः, ख़ान-ए-आज़म ने अपने विश्वस्त और स्वामिभक्त आदमियों को ही पूरे दुर्ग में नियुक्त करके, रनिवास, राजमहल और आगरा दुर्ग को अभेद्य सा बना दिया था? जब तक बादशाह इस हालत में है, वे सलीम एवं उसके समर्थकों के षड्यन्त्र को निष्फल करना और महल को किसी सत्ता-पलट से बचाना अपना कर्तव्य मान कर ही ये सब कार्य कर रहे थे? सलीम के लोगों का कोई भरोसा नहीं किया जा सकता था? उनकी कल शाम तक की गतिविधियाँ सिर्फ़ संशय और अविश्वास को ही जन्म देती थीं? एक किशोर बस अकबर के कक्ष से नहीं हटा था और वह था, ख़ुर्रम! अकबर की आठ दिनों की अस्वस्थता में वह और सुल्तान सलीमा बेग़म ही बराबर अकबर की तीमारदारी की सारी व्यवस्था देखते रहे थे? सलीम और उसकी पत्नी (ख़ुर्रम की माँ) ने ख़ुर्रम को

बहुत सन्देश भेजे और वहाँ से हट आने की हिदायत भी दी, किन्तु, वह ऐसी हालत में अकबर के निकट से हटने को तैयार नहीं हुआ! उसे लगा कि, कहीं अकबर के करीबी अमीर, ख़ुर्रम को बन्दी बनाकर, सलीम को नियंत्रित करने या किसी षड्यन्त्र वाली चाल में मोहरे के रूप में इस्तेमाल न करें? कहीं वह किसी हर्जाने की शक़्ल न अख़्तियार कर ले? उसे बार-बार राजमहल छोड़कर जहाँगीर के निवास पर लौटने के सन्देश भेजे जाते रहे, मगर वह किसी की बात सुनने को तैयार नहीं हुआ! जैसा आगे सिद्ध भी होगा, वह भी तो अपने पिता से कम हठी नहीं था?

अकबर की इन आठ दिनों की अस्वस्थता ने उसके बिस्तर के, राजमहल, दुर्ग और साम्राज्य के चारों ओर, सिर्फ़ और सिर्फ़ षड्यन्त्रों के दौर को हवा दी! ख़ान-ए-आज़म वकील की भूमिका में सारी सत्ता अपने हाथों में केन्द्रित कर चुका था, किन्तु, उसे हर दूसरा व्यक्ति सलीम का गुप्तचर-सा लगता था? उसके अपने लोग तो सीमित ही थे? मानसिंह उच्च मनसबदार और सर्वाधिक विश्वासपात्रों में से एक तो था, किन्तु, शेष राजपूतों को सहज स्वीकार नहीं था, जो चक्रानुक्रम से महल व दुर्ग की रक्षा का भार वहाँ करते ही थे अन्य अमीरों के साथ? यह चक्रानुक्रम तो परम्परा से चला आ रहा था और मीर बख़्शी या रक्षा-मंत्री इसमें एकदम से अज़ीज़ कोका के मन मुताबिक परिवर्तन, चाह कर भी नहीं कर सकता था? अतः, इतने अमीरों को जब रोज़ ही कार्य करना ही है और प्रशासन सबके योगदान से ही चलना था, तब हफ्ते भर के बाद थोड़ी शिथिलता भी आनी ही थी? किस-किस पर कैसे पूरे समय नज़र रखी जा सकती थी? लेकिन, एहतियात के तौर पर दुर्ग के तोपों का मुँह सलीम के निवास-स्थान की ओर चेतावनी-स्वरूप कर दिया गया था? और उसका पुत्र ख़ुर्रम तो स्वतः ही अकबर के कक्ष में प्रायः ही उपस्थित रहता था और दुर्ग में तो पूरे समय—एक ज़मानत के तौर पर! सभवतः वे बस आश्वस्त होना चाहते थे, कि इस आपदा काल में सलीम व उसके समर्थक कुछ नयी समस्या न खड़ी कर दें? उनका मक़सद इससे अधिक कुछ नहीं था? फिर भी, सलीम ने किसी भी षड्यन्त्र में न आने के लिए अपनी ओर से एक एहतियात बरता। और, अपने ख़िलाफ़ बने वातावरण को देखते हुए, वह अपने रुग्ण पिता को देखने के लिए क़िले में जाने की हिम्मत भी नहीं जुटा सका? उसे भय और शंका थी कि वहाँ जाने पर वह कहीं उनके जाल में न फँस जाये? कहीं किसी षड्यन्त्र द्वारा खुसरू समर्थक उसे बन्दी न बना लें? उसने तो इसी भय और शंका के चलते कितनी बार ख़ुर्रम को भी समझाने की नाकाम कोशिशें की थीं? जो स्वयं षड्यन्त्रकारी होता है, वह अपनी सीमित सोच से ही प्रभावित होता है? और यह बात उसके आचरण में हर क़दम पर दिखती है!

लेकिन हमें यह नहीं भूलना चाहिए कि ये अकबरी अमीर थे। वे हर विवाद का समाधान वार्ता और संवाद से निकालने के अभ्यस्त व इच्छुक थे? वे न तो षड्यन्त्रकारी थे और न ही विखंडनवादी! वे व्यवस्था के साथ उच्च आदर्शों एवं

स्वीकारिता के सिद्धान्तों के अनुकूल चलने और कार्य करने के आदी थे! वे सद्भाव, समन्वय, शान्ति, मैत्री व सहमिलन की पाठशाला में ही पढ़े थे, अतः, वकील अज़ीज़ कोका, मानसिंह व ख़ान-ए-ख़ाना ने फ़ैसला किया कि साम्राज्य और वंशीय सत्ता के हित में है कि अमीरों की आम राय से ही अकबर के उत्तराधिकारी का फ़ैसला होना चाहिए! उनके अनुसार इससे बाद में कोई समस्या और विवाद की स्थिति नहीं बनेगी और इस व्यापक संवाद तथा शान्तिपूर्ण प्रयास के माध्यम से संघर्ष से बचा जा सकता था? अतः आम राय जानने हेतु सभी अमीरों का एक वृहद् सम्मेलन आहूत करने का निर्णय हुआ! इन तीन प्रमुख अमीरों तो क्या सलीम को भी पूरा यक़ीन था कि आम राय खसरू के पक्ष में ही होगी! उसके दुर्गुणों, व्यसनों और नकारात्मक गतिविधियों की तुलना में खुसरू का चरित्र, आचरण और कार्य सभी पाक-साफ़ थे! ऐसी स्थिति में सलीम ने अपनी ओर से इलाहाबाद जाने का निर्णय ही ले लिया था! वह पुनः इलाहाबाद जाकर केन्द्र के विरुद्ध नये सिरे से विद्रोह करके, अपने मनोवांछित की प्राप्ति की योजना बनाने लगा! इलाहाबाद उसका प्रिय-स्थल था, जहाँ से अकबर के ख़िलाफ़ वह अनेक अवसरों पर बाग़ी तेवर दिखा कर परेशान कर चुका था? अतः उसने अपने नाविक बेड़े में सवार होकर किसी भी क्षण इलाहाबाद कूच करने की पूरी तैयारी कर ली थी!

सम्मेलन से पहले ही रण छोड़ने को तत्पर सलीम को रुहिल्ला सरदार, रुकनुद्दीन रुहिल्ला ने समझाया कि अभी बहुत वक़्त शेष है, वह हड़बड़ी में निर्णय लेकर क्यों गड़बड़ी कर रहा है? अभी तो समस्त अमीरों के पास आमन्त्रण पहुँचा है, उन्हें एकत्रित होकर संवाद तो प्रारम्भ करने दो? उस सम्मेलन का कोई निर्णय तो आने दो? उसने यह भी समझाया कि वह सलीम के विरोध करने वालों की हार से सुनिश्चित ही है? उसका तर्क था कि हमलोग तो षड्यन्त्रकारी हैं, अपनी चालें इस सप्ताह भर में चल चुके हैं, उनका निश्चित असर होगा? कुछ से अनुबन्ध कर चुके हैं, अच्छे पदों व प्रलोभनों के माध्यम से; शेष से सत्ता में आने में सहयोग देने में वादे भी कर चुके हैं! कुछ का भरोसा जीतने के लिए क़ुरान शरीफ़ पर कसम खिलाने से भी नहीं चूके हैं? हमारे साथ कट्टरपन्थी मुस्लिम उलमा भी तो जुड़ चुका है और उसका प्रभाव उमरा और आमजन पर कम नहीं था? वे कब से अकबर के उदारवाद से छुटकारा पाने को बेताब हैं और सलीम में अपना उद्धारक देखते हैं! और, चूँकि, उमरा (अमीर वर्ग) और उलमा (धर्माधिकारी वर्ग) प्रायः राजनीति में एक वृहद् एकीकृत गुट की तरह से कार्य करते ही हैं, अतः इस सम्मेलन को वह होने तो दे? और उसके बाद ही तय करे कि, ऊँट किस करवट बैठेगा?

वाक़ई इस सम्मेलन में चग़ताई तुर्क या मुग़ल वंश से सम्बद्ध एवं प्रसिद्ध बारहा के सैयदों—जो मुग़ल सेना में पैदल सैनिकों के नेतृत्व के हक़दार थे—में से एक सैयद ख़ाँ बारहा ने सलीम के स्थान पर खुसरू की नियुक्ति को सार्वजनिक रूप

से बड़े ज़ोरदार ढंग से 'चग़ताई (मुग़ल वंश) विधि तथा परम्परा के विरुद्ध' घोषित किया! अतः बादशाह के ज्येष्ठ पुत्र के जीवित रहते पौत्र को सिंहासन व सत्ता सौंपने को न तो तार्किक और न ही न्याय-संगत माना? उलटे, उसने इसे मुट्ठी भर उच्च अमीर लोगों की मनमानी ही घोषित किया है? उसने ऊँचे स्वर में निर्भीकता के साथ यह प्रश्न भी किया कि क्या वे 3-4 लोग ही समस्त उमरा का प्रतिनिधित्व करते थे? क्या शेष आभिजात्य का मन्तव्य इस गम्भीर और दूरगामी प्रकरण में महत्त्व नहीं रखता? ख़ान-ए-आज़म के विरोध करने पर वह असन्तुष्ट होकर, बैठक का बहिर्गमन कर गया और इस शोर-शराबे में यह सम्मेलन ख़त्म और उसका मक़सद—शान्तिपूर्ण ढंग से अकबर की पसन्द के खुसरू के सिंहासनारोहण के लिए आम स्वीकृति—ध्वस्त हो गया! उसके बाहर होते ही, उसके साथी और सलीम के समर्थक अमीर सब बाहर उसके पीछे-पीछे चल दिये! कुछ अमीर सम्भावित संघर्ष और तात्कालिक संकट से बचने के उद्देश्य से मैदान से भाग खड़े हुए! अतः सिर्फ़ मुट्ठी भर अमीर, जो अकबर-खुसरू के नज़दीक त्रिगुट के अनुयायी व निष्ठावान थे, बस वे ही बचे रह गये! कुछ तमाशबीन तो हर जगह हर अवसर पर होते ही हैं, वे भी बचे थे, किन्तु, ये आसानी से पाला या पक्ष बदलने वाले समझ में आ रहे थे?

अतः स्पष्ट था कि यदि वहाँ बचे हुए अमीर सैयद ख़ाँ बारहा के मत को नज़रअन्दाज़ करके, कुछ भी निर्णय लेते तो निश्चित ताज़ खुसरू का होता! किन्तु, वे अकबरी परम्परा के उदार लोग, सिद्धान्तवादी, शान्तिप्रिय ढंग से काम में यकीन रखने वाले, परम्परा के अनुपालन कर्ता थे! वे येन-केन-प्रकारेण सत्ता के लोलुप तो निश्चित ही नहीं थे? न ही वे षड्यन्त्रकारी थे और न हत्यारे। वे अभी भी जो कर रहे थे, वह अकबर और उसके सिंहासन को सुरक्षित रखने का प्रयास ही था और वह भी उसकी अस्वस्थता तक! और, सबसे बड़ी बात कि वे सब सिंहासन और साम्राज्य के हितों से बँधे हुए लोग थे! वे किसी भी सूरत में खुसरू को सिंहासनारूढ़ देखने को कटिबद्ध नहीं थे? वे सिर्फ़ उसे साम्राज्य के हित में बेहतर ही मान रहे थे और अपने बादशाह से यह प्रत्याशा मात्र कर रहे थे! वे स्वयं निर्णय लेने में हिचक रहे थे? मामला पेचीदा तो हो ही गया था! सलीम का अतीत उसे निश्चिन्त नहीं होने दे रहा था! वह अभी भी डाँवाडोल था! सलीम अभी से चिन्तित मुद्रा में जमुना तट पर टहल रहा था! उसे पहला प्रतिकूल संकेत मिले भर और वह तत्काल नांव पर सवार और सब तैयार इलाहाबाद जाने को? अतः हम कह सकते हैं कि अकबर के सर्वोच्च अमीरों के अनिर्णय की स्थिति के चलते, एक विस्मय वाली राजनीतिक परिस्थिति ने जन्म ले लिया और इसका लाभ निश्चित ही सलीम के पक्षधरों को मिला!

सैयद ख़ाँ बारहा के अमीरों के सम्मेलन में सार्वजानिक रूप से तार्किक और सशक्त हस्तक्षेप से सलीम की स्थिति कुछ सुदृढ़ तो हुई थी, किन्तु षड्यन्त्रकारी का कलेजा होता ही कितना है? ख़ैर, तभी रुकनुद्दीन रुहिल्ला के द्वारा सलीम को

इलाहाबाद सम्मेलन के निर्णय से पूर्व ही इलाहाबाद जाने से रोकने के चलते पूरी स्थिति और बाज़ी ही पलट गयी! इस बहादुर रुहिल्ला सरदार ने अपने सैन्य-दल के साथ सलीम का साथ देने का निर्णय लेते हुए, उससे इलाहाबाद जाने के लिए नाव पर सवार होने की हड़बड़ी न करने की सलाह दी और उसे बस दो घंटे के लिए धैर्य धारण करने का परामर्श दिया! जब यह रुहिल्ला सरदार सलीम को धैर्य व ढाढस बँधा रहा था, तभी वहाँ मिर्ज़ा शरीफ़ भी आ पहुँचा और उसने न केवल सलीम को सूचित किया कि अमीरों का सम्मेलन निष्फल रहा है, अपितु उसे आश्वासन दिया कि मुर्तज़ा ख़ाँ भी मय अपने साथी-अनुयायियों के सलीम से जुड़ने आ रहा है! अब जाकर सलीम के तन-मन में कुछ आशा का संचार हुआ! पहली बार उसके चेहरे से तनाव की लकीरें गायब होती दिखीं और एक हल्की, किन्तु कुटिल मुस्कान फैल गयी! ख़ैर तब तक फ़र्रा बेग ने आकर उसे बादशाह के रूप में स्वीकार करते हुए सज़दा किया! पीछे-पीछे, मीर मुर्तज़ा ख़ाँ भी अपने बड़े से सैन्य-दल व साथी अमीरों और बारहा के सैयदों के साथ सलीम से आ मिला! इन सब के पहुँचते ही सलीम के शिविर में ख़ुशी की लहर और उत्साह जैसा माहौल निर्मित हो गया! तब तक किसी सैयद के इशारे पर द्वार पर नौबत बजनी शुरू हो गयी! सलीम जीवन भर इसी ध्वनि को तो अपने द्वार पर सुनने को बेताब था—इलाहाबाद में तो अवैध रूप से सुन ही चुका था, किन्तु अब तो मुग़ल राजधानी आगरा में बज रही थी! इसका अभिप्राय ही था कि उसे अकबर के उत्तराधिकारी के रूप में सार्वजनिक रूप से उद्घोषित किया जा रहा था? यह कोई चेतावनी नहीं अपितु सफलता की गूँज थी! वह अपनी इस सफलता और महत्वाकांक्षा की पूर्ति से ख़ुशी में झूम उठा!

जैसा हम देखते हैं कि सैयद ख़ाँ बारहा के बहिर्गमन के बाद सलीम के खेमे में गतिविधियाँ एकदम से तेज़ हो गयीं! मिर्ज़ा शरीफ़ ने अपने साथियों के साथ आकर सलीम को आश्वस्त-सा कर दिया, कि अब भय, शंका और संशय करना निर्मूल और निरर्थक है, क्योंकि, अमीरों का यह सम्मेलन अनिर्णय और अव्यवस्था में समाप्त हुआ था? किन्तु समाप्त होने से पूर्व अन्तिम वक्तव्य शेख़ फरीद बुखारी ने सैयद ख़ाँ का समर्थन करते हुए, सलीम के पक्ष में दिया था, अतः उनके मतानुसार वही मान्य होगा! सिर्फ़ सलीम को ही यह सन्देश दिया गया हो, ऐसा नहीं था? षड्यन्त्रकारी सलीम के कुटिल पक्षधरों का मकड़जाल इस तरह से फैल चुका था, कि यह समाचार और सन्देश साम्राज्य के उच्चाधिकारियों, मनसबदारों और महल में मौजूद उच्चतम अमीरों के त्रिगुट तक को सम्प्रेषित कर दिया गया! यह सम्भवतः प्रत्यक्ष चुनौती व चेतावनी दोनों ही थी! और, इसका जो असर होना चाहिए था, वह हुआ! क्योंकि, जहाँ इधर मुर्तज़ा ख़ाँ के नेतृत्व में बारहा के सैयदों के साथ अन्य तूरानी अमीर सलीम से आ मिले। वहीं उधर हमें, धीरे-धीरे, ईरानी, अफ़गान और गैर-कछवाहे राजपूत अमीर भी सलीम के पक्षधर होते दिखाई देने लगते हैं! जो

अमीर अभी तक दोनों पालों के बीच में बस स्वार्थ और व्यक्तिगत स्वार्थ के पक्ष में जाने के लिए खड़े थे, वे भी खुसरू के पक्षधरों की अनिर्णय के चलते, सलीम की ओर चले गये, जो निश्चयपूर्वक निर्णयात्मक क़दम बढ़ाने लगे थे! अतः सलीम के पक्षधरों का कारवाँ बनता और बढ़ता गया! सलीम का सिंहासनारोहण अब मात्र औपचारिकता ही रह गयी थी! सलीम को भाग्य के इस परिवर्तन की कोई उम्मीद भी नहीं थी अतः वह इस अप्रत्याशित जीत से फूला नहीं समाया!

अब सलीम के पक्षधर ही महल से लेकर सब जगह तैनात होने लगे! सलीम ने सही मौक़ा देखते हुए, बादशाह के दर्शन किये! बादशाह किस लायक था? किन्तु, उस युग में जब कोई या किसी प्रकार का मीडिया नहीं था, उस युग में सलीम के लोगों की क्या और कितनी तैयारी थी, इसका अन्दाज़ इसी से लगाया जा सकता था कि लोगों में क्या-क्या अफ़वाह प्रचारित हो चुकी थीं और अब भी की जा रही थीं? बाद के जितने भी इतिवृत्त हैं, सब में यही मिलता है कि बादशाह ने स्वयं इशारे से अपनी पगड़ी सलीम पर रखने और उसे उत्तराधिकारी घोषित करने का सन्देश दे दिया था! अकबर की बीमारी के बाद के सारे वृत्तान्त से हमें यही लगता है कि बादशाह ने अपने उत्तराधिकारी का ही अन्तिम निर्णय लिया था? इन वृत्तान्तों में यही मिलता है कि इसी के तुरन्त बाद बादशाह की आँखें सदा के लिए बन्द हो गयीं! क्या वाक़ई अकबर जैसा शासक अपने निर्णय से पलटा होगा? यह एक तरह का सत्ता के लिए तख़्ता-पलट था, जिसका खमियाज़ा सलीम को भी जहाँगीर को शासन करते हुए, अपने अन्त में देखने के लिए विवश होना पड़ा और, जिस शाहजहाँ ने उसका साथ दिया था, वह भी इसको भुगतने के लिए अपने पुत्र औरंगज़ेब द्वारा बन्दी-जीवन बिताने को बाध्य हुआ था? ख़ैर सात दिनों के औपचारिक व शासकीय शोक सम्पन्न होने के बाद, 24 अक्टूबर, 1605 को छत्तीस वर्षीय सलीम ने नूरुद्दीन जहाँगीर के नाम से भारत की बादशाहत सम्हाल ली! सब अमीरों को साथ लेने के लिए और किसी तरह के भ्रम को बनाये रखने के लिए सबको सार्वजनिक क्षमा देने का ऐलान किया! इतना ही नहीं, उसने उसी भावना में अपने प्रसिद्ध 'बारह अध्यादेश' ज़ारी किये थे! उसको दिखाना ही था कि वह समस्त भारत का समस्त अमीरों का ही बादशाह है! वह पक्षधरता से अब तो निश्चित ही ऊपर दिखना या प्रतीत होना चाहता था?

इतिहास गवाह है कि मुग़ल सिंहासन एक सुपात्र से वंचित ही रह गया और अकबरी परम्परा का क्रम भी टूटा! अकबरी माहौल की अविरलता संदिग्ध ही रही और अन्ततः इसी नयी गैर-समन्वयवादी संस्कृति ने पहले शाहजहाँ और फिर उसके औरंगज़ेब का उदय और आगमन अपरिहार्य कर दिया! भारत में अकबरी अध्याय अधूरा ही रह गया! उसकी शाखाओं को सशक्त और विस्तृत होने का अवसर ही नहीं मिला? वह अपनी तार्किक परिणति तक पहुँचने में असफल रहा! सिख गुरु

अर्जनदेव हों या गुजरात के जैन सन्त, अकबर और सलीम का ही नहीं, सलीम और खुसरू का अन्तर भी इतिहास में स्पष्टतः रेखांकित है! इतना ही नहीं, शेख़ अहमद सरहिन्दी ने तो अकबर की उदारवाद के विरुद्ध इस्लाम में शुद्धतावादी या प्रतिक्रियावादी आन्दोलन की शुरुआत ही कर दी! उसने शेख़ फरीद को अपने पत्र में लिखा कि सलीम का समर्थन इसीलिए ज़रूरी है कि इस्लाम को बचाया जा सके? अतः स्पष्ट था कि कौन-सी शक्तियाँ अकबर के अस्वस्थ होते ही साम्राज्य में सक्रिय हो चुकी थीं और उनका क्या तात्कालिक और दूरगामी प्रभाव और परिणाम रहा! इसीलिए, शेख़ अहमद सरहिन्दी ने सलीम के सिंहासनारोहण को भारत में 'इस्लाम की फ़तेह' कहा था!

खुसरू का विद्रोह : उसकी लोकप्रियता का नज़ारा

कछवाहा सरदार मानसिंह ने बदलते राजनीतिक परिदृश्य में यही उचित समझा कि, वह बंगाल की व्यवस्था सम्हालने हेतु तुरन्त रवाना हो जाये। वह बंगाल का सूबेदार था और सलीम के विद्रोह के चलते ही काफ़ी समय से वहाँ से अनुपस्थित था। अब उसे तो अपने नियुक्ति-स्थल पर जाना ही था? अतः उसने अपने भांजे और इस सत्ता-परिवर्तन से आहत, खुसरू को भी स्थितियाँ सुदृढ़ व स्थिर होने तक अपने साथ रखने का फ़ैसला किया! उसका नाविक-बेड़ा बंगाल कूच करने के लिए तैयार होने लगा और खुसरू की भी पूरी तैयारी बंगाल अपने मामा के साथ जाने की हो गयी! किन्तु, सलीम एक घाघ व्यक्ति था। वह इन तीन सर्वोच्च मनसबदारों, यथा ख़ान-ए-ख़ाना, ख़ान-ए-आज़म, अज़ीज़ कोका और मानसिंह की पल-पल की ख़बर रख रहा था! उसने अकबर की मृत्यु के दूसरे ही दिन मानसिंह को सन्देश भेजा, कि वह खुसरू की ओर से निश्चिन्त रहे? यदि खुसरू मानसिंह का भांजा था तो उसका भी तो बड़ा पुत्र था! क्या उसने स्वयं अपने पिता के विरुद्ध विद्रोह नहीं किया था? क्या वह अपने बादशाह और स्नेही पिता के प्रति अवज्ञाकारी नहीं रहा था? आख़िर को उसके पिता का उत्तराधिकारी तो वही बना? अतः यदि अतीत में खुसरू के प्रति कुछ मन-मुटाव रहा भी है, तो वह अतीत की बात है और, उसने उसे दिल में नहीं रखा है? उसने तो सार्वजनिक रूप से माफ़ी प्रदान करके, खुद भी एक तरह से लोगों से माफ़ी माँग ली है? अतः अब पुराने ज़ख़्म नहीं कुरेदने चाहिए?

शायद वह पहले ही चुपचाप निकल जाता तब तो ठीक था। किन्तु, सलीम के बादशाह बनने के पश्चात बिना बादशाह को सूचित किये हुए एक सूबेदार का यूँ अपने सूबे की ओर चले जाना, राजनीतिक रिवाज़ के ख़िलाफ़ और मुग़ल राजनीतिक मर्यादाओं का उल्लंघन होता? अतः उसे बादशाह से विधिवत इजाज़त लेनी पड़ी और अब सलीम शहज़ादा नहीं मुग़ल बादशाह था! उसकी इच्छा साम्राज्य का नियम था! अतः वह विवश था कि खुसरू को बादशाह के हवाले और उसकी राजधानी में ही छोड़ कर जाये? यदि न चाहते हुए भी वह खुसरू को साथ ले जाता या खुसरू स्वयं चला जाता, तो यह सीधे-सीधे राजद्रोह और सत्ता को चुनौती ही होती? यही तो सलीम आजतक करता आया था? तब फिर सलीम और खुसरू में क्या अन्तर

रह जाता? क्या किसी विद्रोही को मुग़ल राज्य में प्रश्रय मिल सकता था और वह भी अब जब जहाँगीर के रूप में सलीम बादशाह हो चुका है? उसे अपना भविष्य साफ़ दिखाई देने लगा? उसके पिता भगवानदास और दादा (बाबा) भारमल ने जो मुग़लों के साथ सम्बन्ध स्थापित किये थे, उसी के चलते तो वह अकबर के दूध भाई ख़ान-ए-आज़म मिर्ज़ा अज़ीज़ कोका के बराबर का—7000 का मनसबदार था! क्या वह जहाँगीर के हाथों अपदस्थ होकर हाथी के पैरों तले रौंदे जाने की परिकल्पना से नहीं सिहरा होगा? जहाँगीर के लिए यह उचित अवसर होता कि वह अपने मार्ग के इस सबसे ज़्यादा दुखने वाले नश्तर से मुक्ति पा जाता!

मुग़ल राजनीति के स्वयं क्रियाशील, सफल और चतुर खिलाड़ी, मानसिंह ने समझ लिया कि, इस चाल से उसकी शह तो हुई, मगर मात अभी बच गयी है? सलीम या जहाँगीर ने सोचा कि उसने मानसिंह और खुसरू को अलग करके, दोनों की संयुक्त शक्ति तो कुछ कम कर ही दी? निश्चित रूप से परिस्थितिवश खुसरू की राजनीतिक शक्ति वह बहुत कम कर भी नहीं सकता था? क्योंकि, खुसरू को राजधानी में अपनी नज़र के नीचे रखना ज़रूरी तो था, वहीं, दूसरी ओर, ख़ान-ए-आज़म को भी वह अपदस्थ नहीं कर सकता था? अभी एक रोज़ पहले तो उसने सब गिले-शिक़वे भूलने-भुलाने का आह्वान और घोषणा की थी? अतः वे श्वसुर-दामाद तो दोनों वहीं राजधानी में मौजूद ही थे? ख़ैर, जहाँगीर ने सत्ता सम्हालते ही खुसरू के मुद्दे को समझदारी, सावधानी और कूटनयिक ढंग से निबटाने का ताना-बना रचना शुरू किया! वह षड्यन्त्रकारी था और वही प्रवृत्ति हमें इन निर्णयों में भी दिखाई देती है? वह सर्वप्रथम तो अपने सिंहासनारोहण के उपरान्त सार्वजनिक रूप से खुसरू से पूरा स्नेह प्रदर्शित करते हुए मिला! उसने अभिवादन के लिए झुकते हुए पुत्र को गले से लगा लिया! और, बहुत देर तक उसे आलिंगनबद्ध किये रहा, जैसे वह पिता-पुत्र के दो पृथक दिलों को एक कर रहा हो? इतना ही नहीं, उसने खुसरू के निवास के लिए आगरा में एक बड़ी और पुरानी हवेली चिन्हित कर दी तथा उसके जीर्णोद्धार हेतु एक लाख रुपये संस्तुत करने की घोषणा भी कर दी! वास्तव में उसने जहाँ एक ओर खुसरू और मानसिंह को अलग करके, उन दोनों की शक्ति कम की, वहीं ख़ान-ए-आज़म को भी अपने प्रति हृदय-परिवर्तन का अवसर दिया? जहाँ मानसिंह के साथ खुसरू के रहने से बंगाल से विद्रोह द्वारा मुग़ल सत्ता को चुनौती का अवसर ख़त्म किया वहीं पृथक निवास में खुसरू पर चौकसी का भी पूरा बन्दोबस्त मन ही मन कर लिया! वह जानता था, मानसिंह जैसी "पुरानी सयानी सियासी लोमड़ी" के लिए कुछ भी असम्भव नहीं है? मानसिंह उसकी सत्ता को इतने प्रारम्भ में ललकार कर उखाड़ फेंकने का राजनीतिक व सैन्य बूता रखता था? एक बार सत्ता सुदृढ़ होने के बाद चाहे यह संकट उतना न रहे, मगर अभी तो वह अपने बढ़े हुए जनाधार और आभिजात्य के जुड़ने से ही चिन्तित और सशंकित हो उठता

था? उसे भय सताता था कि कब वे सत्ता के साथ इतिहास बदल दें?

जैसी सबको प्रत्याशा थी, खुसरू के साथ बदले तेवरों से ही स्पष्ट हो गया, कि, जहाँगीर हो जाने के बाद भी सलीम ही बादशाह की खाल ऊपर से ओढ़ने का ढोंग कर रहा है? जैसे ही मानसिंह बंगाल के आधे रास्ते पहुँचा होगा, जहाँगीर ने खुसरू को आगरा के दुर्ग में नज़रबन्द कर दिया! और, बंगाल पहुँचते ही मानसिंह को चौंकाने वाला आदेश मिला कि उसे बंगाल की सूबेदारी से हटा दिया गया है! कहाँ तो खुसरू को बड़ी-सी हवेली दिखाई गयी और उसके जीर्णोद्धार हेतु एक लाख रुपये देने की सार्वजनिक घोषणा और कहाँ बन्दी-गृह? यानी अपने शासन का श्रीगणेश ही जहाँगीर ने अपने पुराने अन्दाज़ में किया? खुसरू को 'न खुदा ही मिला न विसाले-सनम'! इतना ही नहीं बस बादशाह के सेवकों और उसकी पत्नी (खान-ए-आज़म, मिर्ज़ा अज़ीज़ कोका की पुत्री, 'बेटी-बेग़म') के अलावा कोई अन्य उससे मिल भी नहीं सकता था? बाहरी दुनिया से खुसरू के सारे सम्पर्क-सम्बन्ध समाप्त कर दिये गये! यह था उस बादशाह का न्याय जिसने 'जहाँगीरी न्याय' के नाम के लिए आगरा के दुर्ग में 'न्याय की घंटी' लगवाई थी? उस बादशाह ने कुछ रोज़ पहले ही न्याय और सद्भाव के 12 अध्यादेश ज़ारी किये थे? ऐसा छलावा इस छलिये सलीम के अलावा कोई और कर भी नहीं सकता था? खुसरू को उसकी जनप्रियता, अच्छे आचरण, उच्च आदर्शों व अकबरी परम्पराओं के अनुपालन की ही सज़ा तो मिली? और, ऐसे व्यक्ति से जो अकबरी संस्कृति से बिल्कुल ही प्रतिकूल आचरण वाला था? उसने अकबर के इस प्रिय पौत्र और अपने ही बड़े पुत्र को तन्हाई में वक़्त काटने और बस ज़िन्दा रहने के लिए बन्दी बना दिया! ख़ैर एक बन्दी के साथ ऐसा ही सलूक होता भी है? क्योंकि ऐसा न करके उसे अपनी ही जड़ खोदने का भय था? खुसरू वांछनीय, योग्य, प्रतिभावान युवा था! उसे मुग़ल हरम की, आभिजात्य की, उलमा के एक बड़े वर्ग की और आमजन की सहानुभूति प्राप्त थी, जो उसके सिंहासन की स्पर्धा में मात खाने से तो बढ़ी ही थी! और अब कहीं उसे आज़ाद छोड़ा तो वह पिता के लिए ही काल न बन जाये जैसे वह अपने पिता अकबर के लिए अन्ततः बना ही!

सम्भवतः, उसके प्रति लोगों का समर्थन और सहानुभूति की ख़बर उसके गुप्तचर लगातार दे रहे थे, तभी तो उसने खुसरू को मौत के घाट उतारने की गलती नहीं की? शायद साम्राज्य भर में अशान्ति और विप्लव हो जाता? खुसरू के समर्थकों, सहयोगियों और सहानुभूति रखने वालों को कम से कम, वह एक भ्रम में तो रख सकता था? उसे लगता था, शायद कुछ दिनों में स्थिरता और सुदृढ़ता आने के उपरान्त परिस्थिति बदले, किन्तु, अभी तो साम्राज्य की स्थिरता के लिए खुसरू को जीवित रखना ज़्यादा ज़रूरी है? इलाहाबाद के सूबेदार और फिर स्वतन्त्र शासक के रूप में जहाँगीर अपनी अलोकप्रियता का अनुभव भी कर चुका था? वह सत्ता

पाते-पाते लगभग चूक-सा गया था? वह तो समझ रहा था कि सत्ता का जाम अब उसके होठों तक नहीं आ सकता? भला हो अकबरी संस्कारों वाले अमीरों का कि, वह बादशाह हो गया! अतः अकबरी सिद्धान्तों और संस्कारों के प्रति जन-जुड़ाव तथा मुग़ल उलमा एवं उमरा के समर्पण के चलते, वह कोई संकट मोल नहीं ले सकता था? वह कोई ऐसा क़दम नहीं उठा सकता था, जिससे उसकी वैयक्तिक सत्ता जड़ पकड़ने से पहले ही ज़मींदोज हो जाये? उसने इस पूरे प्रकरण को इसी तरह से विश्लेषित किया कि इस समय यदि खुसरू की हत्या कर दी जाये, तो साम्राज्य में उसके विरुद्ध प्रवाहित होने वाली शक्तियों को नियंत्रित करना उसके लिए असम्भव ही होगा? यह बात वह भली-भाँति समझता था और अपने साथियों से बराबर कहता रहा, जब-जब उन्होंने इस शत्रु को अपने आँगन में बसाये रखने के लिए जहाँगीर पर तंज किया? अतः खुसरू को ज़िन्दा रखना उसके अपने व्यक्तिगत स्वार्थ एवं राज्य-हित में था! इसी प्रकार वह खुसरू को बन्दी जीवन देने के लिए भी बाध्य था? क्योंकि, उसे भय और शंका थी कि उसके आज़ाद रहने पर उसके इर्द-गिर्द उससे असन्तुष्ट तत्त्व एकत्रित होते और उसके शासन-सत्ता पर एक नुकीली तलवार सदैव लटकती रहती! अतः खुसरू से भयभीत और सशंकित बादशाह उसे बन्दी न बनाता तो क्या करता? खुसरू को बन्दी बना कर भी ज़िन्दा रखना उसकी अजब मजबूरी थी! एक बेटे के चलते उसकी ऐसी विचित्र 'साँप-छछून्दर वाली स्थिति' हो गयी थी? विधि का विधान देखिये? जिस जनप्रिय बादशाह और स्नेही पिता को उसने जीते जी मार दिया था और, मरने से पूर्व उनकी जो स्थिति की थी, वही स्थिति सत्ताधीश होते ही अपनी भी होगी, इसकी कभी कल्पना भी नहीं की थी, शहज़ादे सलीम ने! बादशाह बनाने के बाद शायद पहली बार उसे यह एहसास हुआ होगा कि उसने क्या-क्या जुल्म किया और कैसा ईश्वरीय न्याय है! अनिर्णय की स्थिति में बादशाह अकबर को पहुँचाने वाले का भी वही हश्र?

अब खुसरू को भी अपना हश्र भली-भाँति समझ आ गया था, किन्तु उसे तसल्ली थी तो बस एक ही थी। अन्ततः उसके पिता बादशाह जहाँगीर ने उसे उस नयी हवेली के जीर्णोद्धार करके उसमें नहीं जाने दिया तो उसका हित ही किया? यदि वह वहाँ जाता, तब उसकी नज़रबन्दी और बन्दीगृह कठोर व नियन्त्रण पूर्ण हो सकता था! उसका भाग्य था कि जहाँगीर ने उसे आगरा दुर्ग में ही बन्दी बनाया था। वह एक राजनीतिक बन्दी था और वह भी परिस्थितिजन्य, जिसे बिना किसी अपराध के ही बस सन्देह, शक़ और भय के बिना पर गिरफ्तार किया गया था! अतः बादशाह का पुत्र रोज़ शाम को हवाखोरी के लिए नियमतः बाबर के समय से ही आगरा में बने बाग़ों में जाता था? जहाँगीर ने उसकी हवाखोरी की भी जगह या बाग़ ऐसी चुनी थी, जो उसे कुछ अतीत की स्मृतियाँ जगाकर कचोटें भी और, वह स्थान अत्यन्त सुरक्षित था? यह बाग़ आगरा दुर्ग में था और खुसरू के श्वसुर

अज़ीज़ कोका द्वारा निर्मित किया गया था! इसका नाम जहाँआरा बाग़ रखा गया था और यह भी चारबाग़ शैली का सुन्दर बाग़ था! इतना ही नहीं, यह इतना सुरक्षित और आरामदायक बाग़ था कि जब अकबर अपने इस प्रिय दूध भाई और अपने शिक्षक अतका ख़ाँ व अपनी दूध माँ, जीजी अनंगा के द्वितीय-पुत्र, अज़ीज़ कोका से नाराज़ हुआ था, तब उसने उसे इस बाग़ में कुछ माह के लिए बन्दी बना दिया था, ताकि वह अपने ही बाग़ में आराम कर सके! अकबर ने तो अपने प्रशासनिक सुधारों से नाराज़ अज़ीज़ कोका को मीठी झिड़की देने हेतु अपने शासन के बीसवें वर्ष में (1576-77) ऐसा किया था। किन्तु, जहाँगीर का क़दम तो द्वेषपूर्ण था? किन्तु, बादशाह को ज़माने को भी तो दिखाना था कि वह अपने पुत्र, जो भले ही बन्दी हो, पूरी सुख-सुविधाओं में रखता है? सुरक्षा के दृष्टिकोण से इससे अधिक वह और क्या प्रावधान करता? उसे इस बात का भी ख़याल रखना था कि कहीं कोई विरोध और विद्रोह का आधार न बने? चूँकि, वह खुसरू की विशेषताओं से अभिज्ञ था अतः जानता था कि बिना समय लगे ही उसके चारों ओर आभिजात्य, उच्चाधिकारी, सैनिक व जनमत ध्रुवीकृत हो सकते हैं, अतः उसके ऊपर के नियन्त्रण को भी सन्तुलित रखना पड़ता था! वह उसपर अपने लोगों का ही पहरा रखता था—पुराने बादशाह के वफ़ादारों को उसने खुसरू से दूर ही रखा था! मगर वह भूल रहा था कि इस बीच जब वह इलाहाबाद में था, तब खुसरू ही एक तरह से महल के चप्पे-चप्पे से वाक़िफ़ और लोगों का प्रिय शहज़ादा रहा था!

राजमहल में कितने ही लोग अभी भी उसके बचपन की बातें याद करते थे, उन्हें खुसरू से निस्स्वार्थ प्रेम और विश्वास था! वे निश्चित ही खुसरू को अकबर का वैचारिक और सैद्धान्तिक उत्तराधिकारी मानते थे। वे साधारण कर्मचारी थे, जो सत्ता के खेल के हाशिये पर थे, अतः आभिजात्य के फ़ैसले से बँधे व राज्य को सेवा देने के लिए पापी पेट की वजह से बाध्य थे! किन्तु, वे मन ही मन कहीं इस फ़ैसले से आहत और असन्तुष्ट थे? राजमहल के अधिकांश पुराने कर्मचारी खुसरू के प्रति सहानुभूति व विश्वास ही रखते थे! फिर 'हरम' में रहने वाली महिला रिश्तेदारों को वो कैसे खुसरू के कक्ष तक जाने से या उसके प्रति सहानुभूति और स्नेह-प्रेम प्रदर्शन से कैसे रोक सकता था? अतः यह खुसरू के लिए एक निश्चित वरदान साबित हुआ? नहीं तो वह वाक़ई उस अकेली हवेली में पूरी दुनिया से वस्तुतः कट ही जाता! उसने इसे इश्वरी कृपा, अपने सद्कर्मों, बड़ों के स्नेहाशीषों और ईश्वर की कृपा का फल ही माना! ये कर्मचारी, हरम की महिलाएँ, उसकी रिश्तेदार, खोजा और खोजा-सरा तक सब उससे आकर्षित और उसके प्रति सहानुभूति से सराबोर! वे उसके लिए कुछ भी कर-गुज़रने को न केवल इच्छुक, अपितु, दृढ़-संकल्प थे! उन्होंने इससे पूर्व किसी को बेवजह बन्दी बना नहीं देखा था? अतः लोगों का उसके प्रति स्नेह स्वतः उमड़ता था! वे किसी राजनीति से वशीभूत नहीं, अपितु, मानवता

के नाते उसके प्रति एक सहज व स्वाभाविक आकर्षण महसूस करते थे! वास्तव में, सत्ता से दूर हुआ खुसरू अब अधिक लोकप्रिय हो चुका था? लोग अपने-आप उससे तथा उसके दुर्भाग्य के चलते, इस 'राज बन्दी' या 'शाही बन्दी' से खुद से जुड़ा हुआ मानने लगे थे! वैसे भी यह मानवीय विशेषता होती है कि हम निर्दोषों से स्वतः जुड़ जाते हैं! बिना माँगे ही उसको मानसिक, मनोवैज्ञानिक, आत्मिक सहारा देने को आतुर! जो कुछ अकबर के जीते जी न भी हो पाया हो, वे जितना उनके बस में था, उतना उस कमी को पूरा करने के लिए प्रस्तुत थे!

ऐसे माहौल में, खुसरू के लिए बहुत ही सरल हो गया, जो उसने सुनियोजित ढंग से किया! वह अपने पूज्य व अब श्रद्धेय स्वर्गीय दादा (बाबा) अकबर की क़ब्र के दर्शन करने और अपनी श्रद्धा प्रकट करने के लिए शाही रक्षकों के साथ सिकन्दरा की ओर 6 अप्रैल, 1606 की शाम को निकला। सिंहासन न भी सही तो स्वतन्त्रता के लिए उसने सिकन्दरा जाने और अकबर के मकबरे पर श्रद्धा-सुमन अर्पित करने और इबादत करने के बहाने कूच किया! यदि उसके साथ शाही रक्षकों, राजमहल के कर्मचारियों, खोजों, हरम की महिलाओं आदि का समर्थन नहीं होता, तो उसका यों निकला पाना सहज न होता? उसने पूर्वनियोजित ढंग से सिकन्दरा से आगे बढ़ना शुरू किया...सिकन्दरा तो महज़ एक बहाना था, दुर्ग और क़ैद से मुक्ति का! जब वह सिकन्दरा से दिल्ली की ओर आगे बढ़ा तब उसके साथ साढ़े तीन सौ (350) घुड़सवार थे! यही स्थापित कर देता है कि जो कुछ हम समझ रहे हैं वही सत्य था! वह अब लोगों को अधिक ध्रुवीकृत करने में सक्षम था! एक बन्दी और राजनीतिक रूप से निर्वासित (?) राजकुमार के साथ न तो लोगों की कमी दिखाई दे रही थी और न ही साथ देने एवं सहानुभूति प्रदर्शित करने वालों की कोई कमी दिखाई दे रही थी! यानी जो कुछ जहाँगीर का आकलन था वह सही ही था? मगर जो मुग़ल दरबार और राजमहल की व्यवस्था थी, उसमें कर्मचारियों का प्रिय तथा कृपा और सहानुभूति का पात्र, कम से कम, उनका एक प्रिय मुग़ल राजकुमार तो आज़ाद होने का हक़दार था ही! उनकी संलिप्तता इसी बात से स्थापित व पुष्ट होती है कि बादशाह जहाँगीर को रात्रि के दो पहर बीत जाने के बाद ही खुसरू के फ़रार होने की सूचना हो पायी? शहज़ादे का कारवाँ ऐसा गुज़रा कि कोई गुबार नहीं, कोई निशां नहीं, कोई आहट नहीं?

खुसरू सिकन्दरा से मथुरा की ओर बढ़ा। उसके साथ 350 घुड़सवार और उससे अधिक ही पैदल सैनिक थे! मार्ग भर लोग उससे आ कर मिलते रहे और उसकी सेना में अभिवृद्धि करते रहे! मथुरा में उससे हुसैन बेग बख्शी भी अपने 300 घुड़सवारों के साथ आ मिला! मथुरा से दिल्ली के रास्ते, आम लोग, कृषक, श्रमिक, समर्थक सभी जुड़ते गये! इस जुड़ाव से लाभ और हानि दोनों बराबर की थी! लाभ तो यह था कि लोग उसको वंचित किये जाने के कारण, उसे जुड़ते रहे उसके समर्थकों की संख्या में वृद्धि करते रहे! उसका जनाधार बढ़ता गया! किन्तु,

वहीं, अब उसके पीछे निशान छोड़ते जा रहे थे। बादशाह के लोगों को सरलता से पता चलता गया कि खुसरू का क़ाफिला किधर और कितनी देर पूर्व गुज़रा है? दूसरा, इनमें से अधिकांश प्रशिक्षित एवं/अथवा अनुभवी सैनिक भी नहीं थे? अतः वे समय आने पर एक बोझ ही साबित हुए! लेकिन हाल-फिलहाल उन्होंने खुसरू के पक्ष में जन-पक्षधरता दर्शाते हुए, शहज़ादे और उसकी सेनाओं का हौसला बुलन्द करने में निश्चित ही एक अहम भूमिका निभाई! इस प्रकार, आख़िर में शहज़ादे खुसरू की कुल सैन्य बल की संख्या 12,000 तक जा पहुँची थी, जो निश्चित ही बादशाह के लिए एक चिन्तातुर करने वाला समाचार था! यही जहाँगीर के लिए परेशानी और चुनौती का सबब बना!

सल्तनत-काल की राजधानी दिल्ली में तो इस राजकुमार का विजयी स्वागत किया गया! दिल्ली में लोगों ने अपने प्रिय व स्वर्गीय बादशाह के इस प्रिय पौत्र को पूर्ण समर्थन प्रदान किया? वे तो सलीम के साथ संघर्ष के काल में भी खुसरू को ही 'वली-अहद' बनाये जाने के पक्ष में थे, अतः उन्हें अपने निर्णय को तार्किक व न्यायिक सिद्ध करने का अवसर मिला? उन्हें अपने अतीत पर गर्व जो था, वस्तुतः ये दिल्ली के लोगों ने ही इल्तुतमिश को समर्थन देकर अपना सुल्तान घोषित किया था, अन्यथा लाहौर-वासी तो आराम शाह को ऐबक का उत्तराधिकारी घोषित कर चुके थे? एक बार फिर इतिहास ने उन्हें एक निर्णय लेने का अवसर दिया! किन्तु, खुसरू से यह चूक हुई? उसे दिल्ली में ही रुक कर शाही सेनाओं से दो-दो हाथ करने चाहिए? आगे बढ़ते हुए सैनिकों के मन में न जाने क्यों असुरक्षा का ही भाव पनपता है और उनका मनोबल टूटता है? वे विजय हेतु सैन्य-अभियान के लिए नहीं बचने के लिए बस बढ़ते जा रहे हैं, ताकि, वे शाही सेना की पहुँच से दूर और बचे हुए रहें! अतः, यदि खुसरू सिर्फ़ बादशाही फ़ौजों की पकड़ से दूर भागने की फ़िराक़ में न रहता, अपितु, दिल्ली को दृढ़ता के साथ अपनी सत्ता और शक्ति का आधार बनाता तो शायद इतिहास परिवर्तित हो सकता था? किन्तु, हुआ वही जो इतिहास की निर्मिति को मंज़ूर था? ख़ैर, दिल्ली-वासी तो इसी आशा और विश्वास से निकले थे कि जैसे अकबर बैरम ख़ाँ की नज़रबन्दी से छटपटाकर दिल्ली आया था और दिल्ली वासियों ने सत्ता पलटने में अपनी अहम भूमिका निभाई थी, उसी की पुनरावृत्ति का सुनहरा अवसर फिर आ खड़ा हुआ है? लेकिन हमें यह स्मरण रखना चाहिए कि बैरम सिर्फ़ वकील था और अकबर वास्तविक बादशाह, जबकि, अब जहाँगीर वास्तविक मुग़ल बादशाह था और, खुसरू मात्र एक भागा हुआ 'शाही क़ैदी'?

ख़ैर, दिल्ली से आगे बढ़ते ही, खुसरू के दल में लाहौर का प्रान्तीय दीवान और एक अत्यन्त अनुभवी प्रशासक, अब्दुर रहीम आ मिला! यह अकबर का एक नितान्त विश्वसनीय, दक्ष व प्रसिद्ध प्रशासनिक अधिकारी था! उसे शहज़ादे खुसरू ने सही निर्णय लेते हुए, 'अनवर ख़ाँ' का विरुद एवं वज़ीर का पद प्रदान किया! मात्र

आज़ादी के लिए पलायन ने अब सत्ता-संघर्ष का रूप धारण कर लिया था! लाहौर से पूर्व ही तरन-तारण में खुसरू को सिख गुरु अर्जन देव जी का भी स्नेहाशीष व नैतिक समर्थन प्राप्त हो चुका था! उसका जनाधार और सेना दोनों में अभूतपूर्व विस्तार हो चुका था! और यही, जनाधार ही सबसे चौंकाने वाला तत्व था, जिससे बादशाह आश्चर्यचकित रह गया? क्या वह यह मानने में गलती कर रहा था कि अकबर के इकलौते जीवित पुत्र होने, युवा खुसरू के पिता होने के नाते और, साथ ही अधिक प्रशासनिक क्षमता व अनुभव के चलते वह मान्य उत्तराधिकारी नहीं था? क्या खुसरू को मिलने वाला जन-समर्थन इसका उलटा ही साबित नहीं कर रहा था? क्या वह इस सत्ता-संघर्ष को सिर्फ़ अपने और अकबर के मध्य मान रहा था? उसका ख़याल था कि अज़ीज़ कोका, या ख़ान-ए-ख़ाना या मानसिंह सिर्फ़ बादशाह के चलते उसके ख़िलाफ़ हैं? यहाँ तो सारा महल तो कम से कम खुसरू के पलायन के इस षड्यन्त्र में सम्मिलित था ही? वरना खुसरू का इतने बड़े गुट के साथ निकलना और बाहर निकलते ही आगरा से सिकन्दरा के मध्य लगभग 350 घुड़सवारों का उसके परचम तले आ जाना, क्या यह सिद्ध नहीं कर रहा था? सलीम के रूप में जो कुछ उसने किया था, वह तो समझ आ रहा था, उसके पास इलाहाबाद जैसे दुर्ग का आधार था। एक महत्त्वपूर्ण सूबे के संसाधन थे, एक फ़ौज, अधिकारियों का समूह और समर्थक, अनुयायी थे? मगर खुसरू? उसके पास तो यह सब कुछ नहीं था? वह स्वंतन्त्रता, साधन और आधार विहीन था और, तब पलक झपकते इतना सब कैसे एकत्र हुआ?

वह खुसरू के पलायन का आयाम अब समझ पा रहा था? उसे ग़लतफ़हमी थी कि वह खुसरू को अपने लोगों के बीच बन्दी बना कर पूरी तरह से सुरक्षित व निश्चिन्त था? कब वह कक्ष से निकला कब और कैसे उसने अकबर के मकबरे तक जाने की योजना बना डाली, कब उसका सबसे लगातार सम्पर्क होता रहा? और वह और उसके कर्मचारी-अधिकारी सभी अनभिज्ञ? क्या खुसरू उससे भी बड़ा षड्यन्त्रकारी है? क्या उसके पुत्र में उसका यह दोष या दुर्गुण सुबुप्तावस्था में था, जो अब अवसर पाकर अंकुरित हो रहा है? क्या वह इस विद्रोह को समय रहते दबा पायेगा? क्या यह छोटी-सी घटना किसी नासूर की शक़्ल तो अख़्तियार नहीं कर लेगी? जैसे-तैसे, अकबर की नाक में दम करके, उसे सत्ता नसीब हुई थी, क्या इसलिए कि, कुछ माह में ही सिमट जाये? उसने इस सत्ता प्राप्ति के लिए कौन से पापड़ नहीं बेले थे? वह अपने ख़ून-पसीने की कमाई को यूँ कैसे जाने देगा? उस रात न मदिरा, न अफ़ीम और, न ही दोनों का मिश्रण ही असर कर रहा था? उसका नींद-चैन, सुख-आराम सब जाता रहा? किसी तरह भी उसे चैन नहीं पड़ रहा था? इतना बेचैन तो शायद अपनी ज़िन्दगी में वह कभी नहीं रहा था? या आये दिन की यह आफ़त होने वाली है? जैसे उसने अकबर को 1599-1605 तक परेशान व

दुखी किया था, क्या उसका प्रतिफल इतनी जल्दी और इतनी ही दीर्घ अवधि तक उसे झेलना पड़ेगा?

एक बात तो तय थी कि जिस इतवार के दिन अप्रैल की 6 तारखी, 1606 को खुसरू राजमहल से भागने में कामयाब हुआ था, यह भी सुनिश्चित किया गया था कि इसकी सूचना उस तक काफ़ी विलम्ब से पहुँचे, ताकि, खुसरू उसकी पहुँच के बाहर हो सके? वह यह किसी तरह मानने को तैयार नहीं था कि कोई शहज़ादा और वह भी बन्दी खुसरू महल और क़िले से मय अपने क़ाफिले के निकल जाये और किसी को कानों-कान ख़बर न हो? किसी ने देखा न हो, ऐसा हो ही नहीं सकता, मगर सबकी ज़ुबान यदि सिली हुई रही, तब निश्चित ही उसके साथ सबकी सहानुभूति उसके सत्ताच्युत होने के बाद बन्दी बनाये जाने से अत्यधिक बढ़ गयी थी? वह सोच में डूब गया क्या पूरा का पूरा 'हरम', राजमहल और आगरा का दुर्ग और शहर ही खुसरू का समर्थक था? उसके समक्ष यह समस्या कितनी भयावह रूप ले सकती थी, उसे अब कुछ-कुछ अन्दाज़ होने लगा था? जहाँगीर खुद अपनी आत्मकथा में लिखते हुए, स्वीकारोक्ति करता है, "दो घड़ी होने (बीत जाने) पर उसका गुप्तचर जो एक चिरागची के रूप में शाम के वक़्त शमां जलाने और सहर होने पर उन्हें बुझाने को नियुक्त था, उसी ने सबसे पहले इस अनुपस्थिति को ध्यान दिया। यह चिरागची खुसरू पर नज़र रखने के लिए 'वज़ीरुल-मुल्क' (मुल्क के वज़ीर) द्वारा नियुक्त था, उसने जब वज़ीरुल-मुल्क को ख़बर दी और जब वज़ीर हड़बड़ाया हुआ हमें (बादशाह को) बताने के लिए आया, तब तक रात्रि की दो घड़ी बीत चुकी थी। वस्तुतः, 'चिरागची' को यह लगा कि शहज़ादा शाम को हमेशा की तरह महल या दुर्ग में ही जहाँआरा बाग़ या अन्यत्र वहीं कहीं हवाखोरी को निकला होगा और वापस ही आता होगा? इस तरह प्रतीक्षा में ही एक घड़ी और बीत गयी मगर खुसरू जब तक भी नहीं आया तो उसने सीधे वज़ीर को इत्तिला दी! वज़ीर ने पहले अपने स्तर पर गहन जाँच-पड़ताल की। पूरे दुर्ग और राजमहल के साथ ही शहर भर को छान मारा गया तब वह स्वयं आश्वस्त होने के उपरान्त कि शहज़ादा खुसरू वाक़ई पलायन कर गया है बादशाह के समक्ष जाने को तैयार हुआ। देर रात में वज़ीरुल-मुल्क मिर्ज़ा बेग एवं अमीरुल-उमरा, शरीफ़ ख़ाँ ने साथ जाकर, तब आकर मुझे (बादशाह जहाँगीर को) इस अविश्वसनीय व दुर्भाग्यपूर्ण तथ्य से अवगत कराया!"

शहज़ादे खुसरू के इस तरह फ़रार होने के बाद जहाँगीर को अपनी हरकतों का असली चेहरा दिखा होगा? पहली बार वह उस हक़ीकत से रू-ब-रू हुआ होगा, जिससे उसके आचरण से उसके पिता को प्रायः गुज़रना पड़ता रहा था? अतः अनेक प्रश्न खड़े हुए होंगे, वह अजब कशमकश से गुज़रा होगा? क्या भाग्य उसे इतनी जल्दी कुछ एहसास दिला रहा था? अवज्ञाकारी गतिविधियों से गद्दी हासिल करने वालों के साथ क्या यह अलौकिक न्याय का विधान था? पहली मर्तबा वह विद्रोह

या अवज्ञाकारिता की दूसरी छोर पर आया था? किन्तु, इतनी सुरक्षा के बावजूद भी अगर खुसरू इस तरह जाने को संकल्पित था, और भागा था तब कहीं कुछ ज़्यादा और गहरे प्रश्न अनुत्तरित हैं? उसकी मनःस्थिति खुसरू के विरुद्ध उठाये जाने वाले क़दमों और उसकी तैयारी में हुई वार्तालाप से स्पष्ट हो जाती है! उसने पहला प्रश्न यह उठाया कि, वह स्वयं खुसरू का पीछा करने जाये अथवा नाम के लिए, राजपरिवार के सदस्य के रूप में शहज़ादे ख़ुर्रम को रवाना करे? इस वार्तालाप में, ज़ाहिर है, वज़ीर मिर्ज़ा बेग, अमीरुल उमरा शरीफ़ ख़ाँ, शेख़ फरीद बख्शी, साथ ही मीर बख्शी, मीर समां, दरोगा-ए-डाक चोकी आदि-आदि सभी मौजूद थे! अमीरुल उमरा शरीफ़ ख़ाँ ने अपनी सेवाओं की पेशकश की। उसका आग्रह था कि खुसरू के लिए बादशाह को स्वतः जाने की कोई ज़रूरत नहीं है और फिर शरीफ़ ख़ाँ तो पंजाब के इलाके के चप्पे-चप्पे से वाक़िफ़ था, अतः यह उसके लिए बायें हाथ का खेल है! इतने छोटे कार्य हेतु बादशाह को क्या और क्यों तकलीफ़ करनी?

किन्तु, वह कुछ माह पहले ही तो षड्यन्त्रकारी सलीम था और जब तक बादशाह ने स्वयं उसके ख़िलाफ़ मोर्चा सम्हालने का निर्णय नहीं लिया था, वह आसानी से साम्राज्य की फ़ौजों और अमीरों को निष्फल करता रहा था? वह जानता था कि मुग़ल सम्राट का इक़बाल फ़र्क़ था? जब वह स्वयं सेना का नेतृत्व करता है, तब विरोधी को राजद्रोही माना ही जाता है? और राजद्रोही के साथ सरलता से जनमत भी खुलेआम जाने से कतराता तो है ही? तब उसको समर्थन, सहानुभूति और सहायता का आयाम और अर्थ बदल जाता है? अतः उसने भी अपने इस विचार को ही तार्किक और न्यायिक माना कि उसे स्वयं विद्रोही शहज़ादे के विरुद्ध अभियान का नेतृत्व करके, विद्रोहियों के साथ जन-जन को सन्देश भी देना चाहिए कि मुग़ल शासक या सम्राट कौन था? यहीं इसी क्षण हमें जहाँगीर का तुर्क राजत्व सिद्धान्त पर अटल विश्वास और उस पर कायम रहने का इरादा भी दिखाता है। बलबन के काल से तुर्कों के राजत्व सिद्धान्त के दैवी आयाम के बावजूद भी मूल वाक्य था, “राजत्व, बन्धुत्व नहीं जानता अथवा स्वीकारता था”! अतः विद्रोही सिर्फ़ विद्रोही है, राज्य और राजा की नज़र में सब बराबर हैं, कोई भी पृथक व विशिष्ट नहीं है! न्याय की नज़र में सब एक और बराबर हैं! इसीलिए उसने अपने सेनापतियों से वही कहा जो अकबर ने 1599 से 1605 की अवधि में उसके निरन्तर विरोध व विद्रोह की गतिविधियों से थक-हार के, 1605 के अन्तिम अभियान के समय अपने सेनापतियों से सलीम के लिए कहा था! उसने तो पहले ही अभियान का स्वयं नेतृत्व सम्हालने का निर्णय लिया था और अपने सेनानायकों को स्पष्ट निर्देश दिये थे कि युद्ध की परिस्थिति उत्पन होने पर वे उसे एक साधारण राजद्रोही ही मानें और उचित कार्यवाही करें। वे इस बात से भी न हिचकें कि कहीं आक्रमण करने में शहज़ादा मृत्यु को न प्राप्त हो जाये? अतः उसने साफ़ कर दिया था कि उसे

खुसरू के विद्रोह का दमन चाहिए था! वह ज़िन्दा बन्दी बनाया जाये अथवा सैन्य कार्यवाही में मारा जाये, यह महत्त्वपूर्ण कत्तई नहीं है! उसके दिमाग़ में यह बात ज़रूर आयी होगी कि यदि सहृदय व स्नेही बाप अकबर ने भी यही किया होता तो वह कभी उस शहंशाह के ख़िलाफ़ अपनी जलील हरकतें करने की हिमाकत नहीं कर पाता? वह अकबर नहीं बनेगा और, न ही खुसरू को सलीम बनने का मौक़ा देकर अपने लिए परेशानी का सबब बना रहने देगा? ज़ाहिर है, अगर अकबर ने भी यही किया होता तो वह भी बार-बार, सलीम के विद्रोहों से उत्पन्न अशान्ति और अस्थिरता से बच गया होता!

लेकिन स्वयं सेना के नेतृत्व करने के इस निर्णय से पहले उसने कितने निर्णय लिए, बदले यह भी दिलचस्प अध्ययन है, क्योंकि, इसी से उसकी असली मानसिकता और आतंकित मन का हमें अन्दाज़ लगता है? उसने एक बार तो अमीरुल उमरा शरीफ़ ख़ाँ के परामर्श को स्वीकार करते हुए, उसे कूच करने की आज्ञा ही दे दी थी! शरीफ़ तो उसके साथ शुरू से ही इलाहाबाद में भी अकबर के ख़िलाफ़ षड्यन्त्र रचने में प्रमुख भूमिका निभाता था? अब वह सोच में पड़ गया कि क्या किसी षड्यन्त्रकारी पर पूरी तरह से विश्वास करना उचित होगा? क्या वह खुसरू के साथ तो नहीं मिल जायेगा? यह मुहम्मद शरीफ़ प्रसिद्ध मुग़ल चित्रकार ख़्वाज़ा अब्दुस समद शिराज़ी का पुत्र था, जिसे जहाँगीर ने बाद में वज़ीर का पद भी प्रदान किया था! वह विश्वास-अविश्वास के ऐसे भँवर-जाल में फँसा था? उसे सही-गलत में भेद कर पाना मुश्किल होने लगा? शरीफ़ जिसे बायें हाथ का खेल बता रहा था, क्या वह बादशाह को भरमा रहा था? "इमां मुझे रोके है तो खींचे है मुझे कुफ्र" के द्वन्द्व में वह चकर-घिन्नी हो गया था! अतः उसने शरीफ़ को खुसरू का पीछा करने वाली फ़ौज के नेतृत्व की आज्ञा देकर भी वापस बुला लिया था? अब उसने शरीफ़ के स्थान पर शेख़ फरीद बख्शी को भेजना मुफीद समझा। अन्ततोगत्वा जैसे-जैसे शहज़ादे के सिकन्दरा से दिल्ली और, दिल्ली से लाहौर के कूच की खबरें आनी शुरू हुईं, उसे इस विद्रोह के वृहद् आयाम और भयावहता का अनुमान होने लगा था! और तब उसने स्वयं कूच करने का निर्णय लिया था!

इस बगावत या खुसरू के मुक्ति-प्रयास के विषय में जहाँगीर का क्या रुख रहा? यह तो अच्छा है कि उसका दृष्टिकोण हमें उसकी अपनी आत्म-कथा में प्राप्य है। इसमें वह लिखता है, "जब खुसरू मथुरा पहुँचा था, तब उसकी मुलाक़ात हसन बेग बदख्शी से हो गयी, जो मेरे पिता द्वारा नियुक्त था और अब मेरे राज्यारोहण के उपरान्त मेरे समक्ष उपस्थित होकर अपनी निष्ठा प्रदर्शित करने को आ रहा था। बदख्शी लोग स्वभावतः झगड़ालू एवं अवज्ञाकारी होते हैं। इनकी इत्तफाक से राह में मुलाक़ात क्या हुई, खुसरू ने तुरन्त हसन बेग को अपनी सैन्य टुकड़ी का सेनानायक बनाकर उसे हमसे विमुख कर दिया?" जहाँगीर ने बादशाह की भाँति कार्य करते

हुए, खुसरू और उसके समर्थकों के ख़िलाफ़ सैन्य मोर्चा तो खोला ही, लेखनी से भी उसके चरित्र-हनन का कोई अवसर नहीं छोड़ा? वह इसी क्रम में आगे लिखता है, कि, 'मथुरा से आगे बढ़ते हुए इस विद्रोही खुसरू और उसके सैनिकों ने ज़बरदस्त लूट-पाट की थी। राह में किसी को भी नहीं बख़्शा गया? सबकी सम्पति और घोड़े आदि लूटते हुए, व्यापारियों और यात्रियों के साथ लूट-पाट करते हुए, वे विध्वंस करते हुए आगे बढ़ते जाते थे? जहाँ-जहाँ से ये गुज़रे बच्चों और महिलाओं की सुरक्षा नहीं बची थी?' बादशाह इतने से ही सन्तुष्ट नहीं होता और आगे लिखता है, 'खुसरू अपनी आँखों से खेतों-खलिहानों का विनाश और लूट का मंज़र देखता रहा। जिन कृषकों को लूटा गया, वे सब बेबस थे! उनका सर्वस्व लुटता रहा और वे यही मनाते कि इससे कहीं बेहतर होता कि सहस्रों बार उन्हें मौत आ जाती!' वह वृत्तान्त आगे बढ़ाते हुए लिखता है, 'ये गरीब लोग अपनी मजबूरी के कारण खुसरू के समक्ष समर्पण करके, उसका साथ देने के लिए विवश हुए!'

उपरोक्त विवरण की एक वजह है। वह खुसरू के जनसमर्थन के आधार को नकारने की कोशिश कर रहा है! वह यह दिखाने का प्रयास कर रहा था कि जो लोग उससे जुड़ रहे थे या तो स्वभावतः बदख़्शियों की भाँति अविश्वसनीय थे या ग़रीब तथा असुरक्षित होने के चलते असहाय! दूसरी बात वह विद्रोही को श्याम रंग में चित्रित करके, उसकी तुलना में अपनी छवि उज्ज्वल प्रदर्शित कर रहा था! वह लिखता है, 'यदि वह सौभाग्यशाली होता तो अब भी इस विभीषिका को फैलाने की जगह हमसे क्षमा-याचना कर लेता? हमारे पिताजी के जीते जी भी उसने हमारा विरोध किया था और आदतन करता रहता था। तब भी हमने उसे अपनी कृपा का आश्वासन देते हुए (उसकी माँ तक के माध्यम से भी) सन्देश भेजे थे, किन्तु उसके हृदय में तो मेरे प्रति पाप और घृणा ही भरी गयी थी? अतः वह नहीं माना।' इसी क्रम में वह अपनी पत्नी की मृत्यु को भी बड़े संवेदनशील ढंग से वर्णित करता है, जिसमें इन दोनों पर खुद द्वारा की गयीं ज्यादतियाँ तो दब जायें और ये माँ-बेटे एक दूसरे ही और नकारात्मक रूप में चित्रित हों? वह लिखता है कि 'खुसरू की हमारे प्रति बैर-भाव से तंग होकर और उसे समझाकर हार जाने के बाद, उसकी माँ शाह बेग़म ने मेरे शिकार पर रहने के दौरान आत्महत्या कर ली थी?' क्या शिकार एक बहाना था? क्या यह आत्महत्या न होकर हत्या थी? यह गुत्थी ही है, जिसको सुलझाने के लिए न तो विदेशी यात्रियों का वर्णन था और न ही 'हरम' की इस साजिश पर लिखने या मुँह खोलने वाला कोई स्रोत या साक्षी?

लेकिन शक़ का एक ही कारण है कि वह सफाई दे रहा था और वह भी ऐसे विषम अवसर पर? वह उस प्रकरण का ज़िक्र करते हुए उसकी आत्महत्या से पहुँचे आघात का उल्लेख करना भी नहीं भूलता और लिखता है, 'वह एक निहायत भली और सुसंस्कृत महिला थी। उसका मेरे प्रति समर्पण पूर्ण था। वह अपने सारे—हज़ारों

पुत्रों और भाइयों को मेरे ऊपर कुर्बान कर सकती थी! उसने कई मर्तबे खुसरू को लिखा भी कि तुम्हारे वालिद तुम्हें बहुत प्यार करते व चाहते हैं, तुम क्यूँकर दूसरों के बहकावे में आकर उनके स्नेह को नज़रअन्दाज़ कर रहे हो। तुम स्वयं उनके स्नेह से और उन्हें अपनी आत्मीयता से वंचित करके ठीक नहीं कर रहे हो! किन्तु, खुसरू के ऊपर इसका कोई असर नहीं हुआ! वह उसी तरह अपनी हरकतों में उलझा रहा और बाज नहीं आया!' बस अगला जो वाक्य है, वहीं इस गुनहगार ने अपने साक्ष्य छोड़े हैं? वह स्वयं आगे लिखता है कि 'खुसरू से मेरे अन्तरों और मतभेदों के चलते ही खुसरू की माँ का मन अस्थिर रहने लगा था और उसके पिता व भाई ने भी मुझसे उसकी मानसिक असन्तुलन की शिकायत की थी? हमें लगा कि समय के साथ वह ठीक हो जायेगी किन्तु एक रोज़ जब हम शिकार पर गये हुए थे, तब उसने अफ़ीम की अत्यधिक मात्रा लेकर अपनी इहलीला समाप्त कर ली! उसे लगा होगा कि मेरे त्याग से ही शायद मेरा पुत्र सही मार्ग पर आ जाये?'

इस पूरे वर्णन में जहाँगीर, जो उस समय तक सलीम ही था, कहीं यह उल्लेख नहीं कर रहा है कि शाह बेग़म उसके अपने पिता (अकबर) से मतभेद और मनभेद से कितना परेशान रहती थी? वह इस बात का भी कोई सन्दर्भ नहीं दे रहा है कि उसके विद्रोही तेवर, उसकी अमानवीय हरकतें और फिर अपने पुत्र के व्यवहार के लिए उसके मायके वालों यथा आमेर के राजपूतों को दोषी और अन्ततः उसी को ताने देना भी उतने ही ज़िम्मेदार थे? वह इन सब बातों का उल्लेख न करके ही सन्देह पैदा करता है कि सुदूर इलाहाबाद में क्या हुआ होगा? एक बहुत मशहूर लेखक और हस्ती ने भी इस दुखद प्रकरण पर कुछ प्रकाश डाला है, जिसका ज़िक्र यहाँ प्रसंगवश किया जा सकता है। यह व्यक्ति है इनायतुल्लाह, जिसे अकबर ने इतना योग्य समझा था कि अबुल फ़ज़ल की निर्मम हत्या के उपरान्त वही 'अकबर-नामा' को अपने अंजाम तक पहुँचाने का दायित्व उतनी ही शिद्दत और सही ढंग से निर्वहन कर सकता है? इसी इनयातुल्लाह ने 'अकबर-नामा' के अन्तिम चार वर्षों का वस्तुपरक और वैज्ञानिक ब्योरा हमें दिया है। वह शाह बेग़म के बारे में लिखता है : 'बादशाह (अकबर) के शासनकाल के उनचासवें (49वें) वर्ष में इलाहाबाद में आत्महत्या के इरादे से मानसिंह की बहन और सलीम के 'हरम' की मुखिया शाह बेग़म ने अधिक मात्रा में अफ़ीम खाकर अपनी जान दे दी। उसने सलीम के शिकार पर बाहर होने का लाभ उठाया था। वह स्वभाव से निहायत चिड़चिड़ी हो गयी थी! तुरन्त सलीम को इत्तिला दी गयी, किन्तु वह सलीम के वापस आने के पूर्व ही मृत्यु के सागर में समा चुकी थी और इस संसार से मुक्ति पा गयी।' मुक्ति पाना अपने-आप में सब-कुछ नहीं तो बहुत कुछ कह देता है? समझदार पाठकों के लिए यह इशारा बहुत है/था?

किन्तु, इतना ही नहीं, यदि सलीम या जहाँगीर का कोई हाथ, साजिश या दोष न होता, तब वह अपने दुःख का वर्णन क्यों करता? जबकि हम सब जानते हैं कि

उसे शाह बेग़म से कितना लगाव या प्रेम था? उसने उसके बाद कितने और विवाह किये और क्या किया? हाँ यह बात अलहदा थी कि चूँकि, वह उसकी पहली पत्नी थी और, उसने ही उसे पहला पुत्र और उसका 'वली-अहद' दिया था और फिर, यह अकबर का तय किया हुआ रिश्ता था अतः अकबर या बादशाह और उसके हरम के दबाव ने उसे विवश किया था कि वह मान बाई को 'शाह-बेग़म' के विरुद से नवाज़े! वह लिखता है, 'हमारे प्रति अपने भाइयों और पुत्र के दुर्व्यवहार से पीड़ित और दुखी होकर उसने अपने-आप को इस दुःख और करुणा से मुक्त कर लिया। किन्तु उसकी मृंत्यु ने मुझे बहुत कष्ट, दुःख और सन्ताप दिया। जीवन जीने की ही मेरी इच्छा उसकी मृत्यु के साथ समाप्त हो गयी थी और मैं जीवन के मोह से विमुख हो गया? चार दिन-रात या पूरे बत्तीस पहर तक मुझे इस ग़म ने इतना मशरूफ रखा कि मैंने न कुछ खाया और न ही पिया? किन्तु, मेरे पिता के शोक-सन्देश और उसकी कृपा ने मुझे इस ग़म से उबार लिया। बादशाह ने मुझे विशेष वस्त्र और पगड़ी भी प्रेषित की और मैंने पुनः जीवन में रस लेना शुरू किया! किन्तु, जिस नाशुक्रे पुत्र के चलते उसने आत्महत्या की हो उस नालायक खुसरू पर इस दुखद और त्रासद घटना का भी कोई असर नहीं पड़ा! उसके दुष्ट और अवज्ञाकारी आचरण के चलते उसकी माँ ने यह कठोर क़दम उठाया था! वह अब भी उसी राह पर था और अब भी मेरे प्रति सम्मान न प्रकट करके, उलटे मेरे ख़िलाफ़ विद्रोह कर रहा है? मैंने जो उसे क़ैद में रखा, वह उसके आचरण को दुरुस्त करने की गरज से ही था?'

यानी वह खुसरू का उसके मामा मानसिंह से अलग किया जाना फिर उसे बन्दी बनाये जाने को खुसरू के विद्रोही तेवर में सुधार लाने की प्रक्रिया बता रहा था। वह अपने कुकृत्यों और खुसरू की लोकप्रियता से जागी ईर्ष्या को इसका कारण नहीं रेखांकित करना चाहता है, अतः वह इतनी बातें लिख कर अपने कार्यों और खुसरू के प्रति दुर्व्यवहार और दंड का औचित्य साबित करना चाहता है! वो तो यहाँ तक लिखता है कि यदि उसके सिंहासनारोहण के पश्चात भी खुसरू उसके प्रति पूर्ण समर्पण का भाव रखता और आज्ञाकारी पुत्र की भाँति रहता तो वह उसके साथ नरमी से पेश आता? खुसरू ने उस समय क्या हरकत की थी, जब उसने उसे एक हवेली के सब्ज़-बाग़ दिखा कर उसकी मरम्मत के लिए एक लाख रुपये आवंटित करने की घोषणा के बाद भी उस दिशा में कुछ न करके, उसे उलटे गिरफ्तार करा दिया था? उस समय खुसरू ने क्या कसूर किया था या कौन-सी राजाज्ञा की अवहेलना की थी? अर्थात वह अपनी कमज़ोरी और अक्षमता छुपाने के लिए यह सब लिख रहा था? अब जब खुसरू ने उसकी ज्यादतियों के ख़िलाफ़ विद्रोह कर दिया था, तब सब पर लेखनी के माध्यम से पानी फेर रहा था! तभी तो वह अपने वर्णन में हमें बताने से नहीं चूकता कि, आगरा से पंजाब के रास्ते भर खुसरू और उसके सैनिक आमलोगों, कृषकों और व्यापारियों के साथ ज़ोर-ज़बरदस्ती, लूट-पाट और,

क्रूरता करते रहे थे। वस्तुतः उसके लेखन में उसकी अपनी मानसिकता की ही स्पष्ट झलक या छाप मिलती है! उसने जब मेवाड़ के विरुद्ध अभियान त्याग कर आगरा होते हुए अन्ततः इलाहाबाद की राह पकड़ी थी, तब वह यही सब हरकत करता गया था! अतः 'जाकी रही भावना जैसी' की तर्ज़ पर वह खुसरू को आमजन के उत्पीड़क और अत्याचारी विद्रोही के रूप में प्रदर्शित करके, पुनः अपने द्वारा उसके विरुद्ध उठाये गये क़दमों के औचित्य की कोशिश कर रहा था!

वह हमें इस विद्रोह के सन्दर्भ में बताते हुए, उन स्थानों का उल्लेख करना नहीं भूलता जहाँ उसने इस अभियान के दौरान ठहराव लिया था। वह हमें बताता है कि वह मथुरा के बाद हिंदाल, फिर, पलोल व फरीदाबाद में रुका था तब दिल्ली पहुँचा था, जहाँ हुमायूँ के मकबरे के अलावा शेख़ निजामुद्दीन औलिया की दरगाह में भी अपनी सफलता की मन्नत माँगने गया था! फिर वहाँ से चलकर पहले नरीला की सराय और, उसके बाद पानीपत के परगने में रुका था। वह नरीला की सराय के विषय में बताना नहीं भूलता कि, शाही सेना से पलायन कर रहे खुसरू ने इसे जला दिया था! वह यहाँ हमें बताता है कि कैसे पानीपत के युद्धों का मुग़ल इतिहास में महत्त्व है? फिर वह बताता है कि यहीं लाहौर के फ़ौजदार दिलावर ख़ाँ तथा साथ ही, अब्दुर रहीम भी पहुँच गये थे। किन्तु दिलावर तो तुरन्त लाहौर की ओर उसे उसकी सुरक्षा के लिए लौट गया और अब्दुर रहीम जाकर खुसरू से मिल गया! वो हमें बताता है या हमारी आँखों में धूल झोंकने की नीयत से लिखता है कि 'दिलावर रास्ते भर लोगों को और, ख़ासतौर से 'करोड़ी' या भूराजस्व अधिकारियों को सचेत करता गया! और, इसीलिए इस राह पर कर्षकों और व्यापारियों को शासन द्वारा सुरक्षात्मक क़दम उठाने और सावधान किये जाने के चलते विशेष हानि नहीं उठानी पड़ी? क्या करोड़ दाम (रुपये का चालीसवें भाग वाला सिक्का) का राजस्व देने वाले भू-क्षेत्र इतने सुरक्षित हो गये कि, वहाँ खुसरू और उसकी पहले से बढ़ी हुई सेना भयभीत और अनुशासित होकर गुज़र गयी? जबकि वही सेना उससे पहले उपद्रव और लूटमार कर रही थी?

ऐसे ही साक्ष्यों एवं/अथवा उसके अभाव में कई बातें समझ आने लगती हैं और, इस काल के इतिहास की अनेक गुत्थियाँ खुलती जातीं हैं! और, हमारे सामने सलीम या जहाँगीर का असली चेहरा साफ़-साफ़ दृष्टिगोचर होता है? वह यहाँ यह भी दर्ज़ करना नहीं भूलता है कि कैसे सैयद कमाल ने दिल्ली में और दिलावर ख़ाँ ने नरीला की सराय में साहस और सामरिक समझ से काम लिया होता तो खुसरू इतना भी कामयाब नहीं होता? किन्तु, शीघ्र ही जोड़ता है कि ख़ैर इन दोनों अधिकारियों ने अपनी गलती सुधार ली और खुसरू के विरुद्ध अभियान में सक्रिय भूमिका अदा की! वह लिखता है कि दिलावर जल्दी से लाहौर पहुँच गया और खुसरू के सम्भावित आक्रमण का सामना करने के लिए आवश्यक क़दम उठाने लगा। बादशाह भी शाही

सेना के साथ, पीछे-पीछे चल रहा था। वह करनाल में विश्राम के बाद शाहबाद में भी रुका और, आलोदा पहुँच कर उसने बारिश होने के बावजूद अबुल बानी उजबेग के नेतृत्व में 57 मनसबदारों (ज़ाहिर ही है, इस वाक्य का आशय यही है कि इन मनसबदारों की सेना इनके साथ रवाना हुई) को शेख़ फरीद की सहायता हेतु भेज दिया। उन्हें व्यय के लिए अलग से 40,000 रुपये भी प्रदान किये गये! इसी के साथ व्यय के लिए उसने जामिल बेग को 7,000 एवं मीर शरीफ़ आमाली को भी 18,000 रुपये दिये। यानी वह न धन न संसाधन का मुँह देखा रहा था? उसके लिए सारा ध्यान, ऊर्जा और शक्ति बस खुसरू के विद्रोह के दमन या उन्मूलन के लिए ही ध्रुवीकृत हो चुकी थी!

जहाँगीर हमें यह भी बताता है या बताना नहीं भूलता कि दिलावर ख़ाँ के लाहौर पहुँचने के दो दिन उपरान्त खुसरू भी लाहौर पहुँच गया! उसने अपने लोगों को आज्ञा दी कि, चाहे जैसे भी हो, वे कम से कम, लाहौर के दुर्ग के एक द्वार को भेद दें, चाहे उसको अग्नि के हवाले ही क्यों न होना पड़े? इतना ही नहीं, जहाँगीर तो यह आरोप भी लगाता है कि खुसरू ने अपने समर्थकों को आश्वस्त किया था, कि, लाहौर विजित करने के बाद उन सबको सात दिनों तक वहाँ लूट-पाट करने की छूट दी जायेगी? इतना ही नहीं उसने समस्त लाहौरवासियों और ख़ासतौर से महिलाओं और बच्चों को भी उनके द्वारा बन्दी या बन्धक बनाये जाने की पूर्व-अनुमति प्रदान की? वस्तुतः इसके कोई प्रमाण नहीं मिलते कि, खुसरू ने कहीं भी ऐसा किया हो? तो वह लाहौर में ही ऐसा क्यों करता या करने की इच्छा व्यक्त करता? वह तो अकबर की इच्छा अनुरूप और अपने साथ किये जा रहे बेवजह के अन्याय के ख़िलाफ़ बगावत करने को बाध्य हुआ था? और, वह बाग़ी भी क्या था, बस बन्दी-जीवन से मुक्ति का आकांक्षी था? अतः जहाँगीर का यह तर्क किसी की भी समझ के परे हो जाता है कि खुसरू साम्राज्य पर शासन करने का इच्छुक था अथवा अपनी छवि बिगाड़ कर आलोकप्रिय होना चाहता था? हमें ज्ञात है कि वह जहाँगीर के समस्त काल में, जीवित और मृत दोनों ही रूपों में जहाँगीर से अधिक लोकप्रिय रहा था और बादशाह की उससे चिढ़ने की यही वजह भी थी! अतः जहाँगीर जब अपनी 'तुजफ़क-ए-जहाँगीरी' में इस तरह के बेबुनियाद आरोप लगाता है, तब वह यही सिद्ध करता है कि वह उसे अपने रंग में चित्रित करने की कोशिश कर रहा था? जिस तरह से इलाहाबाद से आगरा में अकबर के ख़िलाफ़ कूच करते समय उसने हरकतें की थीं और अपने साथियों के कुत्सित विचारों को क्रियान्वित करने की पूर्वाज्ञा इस लालच से दी थीं कि वे व्यभिचारी उसके साथ अपने व्यसनों के चलते अन्त तक बँधे रहेंगे? वे उस लालच, लोभ, मद, लिप्सा की प्रत्याशा में बादशाही फ़ौज और उसके कोप से भी नहीं डरेंगे? और, अगर वे डरेंगे नहीं तब उत्साहित होकर मनोवांछित की पूर्ति की आशा में उसे विजय दिलवा देंगे? अतः उसने जो

कुछ उस समय किया, सोचा, वादा किया था अब वही मनगढन्त बातें आरोप के रूप में खुसरू के ऊपर मढ़ रहा था!

खुसरू जब लाहौर की घेरेबन्दी में व्यस्त था उसी समय मुग़ल अमीर सईद ख़ाँ चेनाब नदी पर सैन्य-शिविर डाले हुआ था। उसे जब खुसरू द्वारा लाहौर की घेरेबन्दी के हाल ज्ञात हुए तब वह भी मुग़ल बादशाह का विश्वास अर्जित करने और अपनी निष्ठा साबित करने दिलावर की मदद के लिए लाहौर के निकट पहुँचा। उसने शहर के बाहर रावी नदी के तट पर पहुँच कर दिलावर ख़ाँ को अपने आगमन की सूचना भेजी। तब दिलावर ने बीस नाव भेजकर उन्हें सकुशल दुर्ग के अन्दर प्रविष्ट करा कर अपनी व लाहौर की सैन्य स्थिति को और सुदृढ़ कर लिया! घेरेबन्दी के नौवें दिन तो शाही सेनाएँ भी लाहौर पहुँच गयीं! इसके अगले दिन बादशाह स्वयं लाहौर के सन्निकट, आगा कुली के बाग़ में अपना शाही शिविर लगा चुका था! वहाँ से वह द्रुत गति से अगले दिन सुल्तानपुर पहुँचा। तब तक शाही सेनाओं और खुसरू के मध्य युद्ध शुरू हो चुका था! वह लिखता है कि मुइज्जुल मुल्क उसके लिए भुने गेहूँ के दाने खाने के लिए लेकर आया ही था कि उसे युद्ध प्रारम्भ होने की सूचना मिली, 'हमने अन्न के दानों का निरादर न करते हुए, और सौभाग्य के नाम पर एक मुट्ठी भर हाथ में लेकर मुँह में डाला और सिर्फ़ अपनी तलवार और भाले के साथ जल्दी-जल्दी घोड़े पर सवार होकर, कूच किया। इस हड़बड़ी में हमने किसी को अपने कवच लाने के लिए आवाज़ भी लगाई किन्तु, चूँकि, तब तक वह नहीं आ पाया अतः बिना उसके पहनने की परवाह किये हुए हम सिर्फ़ पचास लोगों के साथ युद्ध-स्थल की ओर चल पड़े! गोविन्द्वाल के पुल पर पहुँचते-पहुँचते अच्छे-बुरे-साधारण मिलाकर कुल 400-500 सैनिक हमारे साथ हो चुके थे। हमने पुल पार किया ही था कि शाही सेनाओं की विजय का शुभ समाचार मिल गया!'

वह अपनी आत्मकथा में एक महत्त्वपूर्ण स्वीकारोक्ति भी करता है, जिससे हमें मुग़ल उमरा के नस्लीय गठजोड़ का भी कुछ अन्दाज़ मिल जाता है। वह लिखता है, 'अफ़गान और हिन्दुस्तानी अमीर, जो उसके सबसे नज़दीकी और पुराने समर्थक और अनुयायी थे (अकबर की उदारता और सहिष्णुता की नीति का उसे ही वास्तविक उत्तराधिकारी मानते हुए, सलीम के स्थान पर उसके समर्थक थे?) वे हिन्दुस्तान में ही रुककर अशान्ति और अस्थिरता करने के पक्षधर थे, जबकि, अन्य (? यहीं स्पष्ट हो जाता है कि बदख़्शीं, ईरानी व तूरानी अमीरों की भी अच्छी-ख़ासी संख्या और प्रतिशत रहा होगा) काबुल और ईरान शाह से मदद के फलस्वरूप अपने पूर्वजों, बाबर और हुमायूँ की भाँति वापस भारत पर प्रभुत्व स्थापित करने की योजना के समर्थक थे। अन्ततः उसने काबुल जाने का निर्णय लिया और अफ़गान तथा हिन्दुस्तानी अमीर उससे विदा लेकर लौट पड़े।' इस विवरण से हमें कई तथ्य प्रत्यक्ष और परोक्ष रूप से पता चलते हैं। प्रथम तो यही कि, अफ़गान, हिन्दुस्तानी व अन्य अमीरों में

भी उसका व्यापक समर्थन था। यदि उमरा (अमीर-वर्ग) के ईरानी-तूरानी उपवर्गों के सदस्यों का खुसरू को समर्थन और सहयोग हासिल न होता तो वह वापस उत्तर भारत में लौटने के स्थान पर काबुल की ओर रुख करने या जाने का फ़ैसला क्यों लेता? फिर, कौन से प्रमुख अमीर लौटे थे, इसका भी कहीं कोई उल्लेख नहीं है? यह बहुत स्वाभाविक होता था कि प्रायः युद्धों में भयानक पराजय के उपरान्त सेनाएँ ही तितर-बितर हो जातीं थीं और सैनिक वहीं जाते थे, 'जहाँ उनकी सींग समाये'! अतः यह एक स्वाभाविक पलायन हुआ होगा न कि, इसका कोई नस्लीय आधार, जैसा कि तथ्यों एवं उनके वस्तुपरक, तार्किक व वैज्ञानिक विश्लेषण से सुस्पष्ट है!

जहाँगीर के इस नस्लीय आधार पर विश्लेषण से दो बातें साफ़ होती हैं। प्रथम, वह अपनी तंग-नज़र से खुसरू के समर्थकों को भी बाँट रहा था? या तो वह इस धारणा को ही नकारना चाह रहा था कि खुसरू ही वस्तुतः अकबर की उदार विरासत को बढ़ा रहा था या कि खुसरू ही अकबर का उत्तराधिकारी था? वह जनता के इस विश्वास पर चोट करना चाह रहा था कि वह कोई सत्ता पर बलात अधिकार करने वाला नहीं, अपितु अकबर की रजामन्दी से मुग़ल सिंहासन पर आरूढ़ होने वाला विधिक उत्तराधिकारी था, जिसके ख़िलाफ़ उसके विद्रोही पुत्र खुसरू ने बगावत कर दी थी? दूसरे, वह अमीरों को भी सन्देश दे रहा था कि उसके द्वार उनके लिए खुले हुए हैं? यदि, वे अफ़गान और हिन्दुस्तानी जो अकबर के काल से ही अकबर के बाद सलीम के स्थान पर खुसरू के पक्षधर थे, वे वापस शाही सेवा में आना चाहें तो उनका वह सहर्ष स्वागत कर रहा था? वह इसी बहाने से खुसरू के समर्थकों में एक दरार डालकर, उन्हें अपने पक्ष में करने की कोशिश कर रहा था? वास्तव में जैसा हर काल में ही होता है, आभिजात्य का स्वभाव ही होता है कि वे उगते सूरज को ही सलाम करते हैं! अतः इनमें से अनेक अमीर लोग सत्ता, पद, प्रतिष्ठा, लाभ आदि के लोभ में जहाँगीर के साथ मिल भी गये होंगे? मगर, इनकी संख्या और प्रतिशत अपने प्रतिद्वन्द्वी गुट की तुलना में सदैव कम ही रही, अन्यथा पूरे शासन-काल में पद और सम्मान देने के बावजूद बादशाह की तुलना में खुसरू की लोकप्रियता और सम्मान में कोई कमी नहीं दिखी? अपितु, दूसरी ओर, इस लोकप्रियता ने कभी जहाँगीर को चैन से रहने ही नहीं दिया। खुसरू को तो लोग अकबर का वास्तविक उत्तराधिकारी मानते थे और मानते ही रहे। इस प्रकार के बोध और मान्यता वाले सिर्फ़ मुग़ल उमरा (अमीर वर्ग) और उलमा (धर्माधिकारी वर्ग) में ही नहीं, मुग़ल 'हरम' से लेकर जन-साधारण में भी बड़ी संख्या में मौजूद थे और रहे! इन लोगों के चलते ही, जहाँगीर और ख़ुर्रम सबसे ज़्यादा परेशान रहे और ईर्ष्यालु भी!

लेकिन वह चाहते न चाहते एक साक्ष्य और छोड़ देता है, जो खुसरू के व्यापक प्रभाव और समर्थन की ओर ही इशारा करता है। वह लिखता है, 'जब तक खुसरू की पराजय लाहौर में नहीं हो गयी थी, तब तक पूरे साम्राज्य में ही उथल-पुथल मची हुई

थी! लोगों ने इस दौर में मुझसे राजधानी आगरा लौट चलने या जाने की सलाह भी दी, क्योंकि, यह सच है कि आगरा के निकटवर्ती क्षेत्र ही अशान्त, अस्थिर व असुरक्षित हो गये थे! हमने अपने द्वितीय पुत्र परवेज़ जिसे मेवाड़ के राणा के विरुद्ध अभियान के लिए भेज रखा था, उसे कुछ सरदारों या मुग़ल अमीरों को वहाँ अभियान हेतु छोड़कर, आसफ़ ख़ाँ एवं 200 अन्य अमीरों के साथ आगरा की सुरक्षा के लिए राजधानी लौट आने के लिए निर्देश दिया! ख़ैर वे आगरा पहुँचते, उससे पूर्व ही खुसरू की पराजय हो चुकी थी। किन्तु, मेरे मित्रों ने इसीलिए यह परामर्श दिया था, क्योंकि, इसी दौरान गुज़रात, बंगाल और दक्खिन सभी जगह अस्थिरता फैल चुकी थी! किन्तु, यह भी सत्य था कि खुसरू के चलते पूरा पश्चिमोत्तर क्षेत्र असुरक्षित व अस्थिर हो चला था और, ईरान के शाह से लेकर उजबेग व काज़िलबश आदि सभी की आँखें इस स्थायित्व के अभाव का लाभ उठाने में लगी हुई थीं।' वस्तुतः हिन्दुस्तान के भीतर एवं बाहर सभी को अकबर के बाद जहाँगीर का हिन्दुस्तान एक सहज या आसान लक्ष्य लग रहा था? वे तो अकबर के शासन के अन्त में ही उसके विद्रोह के समय से इधर इसी वजह से नज़र गड़ाये बैठे थे! अब खुसरू के विद्रोह और उससे उत्पन्न परिस्थितियों ने उन्हें एक सुनहरा अवसर प्रदान कर दिया था? उसके अनुसार, 'लाहौर में ही हमें सूचना मिली कि काज़िलबशों ने कान्धार को तीन ओर से घेर लिया है अतः हमने तत्काल ही गाजी बेग ख़ाँ के नेतृत्व में एक बड़ी फ़ौज उस ओर रवाना कर दी!'

अपने सिंहासनारोहण के पहले ही वर्ष में हुए इस विद्रोह और उसके तत्काल उन्मूलन की आवश्यकता उसे समझ आ रही थी। यह राजसत्ता, शासनकाल और साम्राज्य के स्थायित्व के लिए प्रभावशाली होना था? अतः इस विद्रोह का हर-हाल में जल्दी और पूर्ण समापन ज़रूरी ही नहीं मुग़ल-वंशीय एवं जहाँगीर की वैयक्तिक सत्ता की सुदृढ़ता के लिए अपरिहार्य भी था! वह पुराने अकबरी अमीरों में कुछ पर यकीन करने को बाध्य ही नहीं, कितना बाध्य था, यह भी स्वयं कूच करने के इस निर्णय के साथ की गयीं संलग्न आवश्यक व्यवस्थाओं से भी ज़ाहिर होता है? उसने एक अकबरी और ईरानी अमीर गियास बेग को एत्माद-उद-दौला (बाद में, नूरजहाँ के पिता के रूप में जाना गया) का विरुद एवं साम्राज्य के संयुक्त वज़ीर-दीवान का पद भी प्रदान किया था। इस अभियान में जाते हुए, उसने उसी को सबसे विश्वसनीय, अनुभवी और योग्य मानते हुए राज्य के प्रशासन का दायित्व सौंप कर ही कूच किया था! अतः अभी भी वह अकबरी माहौल को निष्प्रभावी न तो कर पा रहा था और न ही कर सकता था? उसने इस पहले प्रकरण से ही यह बात भली-भाँति समझ ली थी! खुसरू के इस विद्रोह की नये बादशाह के लिए यह भी एक महत्त्वपूर्ण सीख थी! परिवर्तन के लिए भी सातत्य आधार बनता है और, इन दोनों में सन्तुलन बैठाना ही पड़ेगा अगर साम्राज्य की गाड़ी को सतत आगे बढ़ाते रहना है! मानसिंह के साथ उसने अपने नज़दीकी रिश्ते को शत्रुतापूर्ण मानकर, अपने वैमनस्य के चलते इसी

खुसरू से अलग किया था? किन्तु, क्या यह खुसरू के विद्रोह को रोकने में सक्षम हुआ था? या इसी क्षोभ के साथ नज़रबन्दी और अपमान ने उसे विद्रोह के लिए उकसाया था? क्या मानसिंह आगरा में होता तो वह शहज़ादे को अन्यथा समझाने में सफल हुआ होता? क्या तब खुसरू ने विद्रोह न किया होता?

क्या खुसरू को विद्रोह के लिए अन्ततः अज़ीज़ कोका ने ही भड़काया था, जैसा कि, शरीफ़ ख़ाँ, मिर्ज़ा बेग, शेख़ फरीद बख्शी वगैरह की राय या शक़ था? किन्तु, क्या वह इस आधार पर कोका के ख़िलाफ़ तत्काल कोई दंडात्मक कार्यवाही करे? इसी अनुभवी गियास बेग ने उसे ऐसा करने के लिए मना किया और तार्किक ढंग से इसके तात्कालिक व दूरगामी परिणामों से उसे समझाते हुए अवगत कराया था! वह इतने शान्त व सन्तुलित तरीके से बादशाह से बातें कर रहा था, उसी से जहाँगीर को उसके व्यहवारिक ज्ञान, नियम-क़ानून, परम्पराओं का बोध हो गया। उसे उसकी तर्कपूर्ण सलाह भी समझ आ गयी और, साथ ही उसका विश्वसनीय एवं अनुभवी व्यक्तित्व भी समझ आ गया! अतः इसी गियास बेग की ज़िम्मेदारी पर वह अपनी राजधानी आगरा और राजमहल छोड़ कर गया था! पहली बार कछवाहों के अतिरिक्त किसी अमीर को मुग़ल राजधानी की सुरक्षा की यह ज़िम्मेदारी दी गयी थी! अतः यह तूरानी और राजपूत अमीरों के लिए भी स्पष्ट सन्देश था! अभी तक तूरानी अमीर ही उसके साथ थे, पहली बार ईरानी और अकबरी अमीर गुट के किसी बड़े सरदार को हम नये बादशाह का विश्वासपात्र होता हुआ पाते हैं? अतः यह निश्चित ही सातत्य और परिवर्तन के समन्वय का संकेत था! एक ओर वह अकबरी परम्परा संवाहक माने जाने वाले खुसरू के विरुद्ध सैन्य अभियान पर जा रहा था तो दूसरी ओर, वह अकबरी अमीर और परम्परा के संवाहक के ही रूप में एक ईरानी अमीर को राजधानी का कार्यभार सौंप कर जा रहा था, जो अकबर का विश्वासपात्र अमीर था! उससे रिश्तेदारी में तो अभी कई वर्ष शेष थे और अभी नूर जहाँ कहीं परिदृश्य में थी ही नहीं!

ख़ैर, जहाँगीर इसी गियास बेग के ऊपर आगरा का दायित्व सौंपकर खुसरू के ख़िलाफ़ चल पड़ा! लेकिन बादशाह के अन्दर वह सलीम तो अभी भी था ही? उसने गियास बेग के पुत्रों को अपने साथ इस अभियान पर ले जाने का फ़ैसला अपने मित्रों की सलाह पर ही लिया, जिनकी सलाह न मानते हुए, उसने गियास बेग की सलाह मानी और अज़ीज़ कोका के विरुद्ध कुछ नहीं किया? उसके दिमाग़ के पृष्ठभाग में कहीं तो कुछ था ही तभी उसने इस गियास बेग के चारों पुत्रों को इस अभियान पर ज़मानत के तौर पर साथ रखा? भले ही लाहौर का दीवान खुसरू के साथ हो गया हो और उसे सुल्तान (राजकुमार) खुसरू ने बादशाह खुसरू की तरह व्यवहार करते हुए, अपना दीवान-वज़ीर नियुक्त कर दिया हो, परन्तु लाहौर का सूबेदार या प्रान्तपति दिलावर ख़ाँ तो मुग़ल बादशाह जहाँगीर के प्रति निष्ठा

रखता ही था? उसमें और जहाँगीर में वैचारिक एकता थी! वे दोनों ही शेख़ अहमद सरहिन्दी के प्रभाव में अकबर के 'सुलह-ए-कुल' नीति व 'सर्व-धर्म-समभाव' के कट्टर शत्रु थे! अतः वह अकबरी परम्परा वाले शहज़ादे खुसरू का इसी नाते समर्थन कर ही नहीं सकता था? उधर दिलावर, मुग़ल सेनापति सईद ख़ाँ के पहुँचने से भी वह कुछ अधिक सशक्त हो गया था, तब तक उसके पीछे-पीछे खुद बादशाह के नेतृत्व में शाही सेनाएँ भी लाहौर तक जा पहुँचीं! वह इस बीच खुसरू की अनुभवहीन व अधिकांशतः अप्रशिक्षित सेनाओं के लाहौर की घेरेबन्दी को नौ दिनों तक सफलतापूर्वक प्रतिरोध करता रहा था!

लगता है कि वर्षा जैसे हुमायूँ को शेर ख़ाँ के विरुद्ध युद्धों में परेशान करती रही थी, उसी तरह खुसरू को भी किया! जबकि उसके ठीक विपरीत उस हुमायूँ के इस पौत्र और वर्तमान बादशाह, जहाँगीर के लिए वही वर्षा लाभदायक सिद्ध हुई! जहाँ एक तरफ़, बादशाह के व्यक्तिगत नेतृत्व में शाही सेना के लाहौर आगमन पर शाही सेनाओं में अतिरिक्त उत्साह का संचार हुआ, वहीं युद्ध से पूर्व भीषण वर्षा ने खुसरू की योजना और सेना के उत्साह पर वाक़ई पानी ही फेर दिया? अतः इस युद्ध का परिणाम सुनिश्चित था? पूरे उत्साह और निर्भीकता से लड़ते हुए, वर्षा से लाभ की स्थिति गँवा कर वे मुग़ल सेनाओं की बड़ी तोपों का सामना करने में असमर्थ व असफल ही रहे! 'भैरोंवल' का यह युद्ध अनेकानेक कारणों से इतिहास में महत्त्वपूर्ण है! उसने अपनी विजय की ख़ुशी में व इसकी स्मृति को बनाये रखने के लिए भैरोंवल का नया नामकरण 'फ़तेहाबाद' कर दिया! हालाँकि, विलियम फिंच इसका नाम फ़तेहपुर लिखता है। वैसे दोनों का अर्थ तो वही निकलता है! जिस व्यक्ति ने जहाँगीर को खुसरू के पराजय की ख़बर दी थी, उसे बादशाह ने 'खुश-खबर ख़ाँ' के विरुद या पदवी से नवाज़ा! इस युद्ध में 400 बदख़्शी (बदख़्शां के) सैनिक खेत रहे थे! सैकड़ों अन्य इस समर में जहाँगीरी क्रोध व क्रूरता में काट डाले गये! ताकि खुसरू समर्थकों, सहयोगियों व सहायकों को स्पष्ट सन्देश मिले कि उनका क्या हश्र होना है?! वह "राजत्व, बन्धुत्व को नहीं जानता" के सिद्धान्त का क्रियान्वयन कर रहा था! उसकी दण्ड की तलवार बलबन की तलवार बन चुकी थी! जितना रक्त बहता उतनी ही रक्त की प्यास बढ़ती गयी! अतः यह युद्ध अपने रक्त-प्रवाह के लिए इतिहास में एक त्रासद युद्ध के रूप में दर्ज़ हो गया! स्वयं खुसरू इस प्रतिशोध की भीषण विभीषिका से अपने प्रिय साथियों, अब्दुर रहीम एवं हुसैन बेग के साथ भागने में कामयाब हो गया! लेकिन बकरी की माँ कब तक खैर मनाती? उसने रोहतास दर्रे के दुर्गम मार्ग से काबुल पलायन करने की योजना बनाई!

खुसरू की गिरफ़्तारी : बदकिस्मती की शुरुआत

पराजित और निराश खुसरू अब विकल्पहीनता के इस माहौल में अपने पूर्वज और मुग़ल साम्राज्य के संस्थापक, बाबर की भाँति काबुल से आकर भारत विजय का स्वप्न देखने लगा? उसे ज्ञात था कि शेर ख़ाँ (शाह) से पराजित होकर, हुमायूँ भी वहीं पलायन कर गया था और, फिर भारत को पुनर्विजित किया था। अतः उसने भी इन परिस्थितियों में वही राह चुनने का निर्णय ही उचित समझा! उसे लगा होगा कि जब उसके पूर्वज इस प्रकार से सफल हुए थे, तब वह क्यों नहीं उन्हीं का अनुसरण करे? काबुल पहुँच कर तो वह भी बाबर और हुमायूँ की भाँति ईरान के शाह से सहयता की माँग कर सकता था और वह हिन्दुस्तान की बदली राजनीतिक परिस्थितियों में हस्तक्षेप क्यों न करना चाहता? किसी भी शासक की सबसे बड़ी महत्वाकांक्षा ही साम्राज्य के विस्तार और अपने राजनीतिक प्रभुत्व के प्रसार की स्वभावतः होती ही है? फिर, उसकी ओर से तो 400 बदख़्शी सैनिक भी लड़ते हुए वीरगति को प्राप्त हुए थे, उनके क्षेत्रवासियों को भी तो उससे सहानुभूति तथा जहाँगीर से शत्रुता स्वतः हुई? अतः उसे ईरान के शाह के अतिरिक्त अपने मध्येशियाई सहधर्मी तूरानियों से भी समर्थन की उम्मीद रही होगी? और इन दोनों दिशाओं से सम्पर्क काबुल से ही सम्भव था। इसीलिए उसने सोच-समझकर और सैन्य विकल्पहीनता में इसी निर्णय को अपनी एकमात्र उम्मीद माना! जहाँगीर ने अब बड़े सतर्क और सुनियोजित ढंग से कार्य करते हुए, पराजित खुसरू को ढूँढ़ निकालने की कोशिश शुरू की। उसने इस कार्य के लिए ख़ासतौर से अपने पुराने वफ़ादार राजा बसु के साथ महाबत ख़ाँ तथा मिर्ज़ा अली अकबर शाही को लगाया! इतना ही नहीं, उसने, इस पूरे क्षेत्र के जागीरदारों, ज़मींदारों, प्रशासनिक अधिकारियों, करोड़ियों (राजस्व-अधिकारियों) व चौधरियों (ग्रामों के मुखियों और, नुरुल हसन साहब के अनुसार मध्यस्थ ज़मींदार) तक को शहज़ादे खुसरू को ढूँढ़ निकालने और गिरफ़्तार करने के स्पष्ट और सख़्त निर्देश दे दिये!

अतः चेनाब नदी को पार करना ही खुसरू के लिए असम्भव सा प्रतीत होने लगा! प्रत्येक राज्याधिकारियों और क्षेत्रीय प्रशासकों के तमाम कारिन्दे, सैनिक व गुप्तचर उसकी और उसके साथियों की टोह में पूरे क्षेत्र में ही फैल चुके थे। हर व्यक्ति की

ही जाँच हो रही थी और अजनबियों की तो ख़ास तौर से! ऐसे में शाहपुर में ही एक सुरक्षित तट दिखा और वहीं से चेनाब नदी पार कर के काबुल की ओर पलायन की योजना बनी! लेकिन नदी पार करते वक़्त सौधरा के ज़मींदार कमाल के दामाद किलान की अचानक ही उनपर नज़र पड़ गयी! उसने तुरन्त ही सबको सतर्क किया! शहज़ादे खुसरू और उसके साथियों का काबुल भागने का प्रयास अन्ततः असफल हुआ! वह स्वयं मुग़ल अधिकारी, अब्दुल कासिम नमकीन द्वारा बन्दी बना लिया गया, जो वहीं पास में अपनी सैन्य टुकड़ी के साथ हाज़िर था! शहज़ादे को बन्दी बनाकर, हाथों में हथकड़ियाँ, पाँव में बेड़ियाँ सहित पूरे एहतियात के साथ लाहौर ले जाया गया और बादशाह जहाँगीर के समक्ष उसे 1 मई, 1606 ई. में प्रस्तुत किया गया! वह युवा राजकुमार अपनी पराजय, असफल पलायन, बन्दी के रूप में पुराने शत्रु रूपी पिता के समक्ष जाते ही मृत्यु-दण्ड की प्रत्याशा में फूट-फूट कर रोने लगा था! उसका रोना-बिलखना देखकर सभी उपस्थित लोगों का हृदय द्रवित हुए बिना नहीं रह सका! जहाँगीर के कट्टर साथी, जो़ उसे कुछ दिनों पूर्व तक मृत्यु की नींद सुलाने के दम भर रहे थे, वे तक भाव-विह्वल हो गये! इसके बावजूद उसने उन ज़ंज़ीरों और आँसुओं के साथ बादशाह के समक्ष सज़दा करने का असफल प्रयास किया! बादशाह जहाँगीर अकेला व्यक्ति था, जिस पर खुसरू के विलाप का कोई असर दृष्टिगोचर नहीं हो रहा था। उसने कड़े शब्दों में पूरे बेरुखे अन्दाज़ में उसे सज़दा न करके शान्त भाव से अपनी जगह खड़े होने का सख़्त आदेश दिया! उसे यह सब नाटक लगा होगा? क्योंकि, वह ऐसे ही झूठे दिखावे ज़िन्दगी भर अकबर के सामने करता रहा था? अतः वह इसे इससे अधिक और कुछ नहीं मान रहा था? उसे अपने पुत्र के आँसुओं का न तो अर्थ और न ही गहराई समझ आ सकती थी!

उसने सम्भवतः मानसिंह और अज़ीज़ कोका का क्रोध भी उसी खुसरू पर उतारा! उसे सार्वजनिक रूप से अपमानित करते हुए, निहायत गन्दे और कठोर लहजे में ही किसी सामान्य अपराधी व राज्य-द्रोही की तरह ही डाँट और फटकार लगाई! उसने बिल्कुल स्पष्ट किया था कि वह राजत्व के सिद्धान्तों में किसी तरह की कोताही बर्दाश्त नहीं करेगा! लेकिन वह भूल गया कि कुछ माह पहले तक वह स्वयं क्या कर रहा था? अतः अपने कुकृत्यों पर पर्दा डालने की कोशिश में ही वह अधिक कठोर दण्ड एवं भाषा का प्रयोग करता रहा था! उसने एक पिता की तरह खुसरू को समझने-समझाने का अवसर न देकर कोई संवाद का द्वार या माध्यम तो नहीं बन्द कर दिया? क्या इसका परिणाम सिर्फ़ समर्पण रह जायेगा? क्या खुसरू को इस सार्वजनिक अपमान से और सहानुभूति एवं समर्थक तो नहीं मिल जायेंगे? उसने इन सब बातों पर न तो गौर किया और न ही अपनी विशिष्ट तुनक में इसका ख़याल भी किया? उसके दिमाग़ में तो ख़ून सवार हो चुका था? वह इलाहाबाद वाले सलीम के रूप में फिर प्रकट होता है! वह वही क़दम उठाता है, जिसके कारण

अकबर उससे नाराज़ हुआ था? जो दण्ड अकबर ने अमानवीय मान कर प्रतिबन्धित कर दिये थे, सलीम वही दण्ड देता था? कुछ अतिक्रोध में और कुछ जानबूझ कर अवहेलना करने के मक़सद से! कुछ दिन पहले आगरा दुर्ग में 'न्याय की ज़ंज़ीर' लगवाने वाले इस नये बादशाह ने यहाँ भी दण्ड देने में सभी मानवीय, सुसभ्य व सुसंस्कृत सीमाओं को पार करने में कोई कोताही नहीं की! शहज़ादे खुसरू के दो अभागे मित्र और कट्टर समर्थक थे! उसने उन्हें भी अपने षड्यन्त्रकारी साथियों के समान ही माना, जो उसको हमेशा अकबर के ख़िलाफ़ भड़काते थे? अतः खुसरू को भी दण्डित करने और मानसिक रूप से आघात पहुँचाने के लिए उसके इन दो साथियों को उसकी आँखों के सामने ही दण्ड दिया गया!

खुसरू के एक साथी और मित्र हुसैन बेग को ज़िन्दा बैल की ताज़ी खाल में तथा, दूसरे प्रिय मित्र अब्दुल रहीम को गधे की खाल में ज़िन्दा सिलवाकर पूरे लाहौर में घुमाया गया! यह सार्वजनिक दण्ड इसीलिए दिया गया, ताकि, खुसरू भी आइन्दा के लिए सदैव सतर्क हो जाये और उसके समर्थन में किसी को भी आगे आने और केन्द्रीय सत्ता या मुग़ल सिंहासन से टकराने का साहस कभी न पड़े? वह यह भी भूल गया कि, कैसे अपनी दादी, मरियम मकानी की मृत्यु के शोक के बहाने वह जब आगरा आया था, तब सुल्तान सलीमा बेग़म के साथ ही अपने पुत्रों, खुसरू व ख़ुर्रम के सामने बादशाह से गिड़गिड़ाकर माफ़ी माँग रहा था? और बादशाह ने उसे गले से लगाने और क्षमा करने के अतिरिक्त कोई कार्यवाही नहीं की थी, जबकि, राजा बासु तो जमुना पार करके, आगरा से ही भाग खड़ा हुआ था? खैर, खुसरू के दोनों बदनसीब साथियों को ज़िन्दा ही इस तरह से जानवरों की खाल में सिलवा कर लाहौर में घुमाया गया! हुसैन बेग जिसे ताज़े बैल की खाल में सिलवाया गया था, वह तो दम घुटने से 12 घंटे के भीतर ही यमलोक को जा पहुँचा! किन्तु, अब्दुल रहीम तब भी जीवित रह गया अतः उसे बन्दी-गृह में डाल दिया गया!

जहाँगीर के जिस वहशी क्रोध से सब वाक़िफ़ थे, इस दण्ड के बाद और भड़क गया! उसने लाहौर के मुख्य बाज़ार में मार्ग के दोनों ओर उसी तरह के कठघरे बनवाये, जैसे बलबन ने अपने दास और बंगाल के प्रान्तपति तुग्रिल ख़ाँ के विद्रोह के दमन के उपरान्त उसके समर्थकों, सहयोगियों व अनुयायियों के लिए सार्वजनिक मृत्यु-दण्ड प्रदान करने के लिए बनवाये थे। उसने भी खुसरू के विद्रोही साथियों, अनुयायियों के साथ वैसा ही कठोर और क्रूर बर्ताव करने का फ़ैसला लिया जैसा 13वीं शताब्दी में बलबन ने राज्य के एक विद्रोही के साथ किया था! लेकिन बलबन ने तो बस उन विद्रोहियों को सार्वजनिक फाँसी दे दी थी, किन्तु, जहाँगीर तो क्रोध में पागल हो जाता था? इस सन्दर्भ में डॉ. रामप्रसाद त्रिपाठी जैसे इतिहासकार का तो अभिमत है कि, 'खुसरू के विद्रोह ने जहाँगीर को आक्रामक दण्ड-दाता एवं असंयमित क्रोधी बना दिया था?' वह अपने वास्तविक स्वरूप में आ गया! उसने इन

कठघरों में भाले और बरछी लगवाये और पूरी बेदर्दी और शक्ति से शहज़ादे खुसरू की आँखों के सामने उसके इन समर्थकों को इन कठघरों में फेंका गया ताकि ये भाले और बरछी उनके शरीर के आर-पार होकर, उन्हें पीड़ादायक, क्रूरतम....खूनी मौत दे सकें! यह था वास्तविक 'जहाँगीरी न्याय'! अकबर यों ही सलीम से खफ़ा नहीं होता था? वह एक बादशाह और पिता दोनों के रूप में ही उसे सुधारने का प्रयास करता रहा था? लेकिन वाह रे हिन्दुस्तान के नये बादशाह, पुरानी बर्बर लीक पर चलने को आमादा! वह इतने से ही सन्तोष करता तब भी गनीमत होती? उसने खुसरू को बाध्य किया था कि अपने इन साथियों, समर्थकों आदि जिन्हें कुछ देर में इस अमानवीय ढंग से कालकवलित होना है, वह उनका 'आख़िरी सलाम' लेने एक 'क़ैदी मुग़ल शहज़ादे' की भाँति हाथी पर सवार होकर उनका 'आख़िरी सलाम' लेने के लिए लाहौर के इस मुख्य बाज़ार की मुख्य सड़क से गुज़रे! उसके साथी और तमाशा देखने हेतु लाहौर की जनता भी तो इस सब की गवाह हो सके!

इस पूरे प्रकरण का वर्णन तथा टिप्पणी करते हुए, इतिहासकार बताते हैं कि कैसे खुसरू ने रोते-बिलखते ही यह कार्य जैसे-तैसे विक्षिप्तों की भाँति ही सम्पन्न किया था? न जाने उसका क्रूर और आतंकी बाप इसके एवज में क्या नयी और अधिक क्रूर सज़ा मुकर्रर कर दे? वासत्व में सलीम के इसी पागलपन और क्रूर व्यवहार से तो अकबर भी परेशान रहता था? किन्तु, एक अन्य साक्ष्य कुछ और ही टिप्पणी करता है और यह है, आंग्ल यात्री थॉमस कोर्याट जिसने 1614 से 1617 का काल भारत में गुज़ारा था। इस विदेशी यात्री को फ़ारसी भाषा का अच्छा ज्ञान था और उसने तो अजमेर में जहाँगीर के समक्ष अपना सम्बोधन फ़ारसी भाषा में फर्राटे से पूरा करके, सबको अपने फ़ारसी ज्ञान से अचंभित कर दिया था! (मांडू में ही उसका स्वास्थ्य बिगड़ा था और सूरत पहुँचते-पहुँचते उसकी पेचिस के चलते मृत्यु भी हो गयी। सूरत में अंग्रेज़ों या ईसाइयों के क़ब्रिस्तान के अभाव में उसे सूरत के बाहर भरूच जाने वाले मार्ग पर दफ़नाया गया था।) वास्तव में, उसने अपने संस्मरण पत्रों के माध्यम से वापस अपने देश प्रेषित कर दिये थे, जिनका प्रकाशन, 'थॉमस कोर्याट, ट्रैवलर फॉर द इंग्लिश विट्स : ग्रीटिंग्स' शीर्षक से हुआ था। फिर, इनका संकलन पर्चास ने अपने पिल्ग्रिम्स शृंखला के अन्तर्गत 1625 में प्रकाशित किया। (भाग 1, पुस्तिका 6, अध्याय 17) शहज़ादे खुसरू के सन्दर्भ में ये संस्मरण बहुत महत्त्वपूर्ण हैं। चूँकि, थॉमस कोर्याट को फ़ारसी आदि भाषा का पर्याप्त ज्ञान था, अतः उसके विवरण को अधिक विश्वस्त माना जा सकता है!

इसमें कोर्याट दो बातों को विशेष-रूप से रेखांकित करता है। प्रथम, जब वह हमें इन इतिहासकारों के विपरीत बताता है कि जहाँगीर का क्रोध खुसरू की पराजय के पश्चात क्यों भड़का था? उसके वर्णन के अनुसार जहाँगीर ने यही सोचा था, कि खुसरू उसके आगे गिड़गिड़ाएगा, क्षमा-याचना करेगा और जान की भीख माँगेगा?

उसे इसी प्रकार की प्रत्याशा थी, क्योंकि, वह स्वयं भी यही करता रहा था, अपने पिता अकबर के समक्ष? इसीलिए सम्भवतः उसके संसमरण या आत्मकथा में अपनी क्रूरता, आपराधिक क्रोध व अमानवीयता और इस बड़ी कमी को छुपाने के लिए उसने ऐसे ही विवरण दिये हैं और, सभी आधुनिक इतिहासकारों ने इसी समकालीन साक्ष्य के सहारे अपने विवरण और विश्लेषण दिये हैं? हमें स्मरण रखना चाहिए कि कोर्याट न केवल दरबार की भाषा फ़ारसी में ही दक्ष था, उसे तुर्की व अरबी का भी ज्ञान था। अतः वह विश्वसनीय सूचनाएँ अपने पत्रों में हमारे लिए छोड़ गया जिसे प्रायः इतिहासकारों ने महत्त्वहीन सोचकर नज़रअन्दाज़ कर दिया है। किन्तु इन पाँच लम्बे पत्रों में संकलित उसके संस्मरणों का अपना ऐतिहासिक और वास्तविक महत्त्व है! कोर्याट इन इतिहासकारों के विवरणों के विपरीत अपनी सूचना के आधार पर हमें यह महत्त्वपूर्ण बात बताता है कि बादशाह की आशा के विपरीत न तो खुसरू रोया और न ही उसने क्षमा-याचना या ग्लानि का प्रदर्शन किया, अपितु, वह गर्व से अपना मस्तक ऊपर करके, बादशाह के समक्ष सवाल करता रहा कि जो सज़ा उसे मिलनी चाहिए इन निर्दोषों को क्यों दी जा रही है?

विद्रोह तो उसने किया था? वे तो बस उसके समर्थक, अनुयायी, सहयोगी व साथी थे अतः उनका कसूर उसके कसूर से कहीं कम था? अगर राज्य, बादशाह और इस विद्रोह का कोई असली मुजरिम था तो वह खुसरू था और उसे उसका न्यायोचित दंड देना चाहिए? उसका और मुग़ल साम्राज्य का अपराधी उसके समक्ष खड़ा था—एक साधारण युद्ध-बन्दी के रूप में—हथकड़ियों-बेड़ियों में बँधा हुआ! उसकी इच्छा थी जो उसने ऊँचे स्वर में सार्वजनिक रूप से अभिव्यक्त भी की कि जहाँगीर उसे मौत के घाट उतार कर, इन निर्दोषों के ऊपर जुल्म न करे? उसका अपराधी स्वयं खुसरू था न कि, वे बेचारे! बस इतना कहना भला जहाँगीर को कैसे बर्दाश्त होता? हमने उसके स्वभाव के विषय में काफ़ी चर्चा एक अन्य विदेशी यात्री हॉकिन्स के विवरणों के आधार पर की है। और, उसी आधार पर हम समझ सकते हैं कि जहाँगीर पर क्या गुज़री होगी और वह क्रोध के पागलपन में किस हद से गुज़रा होगा? ख़ैर यह सत्य है कि खुसरू नितान्त मानवीय व संवेदनशील व्यक्ति था अतः, उसके ऊपर इस अमानवीय कुकृत्य और नृशंस जुल्म व सामूहिक हत्याओं का निश्चित ही प्रतिकूल प्रभाव पड़ा होगा? और इसमें दो राय नहीं कि जीवनभर वह इस काण्ड से और हज़ारों निर्दोषों की हत्या का अपने-आप को अपराधी मानता-समझता रहा होगा? जो दूसरी बात थॉमस कोर्याट हमें बताता है, वह खुसरू व उसकी पत्नी के पारस्परिक प्रेम व समर्पण के सन्दर्भ में है। उसके मतानुसार, पति-पत्नी का ऐसा प्रेम और समर्पण अचम्भित करने वाला एक सुखद अपवाद था, जिसका बहुत त्रासद अन्त हुआ? वह बताता है, जब जहाँगीर ने निश्चय किया कि वह खुसरू को ऊँची-ऊँची दीवारों के मध्य आजीवन क़ैद में रखेगा, तब वह उसके पैरों पर

गिर कर बस अपने क़ैदी के पति की निरन्तर सेवा और स्वयं एक क़ैदी का जीवन व्यतीत करने की भीख माँगती रही! हरम और समस्त लोगों के दबाव में जहाँगीर को यह अधिकार उसकी पत्नी को प्रदान करना ही पड़ा था और वह सदैव अपने पति की सेवा में उसके साथ बन्दी-गृह में रही थी। ऐसा था उसका त्याग, प्रेम और समर्पण! और इसीलिए खुसरू ने उसका पूरा सम्मान करते हुए उसके साथ भी ऐसा ही प्रेमपूर्वक व्यवहार किया था!

खुसरू के शेष जीवन में विद्रोह के उपरान्त हुए इस ख़ूनी प्रतिशोध की घटना का नज़ारा आँखों के समक्ष घूमता रहा था! वह इस सदमें से कभी उबर ही नहीं पाया! जहाँगीर के आधुनिक इतिहासकार डॉ. बेनी प्रसाद ने तो यहाँ तक लिखा है कि 'खुसरू अपने साथियों व अनुयायियों को प्रदान की गयी इस ख़ूनी सज़ा के उपरान्त महीनों रोता रहा था और, वह कभी इस स्थायी दुःख, आघात व क्षोभ से उबर ही नहीं सका था? उसके चेहरे की लकीरों में यह दुःख का भाव स्थायी हो गया था!' इस अभागे मुग़ल शहज़ादे ने तो इन समर्थकों व सहयोगियों को बख़्श देने की एवज़ में अपने लिए मृत्यु-दण्ड की विनती तक की थी! उसका तर्क और मानवीय आधार यही था कि उसके कसूर के लिए उसके समर्थकों को क्यूँ दण्डित किया जाये? उसके किये की सज़ा सिर्फ़ उसे ही दी जाये? विदेशी यात्रियों ने पिता-पुत्र के इस सीधे और लम्बे संवाद को भी बड़े ही मार्मिक ढंग से वर्णित किया है! ख़ासतौर से, एडवर्ड टेरी एवं थॉमस कोर्याट ने लिखा है कि जहाँगीर खुसरू की कोई बात, तर्क या दलील सुनने को तैयार ही नहीं था। जितना वह अपने अनुयायियों के स्थान पर खुद के प्राण-दंड की प्रार्थना व अनुनय-विनय कर रहा था, बादशाह उतना ही क्रोधित होकर चीखने-चिल्लाने पर आमादा हो गया! इन विवरणों में जो कसर रह गयी थी, वह हर्बर्ट के यात्रा-वृत्तान्त, 'सम ईयर्स' ट्रेवेल्स' ने पूरी कर दी है! और इसमें जहाँगीर का क्रूर, अमानवीय, अतार्किक, सनकी, ज़िद्दी और वहशियाना अन्दाज़ साफ़ तौर पर उभर कर हमारे सामने आता है, जिस वजह से अकबर से लेकर उच्चाधिकारी व श्रेष्ठ अमीर उसके पक्षधर नहीं हो पाते थे? अतः, एक कसाई बाप और क्रूर बादशाह उसके किसी प्रश्न के उत्तर या तर्क को सुनने के लिए ही तैयार नहीं था? उन तर्कों का उत्तर देना तो दूर था? उसे ज्ञात था, कि, उसे शहज़ादे खुसरू को शहीद करके क्या हासिल होता? उसे तो इस नाशुक्रे से जाने कौन-कौन से बदले लेने थे? उसकी नज़रों में आख़िर वही तो उसके और सिंहासन के बीच का रोड़ा था? वही तो अकबर को बराबर उसके विकल्प के रूप में दिखता था? उससे तो अभी पाई-पाई का हिसाब करना बाकी था? उसे इतनी जल्दी मृत्यु देकर जहाँगीर को न तो शान्ति और सन्तोष मिलता और न ही 'जहाँगीरी न्याय' ही होता? अभी तो ता-उम्र बन्दी-गृह में मानसिक प्रताड़ना और अपमान ही उसका भाग्य था? तभी तो बादशाह सुख-सुकून से रह सकता था! उसकी रूह को

चैन पड़ता? उसका दिल-दिमाग़ शान्त होता?

ख़ैर जहाँगीर के क्रोध और क्रूरता का सबसे विषद वर्णन और विश्लेषण उसके शासनकाल के एक अन्य विदेशी यात्री ने किया है! इसी से हमें जहाँगीर की स्वभावगत कमज़ोरी का एहसास भी होता है और, इसे पढ़ने के उपरान्त हम कई चीज़ें और बातें सहज समझ पायेंगे? विलियम हॉकिन्स, जो हिन्दुस्तान में 1608 से 1613 तक रहा था और, जहाँगीर का कृपा-पात्र और दो वर्ष से कुछ अधिक ही वह उस बादशाह का दरबारी अमीर भी रहा था, इस विषय पर सन्तुलित व वस्तुपरक-रूप से प्रकाश डालता है। वह जहाँगीर के अनियंत्रित क्रोध के विषय में भी लिखता है। उसके अनुसार, बादशाह को जब क्रोध आता था, तो वह क्रोध में पागल सा हो जाता था! उसके मतानुसार, "बादशाह लोगों को मौत के घाट स्वयं उतरते देखकर सन्तुष्ट होता था।" वैसे उसने काफ़ी ईमानदारी से जहाँगीर के विषय में लिखा है, उसने उसकी दानशीलता की प्रशंसा भी की है! इसीलिए जहाँ वह बादशाह की कमियों, खामियों को रेखांकित करता है, तो वह बहुत वस्तुनिष्ठ दृष्टि रखता है। वो तो स्वीकारोक्ति करता है, "हम तो उसके दरबारी रहे हैं, अतः हमने उसके द्वारा क्रूर कुकृत्य करते देखा है। वह सप्ताह में पाँच दिन हाथी की रक्त-रंजित लड़ाई आयोजित करवाता व ख़ुशी से उन्हें झरोखे से देखता और, रक्त-प्रवाह पर खुश होता था। यदि कोई व्यक्ति इस आयोजन में गम्भीर रूप से घायल होकर जीवित रह भी जाता था, तो यह बादशाह इसलिए उसके प्राण हर लेता था कि वैसे भी ज़िन्दा रहकर यह जीवन-भर हमें कोसेगा और बद्दुआ ही तो देगा? इतना ही नहीं, उसे हाथियों द्वारा व्यक्तियों को चिथड़े-चिथड़े करके पैरों से या दाँतों से या सूँड़ से उछलकर मारा देखकर अपार प्रसन्नता होती थी! उसने मेरे समक्ष ही अपने एक सचिव को इसलिए मौत के घाट उतार दिया, क्योंकि, उसे शक़ था कि, यह अधिकारी कोई राज की बात दक्खन में ख़ान-ए-ख़ाना को कहीं बता न दे? पहले तो उसने अपनी तलवार के प्रहार से उसे घायल किया, फिर हाथी के सामने डाल के मौत के घाट उतरवा दिया!" वह आगे एक और किस्सा बयान करता है, जब मीर-ए-सामाँ के अधीन एक अधिकारी द्वारा एक चीनी-मिट्टी की रकाबी टूटने पर उसे चीन तक जाकर वैसी ही रकाबी लाने की सज़ा सुनाई। ज़ाहिर है, चीन की यात्रा उन दिनों कितनी दुष्कर, कष्टप्रद और दीर्घ होती थी? मगर जहाँगीर तो जहाँगीर ठहरा? इससे पूर्व वह इस अधिकारी को 120 कोड़ों की सज़ा दे चुका था, किन्तु उसका क्रोध शान्त ही नहीं हो रहा था? उसे क़ैद में डाल दिया गया और, इसी शर्त पर छोड़ा कि, वह पहले चीन से वैसी ही रकाबी लेकर आये?

उसको जहाँगीर के स्वभाव की ये बातें बहुत अखरती थीं और इन्हें वह कभी माफ़ नहीं कर पाया? वह एक और बहुत महत्त्वपूर्ण क़िस्सा बयान करता है, जब एक पठान ने सुल्तान परवेज़ से नौकरी माँगी थी, तब जहाँगीर के इस पुत्र ने उससे वेतन

के विषय में बात की, तो उसने प्रतिदिन 1000 रुपये की माँग रखी? उससे कम में वह न तो उसके और न ही बादशाह के अधीन ही काम करने को तैयार था? सुल्तान परवेज़ ने अपने पिता और बादशाह को मदिरा पान के उपरान्त रात्रि में हँसी-खुशी बातें करते पाया, तो उसने उससे इस हृष्ट-पुष्ट पठान का ज़िक्र किया, तो जहाँगीर ने उसे अगले दिन अपने दरबार में पेश करने का हुक्म सुना डाला! ख़ैर, उस पठान की किस्मत ख़राब थी, उसे बादशाह के समक्ष साम्राज्य के द्वितीय बख़्शी द्वारा पेश किया गया। जहाँगीर ने उससे वही प्रश्न किये, जो उसे एक रात्रि पहले उसके पुत्र परवेज़ ने बताये थे। उसने बिल्कुल वही उत्तर दिये, जो उसने परवेज़ को दिये थे? जैसे-जैसे वह पूरे स्वाभिमान व आत्म-विश्वास से उत्तर देता जा रहा था, जहाँगीर के माथे पर बल पड़ते जा रहे थे। उसके यह कहने पर कि, ऐसा कोई भी काम नहीं है, जो वह कर सके और बादशाह यदि उसकी योग्यता के अनुरूप उसे वेतन (एक हज़ार रुपये प्रतिदिन) नहीं दे सकता तो यह पेशी क्यों करवाई? बस जहाँगीर का क्रोध और वहशीपन भड़क गया। उसने तुरन्त अपने एक पालतू ज़ंज़ीरों में बँधे शेर के समक्ष उस पठान को निहत्थे फिंकवा दिया! पठान कहता रह गया कि यदि यह भी आज़माना है तो उसे एक तलवार भर दे दी जाये? मगर, भला बादशाह उसकी कोई बात और दलील सुनने को तैयार था? जो हश्र उस पठान का होना था, वही हुआ! बादशाह बहुत देर तक इस कुकृत्य के बाद भी हँसी के ठहाके लगाता रहा! वह इतने से सन्तुष्ट नहीं हुआ, उसने अपने दस सैनिकों को भी सशत्र होकर उस शेर के समक्ष भेज दिया। वे सभी घायल हुए और, इनमें से भी तीन गम्भीर रूप से घायल हुए थे, उनकी अन्ततः मृत्यु ही हो गयी! हॉकिन्स कहता है कि बादशाह के ऐसे ढेरों क़िस्से हैं, वह कहाँ तक सुनाये या लिखे जायें? हालाँकि, वह पटना के विद्रोहियों के साथ भी किये गये नृशंसता के व्यवहार का भी उल्लेख कर ही देता है। इस पृष्ठभूमि में हमें खुसरू के साथ जहाँगीर के व्यवहार को समझना पड़ेगा और तभी हम समझ पायेंगे कि वह जो कर रहा था, वही क्यों कर रहा था। एक ऐसा विदेशी यात्री जो अन्यथा बादशाह के प्रति काफ़ी हमदर्दी रखता है, उसके चरित्र और व्यवहार की सच्चाई का वर्णन करने से नहीं चूकता है?

लेकिन, खुसरू के विद्रोह के दमन के बाद भी वह इस पूरे पश्चिमोत्तर क्षेत्र में सवा साल रहा था! वह खुसरू के काबुल कूच से कई संकेत समझ चुका था। वह भी तो अकबर को दक्खन में व्यस्त देखकर, चित्तौड़ का अभियान न करके, अजमेर में पड़ा रहा और, फिर चल पड़ा था हिन्दुस्तान के तख़्त पर क़ब्ज़ा जमाने पंजाब की ही ओर! अतः इस पूरे क्षेत्र को मज़बूत करना ज़रूरी था? यहाँ की सीमाएँ सुरक्षित पश्चिम और मध्य एशिया के मुख्य मार्ग पर स्थित थीं, अतः इनका सामरिक महत्त्व था! वह साल भर से ऊपर आगरा-दिल्ली गियास बेग जैसे अधिकारियों के भरोसे छोड़कर यहीं रहा! यहाँ की व्यवस्था सुदृढ़, स्थिर और सन्तोषप्रद करते हुए! यहीं

पंजाब क्षेत्र में उसने एक और 'वीभत्स दंड' की शक़ल में एक 'भयंकर भूल' की थी! जब खुसरू पलायन करते हुए, आगरा से लाहौर की ओर जा रहा था, तब सम्भवतः तरन-तारण में वह गुरु अर्जन देव जी से मिला और उनसे शरण प्राप्त की थी। वह राज्यद्रोही के रूप में शाही सेनाओं की गिरफ्त से दूर एक सुदृढ़ आधार की तलाश में भाग रहा था अतः समस्या में था। उसने 'गुरु के लंगर' में रात्रि-विश्राम किया तथा उसके सहयोगियों, साथियों व समर्थकों को भी गुरु के लोगों द्वारा आराम व भोजन-पानी की व्यवस्था मुहैया कराई गयी! गुरु अर्जन देव के भी अपने शत्रु व विरोधी थे। इसमें चन्दू शाह, जो एक राजस्व अधिकारी था, वह गुरु और उनके प्रभाव से सदैव ईर्ष्या करता था, वह जहाँगीर के दरबार (लाहौर) में उपस्थित हुआ और बादशाह के समक्ष उसने गुरु अर्जन देव के ऊपर यही आरोप लगाया कि वह स्वयं राज्य का सेवक है अतः अपना कर्तव्य मानता है कि राज्य के हितों का ख़याल करे।

इसके बाद इस राजस्व-अधिकारी, चन्दू शाह ने जहाँगीर को बताया कि "गुरु अर्जन देव ने न केवल खुसरू और उसकी सेना, अमीरों, समर्थकों व प्रमुख सेनानायकों को रात्रि विश्राम के लिए स्थान व सहायता प्रदान की थी, अपितु, खुसरू के माथे पर तिलक करके, राजसी सत्ता के इस संघर्ष में विजय, उसकी विजय की कामना और आश्वासन दिया था! इससे खुसरू और उसके अनुयायियों का मनोबल और बढ़ा था! गुरु का यह क़दम और उनके द्वारा खुसरू का तिलक करना, निश्चित ही राज्यद्रोह के सामान हरकत है और वह दंड का अधिकारी है!" जहाँगीर के सर पर तो खुसरू के ख़िलाफ़ गुस्सा बढ़ा हुआ ही था, अतः उसने निर्णय लिया कि "वह गुरु को उचित दंड देकर उसे इस्लाम के साथ अपना भी अनुयायी बना ले?" यानी सिख गुरु और मुग़ल बादशाह का सेवक? क्या गुरु या उसके अनुयायी इस स्थिति को स्वीकार करते? गुरु नानक देव ने सिख मत की स्थापना ही सिर्फ़ प्रभु और मानवता की सेवा के लिए की थी, किसी दरबार या शासक की नहीं! अतः उनके पन्थ का यह उत्तराधिकारी कैसे यह प्रस्ताव या दंड स्वीकार कर सकता था? चतुर्थ गुरु रामदास के इस पुत्र ने 1581 में गुरु का पद सम्हाला था। किन्तु, बड़े भाई प्रिथी चन्द को यह कत्तई नागवार गुज़रा था और उसने स्थानीय मुग़ल राजस्व-अधिकारी चन्दू शाह के साथ मिलकर शुरू से ही गुरु अर्जन देव को परेशान करने का मन बना लिया था? जो कुछ गुरु अर्जन देव के साथ घटा उसके लिए घर का विभीषण, प्रिथी चन्द ही अधिक ज़िम्मेदार था! किन्तु, गुरु अर्जन देव निर्विकार भाव से अपने काम करते रहे!

गुरु अर्जन देव ने न केवल 'आदि ग्रन्थ' में पूर्व गुरुओं की वाणी और शिक्षाओं का संकलन ही किया, अपितु पवित्र शहर, तरन-तारण की नींव डाली और निर्माण किया तथा प्रसिद्ध व पवित्र 'हर-मंदर साहब' का निर्माण करवाया! उनके शिष्यों की संख्या और लोकप्रियता में लगातार अभूतपूर्व वृद्धि होती रही और, इससे उनके

शत्रुओं व प्रतिद्वन्द्वियों के दिलों पर सांप लोटते रहे! उन्होंने तो हिन्दू व मुस्लिम दोनों के धर्माधिकारियों को भी अपने इस गुरु-विरोधी घृणा-अभियान में सम्मिलित कर लिया! इन लोगों ने मिलकर अकबर के कान भरे और गुरु को एक दोषी के रूप में चित्रित किया? अकबर ने 'आदि ग्रन्थ' के अध्ययन व वाकिया-नवीस आदि की गुप्त सूचनाओं में ऐसा कुछ न पाते हुए, गुरु अर्जन देव को निर्दोष और मानवता का सच्चा सेवक घोषित कर दिया था! किन्तु, इस्लाम के समर्थन तथा अकबरी विरासत के विरोध के नाम पर समर्थक जुटाने वाले सलीम या बादशाह जहाँगीर के शासनकाल में यह कार्य आसान हो गया! हालाँकि, इस मोड़ पर ही प्रिथी चन्द की मृत्यु भी हुई, किन्तु वह विष तो फैला ही चुका था! अतः जहाँगीर के समक्ष यही प्रकरण प्रस्तुत किया गया कि, गुरु ने जान-बूझकर उसके शत्रु व पुत्र खुसरू को न केवल आशीर्वाद और आश्रय प्रदान किया था, अपितु धन और नैतिक बल भी दिया था और तिलक कर के राजसी मान-मर्यादा प्राप्त करने का आशीर्वाद भी!

बादशाह के समक्ष जब लाहौर में गुरु अर्जन देव को प्रस्तुत किया गया, तब बादशाह ने उससे यही कहा, "तुम एक सन्त हो, तुम्हें ऊँच-नीच, अमीर-गरीब का अन्तर नहीं मालूम, अतः मेरे शत्रु खुसरू को धन व आशीर्वाद प्रदान करना अशोभनीय व राजद्रोही कार्य था?" गुरु ने भी उतनी शिद्दत और दृढ़ता किन्तु कोमल वाणी में उत्तर दिया, "मेरे लिए अमीर-गरीब सभी बराबर हैं और मैं हर ज़रूरतमन्दों की सेवा करना ही अपना कर्तव्य मानता हूँ, अतः मैंने खुसरू को भी आवश्यकता महसूस करके, मात्र उसकी व्यक्तिगत यात्रा के लिए धन दिया था, बादशाह के विरुद्ध अभियान हेतु नहीं और इसलिए तो कत्तई नहीं कि, वह बादशाह का पुत्र है और उसके विरुद्ध बगावत कर रहा था? मेरे मन में यह विचार अवश्य था कि पूर्व बादशाह अकबर और वर्तमान बादशाह के पिता ने सदैव मेरे साथ सहहृदयता का व्यवहार किया था, अतः यदि उसके वंशज (और, वास्तविक उत्तराधिकारी को?) को आवश्यकता के समय मदद न करना खुदगरजी होता, अतः मैंने उसकी सहायता की नीयत से यह कार्य किया।" गुरु अर्जन देव कुछ रुके और फिर बोले, "मैं यदि ऐसा न करता तो मैं अपनी नज़रों में तो गिरता ही, हमारे लोग व अनुयायी भी प्रश्न करते कि, मैं स्वयं राजकीय और बादशाह के कोप के भय से मानवता की सेवा से चूक गया? वस्तुतः यह गुरु नानक के सिद्धान्तों और पन्थ के अनुकूल आचरण नहीं होता? मैं उस विश्व के गुरु, नानक देव का सच्चा अनुयायी और उत्तराधिकारी हूँ।" जहाँगीर तो इस प्रकरण को पूरा सुनकर न्याय करने का ढोंग रच रहा था, अतः उसने गुरु अर्जन देव पर 2 लाख रुपये का हर्जाना भरने की सज़ा सुनाई तथा साथ ही आदेश दिया कि, "उनके द्वारा संकलित 'आदि ग्रन्थ' में जितनी भी पंक्तियाँ हिन्दू व इस्लाम के सिद्धान्तों के विरुद्ध या आलोचना में लिखी हों, उन्हें तत्काल ही उक्त ग्रन्थ से हटा दे?"

गुरु अर्जन देव ने अपना संयम न खोते हुए, बड़ा सधा हुआ उत्तर दिया, "मेरे पास जो भी धन है, वह मेरा अपना नहीं है, वह तो दुखियारों, ज़रूरतमन्दों और आश्रय-विहीन लोगों के लिए है। यह सिर्फ़ उनकी सेवा में ही खर्च हो सकता है। यदि बादशाह को भी धन की आवश्यकता हो तो वह ले ले, किन्तु यदि वह आर्थिक-दंड के स्वरूप में ऐसा करना चाहता है, तो गुरु को यह स्वीकार नहीं होगा, क्योंकि, दंड तो अपराधियों व द्रोहियों से वसूला जाता है। मैंने अपने सिद्धान्तों के अनुसार कोई अपराध किया ही नहीं अतः मैं एक भी कौड़ी नहीं दे पाऊँगा। यह दंड दुष्टों, अपराधियों पर लगता है, न कि धर्म-गुरुओं और मानवता के सेवियों पर? और रहा सवाल 'आदि ग्रन्थ' की बातों, सिद्धान्तों या दोहों आदि की, तो मैं उसमें परिवर्तन करने का अधिकारी नहीं हूँ, क्योंकि ये मेरे पूर्ववर्तियों की सच्ची वाणी, शब्द, दोहे हैं! मैं भी एक निराकार ईश्वर का उपासक हूँ और किसी सांसारिक बादशाह को या उसकी सम्प्रभुता को स्वीकार नहीं करता?" बस चन्दू शाह, मुर्तज़ा और गुरु के अन्य विरोधियों को इस कथन में वह आधार-कथन मिल गया जिसमें राजद्रोह की बात स्वयं साबित हो रही थी? गुरु अर्जन देव ने स्वयं जहाँगीर को प्रत्यक्ष या परोक्ष रूप में शासक मानने से ही इनकार कर दिया था?

गुरु अर्जन देव ने थोड़ा रुककर फिर अपना पक्ष रखा : "इस आदि ग्रन्थ में जो भी संकलित है, उसमें न किसी हिन्दू अवतार और न ही किसी मुस्लिम पैग़म्बर के ख़िलाफ़ कुछ भी लिखा है और यह बात मुग़ल बादशाह, अकबर के दरबार में साबित भी हो गयी थी, जब उसने शिकायतों पर जाँच करवाई थी? हाँ इसमें यह ज़रूर लिखा है कि पैग़म्बर हों या अवतार या धर्माधिकारी, ये सभी उस अविनाशी व असीम ईश्वर का ही प्रताप है। और हम इसी विश्वास के साथ इस सत्य का प्रचार-प्रसार करते हैं और असत्य का विरोध व खंडन करते हैं और यही बातें 'आदि ग्रन्थ' में भी संकलित हैं। मैं उसमें लिखी हर बात को वैसे ही स्वीकार करता हूँ और उसे वैसे ही स्वीकार किया जाने पर बल देता हूँ?" गुरु ने एक दीर्घ निःश्वास ली और फिर जो कुछ कहा, उससे किसी आस्थावान और संवेदनशील व्यक्ति का तो दिल पिघलता किन्तु पत्थर पर क्या असर होना था? जहाँगीर कोई अकबर या खुसरू तो था नहीं, अपितु उनका और उनकी उदारता की संस्कृति का ही धुर-विरोधी! अतः, गुरु अर्जन देव ने अन्तिम वाक्य पूरी निर्भीकता, निष्ठा और विश्वास से पूरा किया : "हमें अगर अपने सत्य बोलने की सज़ा स्वरूप शरीर भी त्यागना पड़े और मृत्यु का वरण करना पड़े तो भी वह मुझे इसीलिए मंज़ूर होगा कि यह मेरा सौभाग्य और उस परवरदिगार की ही मंशा होगी? मैं सत्य और उसके प्रचार-प्रसार के लिए प्राण त्यागने में नहीं हिचकूँगा!" बादशाह निरुत्तर होकर, अपनी अवहेलना से उपजे क्रोध से काँपता हुआ दरबार छोड़ कर चला गया और दरबारी आदि सभी को निर्णय समझ आ गया था! वे सब 'जहाँगीरी न्याय' के अभ्यस्त और अभिज्ञ जो थे? बाद में एक

काजी ने आकर उसे आर्थिक-दंड अदा न करने अथवा इस्लाम कबूल न करने की स्थिति में मृत्यु दंड प्रदान करने का आदेश सुना दिया!

अतः बादशाह के विरोधी को शरण और सहायता देने का यह एक कठोर दंड था, जिससे वह सिख गुरु को ही नहीं, सिख पन्थ-वालों को ही विद्रोही का समर्थक मानते हुए सामूहिक रूप से दण्डित, प्रताड़ित और अपमानित कर सके और अपने प्रतिशोध की आग ठंडी कर सके? अतः गुरु अर्जन देव को दरबार में उपस्थित अपनी आत्मकथा में जहाँगीर ने जो कुछ भी लिखा है, उससे ऐसा ही महसूस होता है कि उसे अपने निर्णय पर कोई पश्चात्ताप नहीं था? हम और आप इस एक घटना से भी सहज ही समझ सकते हैं कि 'जहाँगीरी न्याय' की क्या अवधारणा थी? इसके क्या सिद्धान्त थे और इसकी कैसी प्रकृति या अन्तर्निहित भाव था? वह इस प्रकरण को भी किस सतही ढंग से निस्तारित कर रहा था, वह हमें यह भी बताता है कि उसका शासन-प्रसाशन कितना लचर, स्व-केन्द्रित और, प्रमाद-पूर्ण ही नहीं विलासिता को वरीयता प्रदान करता था? खुसरू के विद्रोह का दमन करते-करते मई का महीना आ गया था अतः उसे लाहौर में गर्मी लगने लगी थी। ज़ाहिर है, उसे कश्मीर की ठंडी वादियों की याद सताने लगी और वह गुरु अर्जन देव जैसे महत्त्वपूर्ण व्यक्ति और एक सम्प्रदाय के मुखिया को और उसके न्याय के प्रकरण को पंजाब के सूबेदार, मुर्तज़ा ख़ाँ के जिम्मे छोड़ गया! ज़ाहिर ही था कि मुर्तज़ा ख़ाँ अपने मातहत चन्दू शाह की बात और दलील के साथ-साथ बादशाह द्वारा लगाये गये अर्थ-दंड की वसूली का अनुपालन ही करवा सकता था? उसे बादशाही हुक्म को ही अमली-जामा पहनाना अपना सबसे बड़ा कर्तव्य व राजकीय दायित्व प्रतीत हुआ? मुर्तज़ा ख़ाँ की रही बची कसर, चन्दू शाह पूरी करने पर उतारू था? इतना ही नहीं, दिन निकलने के दो चरण या पहर बाद ही जहाँगीर इत्मीनान से सोकर उठ के, लाहौर के लिए जब कश्मीर के लिए प्रयाण करने लगा तब, मुर्तज़ा ख़ाँ ने फिर से गुरु के सम्बन्ध में जानना चाहा कि उसके सन्दर्भ में बादशाह का क्या आदेश है? बादशाह ने उससे अपने उत्तर में यही कहा, "जैसा तुम चाहो इसके साथ करो?" जब दिन के दो पहर बीत जाते थे, तब जहाँगीर नियमित रूप से अफ़ीम की अपनी खुराक़ ले लेता था! उसके लिए यह खुराक़ यात्रा के दौरान और भी आवश्यक हो जाती थी। वह इसको लेने के उपरान्त यात्रा के कष्ट सहजता से झेल लेता था? अतः हमें यह भी स्मरण रखना चाहिए कि वह अफ़ीम की खुराक़ के बाद यह निर्णयात्मक आदेश देकर कश्मीर के लिए निकल पड़ा!

अतः उसका निर्णय सन्तुलित, वस्तुपरक और विवेकपूर्ण हो ही नहीं सकता था? और इतना ही नहीं इस निर्णय के चलते शान्ति, अहिंसा और आपसी भाई-चारे को समर्पित एक पन्थ, जो हिन्दू-मुस्लिम के मध्य भी सेतु का काम कर रहा था और व्यापक स्तर पर सामाजिक-सांस्कृतिक समन्वय का माहौल बना रहा था, वह अपने

पथ से थोड़ा-सा विमुख होकर हिन्दू अखाड़ों की भाँति शास्त्र और शस्त्र दोनों का हिमायती हो गया और मुग़ल सत्ता की चूलें हिलाने में इसने भी बड़ा योगदान दिया? यदि जहाँगीर स्थिति को गम्भीरता और अकबरी विरासत के दृष्टिकोण से देखता तो इतनी भयंकर भूल न कर बैठता, किन्तु उसका समस्त कार्य-काल उसकी सनक, असन्तुलित क्रोध और क्रूरता का ही परिचायक रहा था, तो यह अपवाद कैसे हो सकता था? बस चन्दू शाह तो इसी फिराक में था कि उसे गुरु से बदला लेने का और अपनी अहमियत और श्रेष्ठता साबित क़रने के साथ सरकारी हनक दिखाने और गुरु अर्जन देव को उसका स्वाद चखाने का उचित अवसर मिल जाये? और 'जहाँगीरी न्याय' ने वो सहज उपलब्ध करा दिया? क्या इसीलिए दूसरे पहर का इन्तज़ार किया गया था? क्योंकि, जहाँगीर ने स्वयं अपनी आत्मकथा में इस बात का उल्लेख किया है कि कैसे खुसरू के पलायन और उसका पीछा करने में वह एक रोज़ आगरा से आगे निकल कर सिकन्दरा पार करके, मथुरा के एक परगने तक पहुँचा था, तब वह एक बाग़ में वृक्षों के साये में विश्राम कर रहा था, तभी उसने ख़ान-ए-आज़म से कहा, "हमें कितने दुर्भाग्यपूर्ण अभियान का नेतृत्व करना पड़ रहा है कि मेरा मानसिक सन्तुलन ही बिगड़ गया है, अपनी याददाश्त में आज पहली बार मैं अपनी अफ़ीम की नियमित खुराक़ लेनी भूल गया और किसी कमबख़्त ने मुझे याद भी नहीं दिलाया?''

यानी एक ओर खुसरू के विद्रोह ने उसका नींद-चैन सब हर लिया था और दूसरी ओर, वह दोपहर के भोजन से पूर्व सदा अफ़ीम का नियमित सेवन करता था? अतः यह दरबार से जुड़े अधिकारियों, अमीरों आदि सभी को ज्ञात था? तो ज़ाहिर सी बात है कि इसी सूचना का लाभ चन्दू शाह और पंजाब के सूबेदार मुर्तज़ा ख़ाँ ने भी उठाया और बादशाह से यह मौखिक आदेश प्राप्त कर लिया था? जहाँगीर अपनी तुजफ़क में स्वीकारोक्ति करता ही है कि उसका सचिव सदैव ही उसकी हर बात ध्यान से सुनता, देखता और दर्ज़ करता चलता था जिसे बाद में वह अपनी आत्मकथा में भी सम्मिलित करता था और, राजकीय आदेश आदि को लिखित औपचारिक रूप भी प्रदान कर दिया जाता था! अतः सबको ज्ञात था और इसी का लाभ इन दो लोगों ने भी उठाया और गुरु अर्जन देव के शत्रु व विरोधी सभी उनकी लोकप्रियता से ईर्ष्या करने वालों को मन-वांछित मौक़ा मिला! इधर जहाँगीर कश्मीर रवाना हुआ, उधर मुर्तज़ा ख़ाँ ने गुरु के ऊपर अर्थ-दंड देने का दबाव बनाना शुरू किया! गुरु भला इसे स्वीकार करते? उनके भक्तों, चेलों और अनुयायियों ने चन्दा भी एकत्र करना शुरू कर दिया था, ताकि यह अर्थ-दंड भरा जा सके? गुरु अर्जन देव ने उनको मना कर दिया कि, वे ऐसा हरगिज़ न करें। इससे उनको और उनकी आस्था को ठेस लगेगी! इतना ही नहीं, गुरु अर्जन देव के मित्र और उनके दर्शन और जीवन से प्रभावित प्रसिद्ध सूफी सन्त, हजरत मियाँ मीर ने स्वयं उनके पक्ष

में बादशाह और स्थानीय पंजाब प्रशासन से बात करने व दंड माफ़ी हेतु हस्तक्षेप करने का अनुरोध किया! किन्तु, गुरु अर्जन देव ने इसे भी अस्वीकार कर दिया! उनका स्पष्ट अभिमत था कि, 'यदि प्रभु की यही मंशा है, तो इसके बहुत गहन और व्यापक निहितार्थ होंगे जिसे हम-आप जैसे साधारण साधना वाले नहीं समझ सकते?'

वास्तव में मियाँ मीर भी एक पहुँचे हुए सूफी सन्त थे, अतः उन्होंने एक-दूसरे मत के सन्त के मन्तव्य और विश्वास को समझा तथा ईश्वरी कृपा मानकर उनको शुभकामनाएँ देकर बात को वहीं अपने दोनों तक ही सीमित रखना श्रेयस्कर समझा? यदि गुरु के साथ पूरी सिख कौम का यूँ मान-मर्दन न हुआ होता, तब शायद जिस रूप में यह आन्दोलन संगठित हुआ हरगिज़ न हुआ होता? अतः गुरु की वाणी की शिद्दत समझते हुए सूफी सन्त शान्त रहे और गुरु भी किसी भी परिणाम और प्रतिफल के लिए उत्सुक और तत्पर! एक पूरी धार्मिक-सांस्कृतिक-सामाजिक भावना ही नहीं, समूह ही नहीं, व्यापक गैर-इस्लामी तत्त्वों ने भी इसे नकारात्मक सन्देश के रूप में लिया! मुग़ल सत्ता और उसकी स्वीकृति पर ही सवालिया निशान लग गये? और, फिर मुग़ल सत्ता की वह स्वीकार्यता जिसने उन्हें स्थानीय वंशों के मध्य उत्तराधिकार की तकरार में 'टीका' या अन्तिम निर्णय का अधिकार स्वेच्छा से दिया था, उसपर संकट के बादल गहराने लगे? न केवल पृथक राज्य बल्कि अलग-अलग समूह भी धीरे-धीरे मुग़ल सत्ता पर प्रश्नचिह्न अंकित करने लगे थे? अर्थात उनकी मान्यता, प्रतिष्ठा और सम्प्रभुता पर भी सवालिया निशान गहरे होते चले गये। सिख समुदाय अभी से नाराज़ और शत्रु भाव रखने लगा; फिर, शाहजहाँ का काल आते-आते, मराठे बढ़े और जहाँगीर के प्रिय वीर सिंह देव बुन्देला के वंशज बुन्देले भी नाराज़ होने लगे। शिया राज्य तो दारा के प्रभाव के चलते बचे रहे और उनकी स्वीकृति भी बची रही। मगर औरंगज़ेब का काल आते-आते, गोलकुंडा और बीजापुर जैसे शिया राज्य ही नहीं, सिख, सतनामी, जाट, बुन्देले, मराठे और, अफ़गान भी खुलकर विद्रोह करने लगे थे!

जो सिलसिला जहाँगीर के काल में सिख गुरु अर्जन देव के साथ हुए अमानवीय दुर्व्यवहार से शुरू हुआ, वह एक बीमारी की तरह मुग़ल नीति को प्रभावित करता गया और इसने मुग़ल सांस्कृतिक-समन्वय वाली विरासत को नष्ट ही नहीं किया, उस आधार को ही नष्ट कर दिया जिससे उस सत्ता को मान्यता और वैधता मिलती थी! जहाँगीर तो उतना ही आदेश देकर लाहौर से कश्मीर की ओर प्रस्थान कर गया। मुर्तज़ा ने चन्दू शाह के निरन्तर कहने पर गुरु अर्जनदेव के ऊपर बादशाह द्वारा लगाये गये आर्थिक-दंड भरने के लिए अन्यथा इस्लाम-धर्म ग्रहण करने का दबाव बनाना शुरू किया। गुरु अर्जन देव जी के इनकार करने या अपने को नाकसूरवार साबित करने के लिए इस दंड की राशि को जमा न करने की स्थिति में, एक साधारण क़ैदी या अपराधी की भाँति उनके साथ हुए अमानवीय कठोर दंड

भोगने का निर्णय सुना दिया! पाँच दिन-रात लगातार गुरु अर्जन देव को अमानुषिक अत्याचार से गुज़रना पड़ा, किन्तु वे टस-से-मस न हुए, छठवें दिन उन्होंने पास की नदी में स्नान करने की इच्छा ज़ाहिर की। शारीरिक चोटों और अत्याचार के चलते उनके पैरों में बड़े-बड़े छाले पड़ गये थे और, वे बमुश्किल खड़े हो पा रहे थे! वे पानी में ठीक से खड़े न हो पाने के चलते अपना सन्तुलन खोकर फिसले और गहरे पानी में डूब गये! गुरु अर्जन देव तो मुक्ति पाये और गहरे संकट में मुग़ल साम्राज्य जा घिरा? वह गहरे और गहरे असन्तुलन की ओर बढ़ चला! यह सब खुसरू को सहयोग, समर्थन और सहायता देने के दंड-स्वरूप हुआ था! खुसरू के प्रति इस प्रकार के 'जहाँगीरी न्याय' के प्रभाव मुग़ल साम्राज्य और इसकी स्थिरता पर बहुत देर और दूर तक पड़े और इसने मुग़ल सत्ता की नींव को बेहद कमज़ोर कर दिया!

सिख गुरु अर्जन देव ही नहीं, उसने एक प्रसिद्ध सूफी सन्त बाबा कासिम सुलेमान को भी इसीलिए न केवल बन्दी बनाया अपितु, उन्हें भी शारीरिक व मानसिक रूप से बहुत प्रताड़ित किया गया कि अगले वर्ष ही उनकी भी मृत्यु हो गयी। बाबा कासिम सुलेमान मूलतः पेशावर के निवासी थे और उनके साधारण जीवन, भक्ति भावना और नैतिक, समभाव की शिक्षा से भी धर्मों के लोग आकर्षित होते थे! उनको उनके जीवन काल में ही अनेक चमत्कारों का जनक माना गया तथा एक पहुँचे हुए सन्त के रूप में मान्यता और प्रतिष्ठा मिल गयी थी! जहाँगीर को उनके विषय में पता चला कि वे अपने इस्लाम के ज्ञान के साथ-साथ हिन्दू धर्म-ग्रन्थों को भी मान्यता दे रहे थे। इतना ही नहीं, वे इस्लाम, सिख और हिन्दू धर्मों के तुलनात्मक अध्ययन पर भी ज़ोर देते थे! वे शिया-सुन्नी के बीच भी एक पुल निर्मित कर रहे थे? इससे भी आगे बढ़कर वे अहमदियों को भी सच्चे मानव-सेवक के रूप में देखते थे? सुलेमान बाबा सभी धर्मों के समन्वय की स्थापना के लिए भी प्रयासरत थे? यानी वही अकबरी विरासत, जिसकी वजह से जहाँगीर अर्जन देव या खुसरू से रुष्ट था, वही वजह बनी कि, वह बाबा कासिम सुलेमान को भी बर्दाश्त नहीं कर सका!

अतः जैसे गुरु अर्जन देव को बन्दी बनाकर प्रताड़ित किया गया था, वैसे ही उसने सूफी सन्त बाबा कासिम सुलेमान को भी 1606 में बन्दी बनाने का आदेश दिया। इतना ही नहीं, उसने उनको उनके प्रभाव-क्षेत्र से भी दूर करने के प्रयास में दूर चुनार के मजबूत दुर्ग में क़ैद करवा दिया था! हमें ज्ञात है कि चूँकि, इलाहाबाद उसका प्रिय आश्रय स्थल रहा था और यहाँ उसके अभी भी बहुत विश्वास-पात्र अनुयायी मौजूद थे, अतः उसने इसी सूबे में इस सूफी सन्त को क़ैद में रखने का निर्णय लिया था? दूसरे उसे लगा होगा कि कंतित, और चुनार दोनों इतने निकट थे कि बाबा कासिम सुलेमान का कंतित के चिश्तिया सन्त और शेख़ मुइनुद्दीन चिश्ती के भांजे, ख़्वाज़ा जनाब इस्माइल चिश्ती रहमत-उल्लाह की दरगाह और प्रभाव-क्षेत्र के आगे एक न चलेगी? सभी लोग, हिन्दू, मुस्लिम, योगी कंतित के शाह के ज़्यादा

भक्त थे और, जो भी बंगाल, बिहार, या पूर्वी क्षेत्रों वाले अजमेर शरीफ़ नहीं जा पाते थे, यहीं उस तीर्थ की जियारत का सबाब या पुण्य कमा सकते थे! अतः वह निश्चिन्त था कि लोगों के ऊपर सुदूर पंजाब और, वो भी पेशावर के किसी सूफी सन्त का असर भी होगा, जब उनके पास मुइनुद्दीन चिश्ती के भांजे, की दरगाह निकट कंतित में मौजूद है?

बादशाह जहाँगीर का यह भ्रम बहुत जल्दी टूट गया? चुनार के दुर्ग के आस-पास मेले जैसी स्थिति हो जाती थी और, मुग़ल क़िलेदार के वहाँ क़ानून व्यवस्था बनाये रखने में पसीने छूट जाते थे! इतना ही नहीं, लोगों में इतना विश्वास हो गया और शायद वे चमत्कार से या लोगों की अन्ध-भक्ति के चलते सच्चे भक्तों और आस्थावानों को कभी गंगा के तट पर, कभी घने जंगलों में और कभी आस-पास की पहाड़ियों की चोटी पर इबादत करते या ध्यान की मुद्रा में दर्शन देते! फिर उनकी लोकप्रियता सीधे-सीधे खुसरू से जुड़ती थी? उन्हें खुसरू के साथ प्रगाढ़ सम्बन्ध होने के चलते ही गिरफ्तार कर के इतनी दूर चुनार के दुर्ग में रखा गया था? ज़ाहिर है, खुसरू से सम्बद्ध होने के चलते और, अकबरी 'सुलह-ए-कुल' की विरासत में अभिवृद्धि करने वाले दर्शन का प्रचार-प्रसार और, एक समन्वित संस्कृति तथा सामाजिक समरसता के पोषक को बादशाह कैसे स्वीकार करता, जो उससे कहीं अधिक लोकप्रिय हो रहा हो? यह तो वही मसला था कि 'एक तो करेला, ऊपर से नीम चढ़ा'? एक तो वैसे ही अपने उच्च आचरण और सन्त-प्रवृत्ति के चलते इतना जनप्रिय और, दूसरे बादशाह के ख़िलाफ़ बगावत करने वाले खुसरू के प्रति हमदर्दी? ज़ाहिर है ये दोनों बातें जहाँगीर की ईर्ष्या, शत्रुता व वैमनस्य बढ़ाने को काफ़ी थीं! अतः बाबा कासिम सुलेमान को चुनार में न केवल बन्दी बनाया गया, अपितु, उनकी बढ़ती जनप्रियता के चलते, उन्हें प्रताड़ित व शारीरिक दंड भी दिया गया जिसके परिणामस्वरूप अगले वर्ष 1607 में ही उन्होंने इहलोक से प्रस्थान किया!

आज भी चुनार में एक तालाब के तट पर शेख़ कासिम सुलेमानी रहमतुल्लाह का मकबरा मौजूद है और, यहीं बाद में, एक अन्य दुर्भाग्यशाली मुग़ल बादशाह जहानदार शाह की पत्नी, बेग़म करीम बख्त भी दफ़न है! बाबा कासिम सुलेमान के शिष्यों और अनुयायियों ने 1016 हिजरी सन (1608) में इस मकबरे का निर्माण किया था! ये सूफी सन्त जितना पेशावर और पंजाब के क्षेत्र में प्रसिद्ध और लोकप्रिय थे, उतनी ही लोकप्रियता उन्हें चुनार में क़ैदी होने के बावजूद मिली! जहाँगीर के लिए जो पंजाब क्षेत्र में परेशानी का सबब था, वही यहाँ भी रहा और, इसीलिए सम्भवतः उसने यहाँ के किलेदार को भी उसी तरह से उनसे निबटने के अधिकार दे दिये होंगे, जैसे मुर्तज़ा को गुरु अर्जन देव के सन्दर्भ में दिये थे कि वह जैसे चाहे इनके साथ अपने विवेक से उचित लगने वाला व्यवहार कर सकता है? चुनार स्थित यह मकबरा स्थापत्य के विकास के दृष्टिकोण से भी एक महत्त्वपूर्ण मिसाल है!

यह मकबरा जहाँ, एक ओर, मुग़ल शैली और स्थानीय या प्रान्तीय शैली के सुन्दर सम्मिश्रण का नमूना है, वहीं, दूसरी तरफ, यह हिन्दू-मुस्लिम समन्वय का भी प्रतीक है! उनकी टोपी और पगड़ी दोनों आज भी वहाँ सलामत रखी है! साथ ही क़ुरान शरीफ़ की दो प्रतियाँ भी, एक बड़ी और दूसरी छोटी! क़ुरान शरीफ़ के इस साक्ष्य से यह भी स्पष्ट और सुस्थापित हो जाता है कि जहाँगीर ने बाबा कासिम सुलेमान के ऊपर धर्म-च्युत होने के गलत और मनगढ़ंत आरोप लगाये थे! धर्म को आधार बना कर राजनीतिक प्रतिशोध का यह सिलसिला जो खुसरू के ख़िलाफ़ जहाँगीर ने शुरू किया था, उसके परिणाम भयावह और मुग़ल साम्राज्य के लिए घातक साबित हुए! इसी प्रवृत्ति की पुनरावृत्ति शाहजहाँ भी अपने शासन-काल में तब तक करता रहता है, जब तक दारा बड़ा नहीं हो जाता है। किन्तु, तब तक बहुत देर हो चुकी होती है और, खुसरू के ख़िलाफ़ निरन्तर कार्यवाही कर उसको कमज़ोर करने की प्रक्रिया में, जहाँगीर और शाहजहाँ उस अकबरी विरासत को ही कमज़ोर करते रहे? इसने अन्ततः औरंगज़ेब के रूप में उसी विरासत के असली और आख़िरी उत्तराधिकारी, दारा को धर्म-च्युत आचरण के नाम पर विधिक, औपचारिक और अमानवीय तरीके से प्राण-दंड दे दिया!

लेकिन दिल्ली-आगरा की ओर लौटते हुए, जहाँगीर एक बार फिर अपने षड्यन्त्रकारी स्वभाव का परिचय और प्रमाण देता है? इतना ही नहीं इस प्रकरण ने उसका गठजोड़ उसके तृतीय पुत्र, ख़ुर्रम से अटूट सा करवा दिया, जो भविष्य के बीजारोपण का आधार बना। पहली बार जिस ख़ुर्रम और उसके दीवान का इस्तेमाल उसने खुसरू के विरुद्ध यहाँ 1607 में किया उसका क़र्ज़ वह फिर ज़िन्दगी भर उतारने को विवश हुआ था। ख़ुर्रम ने न केवल सबसे बेहतर जागीरें प्राप्त कीं, अपितु वह जो चाहता था, बादशाह मानता? इसी वजह से जहाँगीर ने अपने अन्तिम समय में बहुत भुगता? उसने खुसरू के कुछ और समर्थकों एवं उससे अधिक सहानुभूति रखने वालों को एक अन्तिम सबक सिखाने का सुनियोजित षड्यन्त्र किया! वह बादशाह था, अतः उसके लिए यह सब करना शोभा भले न देता हो, किन्तु, उसके आदेश को कौन इनकार कर सकता था? अतः उसने प्रचार किया कि खुसरू समर्थक उसको मार्ग से हटाने का एक आख़िरी प्रयास यहीं कर रहे थे? उसके अपने वर्णन के अनुसार अगस्त 1607 में वापसी के मार्ग में, सुरखाब के निकट खुसरू समर्थकों द्वारा एक कोशिश उसकी हत्या की की गयी? हालाँकि, इस बात के कोई निश्चित और पक्के सबूत या साक्ष्य नहीं मिले, फिर भी उसी गियास बेग के दो पुत्रों को इस षड्यन्त्र में सम्मिलित माना गया!

मुग़ल सामाजिक-सांस्कृतिक जीवन की एक बड़ी विशेषता थी कि, बड़े अमीरों के लड़कों की दोस्ती प्रायः राजकुमारों से ही होती थी, जो स्वाभाविक ही था! इसी प्रकार से, अकबर के इस विश्वासी गियास बेग के एक पुत्र को इस षड्यन्त्र में

प्रत्यक्ष व दूसरे को अप्रत्यक्ष भागीदार माना गया। वस्तुतः गियास के ये दोनों छोटे पुत्र अकबर द्वारा पिता को काबुल का दीवान नियुक्त किये जाने पर उसके साथ काबुल में अकबर के शासन के चालीसवें वर्ष से ही काफ़ी समय रहे थे अतः, उनके स्थानीय सम्पर्क थे और, इसी कारण वे ही मुख्य अपराधी माने गये! गियास के तीसरे पुत्र, मुहम्मद शरीफ़ ने अपने सम्पर्कों को साधा था, जिसकी ख़बर कहते हैं कि बादशाह को हुई जबकि, चौथा पुत्र उसके साथ ही था। इस षड्यन्त्र में जो अन्य लोग सम्मिलित थे, उनमें साम्राज्य के वकील जफ़र बेग़ आसफ़ ख़ाँ का भतीजा, नूरुद्दीन तथा स्वर्गीय हकीम अबुल फ़तेह का पुत्र फ़तेहुल्लाह भी थे। अतः जहाँगीर ने तुरन्त फ़ैसला लिया और, इन सबको तो मृत्यु-दण्ड देने के साथ ही मिर्ज़ा गियास बेग को आगरा में दिनायत ख़ाँ के मकान में अपने आदेश से क़ैद कर दिया! गियास बेग तो बाद में 2 लाख रुपये की ज़मानत पर जहाँगीर द्वारा मुक्त किया गया था! इतना ही नहीं, जब उसकी पुत्री मेहरुन्निसा विधवा हुई और अपने पिता के घर आ रही थी, तब भी उसने आदेश देकर उसको मुग़ल हरम में सुल्तान सलीमा बेग़म के पास रखने का आदेश दिया था! यहाँ वह अगले तीन साल रही थी, जब मीना-बाज़ार के अवसर पर जहाँगीर ने उसे देखते ही निकाह का फ़ैसला लिया! (1611) गियास का बड़ा बेटा आसफ़ ख़ाँ तो मुग़ल सेवा में अपने एक अन्य छोटे भाई के साथ ज़मानत के तौर पर था ही! उसने यह सारी कार्यवाही सिर्फ़ शक़ के आधार पर की थी! हो भी सकता है कि उसकी यातनाओं और क्रूरता से क्षुब्ध होकर वाक़ई ऐसी योजना इस प्रत्याशा में बन रही हो, कि, ऐसे शासक से मुक्ति बहुत ज़रूरी है? एक बार आगरा पहुँच कर तो वह अधिक सुरक्षित हो जाता?

किन्तु इस मुग़ल बादशाह की आत्मकथा तुजफ़क के अनुसार, जब वे यह योजना बना रहे थे, तभी इसकी भनक जहाँगीर को लग गयी हो और उसने अत्यन्त क्रोध में उन्हें दण्डित करने के लिए यह क़दम उठाया था? गनीमत यही थी कि खुसरू बन्दी था, बादशाह के ही शिविर में, अतः उसका इस षड्यन्त्र में प्रत्यक्ष या परोक्ष रूप से सम्बद्ध होने का कोई प्रश्न ही नहीं था, अन्यथा उसकी भी शामत आती! फिर भी, जिस तरह से उसके समर्थकों को अब शक़ के बिना पर भी सज़ा ही नहीं सज़ा-ए-मौत दी जा रही थी, वह खुसरू समर्थकों को सिर्फ़ आतंकित करने की जहाँगीर की चाल थी? किन्तु, जहाँगीर को एक बात और साफ़ तौर पर समझ आ रही थी कि उसकी अलोकप्रियता की तुलना में खुसरू की लोकप्रियता कहीं अधिक थी, अतः बन्दी खुसरू क्या लोगों को अधिक स्वीकार्य था? अतः, उसे सुदृढ़ क़ैद में रखना और ज़रूरी था? उसके लिए यह अपने अस्तित्व को ही बचाये रखने का सवाल बनता जा रहा था? वह यह भी समझ रहा था कि उसकी क्रूरता से उसके अपने पुराने साथी भी उतना इत्तेफाक नहीं रख पा रहे थे और वे ही अब उससे अति न करने की सलाह दे रहे थे? अच्छा हुआ कि, उसके मस्तिष्क

में बराबर आते रहने के बावजूद उसने खुसरू को मृत्यु-दण्ड नहीं दिया था? क्या ऐसा करने से कोई व्यापक विद्रोह न हो जाये? कहीं इतने कठोर क़दम से मुग़ल उमरा ही उसके ख़िलाफ़ न हो जाये? अब वह कहीं अधिक सशंकित रहने लगा था? क्योंकि, खुसरू के विद्रोह के पश्चात अज़ीज़ कोका के ख़िलाफ़ विष-वमन और अब गियास बेग एतमाद-उद-दौला के साथ अब्दुर रहीम ख़ान-ए-ख़ाना को भी दण्डित करना? इस षड्यन्त्र के बाद मुग़ल उमरा के कई प्रमुख सदस्यों के ख़िलाफ़ वह सख्त कार्यवाही करके अपने हाथ जला चुका था? अब उसे भय सता रहा था, इनके असन्तोष और नाराज़गी का!

और, अपना मानसिक सन्तुलन खोते हुए उसने बेवजह बन्दी खुसरू को भी कठोर व अमानवीय दण्ड देने का निर्णय लिया! उसने खुसरू को दृष्टि-बाधित करने का आदेश पारित किया! उसकी आँखें गरम तार से दाग कर, दृष्टिहीन करने का दायित्व महाबत ख़ाँ ने निभाया! लेकिन खुसरू की मार्मिक चीख ने महाबत को एहसास करवा दिया कि, वह अभागे राजकुमार की आँख फोड़ने के अपने मक़सद में कामयाब रहा है और एक अट्टहास करता हुआ बिना कुछ जाँचे-परखे ही बादशाह को कार्य पूर्ण होने की सूचना देने चला गया! वास्तव में, खुसरू मानसिक रूप के साथ, विधि के विधान से रुष्ट परवरदिगार के ऊपर ही असीम दुःख, पीड़ा और क्षोभ से चीत्कार कर उठा था? उसको समझ नहीं आ रहा था कि जब उसने कुछ गलत किया ही नहीं तब यह कष्ट क्यूँ? और जो असली दोषी है, वही क्रूरता पर क्रूरता कर के उसका परीक्षण क्यों कर ले रहा है? उसे मृत्यु देकर छुटकारा क्यों नहीं दे रहा है? उसे सारे दुनियावी सम्बन्ध झूठे ही लगने लगे थे? उसे अपनी माँ की आत्महत्या स्मरण हो आयी? क्या उसके वालिद ने इलाहाबाद में उसके साथ भी ऐसा ही क्रूरतापूर्ण व्यवहार किया, जो उसकी राजपूतानी माँ ने ऐसा कठोर क़दम उठा कर प्राण त्यागना बेहतर समझा था? क्या इन्हीं निर्दयी कुकृत्यों से अकबर जैसे बादशाह का दिल नहीं पसीजा था? क्या उसके श्वसुर और मामा उसकी सुरक्षा के लिए इसी वजह से परेशान थे? वह अपने करीबी अमीरों के पुत्रों को भी महज़ उसके साथी होने के लिए षड्यन्त्र के बहाने से मार नहीं चुका था और, अब उसको इस प्रकार प्रताड़ित कर रहा है? जबकि ऐसा कोई षड्यन्त्र करके उसके साथी उसे मुक्त कराने का प्रयास करते तो क्या पहले उसे सतर्क और तैयार नहीं करते? क्या कोई बादशाह और वो भी न्याय की दुहाई देने वाला, इतनी बड़ी जालसाजी करके अन्याय के औचित्य को सिद्ध कर सकने की नीचता तक उतर सकता था? यह चीख ऊपर वाले से रहम की थी? जिसे महाबत ख़ाँ ने अपने कार्य की सम्पन्नता की चीख समझा?

वस्तुतः, जहाँगीर ने तुजफ़क में यही दर्ज़ किया है कि शहज़ादे ख़ुर्रम के दीवान, ख़्वाज़ा वाईस ने बादशाह को बताया कि खुसरू के समर्थक-सहयोगी बादशाह जहाँगीर

की हत्या का षड्यन्त्र रच रहे हैं! उसने एक काग़ज़ पर बादशाह को उनके नाम लिख कर प्रस्तुत कर दिया? न तो किसी का कोई पत्र, न कूट-संवाद, न गुप्तचर, न सन्देश-वाहक—कोई भी साक्ष्य नहीं पकड़ा गया और न ही बादशाह के समक्ष प्रस्तुत किया गया? बस इन नाम को एक काग़ज़ पर लिख कर देकर इतिश्री की गयी! बस खुसरू के साथ सहानुभूति प्रदर्शित करने को बादशाह के विरुद्ध असन्तोष और विद्रोह माना गया? जब सिख गुरु इस इलजाम में नहीं बच पाये थे तो ये तो बेचारे (क्योंकि, मुग़ल अधिकारियों के पुत्र, रिश्तेदार-नातेदार होने के कारण मुग़ल राज्य के अंग ही थे) कैसे बचे रहते? उन्हें तो बस राजनीतिक शतरंज के मोहरों की तरह इस्तेमाल किया गया था! वे खुसरू को कट्टर समर्थक और सहयोगी-विहीन करने के लिए मौत के घाट उतारे गये बलि के बकरे मात्र थे? उन निर्दोषों का निर्दोष होना ही तो बादशाह की आँख में खटक रहा था? वह तो उसके सभी साथियों को मौत के घाट उतार कर, अपने पिता द्वारा की गयी गलती को नहीं दोहराना चाहता था? यदि उसके पिता ने उसकी मिन्नतों पर ध्यान न दिया होता और दस दिन की नज़रबन्दी के बाद उसे आज़ाद करने के साथ, उसके मित्रों को माफ़ न किया होता, तो बादशाह अकबर का वैसा दुखपूर्ण अन्त न होता? अतः उन बेचारों का बस यही दोष था, वरना बादशाह जहाँगीर भी जानता था कि इनकी क्या बिसात!

अतः न तो ख़ुर्रम के दीवान के बयान और न ही उसके द्वारा प्रस्तुत काग़ज़ की कोई जाँच की गयी और न ही उसकी ज़रूरत ही समझी गयी? काग़ज़ पर लिखावट किसकी थी? षड्यन्त्र की इस सूचना का क्या आधार था? अतः न विषय-वस्तु और न ही वास्तविकता के साक्ष्यों की ही कोई विधिवत जाँच की गयी? उस षड्यन्त्र की सूचना का क्या आधार था, इससे किसी को मतलब ही कहाँ था? जहाँगीर का मतलब और मक़सद तो सिद्ध हो चुका था? खुसरू दृष्टि-हीन कर दिया गया था और, उसके साथियों को मौत के घाट उतारा जा चुका था? वह खुसरू के विद्रोह से जिस मनोवैज्ञानिक दबाव में आ गया था, सुरखाब में उससे निकलने के लिए किसी सुरखाब पक्षी की भाँति ही फड़फड़ा उठा था? इसीलिए एक और क्रूरता के लिए छल, छद्म और जालसाजी का प्रयोग करने से भी नहीं हिचका? यह तो जहाँगीर का अपना असली स्वभाव ही था? वह अपनी हरकतों से इतनी सरलता से तो बाज नहीं आ सकता था? न्याय के संरक्षक की खाल में वह एक नग्न अन्यायी ही तो था? डॉ. रामप्रसाद त्रिपाठी जैसे वस्तुपरक आधुनिक इतिहासकार जहाँगीर की इस कथित 'न्यायप्रियता' (?) पर खूब व्यंग-बाण चला चुके हैं! वे तो रेखांकित करते ही हैं कि कैसे उसने बिना किसी भी निष्पक्ष जाँच के इस 'तथाकथित' षड्यन्त्र को वास्तविक माना था? वास्तव में मुग़ल व्यवस्था में 'वाकिया-नवीस' से लेकर 'ख़ुफ़िया-नवीस' तक सभी मौजूद होते थे, सबकी रिपोर्ट देखकर उस तथ्य को स्वीकार किया जाता था, जो सब में समान मिलते थे? तब फिर इस प्रकरण में इस सामान्य नियम और

तरीके का इस्तेमाल क्यों नहीं किया गया?

अतः स्पष्ट ही नहीं, स्थापित तथ्य है, कि उन्हें सिर्फ़ इस दुर्भाग्यशाली शहज़ादे का साथ देने की सज़ा मिलनी थी और, मिली थी! जो स्वयं इन्हीं हरकतों से अपने पिता और पूर्व बादशाह को मानसिक, राजनीतिक अशान्ति देने का निरन्तर प्रयास करता रहा था, वह अपने 'जहाँगीरी न्याय' के अन्तर्गत और करता भी क्या? और अपने स्वभाव और सशंकित मन के ढाढस के लिए ही वो न तो खुसरू को मुक्त कर सकता था और न ही मार सकता था? जहाँगीर के आधिकारिक विद्वान और आधुनिक इतिहासकार डॉ. बेनी प्रसाद के मतानुसार वह जानता था कि, खुसरू की लोकप्रियता की आँधी में वह तिनके की तरह उड़ जाता और शायद भारत से मुग़ल साम्राज्य भी! अतः वह यह चुनौती स्वीकार करने का साहस नहीं कर सकता था? उसकी अपनी किस्मत खुसरू के ज़िन्दा रहने से सम्बद्ध थी तो उसका सिंहासन उसके बन्दी रहने से! खुसरू के तो नाममात्र से लोगों में सहज सहानुभूति उभरती थी! वैसे भी उसके साथ सहानुभूति उभरती थी, किन्तु, उसके साथ होने वाले इन हादसों और षड्यन्त्रों से तो वह उमड़ पड़ी थी! शासन-सत्ता के विरोधी तो बस उसके नाम पर ही समर्थन जुटा लेते थे? यदि, कोई उसका नाम अपने साथ सम्बद्ध कर लेता तो उसे समर्थक और सहयोगी मिल जाते थे?

जब उच्च निवासी और भागलपुर (बिहार) में नियुक्त कुतुब ने जहाँगीर के विरुद्ध विद्रोह किया था, तब उसने तो अपने-आप को खुसरू ही घोषित कर दिया था और, जनता ने विश्वास करके अपना समर्थन उसे सौंप दिया था! जैसे वास्तव में खुसरू को, उसके नाम को ही लोगों ने सत्ता विरोध का पर्याय मान लिया था! वे उसके लिए किसी भी हद तक जाने को तत्पर थे? वे इस प्रचार को सत्य मान बैठे थे कि सम्भवतः खुसरू क़ैद से भागने में कामयाब हो गया है, अतः अब उनका दायित्व बनता था कि, वे उसके साथ हुए अन्याय से उसे मुक्ति दिलाने में उसकी भरपूर सहायता करें? इतना ही नहीं, खुसरू के प्रति लोगों में श्रद्धा और विश्वास की क्या प्रतिबद्धता थी, यह इसी बात से उजागर हो जाती है कि जब इस कुतुब ने विद्रोह करके अपने-आप को खुसरू प्रचारित किया था, तब उसके इर्द-गिर्द इतनी बड़ी फ़ौज एकत्रित हो गयी थी कि वह अप्रैल 1610 में पटना पर आधिपत्य स्थापित करने में कामयाब हो गया था! उसने तो अपनी आँखों के इर्द-गिर्द लगे दागों को दिखाते हुए, यही कहा था कि आँखों को अन्धा करने के लिए, जब उसको कटोरियों से बाँध कर छोड़ दिया गया था, उसी के ये गहरे निशान हैं! इतना ही नहीं वह लोगों को अपने बन्दी-गृह से भागने के दुर्दान्त व रोचक क़िस्से भी सुनाता था! लोगों को विश्वास सा होने लगा था कि बिहार-वासी यह व्यक्ति कोई और नहीं, अपितु शहज़ादा खुसरू ही है? ख़ैर उसका दुर्भाग्य था कि बिहार के सूबेदार अफ़ज़ल ख़ाँ ने उसे पुनपुन नदी के तट पर पराजित किया! उसे बन्दी बनाकर तुरन्त मृत्यु-दण्ड

दे दिया गया? किन्तु, खुसरू होने के मिथ्या-प्रचार ने उसे असीम समर्थन दिलवाया था और आंशिक सफलता भी! उसे खुसरू के नाम का बहुत लाभ मिला था! बन्दी खुसरू के नाम का चमत्कारी प्रभाव इस एक घटना से ही समझा जा सकता है? और, इसी से समझा जा सकता है, जहाँगीर का भय और शंकाएँ! जैसे-जैसे उसका शासन बीत रहा था, लोगों को उसकी असलियत ज़ाहिर हो रही थी और उसके विरुद्ध असन्तोष भी पनप रहा था?

यहाँ भी, चूँकि, खुसरू के नाम के दुरुपयोग के उपरान्त उमड़े जनसमर्थन ने एक बार फिर जहाँगीर के कान ही नहीं खड़े किये, उसके अन्दर के वहशीपन को फिर बाहर कर दिया! वस्तुतः जब यह विद्रोह पटना में भड़का था तब अफ़ज़ल तो खड़गपुर की ओर गया था, किन्तु, पटना का दायित्व वह प्रान्तीय दीवान, गियास बेग तथा प्रान्तीय बख्शी, शेख़ बनारसी के हाथों सौंप गया था और, वे इस विद्रोह को न केवल दबाने में असमर्थ रहे थे, अपितु, उस विद्रोही ने पटना पर आधिपत्य स्थापित कर लिया था? यह राज्य द्वारा प्रदत्त दायित्वों के निर्वहन में लापरवाही का ही उदाहरण माना गया! और, जहाँगीर तो खुसरू के नाम से ही भड़क जाता था, अतः उसने गियास बेग तथा शेख़ बनारसी को न केवल उनके पदों से तुरन्त मुक्त किया, अपितु, आगरा बुला कर उनके दाढ़ी-बाल मुंडवा दिये गये, उन्हें स्त्रियों के वस्त्र पहना कर पूरे आगरा शहर में सार्वजनिक रूप से घुमाया गया! वह चाहता था कि यह सबके लिए अन्तिम चेतावनी के ही रूप में समझ आ जाये! वह विद्रोह कत्तई बर्दाश्त नहीं करेगा और, ऐसी गतिविधियों के आगे घुटने टेकने वालों को भी नहीं बख्शेगा? उसे सम्भवतः ऐसा लगा होगा कि वे खुसरू के प्रति सहानुभूति रखते थे, तभी तो ऐसी परिस्थितियों में पटना से गंगा के जलमार्ग से खड़गपुर अपने सूबेदार को इत्तला करने पहुँचे थे? क्या वे उसे भी हतोत्साहित करने के इच्छुक थे? उसे सन्देह हुआ कि वे जानबूझकर पटना छोड़कर भागे और खुसरू नामक इस व्यक्ति को उथल-पुथल करने का अवसर दिया? यदि, वे षड्यन्त्र का हिस्सा नहीं थे, तब उन्हें वैसा ही बर्ताव करना चाहिए था, जैसा सूबेदार अफ़ज़ल ने आकर किया? बहुत होता तो वे लड़ते हुए शहीद होते या घायल होते? कम से कम अपना फ़र्ज तो निभाते? वे तो बस शहर और सूबे का मुख्यालय उनके हवाले छोड़कर अपने दायित्व से ही भाग खड़े हुए थे? और कायरता दिखने वालों को क्या प्रान्तों में भी उच्च पदों पर रहने का कोई हक़ था? अतः उन्हें अपदस्थ करने के पश्चात् सार्वजनिक रूप से अपमानित करने वाले दण्ड देते हुए उसने मुग़ल साम्राज्य के सब नागरिकों को भी सार्वजनिक चेतावनी दे दी!

अफ़ज़ल द्वारा खुसरू बना कुतुब तो मारा ही गया! उसके जितने भी साथी, समर्थक व सहयोगी बन्दी बनाये गये थे, उन्हें भी एक बार पुनः सार्वजनिक रूप से भालों और बर्छियों पर फेंक कर मारा गया! ताकि, लोगों को आतंकित किया जा

सके और भविष्य में इस तरह के प्रकरण की पुनरावृत्ति रोकी जा सके? एक बार उसकी अस्थिर, अशान्त एवं अमानवीय मानसिक स्थिति पुनः दृष्टिगोचर होती है! वह खुसरू के नाम से ही आतंकित होने लगा होगा? यदि उसका नाम लेकर दूर बिहार में कोई नकली खुसरू बनकर जनता का सहयोग, सहानुभूति और समर्थन जुटा सकता हो, तब उसके साम्राज्य में अगर अस्थिरता का कोई सबसे बड़ा कारण है, तो वह खुसरू ही है? उसे ज़िन्दा रखना चाहिए या मृत्यु-दण्ड दे देना चाहिए? उसकी मृत्यु से कहीं साम्राज्य और मुग़ल सिंहासन पर इससे बड़ा संकट और विप्लव न खड़ा हो जाये? कहीं पूरा साम्राज्य ही उथल-पुथल का शिकार न हो जाये? उसे तो वैयक्तिक सत्ता की ही ख़्वाहिश थी? कहीं उसी पर संकट के बादल न उमड़ पड़ें और, विद्रोही आमजन से मिलकर उसे उखाड़ने पर उतारू न हो जायें? वह जैसे-जैसे साम्राज्य को शान्त और स्थिर करने के उपाय कर रहा था, उतने ही बेवजह के बखेड़े उठ खड़े होकर इन प्रयासों को निष्फल कर देते थे? उसका मानसिक विचलन उसे उसके नशों की ओर और गहरे ले जाते और, इससे उसका मानसिक असन्तुलन और भी बढ़ जाता था! यह एक ऐसा दुष्चक्र था, जिससे वह निकल ही नहीं पा रहा था? इसी कारण वह मदिरा, अफ़ीम आदि में ही डूबा रहता? और नशे के प्रभाव में उलटे-सीधे निर्णय लेता रहता? या, जान-बूझकर अपने अमानवीय निर्णयों पर नशे का पर्दा डालता रहता था!

इतना ही नहीं, हमें ज्ञात है कि कैसे उसने खुसरू के एक प्रबल समर्थक और उसके मामा मानसिंह को पहले बंगाल फिर दक्खिन या दक्खन रवाना कर दिया था, ताकि वह न तो खुसरू के निकट रह सके और, न ही उसकी कोई मदद कर सके या उसके लिए मदद ही जुटा सके? किन्तु, खुसरू का दूसरा प्रबल समर्थक और अकबर का दूध-भाई, अज़ीज़ कोका खुसरू का श्वसुर था। अब उसको राह से हटाने का भी प्रयास या षड्यन्त्र किया गया! हम जहाँगीर कालीन कोई भी समकालीन ऐतिहासिक ग्रन्थ क्यों न उठा लें, इन सब में अज़ीज़ कोका को बहुत ही श्याम सा चित्रित किया गया है! जितना बुरा वह नहीं था, उससे कहीं अधिक? अकबर के इस दूध-भाई को और खुसरू के आख़िरी सहारे को हटाने के लिए एक षड्यन्त्र द्वारा यह स्थापित करने का प्रयास किया गया कि अज़ीज़ कोका अकबर के विश्वास का गलत लाभ उठाता था और, दूर दक्खन में वह खानदेश के शासक राजा अली ख़ाँ के समर्थन में वहाँ के अमीरों व अधिकारियों से मिलकर न केवल मुग़ल बादशाह के विरुद्ध अपमानजनक टिप्पणी करता अपितु, उसके ख़िलाफ़ बगावत तक करने की योजना बनाता था? इसके समर्थन में उन्होंने उसके द्वारा राजा अली ख़ाँ को लिखा इसी आशय का एक तथाकथित पत्र भी पेश किया गया!

मिर्ज़ा अज़ीज़ कोका द्वारा लिखे गये इस तथाकथित पत्र के विषय में यह कहा गया कि जब तुर्बत के ख़्वाज़ा अबुल हसन ने असीरगढ़ पर दुबारा क़ब्ज़ा किया

था, तब वह उसके हाथ में पड़ गया था? भरे दरबार में उसे बेइज़्ज़त करने हेतु उसे स्वयं यह पत्र सार्वजनिक रूप से पढ़ने को बाध्य किया गया! जहाँगीर अपनी आत्मकथा में लिखता भी है, 'यह मिर्ज़ा इतना नाशुक्रा था कि हमारे पिता ने इसके सौ गुनाह माफ़ किये और उच्च पदों पर बनाये रखा, फिर भी, इसने बादशाह के प्रति असम्मानपूर्ण भाषा का प्रयोग किया था! लेकिन यह बेशर्म व्यक्ति उसे वैसे ही पढ़ता रहा। उसके ऊपर कोई ग्लानि भाव या पछतावा नहीं था?' यानी सबकुछ एक सुनियोजित साजिश के तहत ही हो रहा था? जब मिर्ज़ा ने यह पत्र लिखा ही नहीं था तब उसे क्या मालूम कि, इसमें क्या है और वह इसीलिए बेधड़क पढ़ता रहा? यदि उसमें तनिक भी सच्चाई होती, तब मिर्ज़ा इसे पढ़ने में आना-कानी भी करता, ऐसे वह क्यों इनकार या गुरेज करता? अतः वह पढ़ता रहा और अकबर के विरुद्ध हर टिप्पणी पर उसे अपमान-सूचक शब्दों की बौछार का सामना करना पड़ा! यानी भरे दरबार में ख़ान-ए-आज़म को जलील करने में जहाँगीर ने कोई कसर नहीं छोड़ी? यह था वास्तविक 'जहाँगीरी न्याय' का असली चेहरा!!

ख़ान-ए-आज़म मिर्ज़ा अज़ीज़ कोका को यह सब कैसे बर्दाश्त होता? आख़िर वह पूर्व बादशाह का मुँह लगा अमीर और दूध-भाई था, वह क्यूँ और कैसे शरीफ़ ख़ाँ को या उसके द्वारा उसके विरुद्ध लगाये गये मिथ्यारोपों को सहन करता! फिर उसे कई दिनों से अपने ख़िलाफ़ चल रहे षड्यन्त्र की गुप्त सूचनाएँ भी मिल रही थीं! वह तो दरबार में भी कफ़न ओढ़ कर जाने लगा था और खुले आम कहता था कि उसको जान से मारने का षड्यन्त्र राजमहल में ही चल रहा है? वास्तव में अगर हम वस्तुपरक ढंग से इस पूरे प्रकरण को विश्लेषित करें तो हम कह पायेंगे, कि, सलीम की यह हरकत भी बिल्कुल वैसी ही थी, जैसी वह अपने पिता अकबर के शासनकाल के दौरान इलाहाबाद में करता रहा था और जिसकी सूचना अकबर को मिलती और वह सलीम से रुष्ट होता ही चला गया! जैसे-जैसे मिर्ज़ा अकबर के ख़िलाफ़ उस पत्र में लिखित टिप्पणियों को पढ़ता जाता, वैसे-वैसे वहाँ उपस्थित जन समूह व दरबारी खुले आम मिर्ज़ा को कोसते व अपशब्द तक कहते और बादशाह जहाँगीर और उसके साथी इस अपमान से प्रसन्न होते! उसे इतना भला-बुरा कहा गया और अपमानित किया गया किन्तु वह इसे बर्दाश्त करने के लिए बेबस और विवश ही था! वस्तुतः इतने प्रमुख अमीर और उच्च-पदस्थ अधिकारी को मृत्यु-दंड देने के लिए कोई तथाकथित ठोस सबूत भी तो आवश्यक था? अतः यह नाटक रचा गया था?

इसके उपरान्त जहाँगीर अपने दरबार में दीवान-ए-ख़ास से तुरन्त अपने ख़ास सलाहकार-कक्ष या गुसलखाने में चला गया, ताकि आगे मिर्ज़ा को मारने की बनायी गयी परिस्थिति का लाभ उठाते हुए इसे कैसे मारा जाये यह तय हो सके? गुसलखाने में उसके साथ, अमीर-उल-उमरा शरीफ़ ख़ाँ (वज़ीर), महाबत ख़ाँ और

ख़ान-ए-जहाँ लोदी मौजूद थे। जैसे ही जहाँगीर ने अमीर-उल-उमरा की ओर देखा, उसने कहा कि, इस कार्य में अब कोई विलम्ब नहीं करना चाहिए और मिर्ज़ा को तत्काल मौत के घाट उतार देना चाहिए! महाबत ख़ाँ ने कहा, "मुझे इसमें इतने विचार-विमर्श की कोई गुंज़ाइश ही नहीं दिखाई देती है। मैं मूलतः एक सैनिक हूँ और क्रिया में विश्वास करता हूँ। मेरी तलवार और उसको चलाने वाली कलाइयों में इतना दम है कि एक ही वार में उसके धड़ को कमर के ऊपर और नीचे दो भागों में न विभक्त कर दूँ तो मेरा नाम नहीं? ऐसी स्थिति में आप मेरे हाथों को काट कर उलटे दण्डित कर दीजियेगा!" वहाँ गुसलखाने में मौजूद बस एक व्यक्ति ही सन्तुलित, दूर दर्शितापूर्ण और विवेक पर आधारित नीतिपरक बात कर रहा था और, वह था ख़ाँ जहाँ लोदी। उसने संयत भाव से कहा : "हमें तो इस व्यक्ति (अज़ीज़ कोका) के सौभाग्य अकबर से इसकी प्रगाढ़ता पर आश्चर्य होता है? कहीं ऐसा न हो कि इसको मृत्यु-दंड क्रियान्वित करने से यह शहादत पा जाये या लोग इसको अन्याय का शिकार मानकर इसके प्रति सहानुभूति रखने लगें? इसका लाभ इसके बाद प्रत्यक्षतः-अप्रत्यक्षतः खुसरू को ही मिलना था? अतः जिस व्यक्ति को कमज़ोर करने के लिए हम मिर्ज़ा को मृत्यु-दंड देना चाह रहे हैं, कहीं इस कृत्य के उपरान्त वही व्यक्ति (खुसरू) ही न और सशक्त होकर उभर आये?"

ख़ान जहाँ की बातों में तो दम था ही तभी, गुसलखाने के बाहर निकलते ही, बादशाह को अपनी (सौतेली) माँ की आदेशात्मक आवाज़ सुनाई दी! अभी तक जो कुछ दरबार में घटा था, उसकी सूचना 'हरम' तक पहुँच गयी थी! और जब तक जहाँगीर गुसलखाने से बाहर आता, तब तक मुग़ल हरम की सारी महिलाएँ विरोध-स्वरूप रनिवास से बाहर निकल आयीं और हंगामा करने लगीं! बादशाह की सौतेली किन्तु पूज्य माँ, सलीमा सुल्तान बेग़म ने उन महिलाओं को शान्त करते हुए, परदे के पीछे से बादशाह से शान्त, संयत किन्तु दृढ़ता के साथ कहा, 'मिर्ज़ा पर कोई प्रहार नहीं होना चाहिए। 'हरम' की समस्त महिलाएँ यहाँ मिर्ज़ा अज़ीज़ कोका के समर्थन में एकत्रित हैं, या तो आप 'हरम' में तत्काल अन्दर आयें या फिर हम महिलाएँ बाहर आने को बाध्य होंगी?' जहाँगीर ने सबको इशारे से ख़ान-ए-आज़म के ख़िलाफ़ कुछ भी कहने व करने से रोका और वह परदे के पीछे एकत्रित हुई महिलाओं से मिलने के लिए पहुँचा! सभी महिलाओं ने अज़ीज़ कोका को इस प्रकार मारने की योजना को एक गन्दी और पूर्व-नियोजित साजिश ही कहा और बादशाह से तत्काल उसको स-सम्मान विदा करने के लिए कहा! उसने न केवल अज़ीज़ कोका को क्षमा प्रदान किया अपितु, उन महिलाओं को भी यह कहते हुए शान्त किया कि अज़ीज़ कोका को कोई क्षति उसके शासन-काल में नहीं होगी! इस आश्वासन के बाद ही ये महिलाएँ शान्त हुईं! इतना ही नहीं अपनी ओर से इस प्रकरण का अन्त करने के प्रतीक-स्वरूप जहाँगीर ने मिर्ज़ा को उसकी अफ़ीम की खुराक़ अपने पास

से पेश की! तमाम इतिहासकार यही मानते हैं कि तत्कालीन मुग़ल 'हरम' ने इस प्रकरण में निहायत सन्तुलित व सकारात्मक भूमिका निभाई थी? लेकिन यह सवाल भी अक्सर कौंधता है कि क्या यह तब भी सम्भव हो पाता, जब नूरजहाँ 'हरम' और फिर, साम्राज्य की ही मलिका बन बैठी? इन्हीं महिलाओं ने खुसरू के लिए हस्तक्षेप करते हुए, 1613 में उसको माफ़ी दिलवाई थी, अपितु, दरबार में उपस्थित होने की छूट भी! और यह सब नूरजहाँ के साथ जहाँगीर के विवाह सम्पन्न होने के बाद हुआ था, जो 1611 में सम्पन्न हो चुका था! किन्तु, जहाँगीर ने अपनी मलिका के दबाव में यह निर्णय शीघ्र बदल भी दिया था?

गिरफ़्तार खुसरू की ज़िन्दगी और उसकी खासियत?

धीरे-धीरे समय बीतने पर और अपने शासन के ख़िलाफ़ लोगों और आभिजात्य में भी असन्तोष देखकर, जहाँगीर 'बादशाहत' के चलते, राज-कार्यों की जटिलताओं एवं दुरूह परिस्थितियों का सामना करने पर समझने लगा था कि इतने विशाल भारत देश में शासन का सबसे सुन्दर और सटीक तरीका था, 'अकबरी तरीका', जो समन्वय और सद्भाव पर आधारित था! लेकिन 'अकबरी तरीका' समझ आते ही जहाँगीर को खुसरू का 'राजनीतिक महत्त्व' भी सहज समझ आ गया! इसके कई कारण थे। उसके शेष पुत्रों में तो उसका असर कुछ ज़्यादा मात्रा में ही था! वे तो अकबर के साथ रहने का सौभाग्य भी हासिल नहीं कर पाये थे? ख़ुर्रम तो तब भी आख़िर में अकबर का स्नेह पाया था—भले संरक्षण और शिक्षा-दीक्षा नहीं?, परवेज़ पर तो वह सकारात्मक प्रभाव बिल्कुल न के ही बराबर पड़ा था? लेकिन जिसकी शिक्षा-दीक्षा, शिक्षण-प्रशिक्षण सब कुछ अकबर के ही संरक्षण में हुआ। वह सिर्फ़ शहज़ादा खुसरू ही था! अतः, उसमें अकबरी गुण, संस्कार, समझ व विवेक स्पष्ट झलकते थे! उसका वह बौद्धिक, आध्यात्मिक एवं सांस्कृतिक कलेवर उसे परवेज़ और ख़ुर्रम से बिल्कुल ही अलग करते थे? अतः जहाँगीर को भी सर टॉमस रो की भाँति सिर्फ़ खुसरू में ही वो गुण और विशेषताएँ दिखती थीं जो अकबर मुग़ल राजकुमारों में रोपना चाहता था जैसा अबुल फ़ज़ल के विवरणों से स्थापित भी होता था! सर टॉमस रो ने 'ग्रेट मोगुल' या मुग़ल सम्राट जहाँगीर के एक ही पुत्र यानी सिर्फ़ खुसरू के अन्दर शासकोचित गुण देखे और चिन्हित किये थे! मुग़ल शहज़ादों का परीक्षण सैन्य अभियानों एवं प्रशासनिक दायित्व के माध्यम से होता था। यही उनकी कार्यशाला, अनुभव-क्षेत्र और, परीक्षा-स्थल होते थे! उसने शेष दोनों शहज़ादों का आचरण, कार्यशैली व उपलब्धियों का मूल्यांकन राजपुताने, दक्खन एवं कान्धार अभियानों के आधार पर किया, तब उसे केवल खुसरू का ही चरित्र बेदाग दिखा!

उसे अब खुद पर ग्लानि भी होने लगी थी कि उसने अपने योग्यतम व ज्येष्ठतम पुत्र को अपनी महत्वाकांक्षा का शिकार बेवजह ही बना दिया था? उसने न केवल हाथी वाली प्रतियोगिता में उसके साथ अपमानपूर्वक, अमर्यादित व्यवहार एवं अन्याय नहीं किया था, अपितु, उसके साथ निरन्तर छल और प्रपंच करता ही रहा था? जबकि

वह बेचारा तो बेगुनाह ही नहीं, अशक्त, असहाय और बन्दी भी था? अतः जीवन के इस मोड़ पर उसकी नज़र खुसरू पर जा टिकी? वही उसे भविष्य में मुग़ल साम्राज्य के लिए आशा की एकमात्र किरण दिख रहा था? वरना उसके शेष दोनों पुत्र अपने पिता के समान घमंडी, धृष्ट होने के साथ ही छल, कपट, षड्यन्त्र, झूठ-फ़रेब में माहिर थे! जब इन दो पुत्रों से वह बिल्कुल निराश हो गया और उसका विश्वास और उम्मीद जाती रही तब वह वापस एकमात्र विकल्प के रूप में खुसरू की ओर मुड़ा! उसने ईरान के 'हक़ीम-ए-सद्र' से खुसरू की आँखों के इलाज का अनुरोध किया! ईश्वरीय कृपा से प्रारम्भिक जाँच से ही खुसरू की आँखों की रोशनी लौटने की आशा हुई! एक आँख की रोशनी तो पूरी तरह से लौट आयी किन्तु दूसरी की आंशिक ही कम रह गयी, अधिकांश लौट आयी! वस्तुतः जब महाबत ख़ाँ खुसरू की आँख फोड़ कर उसे अन्धा करने पहुँचा था, तब शहज़ादा बुरी तरह से चीखा था! महाबत ख़ाँ ने इस चीख को अपने कार्य-सम्पन्नता का द्योतक माना था! उसने रुककर यह देखने, जाँचन-परखने की ज़रूरत ही नहीं समझी और, इसीलिए अब उसकी रोशनी वापस लौट आयी! जैसा हमने देखा भी कि खुसरू तो अन्याय और बेवजह अत्याचार के ख़िलाफ़ परवरदिगार से नाराज़ होने की ही अभिव्यक्ति थी! वास्तव में, वह संवेदनाओं की ही तड़प अधिक थी! वह चीख भौतिक कष्ट की कम मानसिक पीड़ा की चीख अधिक थी!

अपने बाकी दो पुत्रों, परवेज़ व ख़ुर्रम से उसका मोहभंग क्रमशः हुआ था! किन्तु, फिर भी, खुसरू के बेदाग चरित्र और लोकप्रियता के चलते वह अपने-आप को उस शहज़ादे को मुक्त न करने में विवश पा रहा था! वह खुसरू को मुक्त करने का साहस अब भी नहीं जुटा पा रहा था! इसकी एक वजह शायद उसमें आत्मविश्वास की कमी थी? मुग़ल राजनीति की भी वही विशेषता थी, जो सामान्यतः दरबारी राजनीति की होती ही है? एक ओर मुग़ल बादशाह होता था तो दूसरी ओर आभिजात्य वर्ग और इन दोनों की रस्साकशी चलती थी! इतना ही नहीं, मुग़ल उमरा भी नस्लीय आधार पर ही विभक्त या ध्रुवीकृत था और ये उनके आन्तरिक सम्बन्धों को जटिलता भी प्रदान करते थे! अकबर जैसा निष्पक्ष और समन्वयवादी शासक अपनी सद्भावनापूर्ण और निष्पक्ष दृष्टिकोण व नीति से इन्हें सन्तुलित करने में कामयाब रहता था, किन्तु जहाँगीर जो स्वयं उमरा की अन्तःक्रियाओं के साथ प्रतिबद्ध रहा था! जो खुद ही इस राजनीतिक उठापटक के खेल में पक्षधर रहा हो और दिलचस्पी व सक्रियता से भाग लेता रहा हो, वह कैसे उन्हें और उनकी महत्वाकांक्षा को नियंत्रित करता? अतः उसके समक्ष सबसे बड़ी समस्या यही रही कि, वह अभी भी बस एक षड्यन्त्रकारी ही की तरह सीमित दायरे में ही सोच पाता था और, इन अमीरों के एक गुट के दूसरे के साथ प्रतिद्वन्द्वी को अपना हित समझता और, उसी दृष्टि से कार्य करता था! जैसे कोई शतरंज या चौसर का चतुर खिलाड़ी बस गोटियाँ चलता और बदलता

हो? उसने हिन्दुस्तान जैसे बड़े राज्य में सन्तुलन, संवाद, समन्वय और स्थिरता या स्थायित्व के महत्त्व को समझा ही नहीं! सिर्फ़ 1605 में खुसरू का विद्रोह और 1622 में ख़ुर्रम का विद्रोह ही नहीं हुए थे, उसके बीच के सत्रह वर्ष उसके साम्राज्य में जो शान्ति और स्थिरता दिखाई दे रही थी, वह सिर्फ़ दिखावटी और सतही थी!

जो शेख़ अहमद सरहिन्दी उसके सिंहासनारोहण को 'इस्लाम के बादशाह' का सिंहासनारोहण मान रहा था और अकबर की मृत्यु को 'इस्लाम के शत्रु की मृत्यु' और, शेख़ फरीद या नवाब मुर्तज़ा द्वारा नये बादशाह से 'शरियत' के अनुपालन का वादा करवाने पर प्रसन्नता ज़ाहिर करते हुए, बधाई दे रहा था, वही उसे खुसरू के विद्रोह के दौरान शक़ की नज़र से देखने लगता है? शेख़ अहमद सरहिन्दी ने ख़ान-ए-आज़म को लिखे अपने एक पत्र में संकेत से यह सन्देह भी व्यक्त किया है कि इस वर्तमान बादशाह (जहाँगीर) द्वारा अनेक ऐसे क़दम उठाये गये हैं, जिससे गैर-इस्लामी प्रवृत्तियाँ सशक्त हो रही हैं! उसने तो चेतावनी भी दी कि अकबर का पुत्र होने के कारण, अन्ततः अपने पिता की ही नीतियों का ही अनुसरण न करने लगे? इतना ही नहीं, लाहौर के निकट मुस्लिमों और ख़ास तौर से, अफ़गानों के मध्य प्रभावशाली हो रहे शेख़ इब्राहिम बाबा (अफ़गान) ने एक नया धार्मिक आन्दोलन खड़ा कर दिया था! जहाँगीर ने उसे 1606 या शासन के दूसरे ही वर्ष शेख़ बाबा को बन्दी बनाकर, चुनार के क़िले में बन्द कर दिया गया था! इसके विषय में हम ऊपर पढ़ ही चुके है। यही बाबा शेख़ बाबा कासिम सुलेमान या सुलेमानी थे, जिनका मकबरा चुनार में आज भी उनकी लोकप्रियता का जैसे परचम लहरा रहा हो, जबकि जहाँगीर सिर्फ़ इतिहास की किताबों तक सिमट के रह गया? बाबा सुलेमानी के मकबरे पर आज भी सालाना उर्स का आयोजन पूरे जोश और उत्साह से सम्पन्न होता है, जिसमें हर वर्ग, जाति, सम्प्रदाय और धर्म के लोग पूरी श्रद्धा से शरीक होते हैं! अकबर 'दीन-ए-इलाही' में अपने अनुयायी को जिस प्रकार से 'शिश्त' प्रदान करता था, वही काम भी जहाँगीर लोगों से सम्बद्ध होने के लिए करने लगा था! जैसा हमने देखा ही उसका प्रशासनिक काम बिना अनुभवी और निष्ठावान अकबरी अमीरों और अधिकारियों के चल भी नहीं पा रहा था। अतः, वह शियाओं, अफ़गानों, राजपूतों, गैर-राजपूत हिन्दुओं सबको शामिल करने को बाध्य हो रहा था? इसे भी वे अकबरी परम्पराओं का अनुपालन ही मान रहे थे?

पूरे मध्यकाल में ही उमरा के साथ ही उलमा भी समकालीन राजनीति को प्रभावित करते हुए, उसकी जटिलता में अपना योगदान देता रहा था! अतः जहाँगीर के शासन-काल को वे भी प्रतिकूल रूप से प्रभावित करने लगे! शासन और साम्राज्य की शक्तियों का विरोध करने में ये तमाम बातें सोचने की गुंज़ाइश ही नहीं थी, किन्तु अब तो उसे खुद स्थायित्व बनाये रखने के लिए समन्वय का सहारा लेना था? हिन्दुस्तान का समाज ही ऐसा था और है, कि वह सबके साथ सद्भाव, समन्वयवाद

और बन्धुत्व पर ही चल सकता था/है! अतः उलमा को जब लगा कि, जहाँगीर इस्लामी पुनरुत्थान की शक्तियों का न तो एकपक्षीय साथ दे रहा है और न ही उन्हें प्रश्रय ही प्रदान कर रहा है, तब वे उससे रुष्ट व असन्तुष्ट होने लगे? इतना ही नहीं, उसके व्यसनों की आदत ने भी उलमा को नाराज़ कर दिया होगा? ईसाई मिशनरी फादर कात्रो के वृत्तान्त से स्पष्ट होता है कि जहाँगीर 'निषिद्ध मदिरा के साथ दस्तरखान पर प्रतिबन्धित मांस के सेवन से भी परहेज नहीं करता था' अतः उलमा यह सब धर्म-विरुद्ध आचरण कैसे स्वीकार करके पचा पाता? उलमा एक विद्रोही राजकुमार से वो सब प्रत्याशा नहीं करता था, जो उसे एक मुग़ल बादशाह से थी, अतः जहाँगीर को एक ही समय में एक साथ, उमरा और उलमा के विरोध का सामना करना पड़ा था!

एक तरफ़ मुग़ल राजनीति और भारतीय समाज की जटिलताएँ और, दूसरी ओर जहाँगीर बादशाह की चारित्रिक कमियाँ, त्रुटियाँ, खामियाँ थीं, उस वजह से ये जटिलताएँ और उलझती थीं! और, इसी वजह से बादशाह जहाँगीर को हर मुकाम पर क्षति ही उठानी पड़ रही थी! वह कभी सोचता कि, उन पुराने साथियों की कहाँ तक सुनें? तो वह कभी यही सोचता था कि, उलमा की 'इस्लामी पुनरुत्थान' की अपेक्षा पर कैसे और क्यों खरे उतरे? ख़ैर इस पूरे प्रकरण से उसे एक बात साफ़-साफ़ समझ आ रही थी, यदि, धर्म-केन्द्रित राज्य हुआ तो उसकी निरंकुशता भी तो घटेगी? बादशाह के रूप में उसकी शक्तियाँ उलमा कि तुलना में क्षीण होंगी? उलमा तो अकबर से नाराज़ ही इसीलिए हुआ था, क्योंकि, 'महज़र' की उद्घोषणा के बाद उसने उलमा के पर कतर दिये थे? क्या वह उन्हें छूट देकर अपनी शामत नहीं आमंत्रित करेगा? क्या उसकी स्वेच्छाचारिता में धर्माधिकारी वर्ग या उलमा का अतिक्रमण नहीं होने लगेगा? क्या उसने इस समझौते के लिए बादशाहत की चाह की थी? क्या इसलिए उसने अपने पिता और पुत्र दोनों को मानसिक व शारीरिक कष्ट प्रत्यक्ष-अप्रत्यक्ष रूप से नहीं दिया था? क्या वह उनका दोषी इसीलिए हुआ था? क्या इसी दिन के लिए उसने षड्यन्त्र रचे थे? क्या इसीलिए विद्रोह और अवज्ञाकारिता की थी कि वह अपने अधिकार उलमा या उमरा के हाथों में स्थानान्तरित कर दे? क्या वह अपने अधिकारों और अधिकार-क्षेत्रों में किसी के भी अंकुश और अतिक्रमण को स्वीकार कर सकता था? क्या इस प्रकार से धार्मिक वर्ग का बादशाहत में दखलन्दाजी से राजत्व निरंकुश और स्वेच्छाचारी रह पायेगा? क्या उसकी शक्ति कम और अधिकार-क्षेत्र सिमट और सिकुड़ नहीं जायेंगे? वह तो अपने शब्दों को ही न्याय के रूप में स्वीकार किये जाने का अकबर से भी अधिक आग्रही था? वह अपने वैयक्तिक स्वार्थ और सत्ता के लिए संघर्षरत रहा था न कि किसी और के हाथों उसे गिरवी रखने के लिए? क्या वह उलमा के हाथों की कठपुतली हो सकता था? मगर उलमा ने ऐसा सोचा? अगर वे भस्मासुर बनने को तैयार थे, तब

वह कैसे स्वीकार कर पाता? लेकिन यह मसला उसके अपने ही पूर्ववर्ती निर्णयों व उनके साथ सम्बद्धता से उसके लिए 'गले की हड्डी' बन चुका था? उसे अब इसी कशमकश के साथ जीना था और उससे लगातार जूझना था! इतनी समस्यायों के बीच उसे खुसरू के साथ हुआ अन्याय सताने लगा था? किन्तु वह अपने स्वभाव और आदेशों के साथ ही परिस्थितियों के हाथ मजबूर भी था? इन परिस्थितियों की निर्मिति में भी तो उसी की सोच और नीतियाँ ज़िम्मेदार थीं?

वैसे यह एक बहुत बड़ा सत्य है, जिसे हमें कभी विस्मृत नहीं करना चाहिए कि जितनी ऊर्जा उसने अकबर के राज्य में उथल-पुथ मचाने में व्यर्थ की थी, वह वाक़ई व्यर्थ ही गयी थी? वह अकबर की सकारात्मक ऊर्जा का विरोध अपनी नकारात्मक ऊर्जा से कर रहा था, अतः सफल हो भी नहीं सकता था? मगर, उसने इससे कोई सबक भी नहीं लिया? उसके चरित्र व व्यवहार में कोई परिवर्तन हमें दृष्टिगोचर नहीं होता है? वही ऊर्जा बाद में भी वह अपने राज्य की स्थिरता बनाये रखने के लिए व अकबरी विरासत वाले खुसरू को दबाये रखने के लिए उपयोग करता रहा? भले ही, उसके नतीजे साम्राज्य और उसके सातत्य के हित में कत्तई नहीं थे? इसका सबसे बड़ा प्रमाण हमें समय-समय पर मिलता है, जब वह चाहे-अनचाहे खुसरू को माफ़ करने की सोचता है, उसे क़ैद से रिहा भी करता है, किन्तु, हर बार थोड़े ही समय में उसको उसकी अपनी असुरक्षा का भाव अपने निर्णय वापस लेने को बाध्य ही कर देता है? इसको तमाम इतिहासकारों, यथा बेनी प्रसाद, रामप्रसाद त्रिपाठी, नुरुल हसन से लेकर विदेशी यात्री एवं बैम्बर गैस्कोयीन जैसे विदेशी इतिहासकार तक सब ने बस सनक और कुंठाग्रस्त व्यक्तित्व वाले शासक के रूप में ही विश्लेषित किया है? उसके इस असुरक्षा-भाव को समझा ही नहीं? नकारात्मक ऊर्जा वाला जहाँगीर कभी सकारात्मक ऊर्जा का सामना करने का मनोबल ही नहीं जुटा सकता था? अतः वह यही लिखकर अपने निर्णय परिवर्तन के औचित्य को प्रमाणित करने की कोशिश ही करता दिखता है, जैसे कि, कोई चोर अपनी चोरी या कमी छुपा रहा हो? वह अपनी आत्मकथा, तुजफ़क-ए-जहाँगीरी में यही लिखता है : "हर बार जब वह (खुसरू) मेरे समक्ष उपस्थित हुआ था, वह मनहूस ही बना रहा। उसके मुखाकृति पर किसी प्रकार की प्रसन्नता और खुलेपन का कोई भाव ही नहीं था। वह सदैव शोकाकुल और हतोत्साहित ही दिखा।" अतः जहाँगीर कहता है कि खुसरू को देखकर उसे यही समझ में आता था कि ऐसे मनहूस व्यक्ति को क़ैदी ही रखो वरना वह पूरे साम्राज्य में मनहूसियत का माहौल बना देगा? यह जहाँगीर की अपनी नकारात्मक सोच और ऊर्जा थी, जो हमें उसके इस औचित्य स्थापित करते शब्दों में स्पष्ट दिखाई देती है!

इसी बीच जिस घटना ने जहाँगीर के शासन-काल और मुग़ल इतिहास को सर्वाधिक प्रभावित किया, वह घटना 1611 ई. में जहाँगीर और मेहरुन्निसा का विवाह

था! जैसा कि सभी को ज्ञात ही है, गियास बेग की यह विधवा बेटी बादशाह की सौतेली माँ सुल्तान सलीमा बेग़म के हरम में गत 3 वर्षों से निवास कर रही थी, जब चौथे वर्ष के प्रवास में बादशाह की नज़र उसके ऊपर पड़ी और वह उसकी ओर आकर्षित हो गया! उसके तौर-तरीकों, तहजीब और बात करने के अन्दाज़ ने जहाँगीर को मोहित कर लिया! उसे मेहरुन्निसा एक पढ़ी-लिखी, सुसंकृत और सलीके वाली महिला लगी और उसने तभी निर्णय ले लिया और 1611 में दोनों का निकाह सम्पन्न हो गया! निकाह के समय मेहरुन्निसा 34 वर्ष की रही होगी। उसका जन्म 1577 में कान्धार में गियास बेग की ईरान से भारत यात्रा के दौरान हुआ था। 1569 ई. में जन्मा जहाँगीर इस समय 41-42 वर्ष का था। मेहरुन्निसा को पहले 'नूरमहल' (1611) और फिर 'नूरजहाँ' (1616) के खिताब से नवाज़ा गया था! न उलमा को एक शिया बेवा से जहाँगीर का विवाह रास आया और न ही उसके सह-मतावलम्बियों अर्थात सुन्नियों या तूरानी अमीरों को! यानी यहाँ हमें स्पष्ट रूप से, उलमा और उमरा का एक-सा दृष्टिकोण और एकमेक हो जाना दिखने लगता है और समझ आने लगता है कि कैसे ये दोनों संपृक्त रूप से समकालीन राजनीति को प्रभावित करते थे?

जनवरी 1613 ई. में जब सुल्तान सलीमा बेग़म की मृत्यु हो गयी तब जहाँगीर ने अपनी इस प्रेमिका-पत्नी को 'बादशाह बेग़म' के विरुद से नवाज़ा! वह अब साम्राज्य की प्रथम महिला थी! उसे वे तमाम अधिकार व विशेषाधिकार प्रदान किये गये! वही मुग़ल 'हरम' की मलिका और प्रधान-महिला हो चुकी थी! यही नहीं, 1612-1613 ई. में उसके सगे बड़े भाई और प्रतिष्ठित मुग़ल अमीर, जो मीर-ए-सामां के पद पर नियुक्त था, उस मीर-ए-सामां, आसफ़ ख़ाँ की पुत्री अरजुमन्द बानो का विवाह बादशाह के पुत्र ख़ुर्रम के साथ सम्पन्न हुआ। इस गठबन्धन से साम्राज्य के राजनीतिक रंगमंच पर उसके परिवार की स्थिति और सुदृढ़ हो गयी! और यह बात, ज़ाहिर ही है, न तूरानी गुट (जिसके मुग़ल बादशाह स्वयं सदस्य थे) को और न ही उलमा को पसन्द आयी? मगर वास्तविकता यही थी? बादशाह होने से पहले शहज़ादे के रूप में जो इलाहाबाद के सूबेदार सलीम के समय के साथी थे, वे सब अधिकांशतः तूरानी ही थे! उनकी नाराज़गी तो स्वाभाविक ही थी! इस तूरानी गुट के नेता तो ख़ान-ए-ख़ाना अब्दुर रहीम थे, किन्तु, वे स्वभावतः कुछ कहते नहीं थे। किन्तु, इलाहाबाद के दिनों के पुराने विश्वासपात्र साथी व सहयोगी, जिसने बादशाह की इच्छा पर खुसरू को अन्धा तक करने से गुरेज नहीं किया था, वह महाबत ख़ाँ इस वैवाहिक गठबन्धन से इतना अप्रसन्न था कि वह इसे कभी भी बर्दाश्त नहीं कर सका! अतः वही नूरजहाँ और ईरानी गुट के बढ़ते राजनीतिक प्रभुत्व का सबसे मुखर विरोधी हुआ और, नूरजहाँ गुट के विरोधी अमीर गुट का स्वाभाविक नेता भी!

महाबत ख़ाँ के कारण ही मुग़ल-दरबार की राजनीति विभिन्न खेमों में विभक्त

होकर प्रत्यक्ष रूप से 'नूरजहाँ गुट' और 'विरोधी या प्रतिपक्ष गुट' में वर्गीकृत हो गयी थी! इस वर्गीकरण ने समकालीन मुग़ल राजनीति को प्रतिकूल रूप से बहुत बुरी तरह प्रभावित किया और अधिक जटिल बना दिया था! इसकी सबसे अधिक कीमत भी जहाँगीर के सबसे पुराने साथियों में से एक और इस गुट के सबसे मुखर विरोधी, महाबत ख़ाँ को ही चुकानी पड़ी थी! वह 1612 ई. में 4000 ज़ात व 3500 स्वर के पद पर पहुँच चुका था! किन्तु, उसे अगली पदोन्नति राजनीतिक विवशतावश एक दशक बाद ही दी गयी, जब ख़ुर्रम या शाहजहाँ के विद्रोह का दमन करने के लिए उससे अधिक उपयुक्त कोई अन्य अधिकारी था ही नहीं? उसे 1622 ई. में सीधे प्रोन्नत करते हुए, 6000 ज़ात व 5000 स्वर का मनसब प्रदान किया गया था!

ऐसी परिस्थितियों में नूरजहाँ गुट ने ख़ुर्रम को जहाँगीर के पश्चात शासक बनाने के लिए 'वली-अहद' या वैद्य उत्तराधिकारी के पद हेतु अपना उम्मीदवार नामित किया तब, तत्काल दूसरे गुट ने वही चाल चली, जो स्वयं जहाँगीर के सिंहासनारोहण के लिए इसी तूरानी गुट ने चली थी! अर्थात चग़ताई विधि और परम्परा का हवाला देकर ज्येष्ठतम पुत्र खुसरू के जीवित रहते किसी अन्य को नामित न किया जाना! अतः जो दुश्मन थे, वे राजनीतिक कारणों से मित्रवत और पक्षधर हो गये! यही जटिलता मुग़ल राजनीति की विशेषता भी थी और विकटता भी! वस्तुतः, अकेले खुसरू की उम्मीदवारी ही, व्यक्तिगत दोष-रहित जीवन व उच्च चरित्र के चलते सबसे धवल थी! अकबर के मकबरे तक की उसकी यात्रा और, भागने की योजना से लेकर भैरोंवल के युद्ध तथा उसके बाद की परिस्थितियाँ लोगों को उसकी ओर आकर्षित करती थीं? साथ ही, अकबर के जीवन की वो हाथी-युद्ध की आख़िरी सार्वजनिक आयोजन की शाम और, उसमें खुसरू के साथ उसके अपने पिता सलीम द्वारा किये गये अन्यायपूर्ण व अमानवीय बर्ताव तथा षड्यन्त्र और, अब उसका बन्दी-जीवन का कष्ट इन सब ने मिलकर ऐसा एक माहौल निर्मित किया था जिसमें उसके प्रति सहानुभूति और आकर्षण बस बढ़ता ही जा रहा था! अपने चारित्रिक गुणों के चलते अकबर का लाड़ला बना खुसरू आम लोगों की तो पहली पसन्द था ही!

और, अफ़वाहों में घिरे और आनन्द लेने वाले मुग़ल 'हरम' की महिलाओं का भी वह प्रिय था! अज़ीज़ कोका का दामाद और मानसिंह का भांजा होने के कारण, वह शीर्ष अमीरों का तो प्रिय था ही, किन्तु, अपने सह-नस्लियों व सह-धर्मियों का स्नेह अब राजनीतिक कारणों से उसे अपने-आप मिल गया! जब कि, वर्तमान बादशाह के साथ अब हुए और उत्कर्ष पाते ईरानी उमरा उपवर्ग के एक बड़े भाग का अकबर के ही काल से वही प्रिय था! मुग़ल राजनीत का पूरा समीकरण ही बादशाह जहाँगीर के स्थान पर शहज़ादे खुसरू की ओर एक बार फिर घूमने लगा था! इसका सबसे अच्छा और बड़ा प्रतीक महाबत ख़ाँ ही था! एक दौर में उसका सबसे बड़ा शत्रु और उसे स्वयं अपने हाथों से दृष्टिहीन करने में गर्व और प्रसन्नता

व्यक्त करने वाला अब उसका पक्षधर और प्रबल समर्थक बन कर उभरा था! अतः अब वह सभी वर्गों के दिल की पसन्द हो गया था! शासन और इसमें नूरजहाँ गुट के बढ़ते प्रभाव से नाराज़ वर्ग ही नहीं, हर तरह का असन्तुष्ट तत्त्व और वर्ग के लोग खुसरू की ओर ही ध्रुवीकृत होने लगे! वह एकमात्र समानान्तर सत्ता के केन्द्र में उभरने लगा! अकबरी उमरा (अमीर वर्ग) तो पहले भी उसके ही साथ था, अब वह अधिक मौखिक व गतिशील रूप से खुसरू समर्थन में उतर आया! जहाँगीर के लिए मुश्किल ही नहीं, अब असम्भव होने लगा कि, वह खुसरू को शीघ्र ही 'वली-अहद' नामित न करे? उसे अपने ही अमीरों के खुले विद्रोह का भय सताने लगा?

किन्तु, अगर कोई वजह जहाँगीर को शहज़ादे खुसरू को आज़ाद करने से रोकती थी, तो वह उसका व्यक्तिगत स्वार्थ और वैयक्तिक सत्ता-लोलुपता ही थी! वह खुसरू के विद्रोह को उन्मूलित करने के उपरान्त भी उस विद्रोह के तात्कालिक एवं दूरगामी परिणामों से मुक्त नहीं हो पा रहा था? इसी वजह से हम पाते हैं कि खुसरू के विद्रोह का असर वर्षों तक मुग़ल राजनीति को प्रभावित करता रहा! जहाँगीर बादशाह द्वारा 'भैरोंवाल के युद्ध' के पश्चात भी, खुसरू को निरन्तर अपमानित, प्रताड़ित और बेवजह दण्डित करने के उपरान्त भी उसका प्रभाव और जनाधार बढ़ता ही दिखा! खुसरू के इस बढ़ते आभा-मंडल में, उसने अपने-आप को मुग़ल साम्राज्य में कहीं किसी हाशिये में पड़ा-सा महसूस ही किया? और, यह स्थिति उसके लिए असह्य थी? इसी कारण से तो वह अपने पिता की लोकप्रियता के चलते अपनी ओर ध्यानाकर्षण के लिए विरोध व विद्रोह करता रहा था? उसी की परम्परा वाले उसके इस चहेते पौत्र को वह कैसे बर्दाश्त करता? क्या खुसरू को 'वली-अहद' नामित करके, वह अपने ही शासन के अन्त के फ़रमान पर तो दस्तखत नहीं कर देगा? यही एक फ़ैसला था जो उसने नहीं लिया और, यही उसके तथा उसके पुराने मित्रों और पुराने उमरा के बीच की सबसे बड़ी फाँस बन गयी! अकबर ने हिन्दुस्तान में जिस साम्राज्यी संरचना को जन्म, वाहिनी-शक्ति, ऊर्जा व वृहद्-व्यापक रूप प्रदान किया था, उसमें वह अपने अमीरों, ज़मींदारों, जागीरदारों, मनसबदारों पर ही सर्वाधिक निर्भर था! जहाँगीर के पास न तो इतना समय, फुर्सत, बुद्धि, विवेक या दूर-दृष्टि ही थी कि वह इस प्रशासनिक ढाँचे में आमूल-चूल परिवर्तन कर सकता था? अतः मरता क्या न करता, वह इस विरोधाभास के साथ ही जीने और शासन करने को बाध्य था? और, इसी के अन्तर्गत अन्तर्विरोधी तत्त्वों ने साम्राज्य और शासन को स्थिर व स्थायी होने ही नहीं दिया?

इन्हीं तमाम कारणों के चलते, बिहार में कुतुब के प्रकरण के अलावा भी निरन्तर खुसरू के समर्थन या उसके प्रभाव के कारण, विद्रोह व अस्थिरता के हादसे होते ही रहे! और, ज़ाहिर है, इनके चलते जहाँगीर का शासनकाल कभी स्थिर या स्थायी नहीं ही हो पाया! सबसे पहला वाकया खुसरू के विद्रोह का प्रत्यक्ष प्रभाव के चलते

हुआ था और, वह था बीकानेर के राय राय सिंह के पुत्र दलपत सिंह का विद्रोह! राय राय सिंह जहाँगीर का श्वसुर भी था। उसकी पुत्री से सुल्तान (शहज़ादे) सलीम का विवाह अकबर के शासनकाल के 31वें वर्ष में हुआ था। उसे अकबर के काल का अन्त होते-होते 4000 का मनसब प्राप्त था, जिसे जहाँगीर ने शासन के पहले ही वर्ष में 5000 कर दिया था। राय राय सिंह को अपने पुत्र दलपत के साथ खुसरू के विरुद्ध शाही अभियान में बादशाह के साथ चलने का आदेश जहाँगीर ने दिया। वह कुछ दूर साथ जाकर, बिना बादशाह से आज्ञा लिए ही, अपने राज्य बीकानेर को चला गया! वह बादशाह अकबर के बहुत नज़दीक था। उसकी एक भतीजी से अकबर का विवाह भी हुआ था, जब शासन के 15वें वर्ष में उसने अजमेर जाकर बादशाह के समक्ष समर्पण कर दिया था। इतना ही नहीं, वह बादशाह का साढ़ू भी था, क्योंकि दोनों का ही जैसलमेर की राजकुमारियों से ब्याह हुआ था! अतः वह अकबर के कारण, खुसरू से अधिक सहानुभूति रखता था! उसके मन को उसी खुसरू के विरुद्ध कार्यवाही में भागीदारी करना उचित व न्यायिक नहीं लगा अतः, उसने मार्ग से ही अलग होकर बीकानेर लौटना श्रेयस्कर समझा। उसे मालूम था कि जहाँगीर कभी इस आधार पर तो उसे घर जाने की आज्ञा नहीं देगा! और ज़ाहिर है, जहाँगीर ने इसे खुसरू के प्रति सहानुभूति का प्रदर्शन और राजाज्ञा का उल्लंघन ही माना। अतः विकल्पहीनता की स्थिति में उन्होंने जहाँगीर के कड़े रुख और अतार्किक व्यवहार से क्रुद्ध होते हुए एवं खुसरू के विद्रोह से प्रेरित और प्रोत्साहित होकर नागौर के आस-पास विद्रोह का झंडा लहरा दिया था! हालाँकि, यह बहुत फैल न सका और अन्ततः दबा दिया गया! फिर भी वह स्पष्ट संकेत तो दे ही गया!

उधर अकबर की मृत्यु और खुसरू के सिंहासनारूढ़ न होने के चलते, दूर गुजरात में अहमदाबाद के निकट मुज़फ्फ़र गुजरती के एक पुत्र ने इस ख़बर की गुप्त सूचना मिलते ही, विद्रोह कर दिया। किन्तु, अहमदाबाद के शाही अधिकारियों ने समय रहते ही इस प्रयास को निष्फल कर दिया! इसी के बाद, बुन्देलखंड में जहाँगीर के करीबी और अबुल फ़ज़ल के हत्यारे वीर सिंह देव को राज्य और दरबार के प्रश्रय के चलते, उसका भाई, रामचन्द्र बुन्देला मुग़ल बादशाह के अपने प्रति इस अन्याय से क्रोधित होकर, अवज्ञाकारिता का परचम लहरा रहा था! उसे लगा की जहाँगीर के चलते, उसका कोई हित नहीं होने वाला है। वह तो बस वीर सिंह का ही पक्षधर है और रहेगा? रामचन्द्र बुन्देला के विद्रोह के उन्मूलन के उपरान्त उसको बन्दी बनाया गया। उसे अपनी मासूम पुत्री का विवाह जहाँगीर से करने को बाध्य होना पड़ा था! उसने अपने असन्तोष की एक बड़ी कीमत चुकाई! और यह बात बुन्देलों को बहुत समय तक सालती रही! वे मन से कभी जहाँगीर की सत्ता स्वीकार नहीं कर पाये, बस भय के चलते शान्त रहने को विवश रहे थे? अर्थात, वीर सिंह देव बुन्देला के शाही मनसबदार होने के बावजूद बुदेलखंड कभी दिल से मुग़ल

शासन और सत्ता स्वीकार नहीं कर पाया? इसी के तुरन्त बाद, खुसरू के विद्रोह से ही उत्साहित बिहार के एक ज़मींदार, संग्राम ने विद्रोह का मार्ग अपनाया! उसने आस-पास के समस्त क्षेत्र में जहाँगीर के विरोधियों और अकबर के समर्थकों को साथ लेकर अच्छा-ख़ासा विप्लव खड़ा कर दिया था! अन्ततः कार्यवाही करते हुए, बिहार के सूबेदार, जहाँगीर कुली ख़ाँ ने उसको पराजित करके मौत के घाट उतार दिया। वह अपनी कम प्रशिक्षित फ़ौजों से कब तक सूबेदार की बड़ी तोपों से लैस फ़ौजों का सामना कर पाता? इसी तरह, बिहार के कुतुब के विप्लव का हाल तो हम सब जानते ही हैं, जिसने अपने-आप को खुसरू ही घोषित कर दिया था और, पटना पर आधिपत्य भी स्थापित कर लिया था!

किन्तु, 1610 में हुआ कुतुब का विद्रोह इस वर्ष की अकेली घटना नहीं थी? दिल्ली के निकट आमलोगों ने भी विद्रोह करने की ठानी और, अन्ततः आगरा से जाकर मुअज्जम ख़ाँ ने इस विद्रोह को पूरी बेरहमी से कुचल कर सभी विद्रोहियों को मृत्यु-दण्ड दे दिया! यह मृत्यु-दण्ड इसीलिए दिया गया था, ताकि लोगों को इससे एक सख़्त सबक मिल जाये और इसके बाद साम्राज्य में कोई विद्रोह की गतिविधि न हो? किन्तु, मुग़ल शासक और शासन की अमानवीय कठोरता का असर ठीक उल्टा ही हुआ? अभी यह मसला शान्त भी नहीं हुआ था कि कन्नौज व कालपी में वर्ष 1611 के प्रारम्भ में ही विद्रोह और अस्थिरता का दौर शुरू हो गया! ये क्षेत्र बहुत सामरिक महत्त्व के थे। कन्नौज से कम्पिल और कालपी से इलाहाबाद का मुख्य मार्ग जाता था! चूँकि, उस क्षेत्र में ख़ान-ए-ख़ाना की जागीरें स्थित थीं, अतः वही इन अराजक गतिविधियों को नियंत्रित करने गये या भेजे गये। ख़ान-ए-ख़ाना अब्दुर रहीम ख़ाँ जैसे सेनानायक को भी इस पूरे इलाके में शान्ति-व्यवस्था बनाने में पूरा एक साल लग गया था! उसकी स्थिति बहुत ही अजब-सी रही होगी? एक ओर अपनी ही जागीरों के प्रशासन का प्रश्न था? और वह साम्राज्य का सर्वोच्च अमीर, 'ख़ान-ए-ख़ाना' के विरुद से सुसज्जित और दक्खन का माहिर सेनानायक! दूसरी ओर, वह अकबरी परम्परा का अनुयायी और खुसरू का घनघोर समर्थक? जहाँगीर ने जान-बूझकर इसीलिए उसे इस अभियान पर भेजा था? वह चाहता था कि खुसरू के समर्थक व सहानुभूति रखने वाले समझ लें कि, इन हरकतों से वे केवल मुग़ल राज्य व साम्राज्य का अहित ही नहीं कर रहे हैं, अपितु, अपना अहित भी करेंगे?

इतना ही नहीं, 1612 ई. में तो थट्टा (सिन्ध) में कृषकों ने ही विद्रोह करने की ठानी! जहाँगीर द्वारा नियत सेना के सैनिकों और इन कृषकों के मध्य संघर्ष काफ़ी दिन चलता रहा और वे शान्त होने का नाम ही नहीं ले रहे थे? जहाँगीर ने अन्ततः राजमहल के बख्शी, अब्दुर रज़्ज़ाक को इस क्षेत्र में शान्ति स्थापित करने के उद्देश्य से नियुक्त किया, तब जाकर कहीं शान्ति और व्यवस्था स्थापित हो पायी! 1613 आते-आते, पठानकोट के पूर्व ज़मींदार राजा बसु के पुत्र, सरदार दलपत ने अपने-आप

को राजसत्ता का विरोध करने के लिए विवश पाया! उसके पिता के ऊपर जहाँगीर की तभी से कृपा थी, जब वह शहज़ादे सलीम के रूप में राज्य-विरोधी गतिविधियों में उसका सहायक और समर्थक ही था? वह मऊ और पठान (पठानकोट) का ज़मींदार था। यह क्षेत्र (रावी नदी के निकट) पंजाब के उत्तरी पहाड़ों के बारी दोआब में स्थित होने के चलते बहुत समृद्ध क्षेत्र है। दलपत का मानना था कि जिस भाई, सूरजमल ने उसके पिता के साथ अवज्ञाकारिता प्रदर्शित की थी, जहाँगीर ने शेष भाइयों के हक़ को मारते हुए, उसी छोटे भाई को सत्ता सौंपी थी? तब उसने अपने साथ न्याय की कोई उम्मीद न देखते हुए, रामचन्द्र बुन्देला की ही भाँति, विद्रोह का रास्ता अपनाया! उसका बस इतना कसूर था कि वह खुले तौर पर खुसरू के प्रति सहानुभूति रखता था? सूरजमल ने ही अपने इस भाई के विद्रोह का दमन किया और, उसे पंजाब के दक्षिण भाग तक खदेड़ कर ही दम लिया! अन्ततः खोश्त के फ़ौजदार, हाशिम ने उसे बन्दी बनाकर जहाँगीर के पास दरबार में भेज दिया! जहाँगीर ने आशानुरूप पहले उसकी आँखें निकलवा कर, फिर क्रूरता से उसे मौत के घाट उतारकर चैन पाया!

अतः हम पाते हैं कि इतने दिन, सप्ताह, माह और वर्ष बीतने के बावजूद, अनेकानेक कारणों से न तो खुसरू के साथ लोगों का जुड़ाव एवं सहनुभूति कम हो रही थी; और, न ही वे विद्रोह के समय उसका नाम भुनाने से ही चूक रहे थे? ज़ाहिर है, कोई भी उसी का नाम भुनायेगा, जिसका नाम लोगों को आकर्षित करने की क्षमता रखता हो? उसके नाम के साथ चूँकि, अकबर का नाम सदैव संपृक्त रहा और, लोगों को कहीं न कहीं यह महसूस होता रहा कि, खुसरू के साथ तो अन्याय और छल हुआ ही, उन जैसे आम हिन्दुस्तानियों के साथ भी छल हुआ है? वे कितने खुश, शान्त व स्थायित्व के चलते, अकबरी राज्य में समृद्ध, सुखी, सुरक्षित और निश्चिन्त से हो गये थे? इस बादशाह का तो रवैया ही नहीं समझ आ रहा था? वस्तुतः, सलीम शुरू से ही अपने 'क्षणिक तुष्टा, क्षणिक रुष्टा' वाली बनी छवि से उबर व निकल ही नहीं पाया! शासन सम्हालने और पूर्ण सत्ता हाथ में आने पर यह स्वभाव और अभिव्यक्त होने लगा था? अब तो स्वेच्छाचारिता के चलते कोई रोक या अंकुश भी नहीं था? शासन-सत्ता का एक निश्चित भय होना तो दण्ड व संरक्षण भाव के लिए भी आवश्यक है, किन्तु जनता अगर आतंकित महसूस करे और आभिजात्य घुटन, तब उस सत्ता से सबकुछ हासिल हो सकता है, सिवाय सन्तोष एवं इससे उपजी स्थिरता के? वही हाल जहाँगीर के शासनकाल का रहा? इतना ही नहीं, राजमहल भी इसी राजनीतिक अस्थिरता और उसके कारक का हर सही-गलत तरीके से इस्तेमाल करने लगा!

ऐसे में एक मसला फिर उभरा और इसने पूरी मुग़ल राजनीति और सियासी माहौल को फिर प्रभावित करते हुए इसकी जटिलता को ही बढ़ाया? किन्तु, इसकी

पूरी पृष्ठभूमि में हमें जाना पड़ेगा, ताकि यह मुद्दा और इससे सम्बद्ध समीकरण तो हम समझें ही, इससे प्रभावित होने वाली मुग़ल राजनीति के सभी आयामों का भी हमें अन्दाज़ हो जाये? वास्तव में, जहाँगीर ने 'मेवाड़-अभियान' के लिए 1608 में महाबत ख़ाँ को 12,000 घुड़सवारों की एक फ़ौज के साथ भेजा। इस फ़ौज में 500 अहदी सैनिक, 2,000 बन्दूकची-तोपची, 60 हाथी, कुल मिलाकर 80 के करीब आखुर-नाल व फीलनाल अर्थात, क्रमशः घोड़ों व हाथियों पर रख कर चलाई जाने वाली बन्दूकें या छोटी तोपें! इस अभियान के लिए, जहाँगीर ने व्यय के लिए 20 लाख रुपये भी दिये थे! जिस गति, शक्ति एवं ऊर्जा से महाबत ख़ाँ ने अपना अभियान प्रारम्भ किया, उससे लगता था कि मुग़ल सेनाएँ कामयाब होकर ही रहेंगी और मेवाड़ विजित हो जायेगा! किन्तु, 1609 आते-आते यह स्पष्ट हो गया कि छुटपुट लड़ाइयों के अलावा मुग़ल सेनाएँ कोई निर्णायक विजय प्राप्त करने में सफल नहीं हो पा रही थीं? अतः जहाँगीर ने उसे वापस बुलाकर, अब्दुल्लाह ख़ाँ को इस अभियान का नेतृत्व सौंपने का फ़ैसला लिया! उसने पूरी शक्ति से आक्रमण करके, राणा अमर सिंह के पहाड़ी जंगलों से आच्छादित प्रश्रय-स्थल पर भी आक्रमण किया और ऐसे हालात पैदा कर दिये, जिसमें लोगों को राणा प्रताप एवं उनके प्रतिरोध की दास्तान स्मरण हो आयी? एक बार तो राणा अमर सिंह सिर्फ़ अँधेरे का लाभ उठाकर ही जान बचाने में कामयाब हुआ! किन्तु, रणपुर के दर्रे में हुए युद्ध में ऊपर से राजपूतों और भीलों के प्रहारों से अब्दुल्लाह और मुग़ल सेना को भरी क्षति उठानी पड़ी थी? उसने प्रतिशोध लेते हुए, राजकुमार करण के नेतृत्व वाली मेवाड़ी सैन्य-टुकड़ी को 1611 में करारी शिकस्त दी, जिससे खुश होकर जहाँगीर ने न केवल उसे 'फिरोज़ जंग' का विरुद ही प्रदान किया, अपितु, उसका मनसब बढ़ा कर उसे पंच-हज़ारी मनसबदार भी बना दिया! किन्तु, दक्खन में मुग़ल अभियान को बल प्रदान करने के लिए उसे गुजरात भेजना भी ज़रूरी महसूस किया गया।

अब जहाँगीर ने अब्दुल्लाह ख़ाँ या फिरोज़ जंग के ही परामर्श पर पठानकोट के ज़मींदार व अपने पुराने सहयोगी व विश्वासपात्र राजा बसु को मेवाड़ विजित करने के अभियान में नियुक्त कर दिया! वह एक दुस्साहसी सेनापति था, अतः अभियान तो कई किये किन्तु सफल न हुआ! उसे राजा बसु के शत्रुओं ने बताया कि कैसे तब उसने राणा अमर सिंह से एक कृष्ण की मूर्ति ली थी? इस मूर्ति के विषय में प्रसिद्ध था कि इसी मूर्ति की पूजा-अर्चना स्वयं मीरांबाई किया करती थीं? अतः उसे इसी शक के आधार पर जहाँगीर ने उसे हटाकर, अकबर के दूध-भाई, मिर्ज़ा अज़ीज़ कोका को इस कार्य के लिए नियुक्त किया! अज़ीज़ कोका भी दक्खन के व्यर्थ और निष्फल युद्धों से आजिज़ आ चुका था, अतः वह मेवाड़ के इस अभियान के लिए तत्पर हो गया? मिर्ज़ा अज़ीज़ कोका पुराना घाघ था, उसे लगा कि, अपना सुरक्षा घेरा मजबूत कर ले? क्योंकि, एक के बाद एक प्रसिद्ध योद्धा और मुग़ल सेनापति

इस अभियान में असफल होते जा रहे थे? उसे लगा कि, यदि ख़ुर्रम इस अभियान का वास्तविक नेतृत्व सम्हालेगा तो असफलता और नाकामी का सारा दोष अकेले उसपर नहीं आयेगा? अतः, उसने स्वयं जहाँगीर को इस अभियान के लिए ख़ुर्रम के नाम की सिफ़ारिश की थी? कोका द्वारा अपने नाम की इसी सिफ़ारिश को बाद में ख़ुर्रम ने मिर्ज़ा अज़ीज़ कोका के ख़िलाफ़ इस्तेमाल किया था? वह भी तो जहाँगीर का ही पुत्र था और, उसी तरह षड्यन्त्रकारी? कब कौन से साधारण तथ्य या बात को क्या रूप प्रदान कर दे? उसके किस अर्थ को तोड़-मरोड़कर रेखांकित करते हुए किस नये आलोक में प्रस्तुत कर दे?

अतः जब मिर्ज़ा अज़ीज़ कोका की इस सिफ़ारिश पर ख़ुर्रम को मेवाड़ अभियान पर 1614 ई. में भेजा गया और वह असफल हुआ, तब उसने बिना संकोच के इस असफलता का सारा दोष ख़ान-ए-आज़म अज़ीज़ कोका पर लगा दिया! उसने बादशाह को आगाह किया कि, चूँकि ख़ान-ए-आज़म खुसरू के श्वसुर हैं तथा शुरू से ही उसकी उम्मीदवारी की वकालत और प्रचार करते रहे हैं, अतः उन्होंने जान-बूझकर एक तीर से पिता-पुत्र, जहाँगीर व ख़ुर्रम के निशाने लगाने का षड्यन्त्र करके, शाही योजना असफल की है? उसने उन्हें राजद्रोही कहने में कोई संकोच भी नहीं किया? जहाँगीर का साला आसफ़ ख़ाँ उसका (शाहजहाँ का) श्वसुर भी था! उसने बस इस बात का फ़ायदा उठाया और, अकबर के दूध-भाई व प्रतिष्ठित मुग़ल अमीर अज़ीज़ कोका को आसफ़ ख़ाँ की निगरानी में नज़रबन्द करवा दिया! उनका मात्र इतना ही कसूर था कि वे खुसरू के श्वसुर थे!

जहाँगीर ने ख़ुर्रम की शिकायत पर तुरन्त कार्यवाही की थी? उसके पास और विकल्प भी क्या था? वकील ऐत्माद-उद-दौलाह, उसकी पुत्री नूरजहाँ, पुत्र आसफ़ ख़ाँ तो ख़ुर्रम के पक्ष में खड़े ही थे, अमीरुल-उमरा शरीफ़ ख़ाँ भी ख़ान-ए-आज़म को फूटी आँख नहीं पसन्द करता था? अतः अकबर के दूध-भाई का वो हश्र हुआ, जो ख़ुर्रम ने चाहा? जहाँगीर तो पहले ही उसे जान से मार देना चाहता था, किन्तु, ख़ाँ जहाँ लोदी के विरोध और फिर सलीमा सुल्तान के नेतृत्व में मुग़ल 'हरम' के दबाव के चलते अज़ीज़ कोका या ख़ान-ए-आज़म बच गया था! शाहजहाँ ने ख़ान-ए-आज़म को नज़रबन्द करने के बाद ही अपनी कार्यवाही की संस्तुति बादशाह से माँगी थी? उसने स्वयं इतने बड़े अधिकारी के ख़िलाफ़ इतना बड़ा क़दम उठाने से पहले बादशाह की अनुमति ज़रूरी नहीं समझी थी? जहाँगीर, ख़ुर्रम की इस हरकत के गूढ़ निहितार्थ समझ गया—शाहजहाँ भी अपने पिता की राह पर चल दिया था, जैसे वह चला था, इलाहाबाद में—अकबर के काल में? जहाँगीर ने ऐसा ही दिखाया जैसे उसने ख़ुर्रम की बातों पर पूर्णतः विश्वास ही किया है और अपने पुराने विश्वासी महाबत ख़ाँ को तुरन्त उदयपुर भेजा ताकि. वह ख़ान-ए-आज़म, मिर्ज़ा अज़ीज़ कोका को वहाँ से दरबार ले आये। इसी प्रकार उसके आश्रितों को भी मंदसौर से शाही शिविर,

अजमेर में लिवा लाने के वास्ते भेजा। अब 'नूरजहाँ गुट' सक्रिय हो गया और सबने मिलकर बादशाह के कान भरने में कोई कोर-कसर नहीं छोड़ी। ऐसे माहौल में ख़ान-ए-आज़म अज़ीज़ कोका को 5 अप्रैल, 1614 ई. को दरबार में पेश किया गया और, इस गुट के दबाव में जहाँगीर ने उसे ग्वालियर के क़िले में पूरे आराम और सुविधाओं के साथ बन्द करने का आदेश दे दिया!

क्या जहाँगीर समझ रहा था कि यदि वह ख़ान-ए-आज़म को मेवाड़ अभियान में रहने दे तो ख़ुर्रम उसकी हत्या तक करवा सकता था? क्या यही भय उत्तरदायी था कि उसने स्वयं तत्काल अपने सबसे पुराने विश्वासियों में से एक महाबत ख़ाँ को उसे साथ लाने के लिए भेजा? ताकि वह अज़ीज़ कोका को मार्ग में सारी बातें समझा सके कि, यह जो क़दम जहाँगीर उठा रहा है, वह उसकी सुरक्षा और ख़याल से ही उठा रहा है! जहाँगीर को तो तुरन्त ही इस पूरे प्रकरण में षड्यन्त्र की बू आ चुकी थी? वह स्वयं सबसे निकृष्ट किस्म का षड्यन्त्रकारी रहा था, अतः इन बातों का मर्मज्ञ था? उसे समझ आ गया था कि ख़ुर्रम जो स्वयं 'नूरजहाँ जुंटा' का सदस्य था, क्या राजनीतिक खेल शुरू कर चुका था? अतः सबसे पहली आवश्यकता थी, कि, ख़ान-ए-आज़म और उसके परिवार को षड्यन्त्रकारियों से सुरक्षित करना था? अतः उसने सबको अपने दरबार में अजमेर बुलवा लिया था! उसे इस एक बात से अपनी अवधारणा की पुष्टि हो गयी, क्योंकि, उसी समय नूरजहाँ ने स्वयं और ऐत्माद, दोनों ने खुसरू को पुनः बन्दी-गृह में डाल देने के लिए दबाव डाला! खुसरू को उसने कुछ दिन पूर्व ही अपने दरबार में उपस्थिति का आदेश दिया था! उसे समझ आ गया कि यह गुट अपने उम्मीदवार, ख़ुर्रम के लिए क्या कुछ कर रहे हैं? सम्भवतः यही कारण था कि वह अज़ीज़ कोका को समझाने में सफल हो गया था कि उसके और जहाँगीर दोनों के ही हित में यही होगा कि वह (अज़ीज़ कोका) ग्वालियर दुर्ग में सब सुख-सुविधाओं के मध्य समय गुजारे? और इसकी पुष्टि उस कारण से भी होती है, जो जहाँगीर ने अज़ीज़ कोका की मुक्ति के समय दिया था!

इस पूरे प्रकरण में एक और बहुत ही दिलचस्प व सन्देहास्पद पहलू भी है, जो हमें उस काल की राजनीतिक जटिलता को समझने में मदद भी कर सकता है? वास्तव में, जहाँगीर खुद अचरज में था कि जब अज़ीज़ कोका को मेवाड़ अभियान का दायित्व सौंपा गया था, तब उसने स्वयं ही शहज़ादे ख़ुर्रम को इस अभियान का वास्तविक नेतृत्व देने की अनुशंसा क्यों की थी? सम्भवतः, अकबर का दूध-भाई यही सोच-समझ रहा था कि जिस मेवाड़ ने उसके दूध-भाई के छक्के छुड़ा दिये थे, क्या जहाँगीर और ख़ुर्रम वहाँ असफल नहीं होंगे? वह दोनों के साथ दुनिया को इस तरह से आईना दिखाना चाहता था? ख़ैर, यही आरोप ख़ुर्रम ने लगाया भी था? उससे अधिक महत्त्वपूर्ण एक और बात थी, जो ज़्यादा तार्किक और उचित ही प्रतीत होती है? अकबर के शासन के लगभग अन्त में मेवाड़ अभियान के दौरान ही मानसिंह

को बंगाल जाना पड़ा था और उसी के बाद इस अभियान पर गये सलीम ने अकबर को दक्खन में व्यस्त पाकर विद्रोह कर दिया था। सिंहासन पर बैठते ही जहाँगीर के दिमाग़ में यही मेवाड़ आया और उसने ज़फ़र बेग़ आसफ़ ख़ाँ व शहज़ादे परवेज़ के नेतृत्व में 20,000 घुड़सवारों की एक सेना भेजी। अब्दुर रज़्ज़ाक मामूरी को इसका बख़्शी या सेना के रख-रखाव के लिए अलग से नियुक्त किया गया था; आसफ़ ख़ाँ के चाचा को परवेज़ का दीवान बनाया गया; इसके साथ ही, भारमल के पुत्र, पंच-हज़ारी अमीर राजा जगन्नाथ तथा मेवाड़ के राणा अमर सिंह के चाचा सागर को भी इस अभियान से संपृक्त किया! किन्तु, खुसरू के विद्रोह व अन्य कारणों से यह अभियान सफल नहीं हो सका!

जहाँ तक ख़ुर्रम का प्रश्न था, उसे अपने बड़े भाइयों का तो कोई भय था ही नहीं? खुसरू नज़रबन्द था और, परवेज़ व्यसनों में डूबा हुआ! नूरजहाँ एवं उसके पिता तथा भाई (मुमताज़ के पिता) का समर्थन उसे प्राप्त था, लेकिन जब तक खुसरू जीवित है, उसका सिंहासन का मार्ग निष्कंटक और सहज नहीं था? वह येन-केन-प्रकारेण उसे अपने मार्ग से हटाने के प्रयास में षड्यन्त्र करने लगा? सलीम का जो वास्तविक स्वरूप था, उसका पूरा अक्स इस दौर के ख़ुर्रम में दिखने लगा था? लेकिन सिंहासन के रास्ते में उसकी एक बाधा और थी, जिसे वह नज़रअन्दाज़ कर रहा था? वह और कोई नहीं, अपितु स्वयं मुग़ल बादशाह था! मुग़ल बादशाह भी ऐसा था, जो अपने एक पुत्र को सत्ता के लिए अमानवीय प्रताड़ना देने से नहीं चूका था, वह क्या इतनी आसानी से ख़ुर्रम को अपनी ख़ून-पसीने के बाद मिली सत्ता लेने देता? क्या ज़्यादा शक्तिशाली होकर ख़ुर्रम सिंहासन और उसकी वैयक्तिक सत्ता के लिए ख़तरा नहीं बन जायेगा? उसने भी तो अपने पिता अकबर के साथ यही सब कुछ किया था? ख़ुर्रम का उद्दंड व्यवहार, उसे अपने अतीत की छवि की याद दिलाता रहता था? वह जितना सतर्क खुसरू से था, अब उससे भी अधिक ख़ुर्रम से सशंकित रहने लगा! उसे ख़ुर्रम का न बड़बोलापन, न बदजुबानी और न ही उन अमीरों के साथ बेरुखी पसन्द आ रही थी, जो नूरजहाँ दल के सदस्य नहीं थे? क्योंकि, इससे उम्र का सन्तुलन प्रतिकूल रूप से प्रभावित हो रहा था और, इसके फलस्वरूप, मुग़ल राजनीति में उबाल आ रहा था! उसे ख़ुर्रम के कार्यों, गतिविधियों, बातों में षड्यन्त्र की ध्वनि सुनाई देने लगी थी? वह इन सब बातों के निहितार्थ समझने में सक्षम और सामर्थ्यवान था!

लेकिन, जहाँ तक जहाँगीर का प्रश्न है, हारा तो वह भी अपनी कमज़ोरियों से ही? उसकी ज़बरदस्त कमज़ोरी मेहरुन्निसा हो चुकी थी, जिसे वह पहले 'नूर महल' और फिर, 'नूरजहाँ' के खिताब से विभूषित करता है? जिसका नाम सिक्के पर टंकित करवाने से भी गुरेज नहीं करता, 'शाह बेग़म' या साम्राज्य की प्रथम महिला का विरुद देने से नहीं चूकता—जो एक ज़माने में वह खुसरू की माँ और अपनी

पहली ब्याहता मान बाई को दे चुका था? ख़ान-ए-आज़म के ग्वालियर दुर्ग में बन्दी बनाये जाने के इस प्रकरण के सिलसिले में, खुसरू को जो सीमित आज़ादी बख्शी गयी थी, वह इसी गुट या दल के दबाव में छीन ली गयी थी? इतना ही नहीं, इसी समय से नूरजहाँ गुट के समर्थकों के मनसबों-जागीरों में तेज़ी से अभिवृद्धि दिखती है! ख़ुर्रम भी अपने करीबियों को उच्च पद व मनसब दिलाने में कामयाब हो जाता है? जहाँगीर सब समझते-बूझते नूरजहाँ के प्रभाव में कितना विवश हो चुका है यह भी स्पष्ट हो जाता है? ख़ुर्रम ने अपने नज़दीकी सहयोगियों, यथा, सैफ ख़ाँ बारहा, दिलावर ख़ाँ, किशन सिंह, सरफराज ख़ाँ आदि-आदि को पदोन्नतियाँ दिलवाई थीं? जब सारे उच्च निर्णय लेने वाले पदों पर इसी गुट के लोग क़ाबिज थे, तो, ज़ाहिर ही है, ख़ुर्रम को भी ऐसा करवाने में किसी अवरोध या विरोध का सामना नहीं करना पड़ा? उसकी मनमानी, दिल-चाही और मुँह-माँगी मुराद पूरी हो गयी? जब उसके सहयोगियों, समर्थकों व साथियों का पद व रुतबा बढ़ा तब उसकी ही सैन्य-शक्ति व संसाधनों में वृद्धि हुई? उसका क़द और सम्मान दोनों ही बढ़ा? इस सब में उत्प्रेरक का कार्य आसफ़ ख़ाँ कर रहा था, जो ख़ुर्रम का श्वसुर और नूरजहाँ का भाई था?

जहाँगीर सब समझा रहा था, जब उस गुट ने अपने मन-माफिक सारे काम करवा लिए, तब जहाँगीर ने एक बड़ा दिलचस्प नाटक किया, जिसका विस्तृत वर्णन उसने स्वयं अपनी आत्मकथा 'तुजफ़क-ए-जहाँगीरी' में दिया है। वो लिखता है कि, 'एक रात, जिल्ले-सुहानी' की रूह हमारे सपने में आयी और कहा, 'बाबा, तुम अज़ीज़ कोका, जो ख़ान-ए-आज़म है, उसकी गलती के लिए हमें क्षमा कर दे' और इस तरह हमसे अपने दूध-भाई की मुक्ति का अनुरोध किया!'' वाक़ई उसे तत्काल प्रभाव से जहाँगीर ने बन्दी बनाये जाने के कुछ दिनों बाद ही अज़ीज़ कोका को मुक्त कर दिया अतः, जब वह शाही दरबार में बादशाह के समक्ष पहुँचा, तब जहाँगीर पुनः अपनी आत्मकथा में स्वीकारोक्ति करता है, "हमें उससे (कोका से) अधिक अपने पर शर्मिंदगी महसूस हुई?'' इतना ही नहीं, उसने अपनी बढ़िया कढ़ाईदार पश्मीने की चादर या शॉल अज़ीज़ कोका को उढ़ा दी! मुग़ल राजनीतिक संस्कृति के अन्तर्गत शाही वस्त्र प्रदान करना भी एक विशेषाधिकार और विशिष्ट सम्मान होता था! वह मिर्ज़ा अज़ीज़ कोका को सुरक्षित रखने और तूफ़ान बीत जाने की प्रतीक्षा से सकुशल गुज़र गया!

विदेशी यात्री एडवर्ड टेरी अपने संस्मरण में लिखता है कि 'चूँकि, अपने बाद, जहाँगीर अपने इस ज्येष्ठतम पुत्र को अपना उत्तराधिकारी बनाना चाहता था, इसी कारण से तृतीय पुत्र उससे भयंकर ईर्ष्या करता था! वह बिल्कुल उत्तराधिकारी की तरह वैभव और साज-सज्जा के साथ जीवन व्यतीत करता था एवं अपने पिता के कान खुसरू के ख़िलाफ़ भरता रहता था।' जिस समय मेवाड़ प्रकरण घटा था, उसी समय एक यूरोपीय यात्री, जेम्स बिक्कफोर्ड ने बंगाल में नियुक्त ईस्ट इंडिया कम्पनी

के गवर्नर, सर टी. स्मिथ को स्पष्ट शब्दों में लिखा था : "शहज़ादा खुसरू अपने पिता को सर्वाधिक प्रिय है। बादशाह उसे घृणा के चलते नहीं, अपितु, उसकी लोकप्रियता के भय के चलते उसे बन्दी बनाये हुए है, अन्यथा स्वतन्त्र होते ही आभिजात्य व जनता मिलकर उसे शासक बना देंगे और जहाँगीर के वैयक्तिक शासन का अन्त हो जायेगा? साम्राज्य के उच्चतम व श्रेष्ठतम लोग उसके पक्षधर व मित्र हैं। जहाँगीर दिल से उसी को 'वली-अहद' के रूप में चाहता है।" लगभग सभी पाश्चात्य यात्री, यथा, टेरी, थॉमस रो, पीटर मुंडी, पिएत्रा देला वले आदि सभी इस बात की पुष्टि सी करते हैं और ये सन्तुलित व वस्तुनिष्ठ साक्ष्य हैं! अतः कुछ अपने दिमाग़ी भय और कुछ सम्राज्ञी नूरजहाँ के चलते, दुर्भाग्यशाली शहज़ादा खुसरू कभी आज़ाद नहीं हो पाया! बेनी प्रसाद तो यहाँ तक लिखते हैं कि अब जहाँगीर द्वारा खुसरू को बन्दी बनाये रखने के ख़िलाफ़ सशक्त माहौल निर्मित होने लगा था, जिसमें श्रेष्ठतम आभिजात्य, आमलोग तथा 'हरम' की अधिकांश अन्तःवासिनी उसके ख़िलाफ़ हो रही इस ज्यादती के ख़िलाफ़ मुखर होने लगे थे! किन्तु, जब 1613 में उसे दरबार में उपस्थित होने की आंशिक स्वतन्त्रता मिली थी, तब उन्होंने इसे उसकी पूर्ण आज़ादी की ओर अग्रिम चरण ही माना था, किन्तु, फिर से, मेवाड़ अभियान के इस प्रकरण के उपरान्त उसको पुनः बन्दी बनाया जाना किसी को रास न आया और, भावनाएँ फिर भड़क उठीं!

जहाँगीर ने अपने नवें वर्ष (1614 ई.) में इस प्रकरण पर ऐसी टिप्पणी की है, जिससे कुछ सही अन्दाज़ा भी नहीं लगता। वह बात को बड़े सपाट ढंग से कह कर इन शब्दों में ख़त्म करता है : "18 उर्दी बिहिश्त को हमने खुसरू को अपने पास सलाम करने आना प्रतिबन्धित कर दिया. इसका कारण यह था कि पितृ प्रेम से प्रेरित और उसकी माताओं और उसकी बहनों की प्रार्थनाओं से प्रभावित होकर हमने आदेश दिया था कि प्रतिदिन कोर्निश (सज़दा या साष्टांग प्रणाम) करने (दरबार में) आया करे। परन्तु उसके चेहरे से कोई सुख या सन्तोष प्रकट नहीं होता था। वह अपने मन में दुखी और व्यथित रहा करता था। अतः हमने उसे आदेश दिया कि वह कोर्निश करने के लिए नहीं आया करे।'' इससे एक बात यह भी लगती है, जैसे वह इस प्रकरण को इस प्रकार से लिख रहा हो, जैसे उसके इस विवरण से कोई भी पाठक किसी निश्चित निष्कर्ष पर न पहुँच सके? उसकी आत्मकथा में अनेक जगह यह त्रुटि देखी जा सकती है और, ख़ास तौर से खुसरू के सम्बन्ध में तो लगभग अधिकांशतः! वह खुसरू से आशंकित भी रहता था और आशान्वित भी उसी के ज़िन्दा रहते! वह जानता था कि जब तक खुसरू जीवित है, ख़ुर्रम उसकी हत्या के विषय में कभी नहीं सोचेगा और, जिस दिन मार्ग से खुसरू हटा, वह आसफ़ ख़ाँ के साथ मिलकर उसे येन-केन-प्रकारेण किनारे लगा ही देगा? उसे इन षड्यन्त्रकारियों से यही उम्मीद और आशंका लगी रहती थीं? शायद, इसीलिए क्योंकि, 'खग जाने खग ही की भाषा?'

इतना ही नहीं, हम पाते हैं कि 'नूरजहाँ जुंटा' ने अक्टूबर 1616 ई. को बादशाह के ऊपर दबाव बनाया कि अब चूँकि, ख़ान-ए-आज़म खुद ही संदिग्ध हो चुके हैं, अतः सुरक्षा की नज़र से खुसरू को अनी राय सिंह के स्थान पर आसफ़ ख़ाँ की निगरानी में रखा जाये! वे तो षड्यन्त्रकारी थे और महत्वाकांक्षी भी अतः, वे इतने से सन्तुष्ट कहाँ हो सकते थे? चूँकि, नूरजहाँ तथा उसके पिता ऐत्माद-उद-दौलाह के सम्बद्ध होते ही यह मुद्दा सिर्फ़ एक गुट एवं बादशाह के बीच न रहकर, एक ज्वलन्त प्रश्न व विवाद और अवसाद का मुद्दा बन ही गया! यह मामला जितना भी गुप्त रखने का प्रयास किया गया, उतना ही इसका बखेड़ा खड़ा हुआ! सर थॉमस रो हमें सूचित करता है कि जैसे ही यह ख़बर हरम व राजमहल में आग की तरह फैली, रनिवास की अधिकांश स्त्रियों ने शोक मनाना शुरू कर दिया! वे शोक की वेशभूषा धारण करने के साथ ही रोने-पीटने लगीं! उन्होंने मांसाहारी भोजन का परित्याग किया और गीत-संगीत, खेल-उत्सव-मनोरंजन सब समाप्त कर दिया! जहाँगीर ने अपने साम्राज्य के तापमान का अन्दाज़ा हरम के बढ़ते तापमान से करने में चूक नहीं की? वह हतप्रभ था कि इतने वर्षों के बाद भी खुसरू का प्रभाव, आकर्षण और सहानुभूति में कोई कमी नहीं आयी थी, अपितु, वह उलटे बढ़ती ही गयी थी? मुग़ल हरम में जहाँगीर की इस बेबसी को 'राजनीतिक चतुराई' से लेकर क्रूरता तक का नाम दिया जा रहा था? ज़ाहिर ही था, जितनी मुँह उतनी ही बातें? कोई इसे जहाँगीर की राजनीतिक चतुराई इसलिए मान रहा था, क्योंकि, वह 'नूरजहाँ जुंटा' या गुट को यह दिखाना चाहता था कि वह हरम, आभिजात्य और आमलोगों के मध्य उसकी लोकप्रियता के चलते ऐसा कर पाने में असमर्थ और असहाय था? कुछ महिलाएँ तो जहाँगीर के पुराने विश्वसनीय ख्वाज़ासरा को यह खबर जान-बूझकर फैलाने के लिए ज़िम्मेदार मानते हुए, इसे जहाँगीर की चाल बताने से नहीं चूकीं?

कुछ बुद्धिमती महिलाएँ तो इसे जहाँगीर और नूरजहाँ के गुट के मध्य के संघर्ष के रूप में भी देख रही थीं? वे मानती थीं, नूरजहाँ और उसके पिता, भाई, भतीजी (बाद की प्रसिद्ध मुमताज़ महल) ख़ुर्रम सब मिलकर साम्राज्य और उसकी राजनीति पर आधिपत्य करने की कोशिश में इस खुसरू प्रकरण का इस्तेमाल कर रहे थे? वे स्वयं नूरजहाँ या नूरमहल के 'हरम' पर बढ़ रहे नियन्त्रण से वैसे ही रुष्ट व असन्तुष्ट थीं? उन्होंने तो पूरे जोश और होश में मुखर होकर नूरजहाँ को "बेदिल", "कठोर", "क्रूर", "हत्यारिन" और, यहाँ तक कि, "अनैतिक" तक कहने से गुरेज नहीं किया? वे उसके और ख़ुर्रम के मध्य सम्बन्धों पर कीचड़ उछालने से भी पीछे नहीं हटीं? वे भली-भाँति जानती और समझती थीं कि जंग में सब जायज है? और यह जंग मुग़ल साम्राज्य की बाग़डोर की थी और उन्हें खुसरू और बादशाह की पक्षधरता में ही अपने व साम्राज्य के हित दिख रहे थे? अन्यथा, सन्तुलन ख़ुर्रम व नूरजहाँ गुट के पक्ष में चला जाता? वैसे ही सलीमा बेग़म की मृत्यु के बाद नूरजहाँ

काफ़ी हद तक बेलगाम हो चुकी थी? उन्होंने ऐसा माहौल बना दिया कि अन्ततः जहाँगीर ने 'हरम' की संरक्षिका की भूमिका निभाने के लिए नूरजहाँ से ही अनुरोध किया? वह जान-बूझकर उसे वह सब एहसास कराने के लिए इस समय 'हरम' में भेजना चाहता था? ख़ैर इतना जलालत झेलने के बाद भी जब शान्ति नहीं हुई और नूरजहाँ की बड़ी लानत-मलानत हुई, तब बादशाह स्वयं वहाँ पहुँचा! 'हरम' की महिलाएँ तो जैसे इसी क्षण की प्रतीक्षा में बैठी हों? उन्होंने कड़े, साफ़ और सन्तुलित भाषा में बादशाह से स्पष्ट कर दिया कि यदि खुसरू को उसके शत्रुओं के हवाले किया गया, तो वे सब सामूहिक रूप से आत्महत्या कर लेंगी! ज़ाहिर है, इसका सीधा असर बादशाह पर होता और बादशाह ने उन्हें आश्वस्त करना ज़रूरी ही नहीं अपरिहार्य माना?

नूरजहाँ या नूरमहल ने तो इसी में अपनी खैरियत व भलाई समझी कि, वह यहाँ (हरम) से उलटे पैर लौट जाये तभी उसकी खैरियत थी? महिलाएँ इस समय कोई भी तक़रीर सुनने को तैयार नहीं थीं? 'हरम' के बाहर, तो सेनाओं और विद्रोहियों का मुकाबला करने को सेनाएँ, तोपें, अनुभवी व दक्ष सेनापति, योद्धा, प्रशिक्षित सैनिक थे, मगर घर में लगी इस आग पर कैसे काबू पाया जा सकता था? यह सोचने-समझने की किसी की बुद्धि नहीं थी? किसी का यह माद्दा ही नहीं था कि वे कोई हल खोज पाते? और सभी को इसकी सूचना अपने-अपने स्रोतों से मिल रही थीं? सब के चेहरे लटक चुके थे? अतः षड्यन्त्रकारियों की सफलता की शुरुआत होने से पहले ही यह ख़बर आम हो चुकी थी कि इस गुट का वास्तविक मन्तव्य क्या था? अतः हम कहते सकते हैं कि 'राज वाली बिल्ली समय से पहले ही षड्यन्त्र के झोले से बाहर निकल गयी थी'? और, खुसरू के समर्थक इसलिए, उसके प्रति और सहानुभूति प्रकट कर रहे थे कि, यह मामला इस हद तक जहाँगीर ने पहुँचने ही क्यों दिया? क्या वह पिता और बादशाह दोनों ही रूप में खुसरू का भी संरक्षक नहीं था? यदि उनका बादशाह ही किसी के प्रभाव और दबाव में इस कदर विवश है, तब फिर वे किससे और क्या आशा करें? अतः, जहाँगीर ने ऐसी परिस्थितियों में वही किया जो कोई भी शासक विवेक, बुद्धि और चातुर्य से करता! कम से कम 100 महिलाओं की आत्महत्या का तो आरोप वह अपने सर नहीं ले सकता था? उसने समर्पण कर दिया और उनकी माँग मान ली?

लेकिन, ख़ुर्रम और उसका पक्षधर नूरजहाँ गुट कहाँ मानने वाला था? यह मामला शान्त होने के बाद उसने षड्यन्त्र, छल छद्म के आधार पर एक योजना बनायी? वह योजना तो उन्हें कामयाबी दिला ही देती अगर जिससे वो यह चाल चल रहे थे, वह खुद षड्यन्त्रकारी न रहा होता? वे सफल तब भी हो जाते यदि उनका सामना खुसरू के राजपूत जैसी निष्ठावान, शूरवीर, स्वाभिमानी व कर्तव्यनिष्ठ नस्ल के संरक्षक अनी राय सिंह दलन से न पड़कर किसी अन्य से पड़ता? शायद खुसरू

और जहाँगीर दोनों के भाग्य में अभी मौत बदी नहीं थी? हुआ यह कि, रात्रि को जब जहाँगीर अपने नशे में मदहोश हो गया, तब वे दोनों श्वसुर-दामाद बादशाह के कक्ष में प्रविष्ट हुए, जहाँ नूरजहाँ पहले ही से मौजूद थी! उन्होंने अपनी बात दोहराई कि खुसरू को अनी राय सिंह दलन के संरक्षणत्व से आसफ़ ख़ाँ के संरक्षणत्व में स्थानान्तरित कर दिया जाये? जहाँगीर के पास कोई विकल्प था ही नहीं, और उसने अपनी सहमति और मौखिक आदेश उन्हें ऐसा करने के लिए दे दिया? जहाँगीर स्वयं एक निम्न कोटि का षड्यन्त्रकारी था? उसने जानबूझकर इतने नशे में होने का नाटक रचा, जैसे वह लिखित आदेश देने की स्थिति में ही न हो? अतः, ख़ुर्रम और आसफ़ ख़ाँ दोनों सन्तुष्ट होकर अनी राय सिंह दलन के निवास की ओर चल दिये! वे अनी राय सिंह को उतना नहीं जानते थे, जितना जहाँगीर जानता था? इसी राय सिंह ने बादशाह जहाँगीर को शेर के आक्रमण से बचाया था और इसी अवसर पर (1610 में) उससे 'अनी' या 'अणि-दलन' का विरुद प्राप्त किया था! वह स्वयं एक स्वाभिमानी, शूरवीर था, इसीलिए जहाँगीर ने बहुत सोच-समझकर उसे खुसरू का संरक्षक बनाया था?

राय सिंह और इन दोनों का बिना सरकारी ताम-झाम, फ़ौज, कर्मचारी-अधिकारी के देर रात्रि में अपने निवास पर आना ही अप्रत्याशित लगा? उनको अपने मुख्य-द्वार के समक्ष देखा तो वह अचम्भित रह गया! उसने उनकी पूरी बात धैर्य और सम्मान से वहीं खड़े-खड़े सुनी और, सीधा व सधा हुआ सा उत्तर दिया : "मुझे बादशाह ने स्वयं शहज़ादे खुसरू का संरक्षण सौंपा है, अतः या तो वे स्वयं आकर मौखिक आदेश पर उसे ले जाने के अधिकारी हैं, अथवा कोई लिखित आदेश दें, तभी वह खुसरू का अधिकार सौंप पायेगा?" चोर का दिल होता ही कितना है? खुसरू को उन लोगों के हाथ सौंपने से अनी राय सिंह दलन के इस स्पष्ट इनकार के उपरान्त वे दोनों निराश अपने निवासों की ओर लौट जाने को विवश थे! वरना इस एक रात में कुछ भी हो सकता था? सम्भवतः यह खुसरू ही नहीं, जहाँगीर की भी वह आख़िरी रात साबित हो सकती थी? खुसरू सत्ता के मद में कुछ भी कर गुज़रता? वह तो शहज़ादे के रूप में सलीम से भी अधिक उतारू था सत्ता प्राप्ति के लिए? अतः एक निष्ठावान एवं कर्तव्यपरायण राजपूत सरदार के चलते खुसरू को एक और जीवन-दान मिल गया! यदि वह स्वयं बादशाह को ही उसके संरक्षण को सौंपने की दलील न रखता, तब शायद कुछ भी अनहोनी या अनचाहा घट सकता था? दूसरे दिन जब वे दरबार में अनी राय सिंह दलन की हुक्मउदूली की शिकायत करने की जुर्रत कर पाते, उससे पूर्व ही सुबह-सुबह यह राजपूत सरदार रात में घटी घटना के विषय में विस्तार से जहाँगीर को बता चुका था! इतना ही नहीं, जहाँगीर ने अपनी ख़ुशी व सन्तोष व्यक्त किया था! उसने यही कहा था कि उसे सब ज्ञात था, अतः उसने दबाव में उनको मौखिक आदेश दे दिया था? उसने उस सरदार की

पीठ थपथपायी और, इसी प्रकार से आगे भी अपने इस महत्त्वपूर्ण दायित्व निर्वहन का निर्देश सन्तोष व ख़ुशी के साथ दिया!

जहाँगीर के समक्ष सब कुछ साफ़ ही नहीं, नग्न षड्यन्त्र सामने आ चुका था, जिसमें पूरा 'नूरजहाँ गुट' संलिप्त था? अभी तक तो सब अप्रत्यक्ष साक्ष्यों पर ही निर्भर था, अब तो बादशाह ने स्वयं अपनी आँखों से सबकुछ देखा और कानों ने सुना था? रात्रि में जो कुछ घटा था, वह सब दीवार पर किसी इबारत की तरह साफ़-साफ़ बड़े से अक्षरों में लिखा हुआ था? इस पूरे प्रकरण की पुष्टि तब और हो गयी और बादशाह के समक्ष यह षड्यन्त्र तब और सारी परतें खुद उधेड़ गया, जब दूसरी सुबह श्वसुर-दामाद ने बीती रात्रि की कोई बात बादशाह से की ही नहीं?! जहाँगीर को सबकुछ पारदर्शी सा दिख रहा था? किन्तु, वह अनी राय सिंह दलन के आचरण के चलते, खुसरू की सुरक्षा से सन्तुष्ट और निश्चिन्त हो चुका था! जहाँगीर ने अपनी ओर से भी आसफ़ ख़ाँ व ख़ुर्रम की चुप्पी पर कोई सवाल या प्रतिक्रिया नहीं की? सब कुछ भाँप कर, चुप रहना ही उसने अपने, अपने साम्राज्य और, खुसरू के जीवन व सुरक्षा के हित में ही समझा? परन्तु, अब वह आगाह, सचेत और सतर्क हो गया था? लेकिन षड्यन्त्रकारी भूल रहे थे कि इस खेल में यदि 'वे डाल-डाल तो जहाँगीर पुराना रिंद, पात-पात था'! उसने अनी राय सिंह दलन को दिल से आशीर्वाद देकर इसी प्रकार स्वामिभक्त व निर्भय आचरण के साथ राज्य से अभय का आश्वासन दे डाला!

इस चाल में मात खाकर भी श्वसुर-दामाद की जुगल जोड़ी ने हार नहीं मानी और, फिर आशा की अन्तिम किरण 'नूर महल' से अबकी बार खुल कर बात की? वो ही बादशाह की खिदमत और सुख-सुविधा का पूरा ख़याल रखती थी? उसे अपनी नज़रों से एक पल को भी ओझल नहीं होने देती थी? इतना ही नहीं, वही सबके जाने के बाद, बादशाह का ख़ैर-मक़दम करती थी। उसे लगभग बेहोशी की हालत में बिस्तर पर लिटा कर उसकी सेवा-शुश्रूषा व देखभाल करती व बाँदियों से करवाती! देर रात्रि होश आने के उपरान्त वह बादशाह को खाना खिला, फिर सेवा-शुश्रूषा करके, सुला देती! इसी बीच और सवेरे-सवेरे वह उसे सलाह देना या अपनी बात ज़रूर करती! जहाँगीर तो उसकी इस सेवा-शुश्रूषा, उसके अपने प्रति पूर्ण समर्पण भाव से सन्तुष्ट और प्रसन्न रहता था! वह सदैव उसकी बुद्धि, विवेक, तर्क और दूरदृष्टि की प्रशंसा करता नहीं थकता था! उसकी निर्भरता और विश्वास नूरजहाँ पर इतना बढ़ गया था कि वह आधे नशे और आधे विनोद में अक्सर कहता था : "हमें क्या चाहिए? पीने को एक बोतल मदिरा एवं खाने को आधा सेर मांस, शासन की बाग़डोर सम्हालने के लिए तो नूरजहाँ सक्षम है ही!" उसने अपनी तरह से उपयुक्त अवसर पर बादशाह को समझाया कि, खुसरू के रहते, उसकी (जहाँगीर की) स्थिति भी असुरक्षित थी! वह षड्यन्त्रों, उपद्रवों, विद्रोहों एवं राज्य-विरोधी गतिविधियों का

सहज केन्द्र था! वह सारी जहाँगीर विरोधी शक्तियों को आकर्षित एवं ध्रुवीकृत करने की क्षमता वाला एक सशक्त केन्द्र-बिन्दु था? किन्तु, जहाँगीर आश्वस्त हो चुका था कि जब तक अनी राय सिंह दलन के संरक्षण में शहज़ादा है, तब तक वह और शहज़ादा दोनों ही और दोनों की स्थिति या जीवन भी महफूज है! लेकिन उसे यह भी साफ़ हो चुका था कि यदि उसको और खुसरू को किसी से सबसे ज़्यादा भय और सतर्क रहने की ज़रूरत है, तो वह घर के अन्दर ही बस एक सदस्य से है! ख़ैर नूरजहाँ को भी यह जीवन के उस मोड़ पर समझा आया, जब जहाँगीर मृत्यु-शैया पर पड़ा था और इन दोनों ने उसे असहाय कर दिया था!

क़ैद में फड़फड़ाती बुलबुल और उसका अन्त?

वास्तव में, नूरमहल के गुट और ख़ुर्रम आदि के इस षड्यन्त्रकारी प्रयास के पश्चात ही जहाँगीर को दक्खन अभियान पर ख़ुर्रम को रवाना करना था और, इस अभियान की असफलता के लिए उसने स्वयं अजमेर में स्थित होकर आगे मांडू व गुजरात तक बढ़ने की योजना बनायी, ताकि, वह दक्खन में सम्भावित लड़ाई के स्थल से बहुत दूर न रहे और, समय-समय पर युद्ध-संचालन पर अधिक नियन्त्रण रख सके? इससे कई लाभ थे, जो षड्यन्त्रकारी मस्तिष्क वाला जहाँगीर ही समझ सकता था? पहला मक़सद तो स्पष्ट था ही, बादशाह के युद्ध-स्थल दक्खन के निकट रहने से मुग़ल सैन्य-अभियान पर सकारात्मक प्रभाव पड़ना था। दूसरा, चूँकि, अनी राय सिंह दलन ग्वालियर दुर्ग में ही क़ैद शाही बन्दियों का संरक्षक था, अतः अब तो उसके अपने 'व्यक्तिगत बन्दी', खुसरू को उसी के शाही शिविर के मुख्यालय, अर्थात अजमेर में रहना पड़ेगा, अतः स्वतः ही आसफ़ ख़ाँ को यह ज़िम्मेदारी सौंपनी पड़ी! ख़ुर्रम जो इस ज़िद पर अड़ा हुआ था, तभी दक्खन जाने के लिए रवाना ही हुआ, जब खुसरू का संरक्षण उसके श्वसुर को मिल गया? इससे ख़ुर्रम निश्चिन्त भाव से दक्खन को जा सका? तीसरा, वह अजमेर के राजपुताने माहौल को खुसरू के लिए ज़्यादा सुरक्षित समझ भी रहा था? वो तो स्वयं सभी दरबारियों व 'हरम' के साथ शहर के बाहर शिविर में ठहरा, किन्तु, खुसरू की सुरक्षा की नज़र से अजमेर शहर के अन्दर एक महल-नुमा कोठी में सपरिवार इन्तज़ाम किया गया। बस वह इसके बाहर नहीं जा सकता था और, सारे प्रहरी, परिचर आदि आसफ़ ख़ाँ के ही थे! ताकि उसपर पूरे समय सख्त नज़र रखी जा सके? ख़ैर, यहीं अपनी सनक वाली हरकतों के लिए मशहूर जहाँगीर ने एक अचम्भा करके, सबको चकित और कुछ लोगों को चित कर दिया? ख़ैर, बादशाह पिनक में लिए गये निर्णयों और सम्पादित कार्यों के लिए वैसे ही कुख्यात था अतः किसी को उसकी यह हरकत भी सुनियोजित नहीं लगी होगी?

खुसरू के संरक्षण का दायित्व अनी राय सिंह दलन से आसफ़ ख़ाँ के हाथों स्थानान्तरण में कई और भी राजनीतिक पेंच थे? एक ओर ख़ुर्रम को लगता था, कि, जब खुसरू उसके गुट के क़ब्जे में रहेगा, तो वह बादशाह से मनमानी करवा सकेगा। इसके अतिरिक्त भी खुसरू एक तरह से उसके अपने हितों से रक्षा कवच

की तरह था? वह भी अपने पिता जहाँगीर की तरह अत्यन्त सत्ता-लोलुप एवं महत्वाकांक्षी था? अतः वह किसी पर भी विश्वास नहीं करता था, यहाँ तक कि, अपनी संरक्षिका, नूरजहाँ पर भी पूरा भरोसा कभी नहीं रहा। और, बादशाह पर तो कत्तई नहीं और, जहाँगीर ने सलीम के रूप में जिस प्रवृत्ति को जन्म दिया वही अब ख़ुर्रम के रूप में फल-फूल और फैल रही थी! बाद में इसका और प्रत्यक्ष रूप हमें औरंगज़ेब के व्यक्तित्व और कृतित्व में दिखना था? यानी यह प्रवृत्ति सशक्त, समृद्ध और सुदृढ़ होती चलाई गयी! अतः हम कह सकते हैं कि ख़ुर्रम ने अपनी सुरक्षा के दृष्टिकोण से बादशाह के बड़े पुत्र के संरक्षण को मुद्दा बना रखा था? नूरजहाँ पर वह सिर्फ़ विवशता में विश्वास कर रहा था, क्योंकि, वह उसके हितों की रक्षा कर रही थी और सहायक हो रही थी? जिस दिन ऐसा नहीं हुआ, इतिहास गवाह है—उस दिन (1622 के उपरान्त) इसी ख़ुर्रम ने कैसे नूरजहाँ से पल्ला झाड़कर अलग गुट ही निर्मित कर लिया था! ख़ैर उस समय एक ज़बरदस्त कमी भी हो गयी थी? इस गुट के असली मुखिया, गियास बेग या ऐत्माद-उद-दौलाह की मृत्यु हो गयी थी। वह अपने विवेक, अनुभव और दूरदृष्टि से अपने बेटे-बेटी—आसफ़ ख़ाँ तथा नूरजहाँ आदि—सबको नियंत्रित भी रखता था और एक सूत्र में बाँधे भी रहता था! वह बादशाह के विरुद्ध इस गुट का सबसे मज़बूत और बड़ा कवच था! अतः इतने महत्वाकांक्षी लोगों का साथ तो हो भी नहीं सकता था? फिर, नूरजहाँ की भतीजी, अरजुमन्द बानो (मुमताज़ महल) भी उसी की भाँति महत्वाकांक्षी और उसी पद और शक्तियों से लैस होने को इच्छुक? वह कब तक अपनी बुआ के अधीन रहती? आख़िर उसे तो अपने पति से ज़्यादा हुनरमन्द और साम्राज्य के लिए लाजमी कोई अन्य दिखता नहीं था? मेवाड़ हो, दक्खन हो, कान्धार हो, आख़िर वही तो सब जगह शान्ति-व्यवस्था बनाता दौड़ता नहीं थकता था? तो फिर उसे वाजिब हक़ क्यों न प्राप्त हो? वह क्यूँ किसी और की छत्र-छाया में रहे और उसका मोहरा बनकर उसकी शतरंजी चालें यन्त्रवत चले?

ख़ैर, इस समय शहज़ादा खुसरू भाग्य के आगे विवश जहाँगीर, नूरजहाँ और ख़ुर्रम के मध्य राजनीतिक शतरंज के शह-मात के खेल में महज़ एक मोहरा बनकर रह गया था? शहज़ादा सलीम जिस सनक के लिए कुख्यात रहा था और अपने पिता व बादशाह की परेशानी का सबब भी, वह सनक बादशाह बनने के उपरान्त भी उसका प्रिय आभूषण ही बनी रही! आम लोगों, आभिजात्य और, उसके अपने साथियों व समर्थकों के साथ ही, 'हरम' के एक बड़े वर्ग को यही लगता था कि महत्वाकांक्षा, सत्ता की अदम्य लालसा, नशे की आदत के चलते ही उसका स्वभाव ऐसा हो गया था? उन सब को लगता था कि वह एक बार मनोवांछित प्राप्त कर लेगा तो सम्भवतः बदल जायेगा? या शासन-प्रशासन के दायित्व उसे एक व्यापक व उदार दृष्टिकोण स्वतः प्रदान कर देगा? यदि कुत्ते की दुम कुछ समय ज़मीनदोज़

रहने के बाद सीधी होती, तब सलीम भी सत्ता के उपरान्त सीधा हो जाता? अपितु, उसकी सनक की अभिव्यक्ति के अब अधिक अवसर भी थे और उसके ऊपर अब नियन्त्रण भी कोई नहीं रहा था? मरियम, अकबर और, फिर सुल्तान सलीमा बेग़म भी न रहीं? अतः जो उसने अजमेर में शहज़ादे खुसरू के साथ किया, वह बाकी लोगों के लिए सामान्य रहा होगा, क्योंकि, वे उसके अभ्यस्त थे, किन्तु, सर थॉमस रो के लिए अजूबा था। वह उसे पहली बार अनुभूत कर रहा था, अतः उसने पूरा विवरण दिया है! ख़ैर, हमारे लिए यह विवरण इसलिए महत्त्वपूर्ण है क्योंकि इस वर्णन से हमें निश्चित ही, कई तथ्य समझने में सहायता ही होगी? रो द्वारा बताई गयी बातों से तत्कालीन मुग़ल राजनीति की कई गुत्थियाँ स्वतः सी सुलझने लगती हैं? सर थॉमस रो के इस विवरण से पूर्व बेहतर हो, हम इसकी पूरी पृष्ठभूमि को भी समझ लें तब शायद और आसानी से ये गुत्थियाँ सुलझें?

वस्तुतः, अकबर ने असीरगढ़ को देखकर के जिस लोलुपता और साम्राज्य-प्रसार का परिचय दिया वह उसके द्वारा स्थापित मूल्यों, आदर्शों व प्रतिमानों के तो प्रतिकूल था ही, अन्ततः, इसका दूरगामी परिणाम भी साम्राज्य के हित में साबित नहीं हुआ? असीरगढ़ और दक्खन के प्रति मुग़ल नीति व उसके क्रियान्वयन के अन्तर्निहित अन्तर्विरोधों ने अन्ततः मुग़ल शक्ति को क्षीण एवं श्रीहीन किया और, मुग़ल वंशीय सत्ता के पतन में भी योगदान दिया! मुग़लों के श्रेष्ठ योद्धा, सेनानायक, समय, ऊर्जा, शक्ति व संसाधन दक्खन में ही नष्ट हुए? कम-से-कम, दक्खन के सन्दर्भ में हम दावे के साथ कह सकते हैं कि अकबर इतिहास का अच्छा विद्यार्थी साबित नहीं हुआ? उससे पूर्ववर्ती काल में दिल्ली सल्तनत का भी विखंडन इसी दक्खन नीति के चलते ही हुआ था? यदि वह ठीक से पूर्वर्ती दक्खन नीति को विश्लेषित करता, तो उसे सहज समझ आता कि विजय कर के दक्खन के राज्यों के प्रत्यक्ष विलय और प्रशासन की नीति कितनी घातक होती है? अगर हम ईमानदारी से इतिहास के इस अध्याय को पढ़ें और विश्लेषित करें तो निश्चित ही तुग़लकों से पूर्व और पूरे मध्यकालीन इतिहास में एक ही शासक ऐसा मिलता है जिसने भू-राजनीतिक व सामरिक समझ के साथ-साथ मध्ययुगीन परिवहन व संचार के सीमित संसाधनों के अनुरूप ही अपनी दक्खन नीति का नियोजन किया था? वह शासक था, अलाउद्दीन खलजी। उसने सभी तथ्यों को ध्यान में रखते हुए, दक्खन के राज्यों द्वारा दिल्ली के सुल्तान की अधीनता स्वीकार करने और उनके द्वारा दिल्ली को वार्षिक खराज या भू-राजस्व भेजने से ही सन्तोष कर लिया था! इस प्रकार से, दिल्ली सुल्तनत की सीमाओं का विस्तार भी हो गया और उसके ऊपर इनके प्रत्यक्ष प्रशासन का बोझ भी नहीं पड़ा! उसकी सम्प्रभुता दक्खन और, बाद के अभियानों के फलस्वरूप, दूर दक्षिण तक के राज्यों में कबूल हो गयी थी; राज्य की आय में भी अभूतपूर्व वृद्धि हो गयी थी, किन्तु, कोई प्रत्यक्ष प्रशासन का बोझ सर पर नहीं आया था। इस तरह

से दक्खन का 'साँप भी मर गया था और लाठी भी नहीं टूटी थी'!

किन्तु, इसी अलाउद्दीन खलजी के पुत्र व उत्तराधिकारी, क़ुतुबुद्दीन मुबारक शाह खलजी ने उसकी नीति का परित्याग करते हुए, दक्खन के राज्यों को विजित करने के उपरान्त उनके साम्राज्य में विलय की जो प्रक्रिया शुरू की, वह तुग़लक शासकों ने भी ज़ारी रखते हुए, मोहम्मद बिन तुग़लक का काल आते-आते पूरे दक्खन एवं दक्षिण भारत को ही दिल्ली सुल्तनत में शामिल कर दिया! इसी के परिणामस्वरूप, साम्राज्य तो विस्तृत और विशाल आकार-प्रकार का हो गया, परन्तु, इसी प्रत्यक्ष प्रशासनिक दायित्व के चलते मोहम्मद दक्खन के लिए एक समानान्तर राजधानी बनाने को भी बाध्य हुआ था? हमें ज्ञात है कि कैसे उसने देवगिरी का नाम दौलताबाद करके, उसे दक्खन के क्षेत्रों का प्रशासनिक केन्द्र या दिल्ली सल्तनत की द्वितीय राजधानी बनाने को विवश होना पड़ा था? और, फिर इसका क्या परिणाम हुए, उससे भी तो हम अवगत हैं? उसी के शासन के उत्तरार्द्ध में ऐसी विभाजन और विखंडन की प्रक्रिया शुरू हुई कि सल्तनत ही सिमट कर रह गयी? इसी तरह असीरगढ़ का दुर्गम व अभेद्य दुर्ग देखने से पूर्व अकबर भी अलाउद्दीन खलजी की ही भाँति विवेकपूर्ण नीति का अनुसरण करके, दक्खन के राज्यों के समर्पण और प्रभुत्व विस्तार से ही सन्तुष्ट था, किन्तु, इस दुर्ग को देखते ही, उसका लोभ, लालसा व साम्राज्यी लिप्सा या महत्वाकांक्षा उसके ज़मीर पर हावी हुईं? उसे इस दुर्ग का सामरिक, सैन्य महत्त्व समझ आया! यह दक्खन का मुख्य-द्वार होने के साथ ही इस क्षेत्र का सबसे सशक्त व दुर्गम केन्द्र था, जिसे दक्खन के सफल अभियानों के लिए मुग़ल शक्ति के प्रसार का मुख्य आधा़र या प्लेटफॉर्म बनाया जा सकता था? यह दुर्ग जब जीता नहीं जा सका, तब उसने इसे छल, छद्म, बेईमानी और षड्यन्त्र से प्राप्त करने से भी गुरेज नहीं किया? इसी साम्राज्य-लिप्सा ने उसे गोंडवाना की रानी दुर्गावती से लड़ने को विवश किया था। किन्तु, वह शुरू की बात थी, अब तो उसके व्यक्तित्व का विकास ही अलग तरह से हो चुका था? वह एक समन्वयवादी, 'सुलह-ए-कुल' वाला बादशाह हो चुका था? फिर भी, इसी असीरगढ़ के प्रति उसके इस लोभ ने उसे फिर, अहमदनगर की चाँद बीबी से युद्ध करने की स्थितियाँ पैदा कर दीं? अतः असीरगढ़ पर अकबर के आधिपत्य की स्थापना उसके जीवन का एक श्याम और अप्रतिष्ठित अध्याय बन गया!

जहाँगीर तो महत्वाकांक्षी व सत्ता-लोलुप दोनों ही था, उसके लिए दक्खन जीतना तो दिखावटी शान-शौकत के लिए भी ज़रूरी था! इसीलिए उसने भी एक ओर कान्धार तो दूसरी छोर पर दक्खन तक मुग़ल साम्राज्य के बादशाह बनाने की कल्पना की ही थी! चित्रकला का शौक़ीन और पारखी, उसे हसीन ख़्वाब बहुत लुभाते थे और पिनक में तो और ज़्यादा ही! फिर, उसके लिए दक्खन एक जज़्बाती मुद्दा भी था? अकबर को दक्खन में ही व्यस्त पाकर, मेवाड़ अभियान बीच में छोड़कर वह

विद्रोह की राह से सत्ता के शीर्ष पर पहुँचने को उतावला हुआ था! और, इसी के चलते, दक्खन मुग़ल साम्राज्य का अविभाज्य अंग नहीं बन पाया था? उसने अब उस कमी को पूरी करने की ठानी? इसी सिलसिले में वह अजमेर में स्थित रहा और, वहीं से ख़ुर्रम को शाह की उपाधि के साथ दक्खन की ओर रवाना किया था! ख़ुर्रम को दक्खन के अभियान पर जाते हुए, 'शाह' का खिताब देने के दो कारण थे। पहला तो दक्खन के शासकों के विरुद भी 'शाह' थे, निजाम शाह, आदिल शाह, कुतुब शाह आदि। वे सब 'शाह' का खिताब ही धारण करते थे। अतः मुग़ल शहज़ादे, जो वैसे ही सुल्तान कहलाते थे, उसमें भी और वृद्धि करके, उन शासकों के बराबर दिखाने के लिए भी यह ज़रूरी हो गया था? दूसरे, ख़ुर्रम का बड़ा भाई परवेज़ अपने दक्खन के अभियान में नाकामयाब हुआ था? परवेज़ के अधीन मुग़ल सेनाएँ दक्खन के अपने अभियान में मालिक अम्बर की होशियारी से परास्त हुई थीं? उनका मनोबल गिरा होगा? उनको प्रोत्साहित करके, दक्खन के शासकों को चेतावनी सी देते हुए, ख़ुर्रम को 'शाह ख़ुर्रम' के नाम से एक विशाल फ़ौज के साथ रवाना किया गया! इस सब का एक और कारण सहज ही समझा जा सकता है। वह 'नूरजहाँ जुंटा' का सदस्य था, अतः उसके प्रस्थान में कुछ अलग तो होना या करना ही था? जब वह दक्खन से वहाँ के राज्यों को बिना विजित किये ही, एक कृतिम सन्धि के बाद वापस लौटा तो भी उसके आगमन को ऐसा दर्शाया गया था कि वह कोई बहुत बड़ा तीर मार आया हो? वस्तुतः इस अभियान के फलस्वरूप, मुग़ल साम्राज्य का एक इंच तो क्या एक सूत भी विस्तार नहीं हुआ था? दक्खन के राज्यों को कुछ समय अर्जित करना था, अपने संसाधनों को पुनः व्यवस्थित करने के लिए, अतः वे भी सन्धि के इच्छुक थे? फिर भी, 'नूरजहाँ दल' ने ऐसा ही प्रतीत करवाया कि, जैसे वह बहुत सम्मान और बड़ी विजय के उपरान्त वापस आया हो? उसे इस अवसर पर हुए भव्य आयोजन में 'शाह ख़ुर्रम' के स्थान पर 'शाहजहाँ' के खिताब से नवाज़ा गया! अब इस गुट में दो महान व्यक्तित्व हो गये, एक 'नूरजहाँ' और, दूसरा 'शाहजहाँ'! फिर, जैसा स्वाभाविक या अपरिहार्य था, थोड़े ही समय में 'एक म्यान में इन दो बड़ी महत्वाकांक्षी तलवारों का रहना' सम्भव नहीं रह गया और, दोनों के रास्ते अलग-अलग हो गये!

शहज़ादा ख़ुर्रम तो शाह ख़ुर्रम के रूप में अक्टूबर 1616 ई. के अन्त में अजमेर से दक्खन के लिए प्रस्थान कर गया और शहज़ादा खुसरू उसी के श्वसुर एवं नूरजहाँ के भाई आसफ़ ख़ाँ के संरक्षण व सुरक्षा में आ चुका था। हरम चूँकि, वहीं अजमेर में मौजूद था और, ख़ुर्रम दक्खन में मौजूद अतः हरम वासिनें भी शान्त थीं? लेकिन, डॉ. बेनी प्रसाद लिखते हैं, कि, 'हरम', आभिजात्य और फिर, अन्ततः जन-साधारण में यह फुसफुसाहट तेज़ और आम हो गयी थी कि बादशाह ने अपने ज्येष्ठ पुत्र खुसरू को ही नहीं, बल्कि, उसके माध्यम से अपनी भी ज़िन्दगी अपने

तृतीय व सर्वाधिक महत्वाकांक्षी पुत्र ख़ुर्रम और उसके षड्यन्त्रकारी गुट को समर्पित कर दी है? अब तक सब ही लोग यही मानने लगे थे कि जब तक जहाँगीर जीवित था, तब तक ही खुसरू की साँसें शेष हैं और, जब तक खुसरू जीवित है, तभी तक जहाँगीर को भी जीवित रखा जा रहा है? पहले कौन और बाद में कौन—बस यही हर व्यक्ति के सोच और समझ के हिसाब से फ़र्क था? मुग़ल राजनीति के जानकारों के लिए एक बात जो बिल्कुल साफ़ हो चुकी थी, वह यही थी कि ख़ुर्रम के निशाने पर ये दोनों ही थे! उसे मुग़ल सिंहासन की अपनी दौड़ और राह में यही दो सबसे बड़े अवरोध दिखते थे? जैसे सलीम ने अकबर और खुसरू को अवरोध माना था, उसका पुत्र भी वैसा ही कर रहा था? सलीम के रूप में 'जो कुछ उसने बोया था, वही अब काटने (चखने और भुगतने) का वक़्त आ गया था'? अतः लोग मान रहे थे कि खुसरू के भाग्य ने उसका साथ तो छोड़ ही दिया था? ऐसा माहौल निर्मित हो चुका था, कि, जितने मुँह उतनी बातें! लोग अपने भय, संशय, इच्छाओं व कयास के आधार पर ख़बरों का निर्माण कर रहे थे! और हमारा सौभाग्य कि विदेशी यात्री हमें इन सबका का विस्तृत वर्णन देते हैं! वे छोटी-छोटी अफ़वाह का भी हवाला अपने वृत्तान्त में वर्णित कर देते हैं!

इस माहौल में एक बिल्कुल ही नया आयाम उसी ने जोड़ा, जो यह कर सकता था? जो बादशाह अपनी सनक में कुछ भी करता रहता था, उसने अपने उसी स्वभाव का परिचय अजमेर में दिया! जब जहाँगीर और उसके साथ पूरा दरबार ही अजमेर में प्रवास किये हुए था, तभी एक रोज़ शाम के वक़्त बादशाह ने अपने उतार-चढ़ाव वाले मिजाज़ के अनुरूप, सब को चौंकाने वाला एक निर्णय लिया और उसे बिना बताये ही क्रियान्वित किया? हम सब जानते ही हैं कि मुग़ल बादशाहों को अपने पूर्वजों की शैली के अनुरूप, शहर के बाहर शिविर-शहर में रहने की आदत थी! जहाँगीर भी अजमेर के बाहर एक मनोहर बाग़ में अपना शिविर डाले हुए था! यह वही पुराना बाग़ था, जहाँ वह अकबर के शासन-काल में मेवाड़-अभियान के लिए नहीं जा रहा था। माँ सिंह के बार-बार कहने पर भी वह यहाँ से टस-से-मस नहीं होता था! अकबर बार-बार दक्खन से सन्देश भेजता रहता कि वह चित्तौड़ के अभियान के लिए कूच करे, किन्तु, वह था कि अजमेर छोड़ता ही नहीं था? खैर, इस शिविर में ठहरा हुआ जहाँगीर, अपने पूरे दरबारियों के साथ शहर की ओर गया। उसने अजमेर शहर के अन्दर प्रवेश करते हुए, उस कोठी के सामने अपनी शाही सवारी रोककर, शहज़ादे खुसरू से मिलने की इच्छा प्रकट कर दी! उसने बन्दी राजकुमार को तुरन्त उसकी शाही उपस्थिति में हाजिर होने का हुक्म दिया! सर थॉमस रो लिखता है, 'बादशाह ने अपने ज्योतिषियों से कोई महूर्त निकलवाया था, अतः वह मंगलवार, 10 नवम्बर, 1616 को झरोखा-दर्शन के उपरान्त, बस थोड़ी-सी देर दरबार में बैठकर, तुरन्त शहर के अन्दर तक जाने के लिए उठ खड़ा हुआ।

उसके साथ समस्त दरबारी थे, जिन्हें पैदल चलना था एवं 'हरम' की सभी महिलाएँ भी इस शाही जुलूस में मौजूद थीं, जो पालकियों में सवार हुईं।' रो हमें आगे बताता है कि 'बादशाह ने मुग़ल बादशाहों के प्रस्थान के रिवाज के मुताबिक सबसे पहले अपने समक्ष मंगल-कामना के लिए एक बड़े सोने के कटोरे में लाई गयी मछली को उँगलियों से स्पर्श किया फिर उसे मस्तक पर लगाया! तब आश्वस्त होकर वो हाथी पर सवार हुआ! उसने यह शाही जुलूस शहर के अन्दर एक निवास के समक्ष रोक दिया, जिसमें ज्येष्ठ शहज़ादा खुसरू बन्दी था। उसने खुसरू को हाजिर होने का सन्देश भेजा! जैसे शाही व उच्च राजनीतिक बन्दियों के लिए नियत रिवाज़ था, खुसरू उसी के अनुसार तुरन्त हाथ में तलवार और ढाल लेकर उपस्थित हुआ। उसकी दाढ़ी बेतरतीब बढ़ी हुई थी—मध्य भाग में कुछ और भी अधिक! शहज़ादे ने फौरन बादशाह के समक्ष सज़दा किया और इस अप्रत्याशित, किन्तु आत्मीयता के प्रदर्शन पर उस शाही परिवार के बन्दी के आँसू निकल आना स्वाभाविक था? जहाँगीर ने तुरन्त दूसरा खाली हाथी जो उसके साथ चल रहा था, उस पर शहज़ादे को सवार होने का आदेश दिया और, फिर, दोनों हाथी साथ-साथ, शहर से दो मील दूर स्थित शाही शिविर तक ऐसे ही चलते हुए गये! इतना ही नहीं, उसने तत्काल सुल्तान खुसरू को 1000 रुपये दिये, जिसे वह लोगों पर लुटा सके! उसका संरक्षक हो चुका, आसफ़ ख़ाँ अन्य दुष्टों (निश्चित ही रो षड्यन्त्रकारी दरबारियों की ओर इशारा कर रहे थे, जो इस प्रभावी गुट के सदस्य थे) के साथ शाही सवारियों के पीछे, अन्य अमीरों के साथ पैदल चल रहा था और उसका बन्दी शाही हाथी पर सवार! इस जुलूस में 'हरम' की सभी प्रमुख महिलाएँ तो थी ही, उनके साथ ही नूरजहाँ भी थी। इस अप्रत्याशित सम्मान और आज़ादी की मिश्रित ख़ुशी के आँसू खुसरू की आँखों से बराबर बहते ही गये! और, जहाँगीर भी पिता का स्नेह बरसाते हुए, उसको देखकर प्रफुल्लित भाव से मुस्कुराता रहा!'

एक शहज़ादे के रूप में शाही परम्पराओं को ताख पर रखने वाले सलीम ने बादशाह के रूप में भी आज शाही परम्परा का परित्याग ही किया! वह बादशाह के हाथी के बगल में एक और हाथी पर अपने पुत्र को लेकर चल रहा था! भला बादशाह के साथ-साथ कोई इस तरह अपनी बराबर सी सवारी पर चल सकता था? यह सिर्फ़ बादशाह का ही विशेषाधिकार था? क्या वह 'नूरजहाँ गुट' को संकेत दे रहा था कि यदि छोटे (तृतीय) पुत्र शाह ख़ुर्रम को भव्य समारोह में दक्खन अभियान हेतु विदाई दी जा सकती है, तो सबसे बड़े को तो स-सम्मान रिहा भी किया जा सकता है? वह कई निर्णयों को सन्तुलित करने के लिए यह निर्णय ले रहा था? परवेज़ उसके पसन्द के सूबे, इलाहाबाद में सूबेदार के रूप में नियुक्त हो रहा थाय ख़ुर्रम दक्खन की ओर पदोन्नति के साथ भेजा जा रहा था; तब खुसरू ही क्यों रह जाये, बादशाही कृपा से? शायद उसके मन में इसके मूल्यांकन की भी ख़्वाहिश थी,

कि, देखें आभिजात्य, आम लोगों और 'हरम' की महिलाओं की क्या प्रतिक्रिया होती है? हमेशा की तरह इस बार भी बादशाह ने अपने व्यवहार से सबको अचम्भित ही किया! शहज़ादे को तो जैसे विश्वास ही नहीं हुआ? किन्तु, दरबारी, परिवारी-जन से लेकर सभी लोग आतुर और उत्सुक तो थे, यह जानने के लिए कि शहर की ओर जाते हुए शाही सवारी में बादशाह के साथ दूसरा हाथी खाली क्यों चल रहा है? मगर जैसा जहाँगीर का स्वभाव था, उससे पूछने की हिम्मत और हिमाकत कौन करता? और नतीजा कितना अप्रत्याशित होने के साथ ही, सुखद व आमजन के लिए सन्तोषप्रद था! अनेक लोगों के दिलों को बहुत दिनों बाद सुकून और एक अलग किस्म के सुख की अनुभूति हुई थी!

सर थॉमस रो आगे लिखता है, 'बादशाह जहाँगीर की शाही सवारी अजमेर शहर के मुख्य मार्गों से गुज़रती हुई, शहर के बाहर स्थित शाही शिविर की ओर चल पड़ी। आगे-आगे दो हाथियों पर बादशाह और उसका ज्येष्ठ पुत्र खुसरू सवार, शेष राज्याधिकारी, उच्च पदस्थ अमीर व समस्त दरबारी व उमरा इस शाही सवारी के पीछे-पीछे, पैदल चल रहे थे।' हमें स्मरण रखना चाहिए कि इस पूरे जुलूस में शाही हाथियों के पीछे पैदल चलने वालों में आसफ़ ख़ाँ भी शरीक था! जैसा कि हम सब जानते ही हैं, उसी को एवं उसी के मार्फ़त उसके गुट को यह सन्देश देना था? जहाँगीर अपने ढंग से ही सारे कार्य करता था। इस कार्य में भी उसकी शैली स्पष्ट झलक गयी थी? जहाँगीर ने पूरे मुग़ल साम्राज्य को ही स्पष्ट और दुविधा-रहित सार्वजनिक सन्देश दे दिया था! किन्तु, ऐसा करके उसने खुसरू के शत्रुओं, प्रतिद्वन्द्वियों और, ख़ास तौर से, नूरजहाँ गुट को आगाह भी कर दिया था? यदि उसके समर्थक, सहयोगी, सहानुभूति-कर्ता प्रसन्न हुए थे, तो उसके विरोधी चौकन्ने और सतर्क भी हो गये होंगे? उसे ज्ञात था या वह ज्ञात कराना चाहता था कि यदि वह अकबर के समय जल्दी कर रहा था, तब वही 'वली-अहद' था! वह तो बस अपने स्थान पर खुसरू को 'वली-अहद' बनाये जाने को गलत मानते हुए विरोध-स्वरूप ही विद्रोह कर रहा था? किन्तु, यदि ख़ुर्रम को 'वली-अहद' के पद का ख़याल परेशान और आतुरता प्रदान कर रहा था, तो वह निश्चित ही उसकी ख़्वामख़्याली ही है? वह ख़ुर्रम को स्मरण दिलाना चाहता था कि उससे दो बड़े भाई मौजूद थे? यदि, उससे बड़ा भाई व्यसनी और नाकाबिल भी है तो ज्येष्ठतम भाई तो क़ाबिल ही नहीं योग्यतम और आभिजात्य, 'हरम' तथा आमलोगों की प्रथम पसन्द और अत्यधिक लोकप्रिय भी था!

हो सकता है कि जहाँगीर को सब देख-सुन कर अब कहीं दिल में अन्दर कुछ कचोटने लगा होगा कि उसने तो अपने ही बड़े पुत्र के साथ घोर अन्याय किया था? किन्तु, अब वह शिद्दत से मानने लगा था कि मुग़ल सिंहासन पर वस्तुतः खुसरू का ही हक़ था? और, यह हक़ वह स्वयं प्रदान करके अपनी 'न्यायिक छवि' प्रदर्शित

कर सकता है, जिसका ढिंढोरा वह शासन शुरू करते समय 'बारह अध्यादेशों' के माध्यम से पीट चुका था? सम्भवतः, वह इसके साथ ही, यह निश्चित करना चाहता था कि सभी इस बात से सहमत और मन ही मन तैयार भी हो जायें? उसे लगा होगा कि जैसे वह अब इस तार्किक और न्यायिक क़दम उठाने के लिए मन ही मन तैयार हो चुका था, वैसे ही अपने इस क़दम से अपनी ही भाँति बाकी सब को भी मानसिक रूप से तैयार करने के लिए प्रयासरत था? उसे यह भी आभास हो रहा होगा कि अब सही समय आ पहुँचा है, जब विधिक रूप से खुसरू का यह वाज़िब हक़ 'वली-अहद' नियुक्त करके, प्रदान कर दिया जाये? कहीं बहुत देर न हो जाये और ख़ुर्रम कहीं बहुत आगे निकल जाये और 'नूरजहाँ गुट' अपने इस उम्मीदवार के अगले शासक बनने-बनाने के लिए बिल्कुल ही निश्चिन्त न हो जाये? उसे अब भय सताने लगा था कि उसकी अनिश्चितता से कहीं नूरजहाँ-आसफ़ ख़ाँ गुट यही अर्थ न लगा बैठें कि यह एक तय मसला है? एक सुनिश्चित सा निर्णय जिसे बस अब एक औपचारिक लिखित रूप ही प्रदान किया जाना था! वह उन सबको यह सन्देश देने को उतारू हो गया कि वे उसके द्वारा खुसरू को बन्दी बनाये रखने का यह अर्थ कदापि न लें कि वह किसी प्रकार से खुसरू को अपना शत्रु मान रहा है? वह तो निश्चित व निश्चिन्त था कि उसने खुसरू के साथ कोई अन्याय नहीं किया है? उसने तो बस अपने अधिकारों को सुरक्षित किया है? और अपने इस स्वाभाविक, विधिक एवं परमपरागत अधिकार की सुनिश्चितता के लिए ही उस शहज़ादे को नज़रबन्द किये हुए है? स्वयं एक राजकुमार के रूप में अपने दिनों को याद करते हुए, जहाँगीर को खुसरू की लोकप्रियता से भय लगता था कि लोग बादशाह का हक़ न छीनने को उद्यत हो जायें? अकबर के बाद मुग़ल सिंहासन पर पहला व संवैधानिक अधिकार उसी का तो था? तो उसने तो जो किया और कर रहा है, वह जायज़ है? किन्तु, यदि उसको उसका सम्मान न दिलाया जाये, तब वह अन्याय होगा? अतः, सम्भवतः वह अचानक इस तरह बिना किसी पूर्व योजना और निर्णय के, अजमेर में उस मकान के समक्ष जा पहुँचा, जहाँ बादशाह के अजमेर-प्रवास के चलते शाही-क़ैदी के रूप में खुसरू बन्दी-जीवन व्यतीत कर रहा था?

वैसे यह उचित, विधिक और परम्परागत ही था कि जैसे बाबर के बाद हुमायूँ ज्येष्ठता के आधार पर, फिर उसके बाद अकबर, उसी तरह सलीम (जहाँगीर) और, अब खुसरू को ही गद्दीनशीं होना चाहिए? वह ख़ुर्रम और उसके समर्थकों को अब बिना और विलम्ब किये, स्पष्ट रूप से समझा देना चाहता था कि वे खुसरू के बन्दी-स्वरूप को स्थायी या अपने हक़ में न मानें? वह सबको दिखा और जता देना चाहता था कि जहाँ तक उसका और खुसरू का आपसी सम्बन्ध है, वह अपने अधिकार व अधिकार-क्षेत्र की सुरक्षा के लिहाज से काम कर रहा है? किन्तु, इससे कत्तई यह भाव न लिया जाये, कि, वह खुसरू को बन्दी बना कर, एक गुट के

हाथों की कठपुतली बनने को राजी है? और, वह अब कत्तई उसके साथ अन्याय तो नहीं होने देगा? वह अब बलबन की भाँति ही, समय-समय पर अवसर व परिस्थितियाँ उत्पन्न होते ही राजत्व के उसी दैवी सिद्धान्त को रेखांकित करने से नहीं चूकता था? इतना ही नहीं, जिस अबुल फ़ज़ल की उसने इसी प्रकरण में हत्या करवाने से भी परहेज नहीं किया था, उसी के लिखित व रेखांकित किये गये राजत्व सिद्धान्त को वह दोहराने लगा था? वह इस सिद्धान्त के दो पहलुओं पर अक्सर टिप्पणी करता था। प्रथम यही कि, 'राजत्व ईश्वर का वीदीर्ण प्रकाश है, जो बादशाह के व्यक्तित्व को प्रकाशित करके, देदीप्यमान करता है'! इसीलिए 'नूर' उसके लिए एक जूनून सा हो गया था! सबसे प्यारी स्त्री, 'नूर महल' फिर, 'नूरजहाँ'; सबसे प्रिय घोड़ा, 'नूर-ए-अस्प'; सबसे प्रिय हाथी, 'नूर-ए-फिल'; अकबर के समय सुधार और संशोधन के बाद लागू किया गया 'इलाही-गज' भी उसके काल में 'नूर-ए-गज' हो गया...आदि-आदि। प्रकाश या सूर्य या अग्नि के प्रति मुग़लों के इस झुकाव और राजत्व से इसका सम्बद्ध होना हुमायूँ के शासन-काल में हमें सबसे पहले गौड़-प्रवास के दौरान दिखता है। जब वह गौड़ के दरबार में हाजिर होता था, तभी उसके मुकुट पर लगा एक झीना सा पर्दा हटाया जाता था और सभी लोग ज़ोर से उद्घोष करते थे—"प्रकाश प्रकट हुआ"!

अकबर ने भी हुमायूँ की इसी परम्परा को ज़ारी रखा था और इसे गलती से तमाम लोग व इतिहासकार पारसियों या पुरानी ईरानी सभ्यता-संस्कृति का प्रभाव मानते हैं? जबकि, खगोल-शास्त्र और ज्योतिष के मिले-जुले विश्वास के साथ राजत्व के दैवी-सिद्धान्त पर भी आधारित था? चूँकि, मुग़ल बादशाह इस्लाम-पूर्व ईरानी शासकों, प्राचीन भारतीय शासकों, तुर्क सुल्तानों की भाँति भी अपने-आप को ईश्वर कि प्रतिछाया या "ज़िल्लू-अल्लाह" ही मानते थे, अतः वे खुद के दुनिया के केन्द्र में सूर्य के समान देखते या चित्रित करते थे! हुमायूँ तो बाकायदा अपने सिंहासन के पीछे सौरमंडल चित्रित करती हुई एक कनात लगता था, ताकि वह साबित कर सके कि शासक का अपने साम्राज्य में वही स्थान है, जो ब्रह्माण्ड में ईश्वर का! अतः सूर्य के प्रतीक के रूप में प्रकाश या 'नूर' का प्रयोग किया गया था! इतना ही नहीं, जहाँगीर के शासनकाल से तो मुग़ल बादशाहों के चित्रों में उसी प्रकार से उनके चेहरे के पीछे एक आभा-मंडल बनाया जाता था जैसा ईसा मसीह या हिन्दू देवी-देवताओं में भी चित्रित होता था! इस राजत्व का दूसरा पहलू था, संरक्षणत्व और न्याय? कैसे उसने एक 'न्याय की ज़ंज़ीर' आगरा दुर्ग में फरियादियों के लिए लगा दी थी कि कोई भी न्याय का आकांक्षी व्यक्ति उससे न्याय की गुहार कर सकता था? इसी क्रम में वह अपने ज्येष्ठतम पुत्र के साथ भी न्याय करने का अब आग्रही हो रहा था? उसने अकबर की मृत्यु-शैया पर जो क़दम उठाये थे, उनको भी इसी सिद्धान्त के आधार पर उसने न्यायोचित साबित करने की कोशिश की थी? तब

वह अपने न्यायिक अधिकार के लिए संघर्षरत था? हाँ, जब वह शहज़ादे के रूप में इलाहाबाद में विद्रोह कर रहा था, उसे अब अपने दुष्ट साथियों द्वारा भड़काया जाना कह रहा था? इसी प्रकार, वह खुसरू के विद्रोह के लिए भी वही पैमाना इस्तेमाल कर रहा था। उसके मतानुसार जैसे कुसंग के चलते उससे विद्रोह हुआ था, वैसे ही खुसरू के कुछ नापाक इरादे वाले साथियों ने इसको भी भड़का दिया था? वरना क्या हम इतने जाहिल हैं कि यह भी न जाने कि 'बादशाहत' उसी को प्राप्त होती है, जो अर्ह है? अर्हता में तीन ही विशेषताएँ मुख्य थीं—योग्यता, शासकोचित गुणों से सम्पन्न होने के साथ ज्येष्ठतम पुत्र होना?

यानी ख़ुर्रम के समर्थक और समकालीन राजनीति में हावी और प्रभावी गुट को यह समझ आने लगा था कि सिंहासन कोई उनके लिए पूर्व-निश्चित, न्यायिक या विधिक अधिकार और, खैरात भी नहीं है, अपितु यह सिद्धान्ततः ही निश्चित एवं निर्धारित होगा? नूरजहाँ गुट, आसफ़ ख़ाँ और स्वयं ख़ुर्रम को स्पष्ट हो गया था, कि उनका सबसे प्रबल प्रतिद्वन्द्वी ख़ुसरू ही था? यदि, वे खुसरू को मार्ग से नहीं हटायेंगे, तो वे जहाँगीर के उपरान्त ख़ुर्रम के बादशाह होने के लिए आश्वस्त नहीं हो सकते हैं! फिर वे जानते भी थे और देख भी रहे कि, इस खुसरू की लोकप्रियता का क्या आलम था? मुग़ल-परिवार, 'हरम', आभिजात्य या उमरा, उलमा और, आम जन सब अभी भी उसके साथ न्यायोचित व्यवहार के रूप में उसके राजतिलक की अभिलाषा कर रहे थे? उसका सबसे बड़ा प्रमाण था, जहाँगीर का अकबर के सिद्धान्तों और नीतियों के अनुपालन की अनिवार्यता? वह सिर्फ़ और सिर्फ़ अकबरी नीति और दृष्टिकोण से शासन चलाकर, जनता को स्पष्ट कर रहा था कि वह भी अकबरी सहिष्णुता, सद्भाव और सांस्कृतिक-समन्वय की राह पर ही चल रहा था? वे खुसरू को इसीलिए तो उसके स्थान पर चाहते थे? तो अब वह वही कर रहा था, जो वे चाहते थे? मगर उनका अन्तर्मन अभी भी खुसरू की तुलना में उसे क्यों नहीं स्वीकार कर पा रहा था, वह इसी से परेशान व क्रोधित होता? उसकी कुंठा का यही सबसे बड़ा कारण भी था और, इसी वजह से वह खुसरू को आज़ाद करने के लिए हिम्मत नहीं जुटा पाता था? मगर, बदलती राजनीतिक परिस्थितियों में ख़ुर्रम मुग़ल बादशाह और साम्राज्य के लिए एक बड़ा संकट और षड्यन्त्र का केन्द्र हो रहा था? उसे भी तो समय रहते मार्ग पर लाना है? उसके साथ उसका एक सशक्त गुट भी तो था, जिसे नियंत्रित करना ज़रूरी ही नहीं, अब जहाँगीर को अपरिहार्य प्रतीत हो रहा था? इसी कशमकश में जहाँगीर ने उस शाम खुसरू को आज़ाद करते हुए, अपने साथ 'शाही' सवारी करवाई थी! भारतीय ऐतिहासिक परम्परा में हाथी की सवारी राजा का ही विशेषाधिकार था! अतः सबको इस ऐतिहासिक क़दम से सब कुछ समझ आ गया! जहाँगीर का सन्देश स्पष्ट, सीधा और सटीक था!

दक्खन में सन्धि के उपरान्त जब ख़ुर्रम वापस दरबार में 12 अक्टूबर,

1617 ई. को उपस्थित हुआ, तब जहाँगीर मांडू में था। जहाँगीर ने उसे अपने पास एक ख़ास आसन पर बैठाया। उसे 'शाह' के खिताब के स्थान पर 'शाहजहाँ' का खिताब प्रदान करने के साथ ही, उसका मनसब 30,000 ज़ात व सवार कर दिया गया! उसे ढेरों इनाम-इकराम भी दिये गये! शाहजहाँ ने दक्खन से लाये सबको कुछ न कुछ तोहफ़े दिये, लेकिन इनमें नूरजहाँ को दिये गये तोहफों की कीमत ही अकेले 2 लाख रुपये की थी! शेष समस्त 'हरम' के अपने रिश्तेदारों को उसने 60,000 रुपये मूल्य के तोहफ़े दिये थे! इतना ही नहीं, उसने पुनः जहाँगीर के ऊपर दबाव बना कर अपने साथियों, सहयोगियों और समर्थकों के पद और मनसब बढ़वाये! जिनके मनसब उसकी संस्तुति पर बढ़ाये गये, उनमें प्रमुख थे, ख़ान-जहाँ लोदी, अब्दुल्लाह ख़ाँ, महाबत ख़ाँ, दरब ख़ाँ (ख़ान-ए-ख़ाना का पुत्र), सरदार ख़ाँ (अब्दुल्लाह ख़ाँ का भाई), शाजात ख़ाँ (अरब-वासी), दयानत ख़ाँ, शाहबाज ख़ाँ, मोतमद ख़ाँ बख़्शी, तथा दक्खनी अमीर उदा राम (जो मुग़लों से मिल गया था)। शाहजहाँ इनके पद और मनसब बढ़वाने में इसलिए भी दिलचस्पी ले रहा था, क्योंकि, ये ही उसके अधीनस्थ थे और, उनके मनसब बढ़ने के कारण उनके अधीन फ़ौज में वृद्धि होती, जो उसके लिए निश्चित ही लाभप्रद थी!

असल में अकबर के काल में प्रचलित मनसबदारी व्यवस्था में, जहाँ 'ज़ात' मनसब-पद से सैन्य-पद और वरिष्ठता क्रम निर्धारित होता था, वहीं उस व्यक्ति का वेतन-क्रम व मूल-वेतन निश्चित होता था। इसी प्रकार, 'सवार' के द्वारा भत्ते और वास्तविक घुड़सवार संख्या निश्चित होती थी, जो किसी मनसबदार को रखने पड़ते थे! इसमें एक अन्तर्निहित नियम था कि किसी भी कीमत पर 'सवार' पद 'ज़ात' से अधिक नहीं हो सकता था? मगर, जहाँगीर जो कुछ नया और फ़र्क करने का इच्छुक था, उसने अपने शासनकाल में बिना 'सवार' पद बढ़ाये ही घुड़सवारों की संख्या में वृद्धि करने के लिए, मनसबदारी व्यवस्था में एक नया उप-पद, यथा 'दु-अस्पा, सिंह-अस्पा' सम्बद्ध कर दिया। इसके तहत किसी भी मनसबदार की घुड़सवारों की संख्या में वृद्धि बिना 'सवार' पद बढ़ाये ही की जा सकती थी। इसका एक गणितीय नियम बना दिया गया। जैसे, किसी का पद 2000 ज़ात व 1000 सवार है, तो ज़ाहिर है, उस मनसबदार को मात्र 1000 घुड़सवार रखने होते थे। किन्तु, जहाँगीर ने जो किया उसके नियमानुसार, 1000 दु-अस्पा सिंह-अस्पा होते ही उसे इस 1000 सवार पद में 100 यक-अस्पा (100×1=100 घुड़सवार); 600 दु-अस्पा (600×2=1200 घुड़सवार); एवं 300 सिंह-अस्पा (300×3=900 घुड़सवार) = 2200 घुड़सवार रखने होते थे! अतः उनके अधीन घुड़सवारों की संख्या में तो अभूतपूर्व वृद्धि होती ही थी, उसी अनुपात में भत्ते आदि बढ़ते थे। अतः शाहजहाँ के अधीन कुल सैनिकों व घुड़सवारों की संख्या और संसाधनों में भी वृद्धि हुई!

किसी को अन्दाज़ हुआ हो या न भी हुआ हो, शाहजहाँ का आधार पुष्ट व

सुदृढ़ हुआ और, इसी के साथ उसके संसाधनों में वृद्धि भी हुई! खैर 2 लाख रुपये के तोहफों ने नूरजहाँ का मुँह बन्द कर दिया होगा? इसके बाद जहाँगीर मांडू से अहमदाबाद चला गया (1618), जहाँ के गर्म और उमस भरे मौसम में उसे ख़ासी परेशानी हुई और, उसकी तबियत बिगड़ने लगी। वह वहाँ से आगरा (1619) और फिर तबियत में सुधार न होने के चलते, कश्मीर रवाना हुआ! सात माह (मार्च से अक्टूबर, 1620) के प्रवास व हाकिम रूहुल्लाह के निरन्तर उपचार के बाद भी उसे कश्मीर के मौसम में भी कोई बहुत लाभ नहीं हुआ? उसका अस्थमा रोग इस उपचार के बाद भी नवम्बर 1620 में पहाड़ के नीचे उतरते ही फिर बिगड़ने लगा? उस युग का मसीहा माने गये ईरानी सद्र, हक़ीम रुक्न के साथ ही हिन्दुस्तान के प्रसिद्ध हक़ीम अब्दुल कासिम का भी संयुक्त परामर्श व इलाज चला! दोनों ने बादशाह के रोग में सुधार के बहुत क्षीण आसार बताये! स्पष्ट दिख रहा था कि बादशाह दिन प्रति दिन डूब रहा था! जब चिकित्सक असफल साबित हो रहे थे और, उसे कोई विशेष लाभ नहीं हो रहा था, तब उसने हताशा की इस घड़ी में अपना उपचार शुरू किया और वह अधिक मदिरापान करने लगा! और इससे उसकी दशा और बिगड़ने लगी!

इसी बीच, बादशाह के शारीरिक स्वास्थ्य के साथ ही साम्राज्य के स्वास्थ्य में भी गिरावट के संकेत मिलने लगे थे? ख़ासतौर से दक्खन के हालात फिर बिगड़ने लगे थे! कैसे कुछ समय पहले ही शहज़ादा ख़ुर्रम अजमेर से दक्खन जाते समय शाह ख़ुर्रम और लौटने पर मांडू में शाहजहाँ हुआ था, हम सब जानते ही हैं? यह सन्धि और अभियान सब एक अच्छा रचा और मंचित मनोरंजक नाटक मात्र था! क्योंकि, इससे दक्खन में मुग़ल साम्राज्य में एक इंच की भी वृद्धि नहीं हुई और, न ही प्रभुत्व या संसाधन में ही इज़ाफ़ा हुआ था? फिर भी, वह पूरे साम्राज्य में अब तो खुले आम ऐलान करता था कि उसके जैसा कोई सेनानायक है ही नहीं? उसके साथी, समर्थक, सहयोगी भी पदोन्नत होकर अधिक मुखर होने लगे थे? नूरजहाँ अभी भी उसकी समर्थक थी, मगर वह खुले रूप से उसका पक्षपात नहीं करती थी? उसका तरीका भी अपने पिता, ऐत्माद-उद-दौला वाला बारीक और शाहिस्ता था? उसकी राय थी कि बादशाह का मिजाज़ अच्छा हो बस उस समय अपनी बात करनी चाहिए। उसकी वृत्ति जहाँगीर के उचित प्रबन्धन व इस्तेमाल की थी, जबकि, शाहजहाँ अब उतावलापन प्रदर्शित करने लगा था? वह मेवाड़-अभियान के बाद वाला सलीम हो चुका था? वह बिल्कुल अपने पिता के उसी रूप और काल में उठाये गये क़दम को ही अपना पथ-प्रदर्शक मान रहा था? अब उसमें भी धैर्य नहीं रह गया था? और, जब मलिका-ए-जहाँ उसे धैर्य की नेक सलाह देती, तो वह उसी से किसी न किसी रूप में उलझ पड़ता? और जब जहाँगीर ने उसे अपने साथ गुजरात ले जाकर उसे वहीं पर नियुक्त करने की बात हलके से चलायी, तब उसने तुरन्त ही इसका विरोध करना शुरू किया? जहाँगीर ने उसे समझाया कि, वह ऐसा इसलिए करना चाह रहा,

ताकि वह अपने दक्खन में अर्जित कार्यों को दुरुस्त करने के लिए उसपर गुजरात से नज़र रख सके, तब भी वह गुजरात में रुकने को तैयार नहीं हो पाया था? उसे मन में कहीं नूरजहाँ के प्रति रोष भी आया? संयोग से, गुजरात में शाहजहाँ और जहाँगीर दोनों ही साथ-साथ बीमार पड़ गये थे और, शाहजहाँ अधिक! ख़ैर उसे इस तरह गुजरात में छोड़ा भी नहीं जा सकता था? दूसरे, वह स्वयं भी मुग़ल सिंहासन के इर्द-गिर्द ही रहना चाहता था, जैसे उसका मन वहीं मँडराता रहता था?

ख़ैर उसने गुजरात अपने मातहतों से प्रशासित करवाने का ही फ़ैसला लिया और, इसे बड़ा मुद्दा नहीं बनाया कि, वह इस पर विद्रोह करने को तैयार हो जाता अपने पिता के सलीम वाले दिनों की भाँति? उसने इस प्रकार का निर्णय लेकर ही एक गलत परम्परा की नींव डाली! उसका प्रिय पुत्र और इलाहाबाद का सूबेदार दाराशिकोह भी अपने पिता शाहजहाँ के इर्द-गिर्द दरबार में ही अपना समय व्यतीत करता और भाइयों की ईर्ष्या और प्रतिद्वन्द्विता का सबब बना था! शाहजहाँ, इस प्रकार, एक बहुत नुक़सानदेह प्रवृत्ति का जनक हो गया? इसी प्रवृत्ति ने मुग़ल साम्राज्य के पतन में अपना महत्त्वपूर्ण योगदान दिया था? ख़ैर, हाल फिलहाल तो ऐत्माद-उद-दौला की सलाह ने नूरजहाँ गुट और उसके इस सबसे यशस्वी सेनानायक तथा अभ्यर्थी या उम्मीदवार के बीच तकरार और रार को कम करा दिया? इस अड़ियल शहज़ादे को ऐत्माद-उद-दौला ने ही अपने पुत्र, आसफ़ ख़ाँ और शाहजहाँ के श्वसुर के माध्यम से समझाने में सफलता प्राप्त की! शाहजहाँ जानता था कि कुछ तो है इस अनुभवी बुजुर्ग और उसके विवेकपूर्ण तर्क में? तभी तो गियास बेग अकबर का करीबी, जहाँगीर का भी सबसे करीबी हो गया? वह भी सिंहासनारोहण के तुरन्त बाद ही कि जहाँगीर राजधानी का दायित्व ही उसपर सौंप कर खुसरू का पीछा करने चला जाये? मार्ग में उसके दो पुत्रों को मौत के घाट भी उतार दे, और, वह पिता होने के बावजूद उनके कर्मों के फल के रूप में नितान्त दार्शनिक रुख अख़्तियार किये रहे? जो व्यक्ति ईरान से भारत की यात्रा में समस्त धन गँवाने के बाद भी अपना मानसिक सन्तुलन व सुसंस्कृत व्यवहार न गँवाये? और इस उच्च पद पर भी निर्विकार भाव से आसीन हो? किन्तु जैसे-जैसे उसे समझाने का प्रयास होता वह उतना ही उतावला भी होता जाता था? मानसिक रूप से वह भी अपनी इच्छा और ध्येय-प्राप्ति के लिए दृढ़ होता गया और वह जहाँगीर के ही साथ गुजरात से आगरा वापस आ गया!

जहाँ तक जहाँगीर की अस्वस्थता का प्रश्न था, तो उस अवधि में एक ओर नूरजहाँ मुग़ल-साम्राज्य के हितों को सुरक्षित रखने की नीयत से राजसी दायित्वों का सफलतापूर्वक निर्वहन कर रही थी, वहीं, दूसरी ओर, वह जहाँगीर की भी उतनी ही चिन्ता व सेवा कर रही थी! ख़ैर, नूरजहाँ ने जहाँगीर को अपनी समर्पित तीमारदारी से ठीक किया? हालाँकि, कई बार उसे ऐसा लगा था कि वह बस सप्ताह भर का

मेहमान है, मगर अपनी अहिर्निश सेवा व इच्छा-शक्ति से किसी सावित्री की तरह अपने पति (सत्यवान) को यमराज से वापस खींच के लाने में कामयाब हुई थी? जहाँगीर की नज़र में पहले से ही उसकी धाक थी, अब तो वह उसके सेवा और समर्पण भाव से बिल्कुल नूरजहाँ के हाथों बिक चुका था! शहज़ादा परवेज़ तुरन्त द्रुत गति से इलाहाबाद से दरबार में उसका हाल जानने (और अपना हक़ सुरक्षित करने?) अपने पिता और बादशाह जहाँगीर के निकट हाजिर हुआ! उसने उसके बिस्तर के तीन चक्कर लगा कर परवरदिगार से बादशाह की सेहत के लिए विशेष दुआ भी माँगी और बहुत देर प्रार्थनाएँ कीं! बिल्कुल उसी ढंग से जैसी इबादत और समर्पण बाबर ने कभी अपने पुत्र हुमायूँ की लिए की थी। बाबर ने एक मिसाल अपने पुत्र के स्वास्थ्य-लाभ के लिए कायम कि थी, उसी तरह परवेज़ अपने पिता के लिए कर रहा था! अब शहज़ादा परवेज़ भी बीमार जहाँगीर की सेवा-शुश्रूषा में जुट गया!

और, इसी बीच शाहजहाँ ने 14 माह की घेरेबन्दी के उपरान्त 16 नवम्बर, 1620 को कांगड़ा जैसा अज्ञेय दुर्ग विजित करके, अपने यश में और वृद्धि की! ज़ाहिर है, यह दुर्ग बमुश्किल मुग़ल सेनाओं द्वारा, शाहजहाँ के नेतृत्व में विजित हुआ था! उसके बाबा अकबर भी जो अर्जित न कर सके हों और, जिसका अभियान 1615 से लगातार असफल हो रहा हो, उसकी सफलता से शाहजहाँ जैसे बड़-बोले को अब खुलकर धृष्टता करने का अवसर दे गया! वह अपने आप को अपराजेय व सर्वश्रेष्ठ सेनापति व योद्धा मान बैठा और मुग़ल साम्राज्य व नूरजहाँ गुट के लिए अपरिहार्य? आख़िर इस गुट की मान-प्रतिष्ठा उसकी सैन्य विजयों से ही बढ़ रही थी? इसी गुमान ने उसे उस गुट के मुखिया से भी दूर करना शुरू कर दिया था? वह इस विजय पर भी दक्खन-अभियान के उपरान्त हुए जलसे से भी भव्य समारोह की आशा कर रहा था, क्योंकि, यह वास्तविक सैन्य विजय थी, जबकि, दक्खन-अभियान तो बस वहाँ जाकर, ख़ान-ए-ख़ाना द्वारा निर्धारित व्यवस्था पर मात्र हस्ताक्षर ही करने थे? न तो उसे और, न ही इस विजय में मुख्य भूमिका निभाने वाले राजा बिक्रमाजीत को ही कुछ इनाम-इकराम अता हुआ? और, वह अपने और मलिका-ए-जहाँ के मध्य बढ़ती दूरी और मन-भेद को समझने लगा?

वस्तुतः, एक ही म्यान में दो तेज़, धारदार एवं सशक्त तलवारों का सह-अस्तित्व सम्भव नहीं था? दोनों ही अति-महत्वाकांक्षी और साम्राज्य पर नियन्त्रण के लिए संघर्षरत! नूरजहाँ ने जिस तरह से अपने-आप को जहाँगीर की तीमारदारी में डुबो दिया था, उसी से यह स्पष्ट होने लगा था कि वह जानती-समझती थी कि उसकी महत्वकांक्षा की पूर्ति के लिए सम्राट का मात्र होना या ज़िन्दा रहना ही कितना ज़रूरी है? इसीलिए वह सावित्री की भाँति सत्यवान के लिए यमराज से लड़ रही थी? पूरे 'हरम' में राजपुतानी रानियाँ सिर्फ़ इसी की चर्चा करतीं? उधर, शाहजहाँ को लगा जैसे नूरजहाँ को उस पर पूरा भरोसा नहीं था? और, इसी के चलते अपनी स्थिति

बरकरार रखने के लिए वह किसी भी हद तक जा सकती थी? उसे क्या फ़र्क पड़ता कि, शासक कौन है जहाँगीर या शाहजहाँ—दोनों तो उसके निहायत करीबी थे? क्या इतने दिनों में सत्ता के प्रत्यक्ष भोग ने नूरजहाँ को बदल दिया था? क्या वह येन-केन-प्रकारेण सत्ता पर पूर्ण पकड़ के चलते ही उसकी (शाहजहाँ की) अभिलाषा का गला घोंटने के लिए संघर्षरत थी? जब ईरान से लेकर हिन्दुस्तान तक के श्रेष्ठ हकीम, यूनानी चिकित्सक, वैद्य, दुआएँ, जियारातें सब बेमानी हो रहीं तब भी वह एकमात्र ध्येय में जुटी थी? जहाँगीर को कैसे भी हो जीवित रखना है? इसी में उसकी सत्ता का महत्त्व था? उसे अपना व्यक्तिगत हित ही अधिक प्रिय था? वह अपने आगे अपने गुट या 'जुंटा' की भी परवाह नहीं करना चाह रही थी?

ख़ैर, 'जाकी रही भावना जैसी प्रभु मूरत देखि तिन तैसी'? शाहजहाँ को यदि नूरजहाँ का यह शिद्दत से जहाँगीर की तीमारदारी करना अपने निजी सत्ता-भोग के स्वार्थ के रूप में नज़र आ रहा था, तो 'हरम' की हिन्दू महिलाएँ इसे पतिव्रता स्त्रियों के उच्च आदर्श के अनुरूप पा रही थीं! उधर आम-जन उसकी इस सेवा भाव से पहली बार रू-ब-रू हुए थे? उनके लिए यह सुखद आश्चर्य और शुभ संकेत था? अभी तक उन्होंने उसे अति-महत्वकांक्षी सम्राज्ञी के रूप में ही जाना था, जो अपना गुट बना कर सिर्फ़ सत्ता पर वास्तविक नियन्त्रण करने को उत्सुक सी रानी लगती थी? जब जहाँगीर की पूर्ण अस्वस्थता के चलते पूर्ण सत्ता ही उसकी मुट्ठी में थी, तब उन्होंने उसको सत्ता-लोलुप और राजनीतिक तिकड़मबाज साम्राज्ञी के रूप में नहीं पाया? अपितु, इस पूरे दौर में वह एक समर्पित पत्नी और प्रेम, सेवा, समर्पण भाव वाली साधरण गृहस्थ महिला या पत्नी के रूप में ही दृष्टिगोचर हुई? आम तौर पर यह मानवीय विशेषता होती ही है और विशेषतः भारतीय वैशिष्ट्य तो है ही, कि यहाँ, त्याग, समर्पण और निःस्वार्थ सेवा का स्थान बहुत ऊपर है? भले ही उसे शाहजहाँ अपने स्वार्थ व महत्वाकांक्षा के चलते किसी भी रूप में देख रहा हो, परन्तु, आम भारतीयों ने उसे इसी रूप में देखा और पाया? वे पूरी तरह नूरजहाँ के प्रति सहानुभूति रखने लगे? उसकी बढ़ती लोकप्रियता भी शहजहाँ जैसे महत्वाकांक्षी के लिए असहनीय ही नहीं, ईर्ष्या व सतर्कता का सबब बना?

इस बीच एक बड़ा परिवर्तन भी स्वाभाविक रूप से हो चुका था। यह परिवर्तन उपजी हुई विशेष परिस्थितियों के फलस्वरूप था किन्तु इसने मुग़ल-राजनीति को दूर तक प्रभावित ही किया? जब जहाँगीर गम्भीर रूप से बीमार था औअर नूरजहाँ उसकी सेवा में संलग्न थी तब आभिजात्य के लिए रुग्ण जहाँगीर तक पहुँचने का वही एकमात्र मार्ग और माध्यम हो चुकी थी? वह स्वयं उसकी तीमारदारी कर रही थी। उसकी औषधियाँ से लेकर मदिरा व भोजन सब कुछ अपने हाथों से नियमित करते हुए दे रही थी! बादशाह की दैनन्दिनी वही नियंत्रित और नियमित करती थी। अतः किसी की भी बादशाह से मुलाक़ात उसी पर निर्भर रहती थी। बादशाह कब सो

रहा है, कब जाग रहा है, कब औषधि के प्रभाव में आराम कर रहा है, कब औषधि के बाद कुछ खा-पी रहा है, सब उसी से आकर परिचर-परिचारिकाएँ पूछतीं, 'हरम' में नियुक्त ख़्वाजासरा ज़्यादा होशियर थीं, वे नूरजहाँ के आव-भाव से ही समझ कर हर आन्गंतुक को उसी के अनुरूप सधा हुआ कूटनयिक सा उत्तर दे देतीं? फिर चाहे आगन्तुक कोई भी हो—शहज़ादा परवेज़ या शाहजहाँ, अमीर-उल-उमरा, या वकील-ए-मुतलक़, दीवान-वज़ीर या शाही परिवार और साम्राज्य के प्रतिष्ठानों का कर्ता-धर्ता मीर सामाँ ही क्यों न हो या गुप्तचरों का अध्यक्ष, 'दरोगा-ए-डाक-चौकी'? यानी जिसकी भी बादशाह से भेंट होती या नहीं होती, यह नूरजहाँ पर निर्भर हो गया? जहाँ तक मुग़ल अमीरों का प्रश्न है, वे अपने निहितार्थों की सिद्धि के लिए चाहते और न चाहते हुए नूरजहाँ की ओर ध्रुवीकृत होने को बाध्य हो चुके थे? यह तो मुग़ल उमरा ही नहीं हर युग के आभिजात्य की ही विशेषता होती है? मुग़ल 'हरम', दरबार और साम्राज्य की राजनीतिक शतरंज पर मोहरे अपने हितों में अपनी जगह बदलने लगे थे? वे नूरजहाँ का महत्त्व समझ कर बस उसकी चापलूसी को ही राजकीय सेवा का पर्याय मानने लगे थे? इस पूरे काल में मुग़ल राजनीति का एकमात्र केन्द्र बनकर नूरजहाँ उभरी!

नूरजहाँ को पहली बार पूर्ण सत्ता का सुख भोगने को मिला था? मुग़ल साम्राज्य का बड़े से बड़ा ओहदेदार, अमीर, सब उसकी कृपा के आकांक्षी हो गये थे? सत्ता की समस्त डोर-धागे उसके हाथों में नियंत्रित थे? इस दौर में तो वाक़ई यही सच था, कि वह अपनी उँगली हिलाती और मुग़ल राजनीतिक दशा-दिशा बदल जाती! उसे इस सत्ता का थोड़ा मद तो पहले से था, किन्तु, अब तो पूर्ण सत्ता के पूर्ण मद में भी होश बनाये रखने के परीक्षण का भी ख़याल था? इस पूरे प्रकरण ने नूरजहाँ को कई पाठ भी पढ़ाये? पहला पाठ तो यही था कि जिसको वह अपना सबसे करीबी और पुत्र-वत (?) मानती थी, जिसे मुग़ल सिंहासन पर अपने उम्मीदवार के रूप में चित्रित और प्रचारित करती थी, उसका व्यवहार संशयों व शंकाओं से पार एक घमंडी, ज़िद्दी, अति-महत्वाकांक्षी और शीघ्र पिता की मृत्यु की अभिलाषा करने वाला साबित हो रहा था? एक तरफ़ वह अपने पति को स्वस्थ करने की जद्दोजिहाद में लगी हुई थी, वहीं दूसरी ओर, शाहजहाँ उसकी आख़िरी साँसों की प्रत्याशा में कुछ षड्यन्त्रकारी गतिविधियों में व्यस्त हो चुका था? अब चूँकि, साम्राज्य की समस्त सूचनाएँ और समाचार उसी के हाथों में पहुँच रही थीं और, वह ही तय करती थी कि कौन आवश्यक या तात्कालिक सूचना है, जो बादशाह को हर-हाल में दिखानी या बतानी है? अतः उसी के माध्यम से अब साम्राज्य की समस्त सूचनाएँ बादशाह तक जाती थीं और, उसे वाकिया-नवीसों और ख़ुफ़िया-नवीसों से ख़ुर्रम की भी सभी गतिविधियों की जानकारी मिल रही थी? शाहजहाँ ने धीरे-धीरे अपने साथियों, सहयोगियों, समर्थकों को सूबेदार से लेकर, फ़ौजदार, क़िलेदार व उच्च

पदस्थ अधिकारी बनवा दिया था। उन सबकी गुप्त सूचनाएँ आती ही रहती थीं और, नूरजहाँ उनके विषय में काफ़ी अनजान भी रहती थी, किन्तु अब, चूँकि, वह सारी सूचनाएँ व समाचार खुद देख, जाँच-परख रही थी, तो अब उसे भी सब साफ़ दिखता और समझ आ रहा था?

उसको अपने सगे और सबसे करीबी भाई, आसफ़ ख़ाँ का भी असली चेहरा पहली बार तभी दिखा था? वह शाहजहाँ और उसकी पत्नी, अर्थात अपनी पुत्री के साथ पूरी तरह से प्रतिबद्ध था? वह उस शहज़ादे के लिए वचनबद्धता के साथ सम्पृक्त होने के कारण उसके हर सही-गलत में ही साथ देता दिख रहा था? क्या यह उसके मन का भ्रम था, जो उसे इस प्रकार बोध दे रहा था? किन्तु, सरकारी तन्त्र तो अपनी तरीके से चल रहा था? उसके पिता भी अकबर की इन सब बातों, प्रशासनिक व अन्य सुधारों की भूरि-भूरि प्रशंसा करते नहीं थकते थे? उसके श्वसुर ने एक ऐसी व्यवस्था को जन्म दिया था, जिससे कई स्रोतों से केन्द्र तक सूचनाएँ आती थीं, अतः इनकी स्वतः पुष्टि होती रहती थी? ये सारे स्रोत स्वतन्त्र और पृथक थे। एक की दूसरे को कोई ख़बर भी न होती थी कि वह क्या ख़बर केन्द्र को प्रेषित कर रहा है? अतः सब भयभीत एवं सशंकित रहते थे कि यदि किसी एक ने सूचना छुपायी और, बादशाह को किसी अन्य स्रोत से ज्ञात हो गयी, तब उसकी ख़ैर नहीं? उसकी सज़ा का उसे इल्म था अतः समस्त साम्राज्य से पूर्ण सूचनाएँ केन्द्र को पहुँचती थीं? नूरजहाँ का माथा ठनकने लगा था? उसे लगा कि, जहाँगीर की इतनी गम्भीर बीमारी उसके लिए परीक्षा का काल होने के साथ ही, उसे बहुत मान दे गयी और साथ ही ज्ञान-चक्षु भी सदा के लिए खोल गया? अब उसको मुग़ल-राजनीति की अन्तर्धाराएँ भी स्पष्टतः दृष्टिगोचर हो रही थीं?

अब उसने शाहजहाँ और आसफ़ ख़ाँ के समानान्तर एक प्रतिद्वन्द्वी गुट और निर्मित करने का मन बनाया? किन्तु, जब उसी शाहजहाँ और आसफ़ ख़ाँ के ही ऊपर शक़ करने का मन होने लगा था, तब वह किसी अन्य पर भी एकबारगी कैसे भरोसा कर सकती थी? हालाँकि, वह आसफ़ ख़ाँ के प्रति तो आश्वस्त थी, कि, उसे हवा का रुख बदलने के साथ पाला बदलने में कोई समय नहीं लगेगा? अभी शाहजहाँ का साथ देना उसकी मजबूरी ही थी और यही तो अभी तक 'नूरजहाँ गुट' की योजना थी ही? अतः वह अपने भाई को सन्देह का लाभ देने के भाव में थीं? मगर शाहजहाँ ने तो अपने रुख और बर्ताव से अब स्पष्ट कर दिया था कि वह नूरजहाँ के हथियार के स्थान पर अपने स्वतन्त्र अस्तित्व के लिए ही कार्य करने लग चुका था? अतः अब उसे विकल्प तलाशने थे? ज़ाहिर है, ये विकल्प परिवार और शहज़ादों में से ही कोई एक होना था? इसी क्रम में, उसने सबसे पहले परवेज़ को आज़माया? सबसे पहले तो बिल्कुल शुरू में ही उसने शाहजहाँ के दक्खन अभियान के बाद ही बदलते माथे के बलों के मद्देनज़र, उसी के बड़े भाई परवेज़ को आज़माया

था? किन्तु, वह न तो योग्य था और न ही विश्वसनीय साबित हुआ? वह न केवल व्यसनी ही था अपितु अपने पिता जहाँगीर से भी ज़्यादा सनकी और, वह सदा एक अनिश्चय की ही स्थिति में रहता था? जितने दिन वह जहाँगीर की बीमारी में उन लोगों के साथ रहा था, उसके बर्ताव और बातों से ही नूरजहाँ को यह स्पष्ट हो गया था कि वह उसकी योजना के अनुकूल नहीं है? और, इसी ने उन दो दिशाओं की ओर उसे मोड़ा, जिसने समकालीन मुग़ल राजनीति, जहाँगीर के जीवन और साम्राज्य को सबसे टेढ़ा मोड़ प्रदान किया?

यदि वह इतनी जल्दी न दिखाकर धैर्य का परिचय देती तो बात इतनी न बिगड़ती? वह शाहजहाँ को धैर्य का पाठ पढ़ाने के कारण उससे दूर होने वाली, खुद उसकी अधीरता के चलते, अपना धैर्य खोती चली गयी और, मुग़ल तख़्त पर आये संकट के बादल और घनीभूत होते गये? जिस जहाँगीर को मौत के मुँह से घसीट कर लायी थी, उसी के लिए बीमारी और अन्ततः मौत का माहौल बनाने में उसी ने जाने-अनजाने ही कोई परहेज नहीं किया? अपनी ज़िद और सत्ता पर नियन्त्रण की महत्वाकांक्षा ने उससे ऐसी शक्तियाँ प्रवाहित करवा दीं, जो सम्हालना उसके बस में भी नहीं था? इतना सुख-सुविधा, धन-धान्य, पद-प्रतिष्ठा, मान-सम्मान, जिसकी कभी आशा तो क्या स्वप्न में भी कल्पना न की हो, ऐसा कुछ भाग्य से मिल भी जाये, तो सहज ही कोई भी व्यक्ति स्वयं को भाग्य-निर्माता और अभूतपूर्व मानने ही लगता है? यही हाल नूरजहाँ का हुआ? उसका नाम शाही फ़रमान, सिक्कों पर, उत्सवों में, शाही समारोहों में बादशाह के साथ ही स-सम्मान लिया जाता था? जो उसे प्राप्त हुए थे, वैसे अधिकार, विशेषाधिकार उसके पूर्व किसी अन्य महिला तो क्या राजपरिवार के किसी भी अन्य सदस्य को नहीं मिले थे? मुग़ल शहज़ादों या राजकुमारों को भी नहीं? उसके पिता कहते नहीं थकते थे कि इस पुत्री के जन्म के बाद से ही उन्हें भी कभी पीछे मुड़ के नहीं देखना पड़ा? उसे शुभ और सौभाग्य का रूप ही माना जाता था? उसमें उसकी सुन्दरता और बुद्धिमती होना, चार चाँद और लगाते थे, अतः जैसी वह हो गयी थी, वैसी ही हो भी सकती थी? उसके परिवेश ने धीरे-धीर उसका विकास ऐसे ही किया था? उसके लिए समझौते करना काफ़ी कठिन होता था? ख़ैर जब किसी की भी मन मानी पूरी होती जाये और अधिकांश लोग ज़्यादातर समय उसकी जी-हुजूरी करते हैं, तब सीमा नज़र भी नहीं आती? अभिमान, महत्वाकांक्षा और सत्ता व्यक्तित्व को परिवर्तित कर के, निरंकुशता और उच्छृंखलता की ओर ले ही जाता है?

नूरजहाँ-खुसरू-लाड़ली बेग़म प्रकरण

नूरजहाँ को एक ही बात समझ में आयी कि बादशाह ठीक भी हो गया था और, सत्ता की बाग़डोर पुनः उसके हाथ से जहाँगीर के हाथों में लगभग जा चुकी थी? किन्तु, उसके स्वास्थ्य के सम्बन्ध में सभी हक़ीम आदि कह चुके थे कि आराम ही एक मात्र औषधि है, जो उसे स्वस्थ रख सकती है? जरा सी भी अतिरिक्त चिन्ता या कार्य या थकान स्वास्थ्य-समस्या बढ़ा सकती है? अतः उसके पास अब अपनी भावी राजनीतिक भूमिका और उसके लिए आवश्यक ठोस पृष्ठभूमि बनाने के लिए समयाभाव तो निश्चित ही था? मुग़ल-राजनीतिक शतरंज पर उसे अपने मोहरे सही और सटीक बैठाने थे ताकि उसे पराजय न मिले? उसे कुछ काम और कुछ निर्णय शीघ्र ही नहीं बहुत शीघ्र लेने थे? उसे कुछ कार्य शीघ्र ही सम्पादित करने थे? शेर अफ़गान से हुई पूर्व शादी से जन्मी बिटिया भी विवाह-योग्य उम्र की हो चुकी थी, अतः अगर उसका विवाह किसी मुग़ल शहज़ादे से ही हो जाये, तो उसे न केवल अपना (अपने भाई का नहीं) दामाद और मुग़ल सिंहासन के लिए एक पक्का और पक्षधर उम्मीदवार भी मिल जाये? उसकी नज़र, ज़ाहिर है, सर्वथा योग्य किन्तु निराश से बन्दी राजकुमार की ओर गयी? उसे लगा कि, उससे बढ़िया तो कोई हो ही नहीं सकता? ज़ाहिर है, उसने खुद भी महसूस किया था कि जहाँगीर के बावजूद उसके प्रभाव व सहानुभूति में आज भी कोई कमी नहीं हुई है? वह लोगों के साथ, 'हरम' तथा मुग़ल आभिजात्य की भी पहले पसन्द बना हुआ था! उसे ज्ञात था कि भले ही उसके अपने प्रबल समर्थक अज़ीज़ कोका और मानसिंह अब दुनिया में नहीं रह गये थे, तब भी ख़ान-ए-ख़ाना, महाबत ख़ाँ, अब्दुल्लाह ख़ाँ ही नहीं उसके अपने पिता ऐत्माद-उद-दौला की भी वही पहली पसन्द था?

शहज़ादे खुसरू की जो सबसे बड़ी खासियत थी वह उसका चारित्रिक बल, पाक आचरण व दोषरहित जीवन-चरित था! शेष सभी बादशाहों, शहज़ादों से उलट उसने कभी अपनी पत्नी और प्रेयसी के अलावा किसी और की ओर देखा भी नहीं! एक विशेष निगाह से तो कभी नहीं? जीवन में एक निकाह के बाद लाख प्रलोभनों और राजनीतिक हित के लिए भी अपने उच्च आदर्श के साथ कभी कोई समझौता नहीं किया! वह एक मध्ययुगीन आभिजात्य की जीवन-शैली और वैवाहिक गठबन्धनों

की दुनिया में एक अपवाद था, अतः सर्वप्रिय था! मुग़ल 'हरम' तो उसके पाक नाम और पवित्र आचरण की कसमें तक खाता था! जिस एक कमी को पौरुष का मापदंड माना जाता था, खुसरू उससे बहुत दूर था! वह सिर्फ़ और सिर्फ़ अपनी पत्नी के प्रति ही आकर्षित महसूस करता था! अकबर के काल में हरम के आँगन में खेली जाने वाली होली में भी उसने कभी अपनी राधा के अलावा किसी पर रंग ही नहीं डाला था! उसकी एक ही कमी थी? उसकी एकमात्र आवश्यकता भी क्या अपरिहार्यता थी? उसका एक ही अधूरा स्वप्न था? उसकी एक ही अभिलाषा और प्यास पूरी होते-होते न जाने अब तक कितनी बार खंडित हो चुकी थी? वह जीवन और उस जीवन में जैसे सब आस खोता जा रहा था? जब मुग़ल ताज़ मिल रहा था, तब मिली थी, नज़रबन्द दुनिया? जब अकबर के मकबरे तक गया था, तब हिन्दुस्तान का बादशाह होने के फिर करीब पहुँचा और, फिर मिली प्रताड़ना, फटकार, अपमान, दृष्टि-हीनता, कष्ट और गिरफ्तारी? जब लगा कि, भाग्य पलट रहा है, अजमेर में हाथी की सवारी करते मुग़ल शिविर में पहुँचा, तब फिर अनि राय सिंह दलन के हाथों से उसका सुख-चैन आसफ़ ख़ाँ के हाथों में जाकर संशय और शंकाओं के बीच फँसा रहा? और अब यह कौन-सा खेल नियति उसके साथ खेल रही है?

उसे अचम्भा ही हुआ, जब उसने एक शाम मलिका-ए-जहाँ, नूरजहाँ को अपने समक्ष पाया? रू-ब-रू? न कोई सन्देश न संवाहक, बस नूरजहाँ आयी, उसे निहारा और अपने पास बैठने का इसरार करके, इत्मीनान से खुद भी बैठ गयी? जैसे उसे कोई जल्दी नहीं थी, वह कुछ लम्बी और गम्भीर बातें करने आयी हो? उसे याद नहीं कि पहली दीर्घ श्वास किसने छोड़ी थी, मगर उसी के बाद बातचीत का सिलसिला शुरू हुआ और ख़त्म भी हो गया? नूरजहाँ ने उससे बिना राग-लपेट के कहा : "शहज़ादे अब बहुत वक़्त गुज़र गया है, तुम भी तो ऊब गये होगे, इस क़ैद की ज़िन्दगी से? लेकिन, हम सिर्फ़ अवसर और उपस्थिति उत्पन्न कर सकते हैं, फ़ैसला तुम्हें लेना होगा कि, तुम इस अवसर और प्रस्ताव को स्वीकार करोगे कि नहीं...हाँ एक बात और है, हम दो दिन बाद फिर आयेंगे...तब ही निर्णय जानना चाहेंगे...अभी बस सारी परिस्थितियाँ समझो, देखो, सोचो? इस प्रस्ताव के प्रभावों और परिणामों के विषय में विस्तार और शान्त भाव से इत्मीनान से सोचो। हम इससे अधिक और कुछ कर नहीं सकते? तुम्हें भरोसा हो न हो हम तुम्हारे शुभ-चिन्तक हैं। हमारे पिता आज भी हमेशा तुम्हें ही सर्वश्रेष्ठ, सर्वोचित और सर्वाधिक चाहते और मानते हैं! हमारी एक ही बिटिया है। हमें मालूम है कि, तुम शेष राजकुमारों से बिल्कुल जुदा हो...इसीलिए शायद एक माँ के नाते भी हमें इस रिश्ते का प्रस्ताव देने में जिस ख़ुशी का आभास हो रहा है, हम शब्दों में कह भी नहीं सकते! कौन-सी माँ ऐसी होगी, जो अपनी एकमात्र पुत्री के लिए तुम्हारे जैसे पति की कामना और लोभ नहीं करेगी?"

उसने एक लम्बी साँस ली फिर खुसरू के निर्विकार भाव को पढ़ने की कोशिश

की और अपनी बात ज़ारी रखीरू “हमें पता है, हम तुम्हारी पत्नी से भी बात करेंगे। तुम्हारी माँ से इजाज़त लेने इलाहाबाद उनके मकबरे तक की यात्रा की तैयारी भी कर ली है...तुम बस हाँ कर दो...अभी यहीं सगाई की रस्म हो जायेगी...बादशाह को बता कर तुम्हारी नयी ज़िन्दगी की ख़ुशी में, तुमको आज़ाद करवायेंगे। तुमको आज़ादी मिले,...फिर शादी सम्पन्न हो...और फिर तुम्हें, बाकायदा 'वली-अहद' घोषित किया जायेगा...! हम जानते हैं, मगर हम भी विवश हैं।” उसने फिर एक बार शहज़ादे के भावों को पढ़ने-समझने का प्रयास किया, मगर वह नीचे और कहीं गहरे देख रहा था, लगातार चिन्तामग्न! “इतने सालों के निरन्तर सोचने के बाद हमें एक ही सूरते-हाल समझ आयी एक ही रास्ता हम निकाल पाये हैं और फिर भी खुद पर भरोसा नहीं हो रहा था, तब तुम्हारे साथ इस रिश्ते की यह बात अपने पिताजी से करके उनसे सहमति लेकर ही हम यहाँ आये हैं। हमें कोई और रास्ता तुम्हारी रिहाई का नहीं सूझता तुम्हें पता हो तो बताओ। मेरी अभिन्न और एकमात्र इच्छा यही है कि तुम किसी तरह आज़ाद हो जाओ, तुम्हें तुम्हारा हक़ और मुग़ल सिंहासन मिले और तुम राज करते हुए, अकबरी परम्परा कायम करते हुए, प्रजा व साम्राज्य को सुख, शान्ति, समृद्धि और स्थिरता प्रदान करो, जैसे उन्होंने किया था और उम्मीद भी की थी कि कोई उसी आधार पर राज्य करता रहे? अब सब बातें विस्तार से सोच लो...दो एक दिन चाहें तो और ले लो...वैसे हम एक बार परसों फिर आयेंगे!”

और नूरजहाँ जैसे आयी थी वैसे ही चली गयी! मगर शहज़ादे के लिए अब सब कुछ वैसा नहीं था? नूरजहाँ सोचती गयी कि क्या खुसरू इस रिश्ते के लिए रजामन्दी देगा? यदि ऐसा होता तो क्या वह कोई संकेत नहीं देता? उसने तो बस औपचारिकता ही निभाई थी, उसके आते और जाते? आदर देने में तो कोई कोताही नहीं की थी किन्तु उस दौरान पूरे वक़्त कोई आत्मीयता का भाव खुसरू के चेहरे या दिल पर आया ही नहीं था? उसे यह भी लगा कि इस शहज़ादे को कितनी जलालत, कितना मलाल मिला था और वह भी मुसलसल अपनों से ही कि, वह उम्मीद भी नहीं रखना और प्रदर्शित करना चाहता था? हर बार स्वतन्त्रता की किरण उसे और गहरे तिमिर में धकेल गयी थी? उसे किसी पर न तो कोई भरोसा था और न ही अब अपनी किस्मत पर यक़ीन? लेकिन उस दुनिया देख चुकी महिला ने उसके व्यवहार का कत्तई बुरा नहीं माना, अपितु, उसकी मानसिकता और मनःस्थिति को समझते हुए, सही बर्ताव ही माना? लेकिन दो बातें तो वह मार्के की कह कर ही आयी थी? एक, उसकी आज़ादी और उसी से सम्पृक्त 'वली-अहद' या विधिक उत्तराधिकारी की मान्य व विधिक उद्घोषणा? जिसका वह हक़दार भी था और, हरम, आभिजात्य व जनता की आशा भी? दूसरी बहुत मौजू बात जो वह कह कर आयी थी, वह ऐत्माद की सहमति और इच्छा की? खुसरू अगर इस पूरे बन्दी व नज़रबन्दी के काल में किसी का सबसे अधिक आभारी रहा था, तो वह अकबर का

यही प्रिय ईरानी अधिकारी गियास बेग ही था? वह हर सप्ताह उससे मिलने आया और यह क्रम उसने जल्दी टूटने नहीं दिया! और, जब-जब वह आया शहज़ादे को अजब सा सुकून हो आता था! ऐत्माद नितान्त निश्चल और निष्कपट भाव से ही मिलता, स्नेह से बातें करता और सर पर हाथ फेर कर लौट जाता था! जहाँगीर को भी अच्छा लगता था कि उसके दरबार के सर्वोच्च अमीरों में से एक उसके और उसके बन्दी पुत्र के बीच एक कड़ी या सूत्र के रूप में कार्य करता रहता था? सर टॉमस रो ने भी यही लिखा है कि नूर महल अपने पिता की सलाह पर ही खुसरू से मिलने और यह प्रस्ताव देने गयी थी! वो तो यह भी कहता है कि आसफ़ ख़ाँ भी अपनी बहन के साथ गया था। सम्भवतः उसके पिता ने भाई-बहन में हो रहे शक़ को पाटने के लिए ही यह अवसर पैदा किया था! ताकि, एक ओर इन दोनों की प्रगाढ़ता में शाहजहाँ और नूरजहाँ के मध्य की कटुता असर न डाल सके और, दूसरे, खुसरू भी आश्वस्त हो सके? इस समय खुसरू को यह पक्का आश्वासन ही इस प्रस्ताव को मानने के लिए तैयार कर सकता था कि मुग़ल आभिजात्य के सभी वर्ग, उपवर्ग, नस्लीय गुट उसको समर्थन देने को तत्पर थे?

खुसरू ने जब सिंहासन पर बैठने की पूरी तैयारी कर ली थी और, उसके पिता ने नाविक बेड़े से इलाहाबाद प्रयाण की, तभी सारी बाज़ी पलट गयी थी! वह जस का तस रह गया था, अपितु उससे भी बदतर! फिर उसने पूरी तैयारी कर ली थी, मामा मानसिंह के साथ बंगाल जाने की, तभी उसके षड्यन्त्रकारी व कपटी पिता ने छल-छद्म से उसे आगरा में ही रोक लिया था? रोक क्या लिया था, उसे बन्दीगृह में डाल दिया था? जब-जब उसे छोड़ने की बात की, वह झूठी ही साबित हुई? वह जब अपने पिता पर ही भरोसा नहीं कर सकता था, तब नूरजहाँ पर कैसे यकीन कर ले? और, वह भी बस एक ही मुलाक़ात में? ज़िन्दगी में ठोकरें खाने का अभ्यस्त हो जाने वाला व्यक्ति अपना आत्म-विश्वास भी खोता है, उसी तरह उसकी दूसरे पर भी विश्वास करने की क्षमता क्षीण होती जाती है? वह उलझ कर रह गया? उसने तो अभी तक सदा ज़िन्दगी में मुग़ल सम्राट हो जाने के बाद भी अपनी इसी एक पत्नी की कल्पना ही की थी? और यह बात उसके व्यवहार से ही स्पष्ट और परिभाषित होती थी, न कि व्यर्थ की उद्घोणाओं से? उसका आचरण ही अपनी कहानी कहता था? उसके आदर्श तथा उसके जीवन-दर्शन के मूल्य, उसके जीवन और जीवन-शैली से स्वतः बयान हो जाते थे? तो क्या वह अपने सपने को साकार करने के लिए यह समझौता कर ले? अपने सपने को सच करने के लिए, अपने अधिकार की प्राप्ति के लिए या मुग़ल सिंहासन पर अपने हक़ के लिए लड़ने के लिए सबसे ज़रूरी तो इस क़ैद से आज़ादी ही था? आज़ादी की एक कीमत भी थी? यही उसका सबसे बड़ा और कठिन द्वन्द था? आज़ादी किस लिए? मुग़ल ताज़ किस लिए? कि वह अपनी ही नज़र में नहीं गिर जायेगा? उसमें और अन्य मुग़ल शहज़ादों में क्या

फ़र्क रह जायेगा? वह किस आदर्श को उच्च और उचित माँने? उसे नूरजहाँ कोई आज़ादी का पैगाम लाने वाली परी नहीं, अपितु उसके सिद्धान्तों-आदर्शों का गला घोंटने वाली पिशाचनी लगी होगी?

आज़ादी बहुत बड़ी चीज़ थी और, पूरे प्राचीन और मध्यकाल में इतिहास की निर्मिति व विश्लेषण में विवाह मात्र राजनीतिक उपकरण की तरह और वैवाहिक गठबन्धन कूटनयिक कारणों के लिए ही प्रयुक्त होते रहे थे? तो क्या सिर्फ़ इसी राजनीतिक लाभ के नज़रिए से उसे विवाह कर लेना चाहिए? उसके दिमाग़ में अपना ननिहाल भी आया? वह तो स्वयं इसी प्रकार के राजनीतिक वैवाहिक गठबन्धन का उत्पाद था। अपने पिता की ही भाँति वह भी तो इसी तरह के विवाह का परिणाम था? उसके पिता और उसमें दोनों में यह साम्य था—दोनों ही कछवाहा राजकुमारियों के पुत्र थे! दोनों की शिराओं में एक ही परिवारों का रक्त था? सलीम अगर राजा मानसिंह की बुआ (मरियम-उज-जमानी) का लड़का था, तो वह मानसिंह की बहन (शाह बेग़म) का बेटा था! वो जिस परिवेश में बड़ा हुआ था, वहाँ यह बहुत ही सामान्य था, किन्तु, यह उसका दुर्भाग्य था कि वह असामान्य था! इतिहास की पुनरावृत्ति फिर उसके प्रतिद्वन्द्वी शाहजहाँ के साथ भी हुई, जब उसका भी प्रिय पुत्र दाराशिकोह औरंगज़ेब द्वारा पराजित होकर मारा गया! दारा भी उसी की तरह था? इन दोनों ही ताऊ और भतीजे ने उपनिषदों का विधिवत अध्ययन किया था! उसको तो सिर्फ़ अध्ययन और मनन का समय मिला, जब उसके पिता ने उसे शेष जीवन ही बन्दी बनाये रखा, किन्तु, दारा किस्मत वाला था, उसने अपने पिता की स्नेहिल छाया में इस पर लिखा भी!

उसके पास अकबर के काल में उसके स्नेहिल प्रश्रय में अध्ययन की गहराई तो थी, फिर शेष संस्कृत के हिन्दू शास्त्रों व विभिन्न ज्ञान-विज्ञान के ग्रन्थों का अध्ययन करने का परिवेश तथा अवसर आमेर में भी मिला था। अतः उसका अध्ययन पर्याप्त हुआ था। इतनी कम उम्र में ही बन्दी-जीवन का जो एकाकीपन था, उसने उसको और अधिक अध्ययन के साथ-साथ न केवल मनन-चिन्तन के लिए पर्याप्त समय उपलब्ध किया, अपितु मनन-चिन्तन की निरन्तरता ने उसके अध्ययन को और वृहद् तथा व्यापक आयाम प्रदान कर दिया? बस कमी हुई तो इतने वर्षों से आम-लोगों से पूरी तरह से कट जाने के चलते वह व्यावहारिकता और मानव-सम्बन्धों की क्रियायों और अन्तःक्रियाओं की समझ और आकलन में कहीं पीछे तो नहीं छूट गया था? या इस एकाकी जीवन ने उसे सिर्फ़ अपने में ही सिकुड़ जाने के लिए तो प्रेरित नहीं किया था? कहीं वह जीवन की व्यर्थता को ही जीवन के अर्थ में तो नहीं लेने लगा था? काल-चक्र और प्रारब्ध को ही तो उसने जीवन नहीं मान लिया था? वह इहलोक से अधिक उहलोक एवं लौकिक से ज़्यादा पारलौकिक जगत के अर्थ में ही तो नहीं उलझ कर रह गया था? अपने जीवन को जीवन्तता से न जी पाने के कारण, उसकी

परिस्थितियों ने उसे किसी 'यूटोपिया' में ही रहने और जीने का आदी तो नहीं बना दिया था? इसीलिए अब इस आख़िरी वक़्त में वह क्यूँ कर अपने उसूलों के साथ समझौता करने को तैयार होता? वह भी किसी सपनों के आदर्श में जी रहा था और जीना चाहता था? अब शायद उसे इस दुनिया और दुनियावी लोगों से न तो कोई वास्ता था और, उसे लगता था न ही किसी को उसकी वास्तविक ज़रूरत भी थी?

क्या यह सम्बन्ध एक निहायत मामूली मूल्य था बड़े उद्देश्य की प्राप्ति के लिए? इस पूरे प्रकरण ने उसे जीवन में ऐसा झकझोरा था, जैसा कभी किसी ने नहीं? उसे लगा था कि उसकी दृष्टि जाने के बाद अब दुनिया में कुछ भी शेष नहीं रह गया था, मगर वही एक पत्नी थी, जो उसे ढाढस बँधाती रही थी? उसकी दृष्टि बनी रही न तो छोड़ कर गयी और न ही गान्धारी की तरह उसने पट्टी लपेट ली? मिर्ज़ा अज़ीज़ कोका की बिटिया तो सुन्दर भी थी, योग्य और गुणी भी। चाहती तो वह भी उसे तलाक़ देकर किसी से भी ब्याह रचाकर, अपना शेष जीवन सुख व शान्ति से बिता सकती थी? वह क्यों समर्पण, त्याग और पतिव्रत निभा रही थी? कि जब कोई लाभ का अवसर आये, तो वह तुरन्त समझौते करके, शरियत और विवशता का सहारा ले ले? जब उसने एक स्त्री होकर इस तरह के सुविधाजनक समझौते नहीं किये, तो क्या उसे इस तरह के समझौते करना शोभा देगा? क्या वह अपने सिद्धान्तों के साथ समझौता करके अपनी ही नज़र में नहीं गिर जायेगा? क्या ज़मीर मरकर शासक बनना उसके सिद्धान्तों और उच्च आदर्शों के अनुकूल था? उसके कुछ समझ नहीं आ रहा था? वह न कुछ खा पाया, न रात भर सो पाया और, न ही उसे किसी भी तरह से सुकून आया! यानी पहली बार उसके आदर्शों की दुनिया में कोई एक छिद्र करने में सफल सा हुआ था? वह अपने आदर्शों की दुनिया से एकदम से ज़मीनी हक़ीक़त पर धड़ाम से गिरा हो जैसे? वह न ही कुछ सम्हल पा रहा था और, न ही समझ पा रहा था! पूरी रात इन्हीं तमाम प्रश्नों में ही उलझा रहा—उत्तर तो कहीं था ही नहीं? कम से कम उसके ज्ञान-कोश और व्यावहारिक-आचरण के उसूलों के संकलन में तो नहीं मिल रहा था?

इधर नूरजहाँ भी रात भर सवालों के घेरे को नही तोड़ पा रहीं थी? जो वह कर रही है, वह उचित था अथवा नहीं? क्या शाहजहाँ को अपने गुट का उम्मीदवार अब भी बनाये रखना बुद्धिमत्ता होती? उसकी दूरदृष्टि उससे यही कह रही थी, कि उसने खुसरू के रूप में सबसे मुग़ल राजपरिवार के सबसे सुपात्र को चुना है? परन्तु, इसमें भी कई सवाल अन्तर्निहित थे? क्या खुसरू स्वयं महत्वाकांक्षी नहीं था? तो वह उस उम्र में अपने पिता और बादशाह अकबर के ज्येष्ठतम पुत्र का प्रतिद्वन्द्वी क्यूँ कर हुआ था? उसने भी सारा घटना-चक्र देखा-समझा था और उसके पिता भी अक्सर उस घटना-चक्र को किसी-न-किसी प्रकरण के चक्कर में उठा ही देते थे और सविस्तार बताते थे, कैसे खुसरू के होठों से सफलता का प्याला आख़िर

में छलक के बस रह ही गया था! ख़ैर वे एक तो अकबर के करीबी होने के कारण बादशाह के प्रिय की भी पक्षधरता करते होंगे? परन्तु, उसने भी तो देखा-समझा था, अतः वह अपने पिता की बातों से सहमत ही होती, बावजूद कि, ये बातें कहीं-न-कहीं उसके अपने पति के दुर्गुणों को अवश्य रेखांकित करती थीं? फिर यह भी सत्य है कि इस पूरे प्रकरण में कहीं-न-कहीं नस्लीय राजनीति भी तो काम करती थी, भले ही अकबर उसे सन्तुलित रखता था? खुसरू की पक्षधरता मुख्यतः मान सिंह के नेतृत्व में राजपूतों का बड़ा वर्ग; गियास बेग वाला ईरानी (शिया) वर्ग; ख़ान-ए-ख़ाना जैसे पुराने अकबरी अमीर आदि करते थे! उधर सलीम के साथ भी जो महाबत ख़ाँ और अब्दुल्लाह ख़ाँ जैसे साथी इलाहाबाद से ही थे, वे भी अब उससे अनेक कारणों से छिटक कर दूर हो चुके थे?

अतः नूरजहाँ की परेशानी का सबब मुग़ल उमरा का यही संरचनात्मक चरित्र और उसकी अन्तःक्रिया थी! उसे इसके चलते एक ही भय होता तो भी गनीमत होती, उसके समक्ष कई प्रश्न और शंकाएँ उत्पन्न हो रही थीं? वह जितना गहराई से सोचती, उतना ही परेशान भी होती रही थी? क्या जहाँगीर यह रिश्ता आसानी से पचा पायेगा? उसका जनम भर का बैरी, अब उसकी प्रिय पत्नी का सबसे करीबी बन रहा था? क्या वह उसके प्रभाव से पृथक तो नहीं हो जायेगा? क्या वह कुछ और राजनीतिक समीकरण तो नहीं बनाने लगेगा? वैसे भी वह ज़रूरत से ज़्यादा षड्यन्त्रकारी दिमाग़ का मालिक है? उसके भी किसी निर्दोष से क़दम पर बहुत गहरे से सवाल करके, उसकी आँखों में कहीं बहुत गहरे झाँककर न जाने अब भी क्या जानना चाहता था? इस मामले में उसके छल-छद्म, प्रपंच का कोई जवाब नहीं था? उसका इलाहाबाद का एक साथी, महाबत ख़ाँ तो किस तरह के पत्र लिखता रहा है और निरन्तर सन्देश भेजता रहा है, उसके विरुद्ध और बादशाह को उसके दुष्प्रभाव से निकलने के लिए आगाह करता रहा है? जहाँगीर तो खुद नशे, मदहोशी और मज़ाक़ में महाबत के कितने पत्र उसे स्वयं अपने प्रेम का विश्वास दिलाने के लिए दिखा और पढ़ा चुका था? वह समझ रही थी कि यह काम किसी नट की भाँति रस्सी पर चलने वाले खेल से कम नहीं है, बस यहाँ एक मौलिक अन्तर यही था कि दोनों तरफ़ तलवारें होंगी और बचने की कोई गुंज़ाइश नहीं?

उसे जहाँगीर से जो भय था, वह अपनी जगह, उसे तो शायद वो अपने पिता और भाई की मदद से हल भी कर ले या उसका उचित प्रबन्धन कर ले? किन्तु, खुसरू की महत्वाकांक्षा का कोई आदि-अन्त था क्या? वह एक ऐसे उपकरण से खेलने जा रही थी, जिससे उसी का यह अस्तित्व और, इस प्रकार का—न हुआ होता? वह कभी सलीम की पत्नी थोड़ी न बनती? वह तो जहाँगीर के बादशाह होने के उपरान्त, एक विधवा के रूप में उसकी हो पायी थी? अगर खुदा न ख़ास्ता, अकबर के बाद सलीम की जगह खुसरू मुग़ल बादशाह हो गया होता, जैसा कि,

अधिकाँश हिन्दुस्तान चाहता सोचता था, तब आज यह स्थिति ही न होती? क्या वह ऐसी आग से खेलने जा रही थी जिसमें उसके पति, दाम्पत्य-जीवन और वैभव सब छिन जाना था? क्या उसका संसार उसके इस एक ग़लत क़दम से तो नहीं उजड़ जायेगा? उसने अपने पिता पर सदैव निर्भर किया है, वे दूरदृष्टि वाली, निर्भीक, सन्तुलित, वस्तुपरक और लाभ की ही सलाह देते आये हैं? मगर वे क्या एक सत्ताच्युत राजकुमार से ही जीवन भर परिचित नहीं रहे हैं? उन्होंने कभी सत्तासीन खुसरू को तो देखा-जाँचा-परखा नहीं है? वे उसकी उस वास्तविकता से कहाँ परिचित हैं? सत्ता पाने के पश्चात खुसरू का क्या और कैसा व्यवहार हो? क्या वह ऐसा ही रहेगा या बिल्कुल ही बदल जायेग? अतः सत्ताधीश हुए खुसरू के सन्दर्भ में उनका निर्णय और परामर्श भी गलत हो सकता है या नहीं?

जो इतने वर्ष बन्दी रहा हो, वह किन कुंठाओं का शिकार हुआ होगा? और, फिर, सगाई, आज़ादी, 'वली-अहद' का दर्ज़ा, पुराने लोगों का साथ और सर्वाधिक लोकप्रियता! इतना सबकुछ, क्या कुछ तब्दीली नहीं कर देता किसी व्यक्ति में, उसके व्यक्तित्व और व्यवहार में? अतः नूरजहाँ की परेशानी भी कम होने का नाम नहीं ले रही थी? मगर जितने सवाल उठ रहे थे, उसे एक ही बात की ओर ले जा रहे थे? वह राह सिर्फ़ खुसरू के विषय में सोचने को उसे विवश कर रही थी? वह अपने-आप को बस भरोसा दिला रही थी, औचित्य ढूँढ़ रही थी, अपने इस निर्णय के? वह अपने दिल-दिमाग़ को ही मन ही मन जवाब देती जा रही थी? उसके दिल-दिमाग़ और मन में बस खुसुरू था और वह चाहती थी कि किसी भी प्रकार से खुसरू लाड़ली बेग़म से निकाह के लिए मंज़ूरी दे दे, वह अपनी इकलौती ज़िम्मेदारी के साथ भविष्य के लिए भी निश्चिन्त हो जाये? विवाह कूटनीतिक के साथ ही, पारिवारिक सम्बन्ध भी होता है, अतः वह माँ-पिता की सलाह पर ही खुसरू के पास यह प्रस्ताव लेकर भाई आसफ़ ख़ाँ के साथ गयी थी! इस बात पर समकालीन आभिजात्य और आम लोगों में भी कानाफूसी खूब हुई थी? कुछ ने माना कि, शायद नूरजहाँ अपने भाई को हर-हालत में अपने साथ ही रखना चाहती थी, अपना गुट शाहजहाँ से हुई दूरी के चलते बिखर नहीं जाने देना चाहती होगी? कुछ ने इसका यह अर्थ भी लगाया कि वह अपनी उलझनों का घेरा इतना बढ़ा देना चाह रही हो, जिसमें उसके करीबी भी उलझनों में रहे तो शायद हर समस्या का समाधान निकलने में जुटें, तो तमाम चीज़ों; बातों; समस्यायों का हल भी निकले?

आम लोगों ने तो यही सोचा कि यदि, आभिजात्य और हमारे बीच खुसरू की लोकप्रियता के कारण खुसरू उत्साहित होता है, तो नूरजहाँ की बेटी के साथ वैवाहिक गठबन्धन से उसे आज़ादी व संसाधन प्राप्त हो जायेंगे, जिनसे वह इतने सालों से बन्दी-जीवन में वंचित कर दिया गया था? अतः देर से ही सही, वह अपना गन्तव्य और हक़ पा जायेगा? दरबारी इतिहासकारों के लिए भले ही इन तमाम बातों का

कोई महत्त्व न रहा हो, मगर, विदेशी यात्रियों और, विशेषकर, आंग्ल ईस्ट इंडिया कम्पनी के तमाम पत्रों में बातें विस्तार से दर्ज़ हैं! जिस तरह से इन बातों का विश्लेषण करते हुए, इन्हें पेश व लिखा गया है, उससे स्पष्ट है कि इनके निहितार्थों का तात्कालिक व दूरगामी दोनों प्रभावों को समझने का प्रयास है! वे भले ही अपने व्यापारिक लाभ के विषय में सोच रहे हों, मगर यही तो उन्हें इस पूरे राजनीतिक घटनाक्रम को नज़दीक और गहराई से देखने-समझने के लिए मजबूर कर रहा था? आज जब हम 21वीं सदी में इतने पीछे की घटनाओं को उनके आईने से देखें, तो निश्चित ही कह सकते हैं कि उनका समकालीन घटनाक्रम का विश्लेषण निहायत सूक्ष्म और सटीक था? तभी तो वे पुर्तगालियों से अधिक सत्ता के निकट होने में सफल हुए थे? इतना ही नहीं, वे एक सुदृढ़ व्यापारिक शक्ति और, फिर राजनीतिक स्वामी भी बने? अतः उनकी समझ को यह कह कर कत्तई खारिज नहीं किया जा सकता कि उनके विवरण सत्य और तथ्य से परे, बाज़ार-गप्प और गल्प या अफ़वाह पर ही आधारित होते थे? और, उन्हीं से हमें इतने बारीक व पेचीदे मसले मिलते हैं, जिन्हें दरबारी इतिहासकार राज्याश्रय के चलते, अपने विवरणों में शब्दों की चाशनी में पगाने को विवश थे? या वे चुपचाप इन अनचाहे प्रकरणों को शाही कालीन के नीचे करके बस शासक वर्ग की पसन्द का ही इतिहास लिखने की बाध्यता से प्रतिबद्ध थे?

दो दिन शहज़ादे की इतनी ख़ातिर हुई कि वह स्वयं परेशान हो गया? 'मुग़ल हरम' की महिला रिश्तेदारों के अतिरिक्त यदि कभी किसी ने उसके लिए कुछ भी भेजा था और ख़ातिर-तवज्जोह की थी, तो वह बस ऐत्माद-उद-दौला ही था! किन्तु, नूरजहाँ का यह नया प्रेम उसे यह प्रश्न पूछने के लिए विवश कर रहा था कि कहीं वह 'बलि का बकरा' तो नहीं बनाया जा रहा है? उसे खिला-पिला के किसी बड़ी कुरबानी के लिए तगड़ा तो नहीं किया जा रहा है? नूरजहाँ के पक्ष में बस एक बात जा रही थी और, वह थी, उसका ऐत्माद की बेटी होना? अन्यथा तो वह खुसरू के जानी-दुश्मन पिता की प्रिय पत्नी व सदाबहार प्रेयसी थी? वह तो ख़ुर्रम को अपना उम्मीदवार तक घोषित कर चुकी थी? उसी ने उसे बेवजह और निराधार तथा कपोल-कल्पित दक्खन-विजय के नाम पर 'शाहजहाँ' बना दिया था? इतना ही नहीं, जहाँगीर के ऊपर अपने पूर्ण प्रभाव से उसको वैभव, पद-प्रतिष्ठा से उसी ने पूरी तरह से लदवा दिया था! ख़ुर्रम या शाहजहाँ तो उसके एहसानों से दबा था? वह उसे क्यों छोड़ रही है? अब उसका महत्त्व और राजनीतिक उपयोगिता, नूरजहाँ के लिए ख़त्म हो चुकी थी? तो क्या उसका हश्र कुछ और होगा? जब तक उसकी ज़रूरत होगी, वह इस्तेमाल करेगी, फिर वही 'ढाक के तीन पात'? खुसरू ने इन दो दिनों में समस्त पहलुओं पर हर आयाम व कोण से अध्ययन, विश्लेषण, मनन किया और, वह इसी निष्कर्ष पर पहुँचा कि वह यह रिश्ता कबूल करके न अपनी

पत्नी, न अपने दाम्पत्य और न ही अपने उसूलों, आदर्शों के साथ अपनी बलि चढ़ायेगा या चढ़ने देगा?

तीसरे दिन जब नूरजहाँ फिर से अपने सम्भावित दामाद से मिलने पहुँची तो उसके मन में एक विचार उसे बल दे रहा था कि जो आज़ादी की निश्चिन्तता वो दे सकती थी, वह तो कृपालु होकर भी जहाँगीर नहीं देगा? उसके साथ सम्बन्ध बनाने से खुसरू को सिर्फ़ लाभ ही लाभ था! अतः उसे तो प्रस्ताव स्वीकार करने में कोई समस्या होनी ही नहीं चाहिए? 'अन्धे को क्या चाहिए दो आँखें'? किन्तु, जो दुविधा थी, वह उसकी लोकप्रियता और महत्वाकांक्षी होने को लेकर थी? क्या वह उसके नियन्त्रण में रहेगा? जब थोड़ा-सा पद-प्रतिष्ठा अर्जित करके, शाहजहाँ का मन बदल गया और, वह अपनी अलग-सी राह चलने को आतुर हो रहा है? तब खुसरू का क्या और कितना यकीन किया जा सकता था? उसके साथ तो उसने कोई सहृदयता कभी प्रदर्शित नहीं की थी? फिर, वह उसी आसफ़ ख़ाँ की बहन थी, जो उसका संरक्षक था? उसके क़ैद में कौन-सी अतिरिक्त सुख-सुविधा उसने खुसरू को उपलब्ध करवाई थी? अपितु, उसने तो एक-आध बार खुसरू के प्रति हमदर्दी प्रदर्शित करने के लिए अपने पिता से विरोध के स्वर ही व्यक्त किये थे? ख़ैर ऐत्माद न सम्राज्ञी था और न अपने शासक को नियंत्रित करने में दिलचस्प? उसकी निष्ठा, दक्षता व योगदान असंदिग्ध थे! पूरे विश्वास के बावजूद इसीलिए, जैसे ही वह खुसरू के कक्ष में दाखिल होने लगी वह दुविधा में फँस सी गयी?

उधर खुसरू दृढ़-प्रतिज्ञ? वह अपना फ़ैसला ले चुका था? जब अब तक अपने उसूलों पर टिका रहा है, तब अब क्यों उनको त्यागे? और, किस लाभ या लोभ के लिए? उसकी नियति अगर यही है तो यही सही? वेदान्तियों और सूफियों के प्रभाव में वह भी परवरदिगार के प्रति पूर्ण समर्पण भाव से जी रहा था? यह तो खुदा ही रिहाई अता करे या फिर उसे मंज़ूर नहीं? यदि अल्लाह-ताला चाहते कि, वह स्वतन्त्र हो, तब फिर शर्तें कैसी? शर्तों पर आज़ादी को तो इनसानी फितरत भी नहीं, शैतानी फितरत ही मान रहा था वह? यदि ऐत्माद इस प्रस्ताव के पक्षधर थे, तो वे स्वयं क्यों नहीं आये? वे तो सदैव आते रहे थे, उसे उनके स्नेह की हमेशा आशा और प्रतीक्षा रहती थी? तो अब क्यों नहीं आये? क्या वे उसे किसी धर्म-संकट में नहीं डालना चाहते थे? यदि ऐसा है, तो उसको अपना धर्म ज्ञात था! अतः, उस दिन जब नूरजहाँ आयी थी, तब वह उसका चेहरा पढ़ने की कोशिश कर रही थी, मगर आज वह सीधे-सीधे उसकी आँखों में आँख डालकर, पूरी इज़्ज़त लेकिन शिद्दत के साथ जवाब देने को उत्सुक दिखा? शायद नूरजहाँ यह उत्साह देखकर कुछ पलों के लिए ही सही आशान्वित हुई होगी? लेकिन खुसरू का उत्तर तय और सपाट था! उसमें कोई हू-हुज्जत थी ही नहीं? नूरजहाँ स्तब्ध! क्या ऐसा भी कोई इनसान हो सकता है—और वो राजनीतिक और ऊपर से मुग़ल राजपरिवार का? उसके मन ने उससे

दो दिनों तक सही ही शक़ व्यक्त किया था? वह खुसरू को कत्तई नहीं जानती थी कि, वह कैसे प्रतिक्रिया व्यक्त करे?

लेकिन वह हार न मानने वाली सम्राज्ञी थी? उसने खुसरू से एक बात और की। उसने बड़े साफ़ लफ़्ज़ों में खुसरू के समक्ष तीनों राजकुमारों का तुलनात्मक अध्ययन ही प्रस्तुत कर दिया? यहाँ यह भी ध्यान देने की बात है कि अभी तक इस वार्ता में जहाँगीर के चतुर्थ पुत्र, शहूरयार की कोई चर्चा नहीं थी? उसका कोई ज़िक्र अभी भी किसी भी प्रसंग में उठता ही नहीं था? वह जैसे किसी के सोच-विचार के हाशिये तक पर न हो? अतः उसे इसलिए खारिज माना गया होगा? शहज़ादा परवेज़ तो अपने दुर्व्यसनों के चलते इस दौड़ से पहले ही बाहर हो गया? अब बचे दो ही प्रतिद्वन्द्वी? नूरजहाँ ने बिना राग-लपेट के स्वीकार किया कि खुसरू के अतिरिक्त ख़ुर्रम ही योग्य व कर्मठ है? किन्तु, वह यह जोड़ने से नहीं चूकी कि ख़ुर्रम से लेकर शाहजहाँ के सफ़र में उसकी अपनी कितनी अहम भूमिका थी? वाक़ई जो बातें नूरजहाँ ने खुसरू से इस दूसरी मुलाक़ात में की थीं, वे हू-ब-हू वही हैं, जो सर टॉमस रो इन दोनों शहज़ादों की तुलना में लिखता है! क्योंकि, शब्द और ख़याल दोनों के एक से हैं! रो ख़ुर्रम को घूसखोर, लोभी, षड्यन्त्रकारी, अनुदार, क्रूर किन्तु, शक्तिशाली बताता है। दूसरी ओर, रो खुसरू के सिंहासनारूढ़ होने को मुग़ल वंश, साम्राज्य व मुल्क के हित में मानता है! वही बात नूरजहाँ भी इस मुलाक़ात में अपने सम्भावित दामाद को समझाने की कोशिश करती दिखती है? दोनों के शब्दों और विचारों में यही साम्य है! दोनों ही रेखांकित करते हैं कि खुसरू के शासक बनाने से अनुशासन, सु-शासन, ज्ञान-विवेक, उदारता, सौहार्द एवं सद्व्यवहार का राज्य स्थापित हो जायेगा! और यही सबके हित में था!

लेकिन यहाँ हमें सर टॉमस रो और नूरजहाँ में एक मौलिक अन्तर भी दिखता है। जहाँ नूरजहाँ प्रयासरत है, किसी भी प्रकार खुसरू तैयार हो जाये, तो उसका जीवन निश्चिन्त, भोग, ऐश्वर्य और सत्ता से सराबोर रहे? शायद इसीलिए नूरजहाँ की बातों से खुसरू सन्तुष्ट होते हुए भी सहमत होने में हिचकिचाता है, क्योंकि, इसमें उसे कहीं-न-कहीं नूरजहाँ की अन्तर्निहित राजनीतिक महत्वाकांक्षा दिखी होगी? जबकि रो बिल्कुल वस्तुपरक है और, इसीलिए उसका मूल्यांकन सही भी है! वह अपनी सरकार के साथ-साथ भारत के तटीय क्षेत्रों में बसे आंग्ल आढ़तियों को स्पष्ट चेतावनी देता है? उसके मतानुसार जो सर्वथा योग्य व सही है, अन्ततः मुग़ल साम्राज्य का बादशाह नहीं बनेगा! अपितु जो ज़्यादा कुटिल, षड्यन्त्रकारी, क्रूर और आपराधिक प्रवृत्तियों से लैस है वही बादशाह हो जायेगा—खुसरू इस दौड़ में एक पराजित योद्धा है! आइये थोड़ी देर हम सर टॉमस रो के साथ कुछ वक़्त और गुजारें और देखें वे मुग़ल तख्त के तीनों दावेदारों के विषय में हमें क्या बता सकता है? रो लिखता है कि, जब वह 18 नवम्बर, 1615 में बुरहानपुर में नियुक्त सुल्तान परवेज़

से मिला था, तो वह एक दम्भी राजकुमार सा ही लगा था, जिसे कूटनीति आदि की कुछ विशेष जानकारी नहीं थी। वह परवेज़ को मुग़ल ताज़ की इस प्रतिस्पर्धा में कहीं नहीं पाता है? दूसरी ओर, वह ख़ुर्रम के विषय में यह बताने से नहीं चूकता कि, वह अपनी शक्ति से अभिज्ञ था, किन्तु वह धनागम के गलत ढंग से भी परहेज नहीं करता था। वह घूस लेने से कोई परहेज नहीं करता था?

रो ने ख़ुर्रम के स्वभाव का विश्लेषण करने के लिए अपने एक व्यक्तिगत अनुभव का सहारा लिया है, जिससे उसके चरित्र व व्यवहार का सहज अन्दाज़ लग सकता है। वह लिखता है कि, 1 नवम्बर, 1616 को रात्रि में ख़ुर्रम ने उसे बुला भेजा। रो तत्काल शाही सेवक के साथ जल्दी-जल्दी शहज़ादे के सम्मुख उपस्थित होने के लिए पहुँचा। किन्तु, शहज़ादे ने उसे पूरे छह घंटे प्रतीक्षा करवा कर ही मिलने का अवसर दिया? उस समय वह गुसलखाने में अपने साथियों के साथ ताश खेल रहा था! हालाँकि, वह उसकी प्रशंसा भी करता है, क्योंकि, उसने रो को खिल्लत व शाही वस्त्र प्रदान किये थे, जो एक विशेष सम्मान का प्रतीक था! किन्तु, वह शहज़ादे खुसरू की प्रशंसा करते हुए, उसके उत्तराधिकारी होने की भविष्यवाणी करता है! हालाँकि, वह लिखता है कि, इसी 'वली-अहद' की उद्घोषणा को लेकर मुग़ल साम्राज्य में शीघ्र एक तूफ़ान आने वाला है? वो आगे लिखता है कि, यदि, जैसी कि सम्भावना है, खुसरू जहाँगीर का उत्तराधिकारी घोषित हो जायेगा, तब, अकबर के शासनकाल के ही समान मुग़ल साम्राज्य ईसाइयों के लिए एक प्रश्रयस्थल व सुविधाओं वाला राज्य साबित होगा! वह शहज़ादे को ईमानदार, घूस आदि नापसन्द करने वाले एक शालीन, सुसभ्य व अच्छे शासकीय गुणों से लैस व्यक्तित्व के रूप में चित्रित करता है! वह इस शहज़ादे के ज्ञान, विवेक, व्यवहार और बहादुरी सभी गुणों की प्रशंसा करते नहीं थकता है! वह इस राजकुमार को बादशाह के सर्वथा योग्य व सर्वोत्तम पुत्र के रूप में वर्णित करता है! वह उसे अनुशासन-प्रिय एवं सद्गुणों की ख़ान कहता है!

उसके अनुसार, 'ख़ुर्रम यदि किसी तरह से शासक हो गया तो ईसाई धर्मावलम्बियों के लिए प्रतिकूल वातावरण बन जायेगा, क्योंकि, वह इतना सहिष्णु नहीं है, जितना खुसरू है।' वह तो 1616-17 में ही इस बात का ज़िक्र करता है कि नूरजहाँ, इसी सबसे ज्येष्ठ मुग़ल राजकुमार से अपनी पुत्री लाड़ली बेग़म के साथ विवाह के विषय में सोच रही थी? वाक़ई, इस प्रतिस्पर्धा में राजकुमार खुसरू का पलड़ा भारी हो गया होता अगर खुसरू और नूरजहाँ एक हो जाते! जहाँगीर भी ख़ुर्रम से दिल से घबराया हुआ था? उसे जो भी वाकिया-नवीसों और ख़ुफ़िया-नवीसों से रिपोर्ट मिल रही थीं, वह रो के मूल्यांकन से कितना साम्य रखती थीं? इसीलिए तो नूरजहाँ ने भी सब को संज्ञान में लेकर खुसरू को मना लेने के उद्देश्य से ही यह दूसरी मुलाक़ात की थी? शायद खुसरू मान जाये और, न केवल उसकी बेटी की, अपितु उसकी और स्वयं खुसरू की भी तकदीर के साथ मुग़ल साम्राज्य की भी तकदीर बदल जाती!

अब तो वह और अधिक ऊहापोह में हो गयी? कोई क़ैदी कैसे अपनी आज़ादी और, उसके बाद अपनी महत्वाकांक्षा से मुँह मोड़ सकता है? वह तो सुबह चलने से पहले इसी निष्कर्ष पर पहुँची थी कि कोई इनसान इतना निर्मोही नहीं हो सकता? और, जिसके अन्दर मोह और महत्वाकांक्षा दोनों हैं, वह इनसान इस प्रस्ताव को इनकार कर ही नहीं सकता? उसपर से किसी पुरुष से तो इसकी उम्मीद भी नहीं हो सकती है? और, वह पुरुष अगर मुग़ल शहज़ादा हो तो कत्तई नहीं? और फिर, वह मुग़ल राजकुमार बन्दी भी हो तो हरगिज़ भी नहीं? मगर यह तो न जाने किस मिट्टी से निर्मित था? इतना ही नहीं, उसने नूरजहाँ की परिचारिकाओं द्वारा लाये गये ख़ान-पान के सामान की ओर एक बार देखा तक नहीं था? उसने अपनी बात ख़त्म करके, उसे शिष्टाचार से सलाम किया और अपनी तस्बीह लेकर क़ुरान शरीफ़ के ऊपर से आँख पर लगा कर, अपने निर्णय के पक्के होने का सबूत देने के साथ ही उसके साथ साक्षात्कार व वार्तालाप के अन्त का भी संकेत दे दिया! नूरजहाँ उठी, एक बार फिर आश्चर्य और निरीह भाव से खुसरू की ओर देखा और न जाने क्या सोचती बाहर की ओर चल दी! पहला कहर तो लाड़ली बेग़म पर फूटा। वह इतने दिनों से ज्येष्ठ मुग़ल राजकुमार की पत्नी बनने का ख़्वाब देख रही थी! दूसरा कहर हरम की महिलाओं पर फूटा? वे खुसरू से बात करने, उसे समझाने के लिए आतुर होने लगीं? लेकिन, खुसरू की पत्नी यथावत! उसे अपने पति के इस निर्णय की उम्मीद हो या न हो, परन्तु वह सहधर्मिणी और अर्धांगिनी थी, जिसे अपने पति का हर निर्णय मंज़ूर था! ऐसा ज़बरदस्त पारस्परिक समर्पण और प्रेम तो किसी भी मध्यकाल के शासक या शाही वंश में न देखा न सुना गया था! खुसरू की विमाताएँ, बुआयें, बहनें सभी बुरी और पूरी तरह से हैरान-परेशान? क्या क़ैद ने उसकी मति हर ली थी? क्या वह संज्ञा-शून्य हो गया है? वह शहज़ादा था या कोई दरवेश?

पूरे 'मुग़ल हरम' में ऐसा कोहराम सिवाय शेर ख़ाँ द्वारा हुमायूँ की पराजय और भारत के पलायन के अलावा न पहले और, न उसके बाद कभी मचा हो? ऐसा ही इस पीढ़ी के लोगों ने सुना था कि कैसा कहर बरपा था! मगर, अब तो बेवजह का हंगामा मच गया था? यह मसला इतना बड़ा हो ही गया, क्योंकि, अभी तक पूरा 'हरम' एक साथ एक तरफ़ रहता और नूरजहाँ दूसरी ओर! और, अब ऊपर वाले को क्या मंज़ूर था कि वह अपने पति और उसके कट्टर व पुराने प्रतिद्वन्द्वी पुत्र को कम से कम साथ ला रही थी और पूरा 'हरम', अल्लाह के करम से एक बार फिर एकीकृत हो जायेगा! फिर से यह 'हरम' एक इकाई की तरह सोचेगा और रहेगा! मगर, जैसे किसी कलमुँहे की नज़र लग गयी? कुछ लोगों ने तो यह कयास भी लगा डाला कि कहीं आसफ़ (ख़ाँ) मियाँ ने तो कुछ खिचड़ी तो नहीं पका दी? यह जानते हुए कि शाहजहाँ उसका दामाद था, नूरजहाँ उसी को लेकर लाड़ली बेग़म के रिश्ते के लिए खुसरू के पास तक उसे ले गयी थी? और, यही आसफ़ ख़ाँ बन्दी खुसरू

का संरक्षक था? तो कहीं...? ख़ैर, जितने मुँह उतनी बातें और यह सिलसिला बदस्तूर ज़ारी रहना था...सो रहा! सब अपनी तरह से दलीलें पेश कर रही थीं और तय कर रही थीं कि जब खुसरू से मिलेंगी—और, जल्दी ही, तब किस तरह से उसे समझाने की कोशिश करेंगी? ख़ैर यहाँ उनसे ज़्यादा पहली बार नूरजहाँ को दिलचस्पी हुई कि वे महिलाएँ, जो उसे वैसे तो फूटी आँख नहीं सुहाती थीं, किसी तरह से जाकर खुसरू से मिलें और समझाएँ? शायद खुसरू लाड़ली बेग़म से निकाह का उसका प्रसताव उनके कहने पर मान जाये? भावी मुग़ल राजनीति में भी उसकी प्रतिष्ठा, स्थान और भूमिका और भविष्य सुनिश्चित हो जाता? वह अपनी पकड़ वैसी ही रख सकती थी, जैसी अभी है अन्यथा क्या वह सत्ताच्युत जीवन बर्दाश्त भी कर पायेगी?

नूरजहाँ जानती थी कि 'हरम' की ये सब महिलाएँ खुसरू के प्रति ज़बरदस्त हमदर्दी रखती थीं? अतः उससे अधिक वे चाहती थीं कि वह किसी भी सूरत से आज़ाद हो जाये? और, फिर अगर नूरजहाँ उससे अपनी पुत्री का ब्याह करवाने की इच्छुक थी, तो यह तो और भी फायदेमन्द साबित होने वाला था? पूरे 'हरम' में चटकारे ले-लेकर कितने महीनों क़िस्से सुने-सुनाये जाते रहे थे, ख़ुर्रम या शाहजहाँ के 'नूरजहाँ जुंटा' से अलग होने के! और अब, अधिकांश लोगों के लिए यह भी एक क़िस्से की वजह बना होगा? लेकिन इस बाद वाले क़िस्से में कहीं न कहीं से सहानुभूति के स्वर, दबे ही सही, मिले-जुले रहते थे! वे सब इच्छुक थीं कि कैसे भी हो खुसरू सगाई कर ले, आज़ाद हो जाये और, फिर 'वली-अहद', तदुपरान्त बादशाह जमीरुद्दीन खुसरू शाह! वाक़ई ज़मीर वाला तो वह पक्का था! यही नाम उसके लिए दुरस्त होगा! मुग़ल बादशाह के रूप में उसकी ताज़पोशी के सपने देखे जाने लगे थे, जब नूरजहाँ ने खुद अपने मुँह से उन्हें यह जानकारी दी कि खुसरू ने शादी से स्पष्ट इनकार कर दिया है? अतः अब वे ही मध्यस्थता करके, नूरजहाँ का हित साध सकती थीं? उनका सम्पर्क-सम्बन्ध खुसरू से समय-समय पर रहता ही था और इस अहम मसले में वे हर हाल में खुसरू को तैयार करने में कामयाब ज़रूर हो जायेंगी? अब बस यही 'मुग़ल हरम' ही उसकी एकमात्र उम्मीद थी! शायद वे ही कोई सूरत-ए-हाल निकालें और यह सम्बन्ध सम्भव हो सके?

नूरजहाँ काफ़ी पहले से इस दिशा में सोचने लगी थी, जब अजमेर में सबसे पहले जहाँगीर सभी महिलाओं व दरबारियों के साथ उसके निवास के समक्ष पहुँच कर उसे आज़ाद कर हाथी पर बैठकर अजमेर शहर के बाहर मुग़ल शाही शिविर में सब के साथ निवास के लिए लेकर आया था! अंग्रेज आढ़तियों के पत्रों, उनके रोज़नामचों व वार्तालापों के लिखित रिकॉर्ड से तो यही ज्ञात होता है! अर्थात वह धीरे-धीरे 1617 से ही इस दिशा में अपनी ख़ास शैली में पहल करती नज़र आती है? उसी की वजह से इसी खुसरू के बेटे, दावर बख़्श को नाम के लिए ही सही मुग़ल प्रशासनिक संरचना में सम्मिलित कर लिया गया था! हालाँकि, उसे अपने

पिता (खुसरू) की मृत्यु के पश्चात ही गुजरात की सूबेदारी सौंपी गयी थी? लेकिन शुरुआत करवाने का दौर नूरजहाँ की कृपा से शुरू हुआ था? अतः वह अपने स्वभाव के अनुसार इतने पहले से अपने सम्भावित शिकार (?) को घेरने की प्रक्रिया प्रारम्भ कर देती थी? और, यही उसकी सफलता का राज था, किन्तु, यहाँ तो यह पहल भी उसे अंजाम तक ले जाने में असफल हो गयी थी! अब वह 'हरम' की उन महिलाओं पर आश्रित थी, जिनके साथ वह काफ़ी रूखा रुख अख़्तियार करने के लिए बदनाम रही थी? क्या उसके भाग्य का चक्र भी पूरा घूम गया था? लेकिन अब यही एक विकल्प शेष था!

सबसे पहले, नूरजहाँ ने अपनी पूरी बुद्धि, विवेक, दूरदृष्टि और व्यावहारिकता का परिचय देते हुए, खुसरू की पत्नी से मिलने का फ़ैसला किया! उसके ऊपर नूरजहाँ के बहुत उपकार थे! जहाँगीर और उसके बेटे के बीच जो भी ईर्ष्या-शत्रुता-प्रतिद्वन्द्विता-स्नेह के सम्बन्ध हों, नूरजहाँ ने कभी उससे मधुर के अलावा और कोई सम्बन्ध नहीं रखे? वह न केवल खुद उसका हाल-चाल पूछने आती रहती, उसका वाक़ई ख़याल रखती? भले ही इसको भी लेकर 'हरम' की महिलाएँ इसे उसकी जासूसी का ही सुसंस्कृत रूप मानती रही हों? उसी ने उसको अधिक सुविधा दिलाने के लिए, इतने छोटे से दावर बख्श को राजकीय पद दिलवाया था, ताकि, उसे कुछ अतिरिक्त सुविधाएँ व पद प्राप्त हो? वैसे यह सही है कि 'मुग़ल हरम' में खुसरू की इस बेग़म का स्थान अलग ही रहा? कुछ अपने व्यवहार, ज्ञान और आदर्श-मूलक जीवन-शैली के चलते तो शेष अकबर के दूध भाई, ख़ान-ए-आज़म, मिर्ज़ा अज़ीज़ कोका की बेटी होने के नाते! सब ही उसे 'बेटी-बेग़म' ही पुकारते और, उससे उसके गुणों के चलते एक आदर्श पत्नी के रूप में तो और भी स्नेह करते थे! उसने अपने पति की सेवा-शुश्रूषा व बच्चों के लालन-पालन के अलावा अगर कुछ जाना तो अपना अध्ययन और इबादत!

जहाँ मुग़ल हरम में आमतौर पर बेग़मों, महिलाओं का ख़र्चा इत्र, प्रसाधन की सामग्रियों से लेकर परिधानों-गहनों पर होता, बेटी बेग़म का व्यय किताबों, दान-पुण्य, ज़कात व ज़रूरत-मन्दों की मदद में ख़र्च होता था! ऐसी पाक स्त्री के समक्ष प्रस्ताव ले जाना भी फ़रियाद या याचना ले जाने के समान होता? और, उसका परिणाम कि वह कुछ अलग ही करती और राहत दिलाने तक प्रयास करने से नहीं चूकती? उसे अपने पति से इस पूरे काल में प्रेम, हमदर्दी, समर्पण, सहानुभूति व एकात्म भाव बढ़ता ही गया था? अतः वह उसके हित के लिए तो कुछ भी कर सकती थी? फिर वह भी तो तस्बीह लिए उसकी ख़ुशी के लिए दुआ ही तो करती थी? इस सुझाव से उसे निश्चित ही लगेगा कि अन्ततः उसकी दुआ क़बूल हो गयी? और, वह निश्चित ही उसका सटीक असरदार माध्यम बन कर साध पूरा कर देगी? नूरजहाँ के पहुँचते ही हमेशा की तरह, पूरे आदर-सम्मान के साथ उसका इस्तक़बाल किया! मगर, नूरजहाँ

कुछ तो आश्वस्त रही होगी, 'हरम' के रिवाज़ और माहौल से वह भी वाक़िफ़ थी? वह इस 'हरम' की सर्वेसर्वा जो हो चुकी थी, सुल्तान सलीमा के बाद? उसकी तो हर बात तुरन्त फैलती थी? यह बात भी बेटी बेग़म के कानों तक पहुँची होगी? वह स्वयं अपने-आप को बातचीत के लिए मानसिक रूप से तैयार कर चुकी होगी?

आख़िर वो भी तो थक चुकी होगी, इस इन्तज़ार में कि कभी तो उसके खाबिन्द को आज़ादी नसीब होगी? वह भी दाम्पत्य-जीवन का लुत्फ़ वैसा ही उठा सकेगी, जैसा कि बाकी लोग उठा रहे थे? शायद, उसे लगे कि अब अल्लाह ने फ़रियाद सुन ही ली और, उसने नूरजहाँ को मदद के लिए भेजने का फ़ैसला लिया? क्या बेटी-बेग़म ने कभी सपने नहीं देखे होंगे कि वह 'शाह-बेग़म' और मुग़ल हरम के साथ साम्राज्य की मलिका होगी? क्या उसने हिन्दुस्तान की पहली महिला होने का ख्वाब नहीं सँजोया था? क्या उसकी तमन्ना नहीं थी कि उसका पति मुग़ल बादशाह हो? वह तो इत्तेफ़ाक़ था कि खुसरू मुग़ल बादशाह होते-होते रह गया था? मगर, तब नूरजहाँ न तो सलीम की ज़िन्दगी में थी और न ही 'मुग़ल हरम' में ही थी? अतः उसका उस द्वन्द्व से कोई वास्ता ही नहीं था, जो इस पिता-पुत्र की जोड़ी के बीच में अकबर की मौत की वजह बना और उसके दो साल तक मुग़ल हरम, दरबार और साम्राज्य को परेशान किये रहा? अतः बेटी-बेग़म और नूरजहाँ के व्यक्तिगत सम्बन्ध और आपसी समीकरण अच्छे ही बने रहे! दोनों ही सुसंस्कृत और सलीके की महिलाएँ थीं! बस एक ही मौलिक फ़र्क़ था दोनों में, जहाँ नूरजहाँ राजनीतिक रूप से बहुत महत्वाकांक्षी, वहीं बेटी-बेग़म ख़ान-ए-जहाँ की बेटी और मुग़ल हरम में शुरू से रहने के बावजूद राजनीतिक चालों और कूटनीतिक तरीकों से परे एक निहायत नेक-दिल शख़्सियत थी! इसीलिए दोनों में कभी कोई अन-बन नहीं हुई? जैसे उन दोनों के पिता अकबर के करीबी दरबारी थे और, क्रमशः सुन्नी और शिया मत के होने के बावजूद एक ही उदार तबियत और गुट के साथी थे, वैसे ही इन दोनों का भी पारस्परिक सद्भाव और प्रेम था! और, चूँकि, बेटी-बेग़म 'हरम' के पचड़ों से दूर, अपने ही ग़म से थकी-हारी जान थी, वह नूरजहाँ की पसन्द भी थी? वह किसी की पक्षधर नहीं थी, अतः उससे तो सहज विवेक और वस्तुपरक फ़ैसले की उम्मीद और आस की जा सकती थी?

बेटी-बेग़म ने नूरजहाँ की सारी बातें बिना तस्बीह हाथ से हटाये ही सुनीं! उसके चेहरे के भावों से अगर नूरजहाँ कुछ पढ़कर समझना चाह रही थी, तो असफल ही रही! जमाना जब सितम ढाता है, तब इनसान क्या से क्या हो जाता है? हद से बढ़ता है मलाल तो इनसान ख़ामोश होकर, अपने-आप में इस कदर सिकुड़ जाता है, कि उसे ख़ुशी और ग़म के एहसास में फ़र्क़ सा नहीं रह जाता है? वह इन एहसासों से दूर...बस अपने गुज़र रहे वक़्त को ही हक़ीक़त मान कर समझौता कर लेता है? वह इससे उबरने की शक्ति, क्षमता, समझ और दृष्टि ही खो बैठता है? क्या ऐसे इनसान

को ख़ुशी और ग़म से बहुत अन्तर नहीं पड़ता? ख़ैर, नूरजहाँ ने उसे आत्मीयता से समझाया कि उसके पास एक ही रास्ता है, वरना जहाँगीर क्योंकर तैयार होगा? मुग़ल दरबार के जो हालात हैं, उन्हें भी बेटी-बेग़म को समझाने की कोशिश की? उसने तो यहाँ तक कहा कि, न हो वह खुद अपने वालिद साहब से दरख़्वास कर ले, यदि मलिका-ए-जहाँ कुछ गलत बयानी कर रही हो तो? उसने राजनीतिक बात समझाते हुए खुसरू की इस इकलौती पत्नी से यही कहा कि जहाँगीर तो बादशाह है, मगर मुग़ल दरबार में तीन खेमे हैं। पहला ज़ाहिर है, खुसरू का पक्षधर है और वह बहुत बड़ा और अभी भी असरदार है, और उसमें उन दोनों के पिता भी सम्मिलित हैं! दूसरा गुट ज़ाहिर है द्वितीय पुत्र परवेज़ का है और उसमें वे सभी मुग़ल दरबारी सम्मिलित हैं, जो उसके लचीलेपन का फ़ायदा उठाने के लिए उसे सिर्फ़ एक मोहरे की तरह इस्तेमाल करना चाह रहे हैं। तीसरा और सशक्त उपवर्ग ख़ुर्रम या शाहजहाँ का था?

नूरजहाँ ने बातों-बातों में अपना पक्ष भी साफ़ कर दिया। उसने कहा कि, चूँकि, खुसरू उसके पति का बन्दी था, अतः उसने अब तक उससे दूरी बना कर रखी, क्योंकि, वह अपने पति को नाराज़ नहीं कर सकती थी? वह तो सिर्फ़ पत्नी-धर्म निभा रही थी और यह बात तो जहाँगीर की बीमारी और उसकी तीमारदारी से समझी भी जा सकती है? वह जहाँगीर के ख़िलाफ़ क्यूँ कर जायेगी, जब वह उससे बेपनाह मोहब्बत करता है तो? बेटी-बेग़म तो अपने और खुसरू के परस्पर प्रेम एवं समर्पण को इससे ज़्यादा अच्छे से समझ सकती है? अतः नूरजहाँ ने एक दक्ष खिलाड़ी के रूप में अपना पक्ष शिद्दत से खुसरू कि इस पत्नी के समक्ष रखा! लेकिन, उसने यह भी कहा कि जहाँगीर की तबियत अब अक्सर गड़बड़ रहती है, तो 'वली-अहद' या मुग़ल-तख़्त के उत्तराधिकारी का मसला फौरन से पेश्तर हल होना चाहिए?! और जब यह मसला हल होना चाहिए तो ज़ाहिर ही है कि चग़ताई तौर-तरीके, विधि-परम्परा से ही होना चाहिए? और इसका सीधा-सादा आशय यही है कि सबसे बड़े बेटे को ही यह पद-प्रतिष्ठा हासिल होनी चाहिए? लेकिन उसके लिए उसे कुछ करने के लिए भी तो आधार होना चाहिए? जब मुग़ल साम्राज्य और उसकी गतिविधियाँ शतरंज की चालों से ही तय होती हैं, तब उसे यही एक चाल चलनी पड़ रही ताकि जहाँगीर समझ सके कि वह क्यों इस मसले में इतनी दिलचस्पी ले रही है? अतः अपने इस क़दम के औचित्य के इतने तर्क और दलीलें दीं, जिससे बेटी-बेग़म को उसपर और उसके प्रस्ताव की ईमानदारी पर भी पूरा भरोसा हो सके? इसकी भी ज़रूरत इसीलिए पड़ी, क्योंकि, उसके सामने बैठी इस महिला के चेहरे पर कोई भाव अभी भी नहीं आ रहे थे? ख़ैर, वो ठहरी नूरजहाँ...राजनीति की शातिर खिलाड़ी और मानव-व्यवहार की बारीकियों से बख़ूबी वाक़िफ़? उसने यह कहने में भी चूक नहीं की कि वह जानती है कि भले राजा मानसिंह की मृत्यु से खुसरू का एक सबसे प्रबल पक्षधर न भी रहा हो, परन्तु, उसका पक्ष अभी भी कमज़ोर नहीं पड़ा है? उसका

श्वसुर ख़ान-ए-आज़म सर्वोच्च मनसबदार व अमीरों में से एक अब भी था? इतना ही नहीं, नूरजहाँ के अपने पिता, ऐत्माद उसके पुराने हमदर्द थे! और, इस सम्बन्ध के उपरान्त...तो मलिका-ए-जहाँ का पूरा सहयोग, समर्थन व सहानुभूति खुसरू के साथ होनी ही थी! अतः, उसने लब्बो-लब्बाब में बेटी-बेग़म को यही सम्प्रेषित किया कि इस सम्बन्ध के तात्कालिक (बन्दी-जीवन से मुक्ति) और दूरगामी (जहाँगीर के बाद मुग़ल बादशाह होना सुनिचित!) परिणाम को नज़रअन्दाज़ नहीं करना चाहिए!

इधर नूरजहाँ उसके कक्ष से क्या निकली कि, एक के बाद एक 'हरम' की मुख्य महिलाएँ, उसकी सखियाँ, सहेलियाँ, वर्षों से सहानुभूति रखने वालियाँ उसके पास पहुँचने लगीं। सबका कथन यही था, कि, व्यावहारिकता का यही तकाजा है कि उसके पति को इस सम्बन्ध के लिए हाँ करना चाहिए और, उसे स्वयं अपने पति को ज़िद छोड़ने के लिए मना लेना चाहिए? सिद्धान्त, आदर्श, परिमाण, मूल्य, इन्होनें अभी तक जीवन में नज़रबन्दी और कारागार के अलावा दिया ही क्या है? अतः कुछ दिनों के लिए ही सही यह समझौता कर लेना चाहिए! समझदारी, राजनीति व कूटनीति सभी यही कहते हैं! इतना ही नहीं, जहाँ ये सारी महिलाएँ सदैव हर मुद्दे पर बँटी रहती थीं, वे इस मुद्दे पर एकमत थीं? इतना ही नहीं, उन्होंने यह भी तय किया कि उसके अपने पति से मिलने जाने से पहले बेहतर हो कुछ वरिष्ठ महिला रिश्तेदारों, उसकी उपमाताएँ, बुआएँ, काकी, मामी वगैरह एक प्रतिनिधि-मंडल में खुसरू से मिलकर उसे समझा आयें! उसे व्यावहारिकता और समय की माँग की अहमियत समझा दें! वे कौन-सा उसे अपनी इकलौती पत्नी से कम प्रेम करने की या अलग होने की बात कर रहीं थीं? न ही उनकी बात इस्लामी विधान, सामाजिक प्रथा और स्वीकृत मान्यता से ही कोई बगावत थी? अगर वो इसे कुछ और न माने तो बस व्यावहारिक समाधान के रूप में ही देखे? क्या उसके दोनों अति करीबी, यथा, अकबर बादशाह और मामा मानसिंह ने बहु-विवाह को नहीं अपनाया था? क्या वे विषयी और वासना-लोलुप थे? कत्तई नहीं, वैवाहिक गठबन्धन तो प्राचीनतम काल से राजनीतिक सम्बन्धों की स्थापना और उन्हें सुदृढ़ करने का एक मान्य तरीका व परम्परा थी? वह इस प्रस्ताव को स्वीकार करके, ना तो सामाजिक-सांस्कृतिक-राजनीतिक दृष्टि से अनुचित और न ही कोई असंवैधानिक कार्य करेगा? अतः खुसरू पर अपनों का दबाव बढ़ता ही गया?

वस्तुतः इस पूरे प्रकरण और खुसरू के इनकार के बाद नूरजहाँ का दर्प, उसकी महत्वकांक्षा, उसका राजनीतिक महत्त्व सब दांव पर लग गया था? अतः वह पहली बार सब तरह के समझौते कर रही थी? जिस 'हरम' पर अपना कठोर नियन्त्रण रखती थी, उसी 'हरम' के लोगों को छूट दी गयी थी कि वे यथासम्भव खुसरू की पक्षधरता और सहानुभूति प्रकट ही न करें, अपितु, जो भी जिसके बस में हो, वह करे ताकि, बस किसी तरह किसी की बात या तर्क से खुसरू मान जाये? पहली बार वह

सर्वसम्मति की ओर झुकती दिखती है और, भले ही वह भी अपने स्वार्थ से वशीभूत होकर ही सही? इसी प्रकरण ने अफ़वाहों का बाज़ार भी एकदम से ग़र्म कर दिया? ख़ुर्रम या शाहजहाँ तक भी ये सारी ख़बरें पहुँच रही थीं क्योंकि दूर क्षेत्रों में मौजूद पुर्तगाली, डच, फ्रांसीसी व अंग्रेज आढ़तिये भी इन्हीं बातों को अपने रोज़नामचों में दर्ज़ कर रहे थे। इनके ये विवरण बहुत दिलचस्प अध्ययन ही नहीं हैं, अपितु, मुग़ल राजनीति के बदलते स्वरूप को समझने के सबसे अच्छे व आधिकारिक स्रोत हैं! इसमें नूरजहाँ की झल्लाहट, झुँझुलाहट। अस्थिरता और राजनीतिक महत्वाकांक्षा तथा जहाँगीर के बाद भी सत्ता पर प्रभुत्व की भूख साफ़ देखी व समझी जा सकती है? इसको पढ़ने के बाद स्पष्ट हो जाता है कि वह इस समय यह सब क्यूँ और क्या कर रही थी? बस इसी से खुसरू और सतर्क हो गया होगा एवं बेटी-बेग़म निर्विकार? क्या वह बलि का बकरा बनाया जा रहा था? क्या वह नूरजहाँ के हाथों की कठपुतली बनने के लिए आज़ादी के लिए प्रयास करे? उसके कौल या ईमान को यह गवारा न हुआ? वो ज़मीर दाँव पर लगाकर इस किस्म की ज़िन्दगी के लिए यह समझौता करने को हरगिज़ तैयार नहीं हुआ? उसका स्वभाव और चरित्र मध्यकाल के राजसी रंग-ढंग से फ़र्क़ एक अपवाद जैसा ही था? वह शेष मुग़ल शहज़ादों से ही नहीं मध्ययुगीन आभिजात्य सामाजिक मूल्यों से पृथक एक ज़िन्दगी जीता था और सन्तुष्ट एवं खुश रहता था!

ढेरों महिलाओं, रिश्तेदारों ने खुसरू को समझाया कि वे कैसे उसके लिए पहले भी विरोध, प्रतिरोध और मांसाहारी भोजन का त्याग तक कर चुकीं हैं? वे सब उसकी हिफ़ाजत और, खैरियत के लिए सदैव चिन्तित रहती हैं! ऐसा मौक़ा रोज़-रोज़ किसी की ज़िन्दगी में नहीं आता है और, शहज़ादे को इसे हाथ से बिल्कुल भी नहीं जाने देना चाहिए! वे सब खुसरू के लिए मन्नतें और प्रार्थनाएँ करतीं, रोती रहीं हैं उसके दुःख और चिन्ता में? ये सब शायद उनकी दुआओं का ही असर है? या खुसरू व उसकी पत्नी के पुण्यों का प्रतिफल है कि यह प्रस्ताव आया है? मगर अब जो भी हासिल हो उसे नियति समझ कर के स्वीकार करना चाहिए, बाकी रब की मर्ज़ी?! जब वह नहीं माना तब उसमें कुछ तो शान्त हुईं और पीछे हट गयीं, मगर कुछ ने तो मिन्नत करने तक से गुरेज नहीं किया? लेकिन जैसे-जैसे उसे समझाने और मनाने का दौर चला, वह अपने निश्चय और निर्णय में और भी दृढ़ होता चला गया! इन महिलाओं से शायद एक गलती भी हो गयी? समझाने के क्रम में वे नूरजहाँ की करतूतों के प्रकाश में उसके स्वभाव व चरित्र को बताने की चूक कर गयीं? उन्होंने एक चेतावनी सी दी कि यह औरत मेहरबान है खुदा की नेमत ही है, वरना नाराज़ हो गयी तो क़हर ही ढाती है! बस...इसी इशारे और तथ्य ने सम्भवतः शहज़ादे खुसरू का मन बनवाया था! अब तो बस खुसरू को मनाने के लिए एक ही हथियार बचा था?

लेकिन उस हथियार से पहले नूरजहाँ अपने तरकश के सारे अन्य तीर भी चलवा देना चाहती थी, शायद कोई हलके-फुल्के से उपाय से इस बड़ी लगने वाली समस्या का सहज समाधान हो जाये? कभी-कभी क्या प्रायः ऐसा होता भी है कि जो काम तलवार से नहीं मुकम्मल होता उसे एक छोटी-सी सुई सम्पन्न कर देती है! उसे खुसरू की एक कमज़ोरी तो मालूम ही थी, उसने एक आख़िरी मौक़ा उसे भी आज़माने का किया, क्योंकि, इसमें कोई हर्ज भी नहीं था? जुआरी तो आख़िरी बाज़ी तक जुआ की फड़ नहीं छोड़ता? उसने लाड़ली बेग़म को खुसरो से दर्शन के गूढ़ अर्थों को समझने के बहाने खुद ही भेजने का अभूतपूर्व निर्णय लिया! पहले तो उसे अच्छी तरह से पढ़ाया और समझाया गया! नूरजहाँ कोई भी काम बिना पूरी तैयारी के वैसे भी नहीं करती थी? अतः, लाड़ली बेग़म ने जब खुसरू से हिन्दुस्तान में प्रचलित दर्शनों के तुलनात्मक ज्ञान प्राप्ति की इच्छा का सन्देश प्रेषित किया, तो उसे यह कत्तई नागवार नहीं गुज़रा? उसने इसमें कोई चाल भी नहीं देखी, न जानी और न ही उस जैसे दरवेश के लिए इसका कोई महत्त्व था! जिस मुग़ल वंश में गुलबदन बेग़म, हमीदा बानो बेग़म, सलीमा सुल्ताना, चाँद सुल्ताना, मुमताज़ महल और नूरजहाँ स्वयं मौजूद हों, जो नितान्त पढ़ी-लिखी और सुसंस्कृत महिलाएँ थीं, वहाँ अगर लाड़ली बेग़म भी ऐसा ही होना चाह रही थी, तो यह स्वाभाविक ही था? और, यदि कुछ समस्या आ गयी हो। तो ज़ाहिर है, उसकी प्रसिद्धि तो दर्शन के गहन अध्ययन के चलते ही हुई थी! अकबर के प्रश्रय में उसने सर्वश्रेष्ठ शिक्षकों से ज्ञान प्राप्त किया था और फिर सिर्फ़ हिन्दू दर्शन की बारीकियाँ समझने वह अपने ननिहाल आमेर में भी लम्बा प्रवास कर चुका था! उसे इस्लामी दर्शन के अतिरिक्त हिन्दू, जैन, बौद्ध दर्शन का तो ज्ञान था ही, उससे सिख गुरु अर्जन देव कितने प्रभावित थे कि उसके कारण उन्होंने अपना जान गँवाने की भी परवाह नहीं की थी! अतः वह तत्पर हो गया लाड़ली की शैक्षिक अथवा बौद्धिक शंकाओं के शमन के लिए!

ख़ैर, खुसरू को एक निश्चित लाभ अकबर के सामीप्य, प्रश्रय, लगाव का मिला था, जब उस युग के सर्वश्रेष्ठ बुद्धिजीवी, मीर फ़तेहुल्लाह शिराज़ी का सान्निध्य मिला था! यह बुद्धिजीवी शिराज से आदिल शाह के आमन्त्रण पर भारत (बीजापुर) आया था, और उसके मृत्योपरान्त अकबर ने उसे मुग़ल साम्राज्य का प्रमुख सद्र नियुक्त कर दिया था! वह मा' कुलात या तार्किक विज्ञान के साथ प्राकृतिक विज्ञानों और विशेष रूप से, दर्शन में निष्णात था! यह मुद्दा इस समय निश्चित ही ज़ोर पकड़ रहा था। इब्न-उल-अरबी द्वारा प्रतिपादित 'वहदत-उल-वुजूद' अधिकांश देशों के रहस्यवादियों व दार्शनिकों द्वारा स्वीकृत तो था ही, इसे अकबर के काल में और भी प्रश्रय व बल मिला था! ऐसे में, ख़्वाज़ा बकीबिल्लाह के चेले मुजद्दिद-अल्फ़-ए-सानी, शेख़ अहमद सरहिन्दी के नेतृत्व में 'वहदत-उस-शुहूद' के सिद्धान्त का प्रचार दो पृथक इस्लामी सिद्धान्तों के मध्य अजब-सा विवाद उत्पन्न कर रहा था? इसी शेख़

अहमद ने जहाँगीर के सिंहासनारोहाण को 'इस्लाम की विजय' घोषित किया था! और, इसी आधार पर खुसरू की उम्मीदवारी का विरोध भी किया था कि खुसरू के सिंहासन पर बैठना यानी अकबर के ही राज्य का सातत्य और उसके जैसे इस्लामी शुद्धतावादियों का अविरल पराभव! चाहे सिख हों या नाथपन्थी, भक्ति या सूफी आन्दोलनों के सन्त, सभी का दर्शन 'वहदत-उल-वुजूद' से साम्य रखता था अतः इसकी लोकप्रियता भारत में असंदिग्ध थी! ऐसे में अगर सभी को शंकाएँ उत्पन्न हो रही थीं तो वे स्वाभाविक भी थीं! इनमें से एक लाड़ली बेग़म भी हो सकती है! उसे तो जैसे मन की मुराद मिल गयी! कब से इस विषय पर पढ़ता रहा है, काम करता रहा है, चिन्तन-मनन करता रहा है, अब शायद यही सुपात्र मिले कि वह इन सभी बातों को स्पष्टता से सरल भाषा में सम्प्रेषित कर सके! उसके लिए तो असली क़ैद यही थी, दार्शनिक, बौद्धिक व आध्यात्मिक अध्ययन तथा विमर्श से यूँ महरूम रह जाना! वो बेकार ही नूरजहाँ को कोस रहा था? आख़िर वो उसके ज्ञान की कद्र न करती तो अपनी बेटी की शंकाओं के समाधान के लिए उसका नाम ही क्यों आता?

उधर, नूरजहाँ अपने नज़रिए से इस निर्णय पर खुश हो रही थी कि, कितनी तत्परता से खुसरू ने बिना एक पल लिए ही सकारात्मक उत्तर दे डाला? क्या वह अपने निर्णय से अब डोल सकेगा? क्या वह लाड़ली बेग़म के बौद्धिक स्तर से प्रभावित हो पायेगा? उसने अपनी बिटिया को श्रेष्ठतम शिक्षा दिलवाई थी, शायद इसी दिन के लिए वह उसके काम आ सके और असम्भव सा निर्णय अन्ततः सम्भव हो जाये! ख़ैर, लाड़ली बेग़म अपने ख़्वाज़ा, दासियों, परिचरों के साथ बहुत हल्का सा सज-धज के आयी. उसने अपनी माँ की इस सलाह का ख़ास ख़याल रखा कि, कहीं उसके अधिक सजने-सँवरने से शहज़ादे को अरुचि न हो जाये? चूँकि, मलिका-ए-जहाँ की बेटी बादशाह के ज्येष्ठतम व योग्यतम पुत्र से ज्ञान-प्राप्ति की नीयत से जा रही थी, अतः, नूरजहाँ ने कुछ व्यंजन-पकवान, फल-मिष्ठान भी भिजवाये, एक नायाब सुन्दर सुलेख और स्वर्ण हाशिये वाली क़ुरान शरीफ़ की प्रति के साथ मक्के से आया पवित्र आबे-जम-जम और फिरोज़े की तस्बीह भी! उसको खुद नहीं समझ आ रहा था, कि उसके दिमाग़ में यह बेहतरीन ख़याल कैसे आया और फिर उसे लगा कि, यही ख़याल पहले क्यों नहीं आया? ख़ैर, पहले दिन के बाद जो कुछ समझा था, लाड़ली बेग़म ने उस पर फिर से मनन किया जैसा कि, शहज़ादे खुसरू ने समझाया था। उसने इस पूरे मुद्दे के मुख्य बिन्दुओं को अलग अपनी क़लम से दर्ज़ किया और फिर, माँ से सलाह करके दूसरे दिन उसके पास जाने की पुनः तैयारी की तथा इसकी सूचना भी शहज़ादे को एक दिन पूर्व ही शाम को भिजवा दी!

दूसरे दिन की बौद्धिक, आध्यात्मिक तैयारी करवाने के साथ-साथ, नूरजहाँ ने पुरुषों को आकर्षित करने वाले लटके-झटके, कुछ अदाएँ, कुछ तरीके और हाजिर-जवाबी के ढंग भी अपनी पुत्री को इशारे से सिखाये! फिर व्यंजन-पकवान

के साथ, वह दाखिल हुई तो स्वयं गुलाब के इत्र से खुसरू के पूरे कक्ष को ग़मका दिया! खुसरू को भी गुलाब की भीनी-भीनी महक़ बहुत आकर्षक लगी और उसने उसकी नानी को इसके आविष्कार करने की बधाई भी उसी के हाथ प्रेषित कर दी! इसके बाद तो जिस गुलाब की खुशबू में उसे डूबना-उतराना अच्छा लगता था, वह डूबता-उतराता रहा! दर्शन जैसे विषय की गहराई में जाकर उसकी सभी बारीकियाँ समझाता हुए, लाड़ली बेग़म के प्रश्नों का समाधान करता रहा! कुछ देर तो शुरू में लाड़ली बेग़म ने अपनी माँ के आदेशानुसार इधर-उधर की बात करने की कोशिश भी की, शायद कुछ भाव-भंगिमाओं के प्रदर्शन का अवसर प्राप्त हो जाये? किन्तु, वह खुद शिक्षित होने के कारण इतनी सुयोग्य अध्यापक और विद्वान की उस विद्वता का लाभ लेने के लिए उसी के साथ विषय में गोते लगाने लगी! इसके बनिस्पत कि, वह विषय के स्थान पर एक-दूसरे में गोता लगा पाते? इस सुन्दर, समीक्षात्मक व्याख्याओं ने किसी और चीज़ का कोई मौक़ा ही नहीं दिया! तीन-चार घंटे कब गुज़र गये यह अन्दाज़ भी नहीं लगा! नतीजा जो होना था, वही हुआ, जो सोचा था, नूरजहाँ ने वह नहीं हो सका! अपितु, अब तो काम बहुत बिगड़ गया? खुसरू ने तमाम धर्मों के साथ, सिख सम्प्रदाय व भक्ति-सूफी आन्दोलनों की चर्चा करते हुए, स्पष्ट कर दिया कि उसने अब लाड़ली बेग़म को शिक्षा दे दी है! चूँकि, अब वह उसका गुरु हो चुका है, अतः अब जब चाहे वह उसके पास आकर अपनी शंकाओं का समाधान करवा सकती है! हिन्दू-धर्मशास्त्र के अनुसार तो अब शहज़ादे से शिक्षा ग्रहण करने के उपरान्त, वह उसकी पुत्री समान हो गयी है! नूरजहाँ के 'पैरों तले से ज़मीन ही खिसक गयी?' उसकी चाल इस तरह से उसके ऊपर उलटी पड़ेगी, यह तो उसने सपने में भी नहीं सोचा था? ख़ैर, इस पूरे प्रकरण में पूरे मुग़ल 'हरम' में जो एक व्यक्तित्व स्थितप्रज्ञ दिखा था, वह थी बेटी-बेग़म! कितनी महिलाओं ने उसे आगाह किया था कि, नूरजहाँ पढ़ने-पढ़ाने के बहाने से क्या-क्या पढ़-पढ़ा ले, इसीलिए उसे अपने पति के निकट रहना चाहिए? किन्तु, उसे सम्भवतः अपने से अधिक अपने प्रेमी और दोनों के आदर्शों पर अटल विश्वास था?

ज़ाहिर है, एक-दूसरे के लिए पूर्णतः समर्पित और सुखी दाम्पत्य के इस अनोखे जोड़े में पति को मनाने के लिए पत्नी का ही भरोसा करने के लिए अब सब बाध्य थे! वे सब टकटकी बाँधे बेटी-बेग़म के लौटने का इन्तज़ार करते रहे कि देखें अब क्या होता है?! लेकिन खुसरू टस-से-मस नहीं, हुआ? उसने अपने-आप को नियति के हवाले कर दिया था! उसकी पत्नी ने भी तो सबकुछ देखा था, वह कैसे किसी का भरोसा करती? उसके पिता भले ही साम्राज्य में ख़ान-ए-आज़म हों, मगर जिस तरह से उन्हें भी मोहरे की तरह इस्तेमाल किया जा रहा था, वह क्या महसूस नहीं कर रही थी? वह ख़ुर्रम जो मिर्ज़ा अज़ीज़ कोका की गोद में खेलता था और उसके ख़िलाफ़ ऊँची आवाज़ नहीं कर सकता था, मेवाड़-अभियान के दौरान, उन्हीं के

ऊपर कैसे-कैसे निकृष्ट आरोप लगा चुका था कि वह अपने दामाद, यानी खुसरू के कारण उसको यश नहीं अर्जित करने देना चाहता और पूरे अभियान में ही पलीता लगा रहा था? कैसे उसे भी ग्वालियर में बन्दी बनाया गया था? और जब दक्खन भेजा भी गया तो भी उन पर और ख़ान-ए-ख़ाना दोनों पर ही ज़बरदस्त गुप्तचरी होती कि ये दोनों अकबर-खुसरू के करीबी दूर दक्खन में कहीं कोई नयी राजनीतिक खिचड़ी न पकाने लगें? एक-दूसरे को पूरी तरह से समर्पित इस दम्पति को वैसे तो कहने-सुनने की कोई दरकार नहीं थी, फिर भी, बेटी-बेग़म ने एक पत्नी के नाते खुसरू को यथा-सम्भव समझाने का प्रयास किया। उसने यही कहा कि दूसरे विवाह से उन दोनों का तो प्यार कम नहीं हो पायेगा? आज़ादी के लिए यह कोई बहुत बड़ी कीमत नहीं है?

लेकिन, खुसरू के मना करने पर वह फूट-फूट के रोने लगी? उसके पति की आज़ादी और ताज़ के लिए संघर्ष की आख़िरी ख़्वाहिश और ख़्वाब ख़त्म हो जायेंगे? उसके सपने आज ही चूर-चूर हो जायेंगे? फिर, खुसरू तो तब भी बन्दी था, वह आज़ाद और, दोनों का क्या प्रेम? उसने यही कहा कि, उसके समर्पण का कैसा मूल्यांकन होगा, यदि वह अपने इस दामपत्य के स्वार्थ में अपने पति के लिए कोई त्याग नहीं कर सकती? वह अपने पति को दुनिया की ऊँच-नीच समझाने लगी और, न जाने क्या-क्या सब्ज़-बाग़ दिखाने लगी! उसे मन से इच्छा थी कि, वह बस एक बार मान जाये, शायद अपनी पत्नी की ज़िद से पसीज जाये? आँखों में आँसू भरे खुसरू ने उसे ऐसा न कहने के लिए मना किया तो वह उसे कसमें खिलाने लगी, भीख माँगने लगी! खुसरू लगभग पसीज-सा गया! मगर उसने अपनी बेग़म से पूछा कि, अगर वह अपनी ही नज़रों में गिर गया तो वह जी के क्या करेगा? उसने सिर्फ़ एक पत्नी रखने का फ़ैसला सोच-समझ कर ही लिया था, जब कि, उसके ननिहाल और ससुराल से कई रिश्ते आये भी थे? और, बादशाह अकबर एवं मामा मानसिंह दोनों ही चाहते थे, कि वह अन्य वैवाहिक सम्बन्धों के जरिये से अपनी राजनीतिक हैसियत और सुदृढ़ कर ले? शायद, यह उसके राजनीतिक व सत्ता संघर्ष के लिए लाभप्रद भी रहा होता? किन्तु, दर्शन में डूबे व्यक्ति को कौन और क्या समझा सकता था? उसने तो अपनी पत्नी से यह तक कहा कि, यदि उसने अपने पति को यह प्रस्ताव मानने के लिए अपने कसमों व फ़रियादों से मजबूर भी किया, तब वह मौत का ही आलिंगन कर लेगा? क्या वह अपने पति को आज़ाद मगर ज़िन्दा लाश की तरह देखना स्वीकार करेगी? यदि ऐसी नौबत आ गयी है, तो उसे यह प्रस्ताव मंज़ूर होगा! एक ऐसे पति-पत्नी की जोड़ी मध्यकाल तो क्या किसी भी सामन्तवादी-राजतन्त्रीय व्यवस्था में हो ही नहीं सकती थी! पति-पत्नी का एक-दूसरे के प्रति पूर्ण प्रेम व समर्पण, वस्तुतः एक अकल्पनीय तथ्य था और, इसीलिए मध्यकालीन भारत के तो वे इस प्रकार के निश्चित ही इकलौते दम्पति थे!

जहाँ बहुपत्नीत्व का बोलबाला हो, वहाँ वे निश्चित ही अपवाद थे! खुसरू की पत्नी तो तब भी अपनी विमाताओं के नाम जानती थी, खुसरू के लिए तो वह भी सम्भव नहीं था! उसके अपने आदर्श और सर्वाधिक प्रिय रहे अकबर और मानसिंह की भी पत्नी की संख्या हज़ार में नहीं तो सैकड़ों में तो थी ही!

अपने सुहाग के लिए वह उसी सुहाग का सौदा तक करने को तैयार थी? मध्येशियाई ख़ून और भारतीय परिवेश ने सिर्फ़ एक ही शहज़ादा ऐसा उत्पन्न किया जिसे इतिहास सिर्फ़ इसीलिए ख़ारिज नहीं कर पायेगा? लोग प्रवाह के साथ तो सहज चल और तैर सकते हैं, नाम तो उसका होता है जो धारा या प्रवाह के विरुद्ध तैरे? और यही खूबी थी इस शहज़ादे और उसकी पत्नी की! उसने तो कहा कि नूरजहाँ का यह बड़प्पन है, अन्यथा वह उसे खुसरू को तलाक़ की शर्त पर भी निकाह के लिए कहती, तो भी वह सहर्ष उसे यही करने के लिए तब भी भीख माँगती! इस करुण-कथा का हमें बहुत ही अप्रत्यक्ष विवरण मिला है, लेकिन हम सहज अनुमान लगा सकते हैं कि कैसे आँसुओं की गंगा-जमुना का संगम वहीं हुआ होगा? कैसे हृदय पिघल कर आँसुओं में बहे होंगे? कैसे खुद को और एक-दूसरे को समझाने में आत्मीयता और उसका बोध बढ़ता ही गया था! दोनों घंटों बाते करते रहे, एक-दूसरे को त्याग की कसमें खाते-खिलाते रहे, दर्शन और व्यवहार की चर्चा करते रहे! मगर इतने रोने-पीटने के बाद भी जैसे यह जोड़ी एक-दूसरे से इस तरह जुड़े थे कि न बिछड़ने के लिए ही बने हों? और वे इकलौते पति-पत्नी रहे, जिन्होंने बहुविवाह को स्वीकार ही नहीं किया! अपने आदर्श बनाये और उसी पर जिये और बलिदान देने को तत्पर थे! उनके लिए ये मूल्य ऐसे थे, जिनके लिए अदा की गयी कोई भी कीमत अर्थहीन और मूल्यविहीन थी? दोनों ने अपनी-अपनी तस्बीह बदल कर कभी जुदा न होने का जैसे वचन लिया-दिया हो! और, मरे से क़दमों से आँखों में आँसुओं का सैलाब लिए बेटी-बेग़म अपने प्रिय से बिछड़ कर निराश और हताश वापस आ गयी! नूरजहाँ ने बस एक नज़र भर देखा और उसे कुछ पूछने-जानने की ज़रूरत ही न रही!

नूरजहाँ का नया शतरंजी मोहरा शहरियार और मुग़ल राजनीति

नूरजहाँ को मुग़ल राजनीति व साम्राज्य पर अपनी पकड़ समाप्त होने का ख़तरा मँडराने लगा था? जिसने सत्ता को एक बार भोग लिया हो और स्वभावतः वह व्यक्ति महत्वाकांक्षी भी हो, वह स्वाभाविक रूप से उससे पृथक होने की सोच ही नहीं सकता? सत्ता का अपना मद तो होता ही है और, यदि पूर्ण सत्ता पर ही कोई क़ाबिज रह ले तो नींद-चैन सब कुछ उसके बिना हराम सा ही हो जाता है? उसे अपना राजनीतिक प्रभुत्व व वर्चस्व समाप्त होता दिखने लगा? खुसरू के उत्तर की प्रतीक्षा में 'गये तीन दिन बीत'? तीन दिन बीतते ही तो उसका भी धैर्य जवाब दे गया! उसे लगने लगा कि, अब उसके पास समय नहीं है? उसे जो भी करना है जल्दी करना है? मगर खुसरू के इनकार ने उसके समक्ष सबसे अच्छे विकल्प को बेमौत मार दिया! उसने मन ही मन सोच लिया कि, वह अब खुसरू के प्रकरण में उसी तरह निर्विकार हो जायेगी, जैसे वह उसके प्रस्ताव पर हुआ है? जैसे उसने उसके साथ बेरहमी से उसके अरमानों की अनुचित हत्या करने से गुरेज नहीं किया, वैसे ही खुदा न ख़ासता, मौक़ा लगने पर उसी सिक्के में उसे लौटा देगी? उसकी आशाओं पर जिस तरह का तुषाराघात खुसरू ने किया है, वह प्रत्युत्तर में वैसा ही वज्रपात उसके सपनों पर करने से नहीं चूकेगी! मगर, अभी तो कोई हल निकालना ही होगा, वरना वह और पिछड़ जायेगी? यह राजनीति बहुत निर्मम होती है? खुसरू जैसा विवेकशील, उदार, सहृदय व्यक्ति बस अपने सिद्धान्तों पर अटक कर कब किसके अरमान कुचल दे? कितना स्वकेन्द्रित हो जाता है, इनसान, बस अपने को ही केन्द्र में रखकर दूसरे के भी व्यवहार का मूल्यांकन करने लगता है? खुसरू ने उसके प्रस्ताव के साथ ऐसा ही बर्ताव किया था और, अब वह खुसरू का मूल्यांकन कर रही थी!

खुसरू के इनकार ने उसके शाहजहाँ के राजनीतिक विकल्प को समाप्तप्रायः ही कर दिया था? वह विकल्पहीनता की स्थिति में आकर खड़ी हो गयी थी? इस खुसरू का तो वह बाद में उपचार करेगी...मौक़े पर ऐसी पीठ दिखाएगी कि वह पानी भी नहीं माँग पायेगा और, तब समझेगा कि, पाला किससे पड़ा है? फिलहाल तो

ज़रूरत थी, एक अदद उत्तराधिकारी की, जिसे शाहजहाँ के ख़िलाफ़ अपना मोहरा बना दे? उसके विकल्प खुसरू ने संकीर्ण, सीमित और संकुचित कर ही दिये थे? इस राजनीतिक महत्वाकांक्षा की पूर्ति के लिए आवश्यक और अपरिहार्य था, किसी भी मुग़ल शहज़ादे का अपने हाथ में होना? उसको देर-सबेर 'कठपुतली' बना लेने का सामर्थ्य तो उसमें था ही? जहाँगीर को तो उसने मात्र एक कठपुतली बना ही दिया था? ख़ुर्रम भी बहुत दिनों उसकी कठपुतली बना रहा था? यह तो उसे स्वयं अब उसकी बढ़ती महत्वाकांक्षा रास नहीं आ रही थी? ख़ासतौर से जहाँगीर की अस्वस्थता के उपरान्त जब वह समस्त सत्ता अपने हाथों में केन्द्रित कर चुकी थी? वह अब मुग़ल सत्ता के सूत्र अपने ही हाथों और मुट्ठी में क़ैद करे रहना चाहती थी? वह केन्द्रीय भूमिका से हटने को कत्तई तैयार नहीं थी? किन्तु, ख़ुर्रम की महत्वाकांक्षा को हवा देने में तो वह स्वयं ही दोषी थी? ख़ुर्रम को बढ़ा-चढ़ाकर पेश करना, उसकी उपलब्धियों को अति-रूप में चित्रित करना यह तो उसी ने किया था? ख़ुर्रम से दक्खन अभियान पर शाह ख़ुर्रम और फिर एक अर्थहीन सन्धि के उपरान्त, बिना किसी सैन्य-विजय के उसे शाहजहाँ बनवा देना? एक नूरजहाँ के अतिरिक्त एक शाहजहाँ? एक म्यान में दो तलवार उसे क्यों और कैसे सम्भव लगी थी? ख़ैर उसे अपने पर बहुत भरोसा था, वह लिखे को मिटाना भी जानती थी और चाहती थी ही? अतः वह अपने किये को निष्प्रभावी करने को व्याकुल और उग्र हो उठी!

शहज़ादा परवेज़ मुग़ल शहज़ादों में दूसरे नम्बर पर था और, किसी लायक नहीं था? कम से कम उसके राजनीतिक खेल और, मुग़ल सत्ता के वारिस होने लायक तो वह कत्तई उपयुक्त नहीं था? नितान्त अक्षम और व्यसनी होने के चलते मुग़ल ताज़ की राजनीतिक दौड़ में वह पहले से ही बाहर था? उसने जहाँगीर के अन्तिम और कनिष्ठतम शेष बचे राजकुमार शहरियार को ही इस विवशता में अपना विकल्प चुना और, नये सिरे से राजनीतिक बाज़ी सजाई! मगर उसने कितनी होशियारी से खेल शुरू किया वही उसके शातिर होने का परिचायक है! उसने शहरियार में सारी कमियाँ देखते हुए, उसे अपने हाथों में लेकर बस एक कठपुतली की तरह नचाने का फ़ैसला कर लिया! जहाँगीर के मन में भी कुछ तो था ही? वह स्वयं चग़ताई विधि और परम्परा के नाम पर ज्येष्ठतम होने के चलते, मुग़ल सम्राट बना था और अब उससे मुकर नहीं सकता था? फिर उसने अपने जीते-जी अपने बड़े बेटे के सपनों को कुचला था, सिर्फ़ अपने स्वार्थ के चलते, अतः अब वह उसे उसका हक़ देने के लिए उतारू ही हो चुका था? फिर, एक बादशाह के रूप में मुग़ल साम्राज्य की स्थिरता और भावी स्थायित्व के लिए भी शाहजहाँ की अति-महत्वाकांक्षा को सन्तुलित और नियंत्रित करना ज़रूरी था? यही मुग़ल राजनीति की सबसे बड़ी ख़ासियत थी ही! आसमान तो रंग बदलने में देर कर भी सकता था, मगर मुग़ल राजनीतिक क्षितिज में रंग बदलते रहते थे, बेमौसम ज़रूर मगर बेवजह नहीं? अब

जहाँगीर-खुसरू का एक गुट था; दूसरा शाहजहाँ और उसके समर्थकों-सहयोगियों का था; तीसरा तेज़ी से नूरजहाँ और शहरियार का तैयार हो रहा था! इन्हीं गुटों या उपवर्गों के राजनीतिक दाँव-पेंच और उनकी अन्तःक्रियाएँ राजनीतिक आकाश को रंगबिरंगा और दिलचस्प बनाती थीं?

जैसे ही नूरजहाँ ने लाड़ली बेग़म का निकाह शहरियार के साथ करने की घोषणा की, मुग़ल हरम, आभिजात्य और साम्राज्य सब सचेत हो गये! इस राजनीतिक मदारी ने अपनी इच्छानुसार नचाने के लिए एक ऐसा बन्दर चुना था, जो बस उतना ही उछलता और नाचता जितना कि नूरजहाँ चाहती? सभी मानते थे कि उसके अन्दर न बुद्धि है, न विवेक, न शौर्य, न क्षमता है और न ही महत्वाकांक्षा? वह तो मुग़ल दरबारी-रजनीति का अनजाना-अनसुना-अनछुआ कोण था, जिसे उभार कर नूरजहाँ अपना मक़सद पूरी तरह से साध सकती थी? मुग़ल उमरा को बस एक मुग़ल वंश के शहज़ादे के कन्धों की दरकार होती थी, फिर वे राजनीतिक तीर छोड़ने में कदापि चूक नहीं करते थे? ज़ाहिर है, उनमें से अधिकतर की पहली पसन्द एक क़ैदी शहज़ादा ही था; दूसरी पसन्द, शेष शहज़ादों में से सबसे क़ाबिल शाहजहाँ उनकी पसन्द हुआ करता था, किन्तु, उसके दर्प ने उसे अपने अमीरों, समर्थकों से ही दूर कर दिया! अब अगर परवेज़ और शहरियार में से चुनना था, तब तो यह स्पष्ट ही था, कि, महाबत ख़ाँ के नेतृत्व वाला धड़ा नूरजहाँ के चयन के विरुद्ध और शेष महाबत ख़ाँ के नेतृत्व वाले परवेज़ के विरुद्ध! और, यहीं से मुग़ल दरबारी और साम्राज्यी राजनीति की नयी बिसात बिछने लगी और, यही जहाँगीर के शासनकाल के शेष भाग को अस्थिर करने वाली थी! आने वाले संकट के चिह्न स्पष्ट रूप से उद्विग्न नूरजहाँ के चेहरे पर भी व्यक्त होने लगे थे! ख़ैर, अब तो नूरजहाँ ने विकल्पहीनता की स्थिति में, पूरे ज़ोर-शोर से इन दोनों की सगाई की और, इनकी सम्भावित शादी की तैयारियों की गूँज में खुसरू के दर्द की आवाज़ पूरी तरह से नज़रअन्दाज़ होनी थी और हुई? और, यही तो सम्राज्ञी अब चाहती भी थी? दिसम्बर 1620 में पूरी धूम-धाम से लाहौर में लाड़ली बेग़म की सगाई जहाँगीर के पुत्र शहरियार से तय हुई! विदेशी यात्री, हॉकिन्स इस शहज़ादे को सर्वथा अयोग्य व अक्षम बताता है! पूरे वैभव और शान-शौकत से यह रस्म जहाँगीर के कश्मीर से लौटने पर सम्पन्न हुई. इसके लिए जहाँगीर ने 1 लाख रुपये अलग से आवंटित किये थे ताकि तड़क-भड़क में कोई कमी न रह जाये! अगले वर्ष अप्रैल (1621) में यह शाही विवाह पूरे जश्न और रस्मो-रिवाज़ के साथ सम्पन्न हुआ! पूरा शहर ही इसकी सज-धज, अलंकरण, धूम-धाम देखने उमड़ पड़ा था! तुजफ़क-ए-जहाँगीरी और, इक़बालनामा दोनों में ही इसका विस्तृत वर्णन हमें मिलता है! इस अवसर पर पूरा 'मुग़ल हरम', मुग़ल आभिजात्य व स्वयं बादशाह एवं उसके सभी पुत्र-पुत्रियाँ(!) नूरजहाँ के पिता ऐत्माद-उद-दौलाह के निवास पर गये थे! इस अवसर पर ख़ासतौर से

जहाँगीर ने शहरियार का मनसब बढ़ाते हुए, 8000 ज़ात व 4000 सवार कर दिया!

जहाँगीर ने इसे शुभ-घड़ी की शुरुआत घोषित करते हुए आशा व्यक्त की थी कि सम्भवतः अब साम्राज्य में में सुख-शान्ति-समृद्धि की अभिवृद्धि ही होगी! इससे अधिक विरोधाभासी वक्तव्य सम्भवतः हमें उसकी आत्मकथा, 'तुजफ़क-ए-जहाँगीरी' में शायद ही और कोई मिले? और, यह वाक़ई मुग़ल राजनीति व साम्राज्य के लिए दुर्भाग्य ही लेकर आया और ऐसे रक्त-रंजित काल का आरम्भ किया कि वह अन्ततः मुग़ल वंश को ही काल के गर्त में ले गया! न वैभव, न शान-बान, न समृद्धि अब अधिक दिन चलनी थी? सम्भवतः प्रारब्ध ही यह वाक्य एक आशा के रूप में मुग़ल बादशाह के मुँह या क़लम से अभिव्यक्त कर रहा था? क्योंकि, इसी समय दक्खन के हालात बद से बदतर हो रहे थे और, ख़ान-ए-ख़ाना निरन्तर मुग़ल दरबार से मदद की गुहार लगा रहा था? सम्भवतः और किसी ने यह अनुरोध किया होता, तब भी शायद जहाँगीर कुछ देर को टाल देता? किन्तु, ख़ान-ए-ख़ाना लगातार लिख रहा था कि कैसे मालिक अम्बर ने शाहजहाँ के जाने के बाद से ही दक्खन में मुग़ल-विरोधी संघ का निर्माण करके, उनकी नाक में दम कर रखा है! इतना ही नहीं उसने तो उदाहरण सहित लिखा कि जैसे अपने दूध-भाई मिर्ज़ा अज़ीज़ कोका के लिए बादशाह अकबर गुजरात मदद के लिए पहुँचा था, वैसे ही जहाँगीर को भी अपने अतालिक या शिक्षक के सहायतार्थ स्वयं और तत्काल आना चाहिए? वाक़ई जहाँगीर ने इसे अनुरोध या दक्खन में नियुक्त मुग़ल सेनानायक का निवेदन ही नहीं एक शिक्षक का आदेश भी माना!

बस यहीं से दुविधा और, मुग़ल राजनीति की जटिलता के चलते शतरंजी चालों का शह और मात का खेल शुरू हो गया! जहाँगीर का स्वास्थ्य गवारा नहीं कर रहा था कि वह एक तो दूर दक्खन की यात्रा करे और, दूसरे यहाँ उत्तर भारत से तो उसका कश्मीर तक स्वास्थ्य-लाभ के लिए जाना सरल था! फिर, गुजरात के अनुभव के बाद तो वह गर्मी और उमस बर्दाश्त करने की स्थिति में ही नहीं था? उसकी जो गुजरात के बाद तबियत बिगड़ी थी, उसके बाद तो भारत और ईरान दोनों ही जगहों के हक़ीमों ने पहले ही उसे हर किस्म की थकान और मेहनत से बचने की सख्त हिदायत दी थी? वह दक्खन में स्थिति नियन्त्रण करने के लिए किसे सैन्य-अभियान पर भेजे? क्या वक़्त आ गया है कि परवेज़ को अब बिहार या दक्खन जैसे बड़े क्षेत्र की ज़िम्मेदारी सौंपी जा सके? कोई भी तर्क, तथ्य इस विचार का समर्थन नहीं कर रहे थे? तो क्या नव-विवाहित शहरियार को यह दायित्व सौंपा जाये? मगर जिस स्थिति को ख़ान-ए-ख़ाना नहीं सम्हाल पा रहे थे, यह तो उलटे मुग़ल सेनाओं को हतोत्साहित ही कर देता? अतः ये दोनों मुग़ल शहज़ादे नालायक घोषित थे ही और, इस अभियान के सर्वथा अनुपयुक्त? इस आवश्यक और अपरिहार्य से सैन्य-अभियान के लिए उसके पास विकल्प में बचा ही कौन था? बहुत माथा-पच्ची के उपरान्त

जहाँगीर ने यह अवसर सही माना होगा, खुसरू की रिहाई का? मगर नूरजहाँ ने उसे सचेत किया! ख़ान-ए-ख़ाना कहीं इसीलिए तो बार-बार नहीं लिख रहा है कि उसका अपना प्रिय खुसरू आज़ाद हो जाये? वे दोनों मिलकर कहीं मुग़ल सत्ता ही न पलट दें? जो काम अकबर की मृत्यु शैया पर नहीं हो पाया था? उसे अब अंजाम दे दिया जाये? क्या उसके अतालिक को उसके बुरी सेहत की ख़बर नहीं थी? उसे तो पल-पल की ख़बर दी गयी थी और, निरन्तर दी जा रही है? तो फिर ऐसा माहौल क्यों निर्मित हो रहा है क्या मुग़ल बादशाह इतना भी नहीं समझा पा रहे?

नूरजहाँ के तर्क में जहाँगीर को दम तो दिखा मगर वह विष या ज़हर देखने और समझने में नाकामयाब रहा जो ईर्ष्या और प्रतिशोध से आकंठ डूबा हुआ था! काश, जहाँगीर को वह उस समय नूरजहाँ के तर्क का असली आधार दिख गया होता? काश, वह इस कुटिलता को समझ लेता और पढ़ लेता, सम्भवतः मुग़ल इतिहास की एक बहुत बड़ी त्रासदी होने से बच गयी होती? मगर होनी बहुत प्रबल होती है! जहाँगीर ने यही एक फ़ैसला क्या लिया, उससे एक ऐसी प्रक्रिया शुरू हुई, जिसकी परिणति खुसरू के बलि चढ़ाने से हुई! क्योंकि, दूसरा फ़ैसला इसी से सम्बद्ध हो गया और, उसे शाहजहाँ ने अपने सुरक्षा के साथ अपना सिंहासन तक का मार्ग सुनिश्चित करने हेतु किया और, ऐसी परिस्थितियाँ बनीं कि इस फ़ैसले के बाद उस फ़ैसले ने खुसरू के साथ-साथ उसके जीवन, मुग़ल इतिहास को ऐसे मोड़ पर लाकर खड़ा कर दिया कि, सब कुछ ख़त्म हो गया! शायद यही दो ऐसे फ़ैसले थे, जिनकी वजह से शाहजहाँ और नूरजहाँ के बीच की तल्खी कम हुई थी! जहाँगीर की मृत्यु के बाद मुग़ल सम्राट बनने के बाद उसे न केवल पूरी तरह से माफ़ किया अपितु, अपने शासनकाल में उसके सुख, शान्त व समृद्ध जीवन जीने के लिए नूरजहाँ के लिए अच्छी-ख़ासी पेंशन नियत की थी!

आइये नूरजहाँ के उस दूसरे फ़ैसले को भी समझ लिया जाये! शाहजहाँ के अलावा कोई भी दक्खन की परिस्थिति पर नियन्त्रण नहीं कर सकता था! खुसरू को आज़ाद करने में नूरजहाँ एक विशाल और सुदृढ़ अवरोधक के रूप में अड़ गयी थी! जहाँगीर का गिरता स्वास्थ्य और नूरजहाँ की महत्वाकांक्षा अपना ही रंग दिखा रही थी! पूरे प्रशासन पर चाह कर भी जहाँगीर नियन्त्रण नहीं कर पा रहा था? और, नूरजहाँ उसे आराम करने की ज़िद कर करके, अपने अधिकार-क्षेत्र को न तो कम होने दे रही थी और, न ही वह एक ऐसा माहौल बनने दे रही थी, जिसमें उसकी दखल और सलाह के बिना बादशाह कुछ भी महत्त्वपूर्ण निर्णय न ले! इस तरह से वह खुसरू की आज़ादी के सख्त ख़िलाफ़ हो गयी और, चलनी नूरजहाँ की ही थी और चली भी! जो व्यक्ति उसकी शर्तों पर रिहा नहीं होना चाहता था, वह क्यूँ कर रिहा हो ही? उसने जहाँगीर से कई बार एक ही बात पूछी, कि क्या उसने ख़ुफ़िया-नवीसों की रिपोर्टों को नहीं सुना है? क्या वह नहीं जानता-समझता कि,

खुसरू के प्रति सहानुभूति और उसके समर्थन में अभी भी कोई कमी नहीं आ रही है? उसने तो इस बात पर भी ज़ोर दिया कि बिल्कुल साफ़ है कि, आज़ाद खुसरू अभी भी सम्राट के रूप में लोगों की पहली पसन्द बना हुआ था और, जहाँगीर की अस्वस्थता के बाद तो उसके लिए सिंहासन की माँग और आभिजात्य की गोलबन्दी और तेज़ हो चुकी थी? वह इस ओर भी बादशाह का ध्यान दिला रही थी कि, इस तरह की ख़बरें तो लगातार 1616-17 से ही देश भर में प्रचारित हो रही थीं कि, अब नहीं तो कुछ दिनों में, महीनों या वर्षों में तो यह होना अपरिहार्य ही है!

अब तो लोग जहाँगीर के गिरते स्वास्थ्य की वजह से न केवल इस सत्ता परिवर्तन की सम्भावनाएँ बढ़ती देख रहे थे, अपितु, आभिजात्य तो इसके लिए पुनः प्रयासरत हो चुका था? महाबत ख़ाँ जैसे पुराने साथी तो स्वयं बादशाह से कई बार अर्ज कर चुके थे कि वह अपने-आप को नूरजहाँ के प्रभाव से पूरी तरह से मुक्त न कर सके तो उसे कम करता और बादशाह की तरह सम्प्रभु शासक सा प्रतीत भी होना चाहिए? और क्योंकि, वे बादशाह को नूरजहाँ के प्रभाव से मुक्त होता नहीं देख या महसूस कर पा रहे थे, अतः उसके स्थान पर वे सबसे योग्य और लोकप्रिय शहज़ादे को क्यूँ नहीं देखना चाहेंगे? ज़ाहिर है, जहाँगीर के सामने नूरजहाँ ने बातों को बढ़ा-चढ़ा कर ही प्रस्तुत किया होगा! जहाँगीर का नूरजहाँ की सेवा और त्याग के बदले मिलने वाली इस भर्त्सना और अपशब्दों से आहत होना स्वाभाविक ही था! उसके ऊपर इसका उल्टा ही असर हुआ और उसने नूरजहाँ को आश्वस्त कर दिया कि, उसकी बातें और दलील तार्किक ही नहीं न्यायोचित भी हैं! अतः वह उसकी निगाहों से ही राजनीतिक चालों को देखने-समझने की प्रक्रिया ज़ारी रखेगा! वाक़ई में महाबत ख़ाँ ने जब देख लिया था कि बादशाह नहीं सुधरेगा और मुग़ल साम्राज्य का अहित ही अहित होता जा रह है, तब उसने लगभग विद्रोह सा कर दिया था! किन्तु, तब तक तो शाहजहाँ का विद्रोह भी दम तोड़ चुका था और उससे पहले परवेज़ स्वर्गीय और, उससे भी पूर्व खुसरू का दुखान्त हो चुका था! काश उसने अभी इसी समय ऐसा कुछ किया होता तो मुग़ल इतिहास या तारीख कुछ फ़र्क़ होती?

एक बहुत पुराना अंग्रेज़ी मुहावरा है, जिसके अनुसार, 'दोज़ख़ या नर्क में भी ऐसी प्रचंड गुस्सा नहीं दिखेगी, जैसी किसी उपेक्षित व अपमानित महिला में उबलती है' ("हेल नोज़ नो फ़्यूरी ऐज़ डैट ऑफ़ ए वुमन स्कोर्न्ड!") अतः अब तो खुसरू-बेटी बेग़म की ख़ुशी की हर राह में नूंरजहाँ को रोड़ा होना था और, वह सायास रोड़ा थी? लाड़ली-बेग़म-खुसरू विवाह के प्रस्ताव को अस्वीकार करके, जिसे कम से कम खुसरू और उसकी पत्नी बेटी-बेग़म तो अब नहीं ही पार कर सकते थे? यह संकेत बहुत स्पष्ट और सटीक था! इसी ने सम्भवतः शाहजहाँ को वह करने के लिए उत्प्रेरित किया था जो निश्चित एक जघन्य अपराध के साथ पाप भी था और, जिसके लिए उसे अपने जीवन के अन्त में भारी कीमत भी चुकानी पड़ी! मगर राजनीतिक व्यक्ति

तो वर्तमान में ही जीते हैं और एक 'अहं ब्रह्मास्मि' के मूलमंत्र से ही कार्य करते रहते हैं, जैसे 'आगे नाथ न पीछे पगहा'! राजनीतिक परिदृश्य बहुत तेज़ी से बदला था और, शाहजहाँ के ऊपर ही मुग़ल सत्ता और साम्राज्य की प्रतिष्ठा टिक गयी थी! दक्खन मालिक अम्बर के नेतृत्व में एक संघ निर्मित करके, मुग़ल सत्ता को उखाड़ फेंकने को उद्यत था! 'मरता क्या न करता', जहाँगीर को अब हर-हाल में शाहजहाँ को वहाँ जाने के लिए तैयार करना था! आख़िर यह मुग़ल शक्ति, प्रतिष्ठा और साम्राज्य के नाक की बात थी? शाहजहाँ ने भी जब ऊँच-नीच, पृष्ठभूमि और परिणाम आदि का मूल्यांकन किया तो वह इस निष्कर्ष पर पहुँचा कि, अब उसकी असली चाल चलने का सही वक़्त आ पहुँचा है! वह एक ही चाल से बादशाह, उसकी मलिका और, आभिजात्य तक को मात देकर, मुग़ल तख़्त तक अपना मार्ग सुरक्षित करने की योजना बनाने लगा? उसे तो एक तरह से भारत की राजनीतिक परिस्थितियों ने मुँह माँगी मुराद ही दे दी थी? अब वह बादशाह को बस में कर सकता था, मलिका की चालों को निष्प्रभावी और असफल करने के साथ ही आभिजात्य को भी धता बता सकता था? उसका सपना सच होने के करीब आ पहुँचा था!

शाहजहाँ ने लाहौर प्रवास में ही बादशाह से साफ़ शब्दों में कहा था कि वह हर आदेश का अनुपालन पूरी शिद्दत और आज्ञाकारिता से करेगा! वह साम्राज्य हित में कोई भी सेवा करने से न हिचकेगा और न ही चूकेगा! किन्तु, बादशाह को उसके हित को भी नज़रअन्दाज़ नहीं करना चाहिए? बादशाह मौन उसे देखने लगा? वह षड्यन्त्रकारी पुत्र का षड्यन्त्रकारी पिता था? वह एक निहायत क्रूर मानसिकता वाले शहज़ादे के समक्ष बैठा स्वयं एक क्रूर बादशाह था! अतः वह तुरन्त उसका अकथ्य समझ गया? मगर इसी बात के तो दोनों कुटिल और शातिर खिलाड़ी थे? जहाँगीर ने कहा कि उसके हितों का ख़याल रखना एक बादशाह और पिता दोनों के नाते उसका दायित्व ही नहीं कर्तव्य भी है, तब शाहजहाँ ने कहा कि ऐसा प्रायः नहीं भी हो पाता है और उसे इसकी जानकारी भी नहीं हो पाती है! उसका इशारा बिल्कुल साफ़ तौर पर नूरजहाँ की ओर था! उसने जानबूझकर वही आक्रमण किया जो जहाँगीर की कमज़ोरी थी! उसने इस बात की तनिक भी परवाह नहीं की कि हक़ीमों, वैद्यों व चिकित्सकों ने जहाँगीर से कोई भी दबाव वाली बातें करने से मनाही कर रखी है? जब जहाँगीर ने उसे अपने स्वास्थ्य, स्थिति का हवाला देना चाहा तब उसने तुरन्त निहायत बेशर्मी से अकबर की अस्वस्थता का ख़याल किये बगैर खुसरू के हाथी के साथ शाही हाथी पर प्रहार और बादशाह को दुःख पहुँचाने का स्मरण दिला दिया था? जहाँगीर को तो उसके किये का प्रतिफल मिल रहा था, मगर शाहजहाँ भी नहीं जानता था, वह अपने लिए भी गड्ढा खोद रहा है! उसका भी एक पुत्र उससे ऐसे ही सवाल पूछेगा? नियति के खेल बड़े अजीबोगरीब होते हैं!

उसने साफ़-साफ़ कहा कि खुदा न करे, मगर जैसा बादशाह का स्वास्थ्य है,

कोई बात हो जाये, तो बादशाह-सलामत के न रहने पर उसके हितों का दायित्व कौन लेगा? कौन उसके हितों को सुरक्षित व संरक्षित रखेगा? उसे ज़मानत के तौर पर कुछ ऐसा ले जाने की छूट मिलनी ही चाहिए? अन्यथा, उसको तो सीधे-सीधे यह विरक्ति और संन्यास जैसा आदेश लगता है? दक्खन जाने का आदेश उसे मलिका के इशारे पर रचा कोई षड्यन्त्र ही लग रहा है? यह बात जब निर्भीक होकर शाहजहाँ ने ऐत्माद-उद-दौलाह के निवास पर नूरजहाँ की मौजूदगी में बादशाह सलामत से कही, तो नूरजहाँ और बादशाह दोनों अचकचा कर रह गये? क्योंकि, नूरजहाँ और शाहजहाँ भली-भाँति जानते थे कि दक्खन की वजह से जो ख़ुर्रम शाह ख़ुर्रम और फिर शाहजहाँ बना वह एक छलावा ही था! और, बादशाह सब जानकर अनजान था, क्योंकि कुछ न कर पाने की उसकी अपनी विवशता थी! और, जो वहाँ मौजूद नहीं, वैसा कोई भी व्यक्ति ज़मीनी हक़ीक़त क्या जाने? और, ख़ान-ए-ख़ाना ही तो वहाँ भुगत रहा था और, वह जहाँगीर का अतालिक भी रहा था अतः, उसने सीधे बादशाह से जब दक्खन में तत्काल शाही सहायता का अनुरोध किया, तब किसी को तो वहाँ शीघ्र भेजना था? इसमें दो राय भी नहीं कि उसके पुत्रों में शाहजहाँ योग्यतम, दक्खन का जानकार और, वहाँ से यश कमा कर लौटने वाला था! परवेज़ शाहजहाँ से बड़ा होने पर भी किसी गम्भीर प्रशासनिक दायित्व व दुस्साहसी सैन्य-अभियान के लायक नहीं था? और, सबसे कनिष्ठ के साथ परवेज़ को साथ जोड़ कर वही लागू होता था, 'बड़े मियाँ तो बड़े मियाँ, छोटे मियाँ सुहान-अल्लाह!'

यह तो तय था कि अगर केन्द्र से बादशाह या कोई शहज़ादा वहाँ जायेगा तभी मुग़ल सेनाओं में उत्साह का संचार भी हो पायेगा एवं शत्रुओं को समझ आयेगा कि उनके पास कोई विकल्प ही नहीं बचा! अब मुग़ल सम्राट प्रत्यक्ष दिलचस्पी ले रहा है, तब शायद मालिक अम्बर द्वारा निर्मित दक्खन के राज्यों का संघ ही समाप्त हो सकता था? ऐसी परिस्थिति में, जब उसकी प्रेयसी-पत्नी-संरक्षिका, मलिका-ए-जहाँ के हठी विरोध के चलते, उसके ज्येष्ठ पुत्र को इस अभियान हेतु भी रिहा नहीं किया जा सकता था और बाकी के साहबजादे और मुग़ल शहज़ादे इसके लिए नितान्त अनुपयुक्त थे, तब शाहजहाँ को भेजना उसकी विवशता थी! और, शाहजहाँ पहली बार एक सुदृढ़ स्थिति से अपने पिता व बादशाह से सौदा करने की परिस्थिति में आ गया था! भले ही, नूरजहाँ, चाहे या न चाहे, वह बादशाह और साम्राज्य को अपनी शर्तें कबूल करवाने की स्थिति में अनायास आ गया था! 'बिल्ली के भाग्य से दक्खन का छींका टूटा था'! बादशाह, नूरजहाँ और मुग़ल प्रशासन शाहजहाँ की शर्त के समक्ष समर्पण के अतिरिक्त कुछ नहीं कर सकते थे? उसने पूरी शिद्दत से अर्ज किया कि तमाम परिस्थितियों के मद्देनज़र उसके लिए भी अपरिहार्य है कि वह अपने जीवन या राजनीतिक भविष्य के लिए यह शर्त पेश करे, जो निहायत तार्किक और न्यायोचित है! अतः, उसने कहा कि उसको कुछ ज़मानत या एहतियात के

तौर पर बादशाह की किसी प्रिय अमानत को अपने पास रखने को मजबूर होना पड़ेगा? उसे मलिका का कत्तई भरोसा नहीं था, अपितु, उसे पूरा विश्वास था कि वह येन-केन-प्रकारेण पूरी शक्ति लगा देगी ताकि वह सत्ता और शक्ति में न आ पाये? कहीं उसे मृत्यु-दंड दे दिया जाये? कहीं उसे बन्दी-गृह में डाल दिया जाये? कहीं षड्यन्त्र करके उसके विरुद्ध कोई नकली जाँच करके, उसे शहादत के तख़्ते पर लटका दिया जाये? जैसा स्वयं बादशाह ने नूरजहाँ के ज्येष्ठ भाई के साथ खुसरू के बन्दी बनाये जाने के बाद किया था?

वास्तव में, उस पूरे प्रकरण में जहाँगीर ने ख़ुर्रम को ही तो इस्तेमाल किया था? उसी के दीवान के हस्ताक्षर से वह सूची तैयार करवाई थी, जिसमें खुसरू समर्थकों द्वारा उसकी हत्या की साजिश का आरोप लगाकर, बिना जाँच के सूली पर चढ़ा दिया गया था? इस तर्क के आगे तो बादशाह को भी निरुत्तर होना ही था? किस्मत का एक चक्कर जैसे पूरा हो रहा था? अब अच्छी स्मृति वाले योग्य और महत्वाकांक्षी शाहजहाँ को यह बातें करने में कोई संकोच हो भी नहीं सकता था? शाहजहाँ यदि और बोलते तो उसकी प्रेयसी-पत्नी नूरजहाँ को भी अपने बड़े भाई के मृत्यु-दंड की सच्चाई पता चल सकती थी? जहाँगीर अपने पूर्व (कु) कर्मों का फल भोगने को लाचार था! आगे गड्ढा और पीछे गहरी खाई थी? शाहजहाँ अपने हाथ में आयी बाज़ी नहीं जाने देना चाहता था? शाहजहाँ की एक ही शर्त थी—उसका बन्दी बड़ा भाई, उसके श्वसुर के संरक्षण से उसके संरक्षण में स्थानान्तरित कर दिया जाये! और, इतना ही नहीं, वह उसे अपने साथ ही दक्खन ले जाने का अधिकारी हो! सब सन्न रह गये! बहुत देर तक कोई कुछ बोल ही नहीं सका! दक्खन साथ ले जाने की बात सबको अटपटी लगी? शाहजहाँ मुग़ल राजधानी में भी तो अपने अधिकारियों के संरक्षण में उसे रख सकता था? शाहजहाँ की दलील वही थी, जो इशारों में वह बादशाह को दे रहा था कि उसे बादशाह और अपने षड्यन्त्रकारी वालिद पर ही तो भरोसा नहीं था?! वह तो ख़्वामख़ाह घुमा-फिरा के बातें सिर्फ़ इसीलिए कर रहा था कि बादशाह सलामत का इकबाल सलामत रहे? अगर उसे अपने साथ ले जाने की शर्त मंज़ूर हो तो वह तुरन्त उसी क्षण अभियान पर निकलने को तत्पर था? वरना बन्दी खुसरू तो उसके श्वसुर के संरक्षण में है ही? उसे तो आपात स्थिति के लिए उसे अपने पास रखना था, अतः साथ दक्खन ले जाने की माँग या शर्त वाज़िब थी!

शाहजहाँ को एक शक़ तो था ही? उसे यह भी लगा होगा, भले ही लाड़ली बेग़म से रिश्ता नामंज़ूर करके, खुसरू अभी नूरजहाँ की आँखों में खटक रहा है, परन्तु, कल को क्या स्थितियाँ निर्मित हों और, बादशाह की आँख बन्द होते ही वह फिर से खुसरू के साथ कोई राजनीतिक गठजोड़ न कर ले? अतः खुसरू ही अगर राजधानी आगरा में नहीं रहेगा तो कोई समस्या ही नहीं उत्पन्न हो पायेगी? वह इसकी जड़ तक पहुँचा था और यही ज़रूरी होता है किसी भी महत्वकांक्षी की

सफलता के लिए! दूरदृष्टि, पक्का इरादा और क्षमता! सिर्फ़ षड्यन्त्र से शासक बनने वाले अपने पिता का हश्र वह सामने देख ही रहा था? अतः एक-एक क़दम फूँक-फूँक कर, गहन सोच-विचार के बाद रख रहा था! अतः, सम्पूर्णता में यही स्थिति बनी थी कि मुग़ल साम्राज्य को दक्खन की समस्या से कोई निजात दिला सकता था तो वह सिर्फ़ शाहजहाँ था! वास्तव में, एक ही व्यक्ति वहाँ के हतोत्साहित सैनिकों में जोश भरके और जान फूँक के कुछ सफलता अर्जित कर सकता था, अतः उसकी शर्त मानना एक राजनीतिक विवशता ही थी! शाहजहाँ सोच-सँभल कर अपने क़दम बढ़ाने और निर्णय लेने की समझदारी दिखा रहा था! उसने अपने पिता शहज़ादा सलीम और अपने बड़े भाई शहज़ादा खुसरू के बीच का संघर्ष देखा था! और, हर बार चाहे-अनचाहे वह उसमें प्रत्यक्ष-अप्रत्यक्ष भूमिका भी निभा चुका था! अकबर ने उसी को तो सन्देश-वाहक बनाया था, जब दोनों के हाथियों के ख़ेल ने एक ख़ूनी रंग अख़्तियार कर लिया था? इसी तरह, जब खुसरू को विद्रोह के बाद उसके विरुद्ध अभियान किया था, तब कैसे उसी के दीवान से उसके माध्यम से एक सूची लिखवा कर, उसको षड्यन्त्र में फँसाने की योजना रची थी।

उसने सब जाँचा-परखा और, अपने अनुयायियों के अब भी कांगड़ा की व्यवस्था बनाने के साथ कान्धार में व्यस्त होने की बात करके, अपने दक्खन न जा पाने में अपनी विवशता व्यक्त की! जहाँगीर उसके समस्त अधिकारियों को काँगड़ा और कान्धार के दायित्व से मुक्त करने को तुरन्त तैयार हुआ। किन्तु, शाहजहाँ जानता था कि उसके दक्खन रवाना होने के बाद, उसको अपने राजनीतिक हितों पर खतरे के बादल मँडरा सकते थे? अतः उसे खुद ही अपने निहितार्थों की रक्षा की व्यवस्था बनानी पड़ी? उसे न नूरजहाँ पर ही विश्वास था और, न ही अपने पिता और बादशाह पर? वह अगर एक बेटे, खुसरू को अब तक माफ़ नहीं कर पाया है, तो वह उसके लिए क्यूँकर अपनी पत्नी-प्रेयसी की नाराज़गी और इन दोनों की बदमज़गी दूर करने के क़दम उठायेगा? उसके पास उससे दो बड़े और एक छोटा भाई और मौजूद थे? अतः उसे कोई फ़र्क़ नहीं पड़ना था, शाहजहाँ के हितों-अहितों की देखी-अनदेखी से? वह सबकुछ बर्दाश्त करने की स्थिति में था, किन्तु, अपनी महत्वाकांक्षा पर पानी फिरता देखना तो ज़िन्दा मक्खी हजम करने जैसा था? वो तो उसका सबसे छोटा और मूर्ख शहरियार भी नहीं करता तो वह क्यूँकर करता? उसे बस एक ही असरदार हथियार या हथकंडा दिखा और उसने बादशाह से तुरन्त उसे ही बन्दी खुसरू का प्रत्यक्ष संरक्षक बना कर उसकी ज़िम्मेदारी स्थानान्तरित करने और तदुपरान्त, खुसरू को अपने साथ दक्खन ले जाने की एकमात्र शर्त रखी! और, जहाँगीर ने बिना ज़्यादा ना-नुकुर के, खुसरू को शाहजहाँ को अपने साथ बतौर ज़मानत दक्खन ले जाने के लिए उसके हवाले कर दिया! और लाहौर से शाहजहाँ ख़ुशी-ख़ुशी, पूरे जोश-खरोश से दक्खन की ओर चल दिया! कुछ समकालीन इतिहासकार, यूरोपीय यात्री और

आधुनिक विद्वान भी रेखांकित करते हैं कि यहीं लाहौर के बाद से आगे की मुग़ल राजनीति में जहाँगीर और शाहजहाँ अलग-अलग दिशाओं के यात्री हो गये! बिल्कुल अकबर के शासन के उत्तरार्द्ध की-सी स्थिति जहाँगीर के शासनकाल में भी पिता-पुत्र के मध्य उत्पन्न होने लगी थी!

एक दिलचस्प बात यहाँ और दिखाई देती है, जिसे रेखांकित करना इस मोड़ पर ज़रूरी है। इस समय शाहजहाँ के पुत्र शाहशुजा की तबियत बहुत ख़राब हुई थी और बाबा होने के नाते जहाँगीर चिन्तित भी था! चिकित्सा, झाड़-फूँक, मन्नतों के बाद भी जब वह ठीक नहीं हो रहा था उसने सभी ज्योतिषियों से उसके ठीक होने के विषय में पूछ-ताछ की थी! लगभग सबकी राय निराशाजनक ही थी! ऐसे में उसने ज्योतिक राय से परामर्श किया, जिसे ज्योतिष का अच्छा ज्ञान था! जहाँगीर स्वयं स्वीकारोक्ति सी करते हुए लिखता है कि यह सत्य है कि, जब उसकी तबियत गुजरात में बिगड़ी और, वह कश्मीर भागा गया था, ठीक होने की नीयत से और फिर और तबियत बिगड़ी थी, तब सभी हक़ीमों-चिकित्सकों के इलाज असफल होने पर उसने अनेक ज्योतिषियों से भी सलाह ली थी और वे भी नकारात्मक उत्तर दे रहे थे! तब अकेला ज्योतिक राय ही अपवाद-स्वरूप कह रहा था कि बादशाह अन्ततः स्वस्थ हो जायेगा और, इसी भविष्यवाणी ने नूरजहाँ को प्रेरित किया था कि वह बादशाह की तीमारदारी अपने हाथों में पूरी तरह से ले ले! यह बात अलग है, कि, इस तीमारदारी के बाद तो बादशाह ही पूरी तरह से उसी के हाथ में आ गया था! बादशाह और साम्राज्य के सारे सूत्र, तार व डोर उसकी उँगलियों पर और, वह मनचाहा नचाती रही! लेकिन वह ज्योतिक राय के लिए थोड़ा-सा दुःख भी व्यक्त करता है। वह लिखता है : "अस्वस्थ होने के कारण मेरा वज़न 2 मन, 27 सेर भर रह गया था, जबकि, इससे (बीमारी से) पूर्व 3 मन तथा 1 या 2 सेर के आस-पास था! हमने स्वस्थ होने के बाद ज्योतिक राय को वज़न के अनुसार धन प्रदान किया था. यह कुल 500 मुहर तथा, 7,000 रुपये था। यदि पहले की भाँति वज़न होता तो उसका (ज्योतिक राय) अधिक भला होता?"

अतः यही कारण था, जिस कारण फिर से ज्योतिक राय से शाहशुजा के स्वास्थ्य के लिए परामर्श किया गया, क्योंकि, शाहजहाँ को दक्खन भी रवाना करना था! एक बार फिर शेष सभी चिकित्सकों और ज्योतिषियों से अलग राय व्यक्त करते हुए, ज्योतिक राय ने उसके स्वस्थ हो जाने का आश्वासन दिया और फिर सही साबित हुआ! इतना ही नहीं, जहाँगीर उस तर्क का उल्लेख करता है, जिसके कारण वह ज्योतिक राय को मान गया! जब बादशाह ने उससे साफ़-साफ़ जानना चाहा कि, सब शाहशुजा की कुंडली देखकर हताशा व्यक्त कर रहे थे, तब वह उनके विपरीत आशा और विश्वास से शुजा के ठीक होने की बात कैसे कर रहा था? जहाँगीर अपनी आत्मकथा, 'तुजफ़क-ए-जहाँगीरी' में लिखता है : "उसने यही उत्तर दिया कि

आपकी कुंडली में बस एक पुत्र अथवा पौत्र का वियोग होना था। शाहनवाज़ ख़ाँ (ख़ान-ए-ख़ाना का पुत्र) की पुत्री से शाहजहाँ को एक पुत्र-रत्न की प्राप्ति हुई थी और, उसका इन्तकाल इसी वर्ष बुरहानपुर में हो चुका है। अतः, अब इस वर्ष इस प्रकार का कोई अन्य योग बादशाह की कुंडली में दृष्टिगोचर नहीं है। अतः शुजा को तो ठीक या स्वस्थ होना ही है!" सम्भवतः जहाँगीर ने आगे पूछा होता तो शायद वह खुसरू को शाहजहाँ के हवाले नहीं करता? क्योंकि, यह घटना आंग्ल कैलेंडर के अनुसार 1621 के प्रारम्भ के माह की है, जब कि, संवत सन् चैत्र (आंग्ल कैलेंडर के अप्रैल) से बदलता है खुसरू की मृत्यु (29 जनवरी, 1622) की सूचना उसे फरवरी 1622 में मिली थी। ज़ाहिर है, संवत तो अप्रैल में बदल चुका था और जहाँगीर को पुत्र वियोग हुआ? लेकिन इस तरह के प्रकरणों के ज़िक्र के साथ जहाँगीर को सम्भवतः कुछ शक़ भी घर कर गये थे, जिनका उल्लेख करना भी वह इसी समय नहीं भूलता है? इनका उल्लेख बस इसीलिए ज़रूरी है कि वे कुछ ख़ास इशारे करते हैं, जो एक नयी दृष्टि भी देती है इन तमाम मसलों को समझने के लिए?

वह शाही चिकित्सकों पर टिप्पणी और उसके शक़ को रेखांकित करती है? हमें स्मरण रखना चाहिए, अकबर ने एक बार, काफ़ी शुरू में ही इसलिए सलीम या शेख़ू बाबा और हक़ीम-ए-सद्र, हक़ीम हमाम को नज़रबन्द कर दिया था, क्योंकि, उसे शक़ था कि दोनों ने मिलकर उसे मारने के लिए विषाक्त भोजन करा दिया है? ख़ैर, बादशाह को पेट में किसी और कारण से कष्ट हुआ था और वह शीघ्र ठीक भी हो गया और ये दोनों रिहा भी! ठीक वैसे ही यह षड्यन्त्रकारी दिमाग़ वाला जहाँगीर भी सोचने लगा, कि इतने धन-धान्य से वह इन्हें परिपूर्ण रखता है, सुख-सुविधाएँ प्रदान करता है, तब भी वे मन लगाकर उसकी ही चिकित्सा नहीं करते हैं? वह तुजफ़क में स्पष्ट लिखता है : "हक़ीम मिर्ज़ा मुहम्मद मेरे पिता के शासन-काल में ईरान से आया था। वह निहायत अनुभवी या 'तसर्रुफ़-ए-तबियत' व शिक्षित-प्रशिक्षित चिकित्सक था। हमने उसके ज्ञान, हुनर और उपलब्धियों के मद्देनज़र 'मसीहू-ज-जमाँ' के विरुद से विभूषित किया था। हमने उसे इसीलिए प्रश्रय प्रदान किया था, ताकि, जब कोई संकट हो, तो उसके ज्ञान और अनुभव से हम लाभान्वित हो सकें। किन्तु, इस कृतघ्न व्यक्ति ने मेरी संकट की घड़ी में न तो उपचार किया न ही ढंग से निरीक्षण-परीक्षण किया? इतना ही नहीं, जब उससे बादशाह और उसके लोगों ने कहा भी, तब उसने यही कहा कि, यह उसके ज्ञान, अनुभव आदि के परे हो गया है? अर्थात, इनका उपचार ही अब सम्भव नहीं है? और वह अकेला नहीं था, ऐसा ही वक्तव्य हक़ीम-उल-मुल्क, हक़ीम अबुल कासिम का भी था। और अबुल कासिम तो खानाजाद (अर्थात उसका पिता भी मुग़ल सेवा में रहा था) था? उसने तो कहा था कि बादशाह की हालत देखकर, वह स्वयं हताशा और दुविधा से ग्रस्त हो गया है, ऐसे में वह क्या ख़ाक इलाज कर पायेगा? हमने ऐसी परिस्थिति में

सर्वोच्च चिकित्सक परवरदिगार पर ही भरोसा करना ठीक समझा। और अपने दर्द और इस मलाल से उबरने के लिए मदिरा का ही सहारा लिया। हम उससे पूर्व दिन में नहीं पीते थे, किन्तु, और कोई रास्ता नहीं सूझ रहा था, अतः यही करने लगे। मदिरा-पान की मात्रा काफ़ी बढ़ भी गयी। किन्तु, जहाँ सब चिकित्सक असफल हुए थे, नूरजहाँ कामयाब हुई और धीरे-धीरे हमें उसकी देख-भाल और शिद्दत से की गयी तीमारदारी से लाभ होने लगा!''

इससे दो इशारे बहुत साफ़ उभरते हैं। प्रथम कि, वह राजसत्ता के ख़िलाफ़ आन्तरिक षड्यन्त्र की ओर और परोक्ष रूप से किसी शहज़ादे (खुसरू?) के प्रति सहानुभूति रखने वालों की तरफ़ इशारा कर रहा था? और, साथ ही शाहजहाँ को दक्खन भेजने तथा, खुसरू को आज़ाद न करने का औचित्य बयान कर रहा था? इस पूरे बयान से दूसरी बात और बिल्कुल साफ़ हो जाती है कि वह पूरी तरह से नूरजहाँ के तर्क के आधार पर ही यह निर्णय ले रहा था—शाहजहाँ को दक्खन भेजना और खुसरू को उसके हवाले कर देना! और, इसी से सब-कुछ स्पष्ट हो जाता है कि नूरजहाँ ने जो होना था, हो जाने के लिए ही मार्ग प्रशस्त किया था? शाहजहाँ और नूरजहाँ के बीच कुछ समझौता हुआ हो या न भी हुआ हो, एक साम्य तो था ही? लाड़ली बेग़म के प्रकरण के चलते, नूरजहाँ के प्रस्ताव को इनकार करने का दुःसाहस करने वाले खुसरू के प्रति घृणा के स्तर तक नाराज़ थी! दूसरा, शाहजहाँ जो उसे सिंहासन के अपने रास्ते में सबसे बड़ा काँटा मानता था! काँटा तो वह जहाँगीर की राह में भी था, ख़ासतौर से जब अकबर के शासनकाल का अन्त समय था और, उत्तराधिकार का मुद्दा प्रखरता से उभरा था! इतना ही नहीं, वह अब नूरजहाँ की भी आँख की किरकिरी था! अतः, उस समय मुग़ल साम्राज्य और दरबारी राजनीति की सारी परिस्थितियाँ ही ऐसी निर्मित हुईं कि शाहजहाँ खुसरू को ज़मानत के तौर पर अपने साथ लेकर दक्खन चल दिया! इस शाही निर्णय से यदि कोई आहत हुआ था, तो उसकी पत्नी, बच्चे, 'हरम' की महिलाएँ और करीबी रिश्तेदार के अलावा मुग़ल अमीर और विदेशी यात्री हो थे! विदेशी यात्री तो यहाँ तक कहते हैं कि शाहजहाँ की माँग के आगे झुककर, खुसरू को उसके साथ करके, जहाँगीर ने स्वयं अपनी मौत का परवाना काट कर शाहजहाँ के हाथों में सौंप दिया! खुसरू को ज़मानत के तौर पर साथ लेकर शाहजहाँ दक्खन की ओर रवाना हो गया!

जहाँगीर उसके बाद अपने स्वास्थ्य-लाभ व थोड़ा बहुत शासन-प्रशासन में व्यस्त हो गया! नूरजहाँ ही सारे निर्णय लेने लगी थी। उसने जब देखा शाहजहाँ खुसरू को ले जा रहा है और, उसके भाई के संरक्षण से खुसरू के निकलते ही उसे यह एहसास भी हुआ, कि इस शतरंज की चाल से शाहजहाँ की स्थिति बहुत सुदृढ़ हो गयी है? वह खुसरू को सदा के लिए मार्ग से हटा भी सकता है? यदि उसकी लोकप्रियता देखकर ऐसा न किया, तो वह उसके साथ कोई समझौता भी कर सकता है? अतः

उसने तुरन्त दो तीन निर्णय लिए और जहाँगीर ने उनकी पुष्टि की! इसमें पहला था, परवेज़ की स्थिति तुलनात्मक रूप से मजबूत करते हुए, उसे इलाहाबाद से बड़ा प्रान्त बिहार दिलवा दिया, जहाँ मुकर्रब ख़ाँ नियुक्त था! कैसे परवेज़ के स्थान पर शाह कासिम को इलाहाबाद का सूबेदार भी नियुक्त किया! परवेज़ के स्थान पर नियुक्त इलाहाबाद के इस सूबेदार, शाह कासिम को जहाँगीर ने 5,000 का मनसब व मोहत्सिम ख़ाँ का खिताब दिया था! उसी के नाम पर आज भी इलाहाबाद में एक मोहल्ला मोहत्सिम-गंज आबाद है! अपने शासनकाल के सोलहवें वर्ष (1621-22) के प्रारम्भ या 1621 के विवरण के अन्तर्गत सबसे पहले वह इस बात का उल्लेख करता है, कि, अपने सिंहासनारोहण की वर्षगाँठ के उपलक्ष्य में और उसी उत्सव के आयोजन में उसने अपने पुत्र शहरियार का मनसब बढ़ाते हुए, 8,000 ज़ात और 4,000 सवार कर दिया! इसी क्रम में वह आगे लिखता है कि उसने अपने दूसरे पुत्र शाह परवेज़ को विशेष सम्मान वाली शाही पोशाक भेजी और, वह भी राजा सारंग देव जैसे विशेष उच्च मनसबदार और विश्वासपात्र अमीर के हाथों! इतना ही नहीं, वो बताता है कि उसने परवेज़ को एक बहुमूल्य जडाऊ कमरबन्द भी भेंट किया, जिसमें एक बेहतरीन नीलम जड़ा हुआ था! फिर वह विभिन्न दिनों के आयोजनों की चर्चा भी करता है कि कैसे नूरजहाँ, आसफ़ ख़ाँ और, फिर ऐत्माद-उद-दौलाह ने दावतें दीं!

इसी के बाद वह ज़िक्र करता है कि कैसे नूरजहाँ ने अब लाड़ली बेग़म का निकाह शहरियार से करवा दिया! वह लिखता है कि कैसे उर्दिबिहिश्त माह की चार तारीख को इन दोनों के निकाह की रस्म हुई। वह बताता है कि कैसे हिना-बन्दी मरियम-उज-जमानी के घर पर और निकाह की दावत या जलसा ऐत्माद-उद-दौलाह के निवास पर हुई! जुम्मे की रात सात घड़ी बीत जाने के बाद यह निकाह शानो-शौकत और पूरे उत्सव के साथ सम्पन्न हुआ था! वो यह बताना भी नहीं भूलता कि, हरम की सभी महिलाएँ उसके साथ बरात लेकर ऐत्माद-उद-दौलाह के घर पर पहुँची थीं! इन बातों से स्पष्ट हो जाता है कि नूरजहाँ ने शाहजहाँ के साथ खुसरू को विदा करने के बाद भी कुछ दिन और इन्तज़ार किया था! जब वह उज्जैन से गुज़रने के बाद, नर्मदा पार करके, दक्खन में प्रविष्ट हुआ, तब तक वह इन्तज़ार करती रही थी! उसे शायद उम्मीद थी, कि, कुछ दूर व देर शाहजहाँ के साथ रहने के बाद उसके रुख से घबड़ा कर, खुसरू पुनर्विचार कर ले? क्योंकि, शाहजहाँ अब तक निहायत मगरूर और बदजुबान हो चुका था! और, जब खुसरू या उसकी पत्नी, बेटी-बेग़म ने कोई संकेत झुकने के नहीं दिये तब वह निराश होकर जहाँगीर के सबसे निठल्ले बेटे के साथ ही अपनी बेटी के निकाह के लिए तैयार हो गयी! कम से कम इसके माध्यम से वह जहाँगीर के बाद उसे शासक बनवा कर सत्ता पर अपने आधिपत्य बरकरार रख पायेगी?

इस तरह उसने खुसरू को ज़मानत के तौर पर ले जाने के बाद शाहजहाँ की

शक्ति का आकलन नये सिरे से किया था और, इसीलिए राजनीतिक सन्तुलन बनाने की गरज से—ताकि, वह शाहजहाँ के पक्ष में पूरी तरह से न चला जाये—उसने परवेज़ की पदोन्नति (इलाहाबाद से बिहार) और, शहरियार को अपना दामाद बनाया था! हर तरफ़ से नाउम्मीद होकर उसने मन-ही-मन अपने दामाद को ही मुग़ल सिंहासन के लिए अपना उम्मीदवार बनाने का निर्णय लिया था! अतः अब उसकी स्थिति मज़बूत करने के साथ हर अवसर पर वह जहाँगीर के इस पुत्र को वैभव व शान-शौकत से लाद देना चाहती थी! अतः उसने शादी के अवसर और उसके बाद भी उसे कुछ न कुछ भेंट आदि से सुशोभित करवाने का इस्तेमाल किया! तभी तो बादशाह ने शादी के मौक़े पर तो जो कुछ दिया और किया, उसके उपरान्त भी बादशाह ने अपने इस सबसे छोटे बेटे को एक रत्न-जड़ित चर्काब (वस्त्रों के ऊपर पहनने वाला एक कोट), सोने की जरी वाली पगड़ी और बहुमूल्य रत्न-जड़ित कमर-बन्द भेंट में दिये! इतना ही नहीं, वह लिखता है कि उसने इस अवसर पर शहरियार को दो ख़ास घोड़े या अस्प भी दिये। एक इराकी घोड़ा था, जिस पर स्वर्ण की काठी लगी थी, जबकि, दूसरा तुर्की घोड़ा था, जिसमें कढ़ाईदार सोने की जरी की काठी थी! बिल्कुल नूरजहाँ के ढंग से ही यह काम भी वैसे ही शुरू हुआ, जैसा कि, ख़ुर्रम के लिए कभी उसने किया था? हालाँकि, उसे खुद को भी लगा होगा कि, शायद इस दौड़ और प्रतियोगिता में अब बहुत विलम्ब हो चुका है! पहले ख़ुर्रम फिर उससे नाराज़गी के उपरान्त खुसरू के मना करने के बाद ही अब यह निर्णय क्रियान्वित किया गया था!

इसी क्रम में, वह आगे लिखता है कि कैसे शाह परवेज़ के पास से जब राजा सारंग देव वापस आया तभी ख़ुर्रम का भी एक सन्देश-वाहक दक्खन से आया। फिर, इसी क्रम को आगे बढ़ाते हुआ, वह लिखता है कि फाजिल बेग ख़ाँ के भाई आमिर ख़ाँ को अपने कनिष्ठ पुत्र, शहरियार का दीवान तथा ख़्वाज़ा-जहाँ के भाई मुहम्मद हुसैन को उसका बख़्शी नियुक्त किया गया! इतना ही नहीं, आख़िर वह नूरजहाँ का दामाद हो गया था अतः मासूम को उसका मीर-सामां नियुक्त करके, उसे शेष मुग़ल राजकुमारों की ही भाँति बिल्कुल बादशाहों जैसा ही व्यवहार करने के लिए प्रशिक्षित किया जाने लगा! इसीलिए, मुग़ल राजकुमार शाह या सुल्तान कहलाते भी थे, उन्हें वही सारे अधिकारी उपलब्ध करवाये जाते थे! अधीनस्थ अधिकारियों के सम्बद्ध होने से अनेक लाभ थे। वास्तव में उस व्यक्ति को तो लाभ होता ही था, जिसके अधिकारी ये नियुक्त होते थे, किन्तु, उसको भी लाभ होता, जिससे ये सम्बद्ध या राजनीतिक रूप से जुड़े होते थे! अतः नूरजहाँ के लिए भी लाभ की स्थिति थे, साम्राज्य के अधिकारियों पर तो उसी का नियन्त्रण था? धीरे-धीरे जहाँगीर ने यह स्थिति ला ही दी थी—कुछ आदतन या फितरतन, कुछ स्वास्थ्य कारणों से और शेष नूरजहाँ की अपनी अतिशय महत्वाकांक्षा के चलते! अतः उसकी नित्य बढ़ती महत्वकांक्षा की पूर्ति व सन्तुष्टि के लिए इतने अधिकारी और जुड़ गये थे, हुक्म

चलाने को! और, इसी से तूरानी व कुछ राजपूत उपवर्ग उससे असन्तुष्ट भी अधिक हुए? वे पहले ही शाहजहाँ को खुसरू के दायित्व सौंपने व उसे दक्खन ले जाने के फ़ैसले से नाराज़ बैठे थे!

नूरजहाँ के प्रति बादशाह का प्रेम व समर्पण और शासन-प्रशासन पर उसका पूर्ण नियन्त्रण हो चुका था! इसी बीच नूरजहाँ की माँ और फिर पिता का भी देहावसान हुआ। उसके माँ की मृत्यु पर जहाँगीर उसकी भूरि-भूरि प्रशंसा करते हुए, लिखना नहीं भूलता कि, वस्तुतः, यह शाही, दिव्य और पाक महिला, 'कद-बानू' अपने युग की माँ की सर्वश्रेष्ठ मिसाल थी! इसीलिए वह अपनी सास के लिए, 'मादर-ए-दहर' सम्बोधन का प्रयोग करता है! वह यह भी स्वीकारोक्ति करता है, कि, उसे भी उतना ही आदर देता था, जितना अपनी माँ को! इसीलिए उसके लिए वह 'मादर-ए-ऊरा' या 'मादर-ए-मा-ए-ऊरा' सम्बोधनों का भी प्रयोग करता है! इसी के बाद के विवरण से हमें ज्ञात होता है कि आगरा में गर्मी शुरू होने के कारण, बादशाह अपने दरबार के साथ मथुरा, दिल्ली, हरिद्वार होते हुए कश्मीर की ओर चल दिया! उसके साथ ही उसका श्वसुर ऐत्माद भी था, जो अपनी पत्नी की मृत्यु के बाद से ही मानसिक व शारीरिक रूप से अस्वस्थ रह रहा था। अन्ततः उसकी मृत्यु भी जनवरी 1622 के अन्त में हो गयी! बादशाह की तुजफ़क में दर्ज़ है कि अपनी पत्नी की मृत्यु के उपरान्त ऐत्माद जीवन जीने की चाहत ही खो बैठा था? और अपनी पत्नी की मृत्यु के तीन माह और बीस दिनों के बाद उसका भी इन्तकाल हो गया! इन दोनों के जाने से नूरजहाँ को व्यक्तिगत क्षति तो हुई ही। उसके ऊपर से कुछ माह के अन्तराल पर माँ और पिता दोनों का साया छिन गया, मगर उसे ज़्यादा जो क्षति हुई, वह उसके ऊपर लगे नियन्त्रण की हुई? कम से कम उसके ऊपर पूरे अधिकार से कोई डाँट-फटकार सकता था, कोई समझा सकता था, उसे दूसरे ढंग से सोचने के लिए बाध्य कर सकता था? मगर अब वह निर्द्वन्द्व सी पूर्ण स्वछन्द ही हो गयी! जहाँगीर तो अपने-आप से शिथिल और असमर्थ? उसे न कोई रोकने और न कोई टोकने वाला? इसी क्रम में थोड़ी जल्दबाज़ी करते हुए, बादशाह ने भावावेश में अपने सर्वोच्च अमीर और मृत श्वसुर के तमाम विशेषाधिकार और सुख-सुविधाएँ, कार्यालय व दायित्व सब नूरजहाँ को स्थानान्तरित कर दिये! नूरजहाँ के पास शाही अधिकार तो थे ही, उसे अब राजकीय सत्ता का सशक्त व प्रदर्शनीय प्रतीक द्वार पर नौबत बजवाने का अधिकार भी मिल गया! यानी उसकी सत्ता पर अब शाही मुहर लग चुकी थी! वह नाम-मात्र की नहीं वास्तविक शासक हो चुकी थी! वह स्वयं बादशाह थी! वही वकील-ए-मुतलक़ (प्रधान-मंत्री) थी! और वही थी 'मलिका-ए-जहाँ'! इतने असीमित शासकीय, प्रशासनिक, राजनीतिक अधिकार व विशेषाधिकार कभी किसी एक हाथ में मुग़ल इतिहास में न अभी तक हुए और, न ही सैयद बन्धुओं के उदय तक होने थे!

थोड़ी देर को ठहर कर साँस लेकर सोचकर देखिये, तब स्वतः समझ आ जायेगा कि जो कुछ आगे घटित हुआ, वह होना अपरिहार्य सा हो गया था? एक ओर गर्व और पूर्ण शक्ति में चूर एक सम्राज्ञी राजनीतिक शतरंज की इस चाल को मात से पहले ज़बरदस्त शाह-मात से ख़त्म करने के जुगत में थी! वहीं, दूसरी ओर, अपना राजनीतिक उल्लू सीधा करने के लिए खुसरू को ज़मानत के तौर पर ले गया शाहजहाँ इस शतरंजी खेल के सबसे सशक्त मोहरे रानी को निबटाने में जी-जान से लग गया! दोनों के मार्ग ऐसी जगह एक-दूसरे को काटते थे कि वहाँ से फिलहाल लौटना या समझौता करना सम्भव ही नहीं था? अब तो इस पार या उस पार? जितनी तेज़ी से मोहरे बदले उतनी तेज़ी से ही घटनाक्रम चला! बादशाह या साम्राज्य का झुकाव अन्ततः किस ओर होगा, इसकी ही ज़ोर-अजमाइश शुरू हो चुकी थी? शाहजहाँ को विश्वास था कि अन्ततः उसके हाथ दक्खन के साथ ज़मानत के तौर पर खुसरू, श्रेष्ठ अमीरों के तौर पर और आसफ़ ख़ाँ तो था ही, अब खुसरू के माध्यम से ख़ान-ए-ख़ाना भी उसकी बात मानने को विवश था? और, उसकी अपनी सैन्य व प्रशासनिक काबिलियत तो अपनी जगह थी ही?

अन्ततः खुसरू की हत्या

दक्खन के प्रति दिल्ली के सुल्तानों की नीति को एक क्रमिक विस्तार के रूप में अनुरेखित किया जा सकता है। प्रारम्भिक सुल्तानों ने पहले पूर्व दिशा में बंगाल तक प्रसार किया और मध्य भारत में मालवा के आगे नहीं बढ़े! कोशिश तो इल्तुतमिश ने की, मगर मध्य भारत और राजपुताना के शासकों के हाथों उसे मुँह की खानी पड़ी! बलबन ने तो मंगोलों के आक्रमणों के साथ अपने दूरस्थ स्थित प्रान्तपतियों और हिन्दू शासकों के निरन्तर प्रतिरोध को महत्त्व प्रदान करते हुए, अपने संसाधनों को संचित व संवर्धित करने पर ज़ोर देते हुए विस्तार के बजाय सुदृढ़ीकरण पर ही बल दिया! बलबन के इसी सुदृढ़ीकरण से अलाउद्दीन खलजी को वह पुष्ट आधार मिल सका, जिससे उसने दक्खन की ओर प्रसार की योजना बनायी! लेकिन उसकी दक्खन की नीति की एक विशेषता थी, वह उन राज्यों पर प्रत्यक्ष शासन न करके, उनसे दिल्ली के सुल्तान का आधिपत्य स्वीकार करते हुए, वार्षिक खराज की प्रत्याशा करता था! इससे उसके राजनीतिक प्रभुत्व के साथ राज्य की आय में भी अभूतपूर्व वृद्धि हुई, किन्तु उसके प्रशासनिक दायित्वों में बढ़ोतरी नहीं हुई जिससे उसका सिरदर्द नहीं बढ़ा! मगर उसी के पुत्र, क़ुतुबुद्दीन मुबारक खलजी ने इस नीति का परित्याग करके दक्खन के राज्यों का विलय दिल्ली सल्तनत में शुरू कर दिया! इससे सकारात्मक एवं नकारात्मक दोनों तरह के परिणाम दृष्टिगोचर हुए! नकारात्मक तो इसलिए कि, इसी के फलस्वरूप अन्ततः दिल्ली सल्तनत का विघटन और पतन हुआ और, सकारात्मक इसलिए कि उत्तर और दक्खन के सम्पर्क सूत्र एक बार पुनः नवीनीकृत होकर सुदृढ़ हो गये! इतना ही नहीं, प्राचीनतम काल से भारत में जो उत्तरापथ एवं दक्षिणापथ के व्यापारिक-व्यावहारिक मार्ग थे, वे पुनः सुगठित व दुरुस्त किये गये। इतना ही नहीं, नये मार्ग भी निर्मित हुए, जिसका उद्देश्य भले ही प्रशासनिक सम्बद्धता व एकीकरण रहा हो, किन्तु, इससे व्यापार आदि को भी प्रोत्साहन मिला!

इब्न बतूता हमें बताता है कि कैसे रोज़ ताँबे के दो बड़े कलसों में गंगाजल भर के सुल्तान मोहम्मद बिन तुग़लक (तुग़लक के पुत्र मोहम्मद) के पीने के लिए पानी उत्तर से देवगिरी (जिसका नामकरण उसने दौलताबाद कर दिया था) स्थित उसकी द्वितीय राजधानी में ले जाया जाता था! यह इस बात का साक्ष्य है कि कैसे

यातायात के साधनों की तब भी कोई कमी नहीं थी? इतना ही नहीं, जब वह मात्र एक राजकुमार था तब भी उसे तेलेंगना विजय हेतु उसके पिता व शासक, गियासुद्दीन द्वारा भेजा गया था और, उसकी निगरानी की चूक से उत्तर से उसकी आपूर्ति रेखा बाधित हो गयी थी और, अन्ततः अभियान असफल हो गया था? अतः अकबर द्वारा असीरगढ़ पर आधिपत्य स्थापित करने से पुनः दक्खन से संवाद और सम्पर्क स्थापित हुआ! जहाँगीर का काल आते-आते तो उसी के अतालिक और सुयोग्य प्रशासक, ख़ान-ए-ख़ाना, अब्दुर रहीम ख़ाँ ने वहाँ के सम्पर्क मार्गों को पुनः चुस्त-दुरुस्त किया था, क्योंकि, वही उनकी सेनाओं के साथ ही प्रशासनिक आवश्यकताओं की पूर्ति करती थी! अतः शाहजहाँ जब एक बार दक्खन हो ही आया था, तब उसके लिए यह दूसरी नियुक्ति भले ही गलत समय पर हुई हो, फिर भी उसने अपने पूर्व अनुभव और इस आवाग़मन व्यवस्था, आपूर्ति-रेखा और डाक व समाचार के मार्ग को सुरक्षित व चालू रखा! इसी कारण, वह दूर दक्खन से भी न केवल अपने वकील के माध्यम से दरबार की ख़बर रखता था, अपितु, बीच-बीच में किसी न किसी को किसी न किसी बहाने मुग़ल राजधानी में भेजता ही रहा था! उसकी राजनीतिक अनिश्चितता, बेचैनी और बेक़रारी इसी से व्यक्त हो जाती है!

वह न जाने किस संकेत की तलाश में था? क्या उसे भय था कि जहाँगीर बहुत ही अस्वस्थ होता जा रहा है? क्या उसे शक़ होता था कि शिकस्त होते जहाँगीर को बस नाम के लिए ही तो नूरजहाँ सत्ता में नहीं बनाये बैठी थी? क्या दरबार की राजनीति में कोई नया गठजोड़ तो नहीं होने लगा? इस मामले में तो वह अपने पिता से भी बदतर साबित हुआ! उसे अपने श्वसुर पर भी पूरा भरोसा नहीं था? उसे लगता था कि मुग़ल उमरा का ही यह चरित्र है कि अपनी स्थिति व विशेषाधिकार बनाये रखने के लिए ये किसी भी तरह के समझौते के लिए लचर और खुले हुए रहते थे और, उसमें वह शियाओं को अव्वल मानता था? अतः उसका वकील, जो दरबार में उसके प्रतिनिधि के रूप में मौजूद रहता था, उसके माध्यम से वह समस्त समाचार प्राप्त करने के बावजूद भी उत्तर से दक्खन आने वाली हर डाक की ख़ुफ़ियागिरी भी करवाता। इन पत्रों में वर्णित हर बात को, संकेतों के लिए तलाशते हुए, उनके निहितार्थों की पड़ताल की जाती थी! इतना ही नहीं, उसने तो ख़ान-ए-ख़ाना की सूबेदारी के समय से चले आ रहे वाकिया-नवीस को भी भयाक्रान्त करके, अपनी और मिला लिया था! वह केन्द्र को वही रिपोर्ट प्रेषित करता जिससे शाहजहाँ सन्तुष्ट होता था! अतः मुग़ल राजधानी की पूरी जानकारी उसे तो मिलने लगी और उसने मुग़ल व्यवस्था में ऐसा नियन्त्रण स्थापित किया कि उसकी वही सूचनाएँ राजधानी में पहुँचें, जो वह स्वयं चाहता था!

उसने मुग़ल प्रान्तीय प्रशासन के नियन्त्रण व सन्तुलन के सिद्धान्त पर आधारित व्यवस्था को धता बताते हुए, संवाद की स्थिति समाप्त करके, एकतरफा सन्देश का

मार्ग खोलकर न आगे आने वाले समय के लिए एक निहायत अनैतिक व घटिया उदाहरण प्रस्तुत किया, अपितु, उसका खमियाजा भी उसी को अपने अन्तिम वर्षों में भुगतना पड़ा, जब इसी दक्खन से चलकर औरंगज़ेब ने अपने भाइयों को पराजित करके, उसे बन्दी बनाकर, आगरा दुर्ग में अपने अन्तिम दिन अकेलेपन में गुज़ारने के लिए छोड़ दिया था! अतः, हमें आज कर रहे अपने कार्यों को इतिहास के साथ जोड़ते हुए, भविष्य की सम्भावनाएँ भी टटोलने की थोड़ी बहुत कोशिश करते ही रहना चाहिए! यह न जहाँगीर ने किया और न अब शाहजहाँ ही कर रहा था? जहाँगीर तो सबकी आँखों के सामने अपना किया भुगत रहा था और दुर्भाग्यवश, शाहजहाँ के लिए सबक नहीं बन पाया? जहाँगीर अपने शासन के सोलहवें वर्ष के शुरुआती दिनों का विवरण देते हुए बताता था कि कैसे एक रोज़ आसफ़ ख़ाँ के घर भी मेहमाननवाज़ी के लिए वह गया था और कैसे इस जलसे का समापन ऐत्माद-उद-दौलाह के निवास पर आयोजित समारोह से हुआ था!

इसी के तुरन्त बाद तुजफ़क में उल्लेख है कि कैसे दक्खन की विजयी सेना के योग्य सेनानायक यूसुफ ख़ाँ (पुत्र हुसैन खां) की अचानक ही मृत्यु हो गयी! 10 अप्रैल, 1621 के बाद की घटनाओं का उल्लेख करते हुए, जहाँगीर की तुजफ़क में यह भी दर्ज़ है कि कैसे ख़ुर्रम ने अपने एक विशेष सन्देश-वाहक व मुलाजिम, अलीमुद्दीन के हाथों, विजय की सूचना के साथ, 'नज़र' स्वरूप बादशाह को एक 'शिश्त' या अँगूठी प्रेषित की थी! यहाँ हम दोनों घटनाओं का एक साथ उल्लेख जानबूझकर कर रहे हैं, ताकि बातें स्वतः स्पष्ट हो जायें? अगर पहली घटना के विस्तार में जायें, तो जहाँगीर लिखता है कि वैसे ही युसूफ ख़ाँ को साँस की तकलीफ़ थी और, जब वह शाहजहाँ के समक्ष उपस्थित हुआ तो उसने उसे सम्मानित करने के लिए विशेष वस्त्र प्रदान किये! जहाँगीर ख़ुर्रम की ही रिपोर्ट की चर्चा कर रहा है। वह लिखता है, कि, दक्खन की अपनी जागीर में प्रमाद के चलते, वह निहायत मोटा हो गया था और, किसी काम लायक नहीं बचा था! जैसे ही उसे वे वस्त्र पहनाये जाने लगे, वे निहायत तंग हो गये और उसकी साँस की तकलीफ़ और बढ़ गयी। यह कष्ट इतना बढ़ा कि उसके अनुचर उसे एक पालकी में लाद-फाँद तक किसी तरह घर ले गये, मगर वहाँ वह मृत ही पहुँचा?

यह पूरा विवरण तुजफ़क-ए-जहाँगीरी में जहाँगीर के शासन-काल के सोलहवें शासन वर्ष के अन्तर्गत दिया गया है! यह प्रश्न उठना लाजमी है, तो क्या जानबूझकर ख़ुर्रम ने ऐसा किया? उसे जहाँगीर पर ही जब भरोसा नहीं था, तब उसके अतालिक और फिर उस अतालिक के द्वारा नियुक्त एवं जागीर-प्रदत्त प्रमाद में समय व्यतीत करने वाले अमीर पर कैसे यकीन करे? वर्तमान समय में जब उसका उत्तर भारत में रहना आवश्यक ही नहीं अपरिहार्य था, तब ऐसे ही जागीरदारों के चलते दक्खन में मुग़लों की सैन्य व सामरिक स्थिति इतनी नाजुक हुई थी? ऐसे लोगों को वह

मुग़ल साम्राज्य की सेवा और धरती पर बोझ घोषित करते हुए मुक्ति देना चाहता था? जिस व्यक्ति को पुराने नाप के कपड़े अब नहीं आ सकते थे क्योंकि वह अधिक मोटा हो चुका था, तब क्या उसे ज़बरदस्ती करके ऐसे वस्त्र पहनने की हुज्जत करना शोभा देता था? या यह कोई निर्धारित दण्ड था, कि इतने कसे हुए कपड़े पहन कर उसकी साँस ही फूल जाये और वह दम तोड़ दे? यह कष्ट देकर मृत्यु-दण्ड प्रदान करने का ही तरीका था? वास्तव में, बस इसी एक घटना से उसके हत्यारे, क्रूर व अमानवीय तेवरों के स्पष्ट संकेत न केवल सबको मिल जाते हैं, अपितु, आने वाली किसी बड़ी अप्रिय घटना के पूर्व संकेत भी? एक तो ज़बरदस्ती दक्खन भेजे जाने को वह अपने-आप को ताज़ या मुग़ल सिंहासन से दूर रखने की साजिश मान रहा था! अतः उसके लिए यहाँ की स्थितियों के लिए उत्तरदायी तत्वों के लिए सिवाय क्रूरतम घृणा के उसके मन में कोई अन्य भाव आया ही नहीं? वस्तुतः पूरे परिवेश को समग्रता में विश्लेषित करने पर तो यही लगता है कि वह किसी निर्मम हत्यारे की भंगिमा में आना चाह रहा है?

वैसे तो पहले विवरण और दूसरे समाचार के बीच जहाँगीर ने न केवल शहरियार-लाड़ली-बेग़म के 'निकाह' और 'कार-ए-खैर' (विवाह की यौन संसिद्धि) का उल्लेख भी किया है, किन्तु, हमने शाहजहाँ से संदर्भित होने के कारण ही सारे परिवेश और शाहजहाँ की बढ़ती पाशविकता, कुंठा, हठधर्मिता को समझने के नज़रिए से दोनों का एक साथ उल्लेख किया है! उसी के साथ इसलिए भी हमने इन दोनों विवरणों को सम्पृक्त किया है, क्योंकि, अव्वल तो इस दुर्घटना (?) के पश्चात अगली सूचना दक्खन से एक व्यक्ति अलीमुद्दीन ही लाया था? और वह शाहजहाँ द्वारा भेजा गया था। बादशाह को अपने सूत्रों के हवाले से कोई सूचना नहीं मिली? और, यह सूचना जो अलीमुद्दीन लाया था, वह भी अत्यन्त अधूरी थी? मुग़ल सेनाओं को दक्खन में कहाँ और किस पर विजय हासिल हुई थी? यह विजय मुग़लों को कब हासिल हुई और, इससे मुग़ल साम्राज्य को आख़िर क्या हासिल हुआ यह सब कुछ भी साफ़ नहीं था—बस सूचना थी कि मुग़ल सेनाएँ सफल हो रही हैं? अतः हम समझ सकते हैं कि शाहजहाँ ने कैसा माहौल बना दिया था दक्खन में? वह अपने भविष्य की योजना की पृष्ठभूमि निर्मित कर रहा था, ताकि, जब वह असली कुकृत्य करे तब भी वह कैसे मुग़ल न्याय-प्रक्रिया से बच सके? अतः यह सब पूर्व-अभ्यास था, उसकी वास्तविक भविष्य की योजना का? वह देख-परख कर ही कोई ख़तरा मोल लेना चाहता था? वह बस अनुमान लगा रहा था कि इस सूचना-तन्त्र को तोड़-मरोड़कर वह स्वयं बच सकता है अथवा नहीं? ऐसा लगता है कि वह कामयाब था? दक्खन आते ही और इतने पहले से वह एक जघन्य अपराध और क्रूर हत्या की साजिश रच रहा था और उसकी बारीकियों का परीक्षण कर रहा था ताकि, जब इस योजना को अमली जामा पहनाया जाये तब भी, बिना हर्र-फिटकरी के उसका

(अमली जामा का) रंग चोखा कैसे रखा जा सकता है?

फिर अगली सूचना जो हमें जहाँगीर की तुजफ़क से दक्खन के सन्दर्भ में मिलती है, वह उसके समक्ष सैयद हाजी की उपस्थिति की है। सैयद हाजी ने अपनी सेनाओं के साथ मुग़लों के दक्खन अभियान से सम्बद्ध होने की प्रार्थना की, जिसे बादशाह ने सहर्ष स्वीकार करते हुए, उसे अपनी तरफ़ से एक घोड़ा भेंट में देकर, दक्खन की ओर रवाना किया! यानी, शाहजहाँ ने अपने साथियों, समर्थकों व सहयोगियों को सन्देश भेजने शुरू कर दिये थे, ताकि वे यथाशीघ्र उससे आ मिलें और, उसकी सैन्य व राजनीतिक स्थिति सशक्त हो सके! इसी क्रम में सैयद हाजी बादशाह से अनुरोध करने आया था कि वह उसे दक्खन भेजने की आज्ञा दे दे! इसके बाद की प्रविष्टि है, जब ख़ुर्रम ने अपने दीवान, अफ़ज़ल ख़ाँ के हाथों एक विशेष पत्र प्रेषित किया था। इस पत्र के आधार पर बिना अपनी किसी टिप्पणी के जहाँगीर तुजफ़क में कम से कम चार पृष्ठों में वह विवरण जस का तस दे देता है, जिसमें मालिक अम्बर के विरुद्ध अभियान में ख़ुर्रम की सेनाओं ने कैसे उज्जैन व मांडू से अहमदनगर तक विद्रोहियों का पीछा करके, सफाया किया था। कैसे ख़्वाज़ा अबुल हसन के नेतृत्व में 5,000 घुड़सवारों के मुग़ल दस्ते ने उन्हें बुरहानपुर तक खदेड़ कर ही दम लिया! ख़ैर, शीघ्र ही मुख्य सेना के साथ ख़ुर्रम भी वहाँ जा पहुँचा! दो साल से हो रही विद्रोह की गतिविधियों से बुरहानपुर के मुग़ल सेनापति का वाक़ई बुरा हाल हो गया था! उसे व्यापक और मौलिक रूप से सुधार, पुनरुद्धार की आवश्यकता थी। अतः उसे इस एवज़ 30 लाख रुपये प्रदान किये गये! मुग़ल सेनाओं के इस अभियान ने अन्ततः मालिक अम्बर को बाध्य किया कि, वह मुग़लों से सन्धि में ही अपनी भलाई समझे और वह इसके लिए इस शर्त पर आवेदन करने लगा कि आइंदा दक्खन की फ़ौजें मुग़ल क्षेत्रों में कदापि कोई गड़बड़ी नहीं करेंगी? इतना ही नहीं, चूँकि, अहमदनगर के मुग़ल किलेदार, खंजर ख़ाँ अभी भी दक्खन की सेनाओं से घिरा था, मुग़ल फ़ौज उधर कूच कर गयीं और, देखते ही देखते, यह पूरा इलाका अवज्ञाकारी तत्वों से मुक्त हो गया! अब मुग़लों ने सन्धि की शर्तों में यह भी जोड़ दिया कि मुग़ल क्षेत्रों के अतिरिक्त उससे सम्बद्ध 14 कोस का क्षेत्र मुग़लों को सौंप दिया जाये एवं मालिक अम्बर हर्जाने के तौर पर मुग़ल कोष को 50 लाख रुपये देगा!

अपने विवरण-क्रम को बढ़ाते हुए, जहाँगीर आगे लिखता है कि हमने शाहजहाँ के दीवान अफ़ज़ल ख़ाँ को वापस दक्खन के मुग़ल शिविर में लौटने की इजाज़त दे दी। वैसे भी उसका कार्य सम्पन्न हो गया था, वह समस्त समाचार दे ही चुका था। अफ़ज़ल को अच्छी ख़बर लाने की ख़ुशी में एक विशेष सम्मानित वस्त्र बादशाह द्वारा प्रदान किया गया, साथ में एक बेहतरीन हाथी; एक रत्न-जड़ित कलम और दवात! चूँकि, अहमदनगर के दुर्ग में लम्बे अरसे से प्रतिकूल परिस्थितियों में घिरे होने के बावजूद अपनी निष्ठा, कर्तव्य-बोध व प्रतिरोध की क्षमता कम नहीं होने

दी थी। अतः, उसकी अद्वितीय सेवा हेतु उसके मनसब में पदोन्नति करते हुए, 4,000 ज़ात/1,000 सवार कर दिया गया! इतना ही नहीं, इन दुर्गम परिस्थितियों में दक्खन अभियान की इस शानदार सफलता के लिए बादशाह ने ख़ुर्रम के लिए वही 'कलगी-ए-लाली' या लाल माणिक्य वाली कलगी उसकी पगड़ी की शोभा बढ़ाने के लिए भेजी। यह कलगी वस्तुतः, कुछ समय पूर्व ईरान के शाह ने जहाँगीर को विशेष भेंट-स्वरूप प्रेषित की थी और, यह बेशक़ीमती थी!

यहाँ एक बात और ध्यान देने की है। जो मुग़लकालीन इतिहास और राजनीतिक कार्य-व्यवहार से परिचित नहीं हैं, वे शाहजहाँ द्वारा निरन्तर भेजे जा रहे विशेष दूत में कोई ख़ास बात नहीं देख पाएँगे? वास्तव में, अकेले यही एक सुरक्षित व विश्वसनीय तरीका बचा था, जब शाहजहाँ की बात सीधे बादशाह तक जा सकती थी! अन्यथा तो पत्र, मलिका-ए-जहाँ तक भी रुक सकता था! कितनी दूर की सोच कर शाहजहाँ कार्य कर रहा है, यह इन बातों से स्पष्ट और रेखांकित होता है, और, इसीलिए, इनका हम उल्लेख भी कर रहे हैं! जब भी किसी का कोई विशेष दूत आता था, तब उसे बादशाह के समक्ष ही पेश किया जाता था! शाहजहाँ ने इस द्वितीय दक्खन अभियान में अपनी सौतेली माँ को नज़रअन्दाज़ कर अपने वालिद और बादशाह से प्रत्यक्ष सम्बन्ध बनाये रखने के लिए यह तरीका अख़्तियार किया, जो नितान्त व्यावहारिक, प्रभावशाली और सफल साबित हुआ! उसे भरोसा तो अपने वालिद पर भी नहीं था, किन्तु, बादशाह को तो सब बातों, सूचनाओं व समाचारों से अवगत कराना ही था? पत्र-व्यवहार का स्थापित अकबरी चलन उसने स्वयं अपने स्वार्थ में नष्ट-भ्रष्ट कर दिया था? वरना मलिका-ए-जहाँ उसकी विजय अभियानों से बादशाह को कितना, कैसे अवगत कराती, यह सहज समझ आने वाली बात थी? जैसे ही शाहजहाँ विशेष दूत भेजता था, वह इसकी पूर्व सूचना बादशाह के पास भेजता था। मुग़ल रिकार्ड्स में इसे दर्ज़ किया जाता था और, बादशाह की संस्तुति मिलते ही, वह दूत बादशाह के समक्ष दीवान-ए-आम अथवा दीवान-ए-ख़ास अथवा गुसलखाने में भेंट किया करता था! सब बातें दर्ज़ होती रहती थीं अतः, उसके इन दूतों, सन्देश-वाहकों को बादशाह के समक्ष उपस्थित ही किया जाता था! इसकी एक पूरी तय शुदा प्रक्रिया थी और, इसमें कोई हस्तक्षेप तब तक नहीं हो सकता था, जब तक कि, बादशाह बिल्कुल शैया पर ही नहीं पड़ गया हो? तब यह दायित्व वकील का हो जाता था! अतः शाहजहाँ अपने दोनों मक़सद साध रहा था? पहला, उसके सन्देश सीधे बादशाह के समक्ष पहुँच रहे थे और, दूसरे, उसे बादशाह के स्वास्थ्य की वास्तविक जानकारी भी अपने इन्हीं दूतों के माध्यम से मिल रही थी! अतः, हमें जहाँगीर के शासनकाल के सोलहवें वर्ष में ये सारी बातें दर्ज़ मिलती हैं! और इसी से विस्तार से इस विषय की गहराई में उतर कर हमें इस पूरे राजनीतिक दुष्चक्र का अन्दाज़ हो सकता है! क्या-क्या एहतियात बरते जा रहे थे, उनका असली मक़सद

क्या था और, इसका क्या खमियाजा मुग़ल साम्राज्य को भुगतना पड़ा?

शाहजहाँ का अगला सेवक जो मुग़ल दरबार में पहुँचा वह शहज़ादे का एक विशेष अनुरोध लेकर आया था? जहाँगीर तुजफ़क में लिखता है, 'ख़ुर्रम का मुलाजिम, नज़र बेग हमारे समक्ष उपस्थित हुआ और उसने मेरे सामने उसका पत्र रखा, जिसमें उसने हमसे घोड़ों की माँग की थी।' जहाँगीर आगे लिखता है, 'हमने साम्राज्य के मुशरिफ (महालेखाकार) राजा किशन दास को निर्देश दिया कि वह दो सप्ताह के भीतर शाही अस्तबल से 1000 सबसे बढ़िया घोड़ों की सूची तैयार करके, उन्हें दक्खन रवाना करने के लिए तैयार कर दे।' जब वह इन्हें नज़र बेग के साथ दक्खन रवाना कर रहा है, तब वह यह भी जोड़ता है कि उसने इनके ऊपर या अलग से अपने पुत्र के लिए एक विशेष भेंट दी। यह रूम या तुर्की का प्रसिद्ध घोड़ा था, 'रूम-रतन', जिसे ईरान के शाह ने तुर्की अभियान के दौरान हस्तगत किया था और उसे (जहाँगीर को) भेंट किया था! अतः, अपने विशेष दूतों को मुग़ल दरबार में बादशाह के समक्ष किसी-न-किसी बहाने भेजने का यह क्रम शाहजहाँ बनाये रहा, ताकि उसका और बादशाह का प्रत्यक्ष सम्बन्ध भी बना रहे और, वह मुग़ल दरबार के समस्त समाचारों से अवगत भी होता रहे? उसकी भावी योजना के लिए यह सब नितान्त ज़रूरी था, जैसा कि आगे स्पष्ट ही हो जायेगा? शाहजहाँ ने दक्खन के शहर बुरहानपुर के प्रसिद्ध काजी नासिर का निरन्तर ही उल्लेख किया था, अतः, जहाँगीर ने इस विद्वान काजी से वार्ता करने की इच्छा ज़ाहिर की! लेकिन जहाँगीर के अपने विवरण से बात कुछ और समझ आती है? वह लिखता है कि 'उसके विषय में इतना सुनने के बाद हमने उसे पूरा सम्मान दिया और उसे अपनी सेवा में भी नहीं लगाया, मगर उसका रवैया हमें बहुत मुनासिब नहीं लगा? उसके ज्ञान और व्यवहार में कोई सन्तुलन नहीं दिखा?' 'खैर,' वह लिखता है, 'हमने उसे 5000 रुपये देकर रुख्सत किया ताकि वह वापस बुरहानपुर जा सके?' यह कुछ नहीं शाहजहाँ का किसी-न-किसी बहाने, किसी-न-किसी को बादशाह के पास निरन्तर भेजते रहने की कड़ी का एक मोहरा मात्र था! ज़ाहिर है, उलमा का एक विद्वान् सदस्य बादशाह के समक्ष ही प्रस्तुत किया जायेगा और बादशाह ही उससे गुफ्तगू करना चाहता था? यह दीगर बात है कि वह जहाँगीर के अध्ययन और सोच पर खरा नहीं उतरा, मगर इससे पुनः दो बातें स्पष्ट होती हैं। पहली, कि, शाहजहाँ पूरे समय बादशाह पर नज़र रखने में कामयाब था और, दूसरे, उमरा के साथ उलमा भी पूरे मध्यकाल में राजनीतिक समीकरण बदलने में अपनी भूमिका निभाते थे! इन्हें हम प्रायः एक-दूसरे के पूरक के रूप में पाते हैं!

यही दूसरी बात एक ख़तरनाक संकेत था! यह संकेत था, अकबरी ढाँचे के चटकने और धीर-धीरे बिखरने का! हमें स्मरण है, अकबर के काल का 'इबादत-खाने' का परीक्षण, जिसमें उस बादशाह ने अब्दुल्लाह सुल्तानपुरी और अब्दफ़न नबी को सिर्फ़ इसलिए दण्डित किया था कि वह कम-से-कम उलमा (आलिमों) से तो पढ़े-लिखे

व विधि, धर्म के ज्ञाता के नाते एक उच्च आदर्श वाले और सुसंस्कृत व्यवहार की अपेक्षा करता था? यहाँ तो उलमा का फिर वही हाल, जैसा बलबन ने इल्तुतमिश के उत्तराधिकारियों के काल में देखा, सुना और विश्लेषित किया था? एक बार फिर उसी तरह से स्वार्थ में लिपटे उलमा के सदस्य क्षणिक लाभ हेतु अपने राजनीतिक स्वामी या प्रश्रयदाता के हित साधन में जुट गये! जिस उलमा ने सिंहासनारोहण के समय अपने प्रभुत्व की स्थापना के प्रयास-स्वरूप सलीम का साथ दिया था, अब वे उससे निराश, अधिक शुद्धतावादी या कट्टर प्रतीत होने वाले ख़ुर्रम के साथ देने को उद्यत थे! ख़ुर्रम ने बड़ी तरकीब से पूरे दक्खन में यह अफ़वाह फैलाई कि वह वैचारिक रूप से शिया राज्यों के ख़िलाफ़ है, अतः दक्खन के लिए उपयुक्त सेनापति? वह एक ओर, अपने सह-धर्मियों, यथा सुन्नियों का समर्थन हासिल करना चाह रहा था और, दूसरी तरफ़, ख़ान-ए-ख़ाना और अपने बन्दी बड़े भाई के ख़िलाफ़ भी एक माहौल बना रहा था? ये दोनों ही अकबरी सिद्धान्त और संस्कृति की विरासत वाले थे—नितान्त उदार और समन्वयवादी! और, इन्हीं दोनों से उसे इस दक्खन अभियान में पार पाना था!

और, यहीं वे शक्तियाँ जो कभी अकबर की मृत्यु-शैया पर पड़े होने के समय सलीम का साथ दे रही थीं, खुसरू की उम्मीदवारी के ख़िलाफ़ फिर मौजू या असरदार हो रही थीं? ख़ुर्रम अब उन्हीं शक्तियों को कुरेद रहा था, ताकि, वह भी खुसरू को मुग़ल राजनीतिक बिसात पर शह और मात देने में अन्ततः कामयाब हो सके? और, इसके लिए उलमा का साथ, सहयोग एवं सक्रिय योगदान अब ज़रूरी ही नहीं अपरिहार्य था? धार्मिक या बौद्धिक तत्त्व सदैव ही शासकों से अधिक से अधिक लाभ या लाभ के पड़ या आकर्षक 'मदद-ए-माश' अनुदान या उच्च पद अर्जित करने की आशा में और, अपने प्रभुत्व के क्षेत्र के विस्तार हेतु प्रयासरत रहते ही थे। हमें याद रखना चाहिए कि पुरातन व्यवस्थाओं में धर्म ही अध्ययन का केन्द्रीय पाठ्यक्रम होता था। 'आलिम' का तो अर्थ ही होता था, पढ़ा-लिखा या साक्षर! उसी का बहुवचन था 'उलमा'! चूँकि, 'पुरातन व्यवस्थाओं' में सिर्फ़ पुरोहित वर्ग को ही पढ़ने का अधिकार था, अतः यही वर्ग पढ़ा-लिखा था! इसी में से शिक्षक, मकतब-मदरसों के प्राचार्य, पुस्तकालय के अध्यक्ष, वृत्तान्त-लेखक, इतिहासकार, आदि आते थे अतः उनका प्रत्यक्ष व परोक्ष प्रभाव समाज पर निश्चित ही पड़ता था। अतः उनका समर्थन किसी भी राजनीतिक संघर्ष में महत्त्वपूर्ण हो जाता था! जिस तरह सलीम ने उसे इस्तेमाल करके, इन शक्तियों से नाता तोड़ा था, वे उससे नाराज़ तो थे ही? इस नाराज़गी को और बढ़ा रहा था, नूरजहाँ जैसी शिया का सत्ता का उत्कर्ष! शाहजहाँ अब इसी तथ्य को भुनाने में लग गया! हालाँकि, ये तात्कालिक रूप से तो उसे निश्चित ही लाभ पहुँचाने की स्थिति में थे, किन्तु, अन्ततः इन्हीं ने ऐसी शक्तियों को प्रवाहित किया, जिसे औरंगज़ेब के लिए काबू रखना बहुत सम्भव नहीं

हो पाया? और, अकबरी उदारवाद, समन्वयवाद, सर्वधर्म-समभाव इस क्षुद्र राजनीतिक लाभ के समक्ष छिन्न-भिन्न होने लगा!

क्रूर पिता के प्रतिशोध का शिकार क़ैदी शहज़ादा खुसरू दुखी मन और डूबती निगाहों से इन परिवर्तनों को देख रहा था? क्या अकबर ने इस दिन के लिए एक नये स्वरूप से साम्राज्य को सजाया था? क्या बाबर और हुमायूँ दोनों ने ही अपने प्रतिकूल परिस्थितियों में ईरान के शाह से सैन्य व राजनीतिक लाभ हासिल करने के लिए शिया मत स्वीकार नहीं कर लिया था? ईरान के शाह ने उन्हें मदद देने की पहली शर्त यही रखी थी? किन्तु, अपने मक़सद की कामयाबी के उपरान्त उन्होंने वे बाहरी शिया प्रतीकों का परित्याग ही किया? वे पुनः अपनी उदार नीति के ऊपर चलते दिखते हैं। बाबर के प्रशासनिक सुधारों ने उसे काबुल में अलोकप्रिय बना दिया था और वह वहाँ से पलायन के लिए बाध्य हुआ था! इसी तरह कामरान के ख़िलाफ़ हिन्दुस्तान के लौटने के उपक्रम में हुमायूँ को भी ईरान के शाह ने इसी शर्त पर सहायता दी थी? सरकारों और शासनों के लिए पूर्ववर्ती उदाहरण दिशा-निर्देश की भाँति होते थे? अतः इन शासकों, शहज़ादों को किसी से सीखना था, तो वे इन्हीं पूर्व स्थापित परम्पराओं से सीखते तो नीति और अन्ततः साम्राज्य के सातत्य के लिहाज से कहीं बेहतर होता? किन्तु, जब राजनीतिक स्वार्थ हावी हों, तब व्यक्ति तात्कालिक लाभ से निर्देशित व प्रेरित होता है न कि दूरगामी तथा उदार सोच से? उसका तो नज़रिया उस लाभ के लोभ में पहले ही छुद्र हो चुका रहता है? उसे अब पहली बार अपने विषय में चिन्ता हुई और यह स्वाभाविक भी था? उसकी प्रसिद्धि ही ऐसी थी कि दूर दक्खन में भी उससे मोहब्बत करने, चाहने, सहानुभूति करने वालों की कोई कमी नहीं थी? और, यह बात तंगखयाल ख़ुर्रम को निश्चित ही परेशान कर रही होगी? और यही उसकी (खुसरू की) भी बेचैनी का सबब था? ऐसी परिस्थिति में ख़ुर्रम की क्या प्रतिक्रिया होगी? अतः खुसरू अपने इस भाई ख़ुर्रम के संरक्षण में निश्चिन्त नहीं हो पा रहा था?

ख़ैर, इसी सब में जैसे-तैसे सितम्बर 1621 भी बीत गया। किन्तु, इस माह के अन्त में जहाँगीर तुजफ़क में यह दर्ज़ करने से नहीं चूकता कि, उसने अल्लाह-दाद ख़ाँ के हाथ ख़ुर्रम को दक्खन के अभियान के व्यय के लिए 20 लाख रुपये भिजवाये। ख़ुर्रम ने निश्चित ही इस आशय के लिए ही अल्लाह-दाद ख़ाँ को बादशाह के पास भेजा होगा? बादशाह ने उसे वापस दक्खन जाते समय एक हाथी भी प्रदान किया था! इसी के बाद फिर जहाँगीर ने अपनी सास की मृत्यु का उल्लेख किया है। इसी क्रम में जहाँगीर एक बहुत महत्त्वपूर्ण सूचना हमें देता है। वह तुजफ़क में यहीं लिखता है कि कैसे दक्खन अभियान में नियुक्त अब्दुल्लाह ख़ाँ किसी बात से नाराज़ होकर, बिना सूबेदार (शाहजहाँ) की आज्ञा से वापस उत्तर भारत में अपनी जागीर की ओर चला गया है? चूँकि, इस समय यह प्रसिद्ध मुग़ल सेनानायक शाहजहाँ के

अधीनस्थ कार्यरत था, अतः उसे नियमानुसार और, कायदे से अपने अधिकारी को बता कर ही जगह से हटना चाहिए? जहाँगीर लिखता है कि यह हुक्म-उदूली है अतः बादशाह और साम्राज्य के अनुशासन के लिए नाक़ाबिले बर्दाश्त? वह तत्काल मुग़ल दीवान-वज़ीर को अब्दुल्लाह जैसे अपने पुराने वफ़ादार की जागीर ज़ब्त करके, वहाँ राजस्व-प्रबन्धन हेतु ऐत्माद राय को 'सज़ावल' नियुक्त करने की समस्त कार्यवाही करके, अब्दुल्लाह ख़ाँ को वापस दक्खन जाने के आदेश देता है!

इस बात से हमें दो स्पष्ट संकेत मिलते हैं। पहला, कि, शाहजहाँ जो चाहता था, वही हो रहा था। दक्खन के मामले में अब बस उसकी ही चल रही थी। अब्दुर रहीम ख़ान-ए-ख़ाना बावजूद जहाँगीर से प्रगाढ़ता के अब प्रभावहीन व निरर्थक हो चुके थे? अन्यथा, अब्दुल्लाह ख़ाँ जैसे जहाँगीर के अपने पुराने वफ़ादार के विरुद्ध ख़ुर्रम की शिकायत पर इतना बड़ा निर्णय लेने से पूर्व भी उसने ख़ान-ए-ख़ाना से नहीं पूँछा? वस्तुतः. यही तो शातिर ख़ुर्रम ने एक महीन परीक्षण किया था, ताकि वह आश्वस्त हो सके, कि ना केवल उसकी बात सुनी जायेगी, अपितु बिना किसी और से परामर्श लिए, उसी का विश्वास करके उसके कथन पर ही कार्यवाही होगी? दूसरे, अब जैसा वह चाहता था, पूरा माहौल वैसा ही निर्मित हो चुका था? अब समय आ गया था, जब वह अपनी चाल चल सकता था? यानी, एक ओर उसी की अब चल रही थी और, दूसरे, मुग़ल दरबार एवं बादशाह को जो सूचना व समाचार वह दक्खन के प्रेषित कर रहा था, बस वही गन्तव्य तक पहुँच रही थीं शेष नहीं? यानी पूरा प्रभावशाली मुग़ल सूचना-तन्त्र अब उसके अधीन और पूर्ण नियन्त्रण में आ चुका था?

जहाँगीर अपने वृत्तान्त में फिर लिखता है कि कैसे वह विवश होकर, इस मोड़ पर पुनः अस्वस्थता महसूस करने पर वह मुज़फ़्फ़र ख़ाँ के भरोसे आगरा छोड़कर, कश्मीर की ओर चल दिया? इसी मुज़फ़्फ़र के भतीजे मिर्ज़ा मुहम्मद को आगरा का फ़ौजदार नियुक्त किया गया! जब वह मथुरा से दिल्ली पहुँचा, जहाँ उसने दो दिन प्रवास किया, वह लिखता है कि उसे समाचार मिला कि ख़ुर्रम के सैन्य व कूटनयिक प्रयासों के चलते दक्खन के एक स्थानीय शासक, जादो राय कैथा (या, कथिया) ने मुग़ल सम्प्रभुता स्वीकार की! निश्चित ही दक्खन में मुग़ल अभियान को इस घटना से बल व प्रोत्साहन मिला ही होगा? जब वहाँ के स्थानीय शासक नयी शक्ति के प्रति आकर्षित होने लगे थे? वह यह भी लिखता है कि कैसे उसके लिए बादशाह ने शाही वस्त्र प्रदान करना ज़रूरी समझा तथा उसके लिए एक फ़रमान भी नारायण दास राठोड़ के हाथों प्रेषित किया! उसका अगला पड़ाव हरिद्वार में होता है, जहाँ बादशाह को आमेर के राजा जगत सिंह के छोटे भाई राजा भाऊ सिंह की दक्खन में हुई मृत्यु का समाचार मिलता है। वह पंच-हज़ारी मनसबदार था। जहाँगीर को हार्दिक कष्ट होता है, क्योंकि, उसके इलाहाबाद के दिनों के पुराने विश्वसनीय साथियों में

से भाऊ सिंह भी एक था। उसकी मृत्यु के लिए वह कहीं अपने-आप को भी दोषी मान रहा था? वह मदिरा का लती सलीम के साथ ही हुआ था! और अब उसकी मृत्यु भी अत्यधिक मदिरा-सेवन का परिणाम थी?

इसके बाद जब बादशाही शिविर सरहिंद में था, तब ख़ुर्रम ने पुनः अपने विशेष दूत के रूप में ख़्वाज़ा अबुल हसन को दरबार में भेजा था। चूँकि, जहाँगीर बस इतनी ही सूचना देता है कि वह हमारे समक्ष उपस्थित हुआ, अतः हम समझ सकते हैं, बस यही जानने के लिए शाहजहाँ ने उसे दरबार में भेजा था। शाहजहाँ कुछ भी किस्मत के हाथों में पूरी तरह से नहीं छोड़ना चाह रहा था, वह राजनीतिक नब्ज़ पर अपनी पकड़ ज़रा भी ढ़ीली नहीं करना चाहता था? इसी असुरक्षा के भाव ने उसे अपनी स्थिति को पूर्णतः सुरक्षित कर देने को बाध्य किया था और, वह साम्राज्य व दरबार की पल-पल की गतिविधि पर नज़र इसीलिए रख रहा था। यही वजह थी कि उसने अपना सबसे कुटिल, निर्मम, ख़तरनाक और निर्णायक क़दम तब ही उठाया जब वह स्वयं चारों ओर से निश्चिन्त व सुरक्षित हो गया होगा? इसी के बाद जहाँगीर अपनी आत्मकथा में ऐत्माद-उद-दौला की मृत्यु दर्ज़ करता है। यहाँ यह बात ध्यान देने योग्य है कि जो भी सन्देश शाहजहाँ ने अपने श्वसुर को उसके पिता के प्रति शोक व्यक्त करने हेतु भेजे हों, नहीं कह सकते, मगर उसने न तो बादशाह और न ही नूरजहाँ को इन दोनों मृत्यों के उपरान्त कोई शिष्टाचार-वश शोक-सन्देश भी नहीं भेजा? अन्यथा जहाँगीर इसका उल्लेख अवश्य करता?

इससे साफ़ हो जाता है कि शाहजहाँ अब नूरजहाँ से किसी प्रकार का भी सम्बन्ध रखने में रुचि नहीं रखता था! उसके माता-पिता के स्वर्गारोहण पर उसने संवेदनाएँ व्यक्त करने की औपचारिकता भी नहीं निभाई? उसका व्यवहार उसके स्वार्थ से बँध कर अन्धा ही हो चुका था और, सम्भवतः वह स्पष्ट कर देना चाहता था कि, उसके और सम्राज्ञी के बीच अब कोई सक्रिय या व्यावहारिक सम्बन्ध नहीं है? जिस प्रकार की रूढ़िवादी व संकीर्ण धार्मिक शक्तियों को वह अब इस्तेमाल करने जा रहा था, शायद उसके लिए यह सन्देश बहुत साफ़ जाना चाहिए था? अतः उसने वही किया जो समय की माँग थी? लेकिन यह स्थिति नूरजहाँ के माता-पिता के गुज़र जाने के तुरन्त बाद आ जायेगी, शायद शाहजहाँ ने भी कल्पना नहीं की थी? क्योंकि, ऐत्माद के मृत्योपरान्त, जैसे ही उसके समस्त अधिकार, विशेषाधिकार, पद व गरिमा जहाँगीर ने उसकी पुत्री नूरजहाँ को स्थानान्तरित किया, न कि उसके पुत्र आसफ़ ख़ाँ को, शाहजहाँ सतर्क हो जाता है? उसे लगता है कि अब सबसे मुफीद समय आ पहुँचा है, और, अगर वह चूक गया तब बहुत देर हो सकती है? उचित समय ही उसके कुकृत्य के लिए सबसे बड़ा निर्णायक तत्त्व होने जा रहा था? और, इससे अधिक उपयुक्त समय उसे और कोई नहीं समझ आया? क्योंकि एक बार सर्वशक्तिशाली होने पर नूरजहाँ कुछ भी कर सकती थी? उसकी सूचना का मकड़जाल ध्वस्त करते

हुए पुनः मुग़ल सूचना-तन्त्र बहाल कर सकती थी, शिकायतें तो उसके पास पहुँच ही रही थीं। इसकी सारी ख़बर शाहजहाँ का वकील उसे प्रेषित कर ही रहा था! अतः इससे पहले नूरजहाँ कोई क़दम उठाये उसे पहल कर देनी चाहिए? जीत पहले चलने वाले की प्रायः होती ही है?

इस समय बादशाह काँगड़ा के दुर्ग में अपना शिविर लगाये हुए था. वहाँ शाहजहाँ के समर्थकों, साथियों व अनुयायियों में से अनेक अब भी नियुक्त थे, अतः उसे हर क्षण की ख़बर मिल रही थी! अतः और उपयुक्त अवसर क्या होगा? जिस दिन नूरजहाँ को उसके पिता ऐत्माद के समस्त अधिकार, विशेषाधिकार आदि स्थानान्तरित हुए उसी के आठवें रोज़ वह बिल्कुल तथ्यात्मक ढंग से एक घटना की सूचना दर्ज़ करता है : "इसी समय हमें ख़ुर्रम से समाचार मिला कि, खुसरू की 'कुलंज' या भयानक पेट दर्द से मृत्यु हो गयी है," इसके बाद एक दो साधारण घटनाएँ और दर्ज़ करके, वह अपने शासन के सोलहवें वर्ष का वृत्तान्त समाप्त करता है! यही अपने-आप में सन्देह खड़ा करने को काफ़ी है कि अपने पुत्र की अचानक हुई मौत को वह इतनी सहजता से कैसे ले सकता है, जो अमीरों की मृत्यु पर भी कुछ-कुछ अभिव्यक्त करता रहा है? सबसे महत्त्वपूर्ण यही है कि दक्खन में दो-दो अमीरों की मृत्यु का उल्लेख है और दोनों ही बार वह अपनी तरफ़ से कुछ तो टिप्पणी करता ही है, चाहें वह यह कहे कि वह प्रमाद के चलते बहुत अधिक मोटा हो गया था और किसी काम लायक नहीं बचा था अथवा बताये कि, अमुक अमीर हमारा इलाहाबाद के समय का साथी और हम-प्याला रहा है और अधिक मदिरा-पान के चलते मर गया? कुछ न कहना और सिर्फ़ मौन रह जाना सिर्फ़ एक संकेत ही देता है—ख़ुर्रम द्वारा खुसरू की हत्या में जहाँगीर की संलिप्तता!

जो कार्य वह स्वयं करने की कभी हिम्मत नहीं जुटा पाया, सम्भवतः उसके सम्पन्न होने से जहाँगीर मन ही मन बहुत हल्का महसूस कर रहा होगा? भले ही वह क्रूर और कठोर क्यों न हो, शायद मुग़ल राजत्व के ऊँचे आदर्श और न्याय के प्रति आग्रह ये दो ऐसे कारण हो सकते हैं, जो अब जहाँगीर के हाथ बाँध रहे थे? एक शासक के रूप में उसे न्यायप्रिय व निष्पक्ष होना नहीं, बस दिखना ही था? उसने जिस तरह से खुसरू को अपने साथ ले जाने वाली ख़ुर्रम की शर्त मानने के उपरान्त भी जब उसे एक करोड़ रुपये व्यय हेतु दिया था, तब उसने उसे दक्खन अभियान की सफलता पर वहाँ (दक्खन) के राजस्व से दो करोड़ रुपये उसे पहले से ही प्रदान करने का आदेश पारित किया था? क्या यही रिश्वत थी? या दो करोड़ रुपये की यह राशि एक जल्लाद की भूमिका निभाने की कोई निर्धारित रकम थी? उसे सदैव खुसरू की लोकप्रियता से भय लगता रहा था अतः वह अपने हाथ उसके ख़ून से रंग कर सत्ता पर अधिकार का औचित्य ही खो देता? दूर दक्खन में घटी यह घटना एक परिवार-जन की मृत्यु थी और वह भी अचानक? और वह ख़ामोशी की चादर

तान कर, बस जैसे-तैसे अपने सोलहवें बरस का वृत्तान्त खत्म करने की जल्दी में भी दिखता है? उसे लगा होगा कि कुछ भी लिखने से वह अपनी धूर्तता, कायरता व संलिप्तता का कोई साक्ष्य छोड़ सकता है? इसीलिए वह बस एक तथ्यात्मक उल्लेख मात्र करता है? इन तमाम सवालों के जवाब हमें विदेशी यात्रियों के वृत्तान्तों में ही मिलता है, जिससे इन सन्देहों, शंकाओं का सच भी उद्घाटित हो जाता है?

मुग़ल राजपरिवार में तो जैसे कोई हंगामा ही बरपा हो? मुग़ल रनिवास या 'हरम' की महिलाएँ बदहवास, हद्सी हुई और स्तब्ध! खुसरू के समर्थक, साथी, अनुयायी सब एक ख़ामोशी की चादर से अपना दुःख छुपाने को बाध्य थे! वो तो अपना दुःख भी अभिव्यक्त करने की स्थिति में नहीं थे? नूरजहाँ जितना ऊपर से अप्रभावित दिख रही थी, उतना ही अन्दर से ज्वालामुखी धधक रहा था? उसे समझ आ गया था कि शाहजहाँ ने उसके पति की कमज़ोरी का किस तरह लाभ उठाकर उसकी आँखों में धूल झोंकी? वह अपने हरकारे और सन्देश-वाहक भेजता रहा था और बादशाह के समक्ष वे उपस्थित होते रहे थे? इन सन्देशों में क्या पक रहा था, उसकी नज़र से कैसे चूक गया? पहली बार उसी ख़ुर्रम से शाहजहाँ हुए एक एहसान-फ़रामोश का असली क्रूर और कातिलाना रूप दिखा था? पहली बार उसे अपनी असुरक्षा का ख़याल मन में आया? क्या वो अफ़वाहें, जो बाज़ार में गत चार-पाँच साल से फैल रही थीं, सच थीं? क्या सिर्फ़ उससे शादी हो सके इसलिए, जहाँगीर ने शेर अफ़गान की भी हत्या की थी और चार साल तक किसी शातिर कातिल की तरह चुप रहा था और, अपनी सौतेली माँ सलीमा सुल्ताना के संरक्षण में रखवा दिया था? उसे उस समय भी यह निर्णय अजीब लगा था कि माता-पिता के होते हुए एक यौवना बेवा के रूप में उसे स्वयं को मुग़ल 'हरम' में क्यों भेजा गया था? क्या उसे पद-ओहदे, अधिकार, विशेषाधिकार आदि सिर्फ़ इस ग़लतफ़हमी में पड़े रहने के लिए ही प्रदान किये जा रहे थे? वह पहली बार पूरी तरह से बहुत अन्दर से हिल चुकी थी? वह न समझ पा रही थी और, न ही तय कर पा रही थी, की किस पर भरोसा करे और किस पर न करे? यहाँ, मुग़ल राजपरिवार में तो सारा का सारा आंवा ही एक सा षड्यन्त्र, सन्देह, षड्यन्त्र और भय से लिप्त था?

बेटी-बेग़म को जब ख़बर मिली, वह भी स्तब्ध! उसके होठ सूख गये! हृदय हाहाकार कर उठा? संज्ञा-शून्य सी होकर बस उसने कुरान-शरीफ़ को हाथों से छुआ और उसी को माथे से लगाती रही, आँखों से होठों से चूमती रही! यह वही प्रति थी, जो उसने खुसरू के दक्खन जाते समय बदल ली थी? उसे बार-बार लग रहा था जैसे वह अपने पति को ही स्पर्श कर रही है? फिर उसने वह तस्बीह हाथ में ले ली, जो खुसरू के जाने के पहले उसने बदल ली थी? किस्मत ने जैसे उसे पहले से अप्रत्याशित परिस्थितियों के लिए उसको सहारे सौंप दिये थे? जब उसको लोगों ने इस ख़बर के बाद पहली बार देखा तो वह सर ढके, नीचे ज़मीन पर बैठी, हाथ

में तस्बीह एकटक शून्य में ऐसे निहार रही थी, जैसे खुसरू का शव वहीं रखा हो? उसकी इबादत उसके मृत पति, उसके नश्वर प्रेमी को उसके बहुत पास ले आयी थी? उसके आँसू सूख चुके थे! उसकी आँखें पथरा गयी थीं! दिल और भावनाएँ अब महत्त्वहीन थे! वो स्वयं बस एक ज़िन्दा लाश ही लग रही थी? किसी महिला की हिम्मत ही नहीं पड़ी कि उसे कैसे सान्त्वना दे? उससे ऐसे में कोई कुछ कहे भी तो क्या कहे? सब कुछ इतना अचानक, अप्रत्याशित हुआ था कि सभी शब्दहीन, भावहीन संज्ञाशून्य! जैसे खुसरू की हत्या या मृत्यु नहीं हुई हो, बल्कि उन्हें ही साँप सूँघ गया हो? दहाड़ मारकर रोने वाली मुग़ल 'हरम' की महिलाएँ इतना सधा और अश्रु-पूरित रुदन का दृश्य प्रस्तुत कर सकती हैं, यह कल्पनातीत तथ्य हक़ीक़त में तब्दील हो रहा था! ऐसा विस्मय, ऐसा हतभाग, ऐसा वियोग तो कमबख़्त कोई दुश्मन को भी न दे, फिर यह तो अपने सगे बड़े भाई के साथ उसने निर्ममता से किया था। उस बड़े भाई ने—जिसने उसका कुछ बिगाड़ा भी न हो? शाहजहाँ को उससे क्या गिला था? क्योंकि, उसकी अपनी सैन्य श्रेष्ठता, उसकी प्रशासनिक क्षमता, खुसरू की तुलना में नाकाफ़ी हो जाती थी? उसकी सबसे बड़ी कमी उजागर होती थी, तो वह खुसरू के चरित्र की धवलता के आगे ही? इतने सालों में क़ैद और नज़रबन्दी के बावजूद खुसरू की लोकप्रियता घटी ही नहीं, अपितु, उलटे बढ़ और गयी थी! जहाँगीर से, नूरजहाँ से और, अब ख़ुर्रम से भी नाराज़ तत्व सब खुसरू के पक्षधर होते जा रहे थे! इस लोकप्रियता ने जिस काम करने से सदैव जहाँगीर को रोका, उसी ने अन्ततः, शाहजहाँ को उस हद तक धकेल दिया, जहाँ उसे यही एकमात्र विकल्प दिखा, मुग़ल तख़्त हेतु, अपना मार्ग प्रशस्त करने के लिए!

मिर्ज़ा अज़ीज़ कोका को बुढ़ापे में भी जो कुछ आशा की एक किरण थी, वह इस घटना ने एक झटके में ख़त्म कर दी! अकबर का दूध-भाई जिसने कभी मुग़ल साम्राज्य में सर नहीं झुकाया था, आज बेबस और सर उठाने लायक नहीं रह गया था? उसे यही ख़याल रह-रह के आता रहा कि कहीं बेहतर होता कि, उसका सर कलम किया होता उस हत्यारे ख़ुर्रम ने? जहाँगीर पर तो हमेशा से ही उसे शक़ था, मगर ख़ुर्रम ऐसा शातिर और ख़तरनाक कातिल है, उसके जेहन में कभी आया ही नहीं था? उसने भी यही समझा था कि बस अपनी जान और बेदर्द नूरजहाँ से अपने हक़ की हिफ़ाजत के लिए वह खुसरू को अपने संरक्षण में दक्खन में रखना चाहता है? यहाँ तो मक़सद और कुत्सित योजना में जब मुग़ल राजपरिवार ही गर्दन तक डूबा है, तो वह किससे और क्या कहे? क्या आंग्ल दूत और विदेशी व्यापारी और उनके आकलन अधिक सही और सटीक थे? क्या वे कुछ ले-दे कर गुप्त सूचनाएँ प्राप्त करते रहते थे? अपने व्यावसायिक हितों को न केवल सुरक्षित रखने अपितु, उन्हें अभिवृद्ध करने के लिए वे लगातार अपने सूत्र शासन-प्रशासन में बढ़ाते जा रहे थे? फिर वे विदेशी मदिरा भी शौक़ीनों को उपलब्ध करवाते और, फिर कुछ न कुछ

राज उनसे बदले में या पिला कर, नशे की हालत में उनसे प्राप्त करने में प्रवीण थे? वे बराबर 1617 से यही सब बातें कह रहे थे और अपनी रिपोर्टों में लिख रहे थे? न जाने क्यों हिन्दुस्तानी लोग और अमीर वर्ग ही उनकी इन बातों को झूठी, अफ़वाह एवं मनगढ़न्थ समझते रहे? उसके जैसे अनुभवी और सक्षम अमीर से जब यह सब समझने में चूक हो गयी तब वह दूसरों को क्या दोष दे?

यह सत्य है कि जहाँगीर की पकड़ सिंहासन पर कभी मज़बूत नहीं हो पायी थी? 'चित्तौड़ की सन्धि' हो या दक्खन में ख़ुर्रम का प्रसिद्ध अभियान और दक्खन के राज्यों के साथ मुग़ल साम्राज्य की सन्धि और इसके फलस्वरूप उसका शाहजहाँ हो जाना; काँगड़ा की विजय हो या ईरान के शाह के साथ मधुर सम्बन्ध, सब सतही और दिखावटी था? दू-अस्पा/सिंह-अस्पा पद प्रदान करने से वह बिना सवार पद बढ़ाये हुए घुड़सवारों की संख्या बढ़ाने में तो कुछ हद तक कामयाब हुआ था, मगर इससे राजस्व-निर्धारण और जागीर-आवंटन में अव्यवस्था के चिह्न प्रकट होने लगे थे? अभी से नये मनसबदार शिकायत करने लगे थे कि उनको इनके पदों या मनसबों के हिसाब से जो जागीरें आवंटित की गयी हैं, वे उतनी (वेतन तथा स्वीकृत भत्तों के बराबर) आय दे ही नहीं रही हैं? अतः उनको आर्थिक नुकसान उठाना पड़ रहा है? साम्राज्य की एक नहीं अपितु सभी जागीरों और जागीरदारों की यही हालत थी उन जागीरों का मूल्य बढ़ा-चढ़ा कर प्रदर्शित किया जा रहा था, जबकि उन जागीरों की वास्तविक 'जमा' या 'हल-ए-हासिल' उतना था ही नहीं? इतना ही नहीं, इस समय खुसरू की मृत्यु या हत्या के चलते सबका ध्यान जिस दक्खन की ओर था, वहाँ का हाल भी बहुत फरक नहीं था? इतने सफल (?) दक्खन अभियानों के बावजूद अकबर के शासनकाल के अन्त में जितना मुग़ल क्षेत्र दक्खन में था, उसमें एक इंच की भी वृद्धि नहीं हुई थी? जहाँगीर की अपना वैभव-पूर्ण, विलासी जीवन-शैली तथा सुख-सुविधा या ऐश से रहने की ख़्वाहिश ही तो मुग़ल राजत्व की अपेक्षाओं को पूरा नहीं कर सकती थीं? लोग असन्तुष्ट, उमरा नाराज़, उलमा दुविधा में? और, जहाँगीर इसमें खुसरू-समर्थकों का षड्यन्त्र ही देखता रहा? अपने गिरेबाँ में झाँकने से गुरेज करता रहा? मलिका-ए-जहाँ भी अपने अनमने दृष्टिकोण व बेरुखी से कहीं अब इस प्रकरण में अपने-आप को कसूरवार मान ही रही थी? यदि, खुसरू लाड़ली-बेग़म का रिश्ता नामंज़ूर नहीं करता तो सम्भवतः उसका यह हश्र कभी नहीं होता? वह कभी खुसरू को ख़ुर्रम के हाथों में जाने ही नहीं देती?

लेकिन इसका एक पक्ष और था, ख़ुर्रम ने जहाँगीर के दिल में चुभा सबसे पुराना नश्तर निकाला था या अपने और अपने पिता के बीच का एक आवरण ही हटा दिया था? अब उसे सिर्फ़ और सिर्फ़ सर्वोच्च सत्ता का प्रतीक, मुग़ल तख्त ही दिख रहा था। जो एक अवरोध था, वह ख़ुर्रम हटा ही चुका था? अब जहाँगीर को चैन से कश्मीर या हरिद्वार के निकट कहीं भी अपने अन्तिम दिन स्वास्थ्य-लाभ में

गुजार देने चाहिए और वैसे भी वह राज्यकार्य से हाथ धो चुका था—उसका सम्पादन तो मलिका-ए-जहाँ के हाथों में सुरक्षित था ही? अतः, अब समय आ गया था जब सत्ता वास्तविक उत्तराधिकारी के हाथों स्थानान्तरित हो जाती? अब विलम्ब करना तो उसे बेवजह ही उस ताज़ से दूर रखना ही होता? जहाँगीर के जीवन में अगर कोई सन्तान उसकी कमज़ोरी थी, तो वह यही ख़ुर्रम था, जैसे वह स्वयं कभी अकबर की कमज़ोरी रहा था? उसने कभी भी ख़ुर्रम की कोई इच्छा ऐसी नहीं थी, जो पूरी न की हो? उसका बाल-हठ कभी ख़त्म ही नहीं हुआ? और, जहाँगीर उस हाथ के आगे सदैव समर्पण ही किया रहा? उसी का नतीजा था कि अब उसे सिंहासन चाहिए था! जहाँगीर ने चाहे-अनचाहे, जाने-अनजाने अपने और अपने महत्वाकांक्षी पुत्र के बीच जो खुसरू-रूपी रक्षा-कवच या एक सुपरिभाषित तटस्थ क्षेत्र था—वह ख़ुर्रम के हाथों खुसरू को सौंप कर—स्वयं हट जाने दिया था? अब तो दोनों क्रूर, महत्त्वाकांक्षी, सत्ता-लिप्सा में डूबे हत्यारे आमने-सामने थे? अतः जो होना था वही हुआ, शाहजहाँ के विद्रोह ने मुग़ल साम्राज्य की नींव तक हिला दी और जहाँगीर का अन्त समय इससे अधिक कष्टप्रद नहीं हो सकता था और, न ही अपनी बारी में शाहजहाँ का ही अन्तिम समय सुकून का रहा? सबको मृत खुसरू की रूह और उसकी पाक पत्नी बेटी-बेग़म के ग़म ने ख़ाक में मिला कर ही दम लिया!

लेकिन जो होना था वह तो दूर दक्खन में हो चुका था? अमानवीय, असम्भव, अप्रत्याशित व सबसे घटिया अघटित भी अब घट चुका था? मगर निर्लज्जता और राजसी अपेक्षाओं में अब कोई नया सा समीकरण बन चुका था? अकबर-कालीन आदर्श व राजनीतिक संस्कृति उसी के बनाये राज्य में इतनी जल्दी शून्य में विलीन हो जायेगी? उसके सारे सिद्धान्त, सौहार्द व भाई-चारा लहूलुहान हो जायेंगे? और, किसी को कोई अफ़सोस नहीं, अपराध-बोध तो दूर? जहाँगीर बस इतना लिख कर, कि, 'ख़ुर्रम का समाचार आया है, दक्खन में पेट-दर्द से खुसरू गुज़र गया' अपने किस कर्तव्य की इति-श्री करता है? क्या एक लेखक का कर्तव्य इतना भर था? एक सच्ची आत्मकथा लेखक की बस इतनी ही ज़िम्मेदारी थी? और एक पिता से क्या ऐसी आशा की जा सकती थी? अथवा अपने-आप को एक 'न्याय-प्रिय बादशाह' के कर्तव्य की यही वास्तविकता थी? वस्तुतः इस पूरे प्रकरण में उसकी यह चुप्पी ही खुसरू की इस जघन्य हत्या में उसकी संलिप्तता और अपराधी होने का सबसे बड़ा प्रमाण और गले की हड्डी बनती है! इसी तरह ख़ुर्रम या शाहजहाँ की भी भूमिका संदिग्ध और स्व-प्रमाणित है? अपने इस कुकृत्य और बेदर्द करनी के औचित्य को तार्किक और न्यायोचित साबित करना एक बात है, मगर शातिराना, कातिलाना और कुत्सित मानसिकता से अपने ही करीबी भाई की अकारण हत्या करना और वह भी निहत्था करके, इस बेरहमी से? और फिर इसको जायज ठहराना? जहाँगीर ने अपने ढंग से इस काम को अंजाम दिया तो शाहजहाँ ने अपने सबसे करीबी

अमीर मोहम्मद सालिह कम्बू से अपने जीवन-काल में लिखवा कर किया? वास्तव में जो कुछ कम्बू ने लिखा है, वे शाहजहाँ के विचार हैं? इससे एक ही बात साफ़ होती है कि, यह वही है, जिसे हम कहते हैं, 'एक तो चोरी ऊपर से सीना-ज़ोरी'? मुग़ल राजपरिवार में यह नैतिक व चारित्रिक पतन ही वस्तुतः मुग़ल वंश के पतन का कारक बनता है! इसके बाद के कालों में बस यही प्रवृत्ति सशक्त होती चली गयी और, मुग़ल उमरा सदैव से ही अपने सम्राटों और शहज़ादों से प्रेरणा लेकर, उनका ही अनुसरण करते थे, वे भी ईसिस के चलते पतनोन्मुख हुए और इतनी गति से मुग़ल वंश का नाश हुआ जो अप्रत्याशित है?

वे आदर्श, जिन पर अकबर ने इस पूरे साम्राज्य की नींव रखी थी, उनका इन दो पिता-पुत्र की जोड़ी ने जान-बूझकर अपने निजी, संकीर्ण राजनीतिक स्वार्थ के लिए गला घोंटा था? इसीलिए इन दोनों को अलंकरणों और दिखावटी शान-शौक़त की ज़रूरत ही पड़ी, अपने खोखले राजत्व को ढकने के लिए? एक ने चित्रकला का सहारा लिया तो दूसरे ने स्थापत्य का? कितनी बेरहम आवाज़ और (कु-) तर्क की बुनियाद की, आइये कम्बू के शब्दों में उसे प्रतिध्वनित होते हुए देखें, पढ़ें और समझें! कम्बू लिखता है : "महान सम्प्रभु शासकों के लिए यह सर्वथा विधिक व न्यायोचित है, कि वे अपने भाइयों व अन्य ऐसे तमाम रिश्तेदारों से इस नश्वर विश्व को मुक्त करें, जिनका संहार (?!) सामान्य हित में हो। वास्तव में, सभी धार्मिक और सांसारिक नेताओं का यही मत है कि सौभाग्यशाली सिंहासन की प्रतिस्पर्धा में सम्मिलित सभी दावेदारों को आवश्यकतानुसार और सामान्य कल्याण हेतु जड़ से समाप्त कर ही दिया जाना चाहिए। इसी क्रम में हमें खुसरू की मृत्यु को भी देखना चाहिए, जिसे मदिरा के नशे में जहाँगीर ने शाह बुलन्द इक़बाल (शाहजहाँ) को सौंप दिया था और, जिसे उसने 22 फ़रवरी, 1621 को क़ैदखाने के तहखाने से स्वर्गलोक भेजकर मुक्त कर दिया।" इतना ही नहीं, कम्बू आगे लिखता है : "अपने ऊपर से शक़ मिटाने के लिए मृत शहज़ादे के शव को पूरे सम्मान और सज-धज के साथ बुरहानपुर में जुलूस की शक़्ल में घुमाया गया था। सारे अधिकारी व अमीर इस शव-यात्रा में दुआ माँगते, इबादत करते हुए सम्मिलित हुए थे। और बुधवार की रात्रि में उसे आलमगंज में सुपुर्द-ए-ख़ाक कर दिया गया था।" (कम्बू कृत, 'अमल-ए-सालिह', खंड 1, पृष्ठ 137-163-165)

हमने सोच-समझकर और, जान-बूझकर इसको अक्षरशः उद्धृत किया है, ताकि किसी को कोई शक़-सुबहा न रह जाये? इस कुकृत्य को जायज़ ठहराने के लिए उसे जितनी ज़रूरत उमरा की थी उतनी ही उलमा की भी थी? इसीलिए उसने कट्टर और संकीर्ण इस्लामी सोच के अनुसार दाढ़ी भी रखी! कभी पाँचों वक़्त की नमाज नहीं छोड़ी और जब बुढ़ापे और अस्वस्थ शरीर के साथ रोज़े रखना नामुमकिन हुआ तब भी उलमा से फतवा हासिल करके ही ऐसा किया! और, अकबरी उदारता के

देखते-देखते ही परखचे उड़ा दिये? इसी के चलते न केवल अकबरी विरासत खँडहर में तब्दील हुई अपितु, शीघ्र उसके साम्राज्य का भी यही हश्र होना था? जब खुसरू अकबर के बाद शासक नहीं बन पाया था, तब तक लोगों ने सन्तोष किया होगा, कि, चलो कोई हर्ज नहीं, पिता के रहते उसका हक़ नहीं मारना चाहिए था? मगर फिर बारहा के सैयदों का मुँह क्यों बन्द हुआ? उनकी जिह्वा क्यूँ सिल गयी? उन्होंने क्यों इस जघन्य हत्या और खुसरू के हक़ के मारे जाने के विरोध में शाहजहाँ का जीवन हराम नहीं किया? क्या वे नूरजहाँ के उत्कर्ष के विरुद्ध शाहजहाँ के साथ थे, बस इसीलिए? तब तो कम्बू ने ठीक ही लिखा है कि इस कुकृत्य में बादशाह, उमरा और उलमा सभी की सहमति थी! इसीलिए विदेशी यात्रियों से लेकर समकालीन इतिहासकारों आदि ने उसे मध्यकालीन भारत में इस्लाम के पुनरुद्धार व इस्लामी सिद्धान्तों की पुनर्स्थापना का श्रेय दिया है?

खुसरू की जघन्य हत्या का षड्यन्त्र

जब से मुग़ल फ़ौजों ने बुरहानपुर में डेरा डाला उसी दिन से खुसरू का जीवन निहायत एकाकी हो गया? उसे मालिक अम्बर के दक्खन-विद्रोहियों से ही सुरक्षा प्रदान करने की नीयत से गहरी पहरेदारी में रखा गया? वैसे तो वह कभी अपने को पढ़ने-लिखने की आदत के चलते, एकाकी महसूस कर ही नहीं पाया था। बचपन से ही उसे याद है, किताबें ही उसकी साथी, उसकी हमसफर रही हैं? और, अकबर को बाबर और हुमायूँ से विरासत में सबसे कीमती और बेहतरीन चीज़ मिली थी वह थी, मुग़ल साम्राज्यी पुस्तकालय! एक से एक बेहतरीन पुस्तकें वह बचपन से ही पढ़ता रहा था! इतना ही नहीं, उनकी ख़ास बातें वह अपनी डायरी में दर्ज़ करता जाता था। न केवल रात के वक़्त अकबर अपनी विद्वत्मंडली के समक्ष उसे उन उद्धरणों को पढ़ने-सुनाने को कहता, अपितु, उस दिन की बौद्धिक या आध्यात्मिक विचार-विमर्श या बहस भी प्रायः उसी विषय पर हो जाती! अतः पढ़ने से लेकर मनन और फिर उसे पूरी तरह से ग्रहण करने की भी उसकी आदत ही हो गयी थी? इसका एक बहुत बड़ा फ़ायदा उसे यह हुआ था कि प्रायः जो कुछ उसने पढ़ा था, वह उसे ता-उम्र याद रहा! और, आज भी अपनी वही डायरी उसका सबसे बड़ा सहारा था? उसमें तो सभी परम्परागत विषयों के साथ तार्किक विषयों और, प्राकृतिक ज्ञान-विज्ञान के विषयों का समावेश था! वह अपनी डायरी को संक्षिप्त विश्वकोष ऐसे ही नहीं कहता था? हालाँकि, यह भी अकबर ने ही पहली मर्तबा, अब्दुर रहीम ख़ान-ए-ख़ाना से खुसरू की तारीफ़ में कहा था! उसने खुसरू को अब्दुर रहीम के बाद अपना सर्वाधिक प्रिय सिर्फ़ इसीलिए घोषित किया था? उसने कहा, जैसे रहीम की तरबियत हमने की थी, बस वैसी ही हमने आपकी अभिरुचि देखते हुए, उसी ढर्रे पर की थी? भला हो अब्दुर रहीम का, जिसकी लगन ने ऐसे मेधावी बच्चों की तरबियत की तमीज अकबर के प्रश्रय में उसको सिखा दी थी?

यह भी सत्य ही था कि शाही क़ैदी दक्खन के लिए किसी भी भावी सन्धि में सहायक हो सकता था? अतः किसी भी सूरत से उसे मालिक अम्बर के हाथों में पड़ने से बचाना था? वास्तव में, शाहजहाँ को एक दूसरा भय सताने लगा था, कि, कहीं खुसरू मालिक अम्बर या उसकी सेनाओं के हाथ लग गया तो वह मुग़ल

शासक और दक्खन के सूबेदार दोनों के लिए ही काल भी साबित हो सकता था? उसका क्या, वह अपनी स्वतन्त्रता के लिए उनको मान्यता भी प्रदान कर सकता था? फिर उसे दक्खन के शिया राज्यों से तो कोई सैद्धांतिक मतभेद भी तो नहीं था? अपितु, वह अपनी उदारता और समन्वयवाद के चलते उन्हीं का नेता बनकर एक ही वार से दक्खन के सूबेदार और मुग़ल बादशाह को मात दे सकने की स्थिति में आ सकता था? ऐसे क़ैदी का रखना एक सर दर्द ही साबित होने वाला था? और, संकट की तलवार हमेशा ही सर पर लटकी रहनी थी? ऐसे में सबसे अच्छा विकल्प उसे एक ही दिखा और उसने उसी पर अमल किया? इस सुदूर दक्खन में यदि खुसरू को कोई आशा की किरण दिखी थी तो वह ख़ान-ए-ख़ाना ही थे और, उनके संसर्ग, उनसे वार्तालाप का लाभ उसे मिला भी! न जाने कौन-कौन से विषय उसने निशान लगाकर छोड़ रखे थे और, अब उसे मौक़ा मिला और उसने भरपूर फ़ायदा भी उठाया! सूफ़ीवाद, सूफ़ियों तथा, योगियों की समानताओं, 'अमृत-कुंड' और सूफ़ी ग्रन्थों के तुलनात्मक अध्ययन पर जितने भी प्रश्न थे उनपर चर्चा भी की! शहज़ादे खुसरू के लिए इस दक्खन-प्रवास में बस यही एक तसल्ली थी? और, उसके हिसाब से यह कोई छोटी तस्सली तो थी नहीं?

लेकिन उसके बाद वह बहुत अकेलापन महसूस करता था? वहाँ तो आसफ़ ख़ाँ के संरक्षण में वह मुग़ल राजधानी में हमेशा अपनों से घिरा ही रहता था? कोई न कोई रिश्तेदार, करीबी उसके पास आते-जाते बने ही रहते थे? यहाँ मालूम नहीं क्यों, सिर्फ़ मरे हुए लोगों की याद ही ज़्यादा आने लगी? ज़िन्दगी में घिरे हुए उत्तर भारत में जो नहीं हुआ, वह यहाँ दक्खन में हो रहा था? कभी अकबर, कभी मृत माँ शाह बेग़म, कभी मामा मानसिंह, कभी अबुल फ़ज़ल, कभी बीरबल, किसी न किसी की याद हमेशा उसका मन-मस्तिष्क घेरे रहतीं? फिर शामें लम्बी होने लगीं, इसी एकाकीपन के चलते, रातें तो जैसे सिर्फ़ सोचने में गुज़र जातीं, बस यूँ ही पलक झपकते और करवट बदलते! दर्शन या फलसफ़ा उसको उलझाये ही रहता था। वह तो विभिन्न धर्मों और सम्प्रदायों के तुलनात्मक दर्शन पर एक वृहद् ग्रन्थ की रचना की रूप-रेखा बनाने लगा था! काश! वह ग्रन्थ पूरा होकर हमारे हाथों तक आ जाता तो निश्चित ही दारा के ग्रन्थ से भी व्यापक रहा होता? वैसे दारा ने अपने 'मजमा-उल-बहरेन' में उसकी डायरी के अध्ययन का सुन्दर उपयोग किया भी! वैसे फैजी ने संस्कृत में लिखे गणित के ग्रन्थ 'लीलावती' का जो फ़ारसी में अनुवाद किया था, उसपर भी उसकी टिप्पणियों को तभी फैजी ने स्वयं बहुत महत्त्वपूर्ण करार करके, उसे देर-सबेर प्रकाशित करने की सलाह भी दी थी? मगर वह तो राजनीतिक रस्सा-कशी में ऐसा फँसा कि इसकी नौबत ही नहीं आयी?

ख़ैर, जब उसकी माँ की यादें आतीं, तो हमेशा वह अपने इस लाड़ले से प्यार भरी शिकायत ही करती हुई नज़र आती? उसे बस यही अफ़सोस था कि उसके

ऊपर अपने बाबा और मामा आदि का इतना ज़्यादा असर हो चुका था कि वह उनकी परछाईं या साया सा अपने ही पिता, सलीम की गलत बातों को छोड़ने की सिफ़ारिश करे बिना नहीं रह पाता था? वह उन्हीं की नज़र, नज़रिए और आदर्शों पर उसका सतत मूल्यांकन करता रहता और सलीम को यह अपमानजनक और बदतमीजी लगती, कि वह एक बेटा होकर भी अपने ही पिता का बाप बनने की कोशिश क्यों करे? वह उसे सही-गलत समझाने वाला कौन होता है? क्या वह यह सब जानबूझकर अपने पिता को नीचा दिखाने के लिए करता है? उस बेबस पत्नी और माँ ने बारहा दोनों को समझाने की नाकाम कोशिश भी की थी? मगर दोनों एक-दूसरे को कसूरवार मानते और इसके लिए शाह बेग़म को ही अन्ततः दोषी मानते थे? एक ओर पिता-पुत्र अकबर-सलीम के झगड़े ही काफ़ी थे कि, अब पिता-पुत्र, सलीम और खुसरू के मन-मुटाव ने मतभेद से होते हुए मनभेद का रूप धारण कर लिया था? ऐसी कशमकश में पिसती हुई उसे अपनी माँ की वो फीकी सी मुस्कान याद है? वो कहती थी, बस खुसरू को यही याद रह जायेगी, क्योंकि वह इस रोज़-रोज़ की चक-चक से थक चुकी थी? और, वाक़ई वह चल बसी थी? मगर, वह बहुत याद आती, बल्कि रोज़ याद आती? जहाँगीर तो अब भी वही था? वह तो अकबर के सिंहासन पर बैठने के बाद भी कहाँ बदला था? पहले तो सिंहासन मिलने न मिलने की असुरक्षा थी? फिर, खुसरू की लोकप्रियता की असुरक्षा? मगर सबको दूर करके, वह अस्वस्थ होकर असुरक्षित ही नहीं हो चुका था, अपितु, साम्राज्य को भी असुरक्षित सा छोड़ दिया था? क्या नूरजहाँ जैसी संकीर्ण सोच वाली कोई महिला अकबरी विरासत को सम्हाल सकती है? क्या उमरा को साथ लेकर न चल सकने वाला ख़ुर्रम सिर्फ़ उलमा को सन्तुष्ट करके उस विरासत को सँजो सकता है? उसे संवर्धित और सशक्त करना तो दूर?

मानसिंह की अकबर से की गयी बातें तो खुसरू के कान में अभी भी साफ़ गूँज रही थीं, "बादशाह सलामत, न हम रहेंगे न आप रहेंगे, मगर आपके बाद सलीम मुग़ल बादशाह बना तो मुग़ल साम्राज्य ही नहीं बचेगा!" वाक़ई, उसके पतन की शुरुआत साफ़-साफ़ देखी-समझी जा सकती है? काश, आज वे होते तो अपनी भविष्यवाणी किसी अभिशाप की तरह घटित होते देख पाते?! मानसिंह ने जो कुछ मेवाड़ के सन्दर्भ में कहा था, वह सच हुआ; जो कुछ अंग्रेज व्यापारियों के अग्रसर होने के सन्दर्भ में चेतवानी दी थी, वह सही साबित हो रही थी? ये आंग्ल आढ़तिये, पुर्तगाली आढ़तियों से कहीं शातिर हैं और सिर्फ़ व्यापार और धर्म-प्रचार तक सीमित नहीं रहेंगे? इसीलिए अकबर के काल में आंग्ल व्यापारियों को कोई तवज्जोह नहीं दी गयी थी! उसने गियास बेग के परिवार से सजग रहने की सलाह भी गलत नहीं दी थी? उसने तो बारहा के सैयदों से कहा था कि हम तो नहीं रहेंगे, मगर तुम्हें ख़ुद एहसास हो जायेगा कि जिस चग़ताई विधि और परम्परा की तुम दुहाई देकर

सलीम को ताज़ दिलवा रहे हो, वह स्वयं कितना उस सिद्धान्त का अनुपालन करेगा? वह तब भी अबुल फ़ज़ल द्वारा 'आईन-ए-अकबरी' एवं 'अकबरनामा' (भाग 2) में परिभाषित राजत्व की परिभाषा के अनुसार राजत्व को ईश्वर की विदीर्ण किरण के रूप में ही समझा रहा था! यह दायित्व ईश्वर सिर्फ़ योग्यतम के लिए रखता है न कि, आयु के आधार पर परिवार के सबसे बड़े के? ख़ैर, सब कुछ सही साबित होकर भी साम्राज्य का तो अहित ही हो रहा था?

खुसरू का जन्म 1587 और ख़ुर्रम का 1592 में हुआ था। दोनों ही राजपुतानी राजकुमारियों के पुत्र थे, जहाँ खुसरू के नाना भगवनदास की बहन अकबर की पहली राजपूत पत्नी थीं, वहीं, उसकी माँ दूसरी कछवाहा राजकुमारी थी, जो मुग़ल 'हरम' में आयी थी। जबकि ख़ुर्रम की माँ का नाम जगत गोसाईं या जोधा बाई भी मिलता है और वह मोटा राजा उदय सिंह की बेटी थी। दोनों राजपूत होने के कारण और शाहबेग़म बड़ी आयु की होने के कारण, सदैव जगत गोसाईं को अपनी छोटी बहन की तरह ही स्नेह करती रहीं। लेकिन खुसरू और ख़ुर्रम में एक प्रतिद्वन्द्विता शुरू से थी कि अकबर के ज़्यादा करीब कौन और ज़्यादा स्नेह का पात्र कौन? और, इसमें ख़ुर्रम न केवल आयु, अपितु, बौद्धिक, अध्ययन के चलते खुसरू से सदैव ही मात खा जाता था? उसे मन ही मन एक बैर सा हो गया था, खुसरू से। लेकिन जो कमी अकबर के दरबार में महसूस होती थी, वह पिता सलीम का स्नेह पूरा कर देता! जैसे-जैसे उसे सलीम और खुसरू की पारस्परिक कटुता का अन्दाज़ होता गया, वह खुसरू का नाम लेकर पिता सलीम से अपने हित में कुछ न कुछ करवाता ही रहा था? इसी बात ने आगे चलकर विकराल सा रूप धारण कर लिया। उसकी हर जायज-नाजायज माँग सलीम पूरी करने को जैसे आतुर ही रहता था? उसे सबसे बड़ी और सबसे अधिक राजस्व देने वाली जागीरें मिलीं; उसे सबसे उच्च्य मनसब व पद प्रदान किये गये? वो इन सब पर अपना स्वाभाविक हक़ समझने लगा था? और जब खुसरू विद्रोह करके एक क़ैदी का जीवन बिताने को अभिशप्त था, तब वह मुग़ल ताज़ पर भी बस अपना हक़ समझने-मानने लगा था! और, इसीलिए उसे खुसरू किसी भी कीमत पर बर्दाश्त नहीं था? उसको मन ही मन यह बात अच्छी तरह समझ आ चुकी थी कि, 'न रहे बाँस और न ही बजे बाँसुरी'? इसीलिए उसने दक्खन-प्रवास की शर्त ही रखी थी, खुसरू को उसके संरक्षण में स्थानान्तरित करना?

अब बस वह उपयुक्त या उचित अवसर की तलाश में था, जब वह इस घृणित हत्या के षड्यन्त्र को अंजाम दे सके! 1622 के फरवरी माह की 22 तारीख उसने अपने शिकार की तारीख मुकर्रर की! यह तो ज़माना बाद में समझा कि शिकार का मक़सद क्या था? लोगों से लेकर मुग़ल उमरा तक बाद में समझे कि किसका शिकार होना है? सब यही समझते रहे कि प्राचीन काल से ही, चूँकि, शिकार ही सैन्य-अभ्यास का तरीका रहा था, अतः सैनिकों को चुस्त-दुरुस्त बनाये रखने के

लिए इसी एकमात्र ध्येय से वे बुरहानपुर के बाहर जा रहे हैं? उन्हें अन्दाज़ ही नहीं हो सकता था कि शाही सेनाएँ नहीं शाही षड्यन्त्रकारी कोई अलग शिकार करेंगे? यह शिकार किसी मानव का भी नहीं एक श्रेष्ठ मानव का होने वाला था, जिससे मानवता और मानवीयता शर्मशार होने वाली थी? यह मानवीय और उदात्त अकबरी मूल्यों व आदर्शों का शिकार था, जिसकी हवा सिवाय दुर्जनों एवं षड्यन्त्रकारियों के अलावा किसी भले तथा आम लोगों तक कानों-कान नहीं लगने दी गयी? क्योंकि, इस शिकार का उद्देश्य गुप्त न रखा जाता तो इसके असफल होने की पूरी उम्मीद थी? खैर, दक्खन में तैनात लश्कर के अमीर-ए-शिकार व दक्खन के प्रान्तीय बख्शी ने मिलकर पूरे इत्मीनान से शिकार की वृहद् स्तर पर तैयारी की! इस बात का ख़याल रखा गया कि दक्खन में पूरी मुग़ल सैन्य शक्ति का इसी बहाने से प्रदर्शन भी हो जाये और कोई जल्दी उनके विरुद्ध कोई भी क़दम उठाने की कोशिश न करे? हमें ज्ञात है कि इस द्वितीय प्रवास में शाहजहाँ ने कैसी-कैसी कूटनीतिक चालें चलीं थीं। उसने अपने श्वसुर शाहनवाज़ ख़ाँ के माध्यम से ख़ान-ए-ख़ाना को पूरी तरह सम्मान के साथ दिलासा और भरोसा दिलाया था कि, वह सिर्फ़ उनके परामर्श पर ही चलेगा और, हर क़दम पर उन्हें साथ रखेगा! फिर, क्या था, शाही शिकार में शाहजहाँ के साथ ख़ान-ए-ख़ाना, शाहनवाज़ ख़ाँ, अब्दुल्लाह ख़ाँ आदि सभी उच्च उमरा सम्मिलित किये गये थे!

तयशुदा योजना के तहत पूरा शाही शिविर ही रिक्त हो गया था, बस शाही क़ैदी खुसरू के रोज़ के परिचर ही परिसर में बचे थे! एक अजब सा सन्नाटा पूरे माहौल में सुबह से ही पसर गया था, जो शाम होते-होते मनहूस और रात ढलते-ढलते भयावह सा होता जा रहा था! खुसरू ने यह बात शाम को उस चिरागची से भी कही जो रोज़ शाम उसके कक्ष में चिराग आदि में तेल भर जाता था, ताकि, वह इत्मीनान से रौशनी में पढ़ भी सके! इसी तरह आज शाम वो कहार, जो अपनी कहारिन के साथ आता था, उसके कमरे के बड़े से मटके में पानी भरने, वह भी कुछ जल्दी ही उसके मटके में कुएँ का ताज़ा पानी भर के चला गया? रोज़ वह दोनों पति-पत्नी कुछ देर रुककर यूँ ही दुनिया भर कि बातें कर लेते थे! आज कुछ अजब-सी जल्दी में दिखे, जैसे उन्हें किसी ने हिदायत दी हो कि बस काम निपटाओ और तुरन्त यहाँ से चलते बनो? बस अब रात का खाना बनाकर खिला-पिला कर के बावर्ची भी जब गया, तो पूरा परिसर ही साँय-साँय करने लगा था? उसे रोज़ रात को नाना प्रकार की आने वाली आवाज़ें ही जीवन का एहसास दिलाती रहती थीं? कहीं घोड़े के हिनहिनाने की, तो कहीं सैनिकों की आवाज़ें, कहीं किसी चीज़ के एक स्थान से दूसरे स्थान पहुँचाये जाने की अलग सी आवाज़। मगर आज अजब सा सन्नाटा सा पसरा था और, अब वह खलने लगा था? शायद बाहर का शोर आदमी को अपने वजूद के लिए एक सुरक्षा का भाव या कवच सा देता है? इसीलिए मानव शुरू से ही

उत्सव-धर्मी रहा होगा? वह उत्सवों, अनुष्ठानों, रीति-रिवाजों के सहारे अपने जीवन का बोझ सरलता से शायद ढो लेता है, वरना एकाकीपन उसे बेमौत ही मार डाले?

ख़ैर, इतने घोर सन्नाटे में किसी की हल्की पदचाप भी बहुत तेज़ सुनाई देती है और फिर एकाकीपन में आदमी के कान भी ज़्यादा और बेवजह बजते हैं? आज तो खुसरू के साथ यही हो रहा था? उसे फाटक के बाहर की आहट भी साफ़ सुनाई दे रही थी? ख़ैर उसके अध्ययन-अध्यापन, ध्यान-योग की साधना ने और रोज़ के योगासनों ने उसकी ऐन्द्रिय शक्तियों को वैसे भी जाग्रत अवस्था में रखा था? फिर मौसम के चलते भी यह आसान हो गया था? जो पत्ते झड़ कर शाखों से गिरने लगे थे, वे सूखते और इसीलिए, न चाहते हुए भी पदचाप और साफ़ सुनाई देती थी? ऊपर से आज के एकान्त माहौल ने मौसम और शिविर की ना-मौजूदगी को और गहन व भयावह करने में कसर नहीं छोड़ी थी? ख़ैर रात्रि के दो पहर बीत चुके थे? रात्रि गश्त वाले प्रहरी शायद खाना खाने में जुट गये होंगे? इस समय उनकी आवाज़ भी आनी बन्द हो गयी थी? उसने एक आवाज़ अपने परिचर को यह जानने के लिए लगाई कि वह कहाँ है? वह आश्वस्त हो जाना चाहता था, मगर उसके यह पूछने पर कि, यदि उसे कोई ज़रूरत हो तो वह हाजिर है, खुसरू ने उससे यही कहा कि वह उससे यही कहना चाह रहा था कि उसे अब कोई काम नहीं है और यदि वह चाहे तो आज वह भी जल्दी सो जाये आराम मिल जायेगा? और फिर उस संक्षिप्त से वार्तालाप के बाद उस परिसर में मौत-सा सन्नाटा पसर गया? वह कुरानशरीफ़ का आगे पाठ करता उससे पहले उसने हदीस के बहाने अपने प्रस्तावित ग्रन्थ के सन्दर्भ तलाशने शुरू किये और फिर वह क़ुरान शरीफ़ लेकर बैठ गया! उसे अजब-सी बेचैनी हो रही थी? वह उठा, पानी पिया, झरोके से झाँक कर दूर अँधेरे में न जाने क्या देखने की कोशिश की और फिर आकर क़ुरान शरीफ़ का पाठ करने लगा? जो ग्रन्थ उसे कंठस्थ था, और उसे हर समस्या का हल देता रहा था, आज बार-बार क्यों पढ़ना पड़ रहा है? क्या उसकी याददाश्त जवाब दे रही थी? क्या कोई अन्होनी की आशंका उसे भयग्रस्त कर रही थी? अनजान भविष्य की गर्त में तो वह कब से रह रहा था? मगर कभी मन इतना व्यथित नहीं हुआ था? कभी उसे ऐसी बेचैनी नहीं हुई थी? वह कभी अपने माथे के बालों को छू कर आश्वस्त होता, तो कभी हाथ-पाँव के रोंगटों को सहला देता? बार-बार वे क्यूँ खड़े हो रहे थे? क्या उससे खाने में कोई बदपरहेजी हुई है? ऐसा भी नहीं, उसने तो रोज़ की भाँति ही खाया था और पेट में कोई हलचल नहीं? तो फिर यह हो क्या रहा है? खैर वह फिर क़ुरान शरीफ़ की ओर झुक गया!

लगभग तीसरा पहर रात को और गहरा कर गया था, तभी उसे ऐसा लगा कि, कोई बाहर के द्वार से अन्दर प्रविष्ट हुआ है? वहम नहीं, उसने साफ़-साफ़ दो से अधिक पदचाप सुने थे? उसके कान खड़े हो गये और वह एकदम से चौकन्ना हो

गया? क्या दक्खन के किसी शासक ने अपने गुप्तचरों से यह जानकर कि, मुग़ल शिविर आज लगभग खाली है, उसे गिरफ़्तार करने के लिए कुछ सैनिक तो नहीं भेज दिये हैं? इसकी अफ़वाह तो पहले दिन से उसके कानों तक पहुँचाई जा रही थी? क्या आज वह घटित हो रहा है? या ऐसे ही टोह लेने कोई आ पहुँचा है? क्या आज के प्रहरी दक्खन के किसी राज्य के सिपाहियों से मिल गये हैं? क्या वे स्थानीय थे, जो ज़ाहिर ही अपने क्षेत्रीय शक्ति और राज्यों के पक्षधर हैं? उसने फिर अपने कान और ध्यान को और केन्द्रित किया? एक पदचाप थोड़ा रुककर पीछे से सुना! इतनी रात गये कौन आया है? गश्त वालों ने क्या रोका नहीं? उनसे कोई पूछ-ताछ नहीं की? इतने चुप-चाप कैसे पूछ-ताछ कर ली, कि, कोई ध्वनि ही नहीं हुई? वास्तव में, पहली पदचाप राज और उसके साथी के दबे पाँव परिसर में प्रविष्ट होने की थी, जो धीरे-धीरे उसके कक्ष की ओर बढ़ रहे थे! यह राज एक दुर्दान्त हत्यारा था, जिसे शाहजहाँ ने मृत्यु-दंड से मुक्ति इसी शर्त पर देने का आश्वासन दिया था कि वह उसके लिए भी एक घृणित हत्या कर दे? उसके ताज़ के मार्ग के इस सबसे बड़े अवरोध को हत्या से हटा कर उसका रास्ता निष्कंटक कर दे? बस उसी के लिए सारी परिस्थितियाँ निर्मित कि गयी थीं? वह खसुरू से शाहजहाँ से और खुसरू को इस जगत की गन्दगी से मुक्ति दिलाने आया था!

खुसरू ने ज़्यादा देर और दिनों तक कुछ अच्छा न तो देखा और न ही भोगा था! उसका वह सब अच्छा समय तो बादशाह अकबर के साथ कब का बीत चुका था? उसी के साथ उसके जीवन का एक नहीं समस्त अध्याय ही बीत चुके थे? उसके बाद से उसे कारागार के अलावा मिला ही क्या? उसने कटु अनुभवों से क्या-क्या नहीं सीख लिया था? राज ने उसका दरवाज़ा पहले धीरे से थपकी देकर खटखटाया। शायद उसकी भी हिम्मत एकदम से मुग़ल सुल्तान या राजकुमार के कक्ष में घुसने की नहीं पड़ी थी? इतना अन्तर तो आम-जन और मुग़ल राजपरिवार के सदस्यों में था ही? तभी तो यह वंश बिना सत्ता के भी चलता रहा था? मराठे भी जब सर्वशक्तिमान हो गये थे, तब भी वे एक मुग़ल बादशाह को कठपुतली की तरह सिंहासन पर रखने को विवश थे? जब 1857 की क्रान्ति हुई, तब भी शक्तिहीन बहादुर शाह ज़फ़र सहज मुग़ल बादशाह था, जिसे पदस्थ किया जाना ही था? ख़ैर, शहज़ादे खुसरू के 'कौन' के उत्तर में उस हत्यारे राज ने बड़ा सधा हुआ जवाब दिया : "हम बादशाह के विशेष दूत हैं, लाहौर से अभी-अभी बस यहाँ पहुँचे हैं।" खुसरू मौन? वो बाहर की फुसफुसाहट सुनता रहा, सोचता रहा कि संवाद को कैसे और किस ओर मोड़े? उसने पूछा, "क्या कोई ख़ास सन्देश है?" उधर से थोड़ा सकपका के राज ने जवाब दिया, "हम आपके लिए बादशाह द्वारा प्रेषित शाही वस्त्र व मुक्ति-पत्र लाये हैं?" वह शाही फ़रमानों-निशानों के तौर-तरीकों से बखूबी वाक़िफ़ था, अतः उसने थोड़ी तेज़ आधिकारिक आवाज़ में उस बाहर वाली आवाज़ को आदेश देते

हुए कहा : "ख़बर तो निहायत सुकून देने वाली है! किन्तु, रात बहुत हो गयी, तुम लोग भी लम्बी और लगातार यात्रा से काफ़ी थके होंगे। रसोइए से कुछ माँगकर, खा-पीकर, गश्त वाले प्रहरियों के साथ सो जाओ। सुबह इत्मीनान से बात होगी।"

उसने अपनी तरफ़ से पूरी सतर्कता और चतुराई दिखाई और वापस क़ुरान शरीफ़ में सुकून पाने की लालसा में झुक गया! और, तभी उसे दरवाज़े पर दस्तक तेज़ और हुक्म-उदूली करती सी एक आवाज़ सुनाई दी? वह चौकन्ना हो गया? उसके यहाँ बुरहानपुर के कमरे में तो बिस्तर के ऊपर मसहरी भी झाड़-फानूस की तरह लटकी हुई थी, कोई बाँस भी नहीं था? वह क़ैदी था, जो एक बार क़ैद से भागकर बादशाह के विरुद्ध विद्रोह भी कर चुका था, अतः उसके पास किसी प्रकार का कोई हथियार तो क्या औजार भी नहीं रहने दिया गया था, उसके नये संरक्षक शाहजहाँ ने? सिर्फ़ एक छोटा-सा मूढा था, जिस पर उसका पानी का मटका था! उसके अलावा बस एक चीड़ की महीन सी नक़्क़ाशीदार चौकी, जिस पर वह क़ुरान शरीफ़ रखता था? एक कलम-दान, कलम और कुछ किताबें? खैर अब जो हो...सो हो? उसने पूरे ज़ोर से अपने परिचर और रात्रि-गश्त वालों को पुकारा! मगर शायद उनको शान्त किया जा चुका था? उसका शक़ अब विश्वास में बदलने लगा था, कुछ नहीं कुछ ज़्यादा ही गड़बड़ है! तभी दरवाज़े के अपने चूले पर झूलने की अजब-सी आवाज़ ने सबकुछ साफ़ कर दिया! एक-एक करके, तीन आकृतियाँ उसके कक्ष में दाखिल थीं और क़ुरान शरीफ़ के समक्ष बैठे या हलके से झुके हुए खुसरू पर वे एकाएक झपट पड़े! उसके पूरे कमरे में चूँकि, आत्म-रक्षा के लिए बस एक वही मिट्टी का मटका मिला, अतः उसने अपने कातिल राज पर उसी का अपनी पूरी शक्ति भर प्रहार किया! कच्ची मिट्टी का वह घड़ा तो टूट गया मगर वह कातिल तड़प कर गिर पड़ा! किन्तु शेष दोनों ने उसे देखते-देखते पकड़कर अपनी बलिष्ठ बाँहों में जकड़ लिया था! उसने एक को तो कोहनी से वार करके, अपने से दूर करने में सफलता हासिल कर ली थी, तभी वो तीसरा उसके गले को दबाने लगा था? उसने देखा कि वो जो धनुष लिया था, उसी की प्रत्यंचा से उसका गला दबाया जा रहा था? उसने किसी तरह से उसे अपने ऊपर से धकेलने की कोशिश की। तब तक राज दुबारा आक्रमण करने को लपका और उससे बचने और प्रत्यंचा से अपने गले को पूरी तरह से मुक्त कराने के लिए, जो उसने उठ कर घूमने की कोशिश की, ताकि वह इस धनुष लिए शत्रु को पलट कर पटक दे और, मुक्त हो जाये, उसका पाँव टूटे मटके से बहे पानी पर पड़ा और शहज़ादा सम्हलते-सम्हलते फिसला और वह राज तथा उसके साथी जो उसके गले में प्रत्यंचा की डोर कस रहा था, सबको लिए दिये नीचे ज़मीन पर आ गिरा!

पैर फिसलने के साथ ही उसे एहसास हुआ कि उसके कूल्हे की हड्डी गयी और वह असह्य पीड़ा से कराह उठा? इधर राज अब उसके सीने पर सवार और उसका

साथी पूरी ताकत से गला दबा रहा था! तीसरी आकृति उसके मुँह में उसके तकिये को जैसे ठूँस के ही मानेगी? राज अब तक उसके शरीर पर घूँसों का प्रहार करने लगा था! उसकी साँस जवाब दे रही थी! उसका गला दबता ही जा रहा था! उसके कातिल की बाँहों पर उसकी पकड़ ढीली ही होती जा रही थी! कमरा घूमने लगा उसे सब धुँधला सा दिखने लगा था! उसकी आँखों के सामने घुप्प अँधेरा हो रहा था! जैसे महाबत ख़ाँ द्वारा दृष्टिहीन किये जाने के बाद हुआ था? क्या ये भी उसे दृष्टिहीन करने ही आये थे? उसके साथ फिर से वही सब हो रहा था या इनकी और ही मंशा थी? अब उसके इर्द-गिर्द करीब इन तीनों लोगों की आवाज़ें दूर हो रही थीं और उसकी अपनी साँस आनी बन्द सी हो रही थी! "या-इलाही"! बस यही शब्द उसके डूबते कंठ और बाहर निकलती जिह्वा से निकले और...सब हमेशा के लिए शान्त और स्थिर हो चुका था! इत्मीनान से रज़ा या रज़ा बहादुर (?) और उसके दोनों साथियों ने मिलकर सारे साक्ष्य मिटाये, बस टूटा मटका गवाही देता बचा रह गया था! उन्होंने हत्या करके शहज़ादे के शव को वैसे ही लेटा दिया, जैसे वह सो रहा हो? बिल्कुल भोर में उसके प्रहरियों को होश आया? वे घबरा गये कि वे कैसे इतनी गहरी निद्रा में सो गये थे? उनके पुराने परिचित, जो रात्रि को उनके साथ बैठकर मदिरा पी रहे थे, उनमें से तो किसी ने यह साजिश रचकर अपने अन्य साथियों को बुलाकर इस हत्या को अंजाम नहीं दिया? मगर कसूर फिर भी उन्हीं का था? वे मुग़ल शिविर के जाते ही जैसे स्वतन्त्र हो गये थे और, ख़ुशी में अपने कार्य से विरत अपने साथियों के साथ आज वहीं मदिरा पीने लगे थे? क्या किसी सोची-समझी साजिश के तहत उनको मदिरा पिलाई गयी थी? क्या इस मदिरा में कुछ मिला दिया गया था, कि वे बिल्कुल बेसुध हो जायें और कातिल अपने कुकृत्य को अंजाम दे सकें?

परेशान से प्रहरी उस हवेली में धीरे से अन्दर गये, रसोइये और परिचर को मृत पाकर उन्हें अनहोनी की आशंका तो हुई, मगर सारा कसूर तो उनका ही माना जाता और वे सज़ा के पात्र होते? इसीलिए, कुछ समय बीतने पर ही सब हाल तफसील से जानने की योजना बनाने लगे? जब सुबह की अजान के बाद भी शहज़ादे का झरोखा नहीं खुला, तब उनका शक़ और गहरा हुआ? क्या वह भी उन्हीं की तरह बेसुध तो नहीं? कहीं उसे कुछ हुआ तो नहीं? बस यह ख़याल आते ही उनके पैरों के नीचे से ज़मीन खिसक गयी! जिसकी कल्पना नहीं कर सकते थे, वही हुआ था! शहज़ादा जीवित नहीं था? तुरत-फुरत उन्होंने अपने प्रभारी को सारा हाल बताया उसने, तुरन्त एक टुकड़ी घुड़सवारों की जंगल की ओर भोर में ही रवाना की। जैसे ही जंगल में लगे मुग़ल शिविर में यह समाचार ख़ान-ए-ख़ाना को मिला, वह मामले की गम्भीरता देखकर शाहजहाँ को बताने के लिए उसके शिविर में उसे जगाने जा पहुँचा! शाहजहाँ ने पूरी बात सुनी, कान पर दोनों हाथ रखे और फिर दुआ करने

लगा! तब तक ख़ान-ए-ख़ाना सेना को सावधान कर आया था कि उसे किसी भी समय कूच का आदेश दे दिया जायेगा! बिना वक़्त गँवाये उन्हें वापस बुरहानपुर पहुँचना था ताकि आगे की उचित कार्यवाही सम्पन्न हो सके? पूरी कुमुक के साथ ही दिन निकलते शाहजहाँ बुरहानपुर में वापस प्रविष्ट हो चुका था। उसने बड़े भाई की शव-यात्रा पूरे राजकीय सम्मान व वैभव के साथ पूरे बुरहानपुर में घुमाई और, इसमें दक्खन में मौजूद सभी मुग़ल अमीर व अधिकारी सम्मिलित हुए। वे सब ही इबादत करते हुए, दुआ माँगते चल रहे थे!

निश्चित ही अत्यन्त शोक की घड़ी थी, मुग़ल तख्त का वारिस यूँ रात के अँधेरे में, बिना सहायता और चिकित्सीय सुविधा के, पेट दर्द से मर गया? मौत की वजह किसी को समझ नहीं आयी? मगर, रसोइये, परिचर की मौत और गश्त वालों के बेसुध होने की बात से सबको कुछ दाल में काला लग ही रहा था? ये प्रहरी इतने बेसुध सोये थे कि स्वयं क्या जवाब देते और उनकी जान पर तो निश्चित ही बन आती? वे साधारण दायित्व के लिए नहीं मुग़ल शहज़ादे की सुरक्षा के लिए नियुक्त किये गये थे और, उनसे अधिक उत्तरदायी व्यवहार की आशा थी? यह जो कुछ हुआ है, वह गलती या चूक नहीं, जान-बूझ कर दायित्व के समय अनुशासन-हीनता थी? उनके चलते एक मुग़ल राजकुमार ही नहीं, ज्येष्ठतम तथा श्रेष्ठतम शहज़ादे ने अपनी जान गँवाई थी? अतः उन्होंने सलाह की और ऐसे में ख़ामोश रहना ही बेहतर विकल्प समझा? वे व्यावहारिक कारणों से चुप रहने को बाध्य थे? उन तीनों में से एक संदिग्ध था और वह रज़ा से मुँह बन्द रखने की कीमत चाहता था, उसको शाहजहाँ के एक ख़ास अधिकारी ने अलग से तोहफा देने के लिए बुलाकर हमेशा के लिए शान्त कर दिया?

बुधवार की रात को वहीं बुरहानपुर के आलमगंज में शहज़ादे को पूरे सम्मान के साथ सुपुर्द-ए-ख़ाक कर दिया गया! उसी दिन सुबह ही शाहजहाँ ने बादशाह को खत लिखकर सूचित कर दिया था कि अचानक कुलुंज ("कोलिक") या भयंकर पेट-दर्द से खुसरू नहीं रहा था! और जहाँगीर ने वैसे ही अपनी आत्मकथा 'तुजफ़क' में इसका उल्लेख ऐसे किया जैसे यह कोई बहुत सामान्य सी घटना हो? जैसे उसकी मौत की ख़बर कोई अप्रत्याशित ख़बर ही न हो? मगर, टूटा मटका, मृत रसोईया व परिचर और, रात में सब प्रहरियों का बेहोश या बेसुध हो जाना आश्चर्यजनक था? परिचरों की ये बातें धीरे-धीरे एक कान से दूसरे कान अफ़वाह बन-बनकर बाज़ार में ध्वनित व प्रति-ध्वनित होने लगी थीं! जहाँगीर के ऊपर पुरातन अमीरों का दबाव बढ़ने लगा और, मिर्ज़ा अज़ीज़ कोका, महाबत ख़ाँ से लेकर बारहा के सैयद भी इस मामले को अब संदिग्ध मान रहे थे? वे इसकी निष्पक्ष और ईमानदार जाँच करवाना चाहते थे? जहाँगीर ने नूरुद्दीन को शाही पत्र लिखकर खुसरू की मृत्यु की परिस्थितियों, कारणों व साक्ष्यों के विषय की विस्तृत रिपोर्ट माँगी? परिस्थितजन्य

साक्ष्य, मृत्यु और मृत्यु-दाता की ओर खुलकर इशारा कर रहे थे और, शासकीय जाँच के नाटक से इस आग को ठंडा करने की कोशिश शुरू हुई? मगर, जैसे-जैसे राज्य इस मसले पर निश्चिन्त होना चाह रहा था, उतना ही साम्राज्य उद्वेलित होने लगा था? जो कोहराम मुग़ल 'हरम' से शुरू हुआ, वह धीरे-धीरे अपनी जद में पूरे साम्राज्य को लेने लगा था? आगरा, दिल्ली, लाहौर और, अब बुरहानपुर में उपद्रव शुरू हो गये थे?

इस तरह के वृत्तान्त हमें अंग्रेज़ आढ़तियों की रिपोर्टों और, उनके पारस्परिक पत्रों से मिलने लगते हैं और तब समझा आता है कि सन्देह की सुई किधर, क्यों और कैसे घूमी थी? शासकीय जाँच को आम जनता ने एक आवरण मानकर खारिज ही कर दिया था! उन्हें तो मामले की तह तक पहुँचने में दिलचस्पी थी न कि, उसके ढँकने या छुपाने में? आंग्ल आढ़तियों, व्यापार-प्रतिनिधियों के पत्रों से हमें पता चलता है कि इसे जनता एक जघन्य हत्या ही मान रही थी और, इसी के चलते, पूरे मुग़ल साम्राज्य में शोक, रोष व असन्तोष का मिश्रित वातावरण निर्मित हो गया था! काफ़ी ख़ाँ ने तो अपने इतिहास में साफ़-साफ़ शब्दों में खुसरू की इस मौत के लिए ख़ुर्रम और जहाँगीर को उत्तरदायी माना ही है? उसके पास कुछ दस्तावेज़ या प्रमाण अवश्य मौजूद थे, जिनके आधार पर वह निश्चित रूप से अपनी बात इतनी शिद्दत से रख रहा था? बहुत बाद में औरंगज़ेब के अनेक पत्र जो शाहजहाँ के साथ हुई उसकी लम्बी खत-किताबत के दौरान लिखे गये थे, जो 'रुक्कात-ए-आलमगीरी' और 'अहक़ाम-ए-आलमगीरी' में संकलित हैं, उनमें भी जब औरंगज़ेब इस हत्या के आरोप अपने पिता पर लगाता है, तो वह ख़ामोश ही रह जाता है? मौन तो वैसे भी स्वीकृति का ही लक्षण माना जाता है? शाहजहाँ के पास कोई उत्तर नहीं था, औरंगज़ेब के इन तीखे, गहरे और सीधे आक्षेपों का? कम से कम औरंगज़ेब और काफ़ी ख़ाँ के सन्दर्भ में तो कहा ही जा सकता है कि वे किसी अफ़वाह पर आधारित आरोप तो नहीं ही लगा रहे थे? जनता जहाँगीर और शाहजहाँ दोनों को कभी इस घृणित व जघन्य हत्या के लिए माफ़ नहीं कर पायी!

दक्खन के जो अपने स्वतन्त्र इतिहास लिखे गये थे, वे इस मामले में काफ़ी प्रकाश डालते हैं! उदाहरण के लिए, 'मासीर-ए कुतुब शाही' में साफ़-साफ़, पहली दफ़ा हत्यारे के रूप में रज़ा का नाम सामने आता है. इस प्रकार, डी लेट भी अपने यात्रा-वृत्तांत में तो रज़ा का नाम देने के साथ ही लिखता है कि भले ही शाहजहाँ ने सारा षड्यन्त्र रचा हो और, अमीरों को शान्त रखा हो, परन्तु, नूरुद्दीन कुली ख़ाँ ने अपनी जाँच-रिपोर्ट में सबकुछ सच-सच लिख कर जहाँगीर को सौंप दिया था? बुरहानपुर स्थित एक आंग्ल आढ़तिया, जिसका नाम निकोलस बंग्हम है वह सूरत के आंग्ल मुख्य आढ़तिये को अपने पत्र में सूचित करता है कि यह सब ख़ुर्रम का ही रचा हुआ था और वह शिकार के बहाने बाहर चला गया और, अपने लोगों से

खुसरू की हत्या करवा दी! इसी प्रकार, बुरहानपुर की आंग्ल कोठी या फैक्ट्री का एक अन्य पत्र जो हत्या के दूसरे दिन की तिथि का है (23 फरवरी, 1622), उसमें वर्णित है कि बादशाह ने हक़ीम अलीमुद्दीन तथा बिक्रमाजीत से इसका राज जानने का प्रयास किया था! इसी प्रकार, 23 तारीख को ही आगरा से सूरत फैक्ट्री को प्रेषित अपने पत्रों में रोबर्ट हुएजेस तथा जॉन पारकर भी न केवल इसे हत्या करार करते हैं, अपितु, उससे आगरा के उबलने की बात भी करते हैं! इसी तरह सन्देहों से भरे पत्र हमें मसुलिपत्नम के आढ़तियों के भी मिलते हैं, जो आमजन की भावना को व्यक्त करने में सक्षम हैं। ये पत्र हैं, विलियम मेथोल्ड, मेथ्यूस ड्यूक एवं फ्रांसिस फुत्लर के जो सूरत की फैक्ट्री को उन्होंने 10 मार्च, 1622 को लिखे हैं। वे कहते हैं कि सारे साक्ष्य इसी बात की पुष्टि कर रहे हैं कि ख़ुर्रम ने ही खुसरू की हत्या करवाई है!

इतना ही नहीं, आंग्ल ईस्ट इंडिया कम्पनी वाले कितनी दूरदृष्टि वाले व्यापारी थे, यह भी स्पष्ट हो जाता है! सूरत से जो रिपोर्ट कम्पनी के मुख्यालय को 17 मार्च 1622 की तिथि को थॉमस रस्तेल्ल, गाइल्स जेम्स एवं जोसफ़ होपकिंसन के संयुक्त हस्ताक्षर से प्रेषित की जा रही वह भी महत्त्वपूर्ण है। आईये इसके प्रभावी अंश पर एक नज़र हम लोग भी डाल लें : "अब जो माहौल निर्मित हो रहा है, वह विद्रोहों और राजनीतिक अस्थिरता का ही है। इस सबका कारण है, महान मुग़ल बादशाह के सबसे बड़े बेटे की उसी के भाई ख़ुर्रम द्वारा गला-घोंट कर की गयी हत्या। इसका प्रतिकूल प्रभाव देर-सबेर पूरे मुग़ल साम्राज्य पर पड़ेगा और अशान्ति तथा अस्थिरता में वाणिज्य-व्यापार पर भी प्रतिकूल असर पड़ना ही है।" सम्भवतः इसके आगे इस पर टिप्पणी की कोई आवश्यकता नहीं रह जाती है? किन्तु, यह सुस्थापित ही है कि सभी को यह राज स्पष्ट हो गया था कि यह हत्या एक सुनियोजित साजिश थी, जिसके अनेक तार और शक़ कि सुई बादशाह तक भी जा रही थी? पूरे साम्राज्य को अब कोई शक़ और शुबहा नहीं रह गया था कि फरवरी की उस रात हुआ क्या था? वही निकोलस बंग्हम पुनः 3 जुलाई, 1622 को अहमदाबाद से सूरत फैक्ट्री को लिखता है कि, 'खुसरू की ख़ुर्रम द्वारा की गयी हत्या और बादशाह की मिली-भगत अब तो यह स्थापित तथ्य है, जिससे कोई आँख नहीं मोड़ सकता?'

इतना ही नहीं, पित्रा डेल्ला वाले 1623 में लिखता है : "ख़ुर्रम ने जब खुसरू का संरक्षणत्व प्राप्त किया था, तब ही से उसने एक योजना के तहत काम करना शुरू कर दिया था। अपने सद्व्यवहार से उसने पहले अपने बड़े भाई का दिल जीत लिया था, फिर शनैःशनैः उसे विषाक्त मांस खिलवाने लगा था, ताकि वह उसे अपने मार्ग से हटा सके और सिंहासन का अपना मार्ग सुरक्षित कर सके? किन्तु, खुसरू को बहुत देर नहीं लगी यह सब समझने में और उसने मांस खाना छोड़ने का बहाना करके, ख़ुर्रम का मार्ग और दुष्कर कर दिया, जिस वजह से उसे प्रत्यक्ष षड्यन्त्र करके, हटाना अपरिहार्य हो गया! और, इसीलिए खुसरू का अन्त इतना हिंसात्मक

और निर्मम रूप से हुआ! ख़ुर्रम ने स्वयं अपने सहयोगियों के माध्यम से उसे बेरहमी से मौत के घाट उतार दिया!'' (डेल्ला वाले, खंड 1, पृष्ठ 58) पीटर मुंडी का वर्णन, जो हत्या के एक दशक बाद 1632 में लिखा गया वह भी रोमांचित कर देता है : "बुरहानपुर में खुसरू के लिए एक कक्ष आवंटित था। हश्मत्गीर या महिला सेविका, एक रसोइया, एक-दो अन्य परिचर उसकी सेवा में रहते थे। अन्ततः ख़ुर्रम के आदेश से रज़ा बहादुर ने उसे मार्ग से हटाने के लिए उसकी निर्मम हत्या कर दी। मरने से पहले वह बहादुरी से लड़ा था। खुसरू ने अपने एक हत्यारे को मौत के घाट उतार दिया था और शेष दोनों को भी गम्भीर रूप से घायल किया था, भले ही उसकी अपनी जान न बच पायी हो। उसने अपनी एक पत्नी के अतिरिक्त कभी किसी अन्य महिला से कोई सम्पर्क, संसर्ग नहीं किया। उसका बेटा भी लोगों की आँख का तारा था, किन्तु उसका भी दुखद अन्त इसी ख़ुर्रम ने किया।'' (ट्रेवल्स, खंड 2, पृष्ठ 104-105)

एडवर्ड टेरी तो बहुत अफ़सोस करता है कि 'सबसे योग्य व बहादुर शहज़ादे खुसरू की निर्मम हत्या उसी के छोटे भाई ख़ुर्रम ने ताज़ के लोभ में की थी।' (पृष्ठ 412)। इसी प्रकार, पेल्सेर्ट तो लिखता है : "सुल्तान खुसरू की हत्या ख़ुर्रम ने ही की थी।'' (पृष्ठ 18) हर्बर्ट इस विषय में कुछ विस्तार से लिखता है : "शाहजहाँ ने ख़ान-ए-ख़ाना से परामर्श करके ही रज़ा बहादुर को इस प्रकार रात में खुसरू का गला घोंट के मारने के लिए नियत किया था।'' (सम इयर्स ट्रेवल्स, 1638, पृष्ठ 80) पहली बार किसी साक्ष्य में हमें ख़ान-ए-ख़ाना का भी नाम षड्यन्त्रकारियों में इस प्रकार सम्मिलित मिलता है! इन सब से इतर एक समकालीन जर्मन यात्री है, वोन पोजर। वो भी खुलकर ख़ुर्रम को खुसरू का हत्यारा घोषित करता है! जहाँ जहाँगीर और मुग़ल स्रोत शान्त थे, वहाँ ये विदेशी यात्री और जनमानस का उबाल खुद खुसरू की निर्मम हत्या की दास्तान बयाँ करने को काफ़ी थे! एक राजपूत स्रोत, 'फलोदी ख्यात' में भी वैसे इस कुकृत्य का उल्लेख है, "फागुन मास के कृष्ण पक्ष की द्वादशी तिथि की रात्रि में राजकुमार ख़ुर्रम ने राजकुमार खुसरू की हत्या कर दी। जब बादशाह को इस कुकृत्य के विषय में ज्ञात हुआ, वह बहुत अप्रसन्न हुआ।'' अतः यह तथ्य दरबारी इतिहासकारों व राज्याश्रित लेखकों ने जितना भी छिपाने का सायास प्रयत्न किया हो, किन्तु सच अन्ततः अनेक स्रोतों से उद्‍घाटित हो ही गया! विदेशी यात्रियों के ही साथ विदेशी आढ़तिये, चूँकि, हर बात का रिकॉर्ड रखते थे, इसीलिए हमें इस हत्या की बारीक से बारीक व समस्त जानकारी प्राप्य है! विदेशी व्यापारियों को अपने व्यापारिक-व्यावसायिक हितों का ख़याल था अतः, वे एक-दूसरे को आगाह करने की नीयत से भी सविस्तार लिख रहे थे!

जहाँ तक आमजन का प्रश्न है, उन्हें अपने बादशाह से प्रसिद्ध 'जहाँगीरी न्याय' की प्रत्याशा थी! जहाँगीर इस पूरे प्रकरण पर मौन त्यागना को तैयार नहीं था? उसे

अपनी संलिप्तता के उजागर होने का भय था, जो उसकी शान्ति से स्वतः उजागर हो रही थी? उससे उसका अपना आभिजात्य, अपने रिश्तेदार, पुराने अमीर खुलकर सवाल करने लगे थे? बादशाह बगलें झाँकने को विवश! अतः, जब जनाकांक्षा और, खुसरू के निष्पक्ष न्याय दिलाने की आशा फलीभूत होती न दिखी तब वे निराश ही नहीं, असन्तुष्ट, अवज्ञाकारी व रुष्ट होने लगे! मुग़ल 'हरम' की महिलाओं ने नूरजहाँ को भी खुसरू की इस सुनियोजित जघन्य हत्या में संलिप्तता का दोषी करार कर दिया था? उन्होंने न जहाँगीर और न नूरजहाँ को खरी-खोटी सुनाने से बख्शा था? वे इसके सिवा और कर भी क्या सकती थीं? अपना रोष, दुःख, क्षोभ, असहायता और, कैसे प्रकट करतीं? उन्होंने ही तो खुसरू को कितना समझाया था कि वह नूरजहाँ के प्रस्ताव को स्वीकार करके, लाड़ली बेग़म से निकाह कर ले, राजनीतिक मुक्ति तो मिलती ही, इस जलालत वाली मौत से तो निश्चित ही मुक्ति मिलती? पूरे वातावरण में उँगलियाँ शाहजहाँ के साथ-साथ, बादशाह और मलिका-ए-जहाँ पर भी खूब उठीं और उनकी खुले-आम लानत-मलानत हुई? मगर, खुसरू को तो जीवित नहीं किया जा सकता था? पूरे मध्यकाल में और ख़ासतौर से वैभवशाली मुग़ल-काल में तो खुसरू का चरित्र एक अपवाद-स्वरूप ही दिखता है? उसका दाम्पत्य जीवन व पत्नी-प्रेम, पारस्परिक समर्पण, आदि निश्चित ही उस काल के बहु-विवाह वाले आभिजात्य व राजपरिवारों में एक बहुत बड़ा अपवाद था! उनका जीवन और पारस्परिक भाव मध्यकालीन भक्त कवियों व सूफी सन्तों के उदात्त मूल्यों की अधिक गवाही देता है, न कि मुग़ल राजकुमारों की जीवन-शैली की? खुद बेटी-बेग़म ने खुसरू को नूरजहाँ द्वारा प्रस्तावित विवाह-प्रस्ताव को स्वीकारने के लिए समझाया था। उसने तो विधिक जामा पहनाने की दिशा में इस दूसरे निकाह के लिए अपनी स्वीकृति भी दी थी। उसने सेविका और नयी दुल्हन की बड़ी बहन की भूमिका के निर्वहन के साथ अपने त्याग का वादा भी किया था! किन्तु, खुसरू ने हाँ नहीं की तो नहीं की! भले ही उसे शाहजहाँ के हवाले कर दिया गया और अन्ततः अपनी जान ही गँवानी पड़ी!

इसीलिए इन तमाम बातों के बार-बार उठने से जनता में रोष व्याप्त होना स्वाभाविक भी था? बादशाह ने सोचा था कि समय के साथ मामला ठंडा हो जायेगा, वरना यहाँ तो उलटे ही जैसे-जैसे समय व्यतीत होता गया, मामला और तूल पकड़ता गया! न पेशावर, ना तरन-तारण, न आगरा, न लाहौर, न बुरहानपुर शान्त होने का नाम ले रहे थे? ये सारी सूचनाएँ भले ही दरबारी इतिहासों से गुम रहीं, मगर इनके उल्लेख विदेशी व्यापारियों, यात्रियों के क्रमशः पत्रों, रिपोर्टों एवं वृत्तान्तों में हमें प्राप्त होते हैं! मई 1622 आते-आते बुरहानपुर के हालात ऐसे नहीं रह गये कि वहाँ खुसरू की क़ब्र के रहते शान्ति-व्यवस्था बनी रह सके? वहाँ या तो मृत खुसरू के लिए ही स्थान था या फिर जीवित ख़ुर्रम के लिए? ख़ुर्रम का तो दक्खन के इस मुग़ल मुख्यालय में चलना-फिरना, काम करना सब दूभर प्रतीत हो

रहा था? हर नज़र उसे हत्यारा मानकर उसे गहराई तक घूरती दिखती थी? मुग़ल शिविर और पहरे के बाहर उसे लोग बर्दाश्त करने को तैयार नहीं थे? वे खुसरू की हत्या के प्रतिशोध की आग में जलने लगे थे! मुग़ल शहज़ादा अपनी ही सानों की मौजूदगी में अपने-आप को असुरक्षित महसूस करने लगा था? उसे अपने अधिकारियों, मनसबदारों, सिपाहियों की नज़र या व्यवहार में सिर्फ़ अपने ख़िलाफ़ शक़ का सा एहसास होने लगा था? उसे समझ आने लगा था कि मृत खुसरू ज़िन्दा और बन्दी खुसरू से अधिक प्रभावशाली और व्यापक असर वाला है? उसे रात-दिन अब एक भय सा सालता? एक अपराध-बोध होता? उसे लगा कि जैसे उसने जीवित खुसरू को नज़र के सामने से हटे वैसे ही मृत खुसरू को बुरहानपुर से हटाना ज़्यादा ज़रूरी हो गया है? अतः उसके बार-बार के अनुरोध और आग्रह पर मई 1622 में बादशाह जहाँगीर ने अन्ततः तंग आकर शाहजहाँ को एक फ़रमान भेजकर खुसरू के ताबूत को आगरा भेजने का आदेश दे डाला!

न जीते-जी चैन न मर कर भी क़रार

बुरहानपुर में रोज़ शाम आलमगंज में खुसरू की कच्ची मज़ार पर मेला लगने लगा था। शाहजहाँ ही नहीं, मुग़ल वाकिया-नवीस व ख़ुफ़िया-नफ़ीस आदि सभी अपनी-अपनी पृथक व स्वतन्त्र रिपोर्ट में लगातार यही लिख रहे थे कि उपद्रवी व अवज्ञाकारी तत्त्व इस प्रकरण का लाभ उठाते हुए मुग़ल दक्खन को शान्त व स्थिर नहीं रहने देना चाहते? वे सब इस प्रकरण का पूरा लाभ उठाने के लिए उत्सुक हैं और अफ़वाहों को प्रसारित कर रहे हैं? वे इन प्रतिकूल होती परिस्थितियों को पूरी तरह से शरारती तत्वों की कारस्तानी बता रहे थे. उनकी रिपोर्टों से कहीं ऐसा ज्ञात नहीं होता कि इस असन्तोष की वास्तविक वजह लोगों का खुसरू के प्रति निर्दयी व निन्दनीय उपेक्षा के साथ नृशंस हत्या के बाद गुस्सा का भाव था और, वही लोगों को लगातार उद्वेलित करने का कार्य कर रहा था? वे बार-बार, उलमा के कुछ स्वार्थी तत्वों की ओर भी इशारा करते थे। उनकी रिपोर्टों से ऐसा ज्ञात होता है, जैसे कुछ आलिम लोग इस मौत को भुनाने और अपने धनोपार्जन का जरिया बनाने का संकल्प ले चुके थे? वे सुबह से लेकर शाम तक वहाँ मन्नतें मनवाते, चादर चढ़ाते, धागा बँधवाते और कव्वाली गायन भी करवाते थे! न जाने कितने लोगों को रोज़गार मुहैया होने लगा और, फिर जहाँ दो-चार लोग इकट्ठा हुए, वहीं कुछ दुकानें भी खुल जाती हैं, और फिर देखते-देखते आलमगंज में जहाँ खुसरू की क़ब्र थी, उसने एक पाक मज़ार और पवित्र-स्थल की शक़ल अख़्तियार कर ली! जुम्मे-रात को तो बड़ा मेला लगता ही, लगभग रोज़ ही वहाँ आमद-रफ्त बढ़ती गयी! शासन-प्रशासन के पसीने छूटने लगे! मगर यह भी सत्य है, जिस दक्खन में पहुँचकर शाहजहाँ ने कट्टर मुल्लों वाली दाढ़ी रखी थी, उनका खुला समर्थन माँगा और चाहा था, उससे इन शक्तियों को तो बल मिलना ही था? उसने जानबूझकर ऐसी शक्तियों को प्रवाहित किया था, किन्तु, अब उसके साधे ये साधने वाली नहीं थी? बोतल का जिन्न बोतल से बाहर आ चुका था?

यह इतिहास और सामाजिक वितान का कितना बड़ा विरोधाभास है कि जिन संकीर्ण धार्मिक प्रवृत्तियों के ख़िलाफ़ अकबर ज़िन्दगी भर माहौल बनाता रहा और, जिसके खुसरू के शासक हो जाने से सुदृढ़ होने का भय था, वही शक्तियाँ अब अपने

क्षुद्र धार्मिक-सामाजिक लाभ के लिए खुसरू के साथ खड़ी दिख रही थीं? जिस कबीर ने पन्थ के ख़िलाफ़ इतनी आवाज़ बुलन्द की थी वही कबीर, कबीर-पन्थ में क़ैद हो गया? जिन शक्तियों को भड़का कर सलीम शासक बना था और जिनकी सहायता से शाहजहाँ अपने सिंहासनारोहण के लिए प्रयासरत था, वही शक्तियाँ उनके ख़िलाफ़ आवाज़ उठाने और माहौल बनाने में सबसे अधिक मददगार साबित हुईं? जिस मुग़ल शहज़ादे का हश्र इतना निर्मम और रक्त-रंजित हुआ हो, वही दूसरों के दुःख दूर करने का साधन बना दिया गया! आलमगंज में स्थित उसकी मज़ार पर इतनी श्रद्धा और समर्पण से लोग जियारत करने लगे कि यह कल्पनातीत प्रतीत होने लगा? इतना चढ़ावा चढ़ने लगा और, इतनी भीड़-भाड़ होने लगी कि उसको सम्हालना और व्यवस्थित करना एक नयी मुश्किल और मशक्कत होने लगी? रोज़-रोज़ के इस मेले से न तो उसकी स्मृति हल्की होने वाली थी और, न ही उसके लिए न्याय की माँग? अतः ऐसे में यही निर्णय लिया गया कि बेहतर यही होगा कि हत्या वाले स्थान से यदि उसकी क़ब्र ही न रहेगी तो लोग रोज़-रोज़ का प्रदर्शन भी शायद न करेंगे?

पहली बार लोगों को समझ में आया हो या न आया हो, मगर मुग़ल शासन, राजपरिवार और मध्यकालीन भारत के इतिहास में दिलचस्पी रखने वाले लोगों को तो समझ में आया ही कि प्रायः कुछ मृत लोग भी उतने ही प्रभावशाली प्रतीत होते हैं, जितने वे जीवित थे या उससे भी कुछ अधिक ही? बिल्कुल यही बात हमें खुसरू के साथ दिखाई देती है? वह जीवित तो परेशानी का सबब बना ही रहा—बादशाह जहाँगीर के लिए मरणोपरान्त भी वह चैन न खुद पाया और न ही उसकी बेक़रार व बेकसूर रूह ने जहाँगीर या शाहजहाँ को ही चैन से रहने दिया? जिसकी रूह की दुआएँ माँगने लोग इतनी बड़ी संख्या में जा रहे थे, आप सहज अन्दाज़ लगा सकते हैं, उसकी लोकप्रियता और सज्जनता का! जैसे ही शाही ताबूत को आगरा ले जाने के लिए खोद कर निकाला गया, लोगों ने मातम में छाती पीटनी शुरू कर दी! क़ब्रला की याद ताज़ी हो गयी और शासन बिना बल-प्रयोग के अपने मक़सद में कामयाब नहीं हो पाया!

इतना ही नहीं, बुरहानपुर से आगरा की लम्बी यात्रा में जहाँ-जहाँ भी यह शाही ताबूत रखा गया, लोगों का हुजूम उमड़ पड़ा, अपने प्रिय शहज़ादे के अन्तिम दर्शन के लिए, उससे अपनी बरक्कत की दुआ माँगने के लिए! उसे जीते जी भी जितनी शोहरत और आदर या श्रद्धा नहीं मिली थी उससे कहीं अधिक मिल रही थी? उसे पीर, दरवेश, फकीर और सन्त का दर्ज़ा प्राप्त हो गया! वह सामान्य-जन के लिए पूजनीय हो चुका था? उसकी क़ब्र/मज़ार और अब ताबूत लोगों के लिए दर्शनीय होकर धार्मिक पवित्रता से सम्बद्ध हो गया था? अब तक तो बुरहानपुर में उसकी मज़ार से जुड़े हुए अनेक क़िस्से पूरे साम्राज्य में फैल चुके थे! एक सन्त के रूप में उसकी प्रसिद्धि स्थापित और प्रतिष्ठित हो चुकी थी। अतः बुरहानपुर से लेकर

आगरा के रास्ते हर जगह लोगों का ताँता लग जाता था! दर्शनार्थियों की भीड़ स्वतः जुड़ जाती थी। एक मेला वहीं लग जाता था, जहाँ भी रात्रि विश्राम के लिए यह 'दिव्य-ताबूत' रखा जाता था? चाहे-अनचाहे, रोकने के बावजूद बहुत-सा चढ़ावा इस पीर पर चढ़ ही जाता था? जहाँ आमजन से लेकर फकीरों की बन आती, वहीं प्रशासनिक अधिकारियों की दिक्कतें बढ़ जातीं? जैसे ही 2 जून, 1622 को यह शाही ताबूत जो अब तक 'दिव्य-ताबूत' के रूप में मान्य हो चुका था, जब आगरा पहुँचा, तो उसका ऐसा भव्य स्वागत हुआ कि सब आश्चर्यचकित? जो न्याय बादशाह और साम्राज्य से उसे नहीं मिला वह न्याय उसको मृत्योपरान्त जनता ने, अपने दिलों में जगह देकर, दे दिया! इतना जन-सैलाब, इतना शोक, इतना सौम्य, शान्त जुलूस व सड़कों पर हुजूम! इतनी आत्मीयता तो कभी किसी के लिए भी—चाहे वह सन्त हो या शासक—न इससे पहले और न ही बाद में—पूरे मध्यकाल में न देखी और न ही कभी सुनी गयी? सब कुछ अप्रत्याशित और अविश्वसनीय! इतना बड़ा मेला तो कभी इल्तुतमिश के काल में दिल्ली या अजमेर में या अकबर के काल में आगरा, फ़तेहपुर सीकरी या अजमेर में नहीं लगा था, जितना ज़बरदस्त मेला इस अवसर पर लगा!

जहाँगीर के हाथ-पाँव फूल गये? मीर बख्शी के साथ शेष तीनों बख्शी भी आज पूरे समय तैनात रहे। मीर सामाँ, 'हरम' की महिलाओं के लिए मातम के कपड़ों का इन्तज़ाम करते-करते थक गया? कोई भी सदस्य 'हरम' में रुकने को तैयार नहीं थी, छोड़ बस स्वयं 'हरम' की मलिका नूरजहाँ के! लाड़ली-बेग़म का तो रो-रोकर बुरा हाल था? उसको खुसरू से सहुनुभूति भी थी, प्रेम भी और बहुत आदर भी? आगरा का कोतवाल शहर में गश्त करने लायक ही नहीं बचा था, न ही उसके लिए आवागमन की कोई जगह ही शेष थी। जैसे ही उस भीड़ में महिलाओं का कोई बड़ा समूह बढ़ता था, भीड़ स्वतः रास्ता छोड़ कर किनारे हो जाती, ताकि वे भी अपनी मन्नतें मान लें? भीड़ का अपना ही नियन्त्रण था, शासन-प्रशासन तो बहुत पहले ही इसके दबाव में पूरी तरह से दम तोड़ चुका था? जहाँगीर को आज पहले दिन समझ आया कि, जनता क्या होती है, और उसे कोई बस में नहीं कर सकता? अगर वह संचालित होती है, तो चरित्र के उच्च मानदंडों, आदर्शों, मूल्यों व प्रतिमानों से! वैभव, दिखावटी शान-शौकत आदि सब ऐसे मूल्य थे, जिनके पीछे मुग़ल राजपरिवार और आभिजात्य तो दीवाना था, किन्तु, जिसे आमजन सिरे से अस्वीकार करता था? उसके लिए मूल्य वही थे, जिसने भक्ति-सूफी आन्दोलन का आधार पुष्ट करके, इन्हीं मूल्यों को और संवर्धित किया था! वे स्थायी, पूर्ण और अमर मूल्य थे, जिससे मानवता बची थी, संरक्षित थी और सदा रहेगी!

इस बीच बुरहानपुर में तो नूरजहाँ ने अपने लोगों से बराबर अग्नि में घृत डालने का काम गोपनीय ढंग से करवाया था? उसने ऐसी आग लगाने की निरन्तर कोशिश की थी, जिसमें शाहजहाँ भी इस कुकर्म की सज़ा पाता हुआ, भस्मीभूत हो

जाये? वह पूरी तरह से शाहजहाँ को नेस्त नाबूद कर देना चाहती थी? उसे क्या पता था कि उसकी लगाई यह आग उसी के दरवाज़े पर क़हर बरपाने कुछ माह में आ पहुँचेगी? जहाँगीर ने खुसरू के ताबूत को आगरा लाने का आदेश क्या दिया कि, आगरा में सब-कुछ बचा—छोड़ व्यवस्था के? ऐसा लगा ही नहीं कि, आगरा में कोई सरकार, कोई अनुशासन, कोई व्यवस्था, कोई बादशाह, किसी साम्राज्य की सुदृढ़ संरचना तो क्या कोई प्रशासनिक ताना-बाना मौजूद ही नहीं है? नूरजहाँ को लगा था कि खुसरू के चलते बादशाह और शाहजहाँ के बीच एक दीवार थी, वह अब ढह चुकी थी? शाहजहाँ की शक्ति कितने गुना बढ़ गयी थी? इसका अन्दाज़ा सिर्फ़ उसको था? उसे भी शक़ हुआ, क्या उसका पति इस कुकृत्य में पूरी तरह से संलिप्त था? क्या शाहजहाँ के दूत आ-आकर उससे अलग से भी कोई सन्देश देते या लेते थे? क्या साधारण सन्देश में भी इन पिता-पुत्र के मध्य कोई गुप्त सन्देशों का आदान-प्रदान हो रहा था? क्या जहाँगीर ने चाहते न चाहते हुए भी उसे इन बातों से अनभिज्ञ ही रखा था? क्या उसकी शादी से पूर्व के कुछ ऐसे राजनीतिक राज थे जिसमें वे पिता-पुत्र ही बराबर के शरीक थे, जिनकी कीमत अब शाहजहाँ वसूल रहा था और जहाँगीर उसके समक्ष विवश हुआ था? जितनी नफ़रत उसके मन में खुसरू को अपने स्वार्थ को लेकर हुई थी, वह उसकी हत्या के उपरान्त काफूर हो चुकी थी? अब तो उसके समक्ष एक दरिंदा खड़ा था, जिसे तुरन्त नियंत्रित नहीं किया गया तो वह उसका और उसके पति का काल बनेगा?

पहली बार नूरजहाँ को समझ आया कि, हठ का हश्र क्या हो सकता है? राजनीति में हठधर्मिता अपना भी काल बन सकती है? ठीक है, वह खुसरू से बेहद नाराज़ थी किन्तु अपना ही सबसे सुदृढ़ कवच खोने का एहसास उसे न था? दूर से बुरहानपुर में मुग़ल प्रशासन की असुविधा और दुविधा सुन-सुन कर दिल में अजब सा सुकून महसूस करती थी, किन्तु, यह दावानल कितना भयावह था, उसे तनिक भी भान नहीं था? वह तो आज ही उसे समझ आया था कि, खुसरू को जितना उसने अपने दामाद के रूप में चाहा था, उससे कहीं अधिक जनता के बीच उसकी चाह थी? वह स्तब्ध और हतप्रभ! पूरा मुग़ल शासन-प्रशासन पंगु! सारी प्रशासनिक व्यवस्थाएँ चरमरा कर बैठ गयीं? यह कौन-सी आफ़त बादशाह ने मोल ले ली थी? क्या आज ही जहाँगीर के शासन का अन्त अवश्यम्भावी था? बस देखना है कि, शासन का यह अन्त...किस पल, किस क्षण होगा? सबके हाथ-पैर फूल चुके थे? नूरजहाँ और बादशाह जैसे सत्ता-लोलुप तो साँस लेने में दिक्कत महसूस करने लगे थे? वे बस देख सकते थे, चकित! किंकर्तव्य-विमूढ़! विचित्र किन्तु सत्य! व्यवस्था के अनियंत्रित होते ही, तुरन्त एक महत्त्वपूर्ण फ़ैसला लिया गया कि यह बला जितनी जल्दी हो आगरा से तो टाल ही दी जाये? तत्काल इस शाही-ताबूत को रात्रि-विश्राम के बाद इलाहाबाद भेजने का निर्णय लिया गया! उसने पूरे आगरा में

मुनादी करवा दी कि शहज़ादे को उसकी माँ के साथ ही अन्ततः सुकून देने के लिए सुपुर्द-ए-ख़ाक किया जाना उचित, न्यायसंगत और वाज़िब होगा? आनन-फानन के इस निर्णय से ही समझ आ जाता है कि स्थिति सबके हाथों से निकल चुकी थी? अब तो बस एक ही चारा था, आगरा से पूरब जो पहला मुग़ल सूबा (प्रान्त) था, वहाँ इस ताबूत को उसी तरह से रवाना करना था, जैसे 'अच्छा हो ये बला हमारी जाये दूजे गाँव में'? शायद जहाँगीर को अपने प्रिय शरण-स्थल की ही याद आनी उस समय स्वाभाविक ही थी?

वह अकबर की मृत्यु के समय, इसी खुसरू के चलते स्वयं आगरा से इलाहाबाद भागने को आतुर था? उसने तो अपना नाविक-बेड़ा तैयार भी कर लिया था? और उसे लगा था, अपने सूबे में उसे शरण अवश्य मिल जायेगी और अब अपने उस पुराने सूबे में अपने षड्यन्त्र के शिकार पुत्र को सुरक्षित क़ैद करना चाह रहा था? मृत खुसरू जीवित से अधिक प्रभावशाली, अधिक लोकप्रिय और अधिक बड़ा संकट बनकर उबरा था! उसने जीवन-भर जहाँगीर को बेचैन रखा और अब मरकर भी उसे चैन कहाँ? इधर उसकी हत्या क्या हुई, उधर वह 'पीर' और 'औलिया' का दर्ज़ा प्राप्त करके, लोगों के मन-मस्तिष्क, दिलों में छा गया! वे तो अब अपनी नापाक जुबाँ से उसका नाम भी नहीं लेते थे? सिर्फ़ शहज़ादा ही सम्बोधित कर रहे थे! और जैसे ही यह ख़बर आम हुई कि सुबह ही शाही-ताबूत अपने अन्तिम गन्तव्य, इलाहाबाद की ओर चल पड़ेगा, रात भर आगरा गुलज़ार रहा? रोज़ों के दौरान या कि, शब्बे-बरात या चाँद-रात को भी जैसी चहल-पहल और रौनक नहीं होती थी, वैसी रौनक देखी गयी आगरा की सड़कों और गलियों में, जैसा कि विदेशी व्यापारियों और यात्रियों के विवरणों से हमें ज्ञात होता है! और रात भर 'हरम', आभिजात्य, बादशाह, मलिका-ए-जहाँ और उच्चाधिकारी, सब अपनी-अपनी वजहों से चिन्तित और रात्रि-जागरण करने को मजबूर थे! वहीं जनता को बादशाह के हुक्म ने सोने न दिया? चैन और सन्तोष तो उसकी हत्या और फिर मृत रूह की सुकून के लिए भी न्याय का ढोंग न किये जाने से जनता को भी नहीं था और अब वह मुर्दा भी उनके पास न होकर दूर इलाहाबाद भेजा जा रहा है? कहीं रात में कुछ हो न जाये, कहीं जनता कुछ कर न गुज़रे, इसी ख़याल में सारी रात ऐसे ही गुज़र गयी? अगली सुबह, 3 जून, 1622 की भोर में ही जब शाही ताबूत लिये-दिये यह क़ाफ़िला इलाहाबाद के लिए चल दिया, तब जाकर सबने चैन की साँस ली!

ख़ैर 2 जून, 1622 की सुबह से ही मुग़ल राजधानी, आगरा में सिर्फ़ खुसरू और खुसरू की धूम थी! हवा, फ़िज़ा, लोगों के दिलों और जुबाँ पर बस एक ही नाम, एक ही ख़याल था? खुसरू? वे न कुछ सोच रहे थे न कर रहे थे! उस दिन (2 जून, 1622 को) आगरा के अधिकाँश घरों में चूल्हे भी नहीं जले थे? और छोटे बच्चे भी अपनी माताओं से ऐसे चुपके थे, जैसे वे भी शोक में सम्मिलित हों? उनकी रूह

तक उस पाक रूह से एकाकार हो रही थी! 'हरम' में अजब-सी शान्ति थी—मातमी! खुसरू के मार्मिक अन्त ने उसके जीवन को त्याग का जीवन बना दिया था? सत्ता, सुख व सुविधा-भोगी आभिजात्य यह तथ्य और भाव कभी समझ ही नहीं सकते थे, जो आमजन को प्रभावित करता था? अतः उन्हें मृत खुसरू के प्रति लोगों का यह आकर्षण समझ ही न आया? वे जो मज़ारों पर जियारत करते और देखते थे, वे भी इसे पढ़ने-समझने में नाकामयाब रहे थे? अपने जीवन में पहली बार नूरजहाँ के हाथ-पैर इस तरह से फूले थे? वह खुद भी मुग़ल 'हरम' की अन्य महिलाओं के सामने सर उठाकर नहीं चल पायी थी? वह अपनी नज़र में ही अपराधी महसूस कर रही थी? जिन महिलाओं पर उसका हुकुम निर्विरोध चलता था, वे आज उससे नज़र ही नज़र जवाब माँग रही थीं? हर तरफ़ बस यही चर्चा आम हो रही थी कि अगर नूरजहाँ ने चाहा होता तो ख़ुर्रम कभी भी खुसरू को अपने साथ नहीं ले जा सकता था? नूरजहाँ और बादशाह पर व्यक्तिगत रूप से यह दिन बहुत भारी गुज़रा था! जैसे ही खुसरू के ताबूत को इलाहाबाद के लिए विदा किया था, न जाने कितना बड़ा बोझ सीने से उतरा था!

पहली बार, हाँ, अकबर के जाने के बाद और खुसरू की इस दर्दनाक हत्या के बाद पहली बार मुग़ल अमीर वर्ग या उमरा, धर्माधिकारी और पढ़े-लिखे वर्ग या उलमा के साथ-साथ सभी को फिर से समझ आया था, अकबर और, अकबरी विरासत का महत्त्व! जिस तरह की सामाजिक-सांस्कृतिक शक्तियाँ भक्ति व सूफ़ी आन्दोलनों से प्रवाहित होकर समाज में अन्तःक्रिया करके, नयी सामाजिक-सांस्कृतिक ऊर्जा को जन्म दे रही थीं, वे सिर्फ़ और सिर्फ़ अकबरी मानक या मॉडल से आगे बढ़ सकता था? इसीलिए, अकबर स्वयं अपने बाद अपने सही अर्थों में वारिस के रूप में सिर्फ़ और सिर्फ़ खुसरू को देख पाता था? सलीम तो किसी भी कोण या आयाम से उस विरासत को सम्हाल सकने में सक्षम और क़ाबिल नहीं था? किन्तु, परिस्थितियाँ इसी तरह करवट लेती हैं और, व्यापक साम्राज्यी संरचना या ढाँचा जब इन अपेक्षाओं के अनुकूल नहीं होता है, तो वे साम्राज्य तथा, वे संस्थाएँ अवश्य ही पतनशील होती हैं? जब सामाज की ऊर्जा और राज्य की संरचना में कोई सन्तुलन नहीं होगा, तो ज़ाहिर है, राज्य लड़खड़ायेगा और वही इस प्रकरण में हमें स्पष्टतः दिखाई देता और समझ आता है! राज्य की शक्तियों-दायित्वों तथा, जन-अपेक्षाओं में कोई तारतम्य ही नहीं था? दोनों ही एक-दूसरे के प्रतिकूल प्रतीत हुईं? और, इसी का नतीजा था, कि बुरहानपुर से आगरा और, एक दिन बाद ही मृत खुसरू को अपने और अपने राज्य के सुकून और स्थिरता के लिए इलाहाबाद भेजने के अलावा कोई चारा नहीं था? जब राज्य या साम्राज्य के सामने विकल्पहीनता की स्थिति खड़ी हो जाये तो यह सीधे तौर पर उसकी असफलता और पतनशीलता का द्योतक होता है! अकेले खुसरू की हत्या और उससे उपजी जन-असन्तोष की भावना ने उस साम्राज्य और

उसकी उपादेयता पर ही सबसे बड़ा प्रश्न-चिह्न अंकित कर दिया!

येन-केन-प्रकारेण राज्य और सत्ता हासिल कर लेना एक बात होती है किन्तु, उसे सँजो-सम्हाल के रखना दूसरी तथा विषम बात थी? अगर अभी भी जनता के चेहरे-रूपी दीवार पर लिखी इबारत पढ़कर मुग़ल वंश समझ लेता, तो सम्भवतः मुग़ल वंश आगे भी दुर्दशा को बचा सकता था? मगर सत्ता का मोह और क्षुद्र लाभ जब हावी हो जाये तब जन-हित नज़रअन्दाज़ ही होता है और, जन-अपेक्षाओं के अनुरूप न ढल पाने वाली सरकारें और व्यवस्थाएँ/संस्थाएँ दिशाहीन व भ्रमित ही प्रतीत होतीं हैं? अकबर की राह से भटकना ही मुग़ल वंश और मुग़ल साम्राज्य के लिए सबसे बड़ा अभिशाप हो गया? और, उसके बाद मुग़ल सत्ता वैभव के साथ तो सम्पृक्त हुई, किन्तु यह विलासिता का रूप ग्रहण करने लगी? बिना मूल्यों और प्रतिमानों से कलाएँ भी अपने को विकृतियों से नहीं बचा पायीं? वे आदर्श जो सूफी-भक्ति आन्दोलनों ने खड़े किये थे, उनके क्षरण ने सामाजिक-सांस्कृतिक ढाँचे को ही नेस्तनाबूद कर दिया और भी जो हश्र होना था वही हुआ और मुग़ल सत्ता मृत-प्रायः हो गयी! खुसरू का एक हत्यारा, उसका पिता जहाँ चित्रकला में शरण लेता दिखता है, वहीं दूसरा, हत्यारा उसका भाई स्थापत्य की कोमलता में संगमरमर और पच्चीकारी में सांस्कृतिक मूल्य ढूँढ़ता दिखता है? और दोनों दिखावटी अलंकरण और बाह्य प्रतीकों-रूपकों में उलझ के रह गये, गहन आध्यात्मिक-दार्शनिक धरातल से पूरी तरह कट गये! साम्राज्य और सामाजिक वास्तविकता के इस अन्तर ने ही साम्राज्यीय-संरचना में एक ऐसी दरार पैदा कर दी, जिसने अन्ततः एक न पट सकने वाली गहरी खाई का रूप धारण कर लिया और उसका परिणाम हम सबके समक्ष है!

तब सब के समझ में आया कि, अकबर और उसके धुर समर्थक क्यों चाहते थे कि या तो सलीम सुधर जाये या फिर खुसरू के लिए गद्दी छोड़ दे? मगर कोई भी प्रवाह जब प्रारम्भ होता है, या क्रिया जब शुरू होती है तब वह अनुकूल और प्रतिकूल दोनों प्रकार की शक्तियों या ऊर्जाओं को एक ही साथ प्रवाहित करती हैं। इनमें से एक को हम सकरात्मक और दूसरी को नाकारात्मक ऊर्जा के रूप में पहचानते हैं! और इन दोनों का द्वन्द्व भी लगातार हो जाता है? अकबर सम्भवतः यही बचाना चाहता था? अपितु, पहले से ही एक सन्तुलित स्थायी हल या समाधान की ओर देख रहा था? वह अपनी दूरदृष्टि से अपने खून-पसीने से निर्मित अपने मुग़ल साम्राज्य के ढाँचे में दरार की सम्भावनाएँ देखने लगा था? उसने भरसक कोशिश भी की थी कि, वह इस समस्या का समाधान भी ढूँढ़ ले, किन्तु उस हाथी-युद्ध ने सब कुछ स्पष्ट कर दिया था? उसके प्रयास और सदिच्छाओं का अन्त सन्निकट था? उसका बचपन और अन्त दोनों कष्ट में ही गुज़रे! एक पिता (हुमायूँ) के पलायन के चलते फिर पिता और चाचा (कामरान) के पारस्परिक युद्धों के चलते और आख़िर में पुत्र (सलीम) के चलते और दोनों पिता-पुत्रों (अकबर-सलीम तथा सलीम-खुसरू)

के युग्मों के अन्तर्विरोधों के चलते? एक ओर, उसका और सलीम का मतभेद तो दूसरी ओर सलीम और खुसरू के मनभेद! उसे तो तिनके का भी सहारा नहीं दिखा और वह, जो सदा दूसरों का सहारा होता था, आज असहाय ही घोर नैराश्य के साथ डूब गया? और उसी के साथ डूब गया था उसके साम्राज्य का सितारा! रही बची कसर अब पूरी कर दी थी, ख़ुर्रम ने जहाँगीर की संलिप्तता से खुसरू की निर्मम हत्या करके! और वो मृत अवस्था में भी उनके लिए काल बन गया था! वे कभी समझ ही नहीं पाये कि, खुसरू से कैसे निबटें—न ज़िन्दा न मृत? वे अकबरी रवायत का महत्त्व न समझा सकते थे और न ही समझना चाहते थे? क्योंकि, सम्भवतः वह उनके क्षुद्र राजनीतिक स्वार्थों को कभी न स्वीकार करती? वे नीति रहित राजनीति की ओर साम्राज्य को धकेल ले गये और इस हत्या ने उस मार्ग से वापसी के सभी मार्ग अवरुद्ध भी कर दिये? अब सारे रास्ते मुग़ल-साम्राज्य के पतन की ओर ही जाते थे? उसके सम्हलने या सन्तुलित होने की सम्भावनाएँ अब समाप्त-प्रायः थीं!

खुसरू के शव को इलाहाबाद तो भेजा किन्तु, बिल्कुल बाहर ही पश्चिमी छोर पर जो खुल्दाबाद सराये से उत्तर की और खुल्दाबाद बाग़ था और जहाँ बादशाह की पत्नी और खुसरू की माँ दफ़न थी, वहीं, उसे भी दफ़न कर दिया गया! खुल्दाबाद के इस बाग़ जो इसके बाद खुसरू बाग़ के नाम से मशहूर हुआ, उसके बारे में समझने के लिए बेहतर होगा हम खुल्दाबाद सराये के विषय में भी थोड़ा जान लें! यह एक बड़ी सराये थी, जिसका क्षेत्र-फल 17 बीघा है। (एक अकबरी बीघा 3600 वर्ग गज का होता था) इसमें चारों ओर मुसाफ़िरों के ठहरने के लिए कोठरियाँ निर्मित थीं. इसके चारों ओर चार फाटक थे। इनमें से उत्तर वाला सबसे भव्य द्वार खुसरू बाग़ में खुलता है! पूर्व और पश्चिम वाले द्वार पर कोनों में चार-चार खम्भों पर दो-दो गुम्बददार छतरियाँ बनी हुई हैं, जो अब खस्ताहाल हैं। अतः इस सराये के उत्तर वाले भाग में सटा हुआ खुसरू बाग़ है, जो 115 बीघे (65 एकड़) में निर्मित चार-बाग़ शैली का एक बाग़ है, जो सलीम के सूबेदारी काल में उसकी पसन्ददीदा सैरगाह थी! शुरू में तो ज़ाहिर है, यहाँ जब खुसरू को दफ़नाया गया तब कुछ समय तक यहाँ कच्ची क़ब्र ही थी। किन्तु, उसी समय जैसे बुरहानपुर से आगरा की यात्रा में हुआ था, उसी की पुनरावृत्ति ही हमें आगरा से इलाहाबाद की यात्रा में दिखाई देती है! अपितु अधिक जोश-खरोश के साथ क्योंकि, यहीं सभी अमीरों और उसके राजपूत रिश्तेदारों की जागीरें भी स्थित थीं! आगरा से पूरब की ओर यह पहला और महत्त्वपूर्ण मुग़ल सूबा था। सलीम का तो यह प्रिय शरणस्थल रहा था और उसके साम्राज्य-विरोध की गतिविधियों का केन्द्र भी! जब सलीम शासक बनने से पहले यहाँ इलाहाबास या इलाहाबाद में रहता था, तब उसने दो बाग़ विकसित किये थे। एक शराराबाग़ और दूसरा खुल्दाबाद का यह बाग़। शराराबाग़ तो तब भी इलाहाबाद के क़िले के पास था, किन्तु, खुल्दाबाद बाग़ दूर और शान्त! इसमें एक

सीढ़ी वाला बड़ा कुआँ या बावड़ी भी थी, जिससे, इस बाग़ को हरा-भरा रखा जाता था। चूँकि, उत्तरी द्वार मुख्य द्वार नहीं था, इसीलिए यह साधारण सा ही है, मुख्य द्वार दक्षिणी द्वार था, जो खुल्दाबाद की सराये में खुलता था। वह नक़्क़ाशीदार सुन्दर व दिव्य द्वार है! आइये इस द्वार की थोड़ी सी चर्चा और कर ली जाये? इसकी ऊँचाई 60 फुट है। इस द्वार की बनावट भी इलाहाबाद दुर्ग के महल के फाटक के ही समान है! इस द्वार के ऊपर फ़ारसी भाषा में यह शेर अंकित है : "बाहुक्म हज़रत शहंशाही ख़िलाफ़त पनाही ज़िल्ले-इलाही नूरुद्दीन मुहम्मद जहाँगीर बादशाह गाज़ी बई-हत्माम मजीद ख़ास आकारज़ा मुस्सविर ईं बिनाय आली सूरत इतमाम याफ्त'' अर्थात, "बादशाह जहाँगीर की आज्ञा से आका चित्रकार के विशेष प्रबन्ध से यह दिव्य या विशाल भवन बनकर तैयार हुआ है।'' नीचे हिजरी तिथि में जहाँगीर के राज्यारोहण का वर्ष (1605) दिया गया है। बाग़ के बाहर दक्षिण और पूर्व के कोने पर सुन्दर बावली बनी हुई थी, जो बाद में (1832 के पश्चात) बाग़ के अन्दर करके 'इलाहाबाद वॉटर-वर्क्स' के लिए प्रयुक्त हुई! यानी इस बाग़ के भीतर-बाहर सब जगह जल की पर्याप्त व्यवस्था थी!

किन्तु, इनके द्वार और चारों ओर की दीवार की कहानी भी खुसरू की लोकप्रियता की दास्तान कहती है! जैसे ही खुसरू अपने अन्तिम पड़ाव पर आया और, बस जहाँ से क़यामत के रोज़ का उसका वास्तविक इन्तज़ार शुरू हुआ, हम पाते हैं कि इलाहाबाद के खुल्दाबाद इलाके में एक मेला स्थायी रूप से शुरू हो गया! दिन-रात लोगों की आमद-रफ्त, मन्नतों, दान-पुण्य, सबाब और जियारत का दौर मुकम्मल हो गया! पूरे दिन और देर शाम तक रोज़ ही मेला लगा रहता था! इतनी भीड़ कि, पश्चिमी द्वार से इलाहाबाद में प्रवेश ही असम्भव हो जाता था। न केवल खुल्दाबाद सराये में ही ठहरने वालों को असुविधा होती थी अपितु, चूँकि, यह आगरा के लिए मुख्य मार्ग था और यहीं से बुन्देलखण्ड-दक्खन, बिहार-बंगाल का भी मार्ग जाता था, अतः व्यापार और प्रशासनिक गतिविधियों के लिए यह ही मार्ग मुख्य था, अतः सभी को दिक़्क़त का सामना करना पड़ रहा था! वहाँ के प्रशासनिक अधिकारियों के हाथ-पाँव फूलने लगे थे! इसी भीड़ और प्रशासन को बनाये रखने के लिए इस बाग़ को एक ऊँची दीवार से घेर दिया गया और इसमें द्वार निर्मित किये गये, ताकि किसी तरह से बदतर होती क़ानून व्यवस्था की स्थिति को नियंत्रित किया जा सके! 'मिफ्ताह-उत-तवारीख़' से हमें जानकारी मिलती है कि इस बाग़ की दीवार इलाहाबाद के क़िले के बचे हुए मसाले से बनी थी!

वाक़ई जहाँगीर के बयानों से तो ऐसा ही ज्ञात होता है कि खुसरू ने जीते जी अपने पिता जहाँगीर को भी चैन से जीने नहीं दिया था और अब मर कर भी उसके लिए परेशानी का सबब था? या, दूसरी ओर हम कह सकते हैं, कि जीते-जी तो अपनी सुरक्षा के चलते उसने अपने पुत्र खुसरू को क़ैद में रखा ही, मरणोपरान्त

भी उसके लिए क़ैद ही निर्धारित की—क़ब्र को घेरना पड़ा—सुरक्षा के नाम पर ही सही! उसके चाहते न चाहते इस बाग़ का नाम खुल्दाबाद-बाग़ के स्थान पर स्वतः खुसरू बाग़ हो गया! क्योंकि, यहाँ खुसरू जैसा पाक व्यक्तित्व दफ़न हुआ था! ऐसी पाक रूह जहाँ वास करेगी, उस स्थान का तो महत्त्व हो ही जाना था? जहाँगीर का सैर-गाह वाला यह बाग़ एक पवित्र-धार्मिक स्थल में परिवर्तित हो गया! लोगों का ताँता आज भी लगा ही रहता है—स्थानीय और बाह्य दोनों तरह के दर्शनार्थियों से यह स्थान सदा गुलज़ार ही रहता है! इसमें खुसरू व उसकी माँ शाह बेग़म की क़ब्रों के अलावा एक खाली क़ब्र और है और, वह खुसरू की बहन और जहाँगीर की बेटी की है, किन्तु वह सिकन्दरा में दफ़न हो गयी थी, अतः यह क़ब्र खाली रह गयी। इसी के साथ एक अन्य भवन और है, इस्ताम्बोली-बेग़म का निवास था, जो समय के साथ 'तम्बोली बेग़म' का महल कहलाने लगा है! इस्ताम्बोली सम्भवतः तुर्की की राजधानी इस्तांबुल का कोई महत्त्वपूर्ण व उच्च अमीर रहा होगा, जो सिराज निवासी मिन्हाज-उस सिराज जैसे ही अपने पैतृक-निवास के नाम से ही जाना जाता रहा होगा? इस्तांबुल के निवासी होने के कारण वह इस्ताम्बोली कहलाता होगा और फिर बोलते-बोलते, इस्तान्बुली से इस्ताम्बोली होते हुए तम्बोली हो गया होगा! उसकी किसी पुत्री से जहाँगीर ने विवाह किया होगा और चूँकि, उसके रहने के लिए इस निवास का निर्माण किया गया अतः यह 'तम्बोली का महल' कहलाया होगा। इसी प्रकार एक भवन फ़तेहपुर सीकरी में भी देखने को मिलता है, उसे भी 'तम्बोली का महल' कहते हैं?! कैसे स्थानीय बोलियों के चलते यह नाम विकृत होता है, यह समझा जा सकता है!

इस चार-बाग़ शैली वाले खुसरू बाग़ में चार इमारतें हैं, इसमें सबसे पूर्व वाला मकबरा खुसरू का; उसके बाद वाला उसकी बहन सुल्तानुनिस्सा (हालाँकि, वह बाद में सिकन्दरा में ही अकबर के मकबरे में दफ़न कर दी गयी थी, अतः यह खाली है)। इसके पश्चिम में अगली या पूर्व से तीसरा वाला मकबरा खुसरू की माँ और जहाँगीर की पत्नी शाह बेग़म का है। इसके पश्चिम में थोड़ा हटकर वही 'तम्बोली का महल' है। जहाँ तक खुसरू के मकबरे का सवाल है, तो यह निश्चित ही समय के साथ विकसित और निर्मित-परिवर्तित होता रहा, अतः इसमें परिवर्तन भी होते रहे! जहाँगीर के काल में बस प्रशासनिक कारणों से बाहरी दीवार का निर्माण हुआ था। क्योंकि, पीटर मुंडी जब 1632 में इलाहाबाद आया होगा, तब उसने इस बाग़ को देखकर लिखा : "मैं आज सन्ध्या को इस बाग़ में गया जहाँ तीन मकबरे हैं, अर्थात खुसरू, उसकी माता और उसकी बहन के, जिनमें से बहन अभी भी जीवित है। खुसरू का मकबरा एक मेहराबदार लदाव की छत के नीचे बीचोबीच में है; और देखने में सुन्दर मालूम होता है, ज़मीन पर खड़े होकर इसे देखने पर इसकी कुर्सी या प्लिंथ छाती बराबर ऊँचाई पर है। इसके ऊपर चारों ओर सीप जड़ी हुई लकड़ी

का जंगला लगा हुआ है और ऊपर मलमल या रेशम की छतगीरी या कनात टँगी हुई है। सिरहाने ही खुसरू की पगड़ी और वही क़ुरान (शरीफ़) रखी हुई है, जिसे पढ़ते हुए उस पर हमला हुआ था और वह मारा गया था!'' खुसरू के इस मकबरे को तो बिशप हेबर ने मुग़ल स्थापत्य की निहायत उम्दा कारीगरी का नमूना माना है। उन्होंने लगभग एक शताब्दी बाद इस बाग़ और खुसरू की क़ब्र का 1824 में दीदार किया था! बिशप हेबर लिखते हैं, "ये सब इमारतें बहुत ही पवित्र, भाव-जनक, हृदयग्राही तथा उत्तम हैं। यहाँ आकर पवित्रता का भाव ही स्वतः जाग्रत होता है, यहाँ का वातावरण ही कुछ ऐसा है!''

आइये हम लोग खुसरू के मकबरे का भी एक नज़ारा ले लें क्योंकि, इससे कई बातें बहुत स्पष्ट हो जाती हैं। खुसरू जैसे संवेदनशील, मानवीय व्यक्तियों को समझने वाले रचनाकार, कलाकार आदि उन संवेदनाओं को समझते हुए कुछ बातों को परोक्ष रूप से अपनी नज़्मों, ग़ज़लों, शेरों यानी अभिव्यक्ति से बयान कर जाते हैं, जो इतिहास में उल्लेख में प्रत्यक्ष या परोक्ष मनाही हो? पूरा मध्यकालीन इतिहास-लेखन दरबार आश्रित था, अतः इसमें सुल्तानों और बादशाहों के ख़िलाफ़ कुछ भी लिखने से इतिहासकार कतराते थे, क्योंकि, वे राज्याश्रय पर निर्भर थे? जो इतिहास ना होकर आत्म-कथ्य था, वह तो और भी विकृतियों से भर-पूर? वास्तव में, जहाँगीर अपनी तुजफ़क में भी इस प्रकरण के ज़िक्र में अपनी संलिप्तता और अपराध-बोध छुपाने के लिए बस एक पंक्ति में ही लिखने को मजबूर होता है, "ख़ुर्रम ने सूचित किया है, कि, पेट के दर्द से खुसरू की मौत हो गयी है।'' न कोई ग़म की अभिव्यक्ति न कोई अफ़सोस जवान पुत्र की आकस्मिक मृत्यु की सूचना या समाचार पर! फिर जहाँगीर की मृत्यु के बाद (1628) खुसरू का हत्यारा ख़ुर्रम या शाहजहाँ ही शासक बना था। कौन समकालीन इतिहासकार या रचनाकार खुसरू के प्रति सहानुभूति से लिख सकता था? इसीलिए क़ब्र के मुख्य भवन के ऊपर भी कुछ नहीं लिखा हुआ है? किन्तु, गुम्बद के निकट अन्दर-बाहर बहुत से शेर लिखे हुए हैं। जिनके अन्तिम शेर के हिसाब से खुसरू के मरने का हिज़री साल 1031 दो बार निकलता है : "सलमी अरशद साल फ़ोतश फैज़ लायक बाज़ गो/सुफ्फये जन्नत ज़ि जान्रे पाक़ ऊ आबाद शुद।'' इसका अभिप्राय है, 'हे! सलमी अरशद (इस आशार का शायर) उसकी मृत्यु के साल की गणना (अबजद के अनुसार) 'फैज़ लायक' (शब्दों से होती) है। 'उसकी पवित्र आत्मा से स्वर्ग आबाद हो गया'! इस मिसरे से 1031 हिज़री वर्ष निकलता है!

इसी तरह कई शेर हमें खुसरू की क़ब्र की दीवार पर भी अंकित मिलते हैं। इनका अध्ययन बहुत दिलचस्प, महत्त्वपूर्ण और ज़रूरी हो जाता है। पहला शेर कुछ यूँ है : "आह अफ़सोस आस्मांरा सीरते बेदाद शुद/आरे आरे कार चूं बार ज़ल्म आमद दाद शुद।'' अर्थात, "अहो! आसमान (कालचक्र) का अत्याचार करने का स्वभाव

या मिजाज़ हो गया है/हाँ, हाँ जब उसका काम (खुसरू की हत्या) अत्याचार के रूप में प्रकट हुआ तभी तो हाहाकार मचा।'' कितना स्पष्ट कर दिया अरशद ने कि यह परिस्थितियों का या समय का सबसे क्रूर अत्यचार ही था, इसीलिए तो पूरे साम्राज्य में उस समय (और उसके बाद) सिर्फ़ हाहाकार ही मचा रहा? कितनी बड़ी बात इस शायर ने कुछ शब्दों में व्यक्त कर दी थी? इसी तरह दूसरा शेर है : "ज़िन्दगी ज़द खीमा बेरू अज़ दयारे ख़ुर्रमी/दीद चूँ बुनियादे आलम रा ख़राब आबाद शुद।'' इसका अभिप्राय यही निकलता है, "यह देख कर कि संसार की जड़ ढीली है (अनिश्चित है) जीवन आनन्द के देश से बाहर निकल गया।'' जब संसार की बुनियाद या नींव ही पक्की या निश्चित नहीं है, तो ज़ाहिर ही है या इसमें क्या आश्चर्य करना कि जीवन ही किसी का (यहाँ इस शहज़ादे का) आनन्द या सुख-रहित हो जाये? यानी वह कहना चाहता है कि जो दुनिया का चलन हो गया है, पूर्व सम्राट अकबर के उपरान्त उसमें यह (एक शहज़ादे का यूँ क़त्ल किया जाना) एक मामूली सी बात है? वास्तव में उस (रचनाकार) का इशारा बहुत गहन और मार्मिक है!

तीसरा आशा'र है : "अल्हे औबाशंद आगह अज़ फ़लक कहदास ऊ/हर कुजा ज़द शोलए ख़ाकिस्तरश बरबाद शुद।'' इसका सीधा सा अर्थ है, "स्वतन्त्र विचार वाले आसमान की करतूत को (हम सब) खूब जानते हैं कि जिस जगह इसने आग लगाई वहाँ की राख तक बरबाद हो गयी।'' अर्थात, जहाँ ऐसी हत्याएँ हों, हमें समझ लेना चाहिए कि अब पूरी कायनात ही नाराज़ हो चुकी है और, अगर कायनात नाराज़ हो जाती है, तब राख या कुछ भी अवशेष तक वहाँ शेष नहीं रह जाता है! शायर इसे अप्रत्याशित और क़यामत वाली घटना बताता है! उसकी अभिव्यक्ति वास्तव में, जन-आक्रोश या लोक भावनाओं की ही अभिव्यक्ति है। अतः लोग इतना सहम गये थे कि अब क़यामत की शुरुआत हो चुकी है? अगले शेर में भी कोमल भावनाओं को किस तरह अभिव्यक्त किया है, वाक़ई क़ाबिले-तारीफ़ है। "गुलबुने हरजा कि बीनी बर्गरिज़ अन्दर पै अस्त/बुलबुले ई' बाग़ बूदन मसलहत अज़ याद शुद।'' अर्थात, "जहाँ तुम गुलाब का पौधा देखोगे उसके पीछे पतझड़ लगी हुई है। ऐसे नश्वर बाग़ का बुलबुल होना व्यर्थ है!'' यानी एक तरफ तो वह ये कह रहा है कि, गुलाब जैसे सुन्दर फूल वाले पौधे का भी हश्र सिर्फ़ पतझड़ ही तो है! यानी गुलाब की पंखुड़ियाँ निहायत नाजुक होती हैं और शीघ्र झड़ती हैं, वैसे ही खुसरू जैसे गुलाब के फूल का यही हश्र बदा था? दूसरी ओर, इस रचनाकार की निराशा भी अभिव्यक्त हो रही है कि ऐसे सुन्दर से बाग़ में बुलबुल होकर भी क्या हासिल हो, जब यह तुरन्त समाप्त-प्रायः हो? उसे खुसरू के अन्त का असीम दुःख है, जो इन पंक्तियों में बयाँ हुआ है!

पंचम का भाव कुछ यूँ है : "गुल अज़ारे रा तरावत चीस्त काख़िर ख़ारे मर्ग/अज़ पये चाके क़बा सद सोज़ने फ़ौलाद शुद।'' इस शेर में किस लाजवाब ढंग से

कितनी गहन बात कही गयी है : "किसी रूप की कोमलता क्या है? (कुछ भी तो नहीं है) अन्त में तो हर कोमलता का यही सिला है, कि, मृत्यु का काँटा उसका जीवन-रूपी वस्त्र फाड़ने के लिए, फ़ौलाद के सैंकड़ों सुइयों का रूप धारण कर लेता है। अर्थात हमें वह अप्रत्यक्ष रूप से समझा देता है कि इतनी संवेदनशीलता, उदारता, सहृदयता और मानवीयता लेकर भी खुसरू का क्या भला हुआ? जीत तो किसी हत्यारे की ही हुई जिसने सुई को तलवार बनाकर उसके क्रूर उपयोग की कला में दक्षता हासिल कर ली थी? जो आम आदमी का बोध था और, जो बुरहानपुर से आगरा और फिर आगरा से इलाहाबाद तक दिखा था और जिसने मुग़ल साम्राज्य की चूलें हिला दी थीं, वह यहाँ बहुत ही संजीदगी के साथ अभिव्यक्त हुआ है! अगला शेर भी अपने गहन अर्थ के साथ कहा गया है : "चूं ब लब रानम हदीसे रा कि मी सोज़द ब आह/मुश्किलस्त इम्मा जहाँ ताहस्त ई' मोताद शुद।" यानी, "मैं ऐसी बात क्यूँकर अपने होठों तक लाऊँ, जो आह भरी या सन्ताप की अग्नि में सुलग रही हो? मुश्किल तो यही है कि जब तक दुनिया है, इसका स्वरूप यही रहना है? यानी, कवि या शायर के शब्दों में खुसरू जैसे भले लोगों का यहाँ इस बेरहम दुनिया में गुजारा नहीं है? उनका हर बार यही हश्र होना है, क्योंकि, दुनिया ऐसी ही है? शायर का मक़सद यही है कि बात भी वह तोहमत के साथ बयाँ कर रहा है? वो कहता ही है, उसे लानत है, जो उसे ऐसी गिरी हुई बात कहनी भी पड़ रही है, मगर इसकी अभिव्यक्ति उसकी मजबूरी है—मौक़ा भी है और दस्तूर भी—इसीलिए न चाहते हुए भी कह रहा है?

सातवें में लिखा है : "आ गुले राना कि बुद आराय गुलशन सद दरेग़/अन्दलीबां रा बरंगो बूय ऊ दिलशाद शुद।" वो रचनाकार यहाँ कहता है : "हाँ, वह उत्तम फूल जो वाटिका की शोभा था, और उसके रंग तथा सौरभ से बुलबुलों का हृदय गुदगुद था..." यानी वह लोगों की इस अवधारणा को अभिव्यक्त कर रहा है कि निश्चित ही खुसरू इस मुग़ल-वाटिका या वंश का सबसे बेहतर और लाजवाब फूल था, जिस के स्वरूप, रंग-ढंग, व्यवहार पर सभी फ़िदा थे और सबको नाज़ था? इसी का क्रम अगले शेर में जाता है : "चाक पैराहन शुद अज़ ख़ारे क़ज़ा दर बाग़े उम्र/हम ज़मीं बगिरीस्त हम अज़ आसमां फ़रवाद शुद।" या, "उसका (उम्र या आयु-रूपी) परिधान जीवन के उपवन में, मृत्यु के काँटों से फट गया, जिस पर पृथ्वी भी रोई और आकश ने भी दुहाई दी!" खुसरू के मार्मिक अन्त का इससे बढ़िया चित्रण हो भी क्या सकता था? शायर के अनुसार इस जघन्य हत्या, अपराध व पाप पर सारी कायनात ही रो दी थी? मगर, इससे इस बेढब दुनियावी लोगों (जहाँगीर, नूरजहाँ और शाहजहाँ जैसे) को फ़र्क़ भी क्या पड़ता है? जब कि, अन्य लोगों ने अच्छे वस्त्र धारण करने ही छोड़ दिये वे सन्ताप में डूब गये और सादे वस्त्र, जो दुःख के वक़्त पहने जाते हैं, वे ही धारण करने की आदत सी ही बना ली! मगर खुसरू की पाक

रूह या पवित्र आत्मा को तो स्वर्ग के परिधान मिले और वह सीधे स्वर्गारोहण का अधिकारी था भी और, हुआ भी! जिसका महत्त्व संसार में जहाँगीर, नूरजहाँ और शाहजहाँ जैसे लोगों ने न जाना, उसका महत्त्व स्वर्ग में स्वीकृत या स्थापित था?

शायर का यही आशय प्रतीत होता है, कि वह यहाँ, धरती और वहाँ, स्वर्ग या जन्नत के सन्दर्भ में उसके हश्र और यहाँ वालों की करतूत का अन्तर भी रेखांकित कर रहा है? उसके अनुसार यहाँ धरती पर स्वार्थी और वहाँ स्वर्ग में पवित्र आत्माओं का वास होता है और, शहज़ादे खुसरू का भी इसीलिए यहाँ गुज़ारा नहीं और अन्ततः वहीं वास हुआ! ज़ाहिर है, ये तमाम शेर बाद में ही कभी लिखे गये होंगे, जब शाहजहाँ के शासन-काल में दारा यहाँ का सूबेदार था—और शायद ही एक छोटे से काल में वह यहाँ रहा था? शाहजहाँ के किसी भी करीबी या दारा जैसे सूबेदार के रहते यह सम्भव हो भी सकता था? मगर, यह सच है कि, इसके प्रत्येक शेर में एक-एक बात का गहन अर्थ है और, ये सोच-समझ के लिखे गये हैं! या, यह भी सम्भव है, कि ये उसी समय लिखे गये हों? क्योंकि, इसके बाद ही मुग़ल साम्राज्य के ऐसे हालात हो गये थे किसी को भी इलाहाबाद के खुल्दाबाद में खुसरू के मकबरे की ओर ध्यान देने की फुर्सत कहाँ मिली? खुसरू की इस हत्या के उपरान्त तो मुग़ल साम्राज्य ही विघटनशील हो गया? शाहजहाँ और नूरजहाँ के आपसी कलह ने शाहजहाँ को मुग़ल बादशाह और अपने पिता के विरुद्ध विद्रोह करने पर मजबूर ही कर दिया और, उसके बाद मुग़ल साम्राज्य राजनीतिक अस्थिरता और अशान्ति के दौर से उबर ही नहीं सका! कुछ लोगों ने ऐसा माना है या लोगों के ध्यानाकर्षण के लिए उन्होंने लिखा है कि इन शेरों या पंक्तियों में खुसरू से मुताल्लिक या सम्बन्धित कुछ भी नहीं है। ख़ासतौर से इलाहाबाद का इतिहास 'प्रयाग प्रदीप' शीर्षक से लिखकर अमर हुए, शालिग्राम श्रीवास्तव ने यही लिखा है? उन्होंने इन शेरों की अन्तःकथा की अन्तर्दृष्टि व दूरदृष्टि की ओर दृष्टिपात नहीं किया था? हमें तो इन सब में शहज़ादे खुसरू की दर्दभरी दास्तान के स्वर ही दिखे और समझ आये?

अगले शेर में कवि लिखता है : "आं तने नाजुक कि बरवै बूद पैराहन गरां/ दर तहे ख़ाके ज़फ़ा अफ़सोस इस्तेदाद शुद।" कितना दर्द अभिव्यक्त है इस शेर में, यह निश्चित ही ध्यान देने योग्य है : "वह कोमल शरीर (और भावनाओं), जिस पर (दुनियावी) वस्त्र भारी मालूम होता था, दुःख है कि अत्याचार की मिट्टी के नीचे दबने के लिए तैयार हो गया?" क्या इन पंक्तियों के रचनाकार ने सबकुछ साफ़ शब्दों में ही नहीं अभिव्यक्त कर दिया है? वह स्पष्ट करता है कि खुसरू संवेदनशील और (मानवीय या अकबरी) आदर्शों-प्रतिमानों के अनुरूप जीवन-यापन करने वाला राजकुमार था। उसके लिए सम्भव था कि वह भी मुग़ल राजपरिवार के अन्य सदस्यों की भाँति राजनीतिक दाँव-पेंच में लगा रहता और, जहाँगीर से क्षमा याचना कर लेता जैसा कि उसका पिता चाहता था? या वह नूरजहाँ की पुत्री के विवाह-प्रस्ताव

को ही मंज़ूर कर लेता और उसका पक्षधर होकर शाहजहाँ के ख़िलाफ़ मोर्चा खोल देता? या वह शाहजहाँ जैसे महत्वाकांक्षी शहज़ादे को भड़का कर, वही काम करता जो बाद में उसके एक भतीजे औरंगज़ेब ने दूसरे महत्वाकांक्षी भतीजे मुराद के साथ अपना मक़सद प्राप्त करने हेतु किया भी? यानी शायर यही कहाँ चाह रहा है कि जो किसी दरवेश की तरह किसी से नहीं दबता था, वह दुनियावी जीवन से ऊब कर मिट्टी में दफ़न होने को तैयार हो गया? वह अपनी मृत्यु और, शरीर त्यागने को खुद तत्पर था? उसका मन इस दुनिया से उचाट हो गया था?

अन्तिम शेर तो हम पहले ही तिथि के लोभ में हम दे चुके हैं। अतः उससे पूर्व वाला और ग्यारहवाँ शेर है : "शुद ग़रीक़े रहमते हक़ चूं वलिए पाक़ बूद/ख़ास दरगाहे ख़ुदा ओ हमदमे औताद शुद।" शायर कहता है : "वह (खुसरू) परमात्मा की दया में डूब गया, क्योंकि वह एक सिद्ध पुरुष था! वह ईश्वर के निकट पहुँच गया और सन्तों-महात्माओं की पंक्ति या श्रेणी में सम्मिलित हो गया।" और कितने साफ़ शब्दों में कोई लिखता? इस शेर में कहीं सूफी सिद्धान्त और शब्दावली भी नज़र आ ही जाती है? और, कम से कम, उस 'तौहीद-ए-इलाही' के साथ ही सूफीवाद, वेदान्त और मानवीय यूनानी सिद्धान्तों व शब्दावली की अभिव्यक्ति हमें दिखती है, जिसके आग्रही अकबर व खुसरू तथा, बाद में इसी खुसरू का भतीजा और उसके हत्यारे भाई शाहजहाँ का पुत्र जिसका हिमायती और अनुयायी हो जाता है? खुसरू तो परमात्मा की कृपा का पात्र शुरू से ही था और, वह एक निश्छल सिद्ध पुरुष था, जो दुनियावी छल-प्रपंच, झूठ-फ़रेब, माया-मोह के बन्धनों से बहुत ऊपर था। सम्भवतः इसीलिए इन दुनियावी और मायावी लोगों की समझ के भी वह परे था? वह सादे-जीवन व उच्च आदर्शों-विचारों का हिमायती था! अप्रत्यक्ष-रूप से खुसरू के जीवन में प्रारम्भिक व पवित्र खलीफ़ाओं की जीवन-शैली का अक्स देख रहा है और, इसी वजह से उसकी गणना दरवेशों, सन्तों भक्तों में कर रहा है?

इसी में वस्तुतः, हमें वे कारण दृष्टिगोचर होते हैं, जिनकी वजह से खुसरू की इतनी मान्यता, स्वीकृति, लोकप्रियता थी और फिर अमानवीय कुकृत्य द्वारा हत्या के बाद तो उसपर आमजन की पूर्ण आस्था ही स्थापित हो गयी? सम्भवतः वह इतनी प्रसिद्धि बादशाह होकर भी नहीं प्राप्त कर सकता था? उसे उसके चरित्र आदर्शों-मूल्यों-परिमाणों-आदर्शों और उनपर आधारित आचरण ने ही मरते ही सन्त का दर्ज़ा दिलवा दिया! लोग उसकी मज़ार की यात्रा को किसी सूफ़ी सन्त या महात्मा के पवित्र स्थान की ज़ियारत से कमतर नहीं मानते थे? तभी तो बुरहानपुर से लेकर आगरा और, फिर आगरा से लेकर इलाहाबाद तक, जहाँ भी उसका ताबूत पहुँचे, मेले ही लगे? और, इतने सालों के बाद भी उसकी मज़ार किसी तीर्थाटन का ही प्रतीक है! किन्तु इन राजनीतिक अभिलाषाओं, आकांक्षाओं, लिप्साओं और ऐषणाओं में डूबे हुए दुष्ट लोगों को लोगों की अन्ध-भक्ति श्रद्धा भी समझ नहीं आयी? उन्हें ऐसा

ही लगा जैसे कि कोई अग्नि में घृत डालकर इस प्रकरण को हत्या का रूप देकर राज्य और प्रशासन को अस्थिर करने की नीयत से भड़का रहा है? और, कुछ लोगों को खुसरू की मज़ार के प्रति आमजन की यह आस्था अन्ध-विश्वास पर आधारित षड्यन्त्र ही नज़र आया? वे भारतीय मानस में मानवीय मूल्यों के महत्त्व को समझने और मूल्यांकित करने में बुरी एवं पूरी तरह से असफल ही रहे थे? वे तो यहाँ तक सोच रहे थे कि, क्यों न उसको कहीं और दूर बंगाल में दफ़न करवा दिया जाये? किन्तु, वे जानते थे कि वह अकबर के ही काल में बंगाल व उड़ीसा का सूबेदार नियुक्त रहा था और उसके एवज़ में उसका मामा राजा मानसिंह कार्य-दायित्व का सम्पादन करता था! तो वह तो वहाँ की भी जनता को सहज स्वीकार्य होगा? ख़ैर वे तो न केवल अकबरी-विरासत और खुसरू की इसी 'अकबरी छवि' को समझने में असफल रहे, अपितु, इस तूफ़ान से उठे गुबार ने फिर कभी किसी शासक को चैन से बैठने भी नहीं दिया कि इसको क्रियान्वित करने की नौबत आती और, अन्ततः खुसरू इलाहाबाद में ही चिर शान्ति में सो रहा है!

खुसरू की निर्मम हत्या का राजनीतिक प्रतिफल

वाक़ई, शहज़ादे खुसरू की हत्या ने न केवल संवेदनाओं और शोक की गिरफ्त में पूरे समाज को ले लिया, अपितु साम्राज्य के दोनों स्तम्भों, यथा, उमरा (अमीर वर्ग) और उलमा (धर्माधिकारी वर्ग) को स्तब्ध कर दिया! वे एकदम से किंकर्तव्यविमूढ़ और निष्क्रिय हो गये! पहली प्रतिक्रिया-स्वरूप उन्होंने इस तरह की राजनीति से अपने-आप को पृथक किया और, फिर जब उसमें सक्रिय हुए, तब वे इन्हीं मूल्यों को अपनाने के लिए ही अपने को मजबूर मानने/पाने लगे? इस अप्रत्याशित घटना के उपरान्त उनका नैतिक स्तर इस संक्रमण-काल में बिल्कुल ही गिर गया और यही अन्ततः मुग़ल साम्राज्य और, उसकी समस्त प्रशासनिक संस्थाओं के पतन के लिए उत्तरदायी भी हुआ! जब शासक और राजपरिवार ही अकबरी और मानवीय मूल्यों से च्युत हो गया, तब वे तो हर मामले में राजपरिवार का ही अनुसरण करते थे, अतः, उनके पास यही नव स्थापित खोखले और नैतिकता से रहित सांसारिक और स्वार्थ में लिप्त मूल्य, आदर्श, प्रतिमान व्यावहारिक और वास्तविक हो गये थे? इस सब का खमियाजा भी उसी मुग़ल साम्राज्य और वंश को भुगतना पड़ा, जिसने इस नये 'राजनीतिक संस्कृति' को जन्म देकर पुष्पित-पल्लवित किया था? जो औरंगज़ेब से मुग़ल साम्राज्य के पतन के चिह्न तलाशते हुए जुटते थे, हमें तो उन तमाम विद्वानों एवं इतिहासकारों से यही एक इल्तज़ा है कि खुसरू की नृशंस हत्या से उसके बीज तलाशें तो वे सही निष्कर्षों पर सहज और सफल रूप से पहुँच जायेंगे!

वास्तव में शहज़ादा खुसरू ही वो बाँध था, जो इस पतन के सैलाब को रोक सकता था, रोके हुए था? वही जन-अपेक्षाओं के अनुरूप आचरण करने वाला एक सन्त-चरित्र वाला राजकुमार था, जिसपर लोगों की समय के साथ श्रद्धा बढ़ती ही गयी, जिससे सांसारिकता में डूबे लोगों को नागवार ही गुज़रा होगा और, उन्होंने उसे अपनी राह में एक रोड़ा और अवरोध ही माना होगा? किन्तु, वे भूल गये या अपने स्वार्थ व सांसारिक संकीर्णता में उसके चरित्र, भाव और आदर्श व्यक्तित्व के महत्त्व को ही नहीं समझ पाये, जो लोगों को आकर्षित और, अपने से जोड़ने में सक्षम था? अतः उसके जाते ही, उन्हीं के ऊपर जो रक्षा कवच था वह हट गया? जनता और शासक के मध्य का कवच; सम्राट और उसकी प्रिय किन्तु महत्वाकांक्षी

पत्नी नूरजहाँ के मध्य का कवचय सम्राट और उसके महत्त्वाकांक्षी और षड्यन्त्रकारी पुत्र, शाहजहाँ के मध्य का कवच; अमीरों तथा, उलमा के मध्य का कवच; और फिर शासक और शासक-वर्ग (उमरा) के मध्य का कवच! सारे कवच जब टूट के गिर गये, तब सैलाब अपरिहार्य था और, उसमें पूरा साम्राज्य और उसकी संस्कृति पूर्णतया नष्ट और नेस्तनाबूद हो जानी थी और वह हो गयी!

वास्तव में, हम मुग़ल साम्राज्य और सम्मिश्रित संस्कृति, जिसे गंगा-जमुनी तहज़ीब के नाम से जाना गया उसके पतन की इस पूरी प्रक्रिया को तब तक नहीं समझ सकते जब तक हम यह न समझ लें कि, प्रारम्भिक संघर्ष (1000 से 1206) के उपरान्त दो भिन्न संस्कृतियाँ धीरे-धीरे सह-अस्तित्व के भाव से न केवल रहना सीखी थीं (1206-1526), अपितु एक नयी समन्वित संस्कृति को 1526 से 1605 के मध्य जन्म देने में कामयाब भी हुई थीं? वस्तुतः, जब दो भिन्न रूप से विकसित सभ्यताएँ और संस्कृतियों का सम्पर्क होता है और, ख़ासतौर से यदि उसमें से एक संस्कृति सैन्य शक्ति से लैस होकर, राजनीतिक प्रभुसत्ता स्थापित करने में सफल होती है, तो प्रारम्भ में संघर्ष अवश्यम्भावी है, किन्तु जीने की मजबूरी उन्हें सह-अस्तित्व के लिए शनैः-शनैः तैयार कर देती है! यही मध्यकालीन भारत में भी हुआ। इल्तुतमिश (1210-1236) ने इस मिजाज़ को सही ढंग से समझा और, स्पष्ट कर दिया कि भारत अरब नहीं है, 'यहाँ हम अल्प-संख्यक हैं अतः 'दारुल-हर्ब' को 'दारुल-इस्लाम' बनाने की बात करना अव्यावहारिक और गलत होगा'? वहाँ से लेकर मुग़ल काल तक राज्य ने 'जबावित' या राजकीय विधि को उतनी ही मान्यता प्रदान की, जितनी कि 'शरियत' या शरई नियमों को! फिर धीरे-धीरे खलजी क्रान्ति (1290) के पश्चात और उसमें भी, अलाउद्दीन खलजी के काल के बाद सिर्फ़ योग्यता के आधार पर नौकरियाँ अथवा सरकारी पद प्रदान किये गये और उसी आधार पर पदोन्नतियाँ भी दी गयीं! मोहम्मद तुग़लक (1325-1351) मध्यकालीन भारत का पहला शासक था, जिसने सार्वजनिक रूप से होली खेली; मन्दिर-दर्शन किये; गौशालाएँ बनवाईं; गंगा-जल के औषधीय गुण को समझते व रेखांकित करते हुए, बस उसी को पीने पर ज़ोर दिया। मोहम्मद तुग़लक के बाद के सभी मध्यकालीन (मुस्लिम) शासक साधारण जल के स्थान पर यही गंगा-जल ही पीते रहे, 1857 तक! उसी ने पहली बार नीतिगत निर्णय लेते हुए, हिन्दुओं को अमीर या महत्त्वपूर्ण पदों पर भी नियुक्त किया। यानी वे इल्तुतमिश के काल के खूत, मुक़द्दम, चौधरी—साधारण रूप से समझने के लिए 'ज़मींदारों'—के साथ-साथ, अब अमीर, दीवान-वज़ीर, लेखाधिकारी व सैन्याधिकारी व वली या प्रान्तपतियों के महत्त्वपूर्ण राजकीय-प्रशासनिक पदों पर नियुक्त होने लगे थे!

इस पूरी सम्मिश्रण की प्रक्रिया को शेरशाह (1540-1545) ने एक औपचारिक, सु-परिभाषित व पूर्ण स्वरूप प्रदान किया था। अकबर (1556-1605) ने न केवल

टोडरमल को प्रतीकात्मक रूप से शेरशाह से लिया, अपितु, यह पूरी विरासत लेकर उसे एक सुदृढ़ राजकीय नीति और, साम्राज्य के नीति-निदेशक-तत्व के रूप में ही परिवर्तित कर दिया! और शायद इसीलिए, जब उसने सलीम, मुराद और दानियाल के चरित्र और व्यवहार में कमी महसूस की, तो उसने अपने पुत्रों के स्थान पर अपने पौत्र को ही अपना सही उत्तराधिकारी माना था! वैसे अतिशयोक्ति नहीं है, अकबर ने उसे इसी रूप में तैयार ही किया था। उस पर उसके दुष्चरित्र पिता, सलीम का साया भी नहीं पड़ने दिया? उसका न केवल 'खुसरो' या 'खुसरू' नामकरण किया, अपितु उसने इस शहज़ादे का स्वयं अपनी देख-रेख में लालन-पालन व शिक्षा-दीक्षा सम्पन्न करवाई ताकि, वह जैसा चाहता था, इस हिन्दुस्तान को एक दूसरा अकबर देकर अपने सांस्कृतिक-सम्मिश्रण वाले राज्य के सातत्य को सुनिश्चित कर सके? वास्तव में 'खुसरो' का अर्थ ही 'बादशाह' या प्रमुख अमीर हो होता है? अर्थात जो नेतृत्व कर सके इमाम के रूप में! इसी प्रकार दूसरे शब्द 'खुसरू' का अभिप्राय ही, 'सुन्दर आकृति' या चेहरे वाला होता है? ज़ाहिर है, सुन्दर चेहरा या चेहरे पर स्थायी-रूप से सुन्दर भाव-भंगिमा आन्तरिक सुन्दरता या सीरत से ही आती है! अतः अकबर का सारा ज़ोर इसी बात पर था कि वह अपने अनुसार ही अपना उत्तराधिकारी चयनित व घोषित कर सके? वह इस मामले में भी पैग़म्बर साहब का अनुसरण करके अपने उत्तराधिकारी या 'खलीफा' या 'वली-अहद' मनोनीत कर देना चाहता था! परिस्थितियों ने कैसे इसे असम्भव बनाकर, मुग़ल राजनीति की दशा और दिशा ही बदल दी, इसको तो हम सब जानते ही हैं!

इसीलिए अकबरी विरासत का सच्चा उत्तराधिकारी जब एक बार अपने पिता के हथकंडों से पराजित हुआ तो अगली पीढ़ी जो अकबरी-संस्कृति के स्थान पर जहाँगीरी या सलीम की राजनीतिक और गैर-नैतिक (या अनैतिक) संस्कृति की विरासत सँभाल रही थी, उसके वास्तविक प्रतिनिधि, शाहजहाँ से तो उसे पराजित होना ही था? उसने तो उसकी निर्मम हत्या करके अपने पिता की नृशंसता वाली मूल्य-विहीन राजनीति को न केवल आगे बढ़ाया, अपितु, उसे ही मुख्य-धारा की राजनीति के रूप में स्थापित करके मान्यता ही प्रदान कर दी? हालाँकि, उसका खमियाजा उसे अपने पुत्र औरंगज़ेब के हाथों बन्दी-रूप में गुजारनी पड़ी। उसने भी अपने पिता शाहजहाँ की भाँति राजनीतिक सत्ता हासिल करने के लिए हत्या, साजिश और अनैतिकता से कोई परहेज नहीं किया? पूरी राजनीतिक-संस्कृति ही प्रदूषित होकर सिर्फ़ राजनीतिक सत्ता के येन-केन-प्रकारेण की प्राप्ति की ही हो गयी? अतः मुग़ल साम्राज्य और अकबरी विरासत पतनशील हुई और उसके साथ साम्राज्य की नींव ही हिल गयी! उसके उपरान्त वह कभी अपनी जड़ें जमा ही नहीं सकी? क्योंकि, जड़ें जमाने के लिए जिन सिद्धान्तों, आदर्शों, मूल्यों, प्रतिमानों की ज़रूरत थी, उन्हीं को खारिज करके, खुसरू की हत्या हुई थी!

किन्तु, इस हत्या ने जहाँगीर के पद पर बने रहने की गारंटी या आश्वासन को ही ख़त्म कर दिया? शाहजहाँ समझ गया था कि पहले नूरजहाँ और अब स्वयं बादशाह खुसरू का इस्तेमाल उसको सन्तुलित व नियंत्रित करने के लिए कर रहे हैं? तब क्यों न उसे जड़ से समाप्त कर दिया जाये? वह यह भूल गया कि बाँध टूटने से सैलाब का ख़तरा बढ़ जाता है? मगर संकीर्ण और स्वार्थपरकता की यही सबसे बड़ी कमज़ोरी होती है कि आदमी उसी तरह बस 'कोल्हू के बैल' सा आचरण करने को विवश हो जाता है? ईरान के शाह को सारी सूचनाएँ और समाचार दक्खन के शिया राज्यों, ख़ासतौर से, बीजापुर और गोलकुंडा से ही मिलते थे। अतः जब बुरहानपुर में हुई इस हत्या और उससे उत्पन्न सम्पूर्ण परिस्थितियों की पूरी जानकारी ईरान के शाह को मिली तो उसकी बाँछें खिल गयीं, मुग़ल साम्राज्य से कान्धार छीनने का इससे अच्छा अवसर उसे दूसरा कोई और नहीं मिल सकता था? उसने तत्काल प्रभाव से कान्धार पर आक्रमण करने का निर्णय ले डाला! उसने सालों-साल इसी क्षण की प्रतीक्षा की थी? ईरान के शाह ने मुग़ल बादशाह को अच्छे कूटनयिक सम्बन्धों के भ्रम में रखने में सफलता प्राप्त की थी? किन्तु वह हृदय से कान्धार की हार और उसे जहाँगीर के शासन-काल के बिल्कुल शुरू (1606) में प्रयास के बावजूद जीत न पाने का ग़म नहीं भूल पाया था? इस कूटनयिक प्रयास का भी एक कारण था। उसने 1606 में ही समझ लिया था कि इस दुर्ग को घेरेबन्दी से भी आसानी से नहीं जीता जा सकता है। उसने छल-छद्म से कान्धार के मुग़ल क़िलेदार को भ्रष्ट करके, यह दुर्ग ईरान के शाह को समर्पित करने का लालच भी दिया, किन्तु मुग़ल क़िलेदार किसी भी प्रलोभन से परे था?

अतः ईरान के शाह ने अब कूटनयिक ढंग से मुग़लों के साथ अच्छे सम्बन्ध स्थापित करके, उस क्षण का इन्तज़ार करना शुरू किया, जब मुग़ल अच्छे सम्बन्धों के आधार पर सम्भवतः कभी इसकी सुरक्षा में ढील दें और वह उसका लाभ उठा सके? सबसे पहले उसने यादगार अली को अपना राजदूत बनाकर जहाँगीर को ढ़ेरों उपहारों आदि के साथ, मैत्री के सन्देशों के साथ मुग़ल-दरबार में 1611 की शुरुआत में भेजा। यादगार अली मुग़ल दरबार में अप्रैल 1611 में पहुँचा और उसका ज़ोरदार स्वागत हुआ। उसने ईरान के शाह का वह अतिशयोक्तिपूर्ण भाषा वाला औपचारिक पत्र भी सौंपा जिसमें भूतपूर्व बादशाह अकबर की मृत्यु के शोक-संवेदना व्यक्त करने के साथ ही जहाँगीर के राज्यारोहण पर बधाई भी दी और उसकी शान में कसीदे पढ़े गये थे! यह ईरानी राजदूत, यादगार मुग़ल दरबार में पूरे सम्मान के साथ दो वर्ष रहा और, ढेरों इनाम-इकराम, उपहार के साथ वह वापस ईरान पहुँचा। उसी के साथ मुग़ल राजदूत ख़ाँ आलम भी ईरान के शाह के दरबार में जहाँगीर के सन्देश व उपहार लेकर गया। उसके प्रत्युत्तर में मार्च 1615 में द्वितीय ईरानी राजदूत मुस्तफ़ा बेग उपहारों के साथ आया। दोनों देशों और उनके शासकों के मध्य पारस्परिक

घनिष्ठता और मैत्री के सम्बन्ध ऐसे ही चलते रहे। 19 अक्टूबर, 1616 को तृतीय राजदूत मुहम्मद रिजा बेग के नेतृत्व में ईरानी कूटनयिक दूत-मंडल भारत (अजमेर) पहुँचा। इसमें तुर्की के विरुद्ध ईरान के अभियान हेतु मुग़ल सहायता की जहाँ उम्मीद व्यक्त की गयी थी, वहीं दक्खन के शिया राज्यों के विरुद्ध मुग़ल बादशाह के रवैये को थोड़ा कम आक्रामक करने का भी आग्रह था!

हमें ज्ञात ही है कि कैसे रिजा ख़ाँ मुग़ल-दरबार के साथ मांडू गया था फिर वहाँ से अप्रैल 1617 में वापस ईरान लौटने के क्रम में आगरा में बीमार पड़ा और वहीं उसकी मृत्यु हो गयी। उसकी सम्पति और सामान जहाँगीर ने एक विदेशी व्यापारी के हाथों उसके देश भिजवा दिया था। इसके दो वर्ष बाद ईरान गया मुग़ल राजदूत उपहारों से लदा-फँदा वापस भारत आया! दिसम्बर 1620 में भी यह क्रम ज़ारी रहा और, चतुर्थ ईरानी राजदूत की शक़्ल में हमारे यहाँ जाम्बिल बेग हाज़िर था! इतने मधुर सम्बन्धों के चलते, मुग़ल बादशाह ने अपनी फितरत के अनुसार, इन सम्बन्धों पर ऐतबार करते हुए, कान्धार की सुरक्षा को उतना महत्त्व व ध्यान नहीं दिया और उस ओर सामरिक-सुरक्षा के इन्तजाम कुछ कम कर दिये थे। आन्तरिक अस्थिरता और कान्धार की सुरक्षा के साथ यह लापरवाही, यही तो वह संयोग था, जिसकी तलाश में ईरान का शाह कब से प्रतीक्षारत था? लेकिन सबसे मज़ेदार और महत्त्वपूर्ण बात यह भी ध्यान में रखने की है कि इस पूरे दौर में, जब वह कान्धार की घेरेबन्दी की योजना बना रहा था और घेरेबन्दी कर रहा था, तब भी वह निरन्तर मुग़ल शहज़ादे, ख़ुर्रम या शाहजहाँ के साथ सम्पर्क बनाकर बक़ायदे ख़त-किताबत कर रहा था! इसका भी लाभ नूरजहाँ को मिला या उसने ये लाभ उठाने में कोई कसर नहीं छोड़ी?

प्रथम तो उसने जहाँगीर से यही समझाया कि, यदि एक बार को वह और उसके परिवार का कोई सदस्य मूलतः ईरानी और शिया होने के नाते इस प्रकार के सम्पर्क और पत्र-व्यवहार में संलग्न या संलिप्त होता तो एक बात होती मगर मुग़ल शहज़ादे ने उसकी इस नीयत और कान्धार के प्रति आक्रामक नीति के क्रियान्वयन के बावजूद भी उससे न तो सम्पर्क-सूत्र समाप्त किये और न ही पत्र-व्यवहार? क्या यह उचित और मुग़ल हितों के अनुकूल था? दूसरे, जब शाहजहाँ ने मुग़ल सैन्य स्थिति को सुदृढ़ करने और उस महत्त्वपूर्ण दुर्ग के रक्षार्थ कान्धार जाने में आना-कानी की, तब उसने दुबारा यही तथ्य रेखांकित किया कि, वह शत्रुओं के साथ सम्पर्क में होने के कारण मुग़ल शासक और मुग़ल साम्राज्य के ही विरुद्ध कार्य कर रहा है? तीसरे, मुग़ल-ईरान सम्बन्धों में कान्धार का स्वामित्व सदैव से एक विवाद का कारण रहा था। इन दोनों देशों में से जिसके पास कान्धार का स्वामित्व होता उसकी सैन्य-सामरिक स्थिति दूसरे की तुलना में श्रेष्ठ या बेहतर होती। मध्यकाल में इन दोनों समृद्ध एशियाई देशों के बीच बस यही विवाद का एकमात्र कारण था। अतः

खुसरू की हत्या से उत्पन्न परिस्थितियों में जब ईरान के शाह को लगा कि भारत की आन्तरिक स्थिति अस्थिर हुई है तब उसने कान्धार हस्तगत करने का मौक़ा न चूकते हुए उस पर सैन्य अभियान शुरू कर दिया, ताकि उसे मनोवांछित की प्राप्ति हो सके? उसका कान्धार जीतने या हस्तगत करने का सपना और लासा अब पूरी हो सकती थी?

एक पुरानी कहावत है, "जस राजा तस प्रजा"! हमें यह जहाँगीर के काल में और ख़ासतौर से खुसरू की हत्या के उपरान्त बिल्कुल सच होती दिखती है? कैसे बाह्य आक्रमण के समय जब देश पर संकट मँडरा रहा हो, उस समय भी आन्तरिक और क्षुद्र स्वार्थ और लाभ से भी मुग़ल राजपरिवार के सदस्य नहीं उठ पा रहे थे? खुसरू के जाते ही चूँकि, अब शाहजहाँ और नूरजहाँ आन्तरिक मुग़ल सत्ता संघर्ष में प्रत्यक्षतः आमने-सामने आ गये था अतः वे दोनों कुत्ते-बिल्लियों से लड़ने लगे? मुग़ल साम्राज्य पर हुए इस ईरानी हमले में भी एक-दूसरे को नीचा दिखाने और अपने लिए अधिकाधिक लाभ तथा दूसरे को क्षति पहुँचाने की ही चालें चली जाने लगीं? उन्हें भारत या मुग़ल साम्राज्य को होने वाले नुक़सान से ज़्यादा अपने राजनीतिक हानि-लाभ की चिन्ता थी? और, इसी क्षुद्र स्वार्थ ने मुग़ल राजनीतिक संस्कृति को अधोगति की ओर आगे के घटना-क्रम की पृष्ठभूमि भी तैयार कर दी? मुग़ल राजनीति कितनी जटिल और निचले स्तर की होती जा रही थी वह कान्धार पर हुए इस आकस्मिक ईरानी आक्रमण के समय और सुस्पष्ट हो गयी? खुसरू की हत्या के परिणाम सिर्फ़ आन्तरिक ही नहीं अपितु उसकी अन्तर्राष्ट्रीय गूँज के स्पष्ट स्वर हमें इस आक्रमण में सुनाई देते हैं? और इसी समय समझ आता है कि एक गलत काम कैसे आन्तरिक और बाह्य सन्तुलन को अस्थिर करने में सक्षम होता है? इसके प्रभाव सीमित नहीं होते?

इस ईरानी आक्रमण के चलते शाहजहाँ और उसके पक्षधरों को कोई अवसर नहीं मिला कि, वे नूरजहाँ और उसके 'ईरानी' नस्लीय अमीर गुट के ऊपर कोई इलज़ाम लगा सकते? उसके हाथ से ईरान के साथ कूटनयिक सम्बन्ध रखने का यह नुक़सान हुआ वरना वह नूरजहाँ की शक्ति को शायद कुछ सन्तुलित करने में कामयाब होता? अतः इस प्रकरण में, अप्रत्यक्ष रूप से, शाहजहाँ के विरुद्ध नूरजहाँ को एक और बढ़त प्राप्त हो गयी? फिर, नूरजहाँ को पूरा अवसर मिला कि, वह शाहजहाँ को श्रेष्ठ मुग़ल सेनानायक होने के चलते कान्धार-अभियान में फँसा दे और अपने दामाद शहरियार के लिए मुग़ल ताज़ का मार्ग निष्कंटक कर ले? यदि शाहजहाँ वहाँ जाता तो उसे ज्ञात था कि, वह फँस जाता और न जाता तो यह अवज्ञाकारिता ही होती और नूरजहाँ पुनः अपने मक़सद में—उसे बदनाम, अपमानित, नीचा दिखाने में सफल ही होती? शाहजहाँ बहुत ही विचित्र स्थिति में फँस चुका था? और इस स्थिति के लिए वह स्वयं उतरदायी था? खुसरू की हत्या का यह भी खमियाजा था?

उसे तब अपनी सीमित, संकुचित बुद्धि और स्वार्थ के आगे इसके दूरगामी प्रभाव समझ ही नहीं आये? इसीलिए कहा जाता है कि स्वार्थ और क्षुद्रता आदमी को अन्धा कर देती है? और उसे कोल्हू के बैल की भाँति बस उतनी दूर तक ही दीखता है?

क्या इत्तिफ़ाक़ था कि ये दोनों जो खुसरू से अपने-अपने कारणों से नाराज़ थे, और, अपना शत्रु मानते रहे, आज एक-दूसरे के सामने ताल ठोक रहे थे? उनके साथ ही मुग़ल बादशाह को भी अब खुसरू का महत्त्व समझ आया और अपनी जल्दबाज़ी पर अफ़सोस भी? मगर उसकी नृशंस हत्या का परिणाम तो उसके हत्यारों को ही भुगतना पड़ेगा? उसकी हत्या के उपरान्त उत्पन्न परिस्थितियों—आन्तरिक और बाह्य विभीषिका से बचाने में ही मुग़ल साम्राज्य को अपनी समस्त शक्ति, संसाधन और ऊर्जा लगानी पड़ी। ईरान के शाह ने मुग़ल राजनीति के इस आन्तरिक कलह का पूरा लाभ उठाने में कोई कसर नहीं छोड़ी? उसने एकदम से सही मौक़े पर कान्धार की घेरेबन्दी शुरू कर दी! ईरान जैसा समझदार बाह्य देश मुग़लों के अन्दरूनी तूफ़ान का लाभ उठाता ही? खुसरू की इस निर्मम हत्या ने आन्तरिक अस्थिरता पैदा की और, इस राजनीतिक अस्थिरता का लाभ उठाया एक बाह्य शक्ति ने!

किन्तु, जैसे ही इस बाह्य शक्ति ने आक्रमण किया, शाहजहाँ-नूरजहाँ द्वन्द्व के चलते, आन्तरिक राजनीतिक-प्रशासनिक अस्थिरता और भी गहन, भयावह और जटिल होती गयी! इस स्थिति का कौन सामना कर सकता था? ज़ाहिर है, जो एकमात्र पुत्र अपनी योग्यता का दम भर रहा था, उसी से तो आशा होगी? अतः जहाँगीर ने शाहजहाँ से दक्खन से अब कान्धार जाने को कहा? किन्तु, अब शहज़ादे खुसरू को ठिकाने लगाया जा चुका था? लेकिन खुसरू की हत्या के बाद तो अब उसकी हत्या के संलिप्त सब हत्यारे ही बचे थे? और, हत्यारे अपने उद्देश्य की पूर्ति के उपरान्त स्वयं एक-दूसरे पर सहज और स्वाभाविक रूप से शक़ और ईर्ष्या करने लगते हैं? अतः शाहजहाँ न जहाँगीर पर भरोसा कर रहा था और नूरजहाँ पर तो बिल्कुल भी नहीं? अतः उसे यही लगा कि, उससे खुसरू को किनारे लगवा कर, अब उसे भी ठिकाने लगाने की योजना बन रही है? शाहजहाँ और जहाँगीर दोनों षड्यन्त्रकारी-हत्यारे बाप-बेटे की जोड़ी एक-दूसरे पर ऐतबार कैसे और क्यूँ कर करते? मेवाड़, दक्खन, कांगड़ा अभियान आन्तरिक अभियान थे, अतः अलग किस्म के थे किन्तु, यह तो बाह्य शक्ति का सामना और कान्धार की घेरेबन्दी, वास्तविक दुश्मनों से सामना? क्या नूरजहाँ उसे शूली पर चढ़ाना चाहती है? क्या उसे बलि का बकरा तो नहीं बनाया जा रहा? कहीं ऐसा न हो कि वह कान्धार में व्यस्त रहे और, इधर जहाँगीर जिसका स्वास्थ्य रोज़ ही गिर रहा था, गुज़र जाये और उसका हक़ मारा जाये? क्या खुसरू को मार्ग से हटाने में उसने जल्दी कर दी थी? अब खुसरू की कमी सबसे ज़्यादा उसे खल रही थी? और, शाहजहाँ की आना-कानी और, असली रूप में आने से जहाँगीर को भी यही लगा कि उसने खुसरू को मार्ग से हटवाने में

अपनी संलिप्तता से यह कार्य कुछ समय से पूर्व कर दिया, वरना आज शाहजहाँ के ख़िलाफ़ एक मजबूत प्रतियोगी होता, जिसका भय कान्धार-अभियान में उसे दिखाया जा सकता था? मुग़ल साम्राज्य और उसके उमरा को भी एक योग्य शहज़ादे की कमी बहुत खली? नीति-निर्माता समझ गये कि इस आन्तरिक कलह ने ही ईरान को वह सुनहरा अवसर प्रदान किया है, जिसमें वह भारत पर आक्रमण कर रहा था!

इन सब गतिविधियों के बीच मार्च महीने के मध्य में बादशाह द्वारा शाहजहाँ को तुरन्त अपनी सेनाओं के साथ कान्धार-अभियान पर जाने का आदेश भेजा गया। तभी मुल्तान के गवर्नर या सूबेदार, ख़ाँ जहाँ का सन्देश मुग़ल दरबार में पहुँचा कि, शाह अब्बास ने कान्धार की वास्तविक घेरेबन्दी प्रारम्भ कर दी है! उसी समय यह भी अफ़वाह उड़ी, कि ईरान का शाह एक दूसरी सेना भी थट्टा के विरुद्ध भेजने की योजना बना रहा है? यह तो स्पष्ट हो गया था कि संकट आसन्न है और समस्त मुग़ल सैन्य संसाधनों के समन्वित प्रयोग से ही इसका सामना किया जा सकता है? जहाँगीर और नूरजहाँ तत्काल कश्मीर छोड़कर पंजाब की ओर बढ़े। सभी मुग़ल शहज़ादों और प्रमुख सेनानायकों को अपनी सेना के साथ इस संकट की घड़ी में पंजाब की ओर कूच करने के आदेश दिये गये। साम्राज्य के दीवान-वज़ीर, ख़्वाज़ा अबुल हसन तथा मीर बख्शी, सादिक ख़ाँ को सभी आवश्यक तैयारियाँ करने के निर्देश दिये गये। मुल्तान के सूबेदार ने तुरन्त अपनी सेना के साथ कान्धार जाने की आज्ञा माँगी किन्तु, उसे सम्पूर्ण मुग़ल सेना के आगमन की प्रतीक्षा करने का निर्देश देने की गलती हो गयी? वरना शायद परिस्थितियाँ इतनी बदतर न होतीं? शायद उसके जाने से स्थितियाँ यूँ हाथ से न निकलतीं? जहाँगीर ने स्थिति की गम्भीरता को समझते हुए और यही बात समझाने की नीयत से अहदी के बख्शी, जैनुल आबिदीन जैसे उच्चाधिकारी को शाहजहाँ के पास दक्खन भेजा, ताकि वह तुरन्त वहाँ के समस्त अमीरों, सेनानायकों और सेनाओं को कान्धार के लिए रवाना करके, वहाँ स्वयं भी पहुँच जाये!

ख़ैर, जैनुल आबिदीन शाहजहाँ के पास शाही सन्देश और आदेश लेकर पहुँचता, उससे पहले ही ईरान के शाह के पत्र से शाहजहाँ को इस आक्रमण की सूचना हो चुकी थी? लेकिन जहाँगीर ने एक बार उसकी (दक्खन में) सेवा के एवज़ में जो खुसरू को उसके साथ भेजने की गलती की थी, उसका खमियाजा तो अब भुगतना था? शाहजहाँ को मुग़ल साम्राज्य और सम्राट की मजबूरी का लाभ उठाने की आदत हो गयी थी? उसने इस अवसर का भी लाभ अपनी स्वार्थ-पूर्ति और, राजनीतिक सुदृढ़ता के साथ प्रशासनिक व सैन्य सामार्थ्य बढ़ाने की नीयत से अनेक शर्तें रखीं? उसे ज्ञात था कि वही सबसे योग्य सेनानायक और शहज़ादा है, जो इस दुष्कर कार्य को भी कर सकता है या प्रयास तो मकर ही सकता है? किन्तु उसे यह भी भली-भाँति ज्ञात था कि यह अभियान उसे मुग़ल दरबार और केन्द्र से दूर भी कर

देगा? और कान्धार की भौगोलिक स्थिति के कारण इस अभियान के बहुत लम्बी अवधि तक चलने की सम्भावना अधिक थी, अतः उसे अपने हितों तथा (सत्ता के संघर्ष के) निहितार्थों को सुरक्षित व संरक्षित करना था? उसे अपने जीवन के अस्तित्व के साथ ही राजनीतिक अस्तित्व की भी चिन्ता करनी थी? जिसने अपने बड़े भाई के अस्तित्व को समाप्त करने में कोई हिचक नहीं दिखाई थी अब अपने अस्तित्व को लेकर वाक़ई चिन्तित था? उसे इस पूरे आदेश और ज़ैनुल के आगमन में नूरजहाँ का षड्यन्त्र ही नज़र आया? खुसरू की हत्या का अभिशाप असर करने लगा था? किन्तु, अपने वास्तविक उद्देश्यों को छिपाने की नीयत से वह बुरहानपुर तक बढ़ गया। राह में उससे अफ्ज़ुल ख़ाँ, रज़ा विक्रमाजीत एवं रज़ा भीम भी आ मिले। वे उसके लिए दक्खन और गोंडवाना के शासकों, ज़मींदारों से वसूले गये धन लेकर आये थे।

बुरहानपुर और मांडू के मध्य उसने जैनुल को वापस मुग़ल दरबार भेज दिया और उसने बादशाह को यही बताया होगा कि वह सेना और धन लेते हुए आ रहा है? किन्तु, उसके पत्र में उसकी शर्तें खुले शब्दों और, दृढ़ता से व्यक्त की गयी थीं! उसने न केवल शर्तें लिखीं अपितु, उनके तर्क लिखकर अपनी शर्तों को जायज़ व न्यायोचित साबित करने का प्रयास किया? जहाँगीर और नूरजहाँ ने अपने-अपने निजी और पृथक कारणों से उसकी एक नाजायज़ माँग मान कर और, फिर खुसरू की हत्या को नज़रअन्दाज़ करके उसकी दुष्टता, धृष्टता को नग्नता के स्तर तक पहुँचने का अवसर दिया था? 'अब पछतावे होत क्या जब चिड़िया चुग गयी खेत'? इस विकल्पहीनता की स्थिति में अब तो उस हत्यारे किन्तु योग्य सेनानायक की हर बात मानने के लिए कम से कम, बादशाह तो बाध्य था ही?

शाहजहाँ ने पहली शर्त यह रखी थी कि, उसे बरसात बीत जाने तक मांडू में समय व्यतीत करने की इजाज़त मिलनी चाहिए, क्योंकि वह तथा उसकी सेना दक्खन अभियान से वैसे ही बुरी तरह से थकी हुई थीं। दूसरे, उसे इस अभियान के लिए पूर्ण शक्ति प्रदान करनी पड़ेगी ताकि, वो जिसे चाहे पदोन्नत करे और, जिसे चाहे अपदस्थ या दण्डित वरना वह कैसे इतना कठिन व दुष्कर अभियान सफलतापूर्वक चला पायेगा? फिर, दक्खन में उसे यही अधिकार प्रदान भी किया गया था और, हमें स्मरण रखना चाहिए कि किस प्रकार से अब्दुल्लाह ख़ाँ को शाहजहाँ के आदेश के बिना घर आ जाने के लिए दण्डित भी किया गया था? तीसरे, उसने दक्खन के स्थान पर क्षतिपूर्ति हेतु पंजाब का सूबा बहैसियत सूबेदार प्रदान किया जाये? और साथ ही पर्याप्त धन की माँग की ताकि उसे इस दीर्घ-कालीन अभियान में आपूर्ति की कोई कमी न हो? चौथी, शर्त थी, कि, वह अपने परिवार को सुरक्षित रणथम्भोर के दुर्ग में ही रख सके। किन्तु इन शर्तों ने उसका वास्तविक चेहरा बेनकाब कर दिया, भले ही वह उन्हें बहुत तार्किक और न्यायिक रूप प्रदान करने का प्रयास कर

रहा था? ये शर्तें कहीं से अपना औचित्य पुष्ट नहीं कर पा रही थीं? क्या मुग़ल साम्राज्य की उथल-पुथल से वह बिना प्रभावित हुए रह लेगा? क्या वह अपने-आप को इसका वारिस नहीं मानता था? क्या इसी के लिए उसने हाल ही में अपने बड़े भाई की भी हत्या से गुरेज नहीं किया था? क्या वह सिर्फ़ एक धन, सत्ता, अधिकार ऐंठने वाला ठग था या कि उत्तरदायी मुग़ल शहज़ादा और सेनानायक?

जहाँगीर का विचार था कि चूँकि, वह सबसे योग्य, प्रतिष्ठित व स्थापित सेनानायक है, जिसका नाम अली कुली तक ने इस अभियान के लिए लिया कि, वही कुछ राहत दे सकता है? फिर जहाँगीर के मन में कहीं न कहीं यह बात भी थी ही कि वह (शाहजहाँ) ही ईरान के शाह के साथ पत्र-व्यवहार में संलग्न था अतः, शायद कूटनीति से भी काम लेकर कुछ सफलता हासिल कर सके, जहाँ शेष लोग असफल हों? जहाँगीर को समझते देर नहीं लगी कि वह शाहजहाँ अब उसी का दाँव उसी के ऊपर चल रहा है? वह सब कुछ वही कर रहा है, जो कभी जहाँगीर सलीम के रूप में वह अकबर के साथ करता रहा था? आख़िर बादशाह को भी अब समझ आने लगा था कि वास्तव में कसूर किसका था? मुग़ल साम्राज्य में यह खेल किसने शुरू किया था? किन्तु, वह भी अपने स्वभाव को कैसे छोड़ देता? उसने भी तत्काल सज़ावल भेजे कि, यदि किसी कारण से शाहजहाँ स्वयं कान्धार के इस अभियान पर तुरन्त नहीं भी जा पा रहा है, तो कम से कम, वह अपने साथ नियुक्त बारहा व बोखारा के सैयदों, शेख़जादों, अफ़गानों और राजपूतों को तुरन्त उत्तर भारत में इस अभियान हेतु रवाना कर दे! इस बीच उसने शहज़ादे परवेज़ को तत्काल आने के सन्देश भेजे और, साथ ही, कान्धार अभियान की तैयारी हेतु मिर्ज़ा रुस्तम और इक्तिक़ाद ख़ाँ को लाहौर रवाना किया।

एक खुसरू की हत्या के बाद सब अपनी नग्नता पर उतारू हो गये? एक हत्या की साजिश और उसे छुपाने और दबाने का दंड इसी साम्राज्य को भोगना पड़ा? जैसे अकबरी विरासत उन्हें कुछ अनैतिक करने में एक हिचक तो पैदा ही करती ही रही होगी और, उस विरासत के जाते ही बची सिर्फ़ कुटिलता, नीचता...क्षुद्र सियासी नग्नता—जहाँगीर और शाहजहाँ की? यही दो व्यक्ति तो उस अकबरी विरासत की निर्मम हत्या के दोषी और बेहया षड्यन्त्रकारी थे और, अब प्रारब्ध उन्हें आमने-सामने ले आया था, जो खुसरू के रहते उन्हें एक साथ रखे हुए था? खुसरू की हत्या से अब इन दोनों के स्वार्थ सिद्ध हो गये थे अतः वे अपना-अपना रास्ता अख़्तियार कर रहे थे? शाहजहाँ ने बहुत सोच-समझकर अपनी शर्तें अग्रसारित की थीं? किन्तु, नूरजहाँ के प्रभाव में बादशाह ने वही सब कुछ जान-समझकर सुना-अनसुना कर दिया? उसे नूरजहाँ के कहने पर शाहजहाँ की हर माँग नागवार ही गुज़री? बादशाह को यही क्रोध दिला रहा था कि एक बाह्य शत्रु के आक्रमण के समय भी वह साम्राज्य के विषय में न सोचकर बस अपने क्षुद्र स्वार्थ में संलग्न था?

लेकिन जहाँगीर के लिए भी यही सोचने का वक़्त था? क्या उसे यहीं जीते-जी अपनी करनी की सज़ा भोगनी थी? अकबर भी दक्खन में व्यस्त था और उसने मेवाड़ अभियान को बीच में छोड़कर आगरा पर क़ब्जे से लेकर इलाहाबाद जाकर बगावत तक की थी? अब उसे लग रहा था कि, शाहजहाँ साम्राज्य के हित को अपनी संकीर्णता से नुक़सान पहुँचा रहा था? शाहजहाँ को जहाँ यह समझ आ रहा था, कि, शहरियार की तुलना में उसे अपनी स्थिति मजबूत करनी है, वहीं नूरजहाँ भी उसे ऐसा न करने देने के लिए दृढ़-प्रतिज्ञ थी? उसने तो खुसरू तक को शाहजहाँ के विरुद्ध इस्तेमाल करने की भरपूर कोशिश की थी? यह तो उसका ज़मीर और उसके सिद्धान्त आड़े न आते तो लाड़ली बेग़म के साथ विवाह के बाद न तो उसे 'वली-अहद' होने से और न उत्तराधिकारी होने से रोका जा सकता था? आख़िर उस समय नूरजहाँ का तात्कालिक ग़ुस्सा निकाह के प्रस्ताव पर इस इनकार पर न होता तो इस समय उसका लाभ उसे मिल जाता? किन्तु, वह तो क्षणिक क्रोध में खुसरू को शाहजहाँ को सौंप देने के जहाँगीर के निर्णय में तटस्थ बनकर अपना और अपने पति के साथ, साम्राज्य का भी अहित कर चुकी थी? अतः अब इसकी खीज अपने ऊपर भी निश्चित ही आ रही होगी? अतः अब नयी परिस्थितियों में वह अपनी हानि को न्यूनतम करने की फ़िराक़ में जुट गयी? शायद यही एक राह उसने खुद अपने लिए छोड़ी थी? नुक़सान तो अब होना ही था? मृत खुसरू का साया अब भी न मुग़ल सियासत और न ही उसके प्रमुख पात्रों को छोड़ रहा था? वह साया और लम्बा होकर सब को अपने ज़द या घेरे में लेता जा रहा था!

शाहजहाँ को यह भी साफ़ दिख रहा था, कि, यदि उसका परिवार असुरक्षित हुआ, तब भी उसकी स्थिति कमज़ोर हो सकती है? अतः उनको रणथम्भोर जैसे सुदृढ़ क़िले में ही सुरक्षित रखा जा सकता है? दूसरी ओर, अगर वह दक्खन छोड़ रहा है, जहाँ वह अपनी स्थिति सुदृढ़ कर चुका है, तो उसे क्षतिपूर्ति के लिए पंजाब जैसा प्रान्त तो चाहिए ही था? तीसरा यदि, उसे इस अभियान में पूर्ण अधिकार नहीं प्राप्त हुए, तो क्या पता, नूरजहाँ ही अपने सेनानायकों और पक्षधरों से कहक़र कान्धार अभियान को इतना लम्बा खिंचवाने की चाल चले कि उसकी असफलता, प्रतिष्ठा पर आँच आये और, बेवजह के अपमान का उसे सामना करना पड़े? तीसरा उसे यह विश्वास था कि नूरजहाँ ने जिस महाबत ख़ाँ को दूर काबुल में नियुक्त करवा दिया है, वह उसका (पंजाब के सूबेदार का) नैसर्गिक मित्र होगा और, वह तब शहरियार के बादशाह बन जाने के बाद भी तुलनात्मक रूप से सैन्य व सामरिक दृष्टि से मज़बूत रहक़र अपने ध्येय की प्राप्ति कर लेगा! और, नूरजहाँ यह सब समझ रही थी। वह क्यूँ शाहजहाँ को मज़बूत होने देती? अब साम्राज्य का हित गौण तथा स्वार्थ-सिद्धि महत्त्वपूर्ण हो चुकी थी? खुसरू की हत्या के साथ जो स्वार्थ, निहितार्थ और संकीर्ण तात्कालिक लाभ, स्वार्थ-सिद्धि और क्षुद्र लोभ की शक्तियाँ प्रवाहित हुई थीं, वे अब

सशक्त होकर अपने प्रभाव से मुग़ल साम्राज्य की संरचना को ध्वस्त कर रही थीं?

जितनी मेहनत और दूरदृष्टि से अकबर ने भारत में मुग़ल सत्ता और एक प्रबुद्ध या जनकल्याणकारी राज्य की नींव डाली थी, वह पारस्परिक कलह और पारिवारिक अन्तःकलह से नष्ट होना शुरू हो गया था? बुरहानपुर में एक शहज़ादे द्वारा अपने पिता की मौन सहमति से अपने बड़े भाई को राह से हटाने से उदारता, मानवता और व्यापकता जैसे आधार को ही दीमक लग चुकी थी, अतः देर-सबेर इस ढाँचे को गिरना ही था? कब गिरे यह बस समय और परिस्थितियों के भरोसे था? कैसे धौलपुर जैसी एक जागीर के अधिकर को लेकर शाहजहाँ और शहरियार के अनुयाईयों के मध्य सैन्य संघर्ष शुरू हुआ; कैसे नूरजहाँ और शाहजहाँ अब खुलकर एक-दूसरे के ख़िलाफ़ चाल चल रहे थे, यह पूरा साम्राज्य ही देख रहा था? नूरजहाँ ने भी जहाँगीर को समझा दिया कि, शाहजहाँ पर कत्तई भरोसा नहीं किया जा सकता है, जो ज़बरदस्ती बिना शाही आदेश और अनुमति के क्यों धौलपुर को अपनी जागीर मान बैठा था? अभी तो उसने बस उसके लिए दरबार से अनुरोध किया था और, वाह रे उसका अति-विश्वास, उसने अपने अधिकारी वहाँ क़ब्जा लेने के लिए भी भेज दिये? उसका उतावलापन और अपनी हर माँग के विषय में यह मान लेना कि, वो मुग़ल बादशाह को स्वीकृत ही करनी ही पड़ेगी, उसके स्वभाव और महत्वाकांक्षा के साथ ही उसकी नीयत के भी परिचायक थे? जहाँगीर और शाहजहाँ के मध्य कटुता अपने चरम पर पहुँच रही थी?

ऐसे में जहाँगीर यही सोचने को मजबूर हुआ कि, उसने कितना स्नेह और कृपा अपने इस प्रिय पुत्र पर बरसाई थी और उसका यह सिला वह दे रहा है? उसे शायद महसूस हुआ होगा कि खुसरू यही अभिशाप दे गया होगा कि जो कुछ उसके और उसके बाबा अकबर के साथ सलीम ने किया वही सब कुछ उसके सामने शाहजहाँ की हरकतों के रूप में आयेगा? आख़िर जो बोया है, वही तो काटना पड़ेगा? 'बोया पेड़ बबूल का तो आम कहाँ से खाए'? जहाँगीर को अपने प्रति अकबर का अतिशय लाड़-दुलार और अपने विद्रोही तेवर याद आने लगे थे? शायद वह शाहजहाँ को अभिशाप देने लगा था कि जो तुम अपने पिता के साथ कर रहे हो, वही तुम्हारा भी हश्र हो? मुग़ल साम्राज्य पिता द्वारा पुत्र और पुत्र द्वारा पिता को सताये जाने के लिए अभिशप्त हो गया था? भाइयों की हत्या की राह शाहजहाँ ने दिखाकर आगे वाली पीढ़ी के लिए बस राजनीतिक सत्ता की प्राप्ति को ही एक मूल्यहीन आदर्श के रूप में स्थापित किया था? अकबरी मूल्य और आदर्श का गला तो इन्हीं पिता-पुत्र जहाँगीर और शाहजहाँ ने मिलकर घोंटा था, अतः जब शाहजहाँ ने चाहा कि, उसका पुत्र, दारा—जो अकबरी और खुसरू की उदार व सहिष्णु विरासत वाला था, उसका उत्तराधिकारी बने तो यह कुछ ज़्यादा ही था? उसने तो खुद उन आदर्शों का ख़ून किया था, अतः उसे वही ख़ून देखना पड़ा, जब छोटे भाई औरंगज़ेब ने उसी नृशंसता

से बड़े भाई दारा का हक़ मारते हुए उसकी निर्मम हत्या की और, उसे एक विधिक रूप प्रदान करने में भी कोई कोताही नहीं की?

ख़ैर, जहाँगीर ने नूरजहाँ की सलाह मानते हुए, इस अवसर पर शहज़ादे शहरियार का मनसब बढ़ाते हुए, 12,000 ज़ात और 8,000 सवार करके कान्धार-अभियान पर नियुक्त किया। वास्तविक सेनानायक संरक्षक की भूमिका में रुस्तम मिर्ज़ा को नियुक्त किया गया। इतना ही नहीं, इस समय शाहजहाँ की उत्तर भारत की समस्त जागीरें शहरियार के नाम स्थानान्तरित कर दी गयीं। इसमें सबसे महत्त्वपूर्ण जागीर हिस्सार की थी, जो सिर्फ़ उत्तराधिकारी के लिए नियत थी? यानी, अब शाहजहाँ के लिए बादशाही सन्देश बहुत साफ़ था? नूरजहाँ ने जहाँगीर और शाहजहाँ को उसी तरह एक-दूसरे के ख़िलाफ़ कर दिया, जैसा कभी सलीम अपने पिता अकबर के ख़िलाफ़ हुआ था? नूरजहाँ धीरे-धीरे शाहजहाँ को वही करने के लिए बाध्य कर रही थी, जो उसे स्वयं को नेस्तनाबूद कर सकता था और, शाहजहाँ विकल्पहीनता कि स्थिति में कुछ भी कर सकता था? क्यूँकि, एक अच्छा रणनीतिज्ञ उसी को माना जाता है, जो अपने शत्रु या प्रतिद्वन्द्वी के लिए कोई बचाव का मार्ग छोड़ दे, वरना आक्रामकता से बचाव के लिए जुल्म सहने वाला रक्षार्थ अपने आक्रमणकर्ता पर ही आक्रमण कर देता है? नूरजहाँ और बादशाह दोनों ने शाहजहाँ के विरुद्ध धौलपुर-प्रकरण के बाद, एक के बाद एक क़दम उठाते हुए, उसे अपमानित, प्रताड़ित ही नहीं किया था, अपितु उसे शक्तिहीन और श्रीहीन करने में भी कोई कसर नहीं छोड़ी थी? हालाँकि, उसने अपने दीवान अफ्ज़ुल ख़ाँ को बादशाह के पास क्षमा निवेदन के एक भावप्रधान पत्र के साथ भेजा भी, किन्तु बादशाह ने कुछ भी सुनना स्वीकार नहीं किया? उसका रवैया बिल्कुल बराबरी या दण्डित करने वाला ही था? वह क्यूँ उसकी बात सुने जो बादशाह की बात नहीं सुन रहा था?

यानी जो प्रक्रिया खुसरू के विद्रोह के पश्चात उसके समर्थकों को अमानवीय दंड से शुरू हुई थी, वह अकबरी राजनीतिक विरासत उस शहज़ादे की हत्या के साथ ही शून्य में विलीन हो गयी और, अब शाहजहाँ का प्रकरण आते-आते अकबरी राजत्व का भी पूर्ण परित्याग दिखाई दे रहा है? अकबर तो निरन्तर उसके (सलीम के) अक्षम्य अपराधों और कुकर्मों को माफ़ भी करता रहा था? अबुल फ़ज़ल ने मुग़ल राजत्व परिभाषित करते हुए, यही तो रेखांकित किया था, कि सम्राट या शासक को ज़ाहिर है, न केवल एक विशाल हृदय का होना चाहिए, अपितु उसके हृदय की विशालता निरन्तर बढ़ती भी रहनी चाहिए! अतः जहाँगीर ने शर्त लगा दी कि शाहजहाँ द्वारा पहले राजाज्ञा का अनुपालन होना चाहिए था, तब वह बादशाह से किसी फ़रियाद या आवेदन का हक़दार बन सकता था? जहाँगीर ने तो उसे आज्ञाकारिता प्रदर्शित करने और अपनी सीमा के बाहर न निकलने और कोई प्रतिकूल व्यवहार न करने का सख्त आदेश भी दिया, किन्तु, शाहजहाँ ने उसके जवाब में, अफ्ज़ुल ख़ाँ के

माध्यम से यह सन्देश देने की धृष्टता कर डाली, कि, वह स्वयं अपने निर्णय ले—वह (जहाँगीर) मुग़ल बादशाह है और वह किसी महिला के परामर्श पर न चले? उसका इशारा साफ़ तौर पर बादशाह के ऊपर नूरजहाँ के दुष्प्रभाव की ओर था? शाहजहाँ बिल्कुल वही आरोप लगा रहा था, जो महाबत ख़ाँ ने लगाया था? और इसी वजह से महाबत ख़ाँ, बावजूद बादशाह का प्रिय पात्र और विश्वसनीय होने के, नूरजहाँ के प्रति इस प्रतिकूल दृष्टिकोण के चलते ही काबुल के सूबेदार के रूप में निर्वासित जीवन व्यतीत करने को मजबूर था?

इसी बीच 45 दिनों की घेरेबन्दी के उपरान्त कान्धार पर ईरान के शाह का क़ब्ज़ा हो गया और जहाँगीर ने ख़ून का घूँट ही नहीं पिया, शाहजहाँ को भी खून का घूँट ही पिलाने की क़सम खा ली? उसने जीवन-भर इस पुत्र शाहजहाँ के लिए क्या नहीं किया था? साम्राज्य की सबसे कीमती जागीरें उसी को प्रदान की जातीं थीं; साम्राज्य के श्रेष्ठ हाथी, घोड़े, सेनानायक उसे प्रदान किये जाते थे; नूरजहाँ से उसकी अदावत से पूर्व वही 'वली-अहद' का हक़दार माना जाता था; और, जब उसने बादशाह से दक्खन जाने से पूर्व खुसरू की माँग की थी, तब भी क्या सब ही लोग—क्या उमरा, क्या उलमा और, क्या आमजन—नहीं जानते थे कि बादशाह ने शाहजहाँ का यह अन्याय क्यों स्वीकार किया है? दोनों पिता-पुत्र ही खुसरू को अपने-अपने शत्रु व राह के काँटे के रूप में देखते थे। किन्तु, जो कुकृत्य जहाँगीर करने से हिचकता और, डरता था, उसने उसी कुकृत्य के लिए उसे अपने इस जल्लाद पुत्र के हवाले सब जानते-बूझते ही कर दिया था? जब दोनों की कमज़ोर नस एक-दूसरे से दबी थी, तब दोनों का राजनीतिक खेल ख़ूनी और रक्त-रंजित षड्यन्त्रों के माध्यम से ही होना था? जब तक शहज़ादा परवेज़ दरबार में कान्धार पुनर्विजित हेतु नियुक्त होकर हाज़िर होता, शाहजहाँ के विद्रोह की ख़बर मुग़ल साम्राज्य को अपनी ज़द में ले चुकी थी!

वास्तव में शाहजहाँ की योग्यता, क्षमता, महत्वाकांक्षा, गुरूर और दम्भ साम्राज्य की स्थिरता, शान्ति और सन्तुलन के लिए एक साफ़ ख़तरा नज़र आ रहा था? सर थॉमस रो तो अपनी दूरदृष्टि से बहुत पहले ही जिन बातों से सचेत करता है, वे सब उसके जाने के चार साल बाद अब सही साबित हो रहीं थीं? इसी समय, शाहजहाँ ने जिस दूत और अपने दीवान को जहाँगीर के दरबार उसके प्रस्तावों संग भेजा था, वह मांडू उसके पास लौट आया और उसने यही बताया कि, बादशाह पूरी तरह से नूरजहाँ के प्रभाव में ही है और सारे निर्णय मलिका-ए-जहाँ ही ले रही थी! जिस तरह से उसकी जागीरें छीनी जा रही थीं, उसके उकसाने और प्रभावहीन करने हेतु ही किया जा रहा था! वास्तव में, शाही फ़रमानों, गुप्त सन्देशों तथा, प्रचारित अफ़वाहों में एक ही स्पष्ट सन्देश था—तत्काल कार्यवाही और तलवार के दम पर भाग्य के फ़ैसले का वक़्त आ पहुँचा था? शाहजहाँ को यह गुरूर तो था कि जहाँ

तक तलवार के ज़ोर का सवाल था, उसका कोई सानी नहीं था? फिर तो वह इस विकल्प से खुश और आशान्वित हो ही सकता था? आख़िर यही विकल्प तो सलीम ने भी चुना था और अकबर जैसे सहृदय पिता के ख़िलाफ़, तब उसका (शाहजहाँ का) क़दम तो सलीम की डाली हुई परम्परा के अनुकूल न्यायोचित व तार्किक ही था? वैसे भी नूरजहाँ के विरुद्ध खड़े होने के साहस के प्रदर्शन में उसे स्वतः ही अनेक अमीरों तथा उच्चाधिकारियों का समर्थन भी हासिल हो रहा था! इनमें से प्रमुख थे, बुजुर्ग ख़ान-ए-ख़ाना, उसका पुत्र दरब ख़ाँ, हिम्मत ख़ाँ, सरबुलन्द ख़ाँ, शारजा ख़ाँ, आबिद ख़ाँ, जादो राय, उदय राम, आताश ख़ाँ, रुस्तम ख़ाँ, बैरम बेग, दरिया ख़ाँ तकी, मंसूर ख़ाँ, कुँवर भीम (मेवाड़), राजा बिक्रमजीत आदि। इसी के साथ मुग़ल दरबार में भी उसके कट्टर समर्थक मौजूद थे, जैसे जहाँगीर की आत्मकथा को आगे बढ़ाने वाला मुतामिद ख़ाँ, जिसने जहाँगीर के मन में वही स्थान बना लिया था, जो अकबर के काल के इतिहासकार अबुल फ़ज़ल की थी। किन्तु, जहाँ अबुल फ़ज़ल अपने बादशाह अकबर का सबसे नज़दीक था, वहीं मुतामिद ख़ाँ अपने बादशाह जहाँगीर के विरुद्ध शाहजहाँ को समस्त सूचनाएँ देता रहता था। आसफ़ ख़ाँ और अब्दुल्लाह ख़ाँ फिरोज़ जंग तो मुग़ल दरबार में उसके समर्थक थे ही साथ ही मुहर्रिम ख़ाँ, खलील बेग तथा फिदाई ख़ाँ भी दरबार की गुप्त सूचनाएँ शाहजहाँ को भेजते रहते थे! शाहजहाँ के इन गुप्त समर्थकों कि संख्या, खुले रूप से उसके पक्ष में उतरे समर्थकों से कत्तई कम नहीं थी?

इसी बीच बादशाह द्वारा महाबत ख़ाँ को अपने इस बाग़ी बेटे के विरुद्ध अभियान हेतु तैयार कर लिया गया था। महाबत ख़ाँ को तो वैसे भी बस आसफ़ ख़ाँ से भय था और, उसने भी एक ही शर्त रखी थी, कि उसके लिए आसफ़ ख़ाँ कि मौजूदगी में काम करना सम्भव नहीं होगा? वह नूरजहाँ को तो एक बार अपने पुराने प्रश्रय-दाता सलीम के लिए बर्दाश्त कर भी सकता था किन्तु आसफ़ ख़ाँ को हरगिज़ नहीं? चूँकि, सिर्फ़ एक ही मुग़ल सेनानायक शाहजहाँ के ख़िलाफ़ पूरी शिद्दत और बराबरी से मोर्चा ले सकता था अतः, इसके लिए शाहजहाँ के श्वसुर और, नूरजहाँ के इस भाई आसफ़ ख़ाँ को दूर करने की नीयत से ही बंगाल का सूबेदार बना दिया गया। इतना ही नहीं परवेज़ को भी पहले ही बिहार से उसकी सेनाओं सहित बुला लिया गया था। इसी प्रकार, राजपुताना के अनेक शासक—आमेर, मारवाड़, कोटा, बूँदी आदि भी बाग़ी शाहजहाँ के विरुद्ध लड़ने के लिए बादशाह की सेवा में हाज़िर हुए। आज़म ख़ाँ को भी 7,000 ज़ात तथा 5,000 सवार की पदोन्नति से खुश किया गया।

29 मार्च, 1623 को शाहजहाँ के इस विद्रोह के दौरान शाही सेना से हुई पहली मुठभेड़ में अब्दुल्लाह ख़ाँ बादशाह का पक्ष छोड़कर शाहजहाँ से जा मिला किन्तु, उधर राजा विक्रमाजीत मारा गया! अतः जितना लाभ अब्दुल्लाह के आने से शाहजहाँ के पक्ष को नहीं होता उससे अधिक नुक़सान बिक्रमाजीत के मारे जाने

से हुआ था? शाहजहाँ को मात देने के लिए और स्पष्ट सन्देश देने तथा, उसकी महत्वाकांक्षा को नियंत्रित करने के लिए, उसके बड़े भाई परवेज़ को उससे अधिक ऊँचा पद प्रदान करते हुए, 40,000 ज़ात एवं 30, 000 सवार का उच्चतम पद प्रदान किया गया! तथा एक पखवारे बाद मई 1623 में उसके व महाबत ख़ाँ के नेतृत्व में मुग़ल सेनाओं ने शाहजहाँ के ख़िलाफ़ अभियान की शुरुआत की! इस अभियान हेतु 20 लाख रुपये भी आवंटित किये गये थे! शाही मीर बख्शी, फाजिल ख़ाँ को ही इस सेना का भी बख्शी नियुक्त किया गया था! उसके साथ ही इस महत्त्वपूर्ण अभियान की सफलता में सैन्य सहायता के लिए ख़ान-ए-आलम, महाराजा गज सिंह, राशिद ख़ाँ, राजा गिरिधर, राजा रामदास आदि अनेक महत्त्वपूर्ण मुग़ल अमीरों को भी संलग्न किया गया!

इतना ही नहीं, जन-समर्थन जुटाने के लिए मृत खुसरू के पुत्र का भी इस्तेमाल करने से गुरेज नहीं किया गया! जितना इस मुग़ल शहज़ादे खुसरू को जीवित रहते लोगों का प्रेम, स्नेह और सहानुभूति मिली थी, श्रद्धा और संवेदनाएं आज भी उससे कम नहीं हुई थीं, अपितु समय के साथ और बढ़ गयी थीं! शायद इसीलिए शातिर मलिका-ए-जहाँ ने दूर की कौड़ी चली और लोगों के बीच यह सन्देश देने का प्रयास किया कि, वह दावर बख्श को अवसर दे रही है कि वह अपने पिता के हत्यारे से प्रतिशोध ले सके? वास्तव में जितनी सरलता से गुजरात शाहजहाँ के अधिकारियों के हाथों से फिसलकर खुसरू-पुत्र दावर बख्श और उसके संरक्षक ख़ान-ए-आज़म के हाथों में आया वह अप्रत्याशित किन्तु उसी खुसरू के प्रति श्रद्धा और सहानुभूति का असर था? किन्तु, वह वृद्ध मिर्ज़ा अज़ीज़ कोका और दावर बख्श को इससे अधिक छूट तो नहीं दे सकती थी? और गुजरात की सूबेदारी वैसे भी बड़ी सूबेदारी और अपने समुन्नत सामुद्रिक व्यापार-व्यवसाय के चलते सम्पन्न, लाभप्रद व महत्त्वपूर्ण पद था! और फिर, शहज़ादा परवेज़ व महाबत ख़ाँ को ख़ुर्रम के विरुद्ध भेजा जा चुका था? शहज़ादा परवेज़ अब बादशाह का सबसे बड़ा जीवित पुत्र था, अतः उसको अभियान का नेतृत्व सौंप कर जो सन्देश मलिका-ए-जहाँ दे रही थी, वह बहुत साफ़ था! एक ओर, खुसरू के पुत्र को गुज़रात की सूबेदारी और दूसरी तरफ परवेज़ को शाही मुग़ल फ़ौज का मुख्य सेनापति! वह शाहजहाँ को पहले ही 'शाह बुलन्द इकबाल' के स्थान पर 'बे-दौलत' सम्बोधित करने लगी थी, बादशाह की देखा-देखी या बादशाह उसके अनुसरण में?

जीवित तो खुसरू को क़ैद और अपमान के सिवा जिस जहाँगीर ने कुछ नहीं दिया उसका हक़ तक नहीं, उसी मृत खुसरू के प्रति लोगों के समर्थन और सहानुभूति को भुनाने के लिए उसके पुत्र दावर बख्श को 8,000 ज़ात और 3,000 सवार के मनसब के साथ गुजरात का सूबेदार नियुक्त किया गया! उसके नाना ख़ान-ए-आज़म, मिर्ज़ा अज़ीज़ कोका को उसका संरक्षक नियुक्त किया गया! जहाँगीर स्वयं युद्ध-स्थल के

समीप रहने की गरज से मय दरबार 9 मई, 1623 को अजमेर पहुँच गया था! उसने अपना बादशाही शिविर आना-सागर में स्थापित किया! इसका असर यह हुआ कि शाहजहाँ मांडू के दुर्ग से बाहर निकला किन्तु उस पर शाही सेनाओं का दबाव बढ़ता ही रहा और वह सामना न करके बस भागने को बाध्य हुआ! अन्ततः वह असीरगढ़ भागने को विवश हुआ! असीरगढ़ का क़िलेदार आसफ़ ख़ाँ का दूसरा दामाद सफ़ी ख़ाँ था। चूँकि, वह नूरजहाँ की भतीजी का पति था अतः सम्राज्ञी ने उसे बिलोचपुर के युद्ध में शाहजहाँ की पराजय के उपरान्त ही एक पत्र लिख कर सचेत कर दिया था? वह इतने दूर तक देख व समझ रही थी, अपने-आप में इस बात का सबूत है, कि, वास्तव में शाहजहाँ के विरुद्ध अभियान का नेतृत्व कौन कर रहा था? उसने तो सफ़ी ख़ाँ को साफ़ लिखा था, कि, 'वह नूरजहाँ की रिश्तेदारी के बदौलत इतने सुख, पद व सुविधा भोग रहा था। उसे ऐसा कुछ नहीं करना चाहिए जो सैयदों के लिए शर्मनाक और अपमानजनक हो? यानि न शाहजहाँ के साथ रिश्तेदारी निभानी चाहिए और न ही बादशाह की पक्षधरता छोड़नी चाहिए? अपितु, उसे इस अभेद्य दुर्ग को और सुदृढ़ करने के सभी प्रयास करने चाहिए? यानी, अपने ऊपर मुग़ल साम्राज्य की कृपा के अनुसार अब भी शाही सेवा व उसके एवं बादशाह के प्रति निष्ठा प्रदर्शित करनी चाहिए।' किन्तु, बावजूद सारे प्रतिरोधों के अन्ततः शाहजहाँ असीरगढ़ में क़ाबिज़ हो ही गया!

जबकि अब्दुल्लाह ख़ाँ के नेतृत्व वाली शाहजहाँ की सेना को इसी सफ़ी ख़ाँ आदि ने सरखेज के युद्ध में पराजित किया, नूरजहाँ ने प्रसन्न होकर उसे सैफ़ ख़ाँ जहाँगीर शाही का विरुद प्रदान किया तथा उसका मनसब बढ़ाकर 3,000 ज़ात व 2,000 सवार कर दिया! इस बीच अब्दुल्लाह बड़ौदा से भरूच पहुँचा परन्तु, वहाँ भी शाही अधिकारी हिम्मत ख़ाँ क़ाबिज़ था! अन्ततः वह सूरत होता हुआ, शाहजहाँ के पास बुरहानपुर जा पहुँचा! शाहजहाँ ने इस विद्रोह के समय दक्खन के राज्यों से मदद का जितना भी प्रयास किया उसे निराशा ही हाथ लगी? और ऐसे में, निहायत मजबूरी की स्थिति में उसने बूँदी के राजा भोज हाडा के पुत्र, सरबुलन्द राय के माध्यम से शहज़ादे परवेज़ व महाबत ख़ाँ से सन्धि की बात-चीत शुरू की। वे दोनों शाहजहाँ पर कत्तई भरोसा नहीं करते थे और न ही उससे सन्धि या शान्ति के पक्ष में थे, अतः उन्होंने भी उसे झुलाए रखने के लिए इस वार्ता के क्रम को बढ़ाते हुए, उसके समक्ष एक ही शर्त रखी कि, यदि ख़ान-ए-ख़ाना स्वयं उसकी ओर से वार्ता करने आये तब वे विश्वास कर सकते हैं? अब शाहजहाँ को उस वृद्ध मुग़ल सेनानायक-प्रशासक, कवि-रचनाकार के क़दमों पर गिरकर भीख माँगनी पड़ी, कि, वह शाहजहाँ जैसे नाशुक्रे के लिए वार्ता करे? शाहजहाँ ने जब विद्रोह किया था तब उसने सबसे पहले जो क़दम उठाये थे, उसमें इस महान अमीर ख़ान-ए-ख़ाना को बन्दी बनाना था! जहाँगीर ने अपनी आत्मकथा में ख़ान-ए-ख़ाना के क़ैद किया जाने का

उल्लेख किया है : 'जब बाग़ी शाहजहाँ असीर (गढ़) पहुँचा तब उसने ख़ान-ए-ख़ाना, दरब ख़ाँ व उनके सभी सन्तानों को दुर्ग के ऊपरी भाग में क़ैद कर दिया। जब वह वहाँ से बुरहानपुर गया तब अपने तीनों पत्नियों, पुत्रों-पुत्रियों, कुछ सेवकों को लेकर गया था। यहीं से महाबत ख़ाँ ने ख़ान-ए-ख़ाना को इस बाग़ी से पृथक करने के प्रयास तेज़ कर दिये थे।'' अब ऐसे संकटपूर्ण मोड़ पर उसे क़ैद से रिहा किया गया और वह महाबत ख़ाँ से बात करने के लिए मुग़ल शिविर की ओर चल पड़ा!

शाहजहाँ भी सलीम का लड़का था, उसने भी अपना मक़सद साधने का एक पूरा नाटक रचा! वह क़ैद से ख़ान-ए-ख़ाना को रिहा करके स्वयं अपने 'हरम' तक ले गया और, क़ुरान शरीफ़ पर शाहजहाँ के प्रति निष्ठा की शपथ भी लेने को विवश किया! उसने ख़ान-ए-ख़ाना को अपनी पत्नी और बच्चों का वास्ता दिया। वे सब उसके समक्ष ही सर झुकाए याचक की भाँति खड़े रहे! उसने इस वृद्ध अमीर से यही अनुरोध किया, "हमारा तो समय ही प्रतिकूल चल रहा है, इसलिए विवेकहीन कार्य भी हो जाता है? हमें वाक़ई बहुत बुरे दिनों का सामना करना पड़ रहा है? ऐसे में अपनी गलती कबूल करते हुए, आपकी सलाह न मानने के साथ आपके साथ दुर्व्यवहार के भी हम ही दोषी हैं? किन्तुं आपने ही तो जन-जन को सन्देश दिया है, "क्षमा बड़न को चाहिए, छोटन को उत्पात/क्या रहीम हरि को घट गयो, जो भृगु मारी लात?'' तो क्या इस नाचीज़ को आप गुनाहों का प्रायश्चित्त करने का अवसर नहीं देना चाहेंगे? अतः आपसे प्रार्थना है कि आप हमारे संरक्षक के रूप में हमारे जीवन तथा प्रतिष्ठा के लिए अवश्य कुछ करिए!'' यह वृद्ध अकबरी अमीर और बादशाह जहाँगीर का अतालिक या शिक्षक रहा ख़ान-ए-ख़ाना जब उसके पक्ष में वार्ता करने मुग़ल शिविर की ओर बढ़ा चला जा रहा था, उसी समय शाहजहाँ के सेनापति बैरम बेग की लापरवाही का लाभ उठाते हुए शाही सैनिकों ने आक्रमण करके उन्हें तितर-बितर कर दिया! न जाने कितने शाहजहाँ के समर्थक, सेनापति व सैनिक महाबत ख़ाँ से जा मिले और, शाहजहाँ की सैन्य व सामरिक स्थिति और भी अधिक दयनीय हो गयी!

जब ख़ान-ए-ख़ाना शाही शिविर में पहुँचा तब तक शाहजहाँ की स्थितियाँ और भी बदतर हो चुकी थीं। अतः वह इस आशाहीन स्थिति में कोई वार्ता कर ही नहीं सकता था? दूसरी ओर, वह सलीम या जहाँगीर का अतालिक या शिक्षक और सदा श्रद्धा का पात्र रहा था, अतः उसकी स्थिति बहुत विषम थी। महाबत ख़ाँ ने उसे एक प्रस्ताव शाही पक्षधर होने का रखा और, वह वृद्ध अमीर शुरू से ही शाहजहाँ की गतिविधियों से रुष्ट रहा था और, खुसरू की निर्मम हत्या के उपरान्त तो वह उससे पूरी तरह खिन्न और तटस्थ हो गया था। उसने शाहजहाँ के अस्तित्व को ही नकार सा दिया, शायद अपने ही दोहे की तरह वह मानने लगा था, "कै रहीम कैसे निभे केर बेर कौ संग...'' और उसने इसीलिए उसकी गतिविधियों से किनारा

ही कर लिया? शाहजहाँ जैसे धृष्ट व अभिमानी के लिए यह सब नागवार गुज़रा होगा, अतः जब वह शाही फ़ौजों से पराजित होकर फ़तेहपुर सीकरी, आगरा-दिल्ली या बिलोचपुर से वापस दक्खन आया था, तब उसने उसे बन्दी बनाया था। रहीम समझ चुके थे, "प्यादे से फर्जी भयो, टेढो-टेढो जाए"? इस शाहजहाँ से मानवीयता, उदारता और अकबरी मूल्यों की आशा ही मूर्खता थी? अतः उसने खूब सोचा और, फिर अपनी ही पंक्ति को व्यावहारिक माना होगा : "रहिमन चुप रह बैठिये देख दिनन के फेर/फिर नीके दिन आयेंगे बनत न लगिये बेर?" उसे अपने अन्तिम दिन नीके या अच्छे से दिखने लगे थे, उसका दक्खन का वनवास ख़तम होने के आसार जो थे? वह क़ैद से रिहा करके स्वयं शाहजहाँ द्वारा शाही शिविर में भेजा गया था। उसने इसी को दैव-योग मानो और लपक लिया!

इसी के साथ पिता-पुत्र, जहाँगीर-शाहजहाँ के मध्य, मुग़ल बादशाह एवं उसके बाग़ी के बीच, शान्ति की अन्तिम किरण और आशा बुझ गयी! उधर वर्षा भी शुरू हो चुकी थी और उसके चलते, ताप्ती में भयंकर बाढ़ आ गयी। शाहजहाँ की सारी आशाएँ इसी ताप्ती के जल में बह गयीं! उसे खुसरू की कमी कितना खली यह वही समझ सकता था? यदि वह उसका बन्दी होता तब उसे बादशाह से वार्ता करने के लिए एक सशक्त व प्रभावशाली मोहरा हाथ में होता? तो क्या नूरजहाँ ही इस सब के पीछे थी? क्या वह उसके जाल में फँसता तो नहीं चला गया था? वह जो-जो जैसा-जैसा चाहती थी वैसा ही होता गया? और वह खुसरू की हत्या तक कर गया सिर्फ़ तात्कालिक लाभ की संकीर्णता में फँस कर? आज यदि खुसरू जैसा मुग़ल शहज़ादा उसके पास ज़मानत के तौर पर होता, तो वह निश्चित ही उसे अपनी ओर मिला कर, ख़ान-ए-ख़ाना के साथ महाबत ख़ाँ को भी अपना पक्षधर बनाने में कामयाब हुआ होता? और न भी होता तब भी शाहजहाँ और खुसरू का समीकरण परवेज़ और महाबत ख़ाँ के समीकरण पर निश्चित ही भारी पड़ता? और, कम से कम, उसकी मुग़ल दरबार से शर्त मनवाने की स्थिति इतनी गिरे हुए याचक वाली कभी न होती? वह एक मज़बूत स्थिति से जहाँगीर-नूरजहाँ से बात करने की हैसियत में होता? अब तो जो होना था हो चुका था और खुसरू की हत्या के चलते सिर्फ़ और, सिर्फ़ वह ही इस सब बदली हुई प्रतिकूल परिस्थिति का दोषी था?

कल तक अपने-आप को दक्खन का सम्प्रभु शासक मानने वाला दम्भी व गर्वीला शाहजहाँ मालिक अम्बर और आदिल शाह से सहायता न मिलने और, बैरम बेग के नेतृत्व में अपनी सेनाओं की हार तथा ख़ान-ए-ख़ाना के शाही शिविर से मिल जाने से उत्पन्न घनघोर निराशा और हताशा में 10 सितम्बर, 1623 को उफनाई हुई ताप्ती नदी पार करके, गोलकुंडा के शासक, मोहम्मद कुतुबशाह से अनुमति लेकर उसके राज्य से होता हुआ उड़ीसा जाने को बाध्य हुआ! जैसे ही नूरजहाँ को शाहजहाँ की स्थिति कमज़ोर दिखी उसने परवेज़ और महाबत ख़ाँ को शाहजहाँ को ज़िन्दा या

मुर्दा पकड़ने का हुक्म दिया और, शाहजहाँ के लिए मुग़ल सीमा छोड़ना अपरिहार्य हो गया था? और जैसा कि आभिजात्य का स्वभाव होता ही है ऐसे कंटकाकीर्ण मोड़ पर फिर उसके कुछ साथियों, समर्थकों ने उसका साथ छोड़ने का निर्णय ले लिया! उसकी पक्षधरता छोड़ने वालों के सन्दर्भ में एक क़िस्सा ही पर्याप्त होगा कि कैसे मुग़ल अमीर अपने स्वार्थ के चलते उसके साथ खड़े होने को बाध्य थे, जब तक वह दक्खन का मुग़ल सूबेदार था, चाहे वह अपने भाई की हत्या का ही दोषी क्यों न हो? किन्तु, एक बार वह सत्ता-च्युत हुआ, तब दोनों तरफ से दृष्टिकोण कितनी जल्दी और कितने दूर और गहराई तक बदलता था, ठीक से समझ आ जाता है! उसके प्रमुख सेनानायकों में से एक सरबुलन्द ख़ाँ ने ताप्ती पार करके उसका साथ देने से इंकार कर दिया! फिर क्या था, शाहजहाँ ने अपने स्वभाव के अनुसार उसे ज़बरदस्ती लाने अन्यथा दण्डित (मृत्यु-दंड) करने का आदेश ज़ुल्फ़िकार ख़ाँ को देकर ताप्ती के उस पार पुनः भेजा। शाहजहाँ का कोषाध्यक्ष भी ज़ुल्फ़िकार के साथ हो लिया।

जैसे ही ज़ुल्फ़िकार ने शाहजहाँ का सन्देश देने का प्रयास किया, सरबुलन्द ख़ाँ ने उसे अनसुना सा किया? कायदे से मुग़ल सूबेदार और, वो भी शाहजहाँ जैसे क्रूर, दम्भी और कठोर अधिकारी का सन्देश का न केवल अनुपालन होना था, अपितु, उसे घोड़े से उतरकर, ज़ुल्फ़िकार और उस मौखिक या लिखित सन्देश/सूचना/समाचार का भी इस्तकबाल करना पड़ता/चाहिए था? किन्तु, सरबुलन्द जब बाग़ी शाहजहाँ से ही बगावत का सबक सीख कर उससे ही बाग़ी हो रहा था, तब वह क्यूँ इन सब औपचारिकताओं और अनुशासन का अनुपालन करता? उसने भी बाग़ी सूबेदार सरीखे ही स्वयं भी बाग़ी तेवर अख़्तियार किये? बस इसी बात पर ज़ुल्फ़िकार ने उसके घोड़े की काठी पकड़ कर उससे बात करते-करते शाहजहाँ की तरफ़ से अनुरोध करना शुरू कर दिया। और, जब तब भी सरबुलन्द का नज़रिया नहीं बदलता दिखा तो उसने अपनी तलवार निकाल कर सरबुलन्द ख़ाँ पर वार किया! सरबुलन्द ख़ाँ के एक अफ़गान सेवक ने फुर्ती दिखाते हुए, अपनी बरछी पर उस वार को रोक लिया! फिर क्या था, सरबुलन्द के सैनिक ज़ुल्फ़िकार और शाहजहाँ के कोषाध्यक्ष सुल्तान मोहम्मद पर टूट पड़े और उन्हें वहीं मौत के घाट उतार दिया! इस पूरे प्रकरण में शाहजहाँ और उसके समर्थकों की खीज का ही उदाहरण दिखता है? साथ ही जैसा हमने पहले कहा, मुग़ल उमरा का असली चरित्र भी! वे किसी के सगे नहीं थे, छोड़ अपने अस्तित्व के संरक्षण के साथ ही पद और लाभ के?

इतना ही नहीं हम पाते हैं कि, जादो राय, उदय राम एवं आताश ख़ाँ शाहजहाँ के साथ कुछ दूर तक तो जाने को तैयार थे, क्योंकि, उनका सामान-सम्पति राह में ही थी। उन्होंने इस प्रकार उसके साथ रहने का दिखावा किया ताकि, बाग़ी शहज़ादे के साथ किसी द्वेष और हिंसात्मक झगड़े-झंझट के बिना ही वे अपनी मंज़िल तक पहुँच सकें? वे सरबुलन्द ख़ाँ जैसी स्थिति लाने के पक्ष में कत्तई नहीं थे? कल को

न जाने मुग़ल राजनीति का ऊँट फिर किस करवट बैठे? इसमें से जादो राय ने शाहजहाँ के साथियों तक की छोड़ी हुई सम्पति और सामान तक बटोरने से परहेज नहीं किया और, फिर एक-एक कर वे, किसी न किसी बहाने, शाहजहाँ को उसके भाग्य पर छोड़कर अपने-अपने रास्ते निकल गये! उनका मन शाहजहाँ के साथ जाने का नहीं था, किन्तु, वे उस मुग़ल शहज़ादे से कोई असहज संवाद, मन-मुटाव और संघर्ष की स्थिति भी नहीं चाहते थे? वैसे भी पलायन कर रहे शाहजहाँ का भविष्य निश्चित नहीं था और वे उसके लिए अपना भविष्य कब तक दाँव पर लगाते? उन्हें भी समझ आ गया था कि शाहजहाँ की शक्ति वस्तुतः मुग़ल सत्ता की देन थी, जिस दिन से वह कृपा हटी है, वह खुद दर-दर भटकने को बाध्य हो गया था? ऐसे बाग़ी के ख़िलाफ़ बगावत करने या राह अलग कर लेना ही व्यावहारिक और समझदारी भरा क़दम था? और, एक-एक करके उसके साथ और अनुयायी अमीर उसका साथ छोड़ने को विवश थे! वह जैसे ही माहुर पहुँचा, दक्खनी अमीरों ने भी उसका साथ छोड़ना ही श्रेयस्कर समझा! माहुर के दुर्ग में ही उसने उदय राम के पास अपने सामान-असबाब, हाथी, पशु आदि, छोड़ना बेहतर समझा। और वह अपनी समर्पित पत्नी मुमताज़ महल, व पुत्रों, दारा, शाह शुजा व औरंगज़ेब के साथ उड़ीसा की ओर कूच करने को विवश था! उसके लिए सम्बल और आश्वासन की बात थी तो वह राजा भीम और उसके राजपूत सैनिक ही थे, जो उसके साथ हर मुसीबत में साथ देने को तत्पर थे!

इतना ही नहीं, गोलकुंडा पहुँच कर अफ़ज़ल ख़ाँ के पुत्र, मिर्ज़ा मोहम्मद ने भी शाहजहाँ के भाग्य से अपने-आप को पृथक करने के लिए अपने परिवार, माँ, पत्नी के साथ पलायन किया! शाहजहाँ इस घटना से भी इतना क्रोधित हो गया कि उसने अपने से पृथक होने वाले इस बाग़ी का सर काट कर लाने का हुक्म सुना दिया! यह हमें ज्ञात है कि कैसे मिर्ज़ा मोहम्मद ने अपनी माँ, पत्नी और परिवारजनों को घने जंगल में सुरक्षित छुपा कर अपने गिनती के सैनिकों के साथ शाहजहाँ के द्वारा सैयद ज़फ़र के नेतृत्व में भेजे गये सैन्य-दस्ते का विरोध करने का निर्णय लिया। लेकिन नौबत यहाँ तक आ गयी थी, और यह सब शहज़ादा अपने पुराने वफ़ादारों द्वारा पृथक होने से उत्पन्न हताशा और खीज उतारने के लिए ही कर रहा था? ख़ैर लड़ते हुए मिर्ज़ा मोहम्मद ने ख़ाँ कुली व कई अन्य को मार गिराया और सैयद ज़फ़र को भी गम्भीर रूप से घायल कर दिया, किन्तु, इस संघर्ष में संख्या बल उसके विरुद्ध था। फिर भी, मिर्ज़ा मोहम्मद घायल हो जाने पर भी लड़ा और, अन्ततः लड़ते-लड़ते ही शहीद हुआ! उसका सर काट कर शाहजहाँ को जब पेश किया गया तब उसका गुस्सा शान्त हुआ! उसमें और, उसके इस आचरण में हमें इलाहबाद वाले विद्रोही सलीम की झलक ही नहीं पूरा अक्स ही दिखने लगा था!

इस प्रकरण ने शाहजहाँ के साथियों को भयभीत करने की जगह उन्हें आगाह

सा कर दिया और इसके बावजूद वे मौक़ा पाते ही उसका साथ छोड़ कर पलायन करते रहे और वह, चूँकि गैर-मुग़ल राज्य (गोलकुंडा) से होकर गुज़र रहा था, अतः वहाँ की व्यवस्था के उन लोगों ने लाभ उठाना शुरू किया! और, शाहजहाँ इस पलायन को देख हाथ मलने के अलावा कुछ और कर भी नहीं सकता था! गोलकुंडा के शासक ने उससे साफ़ कहा था कि वह उसके राज्य से होकर उड़ीसा-बंगाल जाये, किन्तु किसी भी स्थान पर अधिक प्रवास का उसे अधिकार नहीं दिया! साथ ही उसने शाहजहाँ से यह भी साफ़ कर दिया था कि उसके क्षेत्र में वह अपने दल-बल सहित निहायत शान्ति और व्यवस्था बनाये हुए ही गुज़र जाये। अब, साफ़ था कि शाहजहाँ का भाग्य पूरी तरह से उसके साथियों की भाँति उसे लगातार छोड़ रहा था। वह इसी कारण से और अधिक क्रोधी, क्रूर एवं दम्भी होता जा रहा था? 'रस्सी जल गयी थी, मगर अभी बल बचा था'! यही बल तक ख़त्म कर देने को नूरजहाँ संकल्पित हो चुकी थी! और दो महत्वाकांक्षी और शातिर षड्यन्त्रकारियों के मध्य के इस संघर्ष ने न केवल मुग़ल साम्राज्य के उस ढाँचे को ध्वस्त किया, जिसे अकबर ने उदार व मानवीय 'सुलह-ए-कुल' के सिद्धान्त पर खड़ा किया था, अपितु उसके सिद्धान्तों की भी पूरी बेरहमी से निरन्तर हत्या की! वे तो तब तक नहीं रुके जब तक अकबरी माहौल पूरी तरह से भुला ही नहीं दिया गया और, नयी क्षुद्र राजनीतिक संस्कृति देखते ही देखते ग्राह्य, स्वीकार्य, प्रचलित और स्थापित ही नहीं हो गयी! किन्तु, इसी नयी राजनीतिक संस्कृति ने न केवल मुग़ल सत्ता को नुक़सान पहुँचाया अपितु उसकी जड़ों में मट्ठा डालने का निरन्तर काम किया और इसीलिए वह इतनी जल्दी पतनशील हुआ?

ख़ैर, शाहजहाँ के पास अब कोई विकल्प ही शेष नहीं रह गया था! अब तक तो दक्खन के मुग़ल केन्द्र बुरहानपुर पर शाही सेनाओं का पूरा क़ब्ज़ा हो चुका था! शहज़ादा परवेज़ और महाबत ख़ाँ ने यहीं बुरहानपुर में बरसात बिताने का निर्णय किया! ख़ैर वे इस आराम के हक़दार भी थे! इसीलिए उतनी देर के लिए शाहजहाँ की भी किस्मत अच्छी हुई और वह सहजता से उड़ीसा पर आधिपत्य स्थापित करके, बंगाल के सूबेदार, इब्राहिम ख़ाँ को राजमहल की घेरेबन्दी के बाद पराजित करने में कामयाब रहा। इस युद्ध में बंगाल के इस स्वाभिमानी और मुग़ल बादशाह के निष्ठावान वीर सूबेदार ने शाहजहाँ के समक्ष समर्पण और लाभ अर्जित करने के प्रस्ताव को ठुकराया था और, वह इसी युद्ध में शहीद हुआ! अपने एक अमीर और साथी, दरब ख़ाँ को बंगाल-उड़ीसा की ज़िम्मेदारी सौंप कर, अब शाहजहाँ ने बिहार-इलाहबाद होते हुए आगरा-दिल्ली की ओर बढ़ने का निर्णय लिया। यहाँ से प्राप्त धन-सम्पदा से उसका हौसला और संसाधन काफ़ी बढ़ चुके थे—उसमें नयी शक्ति, स्फूर्ति, ऊर्जा और उत्साह का संचार हो चुका था? उसके अन्दर एक नयी आशा घनीभूत हुई और, वह अपनी महत्वाकांक्षा की पूर्ति के लिए मुग़ल ताज़ पर

शीघ्रातिशीघ्र अधिकार करने की नीयत से बंगाल से पश्चिम की ओर बढ़ा! उसे इस क्षेत्र की विजय से लाखों रुपये के अलावा, 500 हाथी तथा एक सशक्त नाविक बेड़ा भी प्राप्त हुआ था। वह उसी में सवार बिहार जीतते हुए, जौनपुर जा पहुँचा!

शाहजहाँ की पटना विजय में राजा भीम ने महत्त्वपूर्ण भूमिका निभाई और, पूरा बिहार उसके क़दमों पर था। उसे रोहतास का दुर्ग सैयद मुबारक ने समर्पित कर दिया! राज्यद्रोही शाहजहाँ वर्तमान उत्तर प्रदेश के क्षेत्र में प्रविष्ट हो गया। उसने अपने-आप को जौनपुर में केन्द्रित करते हुए, अब्दुल्लाह ख़ाँ को इलाहाबाद विजित करने के लिए भेजा। इलाहाबाद विजित करने का अर्थ होता कि उसका कार्य सरल हो गया, क्योंकि, इसके ठीक पश्चिम में जो आगरा का सूबा स्थित था, वही तो मुग़ल राजधानी थी? जैसे सालिम सबसे पहले आगरा पर ही आधिपत्य स्थापित करना चाह रहा, वही इच्छा हर बार शाहजहाँ की भी दिख रही थी। ज़ाहिर सी बात है, जिसके क़ब्ज़े में मुग़ल राजधानी होती, उसकी प्रतीकात्मक विजय तो होती ही? मगर, वह भूल गया था, उसका असली प्रतिशोध तो इलाहाबाद की जनता की बद्दुआ होने वाली थी, जहाँ अब रोज़ नहीं तो कम से कम जुम्मे-रात और जुम्मे के रोज़ उसके द्वारा मारे गये निर्दोष व जनप्रिय मुग़ल शहज़ादा अन्तिम रूप से विश्राम कर रहा था? उसको तो यहाँ की जनता का समर्थन भी नहीं मिलना था, अपितु, उलटे उसे अभिशाप ही मिला? सबसे पहले तो उसके ख़िलाफ़ दक्खन में मोर्चा ले रहे शहज़ादा परवेज़ और महाबत ख़ाँ बादशाह के आदेश पर उसका पीछा करते हुए, उसके प्रतिरोध के लिए इलाहाबाद के निकट युद्ध की पूरी तैयारी कर चुके थे! उससे पहले से ही रुस्तम ख़ाँ इलाहाबाद के दुर्ग से उनका सफलतापूर्वक प्रतिरोध कर रहा था। उधर, महाबत ख़ाँ जैसे सेनानायक के नेतृत्व में 40,000 की विशाल शाही सेना के आ जाने से शाही शिविर का मनोबल बहुत बढ़ चुका था!

अफ़गानों और विद्रोही मिर्ज़ाओं के संकट से उबरने और पूर्वी प्रान्तों पर नियन्त्रण बनाये रखने के लिए अकबर के द्वारा निर्मित इस इलाहाबाद के दुर्ग ने अकबरी-विरासत को जड़ से उखाड़ने का षड्यन्त्र और नृशंस हत्या करने के आरोपी को ऐसा सबक सिखाया कि, उसे न केवल हार का सामना करना पड़ा, अपितु, उत्तर भारत छोड़कर, सीधे वापस दक्खन में ही शरण लेनी पड़ी? शाही सेनाएँ न केवल शाहजहाँ की फ़ौज के सेनानायक अब्दुल्लाह ख़ाँ को पराजित करने में सफल हुईं, अपितु उसे जौनपुर तक खदेड़ कर ही दम लिया! इतना ही नहीं, शाहजहाँ ने अपने-आप को जौनपुर तीनों ओर से शाही सेनाओं से घिरा हुआ पाया, वह मुग़ल सेनाओं से घिर गया था! बंगाल की सेनाएँ और नाविक अपनी जान बचाने की गरज से भाग खड़े हुए, अब उसके पास कोई विकल्प ही नहीं बचा सिवा यहाँ से अतिशीघ्र बंगाल की ओर कूच करने के! भोजन और पशुओं के चारे आदि की आपूर्ति भी शाही सेना की घेरेबन्दी के चलते पूरी तरह ठप्प हो चुकी थी। उसकी स्थिति बहुत

विषम और चुनौतीपूर्ण थी। उसे शाही सेनाओं ने इस तरह से घेर लिया था कि युद्ध अपरिहार्य हो गया था। इस युद्ध में वह बुरी एवं पूरी तरह से पराजित हुआ! उसका सबसे विश्वसनीय साथी और दुःसाहसी सेनानायक राजा भीम लड़ते हुए वीरगति को प्राप्त हुआ था! उसकी पराजय पूर्ण हुई और वह रोहतास के दुर्ग में पलायन कर पहुँच गया, जहाँ उसके पुत्र मुराद का जन्म हुआ! किन्तु, शाही सेनाएँ उसका पीछा करते हुए, बिहार भी पहुँच चुकी थीं। वह रोहतास में तीन दिनों से अधिक नहीं रह पाया! यहीं उसने अपनी पत्नी और नवजात पुत्र के साथ शाह शुजा को भी छोड़ा और वापस दक्खन की ओर चल दिया! क्योंकि, बंगाल के उसके सूबेदार, दरब ख़ाँ ने भी उससे पल्ला झाड़ना बेहतर समझा!

इसी बीच, चूँकि, दरब ख़ाँ ने शाहजहाँ का साथ छोड़ने में ही अपनी भलाई समझी थी, उसकी मुसीबत और बढ़ गयी! बंगाल में अब उसके लिए कोई गुंजाइश नहीं थी। उसने जिसे बंगाल का सूबेदार नियुक्त किया, वही उसकी विषम परिस्थिति देखकर अपनी जान बचने की नीयत से उसी के ख़िलाफ़ हो गया? विद्रोही के अनुयायी भी उसके ख़िलाफ़ विद्रोह करने पर आमादा हो गये? विद्रोही से विद्रोह करके वे उसी का तो अनुसरण कर रहे थे, जिसके वे अनुयायी थे? उस दृष्टिकोण से तो यह न्यायोचित ही प्रतीत होता है? इलाहाबाद से सिवाय हताशा, पराजय और घेरेबन्दी के अलावा उसे और क्या हासिल हुआ? न अकबर न ही उसकी विरासत वाले खुसरू की रूह को कभी उसी विरासत के ख़िलाफ़ षड्यन्त्र करने वाले को माफ़ कर देने का ख़याल आ सकता था? वे यह मंज़ूर ही नहीं कर सकते थे, अतः वह वापस उसी दक्खन में ही शरण तलाश कर सकता था? बल्कि जिस बुरहानपुर में उसने यह कुकृत्य किया था, वह भी उससे छिन चुका था? शाहजहाँ अपने दो पुत्रों, दारा एवं औरंगज़ेब के साथ अकबरनगर से उड़ीसा व तेलेंगना होते हुए, दक्खन की राह पर बढ़ चला? वह फिर से निजामुल मुल्क के राज्य में दाखिल हुआ। किस्मत से यहाँ अब हालात थोड़े से बदले हुए थे और, यहाँ मालिक अम्बर ने उसका स्वागत किया। उसे तो मुग़ल केन्द्र के ख़िलाफ़ शाहजहाँ का साथ देना राजनीतिक हित की दृष्टि से लाभप्रद लगा! किन्तु, मालिक अम्बर आदि की सहायता से भी वह बुरहानपुर की घेरेबन्दी के बावजूद मुग़ल शाही सेनाओं के विरुद्ध सफलता अर्जित नहीं कर पाया। उधर, तब तक परवेज़ और महाबत ख़ाँ दुबारा उसको पकड़ने दक्खन पहुँच चुके थे! उसने बुरहानपुर की घेरेबन्दी उठाकर, रोहनखेड की ओर लौटने में ही अपनी भलाई समझी! इसी मोड़ पर उसका विश्वसनीय अब्दुल्लाह ख़ाँ भी उसके रवैये से नाराज़ होकर उसका साथ छोड़ गया! उसको इससे करारा और कोई झटका नहीं लग सकता था?

उसका आत्मबल, महत्वाकांक्षा, शक्ति, संसाधन, सपने सब धूल-धूसरित और चकनाचूर हो चुके थे? उसने एक के बाद एक, माफ़ी के अनेक पत्र लगातार बादशाह

के पास भेजे? वहाँ से मलिका-ए-जहाँ ने एक ही उत्तर भिजवाया। नूरजहाँ ने एक और होशियारी बरती कि, इस पत्र को पूरी तरह से शाही और असरदार बनाने के लिए, जहाँगीर से ही लिखवा कर भिजवाया था! बादशाह ने लिखा, 'तुम्हें पहले यह साबित करना है कि, अदावत का ख़याल तुम पूरी तरह छोड़ चुके हो? तुम्हें अपनी गलती का अगर एहसास है, तब पूर्ण और बिना शर्त समर्पण के लिए तत्पर हो? इस क्रम में सबसे पहले शाही अधिकारियों के हवाले रोहतास और असीरगढ़ के दुर्ग कर देने चाहिए? उसके साथ ही ज़मानत के तौर पर दारा और औरंगज़ेब, जो दो पुत्र इस समय तुम्हारे साथ हैं, उन्हें मुग़ल दरबार में भेजना पड़ेगा, ताकि तुम्हारी बात पर भरोसा किया जा सके? तुम्हें दरबार की ओर से बालाघाट का क्षेत्र प्रदान किया जायेगा।' उसने बादशाह के हाथ से लिखे गये इस फ़रमान का अर्थ और निहितार्थ समझा और, तत्काल अपने दोनों पुत्रों, यथा दारा व औरंगज़ेब को शाही दरबार के लिए रवाना कर दिया; उसने उनके साथ बादशाह के लिए अनेक रत्न व उपहार में हथियार, हाथी आदि प्रेषित किये, जिनकी कीमत लगभग 10 लाख रुपये थी! इतना ही नहीं, उसने रोहतास के किलेदार, मुज़फ़्फ़र ख़ाँ को निर्देश दिये कि, वह बादशाह द्वारा नियुक्त अधिकारी को रोहतास का दुर्ग सौंपकर, शहज़ादा मुराद बख़्श के साथ शाहजहाँ के पास नासिक पहुँच जाये। इसी प्रकार, उसने असीरगढ़ के क़िलेदार, हयात ख़ाँ को भी लिखा कि वह यह क़िला साम्राज्य के अधिकारियों को तुरन्त सौंप दे!

इस तरह से उसके आत्म-सम्मान को नूरजहाँ द्वारा न केवल चोट पहुँचाई गयी, अपितु, उसे पूरी तरह से 'बे-दौलत' कर भी दिया गया! इतना सब होने के बावजूद भी कितना शक्तिहीन, श्रीहीन और असुरक्षित वह हुआ था कि सब शर्तों के अनुपालन के बावजूद वह मुग़ल क्षेत्र में निवास करने को तैयार न हुआ और नासिक में रहा! उधर शाहजहाँ के बगावत के अन्त के उपरान्त, अब नूरजहाँ को परवेज़ की पदोन्नतियाँ अखरने लगी थीं। उसे लगा कि, अब जब समस्या ख़त्म हो गयी है, तो शहरियार के रास्ते में यह नया रोड़ा परवेज़ की शक़्ल में खड़ा हो चुका था? उसने सबसे पहले उसे कमज़ोर करने के लिए, महाबत ख़ाँ को उससे दूर करना ज़रूरी समझा! शाहजहाँ के विद्रोह के चलते जिस महाबत ख़ाँ की ज़रूरत के वक़्त उसकी शर्त मानते हुए, अपने भाई को बंगाल स्थानान्तरित करने से जो महिला न चूकी हो, अब उसे क्यूँ बेवजह महत्त्व देती? अतः परवेज़ और महाबत ख़ाँ दोनों ही अब उसके निशाने पर थे और वह देर-सबेर उनका शिकार करना चाहती थी? महाबत ख़ाँ के खेमे में तो उसे बाकायदा 'ख़ून लगी शेरनी' कहा ही जाता था? वे तो उसे कभी चुड़ैल, कभी जादूगरनी, कभी आदमखोर लोमड़ी और, ना जाने क्या-क्या सम्बोधित करते थे? वे उसे यही सब कह कर अपनी खीज मिटाते थे? वे लाख चाहने पर भी मुग़ल बादशाह को उसके प्रभाव से मुक्त कराने में असफल ही

रहे थे? और, मुग़ल सेवा में नियुक्त होने के कारण अन्ततः उसी की आज्ञा मानने को बाध्य भी थे, अतः उनके मन का यह क्लेश इस तरह से अभिव्यक्त होता था!

जिस प्रकार से नूरजहाँ ने विकल्पहीनता की स्थिति शाहजहाँ के लिए तैयार की थी, उसी तरह का दम-घोंटू माहौल उसने अब महाबत ख़ाँ के लिए रच दिया? जिस तरह से शाहजहाँ ने इस दौर से उबरने के लिए एकमात्र उपलब्ध मार्ग ही तलाशा और उसे तराशा! उसने खुला विद्रोह कर के पूरे मुग़ल साम्राज्य की रही-बची स्थिरता को भी दाँव पर लगा दिया? उसने तो अपनी शर्तों से ईरान के शाह का कान्धार-विजय का ख़्वाब और आसान कर दिया! शाहजहाँ के विद्रोह ने अगले तीन वर्ष मुग़ल साम्राज्य के लिए सबसे भयानक उथल-पुथल का काल साबित किया! सारे संसाधन, समय, शक्ति सिर्फ़ और सिर्फ़ शाहजहाँ के विद्रोह के दमन में ही लगाने पड़े थे? और सिर्फ़ नूरजहाँ के वर्चस्व को बनाये और बचाये रखने के लिए? तब हमें समझ आता है कि शाहजहाँ और जहाँगीर; शाहजहाँ और नूरजहाँ; तथा, नूरजहाँ और उसके सगे भाई आसफ़ ख़ाँ के मध्य एक तटस्थ व्यक्तित्व के रूप में खुसरू ही शान्ति व सन्तुलन बनाये रखने का कोई प्रभावी उपाय और उपकरण था और उसके जाते या हटते ही सभी सन्तुलन एवं नियन्त्रण हट सा गया और यह परिणाम अपरिहार्य था! ऐसी परिस्थितियाँ बन गयीं कि नूरजहाँ से सबसे अधिक ईर्ष्या व नफ़रत करने वाले जहाँगीर के सबसे पुराने वफ़ादारों में से एक और, साम्राज्य के सबसे योग्य सेनानायक, महाबत ख़ाँ को ही शाहजहाँ के विरुद्ध इस्तेमाल करना पड़ा था? किन्तु, चूँकि, मामला बादशाह के पुत्र का था अतः नाम के लिए शहज़ादे परवेज़ को भी इस अभियान में महाबत ख़ाँ के साथ संलग्न किया गया! नूरजहाँ के लिए यह समीकरण फिर परेशानी का सबब हुआ? महाबत ख़ाँ पहले से ही बादशाह पर उसके प्रभाव से नाराज़ था और अब तो उसकी शक्ति और प्रतिष्ठा में वृद्धि करना एक राजनीतिक-प्रशासनिक विवशता भी थी? और फिर, इस महत्वाकांक्षी और योग्य सेनानायक का परवेज़ जैसे नाकारा शहज़ादे का साथ? उसे शक़ हुआ कि कहीं महाबत ख़ाँ इस मुग़ल शहज़ादे परवेज़ को मोहरे की तरह इस्तेमाल करके नूरजहाँ के प्रभाव को निष्फल करने का प्रयास न करे? और फिर सत्ता के बनते-बिगड़ते समीकरणों ने मुग़ल राजनीति को और भी जटिल बना दिया? इसका अन्त वही होना था, जिसका भय था? खुसरू की हत्या से प्रवाहित हुई शक्तियाँ प्रतिदिन इन जटिलताओं और शतरंजी शाह-मात के खेल के चलते और भी सशक्त तथा ध्रुवीकृत होती रहीं! वे वापस हो ही नहीं सकती थीं, जब तक तार्किक परिणति तक न पहुँचतीं? और वे एक घोर अभिशाप सी जहाँगीर के शेष काल को डसती ही रहीं...और उसके मृत्योपरान्त भी नहीं थमीं? शाहजहाँ को अपना ध्येय तो प्राप्त हुआ किन्तु जो हश्र जहाँगीर का हुआ उससे भी बदतर उसकी हालत उसके अपने ही पुत्रों के मध्य छिड़े ख़ूनी संघर्ष और अन्ततः मृत्यु तक एक क़ैदी के जीवन के रूप में घटित हुई!

मुग़ल साम्राज्य में उथल-पुथल और पतन के लक्षण

वस्तुतः 1625 आते-आते, परिस्थितियाँ बहुत बदल चुकी थीं! शहज़ादा खुसरू को मरे तीन वर्ष हो गये थे, किन्तु, लोग अभी भी उसके साथ हुए अन्याय को भूलने को तैयार नहीं थे? अतः जब शाहजहाँ से गुजरात छीनने के लिए उसी के पुत्र, दावर बख्श को वहाँ का सूबेदार बनाया, तब वह स्मृतियाँ और अमीरों एवं आमलोगों से उसका जुड़ाव पुनर्जीवित हुआ? खैर, स्मृतियाँ कहाँ मरती हैं? और, जब साम्राज्य तथा मुग़ल राजपरिवार में प्रतिकूल परिस्थितियों उत्पन्न हो गयीं, तब तो सभी पक्षों के लिए पुरानी बातें ही सहारा हो गयीं? सब अपने-अपने पक्ष में उन स्मृतियों को इस्तेमाल करने लगे? जो अमीर गुट सत्ता के करीब थे, वे मुग़ल सत्ता जो अकबर की विरासत के रूप में उसके संरक्षण की कसम खा रहे थे। वहीं, दूसरी ओर, जो नूरजहाँ के गुट का विरोध कर रहे थे, वे अकबरी मूल्यों-प्रतिमानों की स्थापना के लिए प्रतिबद्धता ज़ाहिर कर रहे थे? किन्तु, कुछ परिवर्तन तेज़ी से हुए। शाहजहाँ, जिसका सितारा तेज़ी से चमका था, अब अस्ताचल था! वह अब तक पूरी तरह से बेदर्द से बेबस सा हो चुका था! किन्तु, दावर बख्श के संरक्षक एवं शुभचिन्तक ख़ान-ए-आज़म की 1624 में अहमदाबाद में मृत्यु हो गयी। शहज़ादा परवेज़, महाबत ख़ाँ का साथ पाकर तथा, शाहजहाँ की बगावत को कुचलने में अपनी भूमिका के उपरान्त अपने को मुग़ल ताज़ का वास्तविक उत्तराधिकारी मानने लगा था? यानी खुसरू के जाते ही 'वली-अहद' की नियुक्ति की यह समस्या नये सिरे से न केवल उबरी थी, इसी ने मुग़ल राजनीति को इसके बाद हमेशा ही उद्वेलित रखा था?

जहाँगीर के बाद ही नहीं, अपितु, उसके बाद शाहजहाँ की बीमारी हो या औरंगज़ेब की मृत्यु के उपरान्त का उत्तराधिकार का युद्ध रहा हो, या फिर उसकी भी परम्परा हो जाने का! अब तलवार की शक्ति ही उत्तराधिकार के प्रश्न के समाधान का मान्य व स्वीकार्य उपकरण बन चुका था! 1623 तक जिस शहज़ादे को सिर्फ़ एक व्यसनी नालायक के रूप में ही चित्रित किया जाता था, वह 1623 आते-आते अपने-आप को मुग़ल सत्ता का सबसे मजबूत दावेदार मानने लगा था!

जहाँगीर के जीवित ज्येष्ठ पुत्र, शहज़ादे परवेज़ की एक ही कमी रही थी, कि, उसने कभी अपने गुट की निर्मिति का योजनाबद्ध प्रयास नहीं किया था। उसने

अपने पक्षधर अमीरों का कोई वर्ग तैयार नहीं किया था! किन्तु, अपने-आप ही शाहजहाँ के विद्रोह के तीन वर्षों से कुछ अधिक काल में उसका 'मुग़ल अमीरों का साथ होता गया और कारवाँ बनता गया'? जब इतने सारे सेनानायक, अधिकारी व अमीर उसके नेतृत्व में लड़ रहे थे, अभियानों में साथ थे, तब ज़ाहिर है, हर तरह की बातें होती थीं! फिर, उसका स्वभाव शाहजहाँ वाला दम्भी, क्रोधी या कठोर प्रशासक का कत्तई नहीं था। वह एक उदार चित्त, अपने व्यसन और काम से मतलब रखने वाला एक तटस्थ राजकुमार था। वह किसी से बेवजह कठोरता नहीं करता और न ही अपमानित, प्रताड़ित ही करता था? न ही बेवजह उनके आवंटित कार्य में बहुत दखलंदाजी करता था और न ही दायित्वों और पदों के निरन्तर परिवर्तित करता रहता था। अतः अमीरों को उसके साथ काम करने में एक सहजता महसूस होती थी, जिसकी वजह से उनके मध्य उसकी स्वीकार्यता बढ़ने लगी? वे ही लोग उससे बार-बार कहने लगे कि, वे सपने में भी नहीं सोचते थे कि वह ऐसा है, क्योंकि, उन्हें उसके साथ अन्तःक्रिया का कोई अवसर कभी नहीं मिला था? खुसरू की हत्या और शाहजहाँ की बगावत के चलते, खाली हुई रिक्ति की पूर्ति का वही दावेदार बचा था? शाहजहाँ को भी फिर खला होगा खुसरू की हत्या का समय? नूरजहाँ को फिर खुसरू की याद ताज़ी हुई होगी? वरना मुग़ल तख्त के सन्दर्भ में ही जैसे परवेज़ के लिए ही यह कहावत बनी हो 'यह मुँह और मसूर की दाल'?

और, शातिर दिमाग़ नूरजहाँ ने महाबत ख़ाँ को ही परवेज़ के मुग़ल ताज़ की दावेदारी के ख़याल का कारण माना? उसे लगा कि, ज़रूर महाबत ख़ाँ ने सत्ता पर अपनी पकड़ बनाने के लिए और नूरजहाँ को निष्प्रभावी करने के लिए यह योजना निर्मित की थी? महाबत ख़ाँ ही उसका सबसे प्रबल और पुराना शत्रु था, जो नूरजहाँ और उसके उम्मीदवार (शहरियार) को कभी सत्ता के शीर्ष पर नहीं देखना चाहता था? अतः परवेज़ को भी शक्तिहीन करना इस समय चतुर और शातिर नूरजहाँ के लिए सबसे ज़रूरी हो गया था? वह एक तीर से दो शिकार कर रही थी? शाहजहाँ की बगावत का अन्त करके, उसे अपनी बुद्धि, कूटनीति, रण-नीति से लेकर साम्राज्य संचालन व प्रबन्धन पर पूरा विश्वास ही नहीं गर्व हो रहा था? वह इस क़दम से परवेज़ की महत्वाकांक्षा को जहाँ नियंत्रित करना चाह रही थी, वहीं, दूसरी ओर, वह महाबत ख़ाँ की महत्वाकांक्षा को विराम देना चाहती थी? उसे लगने लगा था कि वह कुछ भी हासिल कर सकती है। बादशाह एक लाचार-सा बीमार किन्तु व्यसनी लम्पट में तब्दील हो चुका था? या अपने स्वार्थ में उसने उसे ऐसा और बनाने और बढ़ाने में योगदान दिया था? ख़ैर वह सत्ता के शीर्ष पर अपनी काबिलियत से पहुँची थी? सत्ता का मद तो होता ही है, पूर्ण सत्ता का पूर्ण मद भी होता है? अतः नूरजहाँ इस पूर्ण सत्ता के सातत्य के लिए ही प्रयासरत थी? अतः उसे इस परवेज़-महाबत ख़ाँ की जोड़ी तोड़ना अपरिहार्य प्रतीत हो रहा था?! और, वह सत्ता

और आत्म-विश्वास से लबरेज थी!

उधर महाबत ख़ाँ के मन में भी कोई संशय नहीं था। यदि उसे परवेज़ और शहरियार में से एक को चुनना था, तब उसकी पसन्द निश्चित थी। उसने तीन वर्षों से कुछ अधिक अवधि इस मुग़ल शहज़ादे के साथ शाहजहाँ के विद्रोह के उन्मूलन में काम किया था। उसे समझा आ गया था कि वह आराम-तलब, व्यसनी राजकुमार है, जो उसके कार्यों में और उसकी श्रेष्ठ निर्णय-क्षमता पर कत्तई न तो सन्देह करता था और, इसीलिए उसके कार्य में हस्तक्षेप नहीं करता था? शाहजहाँ बेहतर सेनानायक और कुशल प्रशसक तो था, मगर वह दम्भी और क्रोधी होने के साथ अतिशय महत्वाकांक्षी था? शाहजहाँ के साथ तो महाबत ख़ाँ के अपने महत्वाकांक्षी इच्छाओं की पूर्ति सम्भव नहीं थी? उसी ने सम्भवतः यह बात कभी शराब के कतरे के साथ परवेज़ के दिमाग़ में उतार दी थी कि जहाँगीर के जीवित पुत्रों में सबसे बड़ा होने, साम्राज्य को बगावत के समय बचाने और, उससे ज़्यादा बादशाह की विवाहित पत्नी के पुत्र होने के कारण मुग़ल ताज़ का वास्तविक व बेहतर विकल्प था? जब बुरहानपुर के वाकिया-नवीस तथा ख़ुफ़िया-नवीसों की इस प्रकार की सूचनाएँ दरबार में नूरजहाँ के समक्ष प्रस्तुत की गयीं तब उसने क्षण भर में निर्णय कर लिया! जब मुग़ल शिविर बुरहानपुर के मार्ग में सारंगपुर पहुँचा, तभी सितम्बर, 1625 में नूरजहाँ ने शाही दूत के रूप में फिदायी ख़ाँ को वहाँ इस शाही आदेश के साथ भेजा कि तत्काल प्रभाव से महाबत ख़ाँ बंगाल चला जाये और, ख़ाँ जहाँ लोदी उसका स्थान ग्रहण कर ले।

परवेज़ को महाबत ने इस स्थानान्तरण के माध्यम से उसे और परवेज़ को लग करने का नूरजहाँ का पूरा षड्यन्त्र समझा दिया और अब तक परवेज़ को अगर किसी पर पूरा भरोसा था, तो वह महाबत ख़ाँ ही था? अतः उसने इस शाही आदेश के अनुपालन के ख़िलाफ़ अपना विरोध दर्ज़ किया। किन्तु, नूरजहाँ ठहरी नूरजहाँ—वो तो मुग़ल राजनीतिक शतरंज की प्रत्येक चाल चलने से पूर्व अगली चार-पाँच चालों के विषय में सोच लेती थी—शत्रु या प्रतिद्वन्द्वी की—इस प्रकार की पूर्वाशा से परवेज़ के इस विरोध की तैयारी भी किए हुए थी? उसने फिदायी ख़ाँ से मौखिक आदेश भी कहलवाया था कि उसने अपने से अधिक शक्तिशाली भाई शाहजहाँ का हश्र देखा ही था, अतः उसे समझ आ जाना चाहिए कि जो भी उसे हासिल हो सकता है, वह दरबार या मलिका-ए-जहाँ की कृपा से ही हासिल हो सकता है, वरना मुग़ल राज्य द्वारा सत्ताच्युत होने पर शाहजहाँ जैसा निर्वासन ही भोगना पड़ेगा? परवेज़ के समक्ष दो ही विकल्प थे—महाबत को बंगाल रवाना करके, ख़ाँ जहाँ लोदी का संरक्षणत्व स्वीकार कर ले या फिर विद्रोह करे? महाबत ख़ाँ तो दूसरे विकल्प के लिए भी तैयार था, मगर यह मुग़ल शहज़ादा न तो खुसरू था और, न ही शाहजहाँ? जैसे ही नूरजहाँ के दूसरा शाही फ़रमान परवेज़ को पूर्व आदेश के अनुपालन के

क्रियान्वयन के सन्दर्भ में सख्त भाषा में पहुँचा उसके टखने ढीले पड़ गये और नूरजहाँ तो जानती ही थी कि उसके ऊपर कितनी देर तक महाबत ख़ाँ का असर रह सकता है? वह तो उसे पहले भी आज़मा चुकी थी जब जहाँगीर बीमार पड़ा था और उसके बाद कान्धार-अभियान की तैयारी के दौरान? यह मुग़ल शहज़ादा एक नितान्त सुविधा-जीवी प्राणी था, जो कुछ भी करने में न तो इच्छुक था न ही उसके अन्दर इसके हेतु सामर्थ्य ही था? अतः उसने महाबत ख़ाँ को भी राजी करने का अनुरोध किया। वह रुआँसा होकर उसे पत्र और सन्देश की कड़ी भाषा समझाता रहा और दलील देता रहा, कि वह शाहजहाँ जैसी स्थिति कभी नहीं चाहेगा? अतः उसने ख़ाँ जहाँ लोदी का इस्तक़बाल करने और महाबत ख़ाँ को बुरहानपुर से बंगाल रवाना करने का फ़ैसला ले लिया! नूरजहाँ अपने मक़सद में कामयाब हो गयी थी?

नूरजहाँ ने अब थोड़े से कमज़ोर हुए महाबत ख़ाँ पर शिकंजा कसने के लिए अगली चाल चलते हुए, महाबत ख़ाँ को बंगाल से प्राप्त हाथियों के साथ शाहजहाँ के विरुद्ध अभियान में किये गये व्यय का हिसाब दरबार में स्पष्ट करने का आदेश दिया! महाबत समझ गया कि, ग़बन आदि के फ़र्जी आरोप में उसे बन्दी बना कर उससे आसफ़ ख़ाँ और नूरजहाँ प्रतिशोध लेना चाहते हैं? वे शाहजहाँ को शक्तिहीन करके अब अगले चरण में उसे शक्तिहीन व श्रीहीन करके अपना राजनीतिक मक़सद हासिल करना चाह रहे थे? महाबत ख़ाँ के ख़िलाफ़ उठाये इस क़दम ने भाई-बहन, आसफ़ ख़ाँ और नूरजहाँ को पुनः करीब ला दिया! और जब दो षड्यन्त्रकारी मिलते हैं, तब वे कुछ बुरा ही सोच और कर सकते थे? आसफ़ ख़ाँ को व्यक्तिगत रूप से महाबत ख़ाँ ने जलील किया था? इसी महाबत ख़ाँ ने उसका सार्वजनिक मान-मर्दन किया था? और उसी की वजह से उसके दामाद का भी मान-मर्दन हुआ था? नूरजहाँ को सब स्मरण था कि इसी महाबत ख़ाँ ने उसके ख़िलाफ़ जहाँगीर को हमेशा भड़काया था? उसने इसका अन्त करना चाहा था, किन्तु, वह इलाहाबाद के दिनों से सलीम का साथी रहा था, अतः उसने उसका अन्त कभी स्वीकार नहीं किया? उन्होंने मिलकर उसके ऊपर शाहजहाँ के इस विद्रोह के दौरान सैन्य-अभियानों में धन-ग़बन और शाही आज्ञाओं की अवहेलना के आरोप लगाये! महाबत के ऊपर अपना शिकंजा कसने में नूरजहाँ और उसके भाई आसफ़ ख़ाँ से एक ही गलती हुई? उन्हें उसके बंगाल पहुँच जाने का इन्तज़ार तो कर ही लेना चाहिए था, तब वे उसके ख़िलाफ़ अगला क़दम उठाते? मगर, आत्म-विश्वास के अपने लाभ और अपनी सीमाएँ और हानि भी होती है! कुछ ही समय को ही सही, वही हानि बादशाह, नूरजहाँ और मुग़ल साम्राज्य को भी उठानी पड़ी थी?

अपने ख़िलाफ़ उनके इन बेवजह के कुकृत्यों ने ही महाबत ख़ाँ को उनके ख़िलाफ़ सख्त क़दम उठाने को मजबूर किया अन्यथा वे ही उसे श्रीहीन, शक्तिहीन, आधारहीन, अधिकारहीन कर देते? उसकी पुरानी इच्छा और बादशाह को सलाह

थी कि उसे नूरजहाँ के कु-प्रभाव से बचना चाहिए? वह तो सबसे यही कहता था, कि वक़्त आ गया है, कि बादशाह को नूरजहाँ के चंगुल से बचाने का प्रयास करें, वरना वह उसे एक इन्द्रिय-लोलुप कठपुतली शासक के रूप में ही तब्दील करके खुद सत्ता सम्हाले रहेगी और मुग़ल साम्राज्य का अहित करती रहेगी? किन्तु, अब न चाहते हुए भी, वह यह क़दम स्वयं उठाने के लिए विवश था? अब तो नूरजहाँ की हरकतों के चलते ही जमुना का पानी सर के ऊपर जा चुका था? उसने जैसे मुग़ल सत्ता को शाहजहाँ की बगावत से निकाला था, वैसे ही वह उसे इस कपटी मलिका-ए-जहाँ एवं उसके षड्यन्त्रकारी व सत्ता-लोलुप भाई, आसफ़ ख़ाँ के कुप्रभाव से बादशाह को भी निकालने के लिए प्रतिबद्ध था? अन्ततः नितान्त विवशता और एक अमीर के दायित्व के निर्वहन हेतु तथा अपने बादशाह एवं साम्राज्य को बचाने के लिए यह दुष्कर कार्य का बीड़ा भी उठाना पड़ रहा है!

किन्तु महाबत ख़ाँ को जिस तरह से जलील किया गया, उसके आत्म-सम्मान को कुचला गया वह उस स्वाभिमानी सेनानायक को कबूल नहीं था? वह बादशाह के सबसे पुराने और वफ़ादार साथियों में से रहा था, जो इलाहाबाद के दौर से ही उसके हर भले-बुरे में साथ रहा था और, अब एक महिला उसे जलील करे और उसका साथी रहा सलीम अब बादशाह बनकर उनके एहसानातों को भुलाकर इस औरत के इशारों पर नाचे, ये सब उसे सहज मंज़ूर नहीं था? इस आशय की कई बातें उसने बादशाह से कई बार पहले भी बे-हिचक और बे-झिझक कही थीं? न नूरजहाँ और न ही महाबत ख़ाँ एक-दूसरे को नीचा दिखाने का कोई मौक़ा गँवाते थे? जैसे ही बादशाह को सूचना मिली कि महाबत ख़ाँ ने एक आवश्यक राजकीय शर्त जान-बूझकर पूरी न करने की गुस्ताखी की है, तब नूरजहाँ भला कैसे यह अवसर खोती? असल में महाबत ख़ाँ ने बिना बादशाह की पूर्व-अनुमति के अपनी बेटी का विवाह नक्शबन्दी के पुत्र ख़्वाज़ा बर्खुरदार से सम्पन्न कर दिया था? न तो पूर्व-अनुमति और न ही शाही संस्तुति लेने की जहमत महाबत ख़ाँ ने उठायी थी? यह अपने-आप में शाही दरबार की अवज्ञा थी? वास्तव में, अलाउद्दीन खलजी पहला मध्य-युगीन शासक था, जिसने अमीरों के निरन्तर विद्रोहों के सिलसिले को रोकने के लिए, यह क़दम उठाया था। तबसे यह मध्यकालीन शासकों को अच्छा तरीका मिल गया था, अमीरों के ध्रुवीकरण को रोकने का? ताकि न ही वे एक-दूसरे के साथ रिश्तेदारियों में बँधें और न ही गुटबन्दी प्रगाढ़ हो? वे पारस्परिक बन्धुत्व के चलते शासक के विरुद्ध एक समानान्तर सत्ता का केन्द्र विकसित करके, उसकी सत्ता को चुनौती को सफलतापूर्वक अमली जामा पहना देते थे?

ज़ाहिर ही है कि वज़ीर की बेटी का निकाह अरीज-ए-मुम्मालिक (जो मुग़ल काल में मीर-बख़्शी था) या रक्षा-मंत्री के बेटे से ही होता? मान लीजिये उसकी दूसरी बेटी का विवाह अस्तबल-अधीक्षक या अमीर-ए-आखुर से हो जाये और,

अमीर-ए-आखुर की बहन का विवाह दरोगा-ए-डाक चौकी से हो जाये? और, इन सब के ऊपर वज़ीर के बेटे की शादी दीवान-ए-इंशा या मीर-ए-सामां की बेटी से आदि-आदि। यानी सारे ही उच्चाधिकारी और महत्त्वपूर्ण अमीर रिश्तेदारी के बन्धन में बँधें हों, तो सहज और स्वाभाविक रूप से बन्धुत्व का बन्धन बहुत मज़बूत हो जायेगा और, जब भी कोई अवसर हो वे शासक के ख़िलाफ़ लामबन्द हो जायें? अतः अपने मजलिस-ए-ख़ास में रोज़ बैठकों के दौर के बाद अलाउद्दीन इस नतीजे पर पहुँचा था कि यह एक बड़ा कारण था, निरन्तर हो रहे विद्रोहों का और, इनका एक ही हल था—बिना सुल्तान या शासक की पूर्व-अनुमति के कोई भी अमीर आपस में कोई वैवाहिक-सम्बन्ध न स्थापित करें? वह नज़र रखता था कि उनका घेरा बहुत मज़बूत न हो जाये? उसने इस प्रकार से उनके ध्रुवीकरण को बखूबी रोक दिया था! यह नीति उसके बाद के भी सभी शासकों को रास आयी! और यह एक औपचारिक नीति के रूप में स्थापित हो गयी!

अतः मुग़ल काल में भी अमीरों और उच्चाधिकारियों के मध्य के वैवाहिक सम्बन्धों पर नज़र व नियन्त्रण रखने के लिए यह सबसे प्रभावी और मुफीद तरीका माना गया और, चलता रहा! महाबत ख़ाँ ने जान-बूझकर इस नीति और औपचारिकता का उल्लंघन किया था? उसे जान-बूझकर राज्य के नियमों, रिवाजों के ख़िलाफ़ जाने का दोषी माना गया? लेकिन इसके बाद जो हुआ, वह सिर्फ़ महाबत को जलील करने वाली बात को ही साबित करता है? कसूर किसका था? ज़ाहिर है, महाबत ख़ाँ का, क्योंकि, सरकारी नियम को तो उसने तोड़ा था? मगर उसके ख़िलाफ़ कोई कार्यवाही की कोशिश भी करने की हिम्मत कैसे यह गुट जुटा पाता? नूरजहाँ के दबाव में महाबत ख़ाँ को जलील करने के उद्देश्य से शाही आदेश पर उसके दामाद बरखुरदार को दरबार में हाजिर होने के लिए कहा गया। दरबार में स्वयं बादशाह ने उससे इतने बड़े अमीर के यहाँ राजाज्ञा का उल्लंघन करते हुए, वैवाहिक-सम्बन्ध स्थापित करने की वजह पूछी? उसका जवाब असन्तोषजनक माना गया और, उसे शारीरिक दंड (निर्मम पिटाई) के उपरान्त बन्दी-गृह में डाल दिया गया! यानी महाबत ख़ाँ की खता और भुगता उसका दामाद! यह था प्रसिद्ध 'जहाँगीरी न्याय' का एक ज्वलन्त नमूना : 'करे कोई और भरे कोई'? नूरजहाँ ने जैसे शाहजहाँ को उकसाया था, वही तरीका अब वह महाबत ख़ाँ के साथ भी इस्तेमाल कर रही थी?

अन्ततः विकल्पहीनता की स्थिति और, ग्लानि में आकंठ-डूब चुके महाबत ख़ाँ ने स्वयं निर्णयात्मक क़दम उठाया? उसने तूरानी अमीरों गुट का नेतृत्व सम्हालते हुए, साम्राज्य को शाहजहाँ के विद्रोह के संकट से उबारने के बाद, बादशाह को नूरजहाँ के प्रभाव या संकट से उबारने की कोशिश की? उसने अपनी योजना के अनुसार बादशाह को नूरजहाँ के सामीप्य व प्रभाव से दूर रखने की नीयत से अपने व्यक्तिगत नियन्त्रण में कर लिया? जब बादशाही शिविर झेलम नदी पार कर रहा था, उसने

उसे अपने अधिकार और संरक्षण में ले लिया! यह क़दम उसने साम्राज्य और सम्राट के हितों के रक्षार्थ उठाया था? अतः उसने जहाँगीर को बन्दी न बनाते हुए उसे बस नूरजहाँ और उसके गुट के प्रभाव से तटस्थ करने के लिए बस अपने सुरक्षित घेरे में ले लिया था? कुल मिलाकर स्थिति जटिल होती ही चली जा रही थी? अब तूरानी अमीर उप-वर्ग, कुछ अफ़गान, राजपूत व अन्य स्वार्थी तत्त्वों के साथ मिलकर मुग़ल अमीर अपने बादशाह को उसकी दुष्ट बेग़म से मुक्ति दिलाने को कटिबद्ध दिख रहे महाबत ख़ाँ का साथ देने के लिए तैयार हो गये थे? शायद वे भी यही सोच रहे हों, किन्तु यह सब करने का साहस नहीं बटोर पा रहे थे? और यह भी सत्य था कि, वे तो बस इस हर राजनीतिक परिवेश में अपने निहातार्थ देखने के आदी हो गये थे? वे हर उस व्यक्ति का साथ देने को तत्पर थे, जिसका सूरज उनकी नज़र में चढ़ता या उगता दिखता था? इस समय महाबत ख़ाँ ने शाहजहाँ जैसे बाग़ी को बादशाह के क़दमों में समर्पण करने के लिए बाध्य कर दिया था? उसके चलते आसफ़ ख़ाँ जैसा महत्त्वपूर्ण अधिकारी भी राजदरबार से दूर बंगाल के निर्वासन के लिए मजबूर था? तो मुग़ल साम्राज्य में अधिक शक्तिशाली कौन था? और, इस समय तो बादशाह खुद किसके रहमो-करम पर ही जी रहा था?

ज़ाहिर है, अपने अभियान की सफलता के लिए महाबत ख़ाँ को अपने एक ध्रुवीकृत व एकीकृत गुट की शक्ति और पुष्ट आधार पर निर्भर होना था? अब उसके लिए यदि नस्लीय आधार पर भी लोगों या अमीरों का आवाहन करना पड़ रहा था, तो वह यह करने से भी नहीं चूक रहा था? वह एवं उसके समर्थक खुले रूप से नूरजहाँ और उसके भाई आसफ़ ख़ाँ के नेतृत्व वाले ईरानी गुट की शक्ति को सन्तुलित करके, बादशाह को एक सुरक्षित, संरक्षित तथा, स्वतन्त्र वातावरण देने का आवाहन कर रहे थे और, शपथ लेकर कह रहे थे कि उनका कोई भी इरादा मुग़ल बादशाह या दैवी राजत्व या चग़ताई सम्प्रभुता के साथ छेड़-छाड़ का नहीं था? वास्तव में, वे जानते थे कि, मुग़ल वंशी सत्ता को अस्वीकार करने या सत्ता एक अमीर द्वारा हासिल करने को न तो जनता और न ही अमीर या उलमा स्वीकार कर पायेंगे? इस तरह, राजनीतिक प्रतिस्पर्धा का जो नग्न नृत्य और दाँव-पेंच का जो आलम शुरू हुआ, उसमें अकबरी विरासत और परम्पराएँ इन परिस्थितियों में धूल-धूसरित व निष्प्रभावी होकर एक कोने में पड़ी थीं? वे खुसरू की हत्या की साजिश से लेकर उसकी निर्मम हत्या से मुग़ल राजनीतिक संस्कृति के हाशिये पर पहुँच गयी थीं और, अब उसके पूरी तरह से खारिज हो जाने का संकट मँडरा रहा था? और, उन सब के लिए जो सबसे ज़्यादा ज़िम्मेदार थे वे उसी अकबर के परिवार के सदस्य थे? महाबत ख़ाँ ने बड़ी होशियारी से यही प्रचारित किया वह तो सिर्फ़ मुग़लों का सह-क्षेत्रीय (तूरानी) एवं सह-धर्मी (सुन्नी) होने के चलते अपने दायित्व का निर्वहन करके, मुग़ल सत्ता के क्षरण व ह्रास को बचाना चाहता था! वह और उसका तूरानी गुट नूरजहाँ

और उसकी 'जुंटा' के अमर्यादित, अमानवीय तथा अत्याचारों के ख़िलाफ़ हैं? वे तो खुसरू की निर्मम हत्या जैसी पुनरावृत्ति से मुग़ल साम्राज्य को सुरक्षित रखने की प्रक्रिया में मुग़ल साम्राज्य की सुदृढ़ता के लिए ही कार्य कर रहे थे?

मगर, जिस क्षरण से मुग़ल सत्ता को बचाना था, वह तरीका अपने-आप ही उसी क्षरण और ह्रास का परिचायक और प्रतिबिम्ब ही था? हाँ इसके लिए किसी अकबरी, उदार, विशाल लकीर खींचने की कोशिश होती, तो शायद इसके बरक्स या समानान्तर कोई विकल्प खड़ा किया जा सकता था! किन्तु, इसकी सम्भावना सम्भवतः खुसरू के साथ ख़त्म हो चुकी थी? वह इस प्रकार के वैकल्पिक प्रयास का असफल परीक्षण ही सिद्ध हुआ! इससे एक बात शायद और सिद्ध हो गयी थी कि अब मुग़ल राजनीतिक संस्कृति और चरित्र इतना बदल चुका था कि उन आदर्शों, सिद्धान्तों, मूल्यों और प्रतिमानों पर आधारित होने वाले राजनीतिक पहल एवं प्रयास सिर्फ़ निष्प्रभावी ही साबित होने थे? दूसरे, खुसरू के अन्त के बाद कौन अपनी जीवन के मूल्य पर इतनी बड़ी चुनौती स्वीकार करता? यह समझ आने के बाद कि, अब बदले परिवेश में ऐसे प्रयास निरर्थक ही होंगे, कौन इनको आज़मा कर अपनी जान का जोखिम उठाता? इसीलिए, महाबत ख़ाँ ने सोच-समझ कर एक बीच का रास्ता अख़्तियार किया? किन्तु था तो यह भी षड्यन्त्र और सत्ता के विरोध बाग़ी तेवर से लैस? मुग़ल सत्ता के विरुद्ध न भी हो, परन्तु, मुग़ल सत्ता के वास्तविक पहरुओं के ख़िलाफ़ नये पहरुओं का तो था ही? अर्थात एक षड्यन्त्रकारियों के गुट के विरुद्ध दूसरे ऐसे ही पक्ष का षड्यन्त्र और सत्ता-नियन्त्रण ही तो था? इसमें पुराने अकबरी मूल्यों की पुनर्स्थापना का तथ्य कहाँ रेखांकित या प्रत्यक्षतः दिख रहा था? इसीलिए इस षड्यन्त्र की सफलता ने नूरजहाँ को भी प्रति-षड्यन्त्र का अवसर प्रदान करके, काबुल में मौजूद मुग़ल-शिविर को नित्य प्रति षड्यन्त्रों से अस्थिर ही करे रखा? और अन्ततः, महाबत ख़ाँ की स्थिति तब तो बिल्कुल ही कमज़ोर हो गयी, जब उसके नियन्त्रण से नूरजहाँ अपने पति और मुग़ल बादशाह को आज़ाद करा कर ले उड़ी!

न केवल महाबत ख़ाँ हाथ मलता रह गया, अपितु, यह भी साफ़ हो गया, कि, मुग़ल बादशाह नाम-मात्र का शासक था, जिसको नूरजहाँ जैसे चाहे वैसे चला रही थी। वह शारीरिक, मानसिक, बौद्धिक, प्रशासनिक—यूँ कहें तो पूरी तरह से ही मलिका-ए-जहाँ पर निर्भर था? उसकी हालत किसी चाभी वाले खिलोने जैसी थी, जितना, जब और, जैसे मलिका चाहती वह चलता, करता और फिर निरीह-सा उसे कातर दृष्टि से अपने व्यसन की लिप्सा में निहारता? बिल्कुल लाचार और, लचर सा? वाक़ई अब जो जहाँगीर की हालत हो गयी थी उसमें सारे राजकीय निर्णय मलिका-ए-जहाँ ही लेती थी? सत्ता की वास्तविक सूत्रधार और मूलाधार वही थी? इन षड्यन्त्रों के चलते, जहाँगीर और मुग़ल सत्ता की रही-बची आभा क्षीण पड़ती गयी और, जब सम्राज्ञी मुग़ल बादशाह को अपने शत्रुओं के नियन्त्रण से मुक्त करने

में सफल हुई, तो वह मुग़ल सत्ता की छाया और क्षीण पड़ चुकी काया को ही मुक्त करा रही थी? इधर काबुल में मुग़ल शिविर इस सत्ता पर प्रभुत्व के संघर्ष से जूझ रहा था और, उधर दक्खन में परवेज़ और ख़ाँ जहाँ लोदी शत्रुपक्ष से घिरे हुए फँसे थे, शाहजहाँ ने अवसर देखकर, ईरान के शाह की मदद से सिन्ध पर क़ब्ज़ा जमाकर एक बार फिर अपनी महत्वाकांक्षा के ज़ोर मारने पर प्रयास तेज़ किया, किन्तु, उसका भाग्य उससे पूरी तरह से अभी भी रूठा हुआ दिखा? जिस ईरान के शाह से सहायता की पूरी उम्मीद थी, उसी ने मुग़ल बादशाह के प्रति वफ़ादारी की सीख देकर अपना पिंड छुड़ाया? और वह वापस दक्खन के और कहाँ शरण पाता?

किन्तु, अब महाबत ख़ाँ की भी वही हालत? कुछ दिनों पहले तक दोनों शत्रु रहे, शाहजहाँ और महाबत ख़ाँ अब प्रतिकूल समय और एक ही मर्ज के मारे, उसी एक महिला के सताए हुए, एकजुट होने को बाध्य हुए? अपने सिन्ध विजय के प्रयास में असफल दक्खन लौटने की राह में शाहजहाँ को महाबत ख़ाँ का सन्देश मिला उसने सहर्ष उसका साथ स्वीकार किया और पुनः नवम्बर, 1626 में वह नासिक जा पहुँचा। उसके पत्रोत्तर से उत्साहित, महाबत ख़ाँ उसके पास चला और 22 अक्टूबर, 1627 में अपने 2,000 श्रेष्ठ घुड़सवारों के साथ महाबत ख़ाँ शाहजहाँ से जा मिला! जब शाहजहाँ थट्टा (सिंध) से वापस लौट रहा था, तभी उसे गुजरात में परवेज़ की मृत्यु की भी ख़बर मिली थी; उससे पहले शहज़ादे परवेज़ की बुरी हालत और गम्भीर बीमारी की सूचना उसको मिल ही चुकी थी! बादशाह के इस बड़े जीवित पुत्र के देहावसान की ख़बर से उसने कुछ तो राहत की साँस ली! उसे अब मुग़ल सत्ता का आकर्षण फिर इसलिए बढ़ा, क्योंकि, उसे मार्ग में अब बस नूरजहाँ और उसके उम्मीदवार शहरियार ही रह गये थे! क्योंकि, इस बीच अत्यधिक मदिरापान ने अन्ततः एक और मुग़ल शहज़ादे को मौत के द्वार तक पहुँचा दिया था? शहज़ादा परवेज़ 28 अक्टूबर, 1626 में मर ही गया। कर्नल टॉड तो उसके मृत्यु के लिए भी शाहजहाँ या ख़ुर्रम को ही ज़िम्मेदार मानता है। उसके मतानुसार ख़ुर्रम ने ही उसे विष दिलवा दिया था!

वस्तुतः जब शहज़ादा परवेज़ और महाबत ख़ाँ द्वारा शाहजहाँ पराजित होकर आत्म-समर्पण करने पर मजबूर हुआ था, तभी से उसने दो प्रण किये थे। एक, बहुत करीने से वह भी अब नूरजहाँ की तरह उसे उसी के दांव से मात देगा और, दूसरा उसके साथ, वह मुग़ल सिंहासन की ओर अपने मार्ग से अपने प्रतिद्वन्द्वी भी कम क़रता चलेगा? इसी क्रम में उसने परवेज़ के कुछ लोभी अनुयायियों को धन देकर अपनी ओर मिला लिया था। वे उसे शाहजहाँ के इशारे पर लगातार अधिक मदिरा-पान करवाते रहे और तो और जब ख़ाँ जहाँ लोदी के मार्फ़त बादशाह ने उसपर रोक लगाई तब वे उसे चोरी से बन्दूक की नाल तक में छुपा कर मदिरा ले जाते थे? शाहजहाँ के इन्हीं लोगों ने उसे जंग लगी बन्दूक की नाल में जब मदिरा

पहुँचाने का नियम बना दिया, तब उस बदनसीब व कमज़ोरी तक मदिरापान की गिरफ्त वाले शहज़ादे को ऊपर पहुँचाने का पक्का विश्वास हो गया था! बन्दूक की नाल में जो मदिरा शहज़ादे तक पहुँचती थी उसके दुष्प्रभाव तो होने थे? उसी ने शहज़ादे के पूरे पाचन-तन्त्र के उपरान्त उसके शरीर के अन्य अंगों व तन्त्रों पर भी प्रतिकूल प्रभाव डालना शुरू कर दिया था! ऐसे में वह और मदिरा में ही डूबा रहना चाहता था? और उसी में डूब के उसका अन्त भी हुआ!

विदेशी यात्री एडवर्ड टेरी भी शहज़ादे परवेज़ की मृत्यु के लिए उत्तरदायित्व का यही आरोप शाहजहाँ के ऊपर लगाता है? एक तरफ टॉड तो दूसरी ओर समकालीन विदेशी यात्री, दोनों ही परवेज़ की मौत को स्वाभाविक मृत्यु नहीं मानते? वे दोनों ही इसमें ख़ुर्रम की संलिप्तता को रेखांकित करते हैं! इतना ही नहीं, जब औरंगज़ेब और बन्दी शाहजहाँ का पत्र-व्यवहार चल रहा था, उसमे एक पत्र ऐसा भी है जिसमें औरंगज़ेब ने अपने पिता पर अपने भाइयों की इन घिनौनी हत्याओं का आरोप लगाया है? वह लिखता है, "आप अब भी किस प्रकार अपने दो बड़े निर्दोष भाइयों, यथा खुसरू तथा परवेज़ की स्मृतियाँ को सँजोते हैं, जिनकी आपने अपने सत्ता की लिप्सा में अकारण ही षड्यन्त्र द्वारा हत्या करवा दी थी? उन्होंने तो आपका कोई अहित भी नहीं किया था, आपको किसी प्रकार का कष्ट पहुँचाना तो दूर था?" किन्तु यह मान लेना कि, चूँकि, शाहजहाँ उस स्थान से बहुत दूर स्थित था, जहाँ परवेज़ की हत्या हुई है, उसे इस आरोप से बरी किया जा सकता है, सही नहीं है। हमें भली-भाँति ज्ञात है कि वह जिस रात खुसरू की हत्या की साजिश को अमली-जामा पहना रहा था, अपने सभी अमीरों के साथ शिकार के बहाने बुरहानपुर से बाहर चला गया था! बुरहानपुर के बाहर उसके रात्रि विश्राम की गवाही तो पूरा सैन्य व अमीर शिविर ही दे रहा था? मगर, मन ही मन सब जानते थे कि क्या हुआ? यह जो कुछ घटा था, वह सब सोची-समझी साजिश के अतिरिक्त कुछ और नहीं था!

चूँकि, महाबत ख़ाँ भी परवेज़ के देहान्त से विकल्पहीन हो गया? नूरजहाँ उसे 'फूटी आँखों नहीं सुहाती थी', अतः उसके लिए भी नूरजहाँ के ख़िलाफ़ शाहजहाँ ही बेहतर पसन्द लगा! वैसे भी अपने लचर व्यक्तित्व के चलते उसे परवेज़ पहले ही समझ नहीं आया था? जब मौक़ा था, निर्णयात्मक मोड़ का तब वह नूरजहाँ के दस्तखत वाले फ़रमान से इतना घबड़ा गया था कि उसने महाबत ख़ाँ से बंगाल जाने का गिड़गिड़ा कर इसरार करके उसे राजाज्ञा के अनुपलान का वास्ता दिया था? उधर, महाबत ख़ाँ के "सौ दिवस के शासन" एवं नियन्त्रण से मुक्त जहाँगीर लाहौर की गर्मी न बर्दाश्त कर पाने के चलते, पुनः कश्मीर की ओर प्रस्थान कर गया! किन्तु, यहाँ पहुँचते ही दोनों पिता-पुत्र, जहाँगीर एवं शहरियार बीमार पड़ गये! बादशाह को तों साँस की बीमारी का ऐसा दौरा पड़ा कि, उसको जीने-मरने के लाले पड़ गये! शहरियार को कुष्ठ-रोग के लक्षण दिखने लगे थे उसे 'दाउ-स-सलब'

या 'फॉक्स डीसीज़' हो गयी और उसे इलाज के लिए लाहौर लौटना पड़ा! जहाँगीर को अब अपने अन्तिम समय में खुसरू का प्रकोप स्पष्ट दिख रह था! काश उसने अकबर के निर्णय में अड़ंगा लगा कर येन-केन-प्रकारेण सत्ता न अपनाई होती, तो उसकी भी शायद यह दुर्दशा न होती? सिर्फ़ अपने रहते अपने पुत्र खुसरू को उत्तराधिकारी बनाया जाना उसे कबूल नहीं था? वह मुग़ल सत्ता को अपना हक़ समझता था? मुराद और दानियाल के बाद तो वो इसे सुनिश्चित व तार्किक ही मानता था? किन्तु, क्या अकबर और उसके उदार, सहिष्णुता व समन्वयवादी सिद्धान्तों के अनुरूप उसका आचरण था?

किन्तु, वह सत्ता के लोभ और सूबेदारी के मद में कुछ बर्दाश्त करने को तैयार नहीं था? वह तो अपने पिता तक की हत्या से न कतराता? जो अबुल फ़ज़ल की हत्या से नहीं चूका, वह क्यूँकर उसकी हत्या से चूकता? खतरा यही था कि अकबर की हत्या की मनोकामना पूर्ण होती न होती, कहीं वही तो नहीं मार दिया जाता? क्या लोग उसकी सत्ता को स्वीकार करते? मगर उसने यह सब उस समय कहाँ सोचा था? उसका विवेक, उसके व्यसन, सत्ता लोभ और दुष्ट साथियों के चलते बस सत्ता प्राप्ति की लालसा से ढक और दब चुका था! अब उसे अपने पिता के ख़िलाफ़ किये सब कुकृत्यों और विद्रोहों का सिला मिला रहा था? बड़ा और योग्यतम बेटा खुसरू काल-कवलित था, द्वितीय परवेज़ का होना न होना निरर्थक था, तीसरा शाहजहाँ 'बे-दौलत' (उसी की भाँति?) और चतुर्थ स्वयं मरणासन्न! क्या प्रारब्ध उसे यह दिन दिखा रहा था? क्या खुसरू का अभिशाप अपना असर दिखा रहा था? क्या 'हरम' की महिलाएँ और, आम जन जो कह रहे थे, वह सही था? स्वर्ग-नर्क या जन्नत-दोजख क्या वास्तव में सब यहीं ज़मीन पर, इसी जनम और अपने ही जीवन में देखने पड़ते हैं? क्या अपने कर्मों का हिसाब यहीं चुकाना पड़ता है? क्या सब कुछ यहीं भोगना पड़ता है? तब, क़यामत तक के इन्तज़ार की बात गलत थी क्या? वास्तव में शहरियार की इस बीमारी को 'हरम' की महिलाओं ने सीधे खुसरू का प्रकोप ही बताया था? वे नूरजहाँ-बादशाह आदि के षड्यन्त्रों को खुसरू की मौत का कारण तो मानती थीं। और, अब वे यह भी कहने से नहीं चूक रही थीं कि, चूँकि, उसका कत्ल करवा कर वे शहरियार से लाड़ली बेग़म का निकाह करवा कर, उसे अपना उम्मीदवार बना चुके थे, अतः उनके साथ-साथ बेचारे शहरियार को भी बेकसूर खुसरू की नृशंस हत्या का यह प्रकोप बेवजह झेलना पड़ा? वे बहुत पहले से ख़ुर्रम की पराजय को भी खुसरू उसके और उसके प्रति सहानुभूति रखने वालों को ही ज़िम्मेदार मानती थीं

शहरियार के सबसे पहले सर के बाल झड़ने शुरू हुए, फिर बालों के झड़ने ने इस कदर गति पकड़ी, कि, वह देखते ही देखते पूरी तरह से बाल विहीन हो गया! फिर उसकी मूँछों, भौं और पलक के बाल भी जाते रहे! उसका चेहरा ऐसा विकृत

होगा, उसने कभी कल्पना भी नहीं की थी! ऐसा विद्रूप देख कर वह स्वयं दहल जाता था और, इसीलिए उसने आईना देखना छोड़ दिया था, फिर उसने लोगों से मिलना-जुलना और यहाँ तक कि अपनी पत्नी, लाड़ली बेग़म के समक्ष आना भी छोड़ दिया, वह उसे मुंडे सर तो तब भी बर्दाश्त कर सकती थी, मगर मूँछ, भौं, पलक के बालों के विहीन वह इनसान की जगह उसकी कोई पूर्व की अवस्था का जीव अधिक लगता था? बस अगर कोई अभी भी पूरी सहानुभूति से बातें कर रहा था, तो वह नूरजहाँ ही थी! इतना हो जाने के बाद तो जहाँ 'हरम' पर नूरजहाँ का दबदबा कुछ कम हुआ, वहीं इन महिलाओं ने तो इसे बस आगाज घोषित करके, आगे के अंजाम का अभिशाप भी दे डाला! वे आने वाली विभीषिका और उससे मुग़ल साम्राज्य पर संकट के बादलों के छा जाने की भयानक भविष्यवाणियाँ करने से भी नहीं चूकीं? ऐसे मौक़ों पर मुग़ल 'हरम' की अभिव्यक्ति इतिहास को समझने और प्रमुख घटनाओं के सही विश्लेषण में हमें बहुत मदद करती हैं!

कल तक बेफ़िक्र नूरजहाँ एक बार फिर हताश हुई? बादशाह की हालत में अब-तब साफ़ लगा हुआ था और, उसका सम्भावित उत्तराधिकारी और मुग़ल ताज़ का उसका उम्मीदवार भी निष्क्रिय और बीमार था? उसे ऐसी प्रतिकूल परिस्थितियों में खुसरू और सिर्फ़ खुसरू ही याद आया? वो सोचने लगी कि, यदि थोड़े धैर्य से उसने काम लिया होता तो उसकी अपनी स्थिति इतनी नाजुक न होती? उसके सूत्र उसे महाबत-शाहजहाँ के सम्भावित मिलन की खबर दे चुके थे! उधर दक्खन में मुग़ल फौज़ बुरी तरह से दक्खन की फ़ौजों से घिरी हुई थी। वे भी तो मुग़ल साम्राज्य की आन्तरिक उथल-पुथल का फ़ायदा उठाने में तत्पर और लालायित थे ही ऊपर से उन्हें ईरान के शाह का समर्थन और सहानुभूति प्राप्त थी। फिर कान्धार विजित करने के पश्चात उसकी स्थिति मुग़ल बादशाह की तुलना में बहुत मजबूत हो चुकी थी? इधर, शहरियार की हालत और बिगड़ने लगी थी। मुग़ल 'हरम' की महिलाओं की बातों का इतना असर तो पड़ा ही कि, नूरजहाँ की यह बेज़ुबान बेटी, लाड़ली बेग़म भी अब बोलने लगी थी और सिर्फ़ बोलने ही नहीं लगी, एकदम से अपनी माँ के सामने बोली और सिर्फ़ कड़वा ही नहीं भयंकर ज़हर उगला! उसने पहली बार अपनी माँ से खुलकर कहा कि उसकी दुर्दशा का सबब उसकी माँ ही थी, जबकि दूसरों की माँएँ अपनी सन्तानों के लिए कुछ भी करती थीं, तब उसकी माँ उसे सिर्फ़ एक मोहरे की तरह मुग़ल राजनीति की शतरंज में अपनी शह-मात के लिए ही इस्तेमाल करती रही? वरना क्या सिर्फ़ मुग़ल बादशाह की किसी रखैल के पुत्र से ही उसकी शादी के लिए वह तैयार होती? उसे तो मालूम था कि इस्लाम की सम्प्रभुता के सिद्धान्त के अनुसार ऐसे पुत्र के लिए उत्तराधिकार कोई निषेध नहीं था, वह भी उतना ही हक़दार था, जितना कि, विवाहित रानियों के पुत्र! लेकिन उसने कभी भी अपनी माँ के सामने जुबाँ ही नहीं खोली थी, किन्तु, आज जब उसके शौहर पर भी

तथाकथित खुसरू के अभिशाप की छाया पड़ी और उसका अपना जीवन भी इस सब से बुरी और पूरी तरह से प्रभावित हो चुका, तब उसके पास बचा ही क्या था? अपनी हालत के लिए अपनी माँ को ज़िम्मेदार मानते हुए उसने नूरजहाँ से क्या-क्या नहीं कहा और सब मन का गुबार निकाल दिया! उसने इतने साल क्या-क्या नहीं झेला था, एक ऐसा निकम्मा और नालायक पति, जिसकी कोई अहमियत नहीं थी, सिवा इसके कि, वह मलिका-ए-जहाँ का दामाद था?

उसकी सभी उपलब्धियाँ उसकी अपनी माँ और शहज़ादे की सास की देन और कृपा थीं। अपनी क्षमता और योग्यता से तो वह इस लायक भी नहीं समझा गया था? जहाँ परवेज़ तक को भी सूबेदारी मिल चुकी थी, उसे इस लायक उस उम्र पर भी नहीं समझा गया था? खुसरू के अवयस्क पुत्र तक को गुजरात जैसे सूबे की ज़िम्मेदारी सौंपी गयी, किन्तु, उसे यह भी नसीब नहीं? कैसे शहरियार को धौलपुर या कुछ और नूरजहाँ दिलवा रही थी, उसमें भी सिर्फ़ शाहजहाँ के ख़िलाफ़ प्रतिशोध का ही भाव था? उसके अपने दामाद की योग्यता और हक़ का प्रश्न या आधार ही नहीं था? भले ही उसे शहरियार से एक पुत्री भी हुई थी, किन्तु उसके लालन-पालन का दायित्व भी नूरजहाँ के ऊपर ही लाड़ली बेग़म ने डाल दिया था, बिल्कुल उसी तर्ज़ पर कि, 'तुम्हीं ने दर्द दिया है, तुम्हीं दवा देना'! उसने तो अपनी माँ पर अपनी खुदगर्जी के लिए बेटी को कुर्बान करने के लिए न जाने कितनी तोहमत भेजीं? उसने अपनी माँ पर यही इलजाम लगाया कि उसने अपना बुढ़ापा सुधारने के लिए ही अपनी इकलौती बेटी की ज़िन्दगी, जवानी और भविष्य सब को दाँव पर लगाने से भी परहेज नहीं किया? क्या वह माँ कहलाने लायक भी थी? जबकि, नूरजहाँ की अपनी माँ ऐसी नहीं थी, तब वह और उसका भाई आसफ़ ख़ाँ किस पर पड़े हैं? उसने क्या-क्या लानत-मलानत नहीं भेजीं? क्या-क्या तोहमत नहीं लगाईं उस मलिका-ए-जहाँ पर जिसके ख़िलाफ़ बोलने की सज़ा शाहजहाँ भी झेल चुका था और महाबत ख़ाँ भी? खैर, शहज़ादे खुसरू ने तो अपनी ज़िन्दगी देकर यह कीमत चुकाई थी? लाड़ली बेग़म ने तो अन्न-जल ऐसा त्यागा कि मुग़ल 'हरम' से लेकर स्वयं नूरजहाँ तक दुखी और सन्तृप्त हो गये!

पूरा 'हरम', शाही दरबार, मुग़ल साम्राज्य और समकालीन परिवेश ही विषाक्त सा जान पड़ता था? तभी वह भी घटा जो अवश्यम्भावी था! जहाँगीर जिस गिरते स्वास्थ्य के सुधार की आशा में कश्मीर गया था, वह बदतर होता गया और वह लाहौर लौटने को बाध्य हुआ! वह घुड़सवारी के लायक भी नहीं बचा था। वह सिर्फ़ पालकी में लदकर ही कहीं आ-जा सकता था? यही नहीं, मदिरा जो उसे बहुत प्रिय थी, वह भी छूटी और साथ में अफ़ीम का तो छूना ही असम्भव हो गया! कैसे थान्नाह से राज़ोरी और वहाँ से शाही दस्ता भिम्बार के निकट चंगेज हटली पहुँचा! उसकी तबियत बहुत बिगड़ने लगी उसने अपनी सबसे पुरानी प्रेयसी—मदिरा को

अपने होठों पर सम्भवतः अन्तिम बार चुम्बन का प्रयास किया था, उसके लिए अंगूर की मदिरा लायी गयी। वाक़ई वो सिर्फ़ होठों से ही लगा सका, उसकी एक घूँट भी उसके गले के नीचे न उतरी! यह सबसे अन्तिम लक्षण था कि जहाँगीर अब अन्तिम यात्रा पर निकलने वाला था? रात भर में उसकी हालत बिगड़ती ही गयी और, 21 साल के शासन के बाद, अपने शासन-काल के 22वें वर्ष में, अट्ठावन वर्ष की आयु में 28 अक्टूबर, 1627 की अलस्सुबह गुज़र गया!

अकबर की मृत्यु के उपरान्त जैसे अमीरों का सम्मेलन आहूत किया गया था, नूरजहाँ ने भी वैसा ही सम्मेलन बुलाकर उत्तराधिकार के समाधान का निर्णय किया! आसफ़ ख़ाँ के मन में पहले से ही अपने दामाद शाहजहाँ के लिए कोमल भाव थे और वह उसका पक्षधर था? फिर यही तो अवसर था, जब वह अपनी बहन की छाया से निकलकर अपने स्वतन्त्र अस्तित्व की तलाश पूरी कर सकता था? जब अकबरी विरासत पूरी तरह से नकारी ही जा रही थी, तब अमीरों के इस 'सम्मेलन' का भी कोई अर्थ नहीं था? अतः उसने न केवल इस सम्मेलन का बहिष्कार ही किया, अपितु, नूरजहाँ द्वारा उसे भेजे गये हर सन्देश को अनसुना कर दिया! और, फिर जब उसे लगा कि, वह पूर्व सम्राज्ञी किसी भी हद तक जा सकती है, तब वह विवश था, अपनी बहन को अर्ध-क़ैद या नज़रबन्द करने को! शायद उसके लिए ऐसा करना अपनी सुरक्षा के दृष्टिकोण से भी ज़रूरी हो गया था?! इतना ही नहीं उसने अपने ख़ास दूत बनारसी को तुरन्त दक्खन शाहजहाँ के पास अपनी अँगूठी (भरोसे की निशानी के रूप में) के साथ रवाना किया ताकि शाहजहाँ को तुरन्त उसका मौखिक सन्देश मिल जाये! इतना वक़्त कहाँ था कि वह लिखित पत्र भेज पाता? इस बीच मुग़ल सिंहासन को भी तो खाली नहीं रखा जा सकता था और, उस समय तो हरगिज़ नहीं, जब नूरजहाँ कुछ भी कर सकती हो? वह अपनी बहन से और उसके स्वभाव से भली-भाँति परिचित था अतः वह उसको कोई भी मौक़ा नहीं देना चाहता था कि वह शाहजहाँ को उसके हक़ से वंचित कर सके?

इसी बीच, जब सब शाही शिविर में साथ-साथ पंजाब और कश्मीर की ओर बढ़ रहे थे, तब नये ख़ान-ए-आज़म बने इरादत ख़ाँ को खुसरू के पुत्र, दावर बख़्श का संरक्षक सिर्फ़ शहरियार की अनुशंसा पर बनाया गया था। उसी इरादत ख़ाँ या ख़ान-ए-आज़म ने भी आसफ़ ख़ाँ का साथ दिया और 'बलि के बकरे' के रूप में शाहजहाँ के आ जाने और सत्ता ग्रहण कर लेने तक सिंहासन रिक्त न रखने की नीयत से खुसरू के पुत्र, दावर बख़्श को नया मुग़ल बादशाह नियुक्त किया गया! इतना ही नहीं, शाहजहाँ के पुत्रों-बच्चों को भी नूरजहाँ के 'हरम' से सुरक्षित निकाला जा चुका था! अब नूरजहाँ बिल्कुल अकेले पड़ गयी थी? उसके अपने भाई ने ही साथ छोड़ दिया तो वह किसी और से आशा ही क्या करती? उसकी बेटी का शाप और खुसरू की मृत्यु में संलिप्तता का अभिशाप अब सारे विरोधियों पर सर चढ़कर बोल

रहा था! दावर बख़्श के नामधारी मुग़ल शासक बनते ही लोगों को खुसरू की याद ताज़ी हो गयी और उसके अभिशाप की बातें और जहाँगीर व शाहजहाँ की क्रूरता के क़िस्से भी? शाही शिविर में मौजूद सभी अमीरों ने मुग़ल वकील-ए-मुतलक़, आसफ़ ख़ाँ का पक्ष मज़बूत होता देखकर उसी की तरफ झुकना अपने हित में समझा! और वे सब पलक झपकते ही आसफ़ ख़ाँ और उसके उम्मीदवार शाहजहाँ के पक्षधर हो गये! कल तक जो नूरजहाँ की हाँ में हाँ मिलाते थे और, उससे नज़र मिला कर बात नहीं कर पाते थे, आज उसी से नज़र छुपाये उसके ख़िलाफ़ काम करते घूम रहे थे!

जहाँगीर की मृत्यु के दूसरे दिन ही आनन-फानन में भिम्बार पहुँच कर इन अमीरों ने आसफ़ ख़ाँ के नेतृत्व में दावर बख़्श को अपना नया मुग़ल बादशाह घोषित किया! जब दावर बख़्श को क़ैद से आज़ाद करके, उससे मुग़ल बादशाह बनने का प्रस्ताव रखा गया तो एकबारगी उसे भरोसा ही नहीं हुआ? उसे लगा कि, वह कोई स्वप्न देख रहा है? उसने आँखें मलते हुए घोर अचरज से अनेक बार यही पूछा भी? उसे यक़ीन ही नहीं हो रहा था? वह बार-बार कभी आसफ़ ख़ाँ से कभी ख़ान-ए-आज़म, इरादत ख़ाँ से पूछता ही रहा? फिर सभी अमीरों ने उसके सामने शपथ लेकर यही बात दोहराई तब उसे भरोसा सा हुआ? किन्तु, मन ही मन शंका भी हुई? भले ही बादशाह की मृत्यु हो गयी हो, मगर आख़िर ऐसा क्या हुआ था कि उसको मुग़ल सिंहासन के लिए चुना जा रहा है, जबकि, नूरजहाँ शहरियार की घोषणा जहाँगीर के जीते-जी कर चुकी थी? जब आसफ़ ख़ाँ भाई होकर उसका सगा नहीं, तो वह भला दावर का सगा क्यूँ हो रहा है? क्या यह सब किसी गहरे और व्यापक राजनीतिक षड्यन्त्र का हिस्सा तो नहीं? क्या वे उसके साथ भी उसी तरह का कोई छल तो नहीं कर रहे जैसा उसके पिता, खुसरू के साथ जीवन भर करते रहे थे? क्या खुसरू का दुखद भविष्य ही उसके परिवार की विरासत है? क्या उसके साथ भी कुछ बहुत बुरा होने वाला है, जो उसे अचानक क़ैद से रिहा करके, बादशाह बनाने की घोषणा हो रही है? किन्तु, वे उसके प्रति निष्ठा की शपथ लेते रहे, इतना ही नहीं, उसे शाही घोड़े पर सवार करके उसपर शाही छत्र या राजसी प्रतीक ताना गया और, उसके नाम का खुतबा पढ़ा गया! इसी से पूर्व बादशाह का अन्तिम संस्कार करते हुए, उसके ताबूत को लाहौर के शाहदरा में नूरजहाँ के दिलकुशा बाग़ में दफ़न होने के लिए भेज दिया गया!

उधर नूरजहाँ कहाँ चुप बैठने वाली थी? आसफ़ ख़ाँ का भय सही साबित हुआ, उसने सन्देश भेज कर शहरियार से सैनिक लेकर तुरन्त युद्ध की तैयारी का सन्देश भेजा! एक आख़िरी बार अपनी माँ की राय मानने के लिए अपनी बेटी को भी अलग से सन्देश भेजा था! इस सन्देश में नूरजहाँ ने स्पष्ट कर दिया था, कि यह आख़िरी मौक़ा है, या तो सब बचेंगे या सब मारे जायेंगे, अतः जब मरना ही है तो साथ क्यों न मरा जाये? और, इस एकता के चलते शायद वे सब बच भी जायें?

यही आख़िरी राजनीतिक दाँव था और सगे भाई के इस तरह से विमुख होने पर उसका आख़िरी विकल्प भी? अतः, इसी के परिणामस्वरूप, लाहौर में शहरियार ने अपने-आप को नया मुग़ल बादशाह घोषित किया! उसने लाहौर के शाही ख़जाने पर क़ब्ज़ा जमाते हुए, उसमें से लगभग 70 लाख रुपये नये और पुराने अमीरों की निष्ठा खरीदने में व्यय किये और अपनी सेना में सम्भावित युद्ध के लिए तैयारी करते हुए नयी भर्ती भी की! जहाँगीर के एक अन्य भाई, दानियाल के पुत्र और अनारकली के पौत्र, बैसंघर ने भी शहरियार का साथ देने का निर्णय लिया! उसे ही इस सेना का मुखिया भी नियुक्त किया गया! उसके सीने में भी जहाँगीर और जहाँगीरी न्याय के प्रतिशोध की ज्वाला न जाने कब से भड़क रही थी और वह जीवन भर इसी अवसर की तलाश में ही था? उसे भी ऐसा लगा कि सम्भवतः खुदा ने उसकी इबादत सुन ली है और वह इस मौक़े को किसी भी कीमत पर नहीं गँवाना चाहता था? अतः सेनापति बनकर वह निर्णायक युद्ध के लिए कटिबद्ध हो गया!

उधर आसफ़ ख़ाँ और दावर बख़्श युद्ध की संरचना के साथ सेना लेकर, अलग-अलग शाही हाथी पर शासकों की तरह सवार होकर, लाहौर की ओर बढ़े, इधर शहरियार 2-3,000 सैनिकों के साथ लाहौर में रुक गया और, शेष सेना बैसंघर के नेतृत्व में आसफ़ ख़ाँ की सेना के मुक़ाबले के लिए आगे भेज दी गयी। एक दिन बाद, नूरजहाँ भी आसफ़ ख़ाँ और दावर बख़्श के पीछे-पीछे लाहौर के लिए चल पड़ी! बैसंघर को कोई सेनापतित्व का विशेष अनुभव तो था नहीं और न ही उसकी आनन-फानन में भर्ती की गयी सेना प्रशिक्षित, अभ्यस्त व अनुभवी शाही सेना के आगे टिक सकती थी, अतः युद्ध शुरू होते ही परिणाम स्पष्ट हो चुका था! शहरियार को अपने एक तुर्की दास से जब अपनी सैन्य-पराजय की सूचना मिली, तो उसने अपने-आप को लाहौर के क़िले में बन्द कर लिया! वही लाहौर जहाँ उसका भाई खुसरू उसके पिता जहाँगीर की सेनाओं से हारा था? इस बीच आज़म ख़ाँ के समर्थकों ने दुर्ग के अन्दर अपने साथियों की मदद से प्रविष्ट होने में सफलता प्राप्त कर ली! अगली सुबह तो उनकी मदद से साम्राज्य की असली सेना को दुर्ग में पूर्ण शक्ति के साथ प्रवेश से रोकना सम्भव नहीं था? शहरियार 'हरम' में जा छुपा जहाँ से एक खोजा उसे बाहर पकड़ कर घसीटता हुआ ले आया! उसे दावर बख़्श के समक्ष सज़दा करने के लिए बाध्य किया गया! उसे बन्दी-गृह में डाल दिया गया, जहाँ उसे अन्धा कर दिया गया! इसी बीच बनारसी स्थिति की नाजुकता समझते हुए, पूरी गति से यात्रा करते हुए, बीस दिनों में अपना दायित्व निभाते हुए आसफ़ ख़ाँ का सन्देश शाहजहाँ को सुना चुका था! चार दिन का औपचारिक शोक मनाकर, उसने आगरा के लिए गुजरात की राह से जाने के लिए प्रस्थान किया।

इतना ही नहीं, इस संक्रमण काल में भी अगर कोई एक बलि का बकरा बना तो वह फिर से खुसरू या उसकी छवि ही थी—उसके पुत्र के रूप में, जिसे आसफ़

ख़ाँ ने बस स्थानापन्न बादशाह के रूप में इस्तेमाल किया और, जैसे ही शाहजहाँ ने दक्खन से उत्तर आते हुए, नर्मदा पार कर के मालवा क्षेत्र में प्रवेश किया, वैसे ही न केवल इस नामधारी-शासक को पद से हटाने का सन्देश दिया अपितु, उसके साथ, उसके चाचा और नूरजहाँ के दामाद शहरियार को भी अपनी राह से हटाने के लिए फ़रमान भेजा! इतना ही नहीं अपने छोटे-छोटे भतीजों, परवेज़ के नाबालिग और निर्दोष पुत्रों की भी नृशंस हत्या का आदेश पारित किया गया। वे सब आसफ़ ख़ाँ द्वारा 23 जनवरी, 1628 को मौत के घाट उतार दिये गये! इस तरह से न केवल दावर बख़्श बल्कि, उसका एक अन्य भाई गृहस्थ के साथ, शहरियार, और परवेज़ के निर्दोष पुत्र तह्मुर्स व होशंग सब मारे गये! और, इस तरह खुसरू की हत्या से शुरू हुआ क्रम अपनी पूर्णता पर उसके पुत्रों की हत्या के बाद थमा! अतः, अब शाहजहाँ के ताज़ और सत्ता के मार्ग से सारे अवरोध दूर हो चुके थे—उसका मार्ग निष्कंटक और सरल हो चुका था! ये निर्मम हत्या उसने की, जो साम्राज्य का वकील-ए-मुतलक़ या प्रधान-मंत्री, अपनी बहन की वजह से नियुक्त हुआ था! दोनों षड्यन्त्रकारी भाई-बहन एक-दूसरे पर जितना विश्वास करते थे, उतना ही अविश्वास और शक़ भी? तभी तो, जहाँगीर की मृत्यु के उपरान्त, बहन और मलिका-ए-जहाँ ने जितने भी सन्देश भेजे, आसफ़ ख़ाँ ने अनसुना ही करना बेहतर माना और वो किया जो उसका अपना दामाद चाहता था और जो उसके हित में था, न कि, उसकी बहन के हित में?

जैसे खुसरू के बन्दी रहते बिहार में एक व्यक्ति ने अपने-आप को खुसरू घोषित करके, अस्थिरता पैदा करके, अपने लिए सहानुभूति बटोरी थी, उसी तरह का तमाशा किसी ने फिर खड़ा किया, जब ईरान के शाह के दरबार में कोई अपने आप को उसका पुत्र दावर या बुलाकी कहकर उपस्थित था? वैसे विदेशी यात्रियों ने इस बात को लगातार रेखांकित किया है और एलफिंसटन जैसे आधुनिक इतिहासकार ने भी सभी साक्ष्यों के अध्ययन के उपरान्त यही स्थापित किया कि दावर बख़्श या बुलाकी शाहजहाँ के शाही फ़रमान के मिलते ही अपने अंगरक्षक के वस्त्र पहन कर और भेष बदल कर शाही शिविर से भाग निकला था? वह इस तरह से मौत या मृत्यु-दंड से बचने में कामयाब हो गया था और, मौत के मुँह से निकलकर वह सीधे बचते-बचाते, ईरान पहुँचा था, जहाँ 1633 में होल्सटीन के राजदूतों ने न केवल उसे देखा था, अपितु, उससे उनकी मुलाक़ात और वार्ता भी हुई थी? क्या वाक़ई सैनिकों या पुराने अकबरी अमीरों और खुसरू के नाते उससे सहानुभूति रखने वाले अमीरों ने उसपर दया दिखाते हुए, उसे बचा लिया था? क्या वे उसे इस संक्रमण के माहौल में छुपा कर हिन्दुस्तान के बाहर निकलवाने में मददगार साबित हुए थे? क्या वह अपने पिता की दर्दनाक और निर्मम हत्या वाले अन्त से अन्ततः बच गया था? या दोनों का एक सा ही अन्त हुआ था और दोनों का हत्यारा भी एक ही

था—शाहजहाँ? यह खुसरू की दर्दनाक दास्तान को और भी गहरा कलेवर दे देती है और मुग़ल सत्ता संघर्ष को रक्त-रंजित कलेवर भी!

सम्भवतः अपनी बेटी लाड़ली बेग़म के दुख और सन्ताप के साथ-साथ, पति की मृत्यु के उपरान्त पूर्व मलिका-ए-जहाँ किसी तरह के राजनीतिक समझौते के विषय में सोच रही होगी? कि, दक्खन से लेकर मालवा और गुजरात लेकर शाहजहाँ सन्तुष्ट हो जाये और वह अपने दामाद के साथ काबुल, पंजाब व उत्तर भारत में सिमट जाये! किन्तु, न आसफ़ ख़ाँ को और न ही उसके दामाद व प्रश्रय दाता को यह प्रस्ताव स्वीकार होता अतः आसफ़ ख़ाँ ने नूरजहाँ के हर सन्देश को अनसुना ही किया था? जब कुछ शेष रह ही नहीं गया था, तब वह साम्राज्य की सत्ता से क्या खरोंच लेना चाहती थी, उसके समझ के परे था? वह दुनिया में अपने शत्रु महाबत ख़ाँ का तो तब भी एक बार विश्वास कर सकता था, मगर अपनी बहन के प्रति उसको यकीन ही नहीं था और, उसकी कीमत अन्ततः नूरजहाँ को चुकानी ही पड़ी! किन्तु, यह कीमत सिर्फ़ नूरजहाँ ने नहीं चुकाई! जैसे खुसरू का साया जहाँगीर के पूरे शासन काल में दिखता है, वैसे ही वह शाहजहाँ के शासन-काल में भी यह साया दारा के रूप में छाया रहा! वह भी इस्लाम, वेदान्त, सूफी, भक्ति, सिख, ईसाई मत के विषय में और, न जाने कौन-कौन से दर्शन पढ़ता, समझता रहा—बिल्कुल खुसरू की भाँति! और, उसी प्रकार मुग़ल दरबार का प्रिय और प्रश्रय-प्राप्त बना रहा, जैसे अकबर के दौर में खुसरू! वह उन्हीं प्रवृत्तियों, प्रतीकों और विरासत का अपने ताऊ खुसरू की तरह अनुपालन करने लगा, जिन्हें अकबरी विरासत के तहत रखा और माना जाता था?

जो मियाँ मीर (1550-1635) गुरु अर्जन देव के हित और पक्ष में बादशाह जहाँगीर के साथ मध्यस्थता करने को तैयार थे, दारा उनकी मृत्यु से पहले ही उनसे मिलने लाहौर गया था। उनकी मृत्योपरान्त वह उनके खलीफा, मुल्ला शाह बदख़्शी का शिष्य हो गया! वह 'वहदत-उल-वुजूद' के सिद्धान्त का अनुयायी हो गया था! कादिरी सिलसिले के सिद्धान्तों से प्रभावित होकर दारा ने 'सफ़िनत-उल-औलिया' तथा, 'सकीनत-उल-औलिया' नामक सूफी सन्तों की जीवनियों की पुस्तकें लिखीं! इसके अतिरिक्त उसने तसव्वुफ की अन्य रचनाएँ भी कीं, जिनमें से 'रिसाल-ए-हक्रनुमा', 'मज्म-उल-बहरैन', 'हसनत-उल-आरिफ़ीन' आदि प्रमुख हैं! इसके अतिरिक्त दारा ने 'भगवत गीता' एवं 'योग-वशिष्ठ' जैसे महत्त्वपूर्ण हिन्दू धार्मिक ग्रन्थों का भी अनुवाद करवाया! उसने स्वयं भी उपनिषदों का अनुवाद 'सिर्रे-अकबर' (महान रहस्य) और 'सिर्रे-असरार' (रहस्यों के रहस्य) के नाम से किया था! इनके द्वारा दारा ने हिन्दू एवं इस्लाम धर्मों के बीच की खाई को पाटने की कोशिश की थी—ठीक उसी तरह जैसी सिख गुरु या बाबा कासिम सुलेमानी या खुसरू स्वयं चाहते और कर रहे थे? यानी वह भी अकबरी विरासत वाला एक प्रतिनिधि था! अपितु, हम उसे अन्तिम प्रतिनिधि

मान सकते हैं! दारा को धर्म के आधार पर दिये गये मृत्यु-दंड के उपरान्त यह प्रयास अपनी साँसें खो बैठा और, जहाँगीर द्वारा खुसरू और उसको समर्थन देने के बहाने किये गये इन उत्पीड़नों को औरंगज़ेब ने अपनी तार्किक परिणति पर पहुँचा दिया!

जो शक्तियाँ जहाँगीर ने समाज और साम्राज्य में प्रवाहित की थीं, वे शाहजहाँ ने भी अपने सत्ता के स्वार्थ में सशक्त कीं और औरंगज़ेब ने उसे पूर्ण रूप से औपचारिक व विधिक रूप ही प्रदान कर दिया! अतः सिर्फ़ खुसरू ही इस प्रवृत्ति के चलते प्रताड़ित और अन्ततः इस शक्ति द्वारा नहीं मारा गया था, अपितु एक सांस्कृतिक-समन्वय की ही हत्या हुई थी! और जो भी उसके बाद इसके चलते शहीद हुए सब खुसरू की ही याद ताज़ी करते गये और अपने समय के खुसरू ही कहलाये! लोगों ने हर ऐसी मृत्यु पर सिर्फ़ और सिर्फ़ खुसरू को ही याद किया? शायद खुसरू का यह हश्र न हुआ होता तो बाद वाले ये सब भी इस क्रूर और हिंसक अन्त से शायद बच जाते? शायद भारतीय समन्वित सांस्कृतिक धरोहर के पतन और फिर अन्त ने ही खुसरू की इस दर्दनाक मृत्यु को और भी अधिक मार्मिक बना दिया! उसका बन्दी बनाया या सताया जाना कभी किसी को रास नहीं आया और, इसीलिए न ही उसके प्रति कभी उनकी सहानुभूति कम हुई और न ही जन-समर्थन! आज भी खुसरू की पाक मकबरे तक गये बिना, प्रायः संगम की धार्मिक यात्रा करने वाले भी अपनी यात्रा पूरी नहीं मानते! क्योंकि, वह इस गंगा-जमुनी या समन्वित संस्कृति का सबसे जाग्रत उदाहरण था और अकबर की देन और पसन्द! बाद में तो जो भी हुए वे खुसरू के ही प्रतिरूप हुए, भले ही दारा की भाँति उन्हें सूफी सन्त का ही दर्ज़ा क्यों न प्रदान कर दिया गया हो?

फिर आया 1657 और मुग़ल सत्ता प्राप्त करने का खुला विद्रोह। मालूम नहीं क्यों इतिहासकारों और विद्वानों ने इसे 'उत्तराधिकार का युद्ध' माना है? शाहजहाँ जीवित था तब उत्तराधिकार का प्रश्न कैसा? यह निश्चित ही सत्ता पर नियन्त्रण का राजनीतिक खेल था? या अन्य भाइयों द्वारा दारा को सत्ता सौंपे जाने का भय? वे सब अपने पिता की भाँति ही, अपने-आप को सत्ता का हक़दार अपनी योग्यता के अनुसार मानते थे? आख़िर थे तो उसी शाहजहाँ के पुत्र और विरासत वाले? वे अकबर की विरासत वाले तो थे नहीं? उस विरासत को तो शाहजहाँ और उसके पिता जहाँगीर ने मिलकर समाप्त किया था और, अब क्या दारा के रूप में 'अकबरी विरासत' को वापस स्थापित किया जा सकता था? यह कोई घड़ी की सुई तो थी नहीं कि, इसको वापस मोड़ा जा सकता था? जो धारा विपरीत दिशा में मोड़ दी गयी हो, वह अब उसी रास्ते पर चल निकली थी? क्या 1657-58 के इस वक़्त को 1605 से पूर्व-वर्ती काल में पहुँचाया जा सकता था, जब अर्ध-शताब्दी से भी अधिक काल तक उसे तोड़ने-मरोड़ने में कोई कसर नहीं छोड़ी गयी थी? जो ख़ूनी खेल शाहजहाँ ने खुसरू की हत्या से शुरू किया था, उसकी पुनरावृत्ति उसके तीसरे पुत्र औरंगज़ेब

ने की! जैसे शाहजहाँ जहाँगीर की तीसरी सन्तान होकर, मुग़ल सत्ता और सिंहासन पर बलात क़ाबिज हुआ था, उसी प्रकार, उसका भी तृतीय पुत्र औरंगज़ेब भी उसी राह और हथकंडों को अपना कर, मुग़ल सिंहासन के इस ख़ूनी जंग में विजयी हुआ!

औरंगज़ेब ने भी अपने पिता का ही अनुसरण करते हुए, न केवल अपने भाइयों को येन-केन-प्रकारेण सिंहासन की राह से हटाया, अपितु वृद्ध होते अपने पिता शाहजहाँ को भी बन्दी बनाने में चूक नहीं की? इतना ही नहीं, उसने अपने सबसे बड़े भाई और शाहजहाँ द्वारा नियुक्त 'वली-अहद' और प्रिय पुत्र, दारा को तो उसी तरह बेमौत मारा, जैसे कभी उसने खुसरू को मारा था! उसे धर्मच्युत होने के आरोप में मारने का विधिक रूप दिया गया? बाकायदा मुस्लिम कानून के तहत दारा को मारा गया था! उसने स्वयं खुसरू को मारने के लिए साजिशन शिकार का नाटक रचा था, वैसे ही औरंगज़ेब ने धर्म और शरियत की आड़ ली! दोनों ने ही अपने-अपने तरीके से अपने बड़े भाई को अपने सत्ता के मार्ग से हत्या करके हटाया! वाह रे खुसरू और वाह एक निर्दोष की हत्या का अभिशाप! शाहजहाँ को जीते-जी उसी नर्क से गुज़रना पड़ा, जिससे उसने खुसरू को गुज़ारा था? इधर जब दारा को मारा जा रहा था तब स्वाभाविक ही, उसके पिता शाहजहाँ के मन में छवि खुसरू की उभर रही थी! जिह्वा से प्रिय पुत्र दारा के लिए संवेदना में आह निकलती थी और मन में सिसकी खुसरू के लिए! वह एकान्त में बड़बड़ाने लगा था, "औरंगज़ेब तूने ये क्या किया क्यूँ निर्दोष दारा को मार दिया? अरे क्या मैंने भी खुसरू को मारा था, महज़ इसीलिए? अरे ये क्या किया?" ये बातें नये शासक औरंगज़ेब ने अपने पिता को लिखे अपने पत्रों में भी उल्लिखित की हैं! और इन बातों में शाहजहाँ ने उससे नोक-झोंक करते हुए, उत्तर भी दिया था और कहीं से इन आरोपों को निरस्त नहीं किया! आज भी इलाहाबाद के खुसरू बाग़ में जाने वाले हर जिज्ञासु के मन में उतने ही प्रश्न रह जाते हैं, जितनों के उत्तर उसको मिल जाते हैं? खुसरू अपने जीवन भर एक पहेली ही रहा और, मरकर भी एक पहेली ही है! शायद क़यामत के रोज़ का इन्तज़ार करते हुए यही एक रूह अपने ईश्वरीय निर्णय और न्याय के प्रति आश्वस्त है?

❑❑